Ad Fontes
AF820313

Birgit Feldner
Verena Tiziana Halbwachs
Thomas Olechowski
Josef Pauser
Stefan Schima
Andreas Sereinig
(Hrsg.)

AD FONTES

Europäisches Forum Junger Rechtshistorikerinnen und Rechtshistoriker Wien 2001

PETER LANG
Frankfurt am Main · Berlin · Bern · Bruxelles · New York · Oxford · Wien

Die Deutsche Bibliothek - CIP-Einheitsaufnahme

Ad Fontes / Europäisches Forum Junger Rechtshistorikerinnen und Rechtshistoriker Wien, 2001 / Birgit Feldner ... (Hrsg.).- Frankfurt am Main ; Berlin ; Bern ; Bruxelles ; New York ; Oxford ; Wien : Lang, 2002
ISBN 3-631-38328-2

Satz und Layout:
Josef Pauser, Wien

Gedruckt mit Unterstützung des Bundesministeriums für Bildung, Wissenschaft und Kultur in Wien.

ISBN 3-631-38328-2

© Peter Lang GmbH
Europäischer Verlag der Wissenschaften
Frankfurt am Main 2002
Alle Rechte vorbehalten.

Das Werk einschließlich aller seiner Teile ist urheberrechtlich geschützt. Jede Verwertung außerhalb der engen Grenzen des Urheberrechtsgesetzes ist ohne Zustimmung des Verlages unzulässig und strafbar. Das gilt insbesondere für Vervielfältigungen, Übersetzungen, Mikroverfilmungen und die Einspeicherung und Verarbeitung in elektronischen Systemen.

www.peterlang.de

INHALTSVERZEICHNIS

VORWORT

Vom 17. bis zum 19. Mai 2001 fand in Wien die 7. Tagung des Europäischen Forums junger Rechtshistorikerinnen und Rechtshistoriker statt. Das gewählte Generalthema *ad fontes* sollte Raum für methodologische Diskussionen bieten und zugleich ein breites thematisches Spektrum eröffnen, um den allgemeinen Charakter des Forums zu wahren.

Die Organisation des Forums 2001 wurde von Assistentinnen und Assistenten der drei rechtshistorischen Institute der Rechtswissenschaftlichen Fakultät der Universität Wien übernommen: Birgit Feldner, Nikolaus Forgó, Richard Gamauf, Verena T. Halbwachs, Claudia Kreuzsaler, Franz-Stefan Meissel, Katrin Schmidt, Andreas Sereinig und Dieter Swoboda vom Institut für Römisches Recht und Antike Rechtsgeschichte, Gerald Kohl, Thomas Olechowski und Josef Pauser vom Institut für Österreichische und Europäische Rechtsgeschichte sowie Stefan Schima vom Institut für Recht und Religion. Der Einladung nach Wien folgten mehr als 120 Rechtshistorikerinnen und Rechtshistoriker aus dreizehn europäischen und außereuropäischen Ländern. Im gegenständlichen Tagungsband liegen nunmehr die Vorträge und Projektpräsentationen gedruckt vor.

Die Organisation der Tagung, das Begleitprogramm und die Drucklegung dieses Bandes wurden durch vielfältige Unterstützung erleichtert. Es ist uns eine Freude, an dieser Stelle jenen Personen und Institutionen zu danken, die zum Gelingen des Forums und der vorliegenden Publikation beigetragen haben.

Dieser Dank gilt zunächst dem Vizerektor der Universität Wien, Herrn ao. Univ.-Prof. Dr. Arthur Mettinger, dem Dekan der Rechtswissenschaftlichen Fakultät, Herrn o. Univ.-Prof. Dr. Dr.h.c. Walter H. Rechberger, und dem Studiendekan der Rechtswissenschaftlichen Fakultät, Herrn o. Univ.-Prof. Dr. Peter E. Pieler, welche die Tagung offiziell eröffnet haben. Für die „inoffizielle Eröffnung" am Vorabend danken wir Herrn o. Univ.-Prof. Dr. DDr.h.c. Werner Ogris, der mit den Teilnehmerinnen und Teilnehmern des Forums einen „rechtshistorischen Spaziergang" durch den Arkadenhof der Universität unternahm und auf diesem Weg über 200 Jahre Rechtslehre Revue passieren ließ. Wir danken ferner dem Präsidenten des Verwaltungsgerichtshofes, Herrn ao. Univ.-Prof. Dr. Clemens Jabloner, für den Empfang im Palais der ehemaligen Böhmisch-Österreichischen Hofkanzlei und dem Abt von Melk, dem hochwürdigsten Herrn P. Dr. Burkhard Ellegast OSB, für die Führung durch das Stift.

Für die Unterstützung durch Geld- und Sachmittel gebührt unser Dank der Universität Wien, dem Bundesministerium für Bildung, Wissenschaft und Kultur, der Manzschen Verlags- und Universitätsbuchhandlung, der IG Immobilien GmbH, den Rechtsanwälten Dr. Peter Jandl, Dr. Peter H. Prettenhofer und Dr. Jürgen Kronberger, dem Verlag Böhlau Wien, der Bank Austria und Römerquelle. Frau Mag. Helga Penz sowie die Herren Mag. Clemens Geelhaar und Mag. Philipp Scheibelreiter unterstützten uns bei der Endkorrektur des vorliegenden Tagungsbandes. Auch ihnen sei dafür herzlich gedankt.

Herrn Dr. Norbert Willenpart vom Verlag Peter Lang danken wir für seine spontane Bereitschaft, den Tagungsband in das Verlagsprogramm aufzunehmen.

Wien, im Jänner 2002 Die Herausgeberinnen und Herausgeber

ALFONS ARAGONESES, Barcelona

STRAFRECHT IM FIN DE SIÈCLE
Raymond Saleilles und die Strafrechtswissenschaft in Frankreich Ende des 19. Jahrhunderts

Die Wende vom 19. zum 20. Jahrhundert war Bühne interessanter und wichtiger Reformen der französischen Rechtswissenschaft. Die Dogmen des fast hundert Jahre alten *Code Napoléon* – zum Beispiel das absolute Eigentum und die absolute Willensfreiheit – waren für die Industriegesellschaft mit ihren neuen sozialen und wirtschaftlichen Beziehungen, religiösen und sozialen Konflikten nicht geeignet. Gleichzeitig reichte die exegetische Methode nicht mehr aus, um juristische Normen für die neue Realität anwendbar zu machen – eine Realität, die viel komplizierter war als die Gesellschaft von freien, gleichen *Citoyens*, die Napoleon am Anfang des 19. Jahrhunderts vor Augen hatte. Die Prinzipien des Strafgesetzbuches genügten ebenfalls nicht mehr zur Beurteilung vieler sozialer Phänomene.

Auch das rechtswissenschaftliche Panorama war anders als um 1800: zum einen wegen der aufkommenden Sozialwissenschaften – trotz ihres geringen Entwicklungsstandes (Ende des Jahrhunderts erscheinen wichtige Bücher auf diesem Gebiet, beispielsweise die von Émile Durkheim); zum anderen durch den Erlaß von neuen wissenschaftlichen Prinzipien folgenden ausländischen Gesetzbüchern, das Zivil- (Montenegro,[1] Deutsches Reich und Schweiz) und Strafrecht (Schweiz, Italien) betreffend.

All dies motivierte Ende des 19. Jahrhunderts eine Gruppe von Juristen, die sogenannte *Ecole scientifique*, eine Erneuerung der Rechtswissenschaft zu propagieren und juristische Reformen vorzuschlagen.

1899 veröffentlichte François Gény (1861–1959), damals Professor in Dijon, ein revolutionäres Buch: *Méthode d'interprétation et sources en droit privé positif*. Die Monographie schlug einen Wechsel der juristischen Methode vor und war, Raymond Saleilles zufolge, „de nature à faire quelque bruit et à nous donner le coup de fouet dont nous avions besoin, au moins en France, pour sortir de nos routines et élargir nos

---

[1] Siehe CARLOS PETIT, The Code and the Goats. Western Law in less-western Societies, in: ZNR 22 (1998) 212–224.

méthodes".[2] Er sprach, natürlich, über die Technik der exegetischen Methode.

Im öffentlichen Recht gab es ebenfalls Kämpfe, Streit und Umbrüche, zum Teil wegen der Konkurrenz der neuen *École libre des Sciences Politiques*.[3] Auch die Öffentlichrechtler wollten das Recht auf die Realität beziehen und gegen die Vorstellungen Rousseaus und der französischen Revolution kämpfen, an die der republikanische Gesetzgeber anknüpfte. Juristen wie Léon Duguit (1859–1928) oder Maurice Hauriou (1865–1929) stellten z.B. die alten Begriffe von „souveraineté nationale" oder „parlementarisme" in Frage und reformulierten den Begriffsapparat des öffentlichen Rechts.[4]

Auch die Strafrechtswissenschaft war in Bewegung geraten. Die klassische, kantianisch beeinflußte Strafrechtsschule war in Frankreich sehr wichtig. Wissenschaftlich noch bedeutsamer aber war die rein deterministische, kriminalistische Schule von Alexandre Lacassagne.

Im Jahr 1898 erschien unter dem Titel *L'individualisation de la peine* die aufsehenerregende Monographie von Raymond Saleilles, ein zentrales Werk für das Verständnis der Strafrechtstheorien im Frankreich der Jahrhundertwende.

Raymond Saleilles (1855 Beaune/Bourgogne – 1912 Paris) ist heute in Frankreich sowohl als Privatrechtler und Spezialist für deutsches Recht als auch als Rechtsvergleicher bekannt. Er schrieb verschiedene Studien über das BGB und interessierte sich auch für das schweizerische Zivilgesetzbuch. Er spielte die Hauptrolle bei der Organisation des ersten internationalen Kongresses für Rechtsvergleichung in Paris 1900. Er war Mitglied verschiedener wissenschaftlicher Gesellschaften und schlug, gemeinsam mit anderen Juristen, viele Reformen des französischen Rechts vor.

Saleilles gehörte, zusammen mit François Gény und Édouard Lambert (1849–1941), zu den Juristen, die versuchten, eine Erneuerung der Rechtswissenschaft herbeizuführen. Saleilles war Erbe der französischen historischen Schule und ihrer Methoden. Für ihn war das Recht ein We-

---

2 Brief an Eugen Huber vom 21. Februar 1899: S. ALFONS ARAGONESES, Briefe von Saleilles an Huber, Frankfurt/M. (in Vorbereitung).

3 Siehe dazu H. STUART JONES, The French State in Question. Public Law and Political Argument in the Third Republic (Cambridge 1993).

4 Siehe MARIE-JOËLLE REDOR, De l'Etat légal à l'Etat de Droit. L'évolution des conceptions de la doctrine publiciste française 1879–1914 (Paris 1992).

sen in ständigem Entwicklungsprozeß. Dieses Recht sollte stets versuchen, sich an die soziale Realität anzupassen – und nicht an abstrakte Dogmen und Ideale. Saleilles war methodologisch zwischen der reinen Exegese und den neuen Methoden von Gény und den Soziologen angesiedelt.

Für Saleilles waren zwei Elemente in der Rechtswissenschaft von größter Wichtigkeit: die vertikale Vergleichung (historische Methode) und die horizontale Vergleichung (Rechtsvergleichung). Beide Methoden waren für ihn zugleich auch Instrumente der Soziologie, die als Wissenschaft die Gesellschaft zu erklären versucht. So schrieb er im Jahr 1900: „la sociologie se sert de l'histoire, qui est l'instrument d'observation par excellence, pour rechercher et étudier les lois qui président à la constitution, au développement, et, d'une facon générale, à la vie organique des sociétés (...) il est certain que la sociologie implique, comme première constatation de fait, des recherches de droit comparé".[5]

Rechtsvergleichung bedeutete für ihn nicht nur den Vergleich gesetzter Normen. Von Bedeutung erschien auch der Vergleich unterschiedlicher wissenschaftlicher Doktrinen. Die Rechtsvergleichung galt Saleilles als Werkzeug, um Reformen im nationalen Recht anzuregen: Der Jurist sollte die verschiedenen Elemente seiner Forschung benutzen, um gesetzliche Reformen vorzuschlagen. „Le droit étudie la loi existante, le droit comparé cherche à déduire la loi qui doit être; et il cherche à établir (...) sous la forme d'un type générique qui doive servir de conception commune pour les réformes législatives à opérer dans les différents pays". „Il s'agit en effet de faire pénétrer dans l'ensemble du droit national les données admises sur le terrain du droit comparé".[6]

In Frankreich war dieses Ziel der Rechtsvergleichung besonders bedeutsam, weil die Franzosen das Prestige anderer Gesetzgebungen benutzten, um Reformen im französischen Recht zu bewirken. Sabine Ullmann und Giovanna Canepa zeigen, wie beispielsweise das schweizerische Zivilgesetzbuch als „Propagandamittel der Reform des *Code Napoléon*" benutzt wurde.[7]

---

5 RAYMOND SALEILLES, Conception et objet de la Science du droit comparé. Rapport présenté au Congrès international de Droit comparé, in: Bulletin de la Société de Législation comparée 29 (1899–1900) 383–405, hier 386.

6 SALEILLES, Conception 395.

7 GIOVANNA CANEPA / SABINE ULLMANN, Eugen Huber als international bekannter Privatrechtler, in: Eugen Huber (1849–1923). Akten des im Sommersemester

Eine Charakteristik Saleilles' darf nicht vergessen werden. Er war Katholik und gehörte zum sogenannten *Catholicisme social*. Saleilles war in verschiedenen Gesellschaften aktiv, die eine Erneuerung der Theologie suchten und sich den großen sozialen Fragen der Zeit widmeten. Die Rolle der Frauen, der Arbeiter und der unehelichen Kinder bildete Gegenstand vieler Diskussionen. Die Katholiken kritisierten die individualistische und abstrakte Vorstellung des *Code Napoléon* und entwickelten entsprechende Reformvorschläge.

Saleilles arbeitete, wie gesagt, vorwiegend im Privatrecht. Als er aber 1895 von der Fakultät Dijon nach Paris kam, unterrichtete er für zwei Jahre Strafrecht. Er wurde auch in zwei wissenschaftlichen Gesellschaften aktiv, die brisante Fragen des Strafrechts diskutierten: die *Société générale des prisons* und die *Société de Législation comparée*. 1898 wechselte er auf den Lehrstuhl für Zivilrecht.

Im gleichen Jahr veröffentlichte er seine einzige Monographie im Strafrecht, *L'individualisation de la peine*, die in der *Bibliothèque de philosophie contemporaine* publiziert wurde. Das Vorwort verfaßte der bekannte Soziologe Gabriel Tarde. Das Buch hatte großen Erfolg – aktualisierte Auflagen folgten 1908 und 1927. Im Jahr 1924 wurde es ins Englische übersetzt und mit einem Vorwort von Roscoe Pound in den USA veröffentlicht. Die englische Fassung wurde 1969 neu ediert. Dank eines Briefs an den Schweizer Juristen Eugen Huber, mit dem er in brieflichem Kontakt stand, wissen wir, daß Saleilles den Plan hatte, einen zweiten Teil über „Problèmes de politique criminelle" zu schreiben.[8] Dieses Projekt wurde aber nicht mehr verwirklicht.

Die gegenständliche Monographie ist kein rein dogmatisches Werk. Es ist ein typisches Werk von Saleilles: aufgrund des Stils, der Methode und auch wegen seiner Zielsetzung. Metajuristische Fragen spielen eine sehr wichtige Rolle, insbesondere die damals zentrale Diskussion über die Existenz oder Nichtexistenz menschlicher Freiheit. Der Rechtsgeschichte und Rechtsvergleichung kommt hoher Stellenwert zu: Saleilles stellt die Geschichte der Strafe dar und behandelt die verschiedenen Strafrechtstheorien.

1992 durchgeführten Seminars (mit einem bibliographischen Anhang) (Bern 1993) 260–326, hier 265.

8 Brief an Eugen Huber vom 13. September 1898: ARAGONESES, Briefe.

Das Buch beginnt mit einer historischen Einleitung. Dann analysiert Saleilles die klassische Schule des Strafrechts. Diese operiert mit der kantianischen Idee gleicher Freiheit für alle Menschen: Wenn alle frei sind, dann können alle ihr Verhalten selbst bestimmen. Alle müssen in der Folge für die gleiche Tat in gleicher Weise bestraft werden.

Saleilles schätzt zwar den zugrundeliegenden Respekt vor der menschlichen Freiheit. Zugleich aber kritisiert er das Fehlen jeglicher Individualisierung der Strafe auf Grund der Persönlichkeit des Täters. Er bemängelt auch die deterministische Schule von Lombroso und Ferri, den berühmten italienischen Kriminologen, die ein Äquivalent in der französischen Schule von Lacassagne hatte. Er erhebt den Vorwurf, daß ihre Autoren nicht an die menschliche Freiheit glauben. Damit kritisiert Saleilles die beiden einflußreichsten radikalen Strafrechtstheorien seiner Zeit – die auf der Seite der Freiheit und die auf der Seite des Determinismus.

Welche Position nimmt Saleilles selbst ein? Er studiert und akzeptiert die praktischen Konsequenzen der von den Autoren der modernen Schule (Franz von Liszt, Erfinder der Zweckstrafe, und Carl Stooss) entwikkelten Theorien. Daß diese Autoren dem französischen Publikum vorgestellt werden, ist ein besonderes Verdienst des Buches.

Kriminalpolitisch steht Saleilles Liszt und dem „Marburger Programm" nahe, das heißt mit den Worten Nauckes „Prävention, in erster Linie Spezialprävention, anstelle von Vergeltung [...], weil Strafe ein notwendiger Trieb ist und weil Spezialprävention die zweckmäßigste, die der Menschheitsentwicklung angemessenste Form dieses Triebes ist."[9] Saleilles akzeptiert Liszts Idee von einer Individualisierung der Strafe nach der Persönlichkeit des Täters. Saleilles trennt, wie Liszt, zwischen Freiheit und Verantwortlichkeit.

Das Interesse von Saleilles für Liszt und Stooss kann man auch in dem von Saleilles geleiteten *Congrès international de droit comparé* erkennen, wo er Liszt eine wichtige Rolle einräumt, damit dessen Ideen den französischen Juristen vorgestellt werden können.

Saleilles lehnt aber den starken Determinismus Liszts ab. Für Liszt und die moderne Schule hat Strafe mit Ethik und Metaphysik nichts zu tun. Für Saleilles gibt es keine Gerechtigkeit ohne Respekt vor und Rück-

---

[9] WOLFGANG NAUCKE, Über die Zerbrechlichkeit des rechtsstaatlichen Strafrechts. Materialien zur Neueren Strafrechtsgeschichte (Baden-Baden 2000) 224.

sicht auf die Individualität und Freiheit des Täters. Er verteidigt die Idee der menschlichen Freiheit unabhängig von der Höhe der Strafe.

Sein Ziel ist eine Vereinigung der deterministischen Ideen und der auf Freiheit gegründeten Theorien in dem Punkt der Individualisierung der Strafe. Saleilles schreibt 1898 in einem Brief an Liszt: „Je crois en effet, et c'est ce que j'ai voulu établir, que partisans comme adversaires de la Responsabilité fondée sur l'idée de Liberté peuvent s'unir scientifiquement pour accepter en ce qui touche l'application de la peine un point de vue identique, qui est exactement celui que vous avez si bien mis en relief á Lisbonne et dans tous vos écrits" „Jusqu'à alors on a établi comme un lien indisoluble entre la doctrine de Liberté et de la responsabilité et certaines solutions classiques et purement objective dont l'école traditionnelle a voulu faire toute une série de dogmes intangibles. Je crois que ce serait un grand service à endre à tout le monde que de montrer le malentendu et la confusión absolue qui règnent sur tous ces points.

Ce service si considerable vous l'avez rendu mieux que personne en vous plaçant sur le terrain du déterminisme.

J'aurais voulu, et toutes proportions gardées, pouvoir rendre un service analogue sur le terrain de la liberté".[10]

Wie wir gesehen haben, ist die Freiheit ein Zentralbegriff im Werk von Saleilles. Er spricht in jedem Kapitel darüber. Manchmal benutzt er wissenschaftliche Argumente aus der Psychologie.

Kant ist für ihn der große Theoretiker der menschlichen Freiheit. Das sollte uns nicht überraschen, denn das kantianische Konzept der Freiheit ist die Grundlage der meisten Strafrechtstheorien im 19. Jahrhundert. Naucke meint: „Niemand, der das Strafrecht berührt, kommt an Kant vorbei".[11] Saleilles' Kant-Rezeption ist jedoch ein typisches Beispiel für die einseitige Rezeption Kants in den Strafrechtstheorien des 19. Jahrhunderts: Man rezipiert isoliert die kantianische Idee der Freiheit, wendet sie aber in einem anderen rechtstheoretischen und rechtspolitischen Kontext an.

Naucke zeigt, wie Kant jede Zweckhaftigkeit des Rechts abgelehnt hat. Trotzdem wird in Kants Rezeption oft über den Zweck der General-

---

10 Brief an Franz von Liszt vom 10. August 1898: Olivier Motte, Lettres inédites des juristes français du XIXe siècle conservées dans les archives et bibliothèques allemandes II (Bonn 1990) 1600.

11 Naucke, Über die Zerbrechlichkeit 131.

prävention gesprochen.[12] Kant akzeptierte zwar die praktischen Konsequenzen des Marburger Programms, der Respekt vor der fast „heiligen", aber viel attackierten menschlichen Freiheit war ihm jedoch wesentlich wichtiger.

Auch die zweite Argumentationslinie Saleilles' ist außergewöhnlich: die Verwendung religiöser und theologischer Argumente zur Verteidigung der menschlichen Freiheit. Er gibt zu und akzeptiert das Verwenden nichtwissenschaftlicher Argumente, die nicht bewiesen, sondern nur geglaubt werden können. In seinem Brief an Huber schreibt er: „Si peut-être j'ai eu le tort de me placer quelque peu en dehors du terrain scientifique pour admettre la liberté, c'est que l'on fait souvent sous ce rapport une confusion qui me parait dangereuse entre l'idée elle-même et sa nécéssité métaphysique d'une part, et la certitude d'autre part de sa réalité objective; laquelle ne peut pas ressortir d'un simple syllogisme, mais implique un acte de foi, plus encore qu'une démonstration scientifique relativement à la certitude objective et à la valeur practique des idées qui se présentent comme des simples postulats de la raison pure".[13]

Er vertritt das Prinzip der göttlichen Gerechtigkeit für den Menschen: „Puisque nous sommes enfin convainçus qu'il ne s'agit pas ici-bas, et au point de vue social, de rever de justice absolue, (...) la justice des hommes ne devant pas usurper la place de la justice divine". Saleilles hat einen religiösen Glauben an diese menschliche Freiheit als Werk Gottes. Er zeigt in jedem Kapitel die verschiedenen Begründungen der menschlichen Freiheit auf, aber er selbst greift am Ende immer zu metaphysischen und religiösen Argumenten: Für Saleilles gibt es in jedem Menschen „un fond d'individualité psychique auquel se ramène tout notre être moral".[14] Dieser „fond d'individualité" hat keine wissenschaftliche Erklärung: „La conscience que nous en avons nous la révèle (...) comme un premier moteur qui agit sur lui-même; qui correspond à l'action du milieu, comme les théologiens disent, en partant d'un autre domaine. (...) et une fois arrivés

---

12 Auch Thomas Duve weist in einem Beitrag über die Rezeption Feuerbachs in Argentinien nach, wie die Franzosen eine partielle und romantische Rezeption Kants durchgeführt haben: THOMAS DUVE, Feuerbach auf Feuerland? Das Strafgesetzbuch für das Königreich Baiern von 1813 und die Strafrechtsentwicklung in Argentinien, in: RICHARD H. HELMHOLZ u.a. (Hrsg.), Grundlagen des Rechts. Festschrift für Peter Landau (Paderborn u.a. 2000) 817–850.

13 Brief an Eugen Huber vom 13. September 1898: ARAGONESES, Briefe.

14 SALEILLES, L'individualisation de la peine 160.

à ce point d'intersection nous sommes en dehors de l'expérience et de l'observation directe. Nous ne pouvons raisonner que par une explication métaphysique". Das müsse man akzeptieren, weil „la liberté est la loi de ce qui échappe au domaine de la nature physique, comme la causalité est la loi de ce qui rentre dans le monde des phénomènes naturels.

Cette question-là est de celles précisément que la science ne peut pas résoudre ni affirmativement ni négativement; car elle appartient à un domaine où la science ne peut pas résoudre (...). Nous touchons à l'essence de l'être".[15]

Diese metaphysische Freiheit müsse die Strafe immer respektieren. Die Strafe solle in die Zukunft schauen und, wie in Dostojevskis Romanen, „le germe de l'avenir moral du condamné" bilden. Die vergangene Freiheit des Täters ist nicht so wichtig wie die zukünftige. Die Referenz ist hier nicht zufällig oder ästhetisch. Saleilles selbst zitiert Dostojevski.[16] In den Werken beider lassen sich ähnliche Ideen vom Menschen und seiner Freiheit ausmachen.

Man könnte die Ursache für die religiöse Begründung der Freiheit im Katholizismus Saleilles' suchen: Er war, wie er selbst sagte „un catholique convainçu". Er gehörte der Gruppe von Katholiken an, die, mit der französischen Kirche unzufrieden, eine Erneuerung der Theologie forderten. Saleilles übersetzte Werke des Theologen John Henry Newman,[17] der unter den Modernisten sehr beliebt war und sich in verschiedenen Artikeln für die *Loi de séparation des Églises et de l'État* von 1905 eingesetzt hat.

Aber diese Interpretation wäre zu einfach. Saleilles war Katholik, aber in keinem der anderen Texte hat er sich auf seine Religiosität bezogen. Warum begründet er gerade in seinem strafrechtlichen Werk die menschliche Freiheit religiös? Ich möchte die Position Saleilles' aus der Situation der kriminologischen Wissenschaften am Ende des 19. Jahrhunderts heraus erklären.

Wie gesagt, beherrschte die klassische Schule des Strafrechts noch immer die juristischen Fakultäten. Aber, wie Laurent Mucchielli bewiesen hat, war das Studium der Kriminalität bis zum Ende des 19. Jahrhunderts fast ein Monopol der Mediziner und Ethnologen. Diese Gruppe

---

[15] Ebd. 162.

[16] Ebd. 118.

[17] JOHN HENRY NEWMAN, La foi et la raison. Six discours empruntés aux discours universitaires d'Oxford (Paris 1905); DERS., Le Chrétien (Paris 1906).

wurde von deterministischen, biologistischen und rassistischen Positionen dominiert.

1873 gründet Alexandre Lacassagne (1843–1924) die Ecole d'Anthropologie Criminelle und eine Zeitschrift, die *Archives d'anthropologie criminelle, de criminologie et de psychologie normale et comparée* (vor 1893 *Archives d'Anthropologie Criminelle et des sciences pénales* genannt). Ihr Vorbild war das *Archivio di psichiatria e d'antropologia criminale* von Cesare Lombroso. Die französische Schule vertrat, trotz ihres Versuchs, sich von den Italienern zu trennen, ähnliche deterministische Ideen wie Lombroso und seine Schüler.

Man kann zwei Einflußlinien auf diese kriminologische Schule nachzeichnen. Zuerst der Einfluß von Franz Joseph Gall, einem Anfang des Jahrhunderts erfolgreichen Mediziner, und von Jean-Baptiste Lamarck. Die von Gall beeinflußten Mediziner suchten den Grund der Kriminalität in physischen Besonderheiten des Täters; vergessen wir nicht die große Entwicklung der *Crâneologie*. Diese Mediziner verteidigten einen radikal biologischen Determinismus ohne Platz für menschliche Freiheit.[18]

Zweitens hatten die anthropologischen und ethnologischen Ideen viel Erfolg. Zeitgleich waren Darwin und Gobineau (vgl. insbesondere dessen Buch *Sur l'inégalité des races*) erfolgreiche Autoren. Die Ethnologen sprachen über rassische und genetische Gründe der Kriminalität. Der Grund der Kriminalität sollte bei einigen Rassen und in der Mischung von sogenannten dekadenten Rassen liegen. Diese Mischung förderte die „Vices et defets" der Menschen.

Besonders wesentlich erschien damals der Parallelismus zwischen dem sogenannten Wilden in den afrikanischen oder karibischen Kolonien und dem Straftäter in den großen französischen Städten. Man fand gleiche Charakteristiken bei beiden Typen von Menschen: Beide wären unterentwickelte Menschen, von sinnlichen Begierden, Sünde und Unvernunft dominiert.

Man brauchte nicht nach Afrika fahren, um Beispiele zu sehen. In Pariser „Banlieues" konnte man verschiedene Gruppen, Reminiszenzen sogenannter primitiver Rassen, in überbevölkerten Vierteln unter antihy-

---

18 Georges Lanteri-Laura, Phrénologie et criminologie: les idées de Gall, in: Laurent Mucchielli (Hrsg.), Histoire de la Criminologie française (Paris 1994) 21–28, hier 25.

gienischen Bedingungen sehen. Für die Ethnologen war es einfach, den Parallelismus zu bestätigen.[19]

Diese Kriminologen (sowohl Mediziner als auch Ethnologen und Anthropologen) verfügten über großes Prestige und insbesondere durch ihre Gutachtertätigkeit Einfluß auf Justiz und Parlament. Obwohl die Richter als Juristen einigen Methoden der Mediziner mißtrauten, brauchten sie dennoch Spezialisten, um die Zurechnungsfähigkeit der Täter zu prüfen. Im Parlament zeigen die zwei wichtigsten strafrechtlichen Reformen der achtziger Jahre jene deterministische Konzeption der Strafe. Ein Gesetz vom 27. Mai 1885 bestrafte die „professionellen“ Täter mit der Deportation in die Kolonien. Die Regelung reflektierte die Ideen von Lacassagne und den Kriminologen, insbesondere den Parallelismus zwischen „Wilden“ und Straftätern. Die „Wilden“ in Frankreich sollten nach Afrika oder Amerika deportiert werden. Die Deportation sollte dazu dienen, die französische Gesellschaft zu schützen und die Täter im dortigen Milieu zu plazieren – das heißt in einer primitiven Gesellschaft. Diese Strenge sollte aber nur für „geborene“ Kriminelle gelten. Für die sogenannten Gelegenheitstäter gab es das Gesetz vom 14. August 1885, dessen Ziel die Rehabilitation derselben war. Das war auch die Philosophie der soziologischen Schule von Franz von Liszt: Rehabilitation von Gelegenheitstätern und Vernichtung von „geborenen“ Tätern. Dennoch war diese nicht so biologisch-rassistisch orientiert wie die französische kriminologische Schule.

Die Juristen der traditionellen klassischen Schule, die in Frankreich noch bedeutend war, lehnten solche deterministischen Ideen ab und verteidigten das Individuum. Aber mit ihren abstrakten Dogmen, ihrem Glauben an eine gleiche, kantianische Freiheit sowie an die Vergeltungsstrafe, hatten sie keine Chance in jener positivistisch-deterministischen Atmosphäre. Anders als in Deutschland hatte die moderne soziologische Schule bis dahin in Frankreich keine starke Wirkung gezeigt.

Saleilles' Buch hatte, wie gesagt, großen Erfolg, da es dem Publikum ausländische Ideen vorstellte und eine rudimentäre Soziologie à la Gabriel Tarde zugrundelegte. Trotz seiner Modernität im Vergleich mit den Klassikern, trotz seiner Ideen, seiner Offenheit für andere Wissenschaf-

---

[19] Siehe CLAUDE BLANCKAERT, Des sauvages en pays civilisé. L'Anthropologie des criminels (1850-1900), in: MUCCHIELLI (Hrsg.), Histoire de la Criminologie française 55–58.

ten, konnte der Ansatz nicht mit der „naturwissenschaftlichen" Methode mithalten, deren Determinismus Saleilles bekämpfte. Aber sein theoretisches Fundament war noch nicht derart gefestigt, daß die Konzeption auf die Grundlegung durch Kant und durch die Theologie hätte verzichten können. Saleilles verteidigte eine von Gott erschaffene Individualität und Freiheit, die von allen Gerechtigkeitsvorstellungen respektiert werden müßte.

Die Jahre nach der Publikation der *L'individualisation de la peine* erlebten die Veränderung des wissenschaftlichen Panoramas. Die Kriminologen und Juristen näherten sich einander an, die Sozialwissenschaften gewannen an Einfluß. Diesen Weg eröffnete in Frankreich Emile Durkheim (1858–1917). Er kritisierte die rassistischen Ideen der Anthropologen und vertrat die Gleichheit der Rassen. Auch lehnte er die biologistischen und psychologischen Interpretationen von Gesellschaft ab.

Durkheim akzeptierte den Einfluß des Milieus, negierte aber nicht die menschliche Freiheit. Seine Ideen waren äußerst einflußreich. Als noch wichtiger anzusehen war die Entwicklung einer wissenschaftlich fundierten Methode mit Geltung für alle Sozialwissenschaften. Das haben er und seine Schüler erreicht. Die Methode ist keine subjektive, sondern eine objektive: das bedeutet, daß die sozialen Ereignisse in Durkheims Vorstellung wie Objekte der materiellen Welt anzusehen sind: „il faut considérer les faits sociaux comme des choses" und daß jede Forschung alle philosophischen oder psychologischen Vorurteile ablehnen muß: „leurs propriétés caractéristiques [des choses] comme les causes inconnues dont elles dépendent ne peuvent être découvertes par l'introspection".[20] Der Soziologe darf nicht auf philosophisches Instrumentarium zurückgreifen, sondern hat die Methoden der direkten Beobachtung und Statistik anzuwenden.

Mit dieser Methode konnten Frankreichs Sozialwissenschaftler und Juristen den Ärzten und Anthropologen entgegentreten und mit starken Waffen ihre Ideen von Mensch und Gesellschaft verteidigen. Saleilles' Versuch war insofern ein typisches Werk des *fin de siècle*, als es zwischen zwei geistesgeschichtlichen Epochen, dem 19. und dem 20. Jahrhundert, angesiedelt war.

---

20 ÉMILE DURKHEIM, Les règles de la Méthode sociologique (Paris 1894).

ANETTE BAUMANN, Wetzlar – EVA ORTLIEB, Wien[1]

NETZWERK REICHSGERICHTSBARKEIT

I. EINLEITUNG

Die Rechtsfälle, die vor den obersten Gerichten des Alten Reiches verhandelt wurden, faszinieren oftmals auch heute noch den Betrachter. So klagten zwei Brüder aus Lübeck zu Anfang des 18. Jahrhunderts gegen ihre eigene Schwester.[2] Sie wollten sie enteignen lassen, da sie sich mit einem Major aus Mecklenburg verlobt hatte. Wenige Tage nach ihrem 16. Geburtstag ließ sie sich von dem Geliebten entführen. Obwohl die anschließende Heirat gegen den Willen der Vormünder erfolgt war, beanspruchte die Ehefrau von ihren wohlhabenden Brüdern die Auszahlung der väterlichen Erbschaft. In der umfangreichen Gerichtsakte befinden sich Liebesbriefe, Zeugenvernehmungen zur Frage des vorehelichen Geschlechtsverkehrs, städtische Verordnungen über Verlöbnisse, militärische Dienstzeugnisse des Majors, Universitätsgutachten zum römischen und kanonischen Straftatbestand der Entführung und auch ein kammergerichtliches Endurteil. Sogar im zeitgenössischen gelehrten Schrifttum wurde der Prozeß mehrfach behandelt.

Was wollen uns derartige Rechtsstreitigkeiten heute sagen? Für Paul Wigand und Rudolf Brinkmann, die sich im 19. Jahrhundert als erste Forscher mit den Rechtsfällen aus dem Alten Reich beschäftigten, war die Frage einfach. Sie meinten als Juristen, daß die dickleibigen Akten aus der Zeit des Alten Reiches für das Recht ihrer Zeit bedeutungslos seien. Sie glaubten, die Quellen böten lediglich Hinweise auf Sitten und Gewohnheiten des Mittelalters (Wigand) sowie auf den Rechtsgang und den Kulturzustand der vergangenen Jahrhunderte (Brinkmann). Diese Prämissen führten zu lesenswerten Nacherzählungen einzelner Prozesse, nur selten jedoch zu tiefergehenden Analysen. Mittlerweile hat sich dies geändert. Dies hängt nicht zuletzt mit dem enormen inhaltlichen und

---

[1] Von Eva Ortlieb stammt Abschnitt III, der den Reichshofrat behandelt.

[2] Siehe hierzu PETER OESTMANN, Lübecker Rechtspraxis um 1700: Der Streit um die Entführung der Catharina Lefever, in: Zeitschrift des Vereins für Lübeckische Geschichte und Altertumskunde 80 (2000) 259–293. Abschnitt I beruht auf einem Textentwurf des „Netzwerks Reichsgerichtsbarkeit“.

methodischen Aufschwung der Frühneuzeitforschung zusammen. Gerade durch das Interesse an vor- und nicht nationalstaatlichen Organisationsformen wurden das Alte Reich und seine Institutionen neu entdeckt. Besonders die Funktion des Reiches als Rechtssystem und als Friedensverband nach innen bewirkte eine intensivere Erforschung der beiden obersten Reichsgerichte, Reichshofrat und Reichskammergericht.[3]

II. REICHSKAMMERGERICHT

Die rund 80.000 Akten des Reichskammergerichts sind in 48 Archiven verstreut. Die räumliche Verteilung reicht von Wien bis Kopenhagen, von Metz bis Stettin. Manche dieser Archive besitzen nur eine Handvoll Akten, andere dagegen Tausende. Ursprünglich waren sämtliche Akten nach 1806 in Wetzlar versammelt worden. 1821 beauftragte die Bundesversammlung als Rechtsnachfolgerin des Reiches eine Kommission, die alle noch nicht erledigten Prozeßakten an die jeweiligen Rechtsnachfolger in den einzelnen Bundesstaaten verteilen sollte. In einer zweiten Phase sollten die erledigten Prozeßakten zur Verteilung an die Mitgliedstaaten des Deutschen Bundes vorbereitet werden. Für diese Maßnahme war eine Frist von 20 Jahren vorgesehen. Dabei sollte nach folgenden Teilungskriterien vorgegangen werden: Bei erstinstanzlichen Verfahren sollte der Wohnsitz des Beklagten ausschlaggebend sein, bei Appellationen der Sitz der Vorinstanz.[4] Die Archivalien, die keiner Provenienz zugeordnet werden konnten, sowie die Personalakten und die Visitationsabschiede kamen in ein neu eingerichtetes Archiv nach Frankfurt/M., das erst im Juni 2000 aufgelöst wurde. Heute befindet sich dieser Bestand im Bundesarchiv in Koblenz. Diese Akten bilden dort den sogenannten *Untrennbaren Bestand*.

Um eine schnelle und stringente Verteilung zu gewährleisten, erstellten die Verzeichner ein 45bändiges Generalrepertorium aller noch vor-

---

3 Einen guten Überblick über die aktuelle Forschungssituation geben SIEGRID WESTPHAL / STEFAN EHRENPREIS, Stand und Tendenzen der Reichsgerichtsforschung, in: ANETTE BAUMANN / SIEGRID WESTPHAL / STEPHAN WENDEHORST / STEFAN EHRENPREIS (Hrsg.), Prozeßakten als Quelle. Neue Ansätze zur Erforschung der Höchsten Gerichtsbarkeit im Alten Reich (Köln u.a. 2001) 1–13.

4 ANETTE BAUMANN, Die Gesellschaft der Frühen Neuzeit im Spiegel der Reichskammergerichtsprozesse. Eine sozialgeschichtliche Untersuchung zum 17. und 18. Jahrhundert (Köln u.a. 2001), hier 2ff.

handenen Prozesse aus den Jahren 1495–1806, das die Verfahren in der alphabetischen Reihenfolge der Namen der Kläger aufführt. Zusätzlich wurde die Verfahrensart, der Streitgegenstand und, bei Appellationen, die Vorinstanz sowie der definitive Abgabeort der Akten angegeben. Das Generalrepertorium ist heute noch vorhanden. Das Original befindet sich im Bundesarchiv in Koblenz. Eine Mikrofiche-Ausgabe liegt in der Bibliothek der Forschungsstelle der Gesellschaft für Reichskammergerichtsforschung bereit und kann dort ebenfalls eingesehen werden. Ab 1847 erfolgte schließlich die endgültige Aufteilung der Prozeßakten. Der preußische Anteil der Akten verblieb jedoch weiterhin in einem neu gegründeten Archiv in Wetzlar. Erst 1924 wurde dieses Archiv aus Geldmangel aufgelöst. In Wetzlar verblieben nur die Akten, die die Stadt Wetzlar und ihre Bürger betrafen. Der Rest wurde auf die regional zuständigen preußischen Staatsarchive verteilt. So befinden sich alle Prozeßakten, die sich mit Prozessen der Reichskammergerichtsangehörigen befassen, in Hessischen Hauptstaatsarchiv Wiesbaden. Zwar gab es schon während und nach der Verteilung der Akten Stimmen, die das Auseinanderreißen des Aktenbestandes als großen Fehler anprangerten. Eine Reaktion erfolgte darauf jedoch nicht. Erst nach dem Ersten Weltkrieg begann Otto Koser 1928 eine erste vorbildliche Verzeichnung der Prozeßakten des Untrennbaren Bestandes.[5] Dies blieb jedoch ein Einzelfall. Erst nach dem Zweiten Weltkrieg wurden die Forscher erneut auf diesen Bestand aufmerksam. So entdeckte man die reiche Fülle an Beilagen, wie z.B. Münzordnungen, Gutachten von Rechtsfakultäten, Universitäten und Schöppenstühlen, Auszüge aus Geschäftsbüchern, Pläne von Ländern, Städten, Wasserverläufen und einzelnen Bauwerken, ebenso Testamente, Inventare und Listen von Brautausstattungen. Die Historiker und Rechtshistoriker begannen, sich auf neuer und breiterer Basis mit den Akten zu beschäftigen. Schließlich erwachte bei den Wissenschaftlern die Einsicht, daß die Prozeßakten neben denen des Reichshofrats hervorragende Quellen für die Verfassungsgeschichte darstellen. Die ersten Repertorien zu Reichskammergerichtsakten entstanden.[6] Gleich-

---

5 OTTO KOSER, Repertorium der Akten des Reichskammergerichts. Untrennbarer Bestand. I. Prozeßakten aus der Schweiz, Italien, den Niederlanden und dem Baltikum, sowie der freiwilligen Gerichtsbarkeit (Heppenheim 1933).

6 Repertorium der Akten des ehemaligen Reichskammergerichts im Staatsarchiv Koblenz, bearb. von OTTO GRAF VON LOOZ-CORSWAREN und HELLMUTH SCHEIDT (Koblenz 1957); Das Staatsarchiv Münster und seine Bestände. Gerichte des Alten

zeitig begannen sich Archivare, wie Deeters in Wolfenbüttel und Weise in Hannover und Stade sowie Latzke in Frankfurt, für die Akten zu interessieren. In Aufsätzen machten sie auf ihre Arbeit aufmerksam.[7]

Der endgültige Durchbruch gelang aber erst in den siebziger Jahren. Schließlich wurde die Archivkonferenz der Länder auf die wissenschaftlichen Anstöße des Historikers Winfried Schulze und seiner Schüler sowie die 1976 erschienene Antrittsvorlesung von Bernhard Diestelkamp aufmerksam.[8] Sie setzte eine Kommission ein, zu der auch die Rechtshistoriker Bernhard Diestelkamp und Filippo Ranieri berufen wurden. Sie erarbeitete verbindliche Verzeichnungskriterien, die sogenannten *Frankfurter Grundsätze.*[9] Sie bilden die Basis für alle in den einzelnen Archiven neu anzulegenden Findbücher. Jedes dieser Findbücher ist nach dem gleichen Schema aufgebaut, das in acht Abschnitte gegliedert ist:

1. Signatur des Wetzlarer Generalrepertoriums und des jeweiligen Archivs.
2. Kläger bzw. Antragsteller, gegebenenfalls Nebenkläger oder Intervenient entsprechend dem Ladungsschreiben. Bei Appellationsverfahren ist die Parteieigenschaft in der Vorinstanz in Klammer angegeben.
3. Beklagter, gegebenenfalls Nebenbeklagter oder Intervenient entsprechend dem Ladungsschreiben; des weiteren wie Abschnitt 2.
4. Prokuratoren (seit 1654 auch substituierende Prokuratoren) am Reichskammergericht, getrennt nach Kläger (4a) und Beklagtem (4b); in Klammern ist jeweils das Jahr ihrer Bevollmächtigung

---

Reiches. Reichskammergericht I–III, bearb. von GÜNTER ADERS und HELMUT RICHTERING (Münster 1966–1973); Inventaire des Archives de la Ville de Strasbourg, Series VII et IX (Chartreuse, Saint-Nicolas-aux-Ondes, Fons Wetzlar et Ordre Teutonique) par J. FUCHS (Strasbourg 1964).

7 WALTER LATZKE, Das Archiv des Reichskammergerichts, in: ZRG GA 78 (1961) 321–326; ERICH WEISE, Die Auswertung der Reichskammergerichtsakten, in: Der Archivar 17 (1964) 251–260; WALTER DEETERS, Erfahrungen aus der Verzeichnung von Reichskammergerichtsakten im Niedersächsischen Staatsarchiv in Wolfenbüttel, in: Archivalische Zeitschrift 71 (1975) 12–25.

8 BERNHARD DIESTELKAMP, Das Reichskammergericht im Rechtsleben des 16. Jahrhunderts, in: HANS-JÜRGEN BECKER / GERHARD DILCHER / GUNTER GUDIAN / EKKEHARD KAUFMANN / WOLFGANG SELLERT (Hrsg.), Rechtsgeschichte als Kulturgeschichte. Festschrift für Adalbert Erler (Aalen 1976) 435–480.

9 Abgedruckt als Anlage zu MARTIN EWALD, Inventarisierung von norddeutschen Beständen des Reichskammergerichts, in: Der Archivar 33 (1980) Sp. 482.

oder ersatzweise des ersten Tätigkeitsnachweises angegeben. In vereinzelten Fällen erscheinen in diesem Abschnitt auch Personen ohne Prokuratorenstatus, die jedoch von den Parteien bevollmächtigt wurden und dann ihrerseits Prokuratoren bevollmächtigen, sowie die für das Revisionsverfahren bevollmächtigten Notare.

5. Streitgegenstand.
   A. Zeitgenössische Bezeichnung des Prozesses in vollem Wortlaut gemäß der deutschen bzw. lateinischen Formulierungen auf dem Spezialprotokoll oder den Produkten.
   B. Moderne Beschreibung des Prozeßgegenstandes; dabei finden neben Prozeßanlaß und -ursache sowie den Grundlinien der Argumentation beider Parteien auch wichtige Stadien des Prozeßverlaufs und eventuell ersichtliche Endurteile oder Hinweise auf eine anderweitige Beilegung des Verfahrens Berücksichtigung.
6. Instanzen in fortlaufender Numerierung, gegebenenfalls mit Angabe des Einführungsjahres; sind die Akten der Vorinstanzen nicht überliefert, stehen die Angaben in Klammern. Das Reichskammergericht ist jeweils die letzte Instanz; hier werden das Einführungsjahr und Endjahr gemäß Spezialprotokoll, danach – soweit abweichend – in Klammern Anfangs- und Endjahr der Produkte genannt.
7. Darin-Vermerke, enthaltend erwähnenswerte Beweismittel, z.B. Urkunden, Amtsbücher etc. Falls originale Überlieferung nicht ausdrücklich erwähnt wird, handelt es sich um Abschriften.
8. Hinweise auf: Umfang des Akts bei mehr als 1 cm Stapelhöhe; Unvollständigkeit des Akts, insbesondere Fehlen des Spezialprotokolls; Prozeßsprache falls nicht deutsch; parallele Prozesse in gleicher Sache; Literatur.[10]

Schließlich gelang es, die Deutsche Forschungsgemeinschaft zur Finanzierung eines Langzeitprojekts zur Neuverzeichnung der einzelnen Teilbestände zu gewinnen. Bernhard Diestelkamp begleitete als Mitglied und später als Vorsitzender des Archivunterausschusses des Bibliotheksausschusses der Deutschen Forschungsgemeinschaft die Neuverzeichnung aktiv mit. Dabei wurden und werden die so entstandenen neu-

---

[10] Die Angaben folgen der Auflistung des Repertoriums Bayerisches Hauptstaatsarchiv, Reichskammergericht Band 7, Nr. 2130–2676 (Buchstabe D), bearb. von MARGIT KSOLL-MARCON und MANFRED HÖRNER (München 2001) hier VII–IX.

en Repertorien von der jeweiligen Länderverwaltung publiziert, wobei sie eine fortlaufende Nummer des Inventars der Akten des Reichskammergerichts erhalten. Die bisher erschienenen Bände dieses Inventars werden jeweils am Schluß der Publikation aufgeführt. Als Bände Nr. 1–4 nahm man die Repertorien der schon vor den Frankfurter Grundsätzen erschienenen Bestände auf.[11] Das Oldenburger Verzeichnis bildet den ersten Band im Gesamtinventar, der nach den Frankfurter Grundsätzen erstellt wurde. Inzwischen sind die norddeutschen Teilbestände bis auf Hannover schon fast völlig neu verzeichnet worden. Noch nicht abgeschlossen sind die Verzeichnungen in Bayern, Baden-Württemberg und Nordrhein-Westfalen. Dies hängt meist mit einer Überfülle des Aktenmaterials zusammen.

Gleichzeitig haben die Bemühungen um eine Neuverzeichnung zu einer intensiveren Erforschung des Reichskammergerichts beigetragen. So wurden z.B. Hexenprozesse,[12] Injurienverfahren,[13] Untertanenklagen,[14] Grenzstreitigkeiten[15] und Judenprozesse[16] genauer untersucht.

III. REICHSHOFRAT

Die Bedeutung des Reichshofrats sowohl für die rechtshistorische als auch für die historische Forschung und eine Vielzahl verwandter Disziplinen wie die Landesgeschichte oder die historische Kartographie steht außer Frage. Der Reichshofrat hat über mehr als 250 Jahre hinweg eine reichhaltige Tätigkeit entfaltet, die in rund 900 Protokollbänden[17] sowie

---

11 Koblenz, Münster, Wolfenbüttel und Stade.

12 PETER OESTMANN, Hexenprozesse am Reichskammergericht (Köln u.a. 1997).

13 RALF-PETER FUCHS, Um die Ehre. Westfälische Beleidigungsprozesse vor dem Reichskammergericht (Paderborn 1999).

14 RITA SAILER, Untertanenprozesse vor dem Reichskammergericht. Rechtsschutz gegen die Obrigkeit in der zweiten Hälfte des 18. Jahrhunderts (Köln u.a. 1999).

15 JOST HAUSMANN, Mandati de tollendo limites. Zum Problem der Grenzen in der Praxis der Höchstgerichtsbarkeit, in: INGRID SCHEUERMANN (Hrsg.), Frieden durch Recht (Ausstellungskatalog Mainz 1994) 221–230.

16 FRIEDRICH BATTENBERG, Das Reichskammergericht und die Juden des Heiligen Römischen Reiches. Geistliche Herrschaft und korporative Verfassung der Judenschaft in Fürth im Widerspruch (Wetzlar 1992).

17 Der Bestand ‚Reichshofratsprotokolle‘ umfaßt mehrere Serien, in denen z.T. verschiedenartiges Material zusammengefaßt ist: LOTHAR GROSS, Die Reichsarchive, in: LUDWIG BITTNER (Hrsg.), Gesamtinventar des Wiener Haus-, Hof- und Staatsarchivs I (Wien 1936) 275–394, hier 295f.

schätzungsweise 70.000 Prozeßakten[18] dokumentiert ist. Befaßt war der Reichshofrat mit Angelegenheiten der verschiedensten Art aus annähernd ganz Europa.[19] Am Reichshofrat arbeiteten bedeutende Juristen,[20] so daß die reichshofrätliche Praxis Eingang in die zeitgenössischen juristischen Debatten fand, die ihrerseits auf die Praxis des Gerichts zurückwirkten. Reichshofrätliche *conclusa* wurden in umfangreichen Sammlungen publiziert.[21] Vom Reichshofrat gingen wesentliche Impulse für die Rezeption und die Ausbildung des Gerichtswesens in den Territorien des Reichs aus. Zahlreiche Reichsglieder – Untertanen, Landstände, kleinere Reichsstände und Reichsunmittelbare, aber auch größere Dynastien beider Konfessionen – nutzten den Reichshofrat zum Austrag von Differenzen und bei der Bewältigung interner Krisen. Darüber hinaus wurde das kaiserliche Gericht immer wieder zum Thema der politischen und Verfassungsdiskussion im Alten Reich. Der Reichshofrat war jedoch nicht nur Gericht, sondern auch kaiserliche Behörde. In dieser Eigenschaft nahm er zahlreiche zusätzliche Aufgaben wahr, etwa die Gutachtertätigkeit für den Kaiser, die Aufsicht über die kaiserlichen Reservatrechte und das Lehnswesen sowie die sog. freiwillige Gerichtsbarkeit des Kaisers. Nicht zuletzt war der Reichshofrat Instrument und Träger der kaiserlichen Reichspolitik.

Der unbestrittenen Bedeutung des Reichshofrats korrespondiert eine noch immer vergleichsweise schmale Forschung. Zwar ist die Besetzung des Gerichts in ihren Grundzügen bekannt; die von v. Gschließer erarbeiteten Kurzbiographien reichen jedoch nicht aus, um Karrierewege,

---

18 LEOPOLD AUER, Das Archiv des Reichshofrats und seine Bedeutung für die historische Forschung, in: BERNHARD DIESTELKAMP / INGRID SCHEURMANN (Hrsg.), Friedenssicherung und Rechtsgewährung (Bonn-Wetzlar 1997) 117–130, hier 118. Ich verdanke dem Autor wichtige Literaturhinweise zu dem vorliegenden Text.

19 Die Akten des Reichshofrats enthalten Betreffe zu heute 16 europäischen Staaten: LEOPOLD AUER, Such- und Erschließungsstrategien für die Prozeßakten des Reichshofrats, in: WOLFGANG SELLERT (Hrsg.), Reichshofrat und Reichskammergericht (Köln u.a. 1999) 211–219, hier 211.

20 Z.B. Johann Ulrich von Cramer, Andreas Gail, Hubert von Giffen, Johann Adam von Ickstatt, Friedrich Karl von Moser, Joseph Josua von Riefel, Heinrich Christian von Senckenberg: OSWALD VON GSCHLIESSER, Der Reichshofrat (Wien 1942) 424f., 125f., 170f., 426f., 475–478, 494f., 432–434.

21 JOHANN JACOB MOSER (Hrsg.), Alte und Neue Reichs-Hof-Raths-Conclusa I–III (Frankfurt/M. 1743–1744); DERS. (Hrsg.), Auserlesene Reichs-Hof-Raths-Conclusa (Leipzig-Bayreuth 1740); DERS. (Hrsg.), Merckwürdige Reichs-Hof-Raths-Conclusa I–VIII (Frankfurt/M. 1726–1732).

Klientelstrukturen und personelle Verflechtungen etwa mit dem Geheimen Rat bzw. der Geheimen Konferenz des Kaisers oder territorialen Amtsträgern offenzulegen.[22] Nur wenig ist darüber hinaus über das Personal im Umkreis des Gerichts (Reichshoffiskale, Reichshofratsagenten, Praktikanten, Sollizitatoren) bekannt.[23] Erst seit kurzem liegen erste Analysen der Inanspruchnahme des Reichshofrats vor.[24] Sie geben Anlaß zu der Vermutung, daß verbreitete Ansichten über dessen Tätigkeit zu korrigieren sein werden.[25] Die normativen Grundlagen des reichshofrätlichen Verfahrens sind inzwischen in einer kommentierten Edition greif-

---

22 GSCHLIESSER, Reichshofrat; neuere Einzelstudien: ALBRECHT ECKHARDT, Kanzler und Reichshofrat Dr. Johann Philipp (von) Bohn (1597–1658), in: Archiv für hessische Geschichte und Altertumskunde 48 (1990) 33–88; NILS JÖRN, Dietrich von Brömbsen, in: DERS. / MICHAEL NORTH (Hrsg.), Die Integration des südlichen Ostseeraums in das Alte Reich (Köln u.a. 2000) 185–233. Zur Stellung des Reichshofrats im Gesamtzusammenhang des kaiserlichen Hofs STEFAN EHRENPREIS, Der Reichshofrat im System der Hofbehörden Kaiser Rudolfs II. (1576–1612), in: Mitteilungen des Österreichischen Staatsarchivs 45 (1997) 187–205.

23 GERNOT P. OBERSTEINER, Das Reichshoffiskalat 1596 bis 1806 (Staatsprüfungsarbeit am Institut für Österreichische Geschichtsforschung Wien 1992), zu den Agenten vgl. den Vortrag von STEFAN EHRENPREIS auf der Frühjahrstagung des Netzwerks Reichsgerichtsbarkeit 2001, für die ein Sammelband in Vorbereitung ist.

24 TOBIAS FREITAG / NILS JÖRN, Zur Inanspruchnahme der obersten Reichsgerichte im südlichen Ostseeraum 1495–1806, in: JÖRN/NORTH (Hrsg.), Integration 39–141; EVA ORTLIEB, Im Auftrag des Kaisers. Die kaiserlichen Kommissionen des Reichshofrats und die Regelung von Konflikten im Alten Reich (1637–1657) (Köln u.a. 2001) 49–123; SIEGRID WESTPHAL, Stabilisierung durch Recht. Reichsgerichtsbarkeit und thüringische Territorialstaaten 1648–1806 (Habil. masch. Jena 2000), hier 30ff. und Anhang; für Juden aus den österreichischen Erbländern: BARBARA STAUDINGER, Juden am Reichshofrat. Jüdische Rechtsstellung und Judenfeindschaft am Reichshofrat am Beispiel der österreichischen, böhmischen und mährischen Juden 1559–1670 (phil. Diss. Wien 2001).

25 FREITAG/JÖRN, Inanspruchnahme 141, kommen zu dem Ergebnis, daß der angeblich „königsferne" Norden des Reichs hinsichtlich der Inanspruchnahme der Reichsgerichte als „normal" integriert zu betrachten sei, Westphal weist die Anrufung des Reichshofrats durch Angehörige protestantischer Dynastien mittlerer Größe nach. Beide Studien betonen ebenso wie die Untersuchung von Ortlieb die große Bedeutung wirtschaftlicher und familiärer Konflikte für die Tätigkeit des Reichshofrats, während die bisherige Forschung den Eindruck vermittelte, der Reichshofrat sei v.a. mit Untertanen- und reichsstädtischen Verfassungskonflikten befaßt gewesen.

bar.[26] Von den verschiedenen am Reichshofrat praktizierten Verfahrensarten haben bisher der erstinstanzliche ordentliche Prozeß, der Mandatsprozeß, das Achtverfahren sowie die kaiserlichen Kommissionen Beachtung gefunden,[27] die Ausstrahlungskraft des Reichshofrats auf die Entwicklung des territorialen Gerichtswesens ist für das Oberappellationsgericht in Celle untersucht.[28] Über den Einfluß der Person des jeweiligen Kaisers auf die Arbeit des Reichshofrats und ihre zeitliche Entwicklung läßt sich derzeit noch wenig sagen; entsprechende Studien liegen lediglich für Rudolf II. und Karl VI. vor.[29] Nur gelegentlich hat auch die Tätigkeit des Reichshofrats in den Randgebieten des Reichs sowie im Zusammenhang mit den kaiserlichen Reservatrechten das Interesse der Forschung geweckt.[30] Erste Arbeiten beschäftigen sich mit einzelnen am

---

26 WOLFGANG SELLERT (Hrsg.), Die Ordnungen des Reichshofrates 1550–1766 I–II (Köln-Wien 1980–1990).

27 WOLFGANG SELLERT, Prozeßgrundsätze und Stilus Curiae am Reichshofrat im Vergleich mit den gesetzlichen Grundlagen des reichskammergerichtlichen Verfahrens (Aalen 1973); MANFRED UHLHORN, Der Mandatsprozeß sine clausula des Reichshofrats (Köln-Wien 1990); DIETRICH LANDES, Achtverfahren vor dem Reichshofrat (jur. Diss. Frankfurt/M. 1964); ORTLIEB, Auftrag. Zu den kaiserlichen Kommissionen des Reichshofrats unter Kaiser Maximilian II. bereitet SABINE ULLMANN (Augsburg) eine Habilitationsschrift vor, vgl. vorerst: DIES., Friedenssicherung als Kommunikationsereignis. Zur Arbeitsweise des Reichshofrats unter Kaiser Maximilian II., in: ROLF KIESSLING / CARL A. HOFFMANN (Hrsg.), Kommunikation in der Region (Memmingen 2001) 203–229. Zur Zuständigkeit des Reichshofrats siehe WOLFGANG SELLERT, Über die Zuständigkeitsabgrenzung von Reichshofrat und Reichskammergericht (jur. Diss. Frankfurt/M. 1964).

28 PETER JESSEN, Der Einfluß von Reichshofrat und Reichskammergericht auf die Entstehung und Entwicklung des Oberappellationsgerichts Celle (Aalen 1986). Zum Wismarer Tribunal NILS JÖRN, Gerichtstätigkeit, personelle Strukturen und politisch relevante Rechtsprechung am Wismarer Tribunal 1653–1815, in: BAUMANN u.a. (Hrsg.), Prozeßakten 219–257.

29 MICHAEL HUGHES, Law and Politics in Eighteenth Century Germany: the Imperial Aulic Council in the Reign of Charles VI. (Woodbridge 1988); für Rudolf II. die Bochumer Dissertation von STEFAN EHRENPREIS.

30 LEO LEESMENT, Über die livländischen Gerichtssachen im Reichskammergericht und im Reichshofrat (Tartu 1929); MATTHIAS SCHNETTGER, Das Alte Reich und Italien in der Frühen Neuzeit, in: Quellen und Forschungen aus italienischen Archiven und Bibliotheken 79 (1999) 344–420, hier 364ff.; LOTHAR GROSS, Reichshofratsprotokolle als Quellen niederösterreichischer Geschichte, in: Jahrbuch für Landeskunde von Niederösterreich 26 (1936) 119–123; ULRICH EISENHARDT, Die kaiserliche Aufsicht über Buchdruck, Buchhandel und Presse (Karlsruhe 1970); CHRISTOPH GNANT, Die Panisbriefe Josephs II. (geisteswiss. Diplomarbeit Wien

Reichshofrat verhandelten thematischen Konstellationen oder bestimmten Personengruppen.[31] Gestellt, aber noch keineswegs erschöpfend beantwortet wurde darüber hinaus die Frage nach dem Verhältnis der beiden obersten Reichsgerichte zueinander und zu anderen Höchstgerichten in Europa.[32] Als recht gut erforscht können lediglich Untertanen- und reichsstädtische Verfassungskonflikte vor dem Reichshofrat gelten.[33]

Die auffallende Diskrepanz zwischen Bedeutung und Erforschung des Reichshofrats hängt mit Gestalt und Erschließung des reichshofrätlichen Archivs zusammen. Neben den erwähnten Prozeßakten wird dort der Niederschlag seiner außerstreitigen Tätigkeit (Privilegien, Legitimationen, Schutzbriefe, Moratorien, Erste Bitten, Lehnswesen), aber auch Material zu Verfassung und Personal des Reichshofrats verwahrt.[34] Wie viele Akten im Verlauf der Zeit verlorengegangen sind, ist nicht bekannt; einzelne Stichproben kommen für die Verfahrensakten übereinstimmend

---

2000); JEAN-FRANÇOIS NOËL, Zur Geschichte der Reichsbelehnungen im 18. Jahrhundert, in: Mitteilungen des Österreichischen Staatsarchivs 21 (1968) 106–122. Zu diplomatischen Verwicklungen zwischen Frankreich und dem Kaiserhof führte die Aktivität des Reichshofrats in der San Remo-Frage: SOPHIE CAILLIERET, L'affaire de San Remo (Mémoire de maîtrise Université d'Angers 1999).

31 Konkurs: SUSANNE HERRMANN, Die Durchführung von Schuldenverfahren im Rahmen kaiserlicher Debitkommissionen im 18. Jahrhundert am Beispiel des Debitwesens der Grafen von Montfort, in: SELLERT (Hrsg.), Reichshofrat und Reichskammergericht 111–127; ERNST SCHILLY, Die Tätigkeit der Kaiserlichen Schuldentilgungskommission und der Manutenenzkommission des Markgrafen Karl Friedrich von Baden-Durlach in der nassau-saarbrückischen Schuldensache 1770, in: Zeitschrift für Geschichte der Saargegend 20 (1972) 84–120; WESTPHAL, Stabilisierung 258–427 (Sachsen-Hildburghausen). Hexen: BRITTA GEHM, Die Hexenverfolgung im Hochstift Bamberg und das Eingreifen des Reichshofrats zu ihrer Beendigung (Hildesheim u.a. 2000). Verfahren mit jüdischer Beteiligung am Reichshofrat von den Anfängen bis 1670 werden im Rahmen der Austria Judaica erfaßt: BARBARA STAUDINGER, Die Resolutionsprotokolle des Reichshofrats als Quelle zur jüdischen Geschichte, in: BAUMANN u.a. (Hrsg.), Prozeßakten 119–140.

32 BERNHARD DIESTELKAMP (Hrsg.), Oberste Gerichtsbarkeit und zentrale Gewalt im Europa der frühen Neuzeit (Köln u.a. 1996); SELLERT (Hrsg.), Reichshofrat und Reichskammergericht.

33 SIEGRID WESTPHAL, Zur Erforschung der obersten Gerichtsbarkeit des Alten Reiches. Eine Zwischenbilanz, in: Jahrbuch der historischen Forschung der Bundesrepublik Deutschland 1999 (2000) 15–22.

34 GROSS, Reichsarchive; ROBERT STROPP, Neuordnung und Neuaufstellung der Archivbehelfe des Haus-, Hof- und Staatsarchivs, in: Mitteilungen des Österreichischen Staatsarchivs 17/18 (1964/65) 611–639, hier 612f.

auf eine Verlustquote von rund 50%.[35] Das Archiv des Reichshofrats blieb nach dem Ende des Alten Reichs im wesentlichen als Ganzes erhalten und wird heute im Österreichischen Staatsarchiv, Abt. Haus-, Hof- und Staatsarchiv (HHStA), in Wien aufbewahrt. Was auf den ersten Blick wie ein überlieferungsgeschichtlicher Glücksfall aussieht, hat sich auf die Erschließung der Bestände allerdings wahrscheinlich eher negativ ausgewirkt. Eine einzige Institution, die noch dazu zahlreiche weitere Quellenbestände zu bewahren hat, war und ist mit der Betreuung des immensen Materials tendenziell überfordert. Die meisten der noch heute zu benutzenden Archivbehelfe stammen aus dem 19. Jahrhundert bzw. sind noch am Reichshofrat selbst entstanden. Verzeichnet wurden die Vorgänge in der Regel nach den Namen der Kläger bzw. Antragsteller. Darüber hinaus enthalten die Repertorien Hinweise auf den Gegenstand der betreffenden Angelegenheit, die Laufzeit des Verfahrens sowie ggf. den Namen des Beklagten bzw. Antragsgegners und die Verfahrensart. Namensregister existieren nur in einzelnen Fällen, moderne Sachindices überhaupt nicht. Diese Erschließungssituation zwingt zum einen zumeist zu erheblichen Investitionen an Arbeitszeit schon für das bloße Auffinden geeigneter Akten, zumal kein einheitliches Alphabet für alle relevanten Aktenserien vorliegt. Zum anderen sind die von den Repertorien gebotenen Informationen, verglichen mit modernen Inventaren, spärlich, häufig wenig aussagekräftig und gelegentlich auch mißverständlich oder fehlerhaft. Nur am Rand sei erwähnt, daß sich reichshofrätliches oder für Vorgänge am Reichshofrat relevantes Material natürlich auch in anderen Beständen des HHStA bzw. in anderen Archiven findet.[36]

Zwei Projekte bemühen sich derzeit um eine Verbesserung des Zugangs zur reichshofrätlichen Überlieferung. Zum einen wird das sog. Wolfsche Repertorium, der Hauptbehelf zu den Judicialia des Reichshofrats, der schätzungsweise rund 40.000 Verfahren erfaßt, in eine Daten-

---

35 FREITAG/JÖRN, Inanspruchnahme 47; ORTLIEB, Auftrag 127. Um so größere Bedeutung kommt den Protokollen zu, die eine annähernd vollständige Rekonstruktion der reichshofrätlichen Tätigkeit ermöglichen.

36 Im HHStA ist in diesem Zusammenhang v.a. der Bestand Reichshofkanzlei, Kleinere Reichsstände, von Belang. FRIEDRICH BATTENBERG, Reichshofratsakten in den deutschen Staatsarchiven, in: SELLERT (Hrsg.), Reichshofrat und Reichskammergericht 221–240; EVA ORTLIEB, Gerichtsakten und Parteiakten, in: BAUMANN u.a. (Hrsg.), Prozeßakten 101–118, hier 110–114.

bank übertragen.[37] Eine weitere, auf einer kompletten Neuverzeichnung nach dem Muster der Reichskammergerichts-Aktenverzeichnung basierende Datenbank entsteht zu den sog. Alten Prager Akten, einer kleineren Serie des reichshofrätlichen Archivs.[38] Während das erste Projekt durch die von einer Datenbank gebotenen Abfragemöglichkeiten vor allem den Suchvorgang erleichtert, wird im Rahmen des zweiten Projekts eine erhebliche Menge an zusätzlichen Informationen, allerdings zu entsprechend weniger Vorgängen, bereitgestellt. Beide Datenbanken, die derzeit Daten zu annähernd 12.000 Verfahren enthalten, werden bereits für die Beantwortung von Anfragen genutzt. Sobald die technischen Möglichkeiten dafür geschaffen sind, soll die elektronische Version des Wolfschen Repertoriums darüber hinaus zusammen mit den anderen elektronischen Behelfen des HHStA den Benutzern direkt zur Verfügung stehen. Bezüglich der Datenbank zu den Alten Prager Akten ist an eine Publikation in klassischer (Buch) und/oder elektronischer Form (CD-ROM, Internet) gedacht.

Archiv und Forschung zum Reichshofrat bedeuten für alle, die sich mit diesem Thema beschäftigen wollen, Reiz und Mühsal zugleich. Den Schwierigkeiten im Umgang mit dem Material steht die Möglichkeit echter Forschungsleistungen auf einem in vieler Hinsicht noch unbearbeiteten Feld gegenüber. Gerade in dieser Situation ist der Austausch mit Kollegen eine wichtige Hilfe und zugleich unabdingbare Voraussetzung für die schrittweise Erarbeitung einer Gesamteinschätzung von Tätigkeit und Bedeutung des Reichshofrats.

IV. NETZWERK REICHSGERICHTSBARKEIT

Auf Grund dieser Verhältnisse schlossen sich auf dem Münchner Historikertag 1996 interessierte Rechtshistoriker, Historiker und Archivare zu dem Netzwerk Reichsgerichtsbarkeit zusammen. Ziel ist es, Ansprechpartner für Nachwuchswissenschaftler zu sein, die im weitesten Sinne

---

37 Leitung: Prof. Dr. Leopold Auer (Wien); Finanzierung: Jubiläumsfonds der Österreichischen Nationalbank. ARTHUR STÖGMANN, Die Erschließung von Prozeßakten des Reichshofrats im Haus-, Hof- und Staatsarchiv Wien, in: Mitteilungen des Österreichischen Staatsarchivs 47 (1999) 249–265.

38 Leitung: Prof. Dr. WOLFGANG SELLERT (Göttingen); Finanzierung: VolkswagenStiftung. WOLFGANG SELLERT, Projekt einer Erschließung der Akten des Reichshofrats, in: DERS. (Hrsg.), Reichshofrat und Reichskammergericht 199–210.

über die Reichsgerichte und ihre Rechtsprechung arbeiten bzw. Gerichtsakten als Quellen benutzen. Dabei sollen die laufenden Forschungen vernetzt werden und ein Austausch über die Fächergrenzen hinweg gefördert werden. Seit 1998 besteht eine enge Kooperation mit der Gesellschaft für Reichskammergerichtsforschung in Wetzlar. Dort werden die entsprechenden Adressen und Unterlagen gesammelt sowie Auskünfte zu aktuellen Forschungsfragen bzw. Ansprechpartnern erteilt.

Seit 1999 veranstaltet das Netzwerk in zweijährigem Turnus Nachwuchstagungen. Sie werden von der Fritz-Thyssen-Stiftung gefördert. Die Ergebnisse der ersten Tagung liegen seit Frühjahr 2001 in dem Sammelband „Prozeßakten als Quelle. Neue Ansätze zur Erforschung der Höchsten Gerichtsbarkeit im Alten Reich“ vor.[39]

Die zweite Tagung fand im Frühjahr 2001 statt. Sie stand unter dem Titel: *Das Reichspersonal der Frühen Neuzeit. Aufbau, Funktion, Karrieren.* Ausbildung, Funktion und Karriere von Funktionseliten in den einzelnen Territorialstaaten werden seit längerer Zeit untersucht. Aber es gibt vergleichsweise wenig Studien, die sich mit dem Personal in den Diensten von Kaiser und Reich befassen. Dies wollte die Tagung ändern. Dabei erschöpfte sich die Beschäftigung mit dem Reichspersonal nicht in einem prosopographischen Ansatz. Vielmehr wurde auch untersucht, ob der Begriff Reichspersonal gerechtfertigt ist und in welchem Maß von einer auf Reich und Kaiser bezogenen Funktionselite gesprochen werden kann.

Weitere Projekte sind schon im Planungsstadium. So haben die Vorbereitungen für die nächste Tagung im Frühjahr 2003 begonnen. Das Thema soll lauten: *„... zu richten nach des Reichs gemeinen Rechten“ – Höchstrichterliche Rechtsprechung im Alten Reich.*

Grundlage hierfür sollen die Prozesse an den beiden Reichsgerichten sein. Neben der konkreten Falluntersuchung an Reichskammergericht und Reichshofrat soll auch die Beschäftigung mit übergeordneten Gesichtspunkten stehen, so etwa mit Fragen nach der Verfahrensdauer und der Urteilshäufigkeit. Erste Ergebnisse sprechen dafür, daß die bekannten zeitgenössischen Beschwerden über die Schwerfälligkeit der Reichsjustiz vornehmlich hoheitsrechtliche Auseinandersetzungen betrafen. Wurden die zivil- und strafrechtlichen Streitigkeiten nicht doch schneller entschieden als oft vermutet? Mit der Auswertung der zeitgenössischen

---

39 BAUMANN u.a. (Hrsg.), Prozeßakten.

Literatur kann zudem der Stellenwert reichsgerichtlicher Entscheidungen innerhalb der Gemeinrechtswissenschaft geklärt werden.

Eingeladen zu der Tagung sind insbesondere Doktoranden und Habilitanden, die sich mit höchstrichterlichen Rechtsfällen aus der Zeit von etwa 1495 bis 1806 beschäftigen. Referate zur Rechtsanwendung und zum Verfahrensrecht sind hierbei ebenso willkommen wie Vorträge über die sozialen Auswirkungen reichsgerichtlicher Urteile, über Wirtschaftskonflikte und oberste Gerichtsbarkeit in der Frühen Neuzeit und über die Rezeption der Reichsgerichtsbarkeit im zeitgenössischen juristischen und außerjuristischen Schrifttum.

Wer darüber hinaus über die Reichsgerichte forscht, die Gerichtsakten nutzt oder Auskünfte über die Reichsgerichtsbarkeit benötigt, ist herzlich eingeladen, mit uns Kontakt aufzunehmen. Interessierte können sich an Dr. Anette Baumann (Wetzlar), PD Dr. Siegrid Westphal (Jena), Dr. Stephan Wendehorst (Leipzig) oder Dr. Peter Oestmann (Frankfurt/M.) wenden.

Kontaktadresse:
Gesellschaft für Reichskammergerichtsforschung e. V., Wetzlar
Rosengasse 16
D - 35578 Wetzlar
Tel. (+49-6441) 99-611, Fax 99-614
Email: forschungsstelle@reichskammergericht.de
Homepage: http://www.reichskammergericht.de

CHRISTIANE BIRR, Würzburg

ERKENNTNISINTERESSE UND BEGRIFFSBILDUNG: DAS BEISPIEL DER WEISTÜMER UND LÄNDLICHEN RECHTSQUELLEN

I.

Jede Beschäftigung mit ländlichen Rechtsverhältnissen im späten Mittelalter und in der frühen Neuzeit führt zur Begegnung mit einem zentralen Begriff der deutschen Rechtsgeschichte: den Weistümern. Wer sich durch einen Blick ins Handwörterbuch zur deutschen Rechtsgeschichte oder ins Lexikon des Mittelalters schnell belehren lassen will, was ein Weistum eigentlich ist, findet sich folgendem gegenüber: Weistümer „im urspr. Sinn" bezeichneten eine „Vielzahl spätma. und frühnz. Rechtsq.n", deren gemeinsamer Nenner die Entstehung durch Weisung sei, nämlich als Aufzeichnung einer kollektiven Aussage rechtskundiger Männer über das geltende Recht.[1] Gleich im nächsten Satz nach dieser abstrakten Erklärung wird es bunt; man erfährt, daß es Formweistümer, echte und unechte Weistümer gebe und daß der Weistumsbegriff auch Offnungen, Taidinge, Ding- und Hofrödel, Dorfordnungen, Kundschaften, Ehaften und Ehaftsordnungen und vieles mehr umfasse. Ein verwirrende, kaleidoskopische Vielfalt von Formen zeichnet sich ab.

Die Verwirrung wie die Schwierigkeiten der Begriffsbestimmung beruhen zum großen Teil auf der Janusköpfigkeit des Weistumsbegriffes. Einerseits handelt es sich um einen quellenimmanenten Ausdruck, das heißt, es gibt Texte des späten Mittelalters oder der frühen Neuzeit, die sich selbst als Weistümer bezeichnen. Allerdings gibt es sie nicht im gesamten deutschsprachigen Raum;[2] in Bayern, in der Schweiz und Öster-

---

1 DIETER WERKMÜLLER, Weistümer, in: HRG V (Berlin 1998) 1239–1252, hier 1241; DERS., Über Aufkommen und Verbreitung der Weistümer. Nach der Sammlung von Jacob Grimm (Berlin 1972) 66f.; BERND SCHILDT, Weistum, in: Lexikon des Mittelalters VIII (München 1997) 2141–2143, hier 2141.

2 BARTHEL HUPPERTZ, Die Verbreitung der Weistümer, in: DERS., Räume und Schichten bäuerlicher Kulturformen in Deutschland. Ein Beitrag zur Deutschen Bauerngeschichte (Bonn 1939) 243–259, zitiert nach: PETER BLICKLE (Hrsg.), Deutsche Ländliche Rechtsquellen. Probleme und Wege der Weistumsforschung (Stuttgart 1977) 27–40; WERKMÜLLER, Aufkommen 142ff.

reich oder in den deutschen Kolonisierungsgebieten östlich der Elbe kennt man sie nicht. Dagegen sind sie sehr häufig in Franken, am Mittelrhein und an der Mosel.[3] Andererseits aber ist „Weistum" ein *terminus technicus* der Forschung, geprägt durch Historiker und Rechtshistoriker des späten 19. und frühen 20. Jahrhunderts. Als solcher ist er Sammelbegriff, der alle Erscheinungsformen ländlicher Rechtsaufzeichnungen im gesamten deutschsprachigen Raum unter sich fassen soll.[4] Daß dieser gleichsam doppelte Boden des Weistumsbegriffes verantwortlich ist für viele, wenn nicht sogar alle Schwierigkeiten bei der Beantwortung der Frage „was ist ein Weistum?",[5] ist keine neue Erkenntnis, sondern bereits von Helmuth Stahleder[6] und Helmuth Feigl[7] ausgesprochen worden, und Theodor Bühler-Reimann[8] bezweifelte bereits 1977 mit der Ethnologie entlehnten Gründen die Tauglichkeit der verwendeten Abgrenzungskriterien.[9]

---

3 KARL KOLLNIG, Probleme der Weistumsforschung, in: Heidelberger Jahrbücher (1957) 13–30, zitiert nach GÜNTHER FRANZ (Hrsg.), Deutsches Bauerntum im Mittelalter (Darmstadt 1976) 394–423, hier 422.

4 WERKMÜLLER, Weistümer 1240f.; SCHILDT, Weistum 2141f.; HERMANN BALTL, Die österreichischen Weistümer. Studien zur Weistumsgeschichte, in: Mitteilungen des Instituts für Österreichische Geschichstforschung 59 (1951), 365–410, hier 372ff.; KOLLNIG, Probleme 400; KARL HEINZ BURMEISTER, Probleme der Weistumsforschung, in: BLICKLE (Hrsg.), Rechtsquellen 74–86, hier 74f. (Unterscheidung „Form-" und „Editionsweistum"). Scharfe Kritik an einem solchen Sammelbegriff übt HELMUTH STAHLEDER, Weistümer und verwandte Quellen in Franken, Bayern und Österreich. Ein Beitrag zu ihrer Abgrenzung (Teil 2), in: Zeitschrift für bayerische Landesgeschichte 32 (1969) 850–885, hier 853f.

5 Um Gemeinsamkeiten und Unterschiede aller Begriffsbildungen herauszuarbeiten, gibt RUDOLF HINSBERGER, Die Weistümer des Klosters St. Matthias in Trier. Studien zur Entwicklung des ländlichen Rechts im frühmodernen Territorialstaat (Stuttgart-New York 1989) 6, einen tabellarischen Überblick über die verschiedenen Definitionen des Weistumsbegriffes.

6 HELMUTH STAHLEDER, Weistümer und verwandte Quellen in Franken, Bayern und Österreich (Teil 1), in: Zeitschrift für bayerische Landesgeschichte 32 (1969) 525–605 beginnt seine Ausführung mit harscher Kritik an der bisherigen Weistumsforschung.

7 HELMUTH FEIGL, Rechtsentwicklung und Gerichtswesen Oberösterreichs im Spiegel der Weistümer. Erläuterungen zur Edition der oberösterreichischen Weistümer (Wien 1974) 9.

8 THEODOR BÜHLER-REIMANN, Warnung vor dem herkömmlichen Weistumsbegriff, in: BLICKLE (Hrsg.), Rechtsquellen 87–102.

9 STAHLEDER, Weistümer 530 nimmt inhaltlich die Kritik BÜHLER-REIMANNS vorweg: „[...] schließlich wird jedes vom modernen Bundestag erlassene Gesetz nach

Wilhelm Ebel aber sprach einmal von der „Grunderkenntnis, daß ein gemeinsames Wort für Rechtstatsachen, die uns als verschiedene Dinge erscheinen, auch auf eine einheitliche Ursprungsvorstellung schließen läßt".[10] Sollte sich der Satz nicht auch umkehren lassen? Etwa so: Verschiedene Namen lassen auf verschiedene Ursprünge, auf die Verschiedenheit der Dinge schließen. Auch wenn in unseren Augen die Ähnlichkeiten überwiegen, war doch die Verschiedenheit zwischen den Arten ländlicher Rechtsquellen in den Augen der Zeitgenossen groß genug, um eine differenzierte Terminologie zu erfordern. Warum aber ist die rechtshistorische Forschung den Anhaltspunkten in den Quellen selbst nicht nachgegangen, sondern hat einen eigenen Sammelbegriff „Weistum" gebildet und an ihm trotz aller offenkundigen Schwierigkeiten festgehalten? Dieser Begriff diente einem bestimmten, historisch faßbaren Erkenntnisinteresse; für Fragestellungen außerhalb seines ursprünglichen Forschungskontextes ist er erkenntnishindernd, verstellt er den Blick auf die Quellen. Im folgenden werden wir an den Beginn der modernen Weistumsforschung zurückkehren, zu einer der Quellen unserer eigenen Disziplin.

II.

Weistumsforschung verläuft in Wellen, in einem konjunkturellen Auf und Ab des Interesses.[11] Sie beginnt in der Mitte des 19. Jahrhunderts mit Jacob Grimm. Unmittelbar nach Veröffentlichung seiner „Rechtsalterthümer" (1828) spielt Grimm mit dem Gedanken, alle Weistümer, derer er habhaft werden kann, zu veröffentlichen, mehr als „einige hunderte" würden es kaum sein, „alle zusammen würde ein mäßiger quartant oder ein starker octavband faßen".[12] Karl Friedrich Eichhorn ermutigt

---

vorherigem Befragen rechtskundiger Männer in einer förmlichen Versammlung gewiesen und wäre somit ein Weistum".

10 WILHELM EBEL, Die Willkür. Eine Studie zu den Denkformen des älteren deutschen Rechts (Göttingen 1953) 10f.

11 Zur Themen- und Methodenwahl von Rechtshistorikern MICHAEL STOLLEIS, Die Rechtsgeschichte im Nationalsozialismus: Umrisse eines wissenschaftsgeschichtlichen Themas, in: DERS. / DIETER SIMON (Hrsg.), Rechtsgeschichte im Nationalsozialismus. Beiträge zur Geschichte einer Disziplin (Tübingen 1989) 1–10, hier 1f.

12 JACOB GRIMM, Deutsche Rechtsalterthümer (3. Ausg., Göttingen 1881) XI; zur Entstehungsgeschichte der Weistumssammlung: WERKMÜLLER, Aufkommen 41ff.

ihn, die weitgehend unbekannten Texte drucken zu lassen. 1831 ist die Rede davon, den Weistümern einen eigenen Band der Monumenta Germanica zu widmen, doch dieser Plan zerschlägt sich, wohl angesichts der ständig, aber äußerst langwierig wachsenden Materialfülle.[13] Die gezielte Suche nach weiteren Texten fördert mehr Material als erwartet zu Tage; in den Jahren 1840 bis 1863 gibt Grimm vier Bände von „Weisthümern" in Druck.[14]

Sowohl die „Rechtsalterthümer" als auch die „Weisthümer" stellen ländliche Rechtstexte erstmals als ernstzunehmendes Untersuchungsmaterial für Juristen, Rechtshistoriker, Historiker und Philologen vor. Zuvor hatten Weistümer, sofern in Einzelstücken bekannt, bestenfalls als Kuriositäten, schlimmstenfalls als Belege für die Rückständigkeit mittelalterlichen Denkens gegolten,[15] die man aus Pietät übersah, verschwieg oder gar vernichtete.[16]

---

13 Vgl. GRIMM in seinem Brief an Savigny vom 31. Dezember 1831: WILHELM SCHOOF (Hrsg.), Briefe der Brüder Grimm an Savigny (Berlin-Bielefeld 1953) 370 [Brief Nr. 164]. In den Briefen an Savigny ist mehrmals von der Arbeit in den Archiven, ihren Erfolgen und Hindernissen die Rede: vgl. SCHOOF (Hrsg.), Briefe 367 [Brief Nr. 163], 381f. [Brief Nr. 172].

14 GERHARD DILCHER, Grimm, Jakob (1785–1863), in: MICHAEL STOLLEIS (Hrsg.), Juristen. Ein biographisches Lexikon. Von der Antike bis zum 20. Jahrhundert (München 1995) 254–255, hier 254; KOLLNIG, Probleme 395. Nach Grimms Tod erscheinen noch zwei weitere Bände (ADALBERT ERLER, Grimm, Jacob, in: HRG I [Berlin 1971] 1806–1808, hier 1807f.; WERKMÜLLER, Aufkommen 46). Daß damit der Stoff längst nicht erschöpft war, beweist ein Blick auf den aktuellen Stand der Editionen, die inzwischen etliche Regalmeter füllen, ohne daß ein Ende des in den Archiven ruhenden ungedruckten Materials abzusehen wäre (WILLY ANDREAS, Stand und Aufgabe der Weistumsforschung, vornehmlich am Oberrhein, in: Blätter für deutsche Landesgeschichte 83 (1937) 102–117, hier 109, 112; insofern irreführend EKKEHARD KAUFMANN, Deutsches Recht. Die Grundlagen [Berlin 1984] 24). Zum aktuellen Editionsstand: WINFRIED DOTZAUER, Quellenkunde zur deutschen Geschichte im Spätmittelalter 1350–1500 (Darmstadt 1996) 206ff.

15 So mokiert sich GEORG LUDWIG MAURER (bei aller Wertschätzung einheimischen Rechts) über die „lächerliche Art", in welcher das althergebrachte Recht „in den meisten alten Weisthümern" überliefert sei, nämlich „ohne allen Geist": Geschichte des altgermanischen und namentlich altbairischen oeffentlich-muendlichen Gerichtsverfahrens, dessen Vortheile, Nachtheile und Untergang in Deutschland ueberhaupt und in Baiern insbesondere (Neudruck der Ausg. 1824, Osnabrück 1965) VIf. und 267 (§ 183); HANS THIEME, Deutsches Privatrecht, in: HRG I (Berlin 1971) 702–709, hier 704.

16 GRIMM, Rechtsalterthümer XI. Zur Zerstörung spätmittelalterlicher Weistumstexte durch Verwendung der Pergamentblätter in der Buchbinderei, bei der Her-

Aus heutiger Sicht besteht einer der Hauptmängel der Grimmschen Sammlung im Fehlen von Protokoll und Eschatokoll der Texte; es ist regelmäßig unmöglich zu erkennen, wie und warum die wiedergegebenen Rechtsaufzeichnungen zustandegekommen sind. Es liegt jedoch in Jacob Grimms Editionsplan, diese Textteile nicht aufzunehmen.[17] Sie erscheinen ihm unwesentlich; ihm kommt es in erster Linie auf Sprache und Inhalt der Texte an.[18] Seine Betrachtungsweise ist sehr persönlich und ästhetisierend,[19] zugleich politisch: Er selbst versteht das Sammeln und Edieren der Weistümer als „vaterländische Pflicht"; die Stimmen der „guten Vorfahren" sollen als Nachweis für die natürliche, nationale Einheit der Deutschen dienen.[20] Ein allzu genaues Eingehen auf die regionale Vielfalt der ländlichen Rechtsquellen hätte demgegenüber nur störend gewirkt. Den Terminus „Weistümer" wählt Jacob Grimm aus ästhetischen Gründen zum Titel seiner Quellensammlung, aber auch, weil er in dem Frage- und Antwortspiel der echten Weistümer die volkstümliche Überlieferung althergekommenen Rechts am eindrucksvollsten verkörpert sieht.

---

stellung von Blattgold etc: M. B. KITTEL, Weisthümer, in: Archiv des historischen Vereins für Unterfranken und Aschaffenburg 17 (1864) 86–123, hier 86f.

17 WERKMÜLLER, Aufkommen 48.

18 Mehr als auf eine Lokalisierung des Textes; in dieser Hinsicht genügt ihm eine landschaftliche Zuordnung: WERKMÜLLER, Aufkommen 35; ANDREAS, Stand 103f.

19 Zum Jura-Studium Jacob und Wilhelm Grimms: JACOB GRIMM, Selbstbiographie, in: DERS., Auswahl aus den Kleineren Schriften, Zweite Ausgabe (Berlin 1875) 1–25, hier 5; WILHELM EBEL, Jacob Grimm und die deutsche Rechtswissenschaft (Göttingen 1963) 11f. Es ist kaum ein Zufall, daß gerade der ebenfalls in erster Linie als Philologe ausgewiesene Eduard Osenbrüggen als einer der ersten der von Grimm vorgezeichneten Spur folgt. Er betrachtet das Mittelalter durch den „Goldschimmer der Romantik" und nimmt Rechtsinstitute wie das Lehnswesen weniger juristisch-historisch wahr als vielmehr als „schöne Erscheinung in der Entwicklung der europäischen Menschheit" (EDUARD OSENBRÜGGEN, Der ethische Factor im altdeutschen Recht, in: DERS., Studien zur deutschen und schweizerischen Rechtsgeschichte [Schaffhausen 1868] 1–18, hier 4). Zu Osenbrüggen (1809–1879): F. NEEF, Osenbrüggen, Eduard, in: Handwörterbuch zur deutschen Rechtsgeschichte III (Berlin 1984) 1323–1325. Die strikteste Gegenposition zur ästhetisierenden Betrachtungsweise nimmt wohl STAHLEDER, Weistümer 553 ein: „Ein Weistum ist kein literarisches Produkt, sondern ein Gebrauchsgegenstand".

20 WERKMÜLLER, Aufkommen 117.

III.

Zu seinen Lebzeiten erntet Jacob Grimm zwar Anerkennung, doch bleibt das Echo in der Wissenschaft hinter seinen eigenen Erwartungen zurück: „meine samlung ist doch lau empfangen worden und die forscher sind dieser quelle wenig zugetreten“.[21] Erst nach gewonnener Reichseinheit erlebt die Weistumsforschung eine Hoch-Zeit, denn inzwischen hat die Frage nach deutschem Recht den akademischen Raum verlassen und ist zu einer tagespolitischen Frage ersten Ranges geworden.[22] Nun soll endlich ein einheitliches deutsches Gesetzbuch des Bürgerlichen Rechts geschaffen werden,[23] und der Streit darüber, wie dieses Jahrhundertwerk aussehen soll, blüht auf. Den zunehmend schroffen Gegensatz zwischen

---

21 Jacob Grimm, Weisthümer, Vierter Theil (Göttingen 1863) VI. Zur Wirkung der Grimmschen Sammlung unter den Zeitgenossen: Alois Gerlich, Frühes Weistumsrecht in der Eifel, an Mosel und Rhein, in: Blickle (Hrsg.), Rechtsquellen 116–141, hier 116; Eberhard v. Künssberg (Hrsg.), Deutsche Bauernweistümer (Jena 1926) 160: „Vielfach begnügte man sich damit, Grimms verherrlichendes Urteil nachzuschreiben und seine Rechtsalterthümer mühelos zu übernehmen.“ Manchmal nicht einmal das: So erklärt Alex Franken, Lehrbuch des Deutschen Privatrechts (Leipzig 1894) 14f., seinen studentischen Lesern, sämtliche mittelalterlichen Rechtstexte seien nur „dürftige“ und „verzettelte Hilfsmittel“ für eine dilettantische Rechtsfindung gewesen und inzwischen „schlechthin antiquiert“ (Franken, Lehrbuch 16). Beachtung finden von Grimm gesammelte Weistümer zunächst überwiegend in kleinen, eher volkskundlichen Abhandlungen, wie bspw. Eduard Osenbrüggen, Das Rebenweisthum von Twann am Bielersee, in: ders., Deutsche Rechtsalterthümer aus der Schweiz (Zürich 1858/59) 71–80 mit Betrachtungen über Fallobstlese durch Kinder, Mundraub und Rücksicht auf Eßgelüste schwangerer Frauen; M. B. Kittel, Die Bedeutung der Weisthümer für Geschichte und Rechtsalterthümer, als Einführungs-Notiz unterfränkischer Weisthümer, in: Archiv des historischen Vereins von Unterfranken und Aschaffenburg (1861), 295–306.

22 Otto Stobbe, Handbuch des Deutschen Privatrechts I (2. Aufl., Berlin 1882) VI (aus dem Vorwort zur 1. Auflage 1871): „Immer wurde ich bei der Arbeit von der Hoffnung geleitet, daß die Zeit nicht mehr fern sei, in welcher das deutsche Volk, welches jetzt nach schweren Kämpfen eine Gesammtverfassung erhalten hat und in vielen wichtigen Materien bereits ein neues gemeines Recht besitzt, [...] zu einem gemeinen Privatrecht gelangen wird. Wenn ich durch dieses Handbuch [...] den Männern, welche zur Aufrichtung dieses Nationalwerks berufen sind, einen Theil ihrer Arbeit erleichtere, so werde ich mich reichlich belohnt finden.“ Zur Würdigung von Stobbes Werk: Friedrich v. Thudichum, Geschichte des Deutschen Privatrechts (Stuttgart 1894) 2.

23 Dazu H.G. Isele, Bürgerliches Gesetzbuch, in: HRG I (Berlin 1971) 557–562.

Romanisten und Germanisten[24] projizieren die Zeitgenossen auf das Recht selbst: Die Metapher vom Kampf des deutschen mit dem römischen Recht ist im germanistischen Schrifttum allgegenwärtig. Den Germanisten scheint die Zeit gekommen, das römische Joch abzuschütteln und im eigenen Reich eigenes Recht in Gesetzesform zu gießen. Deutsches Selbstgefühl bedeutet für sie auch Wertschätzung des einheimischen Rechts.[25] Man schreibt gern und eloquent über die Frage: Wie ist das deutsche Recht? Es sei Volksrecht, lebendig, anschaulich, geprägt von deutscher Treue und Sittlichkeit und auf das Gemeinwohl bedacht – und als solches der Gegenpol zum kalten, rationalistischen, egoistischen, universitär gelehrten und zu höchster Kunst und Künstlichkeit ausgebildeten römischen Recht.

Schwerer aber fällt die Antwort auf die Frage: Was ist deutsches Recht?[26] Die bunte Menge des zeitgenössischen Partikularrechts, so ist man sich einig, sei nur täuschender Augenschein; es gelte, die „Einheit in der Mannigfaltigkeit" zu begreifen und die „immanenten, herrschenden Grundprincipien und Grundgestaltungen"[27] darzustellen. Dabei ist die Rechtsgeschichte unentbehrlich.[28] Aus der „Geschichte der [...] Rechtsin-

---

24 GEORG BESELER, System des gemeinen deutschen Privatrechts, Erste Abtheilung: Allgemeiner Theil. Das allgemeine bürgerliche Recht (4. Aufl., Berlin 1885) VIII (aus der Vorrede zur ersten Auflage 1847); HANS SCHREUER, Deutsches Privatrecht. Einführung in das geltende bürgerliche Recht mit rechtsvergleichenden Ausblicken (Stuttgart 1921) 7.

25 THUDICHUM, Geschichte III (Vorwort).

26 JACOB GRIMM schildert 1846 die Wissenschaft vom deutschen Recht als „eingeschränkt und zurückgewiesen auf einzelne Lehren", welche wie Inseln aus der Flut römischen Rechts hervorragten (Ueber die wechselseitigen Beziehungen der drei in der Versammlung vertretenen Wissenschaften. Reden bei der Frankfurter Germanisten-Versammlung, in: DERS., Auswahl 331–340, hier 336f.).

27 STOBBE, Handbuch 27; BLUNTSCHLI, Deutsches Privatrecht (3. Aufl., München 1864) 2; GIERKE, Privatrecht 3 („kein gemeines, doch ein deutsches Privatrecht", geprägt durch „deutsches Volksthum"); CLAUDIUS FRHR. V. SCHWERIN, Deutsche Rechtsgeschichte (Leipzig-Berlin 1912) 2.

28 STOBBE, Handbuch 34. Distanzierter äußert sich THUDICHUM, Geschichte 2: „Die Vermengung der Rechtsgeschichte mit dem geltenden Recht, welche früher eine gewisse Zweckmäßigkeit besaß, wird unausführbar werden, sobald das deutsche Civilgesetzbuch in's Leben tritt, was schwerlich lange mehr anstehen kann [Thudichum schreibt 1894, C.B.]; das geltende Recht wird dann in den juristischen Vorlesungen und in Lehrbüchern streng systematisch und ohne fremde Zuthaten zu behandeln sein, seines großen Umfangs wegen und zur Erhaltung guter Uebersichtlichkeit; die Geschichte des Deutschen Privatrechts aber muß, ebenso wie

stitute“ will man „deren Natur und Wesen, und also“ die gesuchten Grundprinzipien erkennen.[29] Solche Rechtsprinzipien aber können, wie Georg Beseler schreibt, allein aus den Rechtsquellen abgeleitet werden,[30] und aus welcher Quelle soll und kann man von der Rezeption römischen Rechts unverfälschtes, genuin deutsches Recht schöpfen?

Die Antwort findet man bei Jacob Grimm, gleichsam auf dem Silbertablett präsentiert: „herrliches zeugnis der freien und edlen art unseres eingebornen rechts“[31] seien die Weistümer, weil sie „plötzlich einen blick in das uralte deutsche recht öfnen und in die zeit der volksrechte, ja dahinter zurückreichen“[32]. Diese Überzeugung Grimms bleibt richtungweisend auch für nachfolgende Generationen von Rechtshistorikern.[33] Trotzdem ist es keine ungetrübte Freude, aus Weistümern und anderen ländlichen Rechtsquellen genuin deutsche Rechtssätze beziehungsweise ein deutsches Privatrecht zu schöpfen. Im Gegenteil, diese Quellen zeichnen sich durch eine besonders unangenehme Eigenschaft aus, welche sie als Träger eines Gegenentwurfes zum römischen Recht auf den ersten Blick unbrauchbar macht: durch Uneinheitlichkeit, durch ihre unüberschaubare regionale Zersplitterung.[34] Nahezu jedes im 15. und 16. Jahr-

---

das Römische Recht, ein besonderer Lehrgegenstand werden, so wie es die Geschichte des Strafrechts, Prozesses und Staatsrechts ebenfalls bereits geworden ist“.

29 BESELER, System 40.

30 BESELER, System 41.

31 GRIMM, Rechtsalterthümer IXf.

32 GRIMM, Weisthümer IV, VI.

33 GIERKE, Privatrecht 19; HANS PLANITZ / KARL AUGUST ECKHARDT, Deutsche Rechtsgeschichte (4. Aufl., Köln-Wien 1981) 148; EDUARD OSENBRÜGGEN, Alamannisches Strafrecht (Neudruck der Ausgabe Schaffhausen 1860, Aalen 1968) 20; CLAUDIUS FRHR. V. SCHWERIN, Der Geist des altgermanischen Rechts, das Eindringen fremden Rechts, und die neuerliche Wiedererstarkung germanischer Rechtssätze, in: HERMANN NOLLAU (Hrsg.), Germanische Wiedererstehung. Ein Werk über die germanischen Grundlagen unserer Gesittung (Heidelberg 1926) 205–291, hier 253; KARL KOLLNIG, Elsässische Weistümer. Untersuchungen über bäuerliche Volksüberlieferung am Oberrhein (Frankfurt/M. 1941) 157f.; DERS., Probleme 398. Kritik bei JOHANNES KÜHN, Zur Kritik der Weistümer (Nach oberrheinischen Quellen), in: RUD. BEMMANN (Hrsg.), Festgabe Gerhard Seliger zum 60. Geburtstag (Leipzig 1920) 29–50, zitiert nach FRANZ (Hrsg.), Bauerntum 374–393, hier 374f.; KARL DINKLAGE, Fränkische Bauernweistümer. Ausgewählte Texte (Würzburg 1954) 6.

34 Für RUDOLF HÜBNER, Grundzüge des Deutschen Privatrechts (5. Aufl., Leipzig 1930) 1 ist die Uneinheitlichkeit geradezu Charakteristikum des deutschen

hundert aufgezeichnete Weistum bezieht sich allein auf ein Dorf, im besten Fall auf eine Handvoll Weiler.[35] So beginnt die Suche nach deutschen Rechtssätzen erst recht. Mittel zum Zweck ist die von Karl von Amira formulierte[36] rückschließende Methode, die auf der Hypothese von der Abstammung der Rechtssätze und -institute voneinander basiert.[37] Zur Erkenntnis eines allgemeinen deutschen beziehungsweise germanischen Rechtssatzes will man mittels „vergleichender Durchforschung aller" schriftlich überlieferten „Sonderrechte" gelangen; ihre Zusammenschau führe zur Erkenntnis des Urtyps, des gesuchten Rechtssatzes.[38] Die rück-

---

Rechts. GIERKE, Privatrecht 6 wertet die Rechtszersplitterung als Zeugnis einer „üppige[n] Fruchtbarkeit" (im Anschluß daran FEHR, Rechtsgeschichte 136f.: „Einzelrecht statt Massenrecht"). Aber gerade deshalb, so klagt SCHWERIN, Geist 269, sei die Aufgabe, eine deutsche Rechtswissenschaft zu schaffen, kaum zu lösen: Nur mit einer „ungewöhnlichen geistigen Kraft" könne man des „zersplitterten Stoff[es]" Herr werden.

35 In Regionen, die wie Franken sich durch eine starke Herrschaftszersplitterung auszeichnen, „gelten" Weistümer sogar nur in seltenen Fällen für ein ganzes Dorf, sondern meist lediglich für die Untertanen einer Herrschaft, also jeweils für einen Teil der im Dorf ansässigen Bauern (dazu STAHLEDER, Weistümer 533f.; HANS LIERMANN, Das geschichtliche Bauernrecht nach den fränkischen Weistümern, in: Zeitschrift für bayerische Landesgeschichte 10 (1937) 374–394, hier 383).

36 KARL V. AMIRA, Germanisches Recht I: Rechtsdenkmäler, bearbeitet von Karl August Eckhardt (4. Aufl., Berlin 1960) 1 (der sog. zweite methodologische Satz); HEINRICH G. GENGLER, Das Deutsche Privatrecht in seinen Grundzügen für Studierende (4. Aufl., Erlangen-Leipzig 1892) 3f. zur „wissenschaftlichen Construction des deutschen Privatrechts". Zu Karl v. Amira: G. SCHUBART-FIKENTSCHER, Amira, Karl von, in: HRG I (Berlin 1971) 146–148. Zu den methodischen Vorstellungen, die AMIRA 1875 in seiner Freiburger Antrittsvorlesung [Ueber Zweck und Mittel der germanischen Rechtsgeschichte (München 1876)] formuliert: ANDREAS THIER, Zwischen Historismus und Positivismus. Das rechtsgeschichtliche Methodenprogramm des Karl von Amira, in: PETER LANDAU / HERMANN NEHLSEN / MATHIAS SCHMOECKEL (Hrsg.), Karl von Amira zum Gedächtnis (Frankfurt/M. u.a. 1999) 29–49. Zur Vorsicht bei der Anwendung der rückschließenden Methode mahnt WILHELM SICKEL, Die Entstehung des Schöffengerichts, in: ZRG GA 6 (1885) 1–86, hier 22.

37 Zu dieser aus der Sprachforschung übernommenen Ausgangshypothese: KARL KROESCHELL, Germanisches Recht als Forschungsproblem, in: DERS. (Hrsg.), Festschrift für Hans Thieme zu seinem 80. Geburtstag (Sigmaringen 1986) 1–19, hier 5; KAUFMANN, Deutsches Recht 11.

38 AMIRA, Germanisches Recht I 1; SCHWERIN, Geist 205, 208 f; HEINRICH BRUNNER / CLAUDIUS FRHR. V. SCHWERIN, Grundzüge der deutschen Rechtsgeschichte (8. Aufl., München-Leipzig 1930) 13; THIEME, Deutsches Privatrecht 704 (die

schließende Methode kann also nur dann ertragreich gehandhabt werden, wenn dem Forscher genügend Material aus möglichst allen deutschsprachigen Regionen zur Verfügung steht (wobei man zu den Regionen, „in welchen deutsches Rechtsbewußtsein lebt", auch Österreich, die Schweiz und die russischen Ostseeprovinzen zählt).[39] Konsequenterweise betont man also die weitgehenden Übereinstimmungen der ländlichen Rechtsquellen. Ihre bunte Fülle faßt man in Anhänglichkeit an das Werk Jacob Grimms unter dem Terminus „Weistümer" zusammen; der Vater der eigenen Forschungsrichtung ist auch ihr Namensgeber.[40]

Kurz gesagt: Solange die rechtshistorische Germanistik ihre Kräfte darauf konzentriert, eine Bestandsaufnahme noch lebenskräftiger deutscher Rechtsgedanken durchzuführen, um dem gelehrten römischen Recht einen eigenen deutschen Rechtsbau entgegenstellen zu können, interessiert allein der Quelleninhalt; Bezeichnung, Art und Weise des Zustandekommens der Rechtsaufzeichnungen erschienen für eine inhaltliche Synthese ohne Belang.

IV.

Ähnliches gilt für die Weistumsforschung, die nach dem Ersten Weltkrieg in den zwanziger und dreißiger Jahren wiederaufgenommen wird.[41]

„Vielfalt der Quellen" habe man „auf einen Nenner" bringen wollen). FEHR, Rechtsgeschichte 17, verabschiedet sich 1952 allerdings desillusioniert von der Verwertung von Weistümern des 14. und 15. Jahrhunderts, um auf Rechtsverhältnisse der germanischen Frühzeit zurückzuschließen.

39 STOBBE, Handbuch 35; BLUNTSCHLI, Privatrecht 1 (§ 1 a.E.); OTTO PETERKA, Rezension zu Eduard Schulte, Das Gewerberecht der deutschen Weistümer, in: ZRG GA 31 (1910) 465–467, hier 465.

40 EBERHARD V. KÜNSSBERG, Rezension zu Badische Weistümer und Dorfordnungen, Erste Abteilung, Erstes Heft: Reichartshausen und Meckesheimer Zent, hg. von Carl Brinkmann, in: ZRG GA 38 (1917) 384–387, hier 386; WERKMÜLLER, Aufkommen 66.

41 Vgl. RUDOLF BECHERT, Das Weistum, in: Forschungen und Fortschritte 15 (1939) 145–147; ANDREAS, Stand 107, zu dem in Heidelberg unter seiner Leitung 1935 eingerichteten und von der Deutschen Forschungsgemeinschaft finanzierten „Wissenschaftslager", dessen fünf Mitglieder eine Edition kurpfälzischer Weistümer vorbereiteten. Nach diesem Vorbild seines akademischen Lehrers plante Kollnig, „die Weistumsforschung auch an anderen Universitätsorten [...] in Gang zu bringen" (ANDREAS, Stand 107). Ein Großteil dieser Arbeiten kam nach Kriegsbeginn allerdings zum Erliegen. Die unter Andreas angefertigten Vorarbeiten hat

Die Stimmung der Zeit ist geprägt von Zivilisationsmüdigkeit, Großstadtfeindlichkeit, Antirationalismus und Kulturpessimismus. Mit der Gegenwart ist man unzufrieden, von ihrer Fortsetzung in die Zukunft hinein erwartet man nichts Gutes, Hilfe kann nur aus der eigenen nationalen Vergangenheit kommen.[42] Hugo von Hofmannsthal beschreibt nicht ohne Sympathie die deutschen Stimmungen und Strömungen als „Gegenbewegung gegen jene Geistesumwälzung des sechzehnten Jahrhunderts, die wir in ihren zwei Aspekten Renaissance und Reformation zu nennen pflegen"; was sich im deutschen Geistesleben ereigne, sei eine „konservative Revolution von einem Umfange, wie die europäische Geschichte ihn nicht kennt. Ihr Ziel ist [...] eine neue deutsche Wirklichkeit, an der die ganze Nation teilhaben könne".[43]

Dabei stehen populär-wissenschaftliche rechtshistorische Schriften hoch im Kurs.[44] Ihre Titel sind häufig Programm, so etwa „Germanische Wiedererstehung"[45] oder „Deutsche Rechtsvergangenheit als Wegweiser

---

Kollnig nach Kriegsende zur Veröffentlichungsreife fortgeführt: KARL KOLLNIG, Die Weistümer der Zent Schriesheim (Stuttgart 1968); DERS., Die Weistümer der Zent Kirchheim (Stuttgart 1979).

42 FRITZ STERN, Kulturpessimismus als politische Gefahr. Eine Analyse nationaler Ideologie in Deutschland (Bern-Stuttgart-Wien 1963) 6f.: Man habe die „verachtete Gegenwart zerstören" wollen, „um in einer imaginären Zukunft eine idealisierte Vergangenheit wiederzufinden."

43 HUGO V. HOFMANNSTHAL, Das Schrifttum als geistiger Raum der Nation (Rede, gehalten im Auditorium Maximum der Universität München am 10. Januar 1927), in: DERS., Reden und Aufsätze III: 1925–1929 (Frankfurt 1980) 24–41, hier 41.

44 In dem ideologischen Enthusiasmus der Nationalsozialisten für Bauern- und Germanentum sieht GERLICH, Weistumsrecht 117 einen Hemmschuh für die seriöse wissenschaftliche Beschäftigung mit Weistümern; sie habe stets in der Gefahr gestanden, „von den Machthabern in deren – im Kern wissenschaftsfeindlichen – Sinn mißbraucht zu werden". Zum Verhältnis zwischen deutscher Rechtsgeschichte und nationalsozialistischer Ideologie grundlegend: ANDREA NUNWEILER, Das Bild der deutschen Rechtsvergangenheit und seine Aktualisierung im „Dritten Reich" (Baden-Baden 1996) sowie die beiden Tagungsbände STOLLEIS/SIMON (Hrsg.), Rechtsgeschichte im Nationalsozialismus und JOACHIM RÜCKERT / DIETMAR WILLOWEIT (Hrsg.), Die Deutsche Rechtsgeschichte in der NS-Zeit, ihre Vorgeschichte und ihre Nachwirkungen (Tübingen 1995).

45 HERMANN NOLLAU (Hrsg.), Germanische Wiedererstehung. Ein Werk über die germanischen Grundlagen unserer Gesittung (Heidelberg 1926). Der umfangreiche, aufwendig mit Farbtafeln gestaltete Sammelband ist als Hausbuch gedacht und behandelt Kultur, Sittenlehre, Recht, Religion, Dichtung, bildende und Ton-

in eine deutsche Zukunft"[46]. Der Grad der Aggressivität, mit der fremde Einflüsse abgelehnt werden, schwankt: Hermann Nollau, Herausgeber der „Germanischen Wiedererstehung", fühlt sich bei aller beabsichtigten Popularität „strengste[r] wissenschaftliche[r] Sachlichkeit"[47] verpflichtet; er zollt dem römischen Recht und seiner Technik ausdrücklich Bewunderung, auch wenn sich das deutsche Volk der Gegenwart endlich gegen diese Überfremdung zur Wehr setzen solle.[48] Autor der „Deutschen Rechtsvergangenheit als Wegweiser" ist Arnold Wagemann, Amtsgerichtsrat in Bochum, seit 1920 in Verbindung mit der NSDAP und Wegbereiter des bekannten Punktes 19 ihres Parteiprogramms;[49] er spricht nur von dem „römischen sogen. Recht", mit welchem die Jurisprudenz „von vornherein das Vertrauen des Volkes täuschte".[50] Die Mahnung Otto Stobbes von 1871, sich vor „jeder tendenziösen Auffassung", auch der des „Germanisirens" zu hüten, ist längst vergessen.[51]

Wiederum dienen die ländlichen Rechtsquellen als Grundlage für das Bild von deutscher Wesensart und deutschem Recht.[52] Es geht immer

---

kunst (mit Notenbeispielen!) der Germanen. Über das germanische Recht schreibt CLAUDIUS FRHR. V. SCHWERIN, Geist 205–291.

46 ARNOLD WAGEMANN, Deutsche Rechtsvergangenheit als Wegweiser in eine deutsche Zukunft, 2. Auflage (Jena 1929).

47 HERMANN NOLLAU, Einführung, in: DERS. (Hrsg.), Wiedererstehung 1–16, hier 10.

48 NOLLAU, Einführung 3.

49 Zu Arnold Wagemann: PETER LANDAU, Römisches Recht und deutsches Gemeinrecht. Zur rechtspolitischen Zielsetzung im nationalsozialistischen Parteiprogramm, in: STOLLEIS/SIMON (Hrsg.), Rechtsgeschichte im Nationalsozialismus 11–24, hier 18–23.

50 WAGEMANN, Wegweiser 1.

51 STOBBE, Handbuch 36. Ebenso in Vergessenheit geraten ist die bereits 1853 formulierte Warnung BLUNTSCHLIS, Privatrecht XIf.: „Das deutsch-moderne Privatrecht wird durch nebelhafte und unklare Gefühlsergieszungen nicht gefördert". Auch zeitgenössische Stimmen, die zu Besonnenheit und wissenschaftlicher Kühle mahnen, bleiben vom Zeitgeist weitgehend ungehört, so etwa RUDOLF HÜBNERS, Grundzüge 9, Warnung, das „Recht der Vorzeit nur aus dem ‚Volksgeist' herzuleiten, einer Neigung, der noch vielfach und heut sogar in vergröberter Form gehuldigt wird".

52 Als wichtige Zeugnisse bäuerlichen Denkens, wie es FRITZ ZIMMERMANN, Die Weistümer und der Ausbau der Landeshoheit in der Kurpfalz (Berlin 1937) 7 schildert. Die außerordentliche Wertschätzung des Bauerntums, das in weiten Kreisen als eigentlicher Träger deutscher Kultur und Wesensart angesehen wurde, erstreckte sich auch auf Weistümer als vermeintlich unverfälschte „Denkmäler" des Bauernrechts (LIERMANN, Bauernrecht 374).

weniger um die Rekonstruktion konkreter deutscher Rechtssätze, die im Mittelalter gegolten hätten, denn solche können zur Lösung der Gegenwartsprobleme nichts beitragen; wo noch ein solcher Versuch unternommen wird, handelt es sich um Arbeiten auf dem Gebiet der rechtlichen Volkskunde,[53] die nicht den Anspruch eines unmittelbaren Einflusses auf moderne Gesetzgebung erheben.[54] Schlagworte der neuen Zeit sind vielmehr Geist und Ethik des deutschen Rechts; diese gelte es in den ländlichen Rechtstexten zu finden und in der modernen Gesetzgebung wiederzubeleben.[55] Geist und Ethik des deutschen Rechts aber, „das echte bäuerliche Erbe",[56] meint man gleichermaßen allen ländlichen Rechtstexten entnehmen zu können und betont deren Homogenität: Alle ländlichen Rechtsquellen seien gleich an Sachinhalt, gleich in der Entstehungszeit, gleich in den Regelungsgegenständen und damit gleich an Erkenntniswert.[57]

Der Ton der Schriften wird zunehmend aufgeregter. 1921 schreibt Hans Schreuer in seiner Einführung in das „Deutsche Privatrecht": „Unser Privatrecht wird deutsch sein, oder wir gehen zugrunde".[58] Schließlich nimmt die Frage „deutsches oder römisches Recht" wahrhaft heilsgeschichtliche Dimensionen an: „Es handelt sich um das Ringen der menschlichen Seele um ihr Erheben zur Wahrheit gegen die noch am Tierhaften klebenden rein körperlichen Wünsche, denen das Streben nach Wahrheit und Reinheit fremd geblieben ist".[59] Was bedeutet angesichts eines solchen Seelenringens noch der Unterschied zwischen einem

---

53 Bezeichnung dieser Forschungsrichtung nach: EBERHARD V. KÜNSSBERG, Rechtliche Volkskunde (Halle/Saale 1936); KOLLNIG, Weistümer 110ff.; DERS., Probleme 415 (dort auch Anm. 61 m.w.N.).

54 Als Beispiel für solche Arbeiten, welche sich nach wie vor der oben skizzierten rückschließenden Methode bedienen: EBERHARD V. KÜNSSBERG, Hühnerrecht und Hühnerzauber, in: WILHELM FRAENGER (Hrsg.), Die Volkskunde und ihre Grenzgebiete (Berlin 1925) 126–135.

55 Aus den „kostbaren Rechtsaltertümer[n]" solle die Nation „erzieherischen Nutzen" ziehen: ANDREAS, Stand 102; KOLLNIG, Weistümer 11.

56 KOLLNIG, Weistümer 14.

57 PAUL GEHRING, Weistümer und schwäbische Dorfordnungen, in: Zeitschrift für württembergische Landesgeschichte 4 (1940) 48–60, zitiert nach: BLICKLE (Hrsg.), Rechtsquellen 41–51, hier 45.

58 SCHREUER, Deutsches Privatrecht 8. Wiederum (vgl. Anm. 47) moderat und zur Besonnenheit mahnend dagegen HÜBNER, Grundzüge 24: Der „Zusammenhang von Recht und Nationalität" sei „nicht zu überschätzen".

59 WAGEMANN, Wegweiser 2.

Weistum und einer Kundschaft, zwischen einem Banntaiding und einer Ehaft?

V.

Nach 1945 sind Weistümer und ländliche Rechtsquellen zunächst kaum noch Gegenstand der rechtshistorischen Forschung.[60] Zu eng waren sie mit völkischen Ideologien verknüpft, zu oft als Grundlage deutschtümelnder Tiraden mißbraucht worden. Nur als Quellen zur Regional- und Ortsgeschichte zieht man sie heran,[61] liefern sie doch über Rechtsverhältnisse in Dörfern unersetzbare Auskünfte und sorgen häufig für das gewünschte Lokalkolorit.

Erst in den siebziger Jahre erwacht das Interesse an Weistümern neu. Angeregt durch die französische Historikerschule der *Annales* lassen sich deutsche Historiker vom „breite[n] bäuerliche[n] Unterbau“ der mittelalterlichen „Gesamtgesellschaft“ faszinieren.[62] Die ländlichen Rechtsquellen werden zur „zentrale[n] Quellengattung“,[63] zum Eingangstor in die Alltagswelt der Bauern. Allerdings wächst das Unbehagen an der noch immer schwelenden Frage, was denn ein Weistum (im Forschungssinne) eigentlich sei. Dabei knüpft man an ältere Überlegungen Hans Fehrs zur Weistumsforschung an: Sie sei „nichts anderes als Forschung im Rechtsstoff“[64] dieser Quellen, also ihre inhaltliche Auswertung.[65]

---

60 Eine Ausnahme: HERMANN BALTL, der das Augenmerk auf die enge Verbindung zwischen Weistümern und Gerichtsverfassung lenkt (Weistümer 370).

61 So charakterisiert KARL DINKLAGE, Bauernweistümer I, seine 1954 erschienene Zusammenstellung fränkischer Weistümer als eine Art Lesebuch für Heimatfreunde.

62 PETER BLICKLE, Vorwort, in: DERS. (Hrsg.), Rechtsquellen 5–7, hier 5f.; RUDOLF ENDRES, Ländliche Rechtsquellen als sozialgeschichtliche Quellen, in: BLICKLE (Hrsg.), Rechtsquellen 161–184, hier 161; KLAUS ARNOLD, Dorfweistümer in Franken, in: Zeitschrift für bayerische Landesgeschichte 38 (1975) 819–876, hier 819; stellvertretend für viele: GÜNTHER FRANZ (Hrsg.), Deutsches Bauerntum im Mittelalter (Darmstadt 1976).

63 BLICKLE, Vorwort 5f. („hervorragendes Material für Untersuchungen wirtschafts-, sozial-, verfassungs- und rechtsgeschichtlicher Art“); GERLICH, Weistumsrecht 132f.

64 HANS FEHR, Über Weistumsforschung, in: Vierteljahresschrift für Sozial- und Wirtschaftsgeschichte 13 (1916) 555–561, hier zitiert nach BLICKLE (Hrsg.), Rechtsquellen 11–15, hier 14.

Hielte man sich aber allein an die Weistümer im engeren Sinne, müßten („ohne zwingenden Grund“) „große Massen von Weistümern [!] aus unserem Quellenbereich ausgeschaltet werden“ und zwar „Denkmäler, die ihrem Inhalt nach notwendig in diesen Kreis hineingehören“.[66] Zunehmend empfindet man die Diskussion um die Klärung des Forschungsbegriffes „Weistum“ als nicht recht verständlichen terminologischen Eifer, der den Zugang zu den Quellen erschwere.[67] So ändert man die Terminologie und spricht anstelle von Weistümern nun von ländlichen Rechtsquellen.[68] Die Einigung auf einen neuen Sammelbegriff genügt, um den

---

65 Fehr ist selbst einer der prominentesten Vertreter der zu Beginn des 20. Jahrhunderts betriebenen „Forschung in Weistümern“ (GEHRING, Weistümer 46); einige Beispiele aus einer Fülle von Arbeiten: HERMANN DUNCKER, Das mittelalterliche Dorfgewerbe (mit Ausschluß der Nahrungsmittel-Industrie) nach den Weistumsüberlieferungen (phil. Diss. Leipzig 1903); FRANZ ARENS, Die sozialen Anschauungen der Tiroler Weistümer (Gotha 1903); DERS., Das Tiroler Volk in seinen Weistümern. Ein Beitrag zur deutschen Kulturgeschichte (Gotha 1904); OTTO PETERKA, Das Wasserrecht der Weistümer (Prag 1905); SIEGFRIED KUMMER, Das mittelalterliche Banngewerbe nach den Weistumsüberlieferungen (phil. Diss. Leipzig 1907); EDUARD SCHULTE, Das Gewerberecht der deutschen Weistümer (Heidelberg 1909); OTTO BOHL, Die Rechtsverhältnisse der rheinpfälzischen Waldungen auf Grund der Weistümer. Eine Quellenstudie (Ludwigshafen a. Rhein 1909); HANS FEHR, Die Rechtsstellung der Frau und der Kinder in den Weistümern (Jena 1912).

66 FEHR, Weistumsforschung 11f.

67 PETER BLICKLE, Die staatliche Funktion der Gemeinde – Die politische Funktion des Bauern. Bemerkungen aufgrund von oberdeutschen Ländlichen Rechtsquellen, in: DERS., Rechtsquellen 205–223, hier 205. Sehr deutlich drückt dieses Unbehagen eine Schülerin Pankraz Frieds aus, GABRIELE VON TRAUCHBURG, Ehehaften und Dorfordnungen. Untersuchungen zur Herrschafts-, Rechts- und Wirtschaftsgeschichte des Rieses anhand ländlicher Rechtsquellen aus der Grafschaft Oettingen (Augsburg 1995) 9: Lange Zeit habe sich die Forschung darauf beschränkt, „immer kompliziertere Kriterien für ein Weistum zu erstellen“, anstatt die Gesamtheit der „Rechtsquellen mit ähnlichem Inhalt“ hinsichtlich ihres „historischen, rechtlichen, wirtschaftlichen und sozialen Erkenntniswertes“ zu untersuchen.

68 HERMANN BALTL, Rezension zu Dieter Werkmüller, Über Aufkommen und Verbreitung der Weistümer nach der Sammlung von Jakob Grimm, in: ZRG GA 91 (1974) 235–237, hier 236: „[...] es geht heute nicht mehr darum, ‚Weistümer‘ und ‚Nichtweistümer‘ scharf zu scheiden, sondern die verschiedenen Arten ländlicher Rechtsquellen [...] zu erfassen und zu verwerten“; DERS., Rezension zu Österreichische Weistümer 18: Vorarlberger Weistümer, hg. von Karl Heinz Burmeister, in: ZRG GA 91 (1974) 237–239, hier 238; GERLICH, Weistumsrecht 118; ENDRES, Rechtsquellen 163; SCHILDT, Weistum 2141.

Historikern den Weg zu den Quellen freizumachen. Erneut betont man die Gleichwertigkeit aller so zusammengefaßten Texte,[69] denn wieder geht es in erster Linie um eine inhaltliche Auswertung der Texte, diesmal vorwiegend unter dem Gesichtspunkt der Alltags- und Kulturgeschichte, der Herrschafts- und Verfassungs-[70], der Wirtschafts- und Sozialgeschichte[71].

VI.

In den letzten zwanzig Jahren ist es stiller geworden um die ländlichen Rechtsquellen. Sie, die als Archetypen bäuerlichen, ungelehrten, deutschen, regional zersplitterten Partikularrechts gelten, scheinen schlecht in eine Forschungslandschaft zu passen, die in zunehmendem Maße vom Interesse an gemeinsamer europäischer Rechtsgeschichte, gelehrtem Recht und Ius Commune geprägt ist.

---

[69] BURMEISTER, Probleme 82; HUGO OTT, Das Urbar als Quelle für die Weistumsforschung, in: BLICKLE (Hrsg.), Rechtsquellen 103–115, hier 103; BLICKLE, Funktion 205; ENDRES, Rechtsquellen 164f., 176.

[70] ARNOLD, Dorfweistümer 853ff.; PANKRAZ FRIED, Die Bedeutung der ländlichen Rechtsquellen für die bayerische Verfassungsgeschichte. Ein Bericht über die Sammlung und Edition bayerisch-schwäbischer „Weistümer", in: BLICKLE (Hrsg.), Rechtsquellen 197–204; BLICKLE, Funktion 205–223; WERKMÜLLER, Aufkommen 59ff.; IRMTRAUT EDER, Weistümer als Dokumente der Territorialpolitik, in: BLICKLE (Hrsg.), Rechtsquellen 142–153; DIES., Die saarländischen Weistümer. Dokumente der Territorialpolitik (Saarbrücken 1977). Im Hinblick auf Weistümer als „Werkzeuge der Politik" knüpft EDER, Dokumente 142, explizit an ältere Arbeiten an, insbesondere an ZIMMERMANN, Kurpfalz 9, 85ff. (bahnbrechende Untersuchung zum Ausbau kurpfälzischer Landeshoheit; weitere Arbeiten blieben unvollendet; Zimmermann ist 1943 gefallen: KOLLNIG, Probleme 396); zurückhaltender FRITZ SCHMITT, Ländliche Rechtsverhältnisse in Nordfranken nach Weistümern und Dorfordnungen, in: Archiv des historischen Vereins von Unterfranken und Aschaffenburg 69 (1931–34), 151–185, hier 155 (Schmitt konzentriert sich auf die Gerichtsherrschaft, die er ausdrücklich nicht als konstitutives Element der Landesherrschaft ansieht); ERNA PATZELT, Entstehung und Charakter der Weistümer in Österreich. Beiträge zur Geschichte der Grundherrschaft, Urbarial-Reform und Bauernschutzgesetzgebung vor Maria Theresia (Neudruck der Ausgabe Budapest 1924, Aalen 1979).

[71] Für viele: WERKMÜLLER, Aufkommen 57f.; ENDRES, Rechtsquellen 161–184; CLAUDIA ULBRICH, Freiheit und Eigenschaft in spätmittelalterlichen ländlichen Rechtsquellen des Oberrheingebietes, in: BLICKLE (Hrsg.), Rechtsquellen 185–196.

Seit Jacob Grimm ist die Weistumsforschung beherrscht von einem bestimmten Vorstellungsschema, einem Denken in Antithesen, das sich immer wieder von neuem aktualisiert den Zeitgeistströmungen und historischen Konstellationen einfügte.[72] Die Charakterisierung deutschen Rechts geschieht im 19. und frühen 20. Jahrhundert regelmäßig antithetisch zum römischen beziehungsweise zu dem durch die Rezeption geschaffenen modernen Recht. Deutsches Recht sei organisch, volksentsprossen, sinnenfällig, anti-individualistisch[73] und von Gemeinschaftsgeist durchzogen,[74] daher tief ethisch,[75] außerdem konservativ, aber zugleich jugendlich, nicht begrifflich abstrakt, sondern elastisch;[76] es besitze innere Wärme, einen offenen Sinn für Humor[77] und eine plastische Sprache,[78] seine beherrschenden Gedanken seien Genossenschaft und Treue.[79] Deutsch sei der Gedanke, daß „der Einzelne im Staat aufgehen soll".[80] Römisches Recht dagegen sei theoriebestimmt, abstrakt, unsinnlich und kühl, klar, aber tot,[81] individualistisch, auf pure Nützlichkeit ge-

---

72 KLAUS V. SEE, Deutsche Germanen-Ideologie vom Humanismus bis zur Gegenwart (Frankfurt/M. 1970) 9f. stellt diese Überlegung für das wissenschaftliche und pseudo-wissenschaftliche Interesse „am Germanen" an.

73 SCHWERIN, Geist 289.

74 GIERKE, Privatrecht, 28, 30; HEINRICH MITTEIS / HEINZ LIEBERICH, Deutsches Privatrecht (9. Aufl., München 1981) 8.

75 OTTO V. GIERKE, Der Humor im deutschen Recht (2. Aufl., Berlin 1886) 12f.

76 THIEME, Deutsches Privatrecht 707. Thieme pflegt auch die „klassische" Personifizierung des deutschen Rechts: „Erst das Naturrecht gab dem D.P. wieder die nötige Kraft und das Selbstbewußtsein zurück, dessen es bedurfte, um sich seines Wertes und seiner geschichtlichen und zukünftigen Bedeutung bewußt zu werden" (THIEME, Deutsches Privatrecht 708).

77 Dazu insbesondere GIERKE, Humor 25ff.; außerdem CONRAD BORCHLING, Poesie und Humor im friesischen Recht (Aurich 1908); LIERMANN, Bauernrecht 394; LEO WILZ, Zwei fränkische Weistümer, in: Archiv des historischen Vereins von Unterfranken und Aschaffenburg 68 (1929) 526–531, hier 527.

78 HÜBNER, Grundzüge 11ff.; GIERKE, Humor 17ff. (zum „Dichterische[n] im alten deutschen Recht"); EBERHARD V. KÜNSSBERG, Rezension zu Hans Fehr, Die Rechtsstellung der Frau und der Kinder in den Weistümern, in: ZRG GA 33 (1912) 564–577, hier 564 sieht in der „treuherzigen Sprache" einen der Hauptreize der Weistümer.

79 SCHWERIN, Geist 254. „Treue" will SCHWERIN, Geist 216 dabei als „Altruismus" verstanden wissen.

80 SCHWERIN, Geist 289.

81 BLUNTSCHLI, Privatrecht XII: Im Vergleich zu den „kristallartigen Formen des römischen Rechts" weise das deutsche Recht „Aehnlichkeit mit dem organischen

richtet und im Dienst der Selbstsucht,[82] das „Recht einer greisenhaften Kultur".[83] Hinzu tritt der Gedanke, daß die mit der Rezeption römischen Rechts einhergehende Professionalisierung des Umgangs mit Recht eher zum Fluch denn zum Segen gereicht habe: Infolge der Rezeption sei Recht „zur Geheimwissenschaft in der Hand bürokratischer Fachleute" geworden, es habe sich „ein Abgrund [geöffnet] von Mißtrauen zwischen Volk und Recht, Volk und Juristen; dieser hat sich bis heute noch nicht geschlossen, und die Rechtsfremdheit des deutschen Volkes ist das unselige Erbe des Rezeptionszeitalters geblieben".[84] Und im Handwörterbuch zur deutschen Rechtsgeschichte wird man unter dem Stichwort „Deutsches Recht" belehrt: „Das ‚Deutsche' versteht sich eben doch als dialektische Gegenposition zum ‚Römischen'".[85] Eine solche Auffassung verlangt nach geradezu monolithischer Einheit der antithetischen Prinzipien; eine vielgestaltige Differenzierung innerhalb des deutschen Rechts, innerhalb der deutschesten aller Rechtsquellen, der Weistümer (im Forschungssinn) ist unter diesen Prämissen undenkbar.

Weniger dramatisch zeichnet sich das Bild für die siebziger Jahre, aber dennoch: Auch das von der Annales-Schule angeregte Forschungsinteresse an ländlichen Rechtsquellen basiert auf einer Entscheidung gegen die herkömmliche Ereignis- und Herrengeschichte; in bewußter Opposition zu den eigenen akademischen Traditionen will man Alltags- und Sozialgeschichte schreiben. Solche Neuerungen müssen auf eine solide Basis gestellt werden; man kann eine neue Forschungsrichtung nicht damit beginnen, daß man die eigene „zentrale Quellengattung"[86] in Frage stellt.

Gebilde der Pflanzenwelt" auf. GIERKE, Privatrecht 13 („Recht einer erstarrten Technik").

82 SCHWERIN, Geist 207, 254.

83 GIERKE, Privatrecht 13.

84 MITTEIS/LIEBERICH, Privatrecht 14.

85 Es sei „der Affekt gegenüber dem gemeinen, kaiserlichen, geschriebenen Recht und gegenüber den Romanisten, der darin nachklingt": THIEME, Deutsches Recht 711.

86 BLICKLE, Vorwort 6.

VII.

Es ist nun an der Zeit, aus diesem antithetischen Vorstellungsschema herauszutreten und nicht einer neuen Antithese zu verfallen, etwa der Betonung des Regionalen gegenüber den gesamteuropäischen Strömungen. Das wäre falsch und würde zu einem erneut verengten Blickwinkel führen.

Schon erste Ansätze zeigen, daß verschiedene Arten ländlicher Rechtsquellen nicht austauschbar, in den Augen der Zeitgenossen nicht gleichwertig sind. Unter ihnen gibt es Schöffensprüche und Verträge, Ordnungen und Zeugenaussagen über alte Gewohnheiten, Schiedssprüche in Austragsverfahren, Huldigungsakte und vieles mehr, natürlich auch echte Weistümer. Hinter der terminologischen Vielfalt gilt es die sachlichen Unterschiede zu erkennen und damit sich der Frage zu nähern, wann, unter welchen Umständen und warum es zu Rechtsaufzeichnungen, zur Verschriftlichung von Gewohnheitsrecht und zur Setzung neuen Rechts kommt. Bei einer näheren Untersuchung der Art und Weise der kollektiven Rechtsaussage, welche nach herkömmlicher Forschungsmeinung das Wesen des Weisens ausmacht, verspricht eine Berücksichtigung der Forschungen zur Erinnerungskultur Gewinn. Die unter Ethnologen über das Phänomen das *floating gap* gewonnenen Erkenntnisse können bei Übertragung auf ländliche Rechtsquellen möglicherweise unser Verständnis des so oft beschworenen alten Herkommens gründlich verändern.[87] Wem solche Überlegungen zu wenig juristisch sind, der kann nach den Einflüssen gelehrten Prozeßrechts auf solche ländlichen Rechtsaufzeichnungen fragen, die in ihrer Form bis ins Detail den Anforderungen klassischer Kanonisten an gerichtsfeste Zeugenvernehmungen und Urkunden entsprechen. Zu verabschieden ist also der von der Forschung geprägte, quellenferne Weistumsbegriff; ihm gegenüber hat der Terminus der ländlichen Rechtsquellen den unbestreitbaren Vorteil, nur Forschungsbegriff und somit unzweideutig zu sein. Dennoch ist auch er Sammelbegriff, eine große Decke, unter der die Mannigfaltigkeiten und Charakteristika der Rechtstexte verschwinden. Es ist an der Zeit, die Quellen beim Wort zu nehmen und sie in ihrer Unterschiedlich-

[87] Zum Phänomen des *floating gap*: JAN ASSMANN, Das kulturelle Gedächtnis. Schrift, Erinnerung und politische Identität in frühen Hochkulturen (2. Aufl., München 1997) 48ff. m.w.N.

keit zu erkennen. Nach gut einhundertfünfzig Jahren Weistumsforschung gibt es viel zu tun.

CHRISTINA BÖRNER, Zürich

DIE INSTITUTIONELLEN HINTERGRÜNDE DES FIELD CIVIL CODE IN NEW YORK UND KALIFORNIEN

I. INSTITUTIONEN

Civil Law oder Common Law? Eine Frage, die sich für New York Mitte des 19. Jahrhunderts stellte, als David Dudley Field (1805–1894) seine Field Codes einführen wollte. New York, dessen Rechtsordnung bis dahin hauptsächlich auf dem englischen Common Law basierte, sollte ein Gesetzbuch, das den kontinentaleuropäischen Vorbildern glich, erhalten. Der Field Civil Code war ein Gesetzbuch, das sich formell am europäischen Civil Law orientierte, inhaltlich jedoch sehr viel Common Law enthielt. Das Zivilgesetzbuch (Civil Code), das der New Yorker Anwalt Field für seinen Staat verfasste, wurde von dessen Legislative nie in Kraft gesetzt. Mitte des 19. Jahrhunderts scheiterten verschiedene Versuche Fields, seinen auf dem römischen Recht und vor allem auch auf dem Code civil Frankreichs und Louisianas basierenden Gesetzesentwurf zum neuen geltenden Recht New Yorks zu erheben, an der einen oder anderen Kammer des New Yorker Parlaments oder am Gouverneur, welche alle über die Gesetzgebung befanden. Anders hingegen in Kalifornien, welches, neben Montana und Nord- und Süddakota, den Field Civil Code 1872 zu seinem Zivilgesetzbuch (California Civil Code) machte. Wie lässt sich dieser unterschiedliche Umgang mit dem Field Civil Code in den beiden Staaten erklären?

Vor dem Hintergrund der historischen und sozialen Ursprünge New Yorks und Kaliforniens werden mit Hilfe von Ansätzen der neuen Institutionenökonomik (New Institutional Economics), im besonderen der Theorien von Douglass C. North und John R. Commons, einige Ideen dazu aufgezeichnet.

Zwischen New York und Kalifornien bestanden historische, soziale und wirtschaftliche Unterschiede. Diese hängen stark mit den Institutionen und Organisationen der beiden amerikanischen Teilstaaten und ihren Gesellschaften zusammen, sowie auch der Entwicklung der Institutionen selber. Nach North sind Institutionen die Spielregeln einer Gesellschaft, sie sind die von Menschen ausgedachten Beschränkungen, die soziale Interaktionen formen. Sie ordnen die Anreizmechanismen in einer Gesellschaft, sei es politisch, sozial oder ökonomisch. Institutionen geben dem täglichen Leben eine Struktur und regeln das menschliche Zusammenleben. Sie definieren und begrenzen die Wahlmöglichkeiten des Einzelnen in Relation zu seinem sozialen Umfeld. North unterscheidet formelle und informelle Institutionen. Diese können geschrieben oder ungeschrieben sein. Formelle Institutionen sind Verfassungen, Gesetze und explizite Verhaltensregeln. Informelle Institutionen sind zum Beispiel Gewohnheiten und Traditionen.[1] Die historische Entwicklung von Institutionen ist wichtig für die Entwicklung einer Gesellschaft und ihres Rechts.

II. NEW YORK

Die Geschichte New Yorks und Amerikas seit der ersten europäischen Besiedlung war eine Geschichte der Kolonisierung und der Einwanderer. Die ersten europäischen Siedler in New York kamen im 17. Jahrhundert aus Holland. Der Zeitschnitt wird bewusst hier angesetzt, da sich sowohl die New Yorker Gesellschaft wie auch deren Recht und auch der Field Civil Code ganz auf europäische Werte und Kultur abstützten. Den Holländern gelang es während ihrer Herrscherzeit über New York (1623–1664 und 1673–1674), bevor sie endgültig von den Engländern abgelöst wurden, nicht, ihr Rechts- und Regierungssystem dort zu verankern. Das mag zeitliche Gründe gehabt haben, denn die Holländer beherrschten New York viel weniger lang als England und hatten somit weniger Zeit, ein funktionierendes Staatsgefüge inklusive einer Rechtsordnung aufzubauen. Ein anderer Grund könnte gewesen sein, dass das holländische Kolonialsystem in anderer Weise organisiert war als das englische. Holland war eine Kolonialmacht, die Nieuw Amsterdam vor allem als Handelsstützpunkt brauchte und bezeichnenderweise in ihren Statuten auch vor allem handelsrechtliche Regelungen festhielt, während England eine Kolonisierungsmacht war, die ihre Untertanen in New York bewusst ansiedelte. Zudem ist es wichtig zu sehen, dass die holländische Verenigde Westindische Compagnie (WIC), welche das Handelsmonopol für die ganze Neue Welt besass, den Standort New York unterschätzte und sich

---

[1] DOUGLASS C. NORTH, Institutions, Institutional Change and Economic Performance (Cambridge 1990) 3f.

vor allem auf den Zuckerhandel in Südamerika und der Karibik konzentrierte.[2] Wäre der holländische Einfluss in New York stärker und bewusster erfolgt, hätte vielleicht auch das holländische Recht, ein kontinentaleuropäisches Zivilrecht, mehr Spuren hinterlassen und folglich dem Civil Code Fields eine bessere Grundlage verschafft.

Die Übergänge zwischen holländischer und englischer Regierungsweise waren fliessend.[3] England liess den Niederländern zwar viel Freiheit bezüglich Kultur und Religion, sie mussten sich jedoch an Recht und Regierungsweise anpassen. Diese teilweise Tolerierung fremder Sitten unter Vorherrschaft des englischen Rechts und der englischen Institutionen war später auch die Politik Englands gegenüber den neuen Einwanderern aller Nationen, nicht nur gegenüber den Niederländern.[4] Die Bevölkerung New Yorks war jetzt schon vielfältiger als die der meisten anderen Gliedstaaten der amerikanischen Union. Dies verstärkte sich im Laufe des 18. Jahrhunderts. Doch auch die Immigranten des 18. und 19. Jahrhunderts, welche oft aus Civil Law-Ländern stammten, hatten wenig Einfluss auf das englische Rechtssystem New Yorks. Die meisten von ihnen waren aus wirtschaftlichen Gründen nach Amerika gekommen, arbeiteten hart und hatten wenig Einfluss auf die politischen und rechtlichen Geschehnisse. Um einen Ausdruck von North zu brauchen: Sie hatten weniger Verhandlungsmacht (bargaining power) als die alteingesessenen Anglo-Amerikaner.[5]

Diese starren gesellschaftlichen Strukturen hatten auch zu Fields Zeit noch Bestand. Ein Wandel in den formellen Institutionen, wie ihn Field mit seinem Civil Code bewirken wollte, war schwierig zu vollziehen. New Yorks Wirtschaft wuchs zwar auch zu Fields Zeit noch rapide und wirkte sich auch auf die Rechtsprechung aus: Durch immer mehr Präzedenzfälle wurden die statutes immer umfangreicher. Dies hatte zur Folge, dass sie

---

2 JAN DE VRIES / AD VAN DER WOUDE, The first modern Economy. Success, Failure, and Perseverance of the Dutch Economy, 1500–1815 (Cambridge 1997) 399, 402.

3 LEE M. FRIEDMANN, The Changes in the Allegiance and Laws of colonial New York, in: Harvard Law Review 15 (1901–1902) 810–828, hier 823.

4 JOYCE D. GOODFRIEND, Before the Melting Pot. Society and Culture in Colonial New York City, 1664–1730 (Princeton 1992) 218.

5 NORTH, Institutions 136.

immer häufiger revidiert wurden.[6] Trotz dieser offensichtlichen Reformfreudigkeit in New York wurde Fields Zivilgesetzbuch nie akzeptiert.

Was waren die Gründe dafür? War es wirklich so, dass man, wie Field meinte, aus Prinzip in New York keine Reformen wollte? Oder ist es möglich, dass der Civil Code an sich nicht zum aktuellen Recht und den gesellschaftlichen Strukturen New Yorks passte? Field selber verneinte diese These. Er meinte, der Civil Code würde das bestehende Recht New Yorks fortsetzen.[7]

Um ein Bild von Fields Civil Code und seinen europäischen Ursprüngen zu geben, wird der Abschnitt über Grundstücke und Zugehör im Field Civil Code von 1865, gefolgt von seinen Vorbildern, den entsprechenden Abschnitten im Louisiana Civil Code von 1838 und im Code civil Frankreichs von 1804, im folgenden hier aufgezeichnet :

Real property

§ 163. Real or immovable property consists of:

1. Land;
2. That which is affixed to land; and
3. That which is incidental or appurtenant[8] to land.

Land

§ 164. Land is the solid material of the earth, whatever may be the ingredients of which it is composed, whether soil, rock, or other substance.

Fixtures

§ 165. A thing is deemed to be affixed to land when it is attached to

---

6 CHARLES M. COOK, The American Codification Movement: A Study of antebellum legal Reform (Westport/Connecticut-London 1981) 131f.

7 DAVID DUDLEY FIELD, Law Reform in the United States and its influence abroad (St. Louis 1891, reprinted from the American Law Review XXV, July–August 1891, with some changes and notes) 528: „The suggestion, that the civil code does not represent correctly the existing law, must be regarded as a mere pretense, because the opponents have been several times challenged to agree upon a commission of experts for the settlement of that question, but the challenge has not been accepted. Assuming then that the code does set forth the existing law of the State, the only point to be considered is, whether it is desirable that the law should be thus set forth".

8 *incidental, appurtenant*: zugehörig.

it by roots, as in the case of trees, vines or shrubs; or imbedded in it, as in the case of walls; or permanently resting upon it, as in the case of buildings; or permanently attached to what is thus permanent, as by means of nails, bolts or screws.

Appurtenances

§ 166. A thing is deemed to be incidental[1] or appurtenant[2] to land, when it is by right used with the land for its benefit[3]; as in the case of a way, or watercourse, or of a passage for light, air or heat from or across the land of another.

1 Smyles v. Hastings, 22 N.Y.[9], 217, 222
2 Lampmann v. Milks, 21 N.Y., 505, 511
3 Ackroyd v. Smith, 10 C.B.[10], 164, 187

Die gleiche Passage, über Grundstücke und Zugehör, sah im Civil Code für Louisiana von 1838, der sowohl auf Englisch wie auf Französisch verfasst war, folgendermassen aus:

Art. 453.– Immovable things are in general, such as cannot either move themselves or be removed from one place to another. But this definition, strictly speaking, is applicable only to such things as are immovable by their own nature, and not to such as are so only by the disposition of the law.

Poth. des Choses, 2e. part, 3e. al. Commun. n.27, et n. 66, 2e. al. Introd. gén. Aux Cout. n. 44, 1er. al. Merlin, Répert. Statut.[11]

Art. 453.– Les immeubles, ou choses immobilières, sont en général ceux qu'on ne peut transporter d'un lieu à un autre, ou qui ne peuvent se mouvoir. Mais cette définition ne s'applique rigoureusement qu'aux biens qui sont immeubles par leur nature, et non à ceux qui ne le sont que par la disposition de la loi.

Poth. des Choses, 2e. part, 3e. *al.* Commun. n.27, et n. 66, 2e. al. Introd. gén. Aux Cout. n. 44, 1er. *al.* Merlin, Répert. Statut.

---

9 = New York.

10 = Common Bench (England).

11 = Pothier, Robert Joseph (1699–1772), Traité des Choses, 2ième partie, 3ème alinéa, Communication n°27 et n° 66, 2eme alinéa. Introduction générale aux Coutumes, n° 44, 1er alinéa. Merlin, Philippe-Antoine (dit Merlin de Douai, 1754–1838), Répertoire universel et raisonné de jurisprudence, v° Statut.

Art. 454.– There are things immovable by their nature, others by their destination, and others by the object to which they are applied.

C.N. 517. Toul. III. p. 8; XII p. 184.[12]

Art. 454.– Il y a des biens immeubles par leur nature, d'autres par leur destination, d'autres encore par l'objet auquel ils s'appliquent.

C.N. 517. Toul. III. p. 8; XII p. 184.

Art. 455.– Lands and buildings or other constructions, whether they have their foundations in the soil or not, are immovable by their nature.

C.N. 518 . Toul. III. p. 8.

Art. 455.– Sont immeubles par leur nature les fonds de terre et les bâtiments ou autres constructions, soit que ces bâtiments ou constructions aient ou non des fondations dans le sol.

C.N. 518 . Toul. III. p. 8.

Der französische Text des Louisiana Civil Code entsprach zum Teil wörtlich dem des französischen Code civil von 1804:

517. Les biens sont immeubles ou par leur nature, ou par leur destination, ou par l'objet auquel ils s'appliquent.

518. Les fonds de terre et les bâtiments sont immeubles par leur nature.

Der Code civil von Louisiana folgt dem französischen Code civil, zum Teil sinngemäss, bei manchen Artikeln wörtlich. Der Field Civil Code folgt den beiden in seinem Aufbau, verweist aber immer wieder auf Common Law-Regeln und -Entscheide und ist im allgemeinen kürzer gefasst. Die vier Paragraphen, in denen Field Grundstücke und Zugehör beschreibt, umfassen im französischen Code civil acht, beziehungsweise im Code civil für Louisiana elf Artikel und sind in beiden anderen Gesetzen viel detaillierter beschrieben.

---

12 = Code Napoléonien, article 517, Toullier, Charles Bonaventure Marie, (1752–1835), Le droit civil français, suivant l'ordre du code, Paris, 1824–1837, tome III, page 8, tome XIII, page 184.

Field zitierte im Gesetzestext auch juristische Lehrbücher, in erster Linie amerikanische und englische, vor allem von Blackstone,[13] Coke,[14] Kent,[15] Story[16] und Hoffman.[17]

Field war sicher, dass sein Civil Code zu den schon existierenden Institutionen New Yorks passen würde.[18] Diese Behauptung kann meines Erachtens so nicht einfach akzeptiert werden. Wie gesehen, gibt es nach der Theorie von North formelle und informelle Institutionen, die entweder explizit geschaffen worden sind oder die sich mit der Zeit entwickelt haben. Der Civil Code Fields ist ein Beispiel für eine formelle Institution. Die Hauptaufgabe von Institutionen ist, Unsicherheiten in menschlichen Interaktionen durch eine stabile, wenn auch nicht immer effiziente, Struktur zu vermindern. Institutionen ändern sich meistens langsam und stetig, nicht plötzlich. Auch wenn sich formelle Regeln, manchmal über Nacht, als das Resultat von politischen oder juristischen Entscheiden, ändern, so sind informelle Einschränkungen, die in Gewohnheiten und Traditionen enthalten sind, viel unzugänglicher für bewusste politische Massnahmen.[19] Informelle Beschränkungen, die kulturell hergeleitet werden können, ändern sich nicht aufgrund von Modifikationen in formellen Regeln.[20] Formelle Regeln müssen zu informellen passen. Sie müssen die informellen Institutionen berücksichtigen, wenn sie funktionieren sollen.[21]

Die gleichen Regeln können in verschiedenen Gesellschaften und Kulturen ganz anders funktionieren. Obwohl die Prinzipien dieselben sind, sind die Verhaltensnormen der Menschen und deren subjektive Vorstellungen nicht dieselben, und somit funktionieren auch die Durch-

---

13 SIR WILLIAM BLACKSTONE, Commentaries on the Laws of England (Oxford 1765–69).

14 SIR EDWARD COKE, Institutes of the Laws of England (3. ed., London 1633).

15 JAMES KENT, Commentaries on American Law (New York 1826–1830).

16 JOSEPH STORY, Commentaries on the Law of Agency as a Branch of Commercial and Maritime Jurisprudence (London 1839).

17 DAVID HOFFMANN, A Course of Legal Study (Baltimore 1836).

18 DAVID DUDLEY FIELD, Annual Address of the President of the American Bar Association, in: American Law Review 23 (1889) 946–957, hier 954.

19 NORTH, Institutions 6.

20 NORTH, Institutions 45.

21 THRAINN EGGERTSSON, A Note on the Economics of Institutions, in: LEE J. ALSTON / THRAINN EGGERTSSON / DOUGLASS C. NORTH (Hrsg.), Empirical Studies in Institutional Change (Cambridge 1996) 22.

setzungsmechanismen anders. Deshalb werden sowohl die Anreizstrukturen in der Gesellschaft, wie auch die wahrgenommenen Konsequenzen der Regelungen, verschieden sein. Folglich werden dieselben Normen ganz verschiedene Ergebnisse in Gesellschaften mit unterschiedlichen institutionellen Ordnungen erhalten.[22] Fields Civil Code passte nicht zu den informellen Institutionen, den Gewohnheiten und Traditionen der Gesellschaft New Yorks. Das Common Law, und mit ihm die statutes und die Regelungen und Beziehungen, welche die Menschen daran geknüpft hatten, gehörten einem eingespielten anderen Schema an als der Civil Code. Ob der Civil Code, als eine Mischung aus Common Law und Civil Law, das Recht New Yorks inhaltlich wirklich verändert hätte, spielt dabei eine untergeordnete Rolle. Er passte nicht zu den informellen Institutionen New Yorks, denn er war eine formelle Institution einer anderen Rechtskultur und wurde deshalb in New York nicht akzeptiert.[23]

John Brooks Leavitt, ein junger Anwalt und harscher Kritiker Fields, stellte Field im Prinzip genau diese Frage. Warum sollte ein Gesetz für Europa auch für Amerika ideal sein?

> „Why should we adopt your Code because it has been so greatly admired by Continental jurists? It has been dinned into our ears, that the Roman Empire had a Code, France has a Code. We are told the tendency of all nations is towards codification. [...] As a climax to this we are now given to read the recent flattering letters from distinguished Europeans attesting the merits of your bill. We naturally ask ourselves, how they with no knowledge of the manners and customs of the American people, can speak? We, here, are not able to decide what is good for ourselves; but your continental jurists with easy facility, can tell us exactly what we need.“[24]

---

22 NORTH, Institutions 101.

23 RICHARD H. CLARK, History of the First Georgia Code, in: American Law Review 25 (1891) 947–962, hier 961: „I take it that David Dudley Field has some such mind, and perhaps has put in his Code too much innovation, and too much of theory unsupported by experience or history, and that may be the reason the New York legislature has so far failed to adopt this code.“

24 JOHN BROOKS LEAVITT, An open Letter to the Hon. David Dudley Field, LL.D., upon the Subject of the Adoption of the Civil Code (New York 1886) 12f.

III. DIE MACHTSTRUKTUREN IN NEW YORK

Neben dieser gesamtgesellschaftlichen Perspektive muss auch ein Blick auf die Machtstrukturen einzelner Gruppen in dieser Gesellschaft geworfen werden. Zwischen Institutionen und einzelnen Mitgliedern der Gesellschaft stehen Einheiten (nach Commons concerted actions), in denen Menschen gemeinsame Ziele verfolgen. Jeder Einzelne handelt innerhalb einer Struktur von gemeinschaftlichen Aktionen. In diesen Aktionen, die Commons auch Politik nennt, versammeln sich ungleiche Individuen zur Verfolgung der gleichen wirtschaftlichen oder ideellen Interessen.[25] Die Mitglieder einer Organisation beeinflussen mit der Durchsetzung ihrer Interessen den institutionellen Wandel. Im Falle New Yorks war eine dieser Organisationen die New Yorker Anwaltskammer. Änderungen im New Yorker Recht hätten Neuerungen, von denen die Anwälte direkt betroffen gewesen wären, mit sich gebracht. Aus der Sicht der Institutionenökonomik gesehen heisst das wiederum: Institutionen ändern sich langsam. Einzelne und Gruppen investieren viel in Wissen bezüglich solcher Institutionen und verlieren viel, wenn diese sich ändern.[26] Die Anwälte New Yorks erwarteten von der Inkraftsetzung von Fields Civil Code einen Eingriff in ihren Wohlstand und ihre Vorrechte.[27] Sie befürchteten eine Änderung im Recht New Yorks, die auch eine Modifikation der Spielregeln mit sich brächte. Sie hätten sich umorientieren und, wenn auch nur bis zu einem gewissen Grade, ein neues Recht lernen müssen. Dazu kam auch, dass gerade Field, den viele von ihnen schon bisher als zu grosse Konkurrenz gesehen hatten, der Experte für die neue Rechtsordnung geworden wäre. Die Anwälte New Yorks waren zu Fields Zeit sozial und politisch sehr aktiv und hatten grossen Einfluss auf die Legislative. Viele Senatoren waren Juristen, und auch in den Legislativen, vor allem in städtischen Gebieten, waren sie zahlreich vertreten.[28] Die Legislative hatte sich denn auch nie für Fields Civil Code eingesetzt, obwohl sie sich durch dessen Inkraftsetzung mehr Einfluss

---

25 JOHN R. COMMONS, Institutional Economics, Its Place in Political Economy (New Brunswick 1990, first published 1935) 748, 751.

26 ALSTON / EGGERTSSON / NORTH, Empirical Studies 305.

27 MORTON HORWITZ, The Transformation of American Law 1870–1960. The Crisis of Legal Orthodoxy (Oxford-New York 1992) 119.

28 JAMES WILLARD HURST, The Growth of American Law. The Law Makers (Boston 1950) 352f.

hätte verschaffen können. Die Anwälte New Yorks profitierten sehr von den informellen Institutionen und der geschlossenen Ordnung, die sich ihnen in New York bot und die zugunsten des Common Law wirkte.

IV. KALIFORNIEN

Als Vergleich werden im folgenden die historischen und kulturellen Konstellationen in Kalifornien aufgezeichnet, die im Jahre 1873 zu einer Annahme des Field Civil Code geführt haben.

Im 18. Jahrhundert wurde Kalifornien von Spanien erobert und erst von Spanien, später von Mexiko, regiert. 1848 wurde es, nach dem Krieg zwischen den USA und Mexiko, mit dem Friedensvertrag von Guadalupe Hidalgo an die USA abgetreten. In der Folge davon und auch aufgrund der Goldfunde im selben Jahr,[29] nahm der Strom der Siedler von der Ostküste der Vereinigten Staaten und aus Europa zu. Sie alle kamen, um sich in dem neuen Staat, der 1849 seine Verfassung in Kraft setzte und 1850 in die amerikanische Union aufgenommen wurde, niederzulassen.

Bisher war in Kalifornien offiziell das spanisch-mexikanische Recht, das sich vor allem auf die Siete Partidas und somit auf römisches Recht zurückführen liess, in Kraft gewesen. Dieses vermischte sich jetzt jedoch schnell mit dem Common Law der englischsprachigen Einwanderer.[30]

---

29 THEODORE H. HITTELL, History of California II (San Francisco 1897) 697: „Everybody began to talk about California. The people were in a ripe state for adventurous emigration. The Mexican war, besides stimulating enterprise, had thrown upon the country numbers of vigorous young men, inured to travel and hardships, without regular employments, and ready for new campaigns which promised unlimited rewards of wealth; while in every state there were numbers of all classes eager to better their condition and contemptuous, in the face of the accounts they received, of suggestions of doubt or difficulty or danger. Very soon after the first public notice appeared, all the newspapers from one end of the country to the other were full of the subject. It everywhere became the topic of conversation and discussion. The arrival of newer accounts and larger consignments of gold served to confirm and increase the feeling and it rapidly grew all absorbing – first into an excitement and then into what was called a fever".

30 HITTELL, History of California 663: „The growth of American law in California was comparatively rapid. It commenced from the very raising of the flag and in a short time developed into a system. Though the Spanish or Mexican civil law was supposed to be in force, the American settlers and especially the American alcaldes brought with them from the Atlantic side of the continent common law prin-

Die Goldgräber hatten ausserdem ihre eigenen, nach mexikanischem Recht Alcaldes genannten, Richter, meistens Common Law-Juristen von der Ostküste, bestimmt, die im allgemeinen zur Zufriedenheit aller Beteiligten Recht sprachen.[31] Die grösste Herausforderung für die Alcaldes waren die neu enstandenen Rechtsfragen. Kaum einer von ihnen hatte sich bisher mit Schürf- und Wasserrechten und den daraus resultierenden Ansprüchen der einzelnen Goldgräber auseinandersetzen müssen. Das Common Law und die statutes Englands oder anderer amerikanischer Staaten sahen für viele dieser Fragen keine Regelungen vor. Der kalifornische Alcalde musste sozusagen neues Recht schaffen.[32]

Die rechtlichen Institutionen waren in Kalifornien bedeutend weniger starr als in New York. Das spanisch-mexikanische Zivilrecht, das während einer gewissen Zeit offiziell noch in Kraft war, war vielen nicht bekannt oder wurde ganz einfach übersehen. Die neuen Einwanderer entwickelten ihre eigenen Regeln oder stützten sich auf ihre eingeführten Gesetze, beziehungsweise auf einzelne Normen, die ihnen aus dem heimischen Recht bekannt waren. Mit den Goldgräbern und deren wirtschaftlichen Mitläufern erhielt das kalifornische Recht neue Impulse sowohl aus Europa wie auch von der amerikanischen Ostküste. Die Offenheit der Strukturen durch den politischen Neuanfang liess Menschen aus verschiedenen Kulturen Verhandlungsspielraum.

Die informellen Institutionen Kaliforniens unterschieden sich von denen New Yorks. Sie basierten auf Traditionen und Sitten, die vielfältiger waren als die New Yorks, und sie waren vor allem lange nicht so starr wie diese. Kaliforniens Kultur und Gesellschaft hatte sich im Laufe der letzten Jahrzehnte extrem schnell immer wieder gewandelt und dieser institutionelle Wandel setzte sich auch kontinuierlich fort. Historisch bestand ein mexikanisch-spanischer Civil Law-Hintergrund, doch gab es je länger je mehr auch Common Law-Einflüsse. Die Bevölkerung war sehr heterogen und Neuem gegenüber sehr aufgeschlossen. Die gesellschaftliche und rechtliche Ordnung war viel offener als in New York. Obwohl die

---

ciples and common law forms, which either amalgamated with or supplanted the old customs and procedure".

31 HITTELL, History of California 736f.

32 Dazu STEPHEN JOHNSON FIELD, Personal Reminiscences of my early Days in California (Washington DC 1893) 31: „As a judicial officer, I tried many cases, both civil and criminal, and I dictated the form of process suited to the exigency".

Amerikaner der Ostküste den Staat nun zusehends mehr dominierten,[33] unter ihnen waren viele Nachfahren der angelsächsischen Oberschicht, hatten auch andere Immigranten Einfluss auf die Kultur.

Kalifornien war nicht nur in einem ganz anderen Stadium seiner Geschichte als New York. Kalifornien versuchte, sich eine neue Identität zu schaffen. Kalifornien, so erhoffte man sich, sollte als neuer aufstrebender Staat eine Vorreiterrolle im Pazifik spielen – nicht nur wirtschaftlich, sondern auch durch eine neue Rechtsordnung.

Die Legislative Kaliforniens, die doch grösstenteils aus Amerikanern, die nicht in Kalifornien geboren worden waren, bestand, hatte beschlossen, einen Civil Code ausarbeiten zu lassen. Dieser wurde auf der Grundlage des Entwurfs für New York verfasst und bald darauf in Kraft gesetzt. Dass dieser Civil Code sein Vorbild im Gesetzesentwurf Fields fand, war naheliegend. Die Field Codes waren die aktuellsten Gesetze, die das Common Law mit dem Civil Law verbanden. Field selber war überzeugt, dass sein Zivilgesetzbuch dem Recht der Vereinigten Staaten und darüber hinaus anderen Ländern von grossem Nutzen sein könnte. Wenn New York sich schwer tat, dies zu akzeptieren, sollte das nicht bedeuten, dass sein Zivilgesetzbuch nicht anderen Staaten, zum Beispiel Kalifornien, als Vorbild dienen konnte. Der Civil Code als formelle Institution passte, zumindest im Moment, besser zu den informellen Institutionen Kaliforniens als zu denjenigen New Yorks.

Die kalifornischen Juristen der ersten Stunde waren hauptsächlich Common Law-Anwälte, die von der Ostküste gekommen waren. Nachdem der Beschluss der Legislative bezüglich des Civil Code feststand, wurde ein Entwurf ausgearbeitet und bald darauf als Gesetz in Kraft gesetzt. Die Diskussionen, die in New York stattgefunden hatten, entstanden in Kalifornien, zumindest als einmal beschlossen war, welche Rechtsordnung man vorziehen wollte, erst gar nicht. Die Legislative und die Anwälte waren sich einig, dass Kalifornien ein Zivilgesetzbuch brauchte. Schliesslich waren innerhalb der letzten Zeit auch die anderen vier Gesetze von Field übernommen und an kalifornische Verhältnisse angepasst worden.[34]

---

33 Hubert Howe Bancroft, History of California VII, 1860–1890 (= The Works of Hubert Howe Bancroft XXIV) (San Francisco 1890) 699f.

34 Field förderte dies, zum Beispiel in: David Dudley Field, Codification of the Law. Correspondence between the California Bar and Mr. Field (November 28, 1870), in: Ders., Speeches, Arguments and Miscellaneous Papers I (New York 1884)

Der Civil Code von Kalifornien entsprach, sowohl inhaltlich als auch formell und sprachlich, weitgehend seinem New Yorker Vorbild.

Der Abschnitt über Grundstücke und Zugehör sah dort folgendermassen aus:

Real Property.

658. Real or immovable property consists of:

1. Land;
2. That which is affixed to land;
3. That which is incidental or appurtenant to land;
4. That which is immovable by law.

Land.

659. Land is the solid material of the earth, whatever may be the ingredients of which it is composed, whether soil, rock, or other substance.

Fixture.

660. A thing is deemed to be affixed to land when it is attached to it by the roots, as in the case of trees, vines, or shrubs; or imbedded in it, as in the case of walls; or permanently resting upon it, as in the case of buildings; or permanently attached to what is thus permanent, as by means of cement, plaster, nails, bolts, or screws.

Fixtures attached mines

661. Sluice boxes, flumes, hose, pipes, railway tracks, cars, blacksmith shops, mills, and all other tomachinery or tools used in working or developing a mine, are to be deemed affixed to the mine.

360f.: „If in doing so you can make use of those prepared for New York, I shall certainly be gratified; if you can improve upon them, so much the better. You have a commission, now sitting, able to prepare the work for your Legislature; and that body, I trust, will not let pass the great opportunity of making itself the lawgiver of not only the half-million of people now within your borders, but the future millions who are to succeed them, and, not only those, but, by force of their example, the vast population of the whole Pacific regions, for all time to come".

Appurtenances

662. A thing is deemed to be incidental or appurtenant to land when it is by right used with the land for its benefit, as in the case of a way, or watercourse, or of a passage for light, air, or heat from or across the land of another.

Ausser dem eingefügten Artikel 661 betreffend die Minen folgt der Abschnitt praktisch wörtlich dem Civil Code von New York. Der grosse Unterschied zwischen den Artikelnummern des California Civil Code im Vergleich zum New York Civil Code, bei an sich gleichem Aufbau, entsteht dadurch, dass im kalifornischen Gesetz die juristischen Personen, Corporations, dem Personenrecht zugeordnet sind, während sie Field in etwas unorthodoxer Weise dem Sachenrecht anfügte.

V. DIE MACHTSTRUKTUREN IN KALIFORNIEN

Zudem standen, auf der Ebene der Organisationen, die Juristen und Politiker in Kalifornien in keinem Konkurrenzverhältnis zu Field und brauchten durch die Annahme seiner Gesetze auch keine Änderungen in den Machtverhältnissen zu befürchten. Field spielte in Kaliforniens Machtstrukturen keine Rolle. Wichtig war vielmehr, dass die kalifornischen Juristen ihre New Yorker Kollegen übertroffen hatten.[35]

Diese Situation änderte sich jedoch relativ bald. Die informellen Institutionen, die in erster Zeit auf sehr vielfältigen Hintergründen beruht hatten und sehr offen waren, wurden immer mehr von den eingewanderten Amerikanern der Ostküste und ihrer Common Law-Kultur geprägt. Kaliforniens politische Strukturen nahmen die eines amerikanischen Gliedstaates an, die Kultur der angelsächsischen Bevölkerung gewann die Überhand; mit ihr auch die Rechtskultur. Diese Entwicklung zeigt sich deutlich auch am Civil Code. Der Civil Code war zwar Teil des

[35] CREED HAYMOND, Brief an David Dudley Field, American Law Review 22 (1888) 286–288, hier 288: „Permit me to say, in conclusion, that while the people of California have appreciated and profited by your work in the cause of law reform, they cannot fully sympathize with you in your regrets that the people of the State of New York were not the first of English-speaking people to supplement a written Constitution by written laws; for, had the people of New York done so, the people of the State of California would have been deprived of the credit and honor which now in that behalf belongs to them".

kalifornischen Rechtssystems, wurde jedoch nicht lange als primäre Rechtsquelle gebraucht, wie Field sich das vorgestellt hatte. Hier zeigt sich deutlich, wie Institutionen und Organisationen gegenseitig aufeinander einwirken. Die einflussreichen Juristen Kaliforniens waren Common Law-Anwälte, die an der Ostküste ausgebildet worden waren. Aufgrund ihres Rechtsverständnisses wendeten sie in der Folge neben dem Civil Code weiterhin, wie sie es gewöhnt waren, auch das Common Law an.[36]

Der Civil Code wurde so mit der Zeit nur noch als Teil des Common Law behandelt, als statute, und nicht mehr als eigenständige Rechtsquelle mit Gesetzeskraft. [37]

Der Civil Code hatte sich zwar als formelle Institution etabliert, sich aber gegen die informellen Institutionen auch hier nicht komplett durchgesetzt. Er blieb zwar als geltendes Recht bestehen, wurde aber von den Anwälten nicht in diesem Sinne beachtet. Informelle Institutionen und Organisationen dürfen folglich nicht unterschätzt werden, will man das Funktionieren einer Gesellschaft verstehen.[38] Der Civil Code war und ist

---

36 LAWRENCE M. FRIEDMANN, A History of American Law (2. ed., New York 1985) 370 beschreibt dies folgendermassen: „What traveled west, more important than form, was the general legal culture, the general ways of thinking about law".

37 JOHN NORTON POMEROY, The true Method of interpreting the Civil Code, in: West Coast Reporter IV/No. 3 (1884) 109: „Except in the comparatively few instances where the language is so clear and unequivocal as to leave no doubt of an intention to depart from, alter, or abrogate the common law rule concerning the subject-matter, the courts should avowedly adopt and follow without deviation the uniform principle of interpreting all the definitions, statements of doctrines, and rules contained in the code in complete conformity with the common law definitions, doctrines and rules, and as to all the subordinate effects resulting from such interpretation. A general intent of the legislature to re-enact and declare common law doctrines and rules, with all their consequences, should be assumed and strictly enforced by the courts in their work of interpreting all the provisions, except in the few special intances where a contrary intent is unequivocally manifested by the particular language. [...] No provision of the code should be interpreted by itself alone; its meaning and effect should be discovered by a comparison with all the other provisions relating to the same subject-matter, and especially by a reference to the pre-existing and still existing common law rules".

38 NORTH, Institutions 91: „Perhaps most important of all, the formal rules change, but the informal constraints do not. In consequence, there develops an ongoing tension between informal constraints and the new formal rules, as many are inconsistent with each other. [...] Although a wholesale change in the formal rules may take place, at the same time there will be many informal constraints that ha-

immer noch Teil der Rechtsordnung Kaliforniens, spielt aber gegenüber dem Common Law eine untergeordnete Rolle. Obwohl das Common Law mit den Jahren zunehmend an Wichtigkeit gewann, wurde der Civil Code von Field trotzdem weiter entwickelt, näherte sich in seiner Form jedoch immer mehr einem statute an. Im California Civil Code von heute sieht der Abschnitt über Grundstücke und Zugehör denn auch wie folgt aus:

> § 658. Definition of real property; Severance by agreement
> Real or immovable property consists of:
> 1. Land;
> 2. That which is affixed to land;
> 3. That which is incidental or appurtenant to land;
> 4. That which is immovable by law; except that for the purpose of sale, emblements, industrial growing crops and things attached to or forming part of the land, which are agreed to be severed before sale or under the contract of sale, shall be treated as goods and be governed by the provisions of the title of this code regulating the sales of goods.
>
> Enacted 1872. Amended Stats 1931 ch 1070 § 4.

> § 659. Land
> Land is the material of the earth, whatever may be the ingredients of which it is composed, whether soil, rock or other substance, and includes free or occupied space for an indefinite distance upwards as well as downwards, subject to limitations upon the use of airspace imposed, and rigths in the use of airspace granted, by law.
>
> Enacted 1872. Amended Stats 1963 ch 860 § 5.

> § 660. Definiton of fixtures; Severance by agreement
> A thing is deemed to be affixed to land when it is attached to it by roots, as in the case of trees, vines or shrubs; or imbedded in it, as in the case of walls; or permanently resting upon it, as in the case of buildings; or permanently attached to what is thus permanent,

---

ve great survival tenacity because they still resolve basic exchange problems among the participants, be they social, political, or economic. The result over time tends to be restructuring of the overall constraints – in both directions – to produce a new equilibrium that is far less revolutionary".

as by means of cement, plaster, nails, bolts, or screws; except that for the purposes of sale, emblements, industrial growing crops and things attached to or forming part of the land, which are agreed to be severed before sale or under the contract of sale, shall be treated as goods and be governed by the provisions of the title of this code regulating the sales of goods.

Enacted 1872. Amended Stats 1931 ch 1070 § 5.

§ 661. [Section repealed 1939.]

Enacted 1872. Amended Stats 1939 ch 93 p 1215 . See Pub Res C § 3980.

§ 662. Appurtenances

A thing is deemed to be incidental or appurtenant to land when it is by right used with the land for its benefit, as in the case of a way, or a watercourse, or of a passage for light, air, or heat from or across the land of another.

Enacted 1872.

Der California Civil Code wurde von einer Menge von Regelungen überflutet, welche für ein Zivilgesetzbuch nach europäischem Muster, wie Field es sich vorstellte, viel zu detailliert waren, die sich jedoch wieder gut in die Ideen der Common Law-Juristen und deren Rechtskultur einfügten. Der California Civil Code enthielt im Jahre 1872 3543 Artikel, heute umfasst er 7106, wobei viele davon während der letzten Jahrzehnte ausser Kraft gesetzt wurden. Trotzdem blieben auch diese als Teil des Civil Code bestehen und wurden mit dem Vermerk, in welchem Jahr sie ausser Kraft traten, versehen. Der Civil Code wurde nie im Sinne eines europäischen Zivilgesetzbuches revidiert, sondern immer nur ergänzt. Neben den Artikeln, welche hinzugefügt und einige Jahre später wieder ausser Kraft gesetzt wurden, wurden auch viele ursprüngliche Artikel, wie oben gezeigt, scheinbar den Launen der Zeit entsprechend, erweitert. Dies geschah trotz der Bezeichnung Civil Code ganz im Geiste des Common Law. Die informellen Institutionen und Organisationen wirkten sowohl in New York als auch in Kalifornien auf die Annahme beziehungsweise die Nichtakzeptanz des Civil Code ein. Die kalifornischen Anwälte spielten als Organisation genauso eine Rolle bei der Einführung des Civil Code wie auch später wieder, als sie ihn nach ihrem Rechtsdenken anwendeten und auslegten. Der Civil Code diente ihnen als Spielball, wie sie auch die noch wenig klaren Strukturen in Kalifornien nützten, die durch den institutionellen Wandel in der Übergangsphase zwischen mexikanischer und amerikanischer Regierung entstanden waren und auf die sie mit ihren eigenen Common Law-Traditionen einwirkten.

VI. FIELDS VISION

Fields Vision war, einen Civil Code für New York zu schaffen, der einmal in Amerika und im ganzen Gebiet des Common Law Anwendung fände und somit, von den USA ausgehend, für die Welt rechtsverbindlich würde. Das Zivilgesetzbuch New Yorks sollte Rechte ablösen, die während Jahrhunderten in stetiger Entwicklung entstanden waren. Amerikanisches Recht, das in kurzer Zeit niedergeschrieben worden war, sollte in genauso kurzer Zeit in geradezu kolonialer Art und Weise an andere Länder und Gesellschaften weitergegeben werden. Hielt Field mit dieser Vorstellung gewisse Spielregeln nicht ein? Stellte er sich schon in New York gegen Gewohnheiten, die nicht einfach umgestossen werden konnten?

Auch das amerikanische Recht ist aus dem englischen Common Law übernommen worden, und obwohl nicht alles Englische als gut befunden wurde, war Field vielleicht doch etwas zu schnell mit seiner Idee, das Recht eines Volkes plötzlich ändern zu wollen. Er hat damit möglicherweise gegen gewisse Spielregeln menschlicher Interaktion verstossen und informelle Verhaltensregeln missachtet.

Field war vom amerikanischen Recht überzeugt, weil es für ihn das Recht einer Demokratie darstellte. Diesen Gedanken brauchte er auch als Rechtfertigungsgrund, es überall zu verbreiten. Die Idee, dass Amerika ein Land freier und gleicher Bürger sei, hatte sich bei den amerikanischen Juristen trotz politischer und sozialer Probleme eingeprägt. Das New Yorker Gesetz als allgemeines Recht sollte, so Field, auch den Zusammenhalt der Gliedstaaten der USA fördern.

Fields Civil Code konnte sich, wie aufgezeigt, nicht einmal in New York durchsetzen. Und obwohl es offiziell in Kalifornien in Kraft trat, passte das Gesetz auch dort nicht zu den bestehenden informellen Institutionen beziehungsweise wurde von den Organisationen soweit geändert, dass es zu ihrer Kultur passte. Formelle Institutionen können nicht, wie Field es mit seinem Civil Code versuchte, in eine Kultur eingepflanzt werden, ohne deren informelle Institutionen und ihre historische Entwicklung zu beachten.

Die historischen und sozialen Hintergründe New Yorks und Kaliforniens waren nicht geeignet für ein Zivilgesetzbuch, auch wenn dieses inhaltlich viele Common Law-Gedanken enthielt. Fields Visionen konnten sich nicht verwirklichen. Institutionen und ihre historische Entwicklung und Veränderung sind wichtig für die gegenwärtigen Strukturen einer Gesellschaft und ihrer Rechtsordnung sowie auch deren Entwicklung.

ANDREAS DEUTSCH, Heidelberg

EIN SALZQUELL UND SEINE GERICHTSBARKEIT
Das Schwäbisch Haller „Haalgericht" seit dem Mittelalter

Im historischen Gebäude des „Haalgerichts" in Schwäbisch Hall findet sich eines der kuriosesten Beispiele lebendiger Rechtsgeschichte: Dort amtiert nämlich bis heute der seit dem Mittelalter bekannte „Haalschreiber". Er verwaltet die Erbanteile am Siederecht für die Schwäbisch Haller Saline nach einem komplizierten, jahrhundertealten Verfahren – und das obwohl die Salzgewinnung seit 1924 eingestellt ist. Als Kurfürst Friedrich von Württemberg 1804 die Saline erworben hat, verpflichtete er sich nämlich zur Zahlung einer „Ewigen Rente" an die Erbsieder als Ausgleich für die mit dem Verkauf erloschenen Siederechte. Diese Rente wird bis heute durch das Land Baden-Württemberg ausbezahlt.

Freilich hatte das „Haalgericht" ursprünglich eine Vielzahl weiterer Aufgaben. So diente es nämlich nicht nur als (Selbst-)Verwaltung der Saline, sondern hatte auch die Gerichtsbarkeit über den Industriebetrieb und seine Mitglieder inne.

I. DIE SALINE

Um die Bedeutung des Haalgerichts einschätzen zu können, ist ein kurzer Blick auf die Geschichte der Schwäbisch Haller Saline unerläßlich. Die Salzgewinnung in Schwäbisch Hall hat – wie in zahlreichen Städten mit dem Namen „Hall" – eine lange Tradition. Bereits seit etwa 500 v. Chr. hatten die Kelten die salzhaltige Quelle zur Salzgewinnung genutzt.[1] Unter den Staufern erlebten Stadt und Saline eine erste Blütezeit, zumindest ein Teil der Saline stand in königlich-staufischem Eigenbesitz.[2] Um 1300 befanden sich jedoch nur noch etwa 5 % der insgesamt 111 Anteile in königlichem Eigen, während der Stadtadel etwa die Hälfte, kirch-

---

1 KUNO ULSHÖFER, Die Salzstadt Hall, in: DERS. / HERTA BEUTTER (Hrsg.), Hall und das Salz (Sigmaringen 1983) 9–26, hier 9.

2 Vgl. etwa die königliche Urkunde vom 22. September 1231, in der Heinrich (VII.) eine Salzpfanne an das Stift Denkendorf zu Eigen vergibt; Staatsbibliothek preußischer Kulturbesitz Berlin, U D2, Nr. 1. Ferner: GERD WUNDER, Die Bürger von Hall – Sozialgeschichte einer Reichsstadt 1216–1802 (Sigmaringen 1980) 38.

liche Einrichtungen etwa ein Viertel der Saline besaßen. Im Lauf der Jahrhunderte zog die reichsstädtische Verwaltung mehr und mehr Anteile an sich. Und insbesondere nach 1500 lösten bürgerliche Eliten den Adel als wichtigste Anteilseigner nach und nach ab.[3] Jeder der unveränderlich 111 Anteile der Saline bestand aus einem Teilgrundstück des „Haals“, also der Salinenanlage, mit einer riesigen holzbefeuerten Siedepfanne[4] und dem Recht zur anteilsmäßigen Nutzung der aus dem Salzquell mittels eines Schöpfwerks gewonnenen Sole.

Freilich beuteten die Anteilseigner die Salzquelle nicht selbst aus, sondern beauftragten zur Salzgewinnung die sogenannten Salzsieder, die sehr bald einen äußerst selbstbewußten bürgerlichen Mittelstand in der Stadt bildeten und eigene Siedknechte und Tagelöhner beschäftigten.

Ursprünglich wurde der Vertrag über die Versiedung Jahr für Jahr zwischen jedem einzelnen Anteilseigner und dem jeweiligen Sieder neu ausgehandelt. Im 14. Jahrhundert setzte sich dann die alljährliche kollektive Verleihung der „Siedwerke“ an alle Salzsieder unter Festlegung einer einheitlichen Siededauer und eines einheitlichen Preises durch. Bald schon gelang es zahlreichen Siedern ihr Siederecht auf Lebzeiten oder gar „zu Erb“, also auch mit Wirkung für die Nachkommen, zu erwerben.[5] Für diese sogenannten „Siedens-Erbleihen“[6] bestand ein Veräußerungs- und Teilungsverbot. Bei mehreren Erben setzte sich daher eine abwechselnde Nutzung des Siedens durch, deren Reihenfolge auf ewige Zeiten durch eine Auslosung entschieden wurde.

---

3 RAIMUND J. WEBER, Die Haller Saline und ihr Recht, in: ULSHÖFER/BEUTTER, Hall und das Salz 113–146, 117f.

4 Jede Pfanne war 4,3 m × 1,47 m groß und wog 260 kg. Vgl. HANS HAGDORN, Die Technik der Salzgewinnung, in: ULSHÖFER/BEUTTER, Hall und das Salz 41–82, hier 46.

5 WEBER, Haller Saline 122. Auf diese Weise entwickelten sich die sogenannten Siedenserbleihen, die der Kurfürst von Württemberg schließlich mit der Ewigen Rente auslöste.

6 Siehe die Dissertation mit Quellenband von RAIMUND J. WEBER, Die Schwäbisch Haller Siedenserbleihen (Sigmaringen 1981). Aufschlußreich hierzu aus der Feder des amtierenden Haalschreibers Dr. PETER HUBERT, Grundlagen der Siedensrentenberechnung, in: DERS. (Hrsg.), Suhlenfege, in: Mitteilungen zur Siedergeschichte und Traditionspflege, Heft 1 (1995) 17ff. Bemerkenswert, daß auch der in Schwäbisch Hall um 1435 entstandene Klagspiegel (etwa im 42. Titel des Ersten Traktats, Bl. XIX) bereits auf die römisch-rechtliche Erbleihe eingeht, hierzu der Verf. demnächst ausführlich.

Aufgrund der komplizierten Strukturen ist die Saline trotz ihrer Größe und wirtschaftlichen Bedeutung mit einem modernen Industriebetrieb kaum vergleichbar. Neben den rein privatrechtlich aufgefaßten Eigentumsverhältnissen an der Saline – ein hoheitliches Bergregal[7] wurde für Schwäbisch Hall stets verneint[8] – bestanden im Bereich der Salzsieder genossenschaftlich-zünftische Strukturen. Hinzu kamen obrigkeitliche Einflüsse durch den reichsstädtischen Magistrat, der seit dem späten 15. Jahrhundert die Statutenhoheit über die Saline beanspruchte.[9]

II. DAS HAALGERICHT

Das spätestens im 14. Jahrhundert entstandene[10] Haalgericht[11] war ursprünglich ein rein siederschaftliches Selbstverwaltungsorgan, stand dem „Lehensrat“ als Gremium der Anteilseigner und dem Sulmeister als städtischem Beauftragten für die Saline[12] gegenüber. Als Verwaltungs- und Organisationszentrale der Saline zog es aber mit der Zeit mehr und mehr Aufgaben an sich. Zugleich wuchs freilich der Einfluß der Stadtregierung auf das Haalgericht, so daß dieses spätestens seit dem 17. Jahrhundert die Züge einer reichsstädtischen Behörde trug.

Als frühestes Organ des Gerichts werden die vier Haalmeister genannt, die zusammen mit der Siederschaft, also der Gemeinschaft der Salzsieder, die Haalordnung von 1385 verfaßt haben.[13] Die Haalmeister entstammten der Siederschaft; solange sie das Haalgericht alleine stellten, kann daher von einer weitestgehenden Selbstverwaltung und Eigengerichtsbarkeit über die Saline ausgegangen werden. Seit dem 16. Jahrhundert jedoch wurden die Haalmeister aus den Reihen der Sie-

---

7 Vgl. W. WEGENER, „Bergregal“ in: HRG I (Berlin 1971) 378–381; ferner: A. ARNDT, Zur Geschichte und Theorie des Bergregals und der Bergbaufreiheit (Halle 1879) insb. 120ff.

8 WEBER, Haller Saline 114f. und 132f.

9 Vgl. die Bestätigung Kaiser Maximilians I. aus dem Jahre 1516, der Rat von Hall habe das Privileg, in Haals- und Salzwerksangelegenheiten Statuten und Ordnungen errichten zu dürfen; hierzu: ULSHÖFER, Der Hällische Salzhandel, in: ULSHÖFER/BEUTTER, Hall und das Salz 95–112, hier 98.

10 WERNER MATTI, Verfassung und Wirtschaftspolitik der Saline von Schwäbisch Hall bis zum Jahr 1802 (Diss. Tübingen 1952) 105.

11 Der Begriff „Haalgericht“ wurde freilich erst im 17. Jahrhundert gebräuchlich.

12 Hierzu aufschlußreich WEBER, Haller Saline 120f.

13 MATTI, Verfassung 105.

der vom städtischen Rat ernannt.[14] Die Stadt setzte ferner seit 1590 ein juristisch geschultes Mitglied der Stadtregierung als „Hauptmann des gemeinen Haals“ ein,[15] beschickte seit dem 17. Jahrhundert die Sitzungen des Haalgerichts mit städtischen Pflegern.[16] Im frühen 18. Jahrhundert wurde zusätzlich ein gelehrter Jurist als „Haalkonsulent“ den Haalmeistern zugeordnet.[17] An diesen personellen Veränderungen läßt sich der wachsende städtische Einfluß eindrucksvoll beobachten.

Zusammen mit den Haal- und Holzschreibern, Holzschätzern, Salzmessern, Haaluntergängern, Haalschmieden und anderen Bediensteten ergibt sich ein Personalstand des Haalgerichts von über 50 Beschäftigten. Sitz des Gerichts war das 1488 zu diesem Zweck errichtete sogenannte „Neue Haus“ neben dem Sulferturm am Rande des Salinengeländes.[18]

Auch wenn der Organisationsaufwand im Laufe der Zeit beständig stieg, blieben doch vom 16. bis ins 18. Jahrhundert Bedeutung und Aufgaben des Haalgerichts weitgehend unverändert.[19] Die Aufgaben im Bereich der reinen Salinenverwaltung griffen dabei mit (grundsätzlich) hoheitlichen und gerichtlichen Befugnissen eng ineinander. Dennoch lassen sich im groben vier Aufgabenkomplexe unterscheiden:[20]

A. Typische Aufgaben einer hoheitlichen Verwaltung

Hier sind zunächst die Einteilung und die Anordnung des vom Lehensrat bewilligten jährlichen Siedwerks zu nennen. Ohne Erlaubnis der Meister durfte kein Sieder mit dem Sieden beginnen, andernfalls durften die Meister „die pfannen in den herd werffen“, wie es in der Haalordnung von 1385 heißt.[21] Weiter oblag dem Haalgericht die Beurkundung der Auslosung der Siedereihenfolge nach einer Erbteilung sowie die Festlegung des sogenannten Jahrgeldes, also jenes Betrages, den der Jahrsie-

---

14 Genauer bei WEBER, Haller Saline 126f.

15 Ratsprotokoll vom 13. Februar 1590; MATTI, Verfassung 108.

16 WEBER, Haller Saline 128. Zu den Haalpflegern: DIETER KREIL, Der Stadthaushalt von Schwäbisch Hall im 15./16. Jahrhundert (Schwäbisch Hall 1967) 35.

17 MATTI, Verfassung 109; vgl. noch das Ratsprotokoll vom 6. März 1699.

18 ROBERT UHLAND, Das Haalarchiv in Schwäbisch Hall (Karlsruhe 1965) 15.

19 MATTI, Verfassung 111.

20 Die Auflistung orientiert sich an MATTI, Verfassung 112f., der freilich eine andere Aufteilung vornimmt.

21 Ebenso in späteren Haalordnungen, vgl. etwa den 6. Titel der Statuten von 1498 (Haalarchiv, Schwäbisch Hall [= HaalA] B 157).

der nach Abzug der Rechnung an seine Erbmitbeteiligten abzuführen hatte. Bis heute von Bedeutung ist die Führung der genealogischen Listen aller Siedens-Erbberechtigten zum Nachweis ihrer Berechtigung.

B. Geschäftsführungsaufgaben und Management

Hierzu zählen neben der Anbahnung von Geschäftskontakten bis ins fremdsprachige Ausland[22] die Erledigung der gesamten Geschäftskorrespondenz mit Salzhändlern, Fuhrleuten und den städtischen Salzhäusern sowie die Ausfertigung und Abrechnung von Salzhandelsverträgen. Hier lag der Hauptaufgabenbereich des Haalschreibers.[23] Das Haalgericht war ferner zuständig für die Regelung aller Finanz- und Schuldangelegenheiten zwischen Salzsiedern, Lehensherren, Holzlieferanten und sonstigen Beteiligten.

Die Errichtung und Erhaltung der Gemeinschaftsbauten, namentlich des Soleschöpfwerks und der Wasserbauten am Kocherfluß inklusive der Auftragsvergabe an die Handwerker, oblag dem Haalgericht ebenso wie die Abrechnung und Umlegung der Bau- und Betriebskosten auf die Siederschaft. Häufig erregten die hohen Kosten den Widerstand der Salzsieder, so daß sie nur mit behördlichem Nachdruck eingetrieben werden konnten.

C. Polizeiliche Aufgaben

Im Bereich der Ordnungspolizei ist hier vor allem die Überprüfung der Legitimation zur Siedeberechtigung der einzelnen Salzsieder zu erwähnen, ferner die Überwachung der gleichmäßigen Produktion und Qualität des Salzes. Von herausragender Bedeutung war ferner die Überwachung der Anlieferung des Holzes als einzigem Energieträger zum Erhitzen des Salzwassers.

---

22 Zu den Märkten für Schwäbisch Haller Salz: ULSHÖFER, Salzhandel 95–103; ferner JEAN-CLAUDE HOCQUET, Les Alpes – Un marché des sels âprement disputé (XIIIe–XVIIIe siècles), in: DERS. / RUDOLF PALME (Hrsg.), Das Salz in der Rechts- und Handelsgeschichte (Schwaz 1991) 21–53.

23 Siehe hierzu insb. die Holzrechnungsbücher HaalA A1–A117 u. A127–A133 (1545–1663), die Floß- oder Gefletzbüchlein HaalA A134–A138 (Holzabrechnungen mit den einzelnen Siedern; 1545–1648) und die Abrechnungen mit den Floßbauern HaalA A230–A235 (1596–1810).

Des weiteren beaufsichtigte das Haalgericht als Baupolizei den baulichen Zustand der von den einzelnen Salzsiedern eigenverantwortlich betriebenen und unterhaltenen Siedehütten,[24] der sogenannten Haalhäuser, mit allen Werkzeugen und Geräten, insbesondere den kostspieligen, riesigen Salzpfannen. Von zentraler Bedeutung waren über die Jahrhunderte Präventionsmaßnahmen gegen die Brandgefahr aufgrund der Feuerstellen in den Haalhäusern.

Nicht zuletzt oblag dem Haalgericht auch der Wacht- und Polizeivollzugsdienst über die Saline, also neben der Ahndung von Ordnungswidrigkeiten insbesondere die Verfolgung von Diebstählen und anderen kleineren Straftaten. Neben der sogenannten „Feierabend-Wach", also den Nacht- und Sonntagswächtern für das Salinenareal, beschäftigte das Haalgericht Wachen bei den Holzvorräten und organisierte einen Bereitschaftsdienst bei drohendem Hochwasser,[25] denn die flußnahe Lage des Haals gefährdete nicht nur die Haalhäuser, sondern ebenso die Salzquelle, deren Überschwemmung oder Verunreinigung zu schwersten Einbußen für die Salzsieder führen konnte.

D. Eigentliche gerichtliche Aufgaben

Der Schwerpunkt dieser Darstellung soll aber auf den gerichtlichen Aufgaben des Haalgerichts im engeren Sinne liegen.

III. GERICHTSBARKEIT

Im Mittelalter beanspruchten die vier Haalmeister aufgrund ihrer Autonomie die Eigengerichtsbarkeit über die Saline.[26] Insoweit war das Haal-

---

24 Vgl. WEBER, Siedenserbleihen – zur Bauhaltung: 42ff, zu den Siedehütten: 130ff.

25 MATTI, Verfassung 107.

26 Ein Vergleich mit anderen Salinen gestaltet sich äußerst schwierig. Für Hall in Tirol gewährte König Maximilian 1502 eine räumliche Befreiung des Salzberges von der ordentlichen Gerichtsbarkeit des Landrichters; die Niedergerichtsbarkeit wurde in die Hände der Salzamtleute, die Malefizgerichtsbarkeit in die des Salzmairs gegeben. Vgl. RUDOLF PALME, Die Salzordnungen Maximilians I. für Hall in Tirol und ihre Auswirkungen auf die Produktion, in: HOCQUET/PALME, Salz 323–339, insb. 327. Vgl. „Zum historischen und gegenwärtigen Rechtsstatus der Salwirkerbrüderschaft im Thale zu Halle (Saale)" den gleichnamigen Aufsatz von HEINER LÜCK, in: Sachsen und Anhalt 20 (1997) 213–230.

gericht mit einer Zunftgerichtsbarkeit[27] durchaus vergleichbar. Allerdings bezeichnete sich die Siederschaft nie als Zunft.[28] Vor allem aber beschränkten sich die Kompetenzen des Haalgerichts nicht auf den für ein Zunftgericht typischen[29] Bereich des „Handwerks" und seiner Mitglieder.[30] Noch Anfang 1499 bestätigt der Rat den Haalmeistern im „Buch von den Gemecht und Verbot der Sieder mit ihren Freveln" dem Haalgericht seine gerichtliche Entscheidungsbefugnis, indem er den vier Meistern das Recht zuspricht, für ihre gerichtliche Tätigkeit alles niederzuschreiben, was nötig erscheine, „es sey mit sieden, pfannen, gewerd [Gewöhrd, Salzkrusten], helz [Holz], Oder anders zuschaiden, Auch dadigung [Teidigung, Schlichtung] oder rechtlich sprůch [Gerichtsentscheidung]".[31] Bereits in der frühen Neuzeit entwickelte sich das Haalgericht aber zu einem städtischen Untergericht mit sowohl zivilrechtlichen als auch strafrechtlichen Kompetenzen.[32] Wir dürfen uns die Arbeitsweise des Gerichts anfangs als im wahrsten Sinne des Wortes „hemdsärmelig" vorstellen, der Umgangston war eher rauh und pragmatisch, schließlich entstammten die vier Haalmeister selbst den Reihen der Sieder. Nach Schaffung der Stelle des Haalhauptmanns war dessen Gewicht gerade bei gerichtlichen Entscheidungen besonders groß, denn als Jurist konnte er die Sachverhalte am besten beurteilen. Obgleich die Haalmeister bei den Sitzungen weiterhin anwesend waren, änderte sich der Charakter des Gerichts nun nach und nach. Rein äußerlich verdeutlicht dies der Beschluß des reichsstädtischen Rates vom 10. November 1682: „Die Herren Haalmeister sollen inskünftig bey Gericht in Mänteln und ehrbaren Kleidun-

---

27 Zur „Zunftgerichtsbarkeit und Zunftverfassung in der Zeit vom 13. bis 16. Jahrhundert" die gleichnamige Dissertation von C. NEUBURG (Jena 1880).

28 WUNDER, Bürger 38 und 55.

29 Hierzu aufschlußreich RUDOLF WISSELL / ERNST SCHRAEPLER, Des Alten Handwerks Recht und Gewohnheit II (2. Aufl., Berlin 1974) 177ff., insb. 187f. Aufschlußreich auch JOH. F. CHR. WEISSER / W. C. CHRISTLIEB, Recht der Handwerker nach allgemeinen Grundsätzen u. insb. nach den Königlichen Württembergischen Gesezen [sic!] (Ulm 1823) 50ff., wonach Zunftgerichte ausschließlich Zunftvergehen bestrafen dürfen (51f.) und im Zivilrecht nur Streitschlichtung in Zunftangelegenheiten erlaubt ist (53).

30 Zu den Aufgaben des Haalgerichts gleich unten.

31 HaalA B 157 Bl.45, vgl. auch WEBER, Haller Saline 127.

32 Eine „Gerichtsbefugnis" bestreitet freilich UHLAND, Haalarchiv 15f., ist insoweit aber widersprüchlich, denn er hebt S. 29 hervor, das Gericht habe bestanden, bis seine Angelegenheiten von 1863 an durch die ordentlichen Gerichte übernommen wurden. Gegen UHLAND auch WEBER, Haller Saline 127.

gen erscheinen".[33] Später wurde auch den beiden am Haalgericht zugelassenen Advokaten das Tragen von Mänteln „in officio" auferlegt, wogegen sie sich in einem „Memoriale" vergeblich wehrten.[34]

Die Zuständigkeiten des Haalgerichts waren auch im Bereich der Justiz weit gefächert.

A. Zivilgericht

Im zivilrechtlichen Bereich lag eine der wichtigsten Aufgaben des Gerichts in der Schlichtung von Streitigkeiten zwischen den Siedern oder zwischen Siedern und Lehensherren. Insbesondere im Rahmen der Überprüfung der Legitimation zur Siedeberechtigung der einzelnen Salzsieder kam es immer wieder zu solchen Streitigkeiten. So stritten fast regelmäßig die Nachfahren eines Erbsiedeberechtigten um ihre Ansprüche, und die jeweils benachteiligte Seite zog vor das Haalgericht:[35] Vom „Prozeß Michael Schreiners und seines Sohnes Jacob gegen die Erben Michel Sülzers wegen der Legitimation in die Konrad-Vogelmann-Sieden"[36] bis zum „Prozeß der Erben Gilg Schübelins d. Ä. gegen Herrn Georg Müllers Erben wegen eines von Margarete Otterbach, Gilg Schübelins Hausfrau, hinterlassenen halben Erbsiedens"[37] nahmen diese Streitigkeiten mit Abstand den meisten Raum in der gerichtlichen Arbeit des Haalgerichts ein. Der Streit der Erben Kaspar Dötschmanns mit den Erben Georg Dötschmanns über den Anteil an ihrer beiderseitigen Erbsiedensgerechtigkeit zog sich über 98 Jahre hin.[38] In Sachen „Wilhelm-Blinzigs-Stammesverwandten gegen die Schweicker'schen Erben wegen deren Anmaßung der Blinzig- oder Schweicker-Sieden"[39] wurde sogar ein Rechtsgutachten bei Ratsadvokat Hartmann eingeholt.[40]

In den Gerichtsakten finden sich ferner Abrechnungsstreitigkeiten über Siedensgelder, Schulden, Bürgschaften oder andere Geldforderun-

---

33 Ratsprotokoll zitiert nach MATTI, Verfassung 108.

34 Vgl. das Memoriale von 1754 im Bestand HaalA A 832.

35 Vgl. für die Zeit ab 1615 die Bestände HaalA A 856–A 938.

36 HaalA A 865 (1683–1704).

37 HaalA A 862 (1681–1683).

38 Siehe Akte HaalA A 857.

39 HaalA A 868 (1698).

40 Siehe Akte HaalA A 869.

gen zwischen einzelnen Siedern.[41] So klagte etwa Joh. Friedrich Waldmann gegen den Spitalpfleger Ludwig um Bezahlung für das Versieden von zwei Eimern Sole.[42] Ludwig David Eisenmenger und Ludwig David Lauth stritten um die Rückzahlung eines Kredits.[43] Das Gericht durfte in derartigen reinen Zivilsachen bis zu einem Streitwert von 20 Gulden entscheiden.[44] Höhere Instanz war der städtische Rat.

Die Richter untersuchten ferner Arbeitsverträge und entschieden über Lohnforderungen, etwa in der Klage des Licentiaten Dreher zu Öhringen gegen Herrn Michel Seyfferheld, Bürger zu Hall aus dem Jahre 1689.[45]

Des öfteren ging es schließlich um Streitigkeiten wegen Holzlieferungen, die Bezahlung von „Haalblöcken" (Holzblöcken)[46] oder Streitigkeiten um das Eigentum an dem Holz. Aufgrund des gewaltigen Bedarfs als Energieträger für die Saline mußte das Holz aus benachbarten Herrschaften angekauft und vornehmlich von den Limpurger Bergen über viele Kilometer herangeschafft werden. Die Holzstämme wurden hierfür nach ihrer Fällung einzeln oder zu Flößen zusammengebunden in den Kocher-Fluß geworfen und schwammen darin bis zum Schwäbisch Haller „Haalplatz", also der Saline.[47] Die Holzblöcke waren zur Erkennung des Eigentümers mit Floßmälern markiert, also einfachen mit der Axt gehauenen Symbolen, wovon es insgesamt bis zu sechshundert gab. Die Mäler waren beim Haalgericht registriert, das über alle diesbezüglichen Streitigkeiten entschied, auch Mäler an- und aberkannte.[48]

---

41 Vgl. die Bestände HaalA A 834 – A 847 (aus den Jahren 1717–1810).

42 HaalA A 838 (1750/51).

43 HaalA A 837 (1748).

44 JOHANN FRIEDRICH HETZEL, Verfassung und Statuten der Reichsstadt Schwäbisch Hall, Handschrift (1808) Bl. 55b.

45 Im Bestand HaalA A 861.

46 Etwa die Fälle in HaalA A 177 (1694, 1743, 1764, 1772). Vgl. hierzu auch HERMANN FISCHER (Bearb.), Schwäbisches Wörterbuch III (Tübingen 1911), „Hallblock", Sp. 1068.

47 Hierzu: GERD WUNDER, Die Stadt am kleinen Fluß: Schwäbisch Hall, in: ERICH MASCHKE / JÜRGEN SYDOW (Hrsg.), Die Stadt am Fluß (Sigmaringen 1978) 100–109, hier 106.

48 Hierzu ausführlich RAIMUND J. WEBER, Die Haller Floßmäler, in: ULSHÖFER/ BEUTTER, Hall und das Salz 83–94, insb. 85.

B. Strafgericht

Besondere Aufmerksamkeit verdient das Haalgericht als Strafgericht niederer Instanz. Selbstverständlich hatte es nie das Recht, Strafen an Leib oder Leben zu verhängen; Blutgericht war im Mittelalter das Reichsschultheißengericht, seit 1429 der reichsstädtische Rat.[49] Das Haalgericht nahm für sich aber immerhin das Recht in Anspruch, – kurzzeitige – Gefängnisstrafen zu verhängen. Der Rat schränkte diese Kompetenz 1678 jedoch ein: Das „Haalgericht kann keinen ungehorsamen Sieder thurmieren, sie halten denn zuvor darum vor Rat an".[50] Das Haalgericht sollte also eine Gefängnisstrafe – gewiß im benachbarten Sulferturm – mithin nur dann anordnen dürfen, wenn der Rat es genehmigte. Der Rat war auch die Appellationsinstanz gegen Urteile des Haalgerichts. Örtlich und sachlich beschränkte sich die Zuständigkeit des Haalgerichts auf Straftaten und Ordnungswidrigkeiten aus dem Bereich der Saline und der Siederschaft.

Sogenannte „Frevel", also einfache Ordnungswidrigkeiten, wurden von den Haalmeistern selbständig verfolgt und unmittelbar mit einer Geldbuße abgestraft. Hiervon geben uns die „Frevel"-Listen Zeugnis, sowie später die „Akzidentienbüchlein", in die (mehr oder weniger) säuberlich Name, Datum und Strafsumme eingetragen wurden, allerdings bedauerlicherweise nicht der Gegenstand des begangenen „Frevels". Wurden ursprünglich nur kleinere Verstöße gegen die Haalordnung als „Frevel" geahndet, so spielten mit der Zeit verstärkt auch das Haal betreffende reichsstädtische Polizeiverordnungen eine reglementierende Rolle. Diese Verordnungen schränkten mehr und mehr die polizeiliche Hoheit des Haalgerichts über die Saline ein, indem sie eine beachtliche Zahl an Einzelfällen regelten, insoweit also einer freien Beurteilung durch das Haalgericht entzogen. Den Haalmeistern oblag dann nur noch, die Verordnungen durchzusetzen und Verstöße dagegen abzustrafen. Nicht immer waren die Haalmeister jedoch dazu bereit, wie aus der städtischen Verordnung von 1690 „Haalmeistere sollen dem magistrat

---

[49] Vgl. ANDREAS DEUTSCH, Richter – Henker – Folterknechte. Strafjustiz im Alten Hall (Schwäbisch Hall 1993) 15.

[50] Ratsprotokoll vom 21. Juni 1678; hierzu auch MATTI, Verfassung 113, der die Stelle allerdings fehlinterpretiert.

und dessen Verordnungen bessere parition leisten“[51] überdeutlich hervorgeht.

Die früheste bekannte städtische Polizeiverordnung stammt aus dem Jahre 1426, darin wurde verordnet: „In die Suhlen solle kein Bezig oder ander Unrath hineingeworffen werden“,[52] also ein Verbot die Salzquelle mit Abfällen zu verunreinigen. Vom normalen „Bezig“, also Abfall, ist das „Haalbezig“ zu unterscheiden, die beim Siedevorgang entstandenen Krusten und Reste. Sie waren für die Salzgewinnung zwar unbrauchbar, aber als Düngemittel geeignet und wurden daher verkauft.[53] Vor diesem Hintergrund wird eine spätere Verordnung, „Haalbezig solle nicht vernicht und an irer Güte geschwächt werden“,[54] verständlich.

Die meisten der Verordnungen betreffen die Sicherheit und Ordnung auf dem Salinengelände, etwa den baulichen Zustand der von den Siedern selbständig unterhaltenen „Haalhäuser“: So wird 1668 verordnet die „Haalhäußer sollen in baulichem Zustand erhalten werden“, 1741 beschließt der Rat die „Haalhäußer sollen wegen Feuers-Gefährlichkeiten in Sicht genommen werden“. Die Sicherung der direkt an der Saline entlang verlaufenden Stadtbefestigung bezweckt das Statut von 1659 „Haalholz solle nicht an gefährliche Örter gelegt und das Haal mit überflüssigem Holz, wodurch die Thürm und Stadtmauer Schaden leiden, verlegt werden“. Die unachtsam direkt vor und hinter der Stadtmauer gelagerten Holzblöcke hätten es potentiellen Feinden schließlich erheblich erleichtert die Mauern zu überwinden. Weitere zehn Einzelverordnungen hatten das „Haalholz“ und dessen Transport zum Gegenstand. Insbesondere in die gut hundert Jahre zwischen 1667 und 1768 fällt eine Vielzahl von Verordnungen: allein zwölf betreffen das Salz an sich, drei den Solebrunnen, neun den Salzhandel, weitere die öffentliche Sicherheit. Bald gibt es wenig, wozu der Rat keinen Beschluß gefaßt hat: „Das Haal solle nicht mit Karren, Fäßlen oder Holz versperrt werden“,[55] „Salzsiedere sollen

---

51 Verordnung vom 27. März 1690, nachgewiesen im Repertorium Stadtarchiv Hall [= StAH] 4/489.

52 Statutenbuch Bl. 1089, nachgewiesen im Repertorium StAH 4/489.

53 Vgl. FISCHER, Schwäbisches Wörterbuch III, „Haalbezig“, Sp. 1068.

54 Verordnung vom 10. Oktober 1768; vgl. Repertorium StAH 4/489.

55 Verordnung vom 26. März 1704; vgl. StAH 4/489.

keinen brennenden Spreißel über die Gaßen tragen",[56] „Haalmeister sollen das ungewohnliche Zechen auf dem Neuen Haus abstellen"[57] usw.

Im Haalarchiv erhaltene Prozeßakten, Protokollauszüge und Parteianträge ab dem 17. Jahrhundert geben uns Einblicke in die Strafverfahren vor dem Haalgericht.

1. Salinentypische Delikte

Zu den häufig verfolgten Delikten gehörten zum einen die verbotenen „Salzschäuffeleien",[58] also das Abschaufeln von konzentrierter Sole aus den Siedepfannen zur privaten Verwendung. Damit wurden nicht nur ein Teil des Ertrages vereitelt, sondern auch Qualitätskontrolle und Steuer umgangen. Freilich war das Verhalten der Sieder kaum kontrollierbar, umso mehr bemühte sich der Magistrat durch strenge Verordnungen vor „Schäuffeleien" abzuschrecken.[59]

Nicht weniger oft beschäftigte sich das Haalgericht mit der Fälschung von Floßmälern. Immer wieder manipulierten nämlich Holzbauern oder Sieder die Markierungen an im Fluß treibenden Holzblöcken, indem sie die Male abschlugen und ihre eigenen dafür anbrachten.[60] Dieses sogenannte „Holzausmalen" mußte natürlich „exemplarisch gestraft" werden, wie die Bühler'sche Chronik[61] berichtet. Weil dem Täter dann niemand mehr traute, mußte er möglicherweise gar seinen Beruf aufgeben. Kaum verwunderlich, daß der „Wegen des verbottenen Holzausmahlens auf dem Kocher sich äusserst verdächtig gemachten Ausschusser Reizen"[62] sich noch im Jahre 1770 mit allen Mitteln zu verteidigen suchte.

Mit der Verordnung „Haalholz sollen die Sieder excl. der Meister selbsten ausziehen und wann einer nit kan, kein Geld darvor geben, sondern einen taugl[ichen] Mann an seiner Stelle schicken", wollte der städtische Rat 1662 verhindern, daß von den Siedern angestellte Bauern ihre Felder vernachlässigten. Die Sieder empfanden derartige Anordnungen

---

56 Verordnung vom 19. Februar 1686; vgl. StAH 4/489.

57 Verordnung vom 5. Mai 1751; vgl. StAH 4/489.

58 Etwa der Fall des Hans Andreas Bühel, Schriftsatz vom 23. Juni 1689, aus Bestand: HaalA A 826.

59 Vgl. im Repertorium StAH 4/489 für die Zeit von 1667–1768.

60 Siehe hierzu WEBER, Floßmäler 85f.

61 GEORG VON BÜHLER, Hall und Limpurg, Geschichte der alten Saline Hall in Schwaben und des Floßwesens aus der Grafschaft Limpurg, Handschrift (um 1850).

62 Haalgerichtsprotokoll vom 13. Dezember 1770, aus Bestand: HaalA A 829.

als Schikane, protestierten, wenn sie wegen Verstößen vor das Haalgericht geladen wurden. Als Friedrich Heinrich Schloßstein beispielsweise 1683 vor Gericht stand, weil er einen „Bauren auß Kießelberg" zum Haalholzausziehen beschäftigt hatte, betonte er, er habe keinen Sieder dafür bekommen können. Dennoch wurde er verurteilt.[63]

Hart bestrafte das Haalgericht Verstöße gegen die Unveräußerlichkeit von Siederechten. Denn eine strenge Einhaltung der Losfolge bei Siedenserbleihen war zwingende Voraussetzung für ein Funktionieren des komplizierten Systems. Ein erschütterndes Beispiel, warum es dennoch zu Verstößen kam, bietet die „Hoechstflehentliche Memoriale"[64] der Salzsiederswitwe Maria Magdalena Blintzig vom 27. Mai 1717, es handelt sich um eine Bitte an das Haalgericht um Gnadenerlaß. Magdalena Blintzig hatte nach dem Tod ihres Mannes mit ihrem „in äußerste dürfftigkeit gesetzten Stiefssohn ein Siedens Jahr gemeinschafftlich gesotten", obwohl sie nach dem Losverfahren noch nicht an der Reihe war. Das Haalgericht hatte sie daraufhin zu der gewaltigen Strafe von 10 Gulden verurteilt. Sie rechtfertigt nun ihr Verhalten mit der finanziellen Notlage, in der sie sich befand: „Alldieweilen aber gn[ädi]gl[ich] bekandt, wie jämmerlich ich und meine 3 Kinder biß dato fortbringen, ja öffters den bittern hunger leyden müssen", so daß die ganze Familie, wenn sie „die wenigen wochen nicht zu sieden bekommen hette, fürwahr elendiglich verschmachtet wäre." Wie sollte sie nun auch noch 10 Gulden Strafe aufbringen? Daher ihre Bitte, „an ein Hochlöbliches Haalgericht" ihre „höchste noth, armuth und verlassenen Wittwenstand in barmherzige Consideration zu Ziehen, und aus sonderer Gerichtlicher Benevolenz die andictirte 10 fl. [= Gulden] Straf nach zu sehen". Dafür verspricht sie: „Ich werde nicht nur dieses vor eine ewige warnung dienen laßen, sondern auch mit andächtigem Preißen und Gebett zu Gott um dero Hoher wohlseyn bitten". Das Gericht stellt daraufhin klar, daß die alte Losfolge wieder gelten müsse, im übrigen wird von der Strafe abgesehen.

Ein etwas kurioser Tatbestand ist die „Floßbauernverführung".[65] Salzsieder Julius Franz Otto war 1692 vom Haaloberschreiber mit einem

---

63 Und legte daher Berufung vor dem städtischen Rat ein, vgl. Berufungsbegründung im Bestand HaalA A 826.

64 Siehe Bestand HaalA A 826.

65 Der Tatbestand ist vergleichbar mit der Dienstbotenverführung, wie sie etwa im ALR II, 5, §§ 16f. unter Strafe gestellt ist (frdl. Hinweis von Dr. Wolfgang For-

Bußgeld von einem Pfund Heller, 5 Schilling belegt worden, weil er den Floßbauern der Salzsiederswitwe Seyboth „verführt“ habe. Gemeint ist damit das unerlaubte Abwerben des Floßbauern aus den Diensten der Witwe. Otto war jedoch nicht bereit das Bußgeld zu bezahlen. So kam die Sache vor das Haalgericht. Otto machte geltend, die Behauptung der Siederin sei haltlos. Der Floßbauer sei nämlich von sich aus auf seinen Knecht zugekommen und keinesfalls umgekehrt. Die Siederin habe erst dem Floßbauern gekündigt, dann habe er ihn eingestellt. Das Haalgericht stellte daraufhin fest, daß weitere Untersuchungen nötig seien und bestellte sowohl die Witwe Seyboth als auch den Floßbauern als Zeugen ein. Das Prozeßergebnis ist nicht in der Akte vermerkt. Der Registraturvermerk „wegen vorgegebener Floßbauernverführung“ spricht für einen Freispruch des Sieders Otto.[66]

2. Diebstahl

Immer wieder mußte sich das Haalgericht mit Diebstählen beschäftigen. Zumeist handelte es sich um Taten, die auf dem Salinengelände verübt worden sind. So kam es mehrfach zum Diebstahl der siederschaftlichen Gehängketten. So auch im Jahre 1785; damals wurden die großen Metallketten nach aufwendiger Untersuchung schließlich im Gerbhaus von Steinbach gefunden. Soldat Hessenthalers Sohn sagte hierüber aus, daß dies „diejenigen Ketten wären, die der ohnlängst desertierte Mousquetier Martin der Siederschaft zu Hall entwendet“ habe.[67] Weiteres findet sich nicht in den Akten. Musketier Martin hatte sich längst abgesetzt.

Nicht viel anders endete ein Fall aus dem Jahre 1732, in dem Johann David Mayer beschuldigt worden war, er habe das dem Johann David Dötschmann abhandengekommene Haalgeschirr gestohlen. Dieses Siedegerät wurde zwar bei Mayer gefunden, doch hatte er es nachweislich nicht gestohlen.[68] Mayer zeigte Dötschmann daraufhin u.a. wegen Dieb-

ster). Vgl. hierzu: JOHANNES FRERICH / MARTIN FREY, Handbuch der Geschichte der Sozialpolitik in Deutschland I (München-Wien 1996), insb. 15ff.

66 Vgl. die Inhaltsangabe der Berufungsbegründung vom 11. (?) Februar 1692 im Bestand HaalA A 826.

67 Protokollierte Anzeige vom 14. September 1785, in: HaalA A 830.

68 Siehe die Anklageschrift des Johann David Mayer gegen Dötschmann wegen falscher Beschuldigung, im Bestand HaalA A 829.

stahls eines Eimers beim Haalgericht an, wogegen sich Dötschmann ausführlichst verteidigte, nicht ohne neue Vorwürfe vorzubringen ...[69]

Vor allem im Winter war der Diebstahl von Haalholz ein Problem, das nicht nur das Haalgericht immer wieder befaßte, sondern auch den Rat zu Dekreten veranlaßte.[70] Aus dem Jahre 1720 haben sich Verhörprotokolle einiger Bewohner von Unterlimpurg erhalten. In ihren Häusern war bei einer Haussuchung Haalholz gefunden worden, das sie aus dem Fluß gefischt und sich angeeignet hatten.[71] Sie wurden vom Haalgericht abgestraft.

Ebenso war das Haalgericht für Diebstähle zuständig, die innerhalb der Siederschaft begangen wurden, wie etwa im Fall der „Untersuchung des [von] Jörg David Blinzigs, Salzsieders Ehefrau, an denen – den Firnhaberlichen Kindern zuständig gewesenen Effecten, begangenen diebstahls“[72] aus dem Jahre 1768.

3. Betrug und Urkundenfälschung

Auch Urkundenfälschungen und Betrugsfälle wurden vor dem Haalgericht verhandelt, sofern es sich um Straftaten handelte, die unter Siedern oder gegenüber der Salinenverwaltung begangen worden sind.

Ein schönes Beispiel – auch für die Gerichtssprache des 18. Jahrhunderts – liefert uns die Verteidigungsschrift des Haalschreibers Joseph Friedrich Majer, dem durch die „Hochedelgeboren [...] Herrn Haalhauptmann Lt. Hartmann und einige Herrn Meister“ die Fälschung einer Schuldurkunde, der „Ulrich Löflersche obligat[ion]“, vorgeworfen worden war. Offensichtlich hatten die Haaloberen den Schreiber mit dem Vorwurf völlig überrumpelt: „Der Eifer womit ich Ew. Hochedelgeb[orenen] umgeben sahe, und die Unwißenheit, worinn ich mich eigentlich sollte vergangen [haben], haben mich dergestalten in Unordnung gebracht, daß ich damahlen weder die Ursache davon erfahren, noch mich recht entschuldigen kunte. Nachdeme aber nachgehends erfahren, daß der numern von gedachten Oblig[ation] radiert u[nd] verfälscht worden u[nd] ich mich hierinnen unschuldig weiß; so habe mir

---

69 Siehe die Verteidigungsschrift des Joh. David Dötschmann (15. September 1732), im Bestand HaalA A 829.

70 Vgl. die Dekretensammlung 1707–1775 in HaalA A 767.

71 Im Bestand: HaalA A 291. Dort auch weitere Holzdiebstahlsfälle.

72 Haalgericht: Untersuchungsprotokoll vom 19. März 1768, aus Bestand: HaalA A 829.

Mühe geben, zu eruieren, wer solches gethan? Habe auch erfahren, daß der Creditor David Schloßstein solche durch seinen Sohn abändern laßen, mithin das falsum begangen.

Wie ich nun meinen ehrlichen Nahmen bis zu den grauen Haaren ohnbefleckt conserviert u[nd] mich hierinnen von jugend auf legitimieren kan; so habe mir seither immer vorgenohmen Ew. Hochedelgeb[orenen] solches mündlich und gehorsamst vorzustellen u[nd] um Untersuchung zu Rettung meiner Ehre, zubitten [...]".[73]

Einen kuriosen Fall hatte das Haalgericht im Mai 1769 zu verhandeln. Salzsieder Georg Heinrich Dötschmann hatte als Jahrsieder insgesamt 90 Gulden Jahrgeld an seine Miterbengemeinschaft auszuzahlen. Da die Verteilung streitig war, hatte er das Geld in zwei Päckchen mit der jeweiligen Aufschrift „45 Gulden" im Haalgericht „zur Meister-Truhen deponiert". Als die Haalmeister zur Auszahlung schreiten wollten, stellte sich beim Öffnen der Päckchen heraus, daß „in dem einen 45 fl. 20 X. [= Kreuzer], in dem andern aber nur 20 fl. 5 X. befindlich, und also 24 fl. 35 X. würklich fehleten". Die Haalmeister bestellten Sieder Dötschmann daraufhin ein. Er habe durch die falsche Angabe „die sämtl. Neue Meister u[nd] durch sie das ganze Löbl. Haalgericht mit Unwahrheit hintergangen". Dötschmann entschuldigte sich damit, „seine Frau habe das Geld gezehlet. Unterdessen näherte er sich zu dem auf dem Tisch gelegenen Geld, und nahm davon 20 fl. 5 X. in der Geschwindigkeit hinweg, unter der Vorstellung als wollte er solches nochmalen za[e]hlen. Worauf er aber mit sothenem weggenommenem Geld zur Stuben hinaus geeilet [...]".[74]

4. Beleidigung

Sehr häufig hatte das Haalgericht ferner auch Beleidigungsfälle abzuurteilen. Der Umgangston unter den Salzsiedern war seit eh und je rauh, wie schon Georg Rudolph Widmann in seinem „Urfaust" schildert: „[...] denn es ist umb die Sieder ein solches volck / wie in solcher Stadt ein Sprichwordt ist / das[s] / wenn Christus selbsten sol[l]t durch das Haal gehen / er ohn gespött / oder unbeschissen nicht darvon kommen würd // also wiederfuhr es dem D. Fausto auch / denn einer sagt / wer

---

[73] Schreiben an Haalhauptmann Dr. Hartmann, o. Datum, 2. H. 18. Jh., aus Bestand: HaalA A 829.

[74] Vgl. den Bericht der Haalmeister vom Mai 1769, im Bestand HaalA A 829.

ist denn dieser klein hockend Mann [?] / der ander antwortet / es ist der Esopus / der dritte sagt / es ist der Bandelstrobel."[75] Auch wenn sich am Tonfall der Sieder über die Jahrhunderte wenig geändert haben mag, so reagierte doch zumindest die hohe Obrigkeit zunehmend pikierter, wenn etwa ein Haalmeister oder gar Ratsherr mit rohen Worten bedacht wurde.

So konnten die zwei Siederinnen, die den Salzmesser Ströbel 1768 tätlich beleidigten, als dieser zwecks Eintreibung von 75 Gulden Schulden vorstellig wurde, kaum auf Gnade hoffen, als ihr Fall vor dem Haalgericht verhandelt wurde. Neben der des betroffenen Salzmessers Ströbel belastete sie nämlich auch die Zeugenaussage des mächtigen Haalmeisters Loch, wie aus dem Protokoll „das ungestüme bezeigen des Christ. Friedrich Hornen Eheweib und deren ledigen Schwester, bey der wider der ersteren Eheman verhängten Exekution betreffend" hervorgeht.[76]

Selten finden sich Fälle, in denen einfache Salzsieder gegen Mitglieder der Haaladministration klagten. Am 15. Oktober 1714 aber beriet das Haalgericht in der Beleidigungsklage gegen den Haalobermeister Schloßstein. Der Salzsieder Johann Joseph Blintzig warf ihm vor, ihn mit „allerhand Injurien, also s.v. [= salva venia][77] Schelmen, Dieb, Bernheutter, Flegel, Lumpen und dergl. ehrenrührigen Tituln angefahret" zu haben. Blintzig betont: „ob Ich schon nur ein geringer Mann bin, von H. Schloßstein in particulari und hoc casu alß einem Privato zu leydigen keiners wegs schuldig, sondern viel mehr zur defendirung meines Ehrlichen Nahmens die behörige Injurien-Klag wieder denselben anzustellen [...] von Rechts wegen befugt bin".[78]

Mehrfach finden sich Verfahren in den Akten, in denen wegen einer Straftat ihrer Ansicht nach zu Unrecht Beschuldigte gegen die Anzeiger

---

[75] GEORG RUDOLFF WIDMANN, Erster Theil Der Wahrhafftigen Historien von den grewlichen und abschewlichen Sünden und Lastern / [...] So D. Johannes Faustus / Ein weitberuffener Schwartzkünstler und Ertzzäuberer / durch seine Schwartzkunst / biß an seinen erschrecklichen end hat getrieben / [...] (Hamburg 1599) Kap. 41, 510.

[76] Haalgerichtsprotokoll vom 17. Oktober 1768, aus Bestand: HaalA A 829.

[77] Zu den „salva venia"-Formeln vgl. DAVID WARREN SABEAN, Soziale Distanzierungen. Ritualisierte Gestik in deutscher bürokratischer Prosa der Frühen Neuzeit, in: Historische Anthropologie 4 (1996) 216–233; MARTIN SCHEUTZ, Alltag und Kriminalität. Disziplinierungsversuche im steirisch-österreichischen Grenzgebiet (Wien-München 2001) 71–80.

[78] Anklageschrift des Joh. Joseph Blintzig d. Jüngeren, aus Bestand: HaalA A 829.

oder Ankläger wegen Ehrverletzung und Rufschädigung vorgehen. So etwa im Jahre 1668 Johann Lorenz Mayer, der vom Reüttschmid Hanß Lindenberger bezichtigt worden war, „vorm Jahr in der Erndt eine Garbenfrucht uffm Acker entwendet“ zu haben, da „nun aber sich ein solches sich nirgendts befunden, sondern ein bloße nüchtige muthmaßung gewesen“, sei ihm „ohn einige beweißthumb unrecht geschehen“. Um einer weiteren Verfolgung zu entgehen, erklärt Lindenberger in einer gerichtlichen Urkunde, seine Vorwürfe gegen Mayer seien haltlos, daher dem Mayer, „seinen Erben und gantzer Freundtschafft ins künfftig an deren Ehren und gutem Nahmen nit schädlich“.[79] Damit scheint die Sache beigelegt.

5. Instanzenzug

Waren das Haalgericht oder seine Mitglieder selbst von der Strafsache betroffen, so wurde das Verfahren zwar noch durch das Haalgericht ermittelt, dann aber dem Magistrat der Stadt als höherer Instanz zur Entscheidung vorgelegt.

So etwa bei der Beleidigungsklage gegen Georg Wolfgang Groß. Laut dem Haalgerichtsprotokoll vom 27. Oktober 1768 hatte nämlich „bey Gelegenheit der dißjährigen Siedensbestands Regulierung der hießige bürger und Salzsieder Georg Wolfgang Groß gegen die sämtlichen Meister des Haals zumalen harte und injuriose Worte von sich kommen laßen“ und zwar „in der Karteinstuben auf dem Rathhauß im beyseyn der ganzen Siederschaft und Gemeind“. Das Haalgericht beschloß daher: „den verlesene[n] Bericht läßt man ausfertigen und bey Einem Hochedlen Rath vorlegen“.[80]

Wenige Jahre zuvor hatten die „Sämbtl. Meister des gemeinen Haals“ beim Magistrat geklagt, weil „Johann Wilhelm Scheerer, oder vielmehr dessen unmüßiges Eheweib sich nicht entblödet, in der ad Inclytum gerichteten sogenannten unterthänig-abgedrungenen Beschwehrungs-Schrifft [...] ehrenrührige und höchstnachtheiligte Worte zu gebrauchen“, etwa von „Mißgünstigen Meistern des Haals“ und deren Willkür zu schreiben. Ein solches „diffamantisches Gemüth“ müsse vom Rat streng bestraft werden.[81]

---

79 Vgl. die Urkunde bei den Injurienprotokollen im Bestand HaalA A 829.

80 Haalgerichtsprotokoll vom 27. Oktober 1768, aus Bestand: HaalA A 829.

81 Anklageschrift der Haalmeister vom 9. November 1764 (?) im Bestand HaalA A 829.

6. Berufung

Der reichsstädtische Magistrat war zugleich die Berufungsinstanz für das Haalgericht. Im Bestand HaalA A 826 finden sich mehrere Straf- und Ordnungswidrigkeitenverfahren, in denen nach einer Verurteilung durch das Haalgericht Berufung eingelegt wurde.

Der Magistrat hatte die Wahl, aufgrund der Berufungsbegründung und nach Anhörung des Haalhauptmanns, der ja dem Magistrat angehörte, unmittelbar ein Urteil zu fällen. So geschah es beispielsweise im Fall von Hans Andreas Bühel, der 1689 vom Haalgericht zu 4 Gulden Strafe verurteilt worden war. Bühel hatte sich der unerlaubten „Saltzschäuffeleien" strafbar gemacht, also des rechtswidrigen Abschaufelns von Salzlauge aus den Siedepfannen. Er legte gegen das Urteil vor dem reichsstädtischen Magistrat Berufung ein. Er habe nur arme Leute schäufeln lassen und auf diese Weise „die in der Pfannen noch hinterstellige brueh, Ime verlegen und ohnedem nicht brauchbar gewesenn, zue gutem gemacht".[82] Das Haalgericht habe dies bei seiner Verurteilung nicht berücksichtigt, auch seinen Antrag auf Straferlaß abgelehnt. Der Rat erweist sich als gnädiger und beschließt einen Straferlaß „gegen einen guten Verweiß".[83]

In anderen Fällen ordnete der Magistrat eine weitere Klärung des Sachverhalts, gegebenenfalls eine Zurückverweisung an das Haalgericht an. So etwa im Fall des Salzsieders und Rößleinswirts Jeremias Arnoldt. Dieser war 1711 vom Haalgericht wegen unerlaubten Holzstapelns zu 20 Gulden Strafe verurteilt worden, weil er „einen Haufen am Waßenlin zů nah an der Stattmauern gebaut habe."[84] In seiner Berufungsschrift macht er geltend, die Stelle für den Haufen sei ihm vom zuständigen Haalmeister angewiesen worden. Er habe freilich die doppelte Menge an Holz eingelagert, da er ausnahmsweise zwei Pfannen zu versieden habe, ihm sei aber kein weiterer Platz zur Verfügung gestellt worden. Der Rat ist um die Sicherheit der Stadtmauer besorgt, beauftragt daher eine „Deputation" zur weiteren Untersuchung.

---

82 Berufungsschrift vom 23. Juni 1689, aus Bestand: HaalA A 826.
83 Beschluß vom 27. Juni 1689, aus Bestand: HaalA A 826.
84 Vgl. sein Memoriale vom 8. Oktober 1711, aus Bestand: HaalA A 826.

IV. SCHLUSS

Die genannten Beispiele können allenfalls einen Eindruck vermitteln von der einstigen Tätigkeit des Haalgerichts. Neben den für diese Arbeit herangezogenen Haalgerichtsprotokollen und Einzelakten sowie den verschiedenen „Haalordnungen" und weiteren städtischen Satzungen könnten auch zahlreiche Urkunden des Haalarchivs und die städtischen Ratsprotokolle weiteren Aufschluß über dieses ungewöhnliche Gericht liefern. Die Geschichte der Haalgerichtsbarkeit würde eine umfassende Aufarbeitung verdienen, wie schon Raimund J. Weber betonte.[85] Diese wenigen Zeilen konnten hierfür nur ein Anfang sein.

[85] WEBER, Siedenserbleihen II 12.

STEFAN EHRENPREIS, Berlin – ANDREAS GOTZMANN, Erfurt – STEPHAN WENDEHORST, Leipzig

VON DEN RECHTSNORMEN ZUR RECHTSPRAXIS: EIN NEUER ZUGANG ZUR RECHTSGESCHICHTE DER JUDEN IM HEILIGEN RÖMISCHEN REICH?

Eine Projektbeschreibung *

Ziel des hier vorgestellten Projekts ist es, die Juden betreffende Rechtsprechung durch nicht-jüdische sowie durch jüdische Gerichte zu untersuchen und dadurch einen neuen Zugang zur rechtlichen Lage der Juden in der Frühen Neuzeit zu eröffnen. Die Juden betreffende Rechtspraxis wird anhand von Fallstudien der Rechtsprechung ausgewählter christlicher und jüdischer Gerichte systematisch erschlossen und analysiert. An der Schnittstelle von deutscher, norditalienischer und jüdischer Geschichte sowie der Rechtsgeschichte der frühen Neuzeit gelegen, zielt das Projekt auch darauf ab, Diskussionen, die innerhalb dieser historischen Teildisziplinen oft in völliger Isolation voneinander geführt werden, miteinander zu verknüpfen.

I. STAND DER FORSCHUNG

Verglichen mit der Intensität, mit der die jüdische Geschichte in Deutschland für das Mittelalter und für die Zeit nach der Aufklärung mit

* Der vorliegende Beitrag bezieht sich auf das Projekt „Von den Rechtsnormen zur Rechtspraxis: Ein neuer Zugang zur Rechtsgeschichte der Juden im Heiligen Römischen Reich?", das in seinen Grundzügen erstmals unter dem Titel „Jewish Cases before the *Reichskammergericht* and the *Reichshofrat*, 1648–1806" am 22. Februar 1996 auf einem gemeinsam von Prof. Dr. Schermers (Mordenate College, Universität Leiden) und Wolfgang Hammer, M.Jur. (Stiftung Maximilianum) in München veranstalteten Symposium vorgestellt wurde und gemeinsam vom Max-Planck-Institut für Europäische Rechtsgeschichte, Frankfurt am Main, dem Lehrstuhl für Judaistik der Universität Erfurt und dem Simon-Dubnow-Institut für Jüdische Geschichte und Kultur an der Universität Leipzig getragen wird. Eine Kurzversion der Projektbeschreibung in englischer Sprache erschien im Bulletin des Simon-Dubnow-Instituts für jüdische Geschichte und Kultur an der Universität Leipzig II (2000) 67–69, eine erste Fassung in deutscher Sprache in Aschkenas – Zeitschrift für Geschichte und Kultur der Juden 11 (2001) 39–58.

den Schwerpunkten Emanzipation, Antisemitismus und Schoah erforscht wurde, ist die Geschichte der Juden in der Frühen Neuzeit insgesamt auf relativ geringes Interesse gestoßen.[1] Ähnliches gilt auch für die zwischen der Renaissance und der sogenannten Ersten Emanzipation liegende Epoche der jüdischen Geschichte Reichsitaliens.[2] Bei der zurückhaltenden Bearbeitung der Geschichte der Juden in der Frühen Neuzeit bildet ihre Rechtsgeschichte keine Ausnahme. Auch wenn sich Guido Kischs rund sechzig Jahre zurückliegender Vorwurf, daß „kein Teil der Jüdischen Geschichte so sehr vernachlässigt worden ist als derjenige der Rechtsgeschichte der Juden im Mittelalter und in der Moderne"[3] nicht mehr in dieser pauschalen Form aufrechterhalten läßt, so hat seine Kritik insbesondere für das 17. und 18. Jahrhundert ihre Berechtigung nicht verloren.[4] Allerdings fällt der Stand der Forschung zum Judenrecht und zur Juden betreffenden Rechtspraxis höchst uneinheitlich aus.

---

1 Einen Überblick bieten RONNIE PO-CHIA HSIA / HARTMUT LEHMANN (Hrsg.), In and Out of the Ghetto. Jewish-Gentile Relations in Late Medieval and Early Modern Germany (Cambridge 1995) sowie JONATHAN ISRAEL, Jewry in the Age of Mercantilism, 1550–1750 (3. Aufl., London 1998); SABINE ULLMANN, Nachbarschaft und Konkurrenz. Juden und Christen in Dörfern der Markgrafschaft Burgau 1650 bis 1750 (Göttingen 1999) 13–21.

2 Vgl. CORRADO VIVANTI (Hrsg.), Gli ebrei in Italia. Dall'alto Medioevo all'età dei ghetti (Turin 1996).

3 GUIDO KISCH, Research in Medieval Legal History of the Jews, in: Proceedings of the American Academy of Jewish Research VI (1934/35) 234.

4 Während sich verschiedene Arbeiten mit der rechtlichen Stellung der Juden in der christlichen Gesellschaft des Mittelalters befassen, so etwa von Robert Chazan, Solomon Grayzel, Guido Kisch, Johannes Scherer, Otto Stobbe und Kenneth Stow, ist die frühneuzeitliche Periode, insbesondere das 17. und 18. Jahrhundert, vergleichsweise spärlich abgedeckt: FRIEDRICH BATTENBERG, Rechtliche Rahmenbedingungen jüdischer Existenz in der Frühneuzeit zwischen Reich und Territorium, in: ROLF KIESSLING (Hrsg.), Judengemeinden in Schwaben im Kontext des Alten Reiches (Berlin 1995) 53–79; DERS., Zur Rechtsstellung der Juden am Mittelrhein in Spätmittelalter und früher Neuzeit, in: Zeitschrift für historische Forschung 6 (1979) 129–184; SABINE FREY, Rechtsschutz der Juden gegen Ausweisungen im 16. Jahrhundert (Frankfurt/M.-Bern 1983); substantielle Ausführungen zur rechtlichen Stellung der Juden finden sich auch in nicht spezifisch rechtsgeschichtlichen Studien: vgl. etwa CILLI KASPER HOLTKOTTE, Juden im Aufbruch. Zur Sozialgeschichte einer Minderheit im Saar-Mosel-Raum um 1800 (Hannover 1996) 35–116; ROLF KIESSLING / SUSANNE ULLMANN (Hrsg.), Landjudentum im deutschen Südwesten während der Frühen Neuzeit (Berlin 1999).

Das präemanzipatorische Judenrecht, worunter im Gegensatz zum Jüdischen Recht die von nicht-jüdischer Seite erlassenen und für Juden geltenden rechtlichen Normen zu verstehen sind, ist nicht mit einem nur für Juden geltenden Sonderrecht gleichzusetzten,[5] sondern war vielmehr durch die Einbeziehung der Juden in die allgemeine Rechtssphäre und die gleichzeitige Existenz von ausschließlich Juden betreffenden Rechtsinstituten[6] und rechtlichen Bestimmungen charakterisiert. Die Normen, aus denen sich das für Juden einschlägige Recht zusammensetzte, lassen sich nach verschiedenen Kriterien unterscheiden, etwa ob die Adressaten nur Juden waren oder, wie im Strafrecht, Juden und Christen, nach der Urheberschaft (Reichstag, Kaiser, Reichskreis oder Landesherr) oder nach ihrer Qualität (Reichsgesetze, kaiserliche und landesherrliche Privilegien, landesherrliche Judenordnungen und Polizeiverordnungen). Was die normative Seite der rechtlichen Stellung der Juden anbelangt, hat die Forschung erhebliche Fortschritte gemacht. Insbesondere zu den judenrechtlichen Normen auf territorialer Ebene liegen verschiedene Studien und Quelleneditionen vor.[7] Lücken bestehen hinsichtlich der judenrechtlichen Normsetzung durch Reichstage und Reichskreise,[8] der

---

5 Zum Konkurrenzverhältnis von verschiedenen, das für Juden geltende Recht bestimmenden, rechtlichen Rahmenbedingungen BATTENBERG, Rechtliche Rahmenbedingungen, hier 53f.

6 Kaiserliche Kammerknechtschaft, das besondere jüdische Bürgerrecht, das Judenregal und das Schutzjudentum bilden nach Battenberg den Kernbereich des in steter Wechselbeziehung zur allgemeinen Rechtssphäre stehenden Judenrechts; siehe BATTENBERG, Rechtliche Rahmenbedingungen, hier 55f.

7 FRIEDRICH BATTENBERG (Hrsg.), Judenverordnungen in Hessen-Darmstadt (Wiesbaden 1987); IMKE KÖNIG, Judenverordnungen im Hochstift Würzburg (15.–18. Jh.) (Frankfurt/M. 1999); GUNTER MARWEDEL (Hrsg.), Die Privilegien der Juden in Altona (Hamburg 1976); RENATA SEGRE (Hrsg.), The Jews in Piemont II, 1582–1723 (Jerusalem 1988); siehe auch die Erschließung von judenrechtlichen Normen durch KARL HÄRTER / MICHAEL STOLLEIS (Hrsg.), Repertorium der Policeyordnungen der frühen Neuzeit I–III (Frankfurt/M. 1996–1999); MATTHIAS WEBER, Die schlesischen Polizei- und Landsordnungen der Frühen Neuzeit (Köln 1996).

8 SABINE ULLMANN, Die Judenpolitik des schwäbischen Reichskreises, in: WOLFGANG WÜST (Hrsg.), Reichskreis und Territorium. Supraterritoriale Tendenzen in Politik, Kultur, Wirtschaft und Gesellschaft (Augsburg 2000) 211–231.

kaiserlichen Privilegierungspraxis und der Position der Juden in den Kodifikationen des aufgeklärten Absolutismus.[9]

Im Gegensatz zum Judenrecht ist die Juden betreffende Rechtsprechung bislang nur punktuell erforscht worden. Arbeiten über Juden als Prozeßbeteiligte vor nicht-jüdischen Gerichten beschränken sich meist auf Einzelfälle[10] oder solche von eher anekdotenhaftem Interesse.[11] Die Aussagekraft solcher Studien für die Beantwortung von Fragen, die über

---

9 Lediglich SELMA STERN, Der Preußische Staat und die Juden, 4 Teile in 7 Bänden (Tübingen 1962–75), hier III/2/1, Nr. 98 und Nr. 100, ist auf die Haltung des Preußischen Rechtsreformers Samuel von Cocceji eingegangen.

10 VOLKER PRESS, Kaiser Rudolf II. und der Zusammenschluß der deutschen Judenheit. Die sogenannte Frankfurter Rabbinerverschwörung von 1603 und ihre Folgen, in: ALFRED HAVERKAMP (Hrsg.), Zur Geschichte der Juden in Deutschland des späten Mittelalters und der frühen Neuzeit (Stuttgart 1981) 243–293; FRIEDRICH BATTENBERG, Assenheimer Judenpogrome vor dem Reichskammergericht. Die Prozesse der Grafschaften Hanau, Isenburg und Solms um die Ausübung des Judenregals 1567–1573, in: Neunhundert Jahre Geschichte der Juden in Hessen. Beiträge zum politischen, wirtschaftlichen und kulturellen Leben (Wiesbaden 1983) 123–149; DERS., Das Reichskammergericht und die Juden des Heiligen Römischen Reiches. Geistliche Herrschaft und korporative Verfassung der Judenschaft in Fürth im Widerspruch (Wetzlar 1992); SUSANNA BURGHARTZ, Leib, Ehre, Gut. Delinquenz in Zürich Ende des 14. Jahrhunderts (Zürich 1990); RONNIE PO-CHIA HSIA, Trient 1475. Stories of a Ritual Murder Trial (New Haven-London 1992); DERS., The Jews and the Emperors, in: CHARLES INGRAO (Hrsg.), State and Society in Early Modern Austria (West Lafayette 1993) 71–82; ROBERT JÜTTE, Verletzte Ehre im spätmittelalterlichen und frühneuzeitlichen Judentum, in: KLAUS SCHREINER / GERD SCHWEROFF (Hrsg.), Verletzte Ehre. Ehrkonflikte in Gesellschaften des Mittelalters und der Frühen Neuzeit (Köln-Wien 1995) 144–165; RITA SAILER, Untertanenprozesse vor dem Reichskammergericht. Rechtsschutz gegen die Obrigkeit in der zweiten Hälfte des 18. Jahrhunderts (Köln 1999) 372–425; JOACHIM EIBACH, Stigma Betrug: Delinquenz und Ökonomie im jüdischen Ghetto, in: HELMUT BERDING / DIETHELM KLIPPEL / GUNTHER LOTTES (Hrsg.), Kriminalität und abweichendes Verhalten im 18. und 19. Jahrhundert (Göttingen 1999) 15–38; STEFAN ROHRBACHER, Ungleiche Partnerschaft, in: KIESSLING/ULLMANN (Hrsg.), Landjudentum 192–219.

11 PAUL WIGAND (Hrsg.), Wetzlar'sche Beiträge für Geschichte und Rechtsalterthümer III (Wetzlar 1847) 253–268; A. ECKSTEIN, Ein hundertjähriger Prozess ohne Ende, in: DERS., Geschichte der Juden im ehemaligen Fürstbistum Bamberg (Bamberg 1898) 298–307; WALTER SCHWARZ, Bribery of Judges in the Eighteenth Century. Goethe as Advocate in a Jewish Case, in: Leo Baeck Institute Year Book 18 (1973) 251–263 (zu einem den Reichskammergerichtsagenten Nathan Aaron Wetzlar betreffenden Bestechungsfall).

den Einzelfall hinausgehen, ist notwendigerweise beschränkt. Die Konzeption weiterführender Fragestellungen sowie die systematische Erschließung und Auswertung einer breiten Quellenbasis, wie sie die Voraussetzung für die inzwischen hochentwickelte Forschung zum Reichskammergericht bilden,[12] sind für die Juden betreffende Rechtspraxis nur in ersten Ansätzen erkennbar.[13] Weder für ein bestimmtes Gericht noch für ein bestimmtes Territorium des Alten Reiches ist die Juden betreffende Rechtsprechung in der frühen Neuzeit umfassend untersucht worden.[14] Noch dürftiger fällt der Forschungsstand zur internen jüdischen Gerichtsbarkeit und ihrer Verschränkung mit der nicht-jüdischen Rechtssphäre aus.[15] Während zur internen jüdischen Gemeindeorgani-

12 Zum Stand der Erschließung der Prozeßakten des Reichskammergerichts vgl. FRIEDRICH BATTENBERG, Reichskammergericht und Archivwesen, in: BERNHARD DIESTELKAMP (Hrsg.), Das Reichskammergericht in der deutschen Geschichte (Köln-Wien 1990) sowie die jüngsten Publikationen des „Inventars der Reichskammergerichtsakten". Zu unbearbeiteten Forschungsfeldern vgl. BERNHARD DIESTELKAMP, Ungenutzte Quellen zur Geschichte des Reichskammergerichts, in: BEATRIX C.M. JACOBS und E.C. COPPENS (Red.), Een Rijk Gerecht. Opstellen aangeboden aan prof. mr. P.L. Nève (Nijmegen 1998) 115–130.

13 MARGIT KSOLL / MANFRED HORNER, Fränkische und schwäbische Juden vor dem Reichskammergericht, in: MANFRED TREML / JOSEF KIRMEIER (Hrsg.), Geschichte und Kultur der Juden in Bayern (München 1988) 183–198; skizzenhaft PO-HSIA, Jews 71–80; DERS., Die Juden im Alten Reich, in: GEORG SCHMIDT (Hrsg.), Stände und Gesellschaft im Alten Reich (Stuttgart 1989) 211–221; BARBARA STAUDINGER, Die Resolutionsprotokolle des Reichshofrats als Quelle zur jüdischen Geschichte, in: ANETTE BAUMANN / STEFAN EHRENPREIS / STEPHAN WENDEHORST / SIGRID WESTPHAL (Hrsg.), Prozeßakten als Quelle (Köln 2001) 119–140.

14 Für das Mittelalter dagegen liegen Untersuchungen zur Juden betreffenden Rechtsprechung einzelner Gerichte vor: GUIDO KISCH, Magdeburg Jewry Court Decisions as Sources of Jewry Law, neu abgedruckt in: DERS., Forschungen zur Rechts- und Sozialgeschichte des Mittelalters (Sigmaringen 1980) 122–129; GERD MENTGEN, Das kaiserliche Hofgericht Rottweil und seine Bedeutung für die Juden im Mittelalter am Beispiel des Elsaß, in: ZRG GA 112 (1995) 396–407.

15 VITTORE COLORNI, Legge ebraica e legge locali. Ricerche sull'ambito d'applicazione del diritto ebraico in Italia dall'epoca romana al secolo XIX (Milano 1945); ANDREAS GOTZMANN, Jüdisches Recht im kulturellen Prozeß (Tübingen 1997) 23–106; DERS., Strukturen jüdischer Gerichtsautonomie in den deutschen Staaten des 18. Jahrhunderts, in: Historische Zeitschrift 267/2 (1998) 313–356.

sation bereits einige wenige Arbeiten vorliegen,[16] wird mit der systematischen Bearbeitung der internen jüdischen Rechtsprechung völliges Neuland betreten.

---

[16] Einleitende Darstellungen bei JITZCHAK BAER, Das Protokollbuch der Landjudenschaft des Herzogtums Kleve I: Die Geschichte der Landjudenschaft des Herzogtums Kleve (Berlin 1922), 81–114; STERN, Der Preußische Staat und die Juden I/1, 29–30, 102–119; BERTHOLD ALTMANN, The Autonomous Federation of Jewish Communities in Paderborn, in: Jewish Social Studies 3 (1941) 159–188; DANIEL J. COHEN, Die Entwicklung der Landesrabbinate in den deutschen Territorien bis zur Emanzipation, in: HAVERKAMP (Hrsg.), Geschichte 221–242; DERS., Irgune Bne haMedina be Aschkenas beMaot 17.–18. I (Jerusalem 1967); DERS., Die Landjudenschaften der brandenburgisch-preußischen Staaten im 17. und 18. Jahrhundert – ihre Beziehungen untereinander aufgrund neu erschlossener Quellen, in: PETER BAUMGART (Hrsg.), Ständetum und Staatsbildung in Brandenburg-Preußen (Berlin-New York 1983) 208–229; DERS. (Hrsg.), Die Landjudenschaften in Deutschland als Organe jüdischer Selbstverwaltung von der frühen Neuzeit bis ins neunzehnte Jahrhundert. Eine Quellensammlung I–II (Jerusalem 1996–1997); DERS., Die Landjudenschaften in Hessen-Darmstadt bis zur Emanzipation als Organe der jüdischen Selbstverwaltung, in: Neunhundert Jahre 151–214; DERS., HaWaad haKatan schel Medinat Ansbach, in: Jitzak Baer Jubilee Volume (Jerusalem 1960) 351–373; I. CASUTO, Aus dem ältesten Protokollbuch der Portugiesisch-Jüdischen Gemeinde in Hamburg, in: Jahrbuch der Jüdisch-Literarischen Gesellschaft 6–11 (1908–1916); HEINZ MOSHE GRAUPE (Hrsg.), Die Statuten der drei Gemeinden Altona, Hamburg und Wandsbek I: Einleitung und Übersetzungen (Hamburg 1973); ANETTE HALLER, Das Protokollbuch der Jüdischen Gemeinde Trier (1784–1836). Edition der Handschrift und kommentierte Übertragung ins Deutsche (Frankfurt/M. 1992); MEIR HILDESHEIMER, Historia schel Kehilat Schnaittach I–III (Ramat Gan 1980); JACOB KATZ, Masoret uMaschber. HaChewra haJehudit beMozae Jeme-haBinaim (Jerusalem 1958) 96; DAVID KAUFMANN, Pinkas Kehila Keduscha Bamberg, in: Kobez alJad 12/13 (1896/97), Bd. 7; LEOPOLD LOEWENSTEIN, Geschichte der Juden in der Kurpfalz (s.l. 1895); DERS., Zur Geschichte der Juden in Fürth, 3 Teile, in: Jahrbuch der Jüdisch-Literarischen Gesellschaft 6, 8, 10 (1908, 1911, 1913); JOSEF MEISL, Protokollbuch der Jüdischen Gemeinde Berlin (1723–1854), red. v. SCHAUL ESH u. GEORG HERLITZ (Jerusalem 1962); LEO MUNK, Die Constituten der sämtlichen hessischen Judenschaft im Jahre 1690, Jubelschrift zum 70. Geb. von Esriel (Israel) Hildesheimer (Berlin 1890); BEDRICH NOSEK, Soziale Differenzierung und Streitigkeiten in jüdischen Kultusgemeinden der Böhmischen Länder im 17. Jahrhundert und die Entstehung der ‚Landesjudenschaft', in: Judaica Bohemiae 12 (1976) 59–92; STEFAN ROHRBACHER, Medinat Schwaben. Jüdisches Leben in einer süddeutschen Landschaft in der Frühneuzeit, in: KIESSLING (Hrsg.), Judengemeinden 80–109; ESRIEL SCHOCHET, Im Chilufe Tekufot. Reschit haHaskala bJahadut Germania (Jerusalem 1960) 72; KURT ISRAEL STILLSCHWEIG, Zur neueren Geschichte der jüdischen Autonomie, in: Monatsschrift für Geschichte und Wis-

II. AUFGABENSTELLUNG

Aufgrund des ungleichmäßigen Forschungsstandes zu judenrechtlichen Normen einerseits und zur Juden betreffenden Rechtsprechung andererseits dominiert die Perspektive des Judenrechts die Vorstellung von der rechtlichen Lage der Juden. Dies ist in wenigstens dreierlei Hinsicht problematisch. Erstens konnten wegen der relativen Schwäche des frühneuzeitlichen Staates Theorie und Praxis weit auseinanderklaffen. Zweifel an der Aussagekraft der Rechtsnormen für die Rechtswirklichkeit hat bereits Christian Thomasius 1717 angemeldet, als er behauptete, daß „Policey-Ordnungen von niemand als von den Kirchthüren und anderen Örtern, darin sie wegen der Publication angeschlagen und feste gemacht werden, gehalten würden".[17] Zweitens verbaut die Konzentration auf das Judenrecht den Blick darauf, daß Juden nicht nur den für sie einschlägigen Bestimmungen unterworfen waren, sondern auch an der allgemeinen Rechtssphäre teilhatten.[18] Und drittens erscheinen innerjüdische und allgemeine Rechtssphären schematisch voneinander getrennt.

Mit der Untersuchung der Juden betreffenden Rechtspraxis, sowohl von Prozessen vor christlichen Gerichten, an denen Juden als Kläger oder Beklagte beteiligt waren, als auch von Verfahren vor Rabbinatsgerichten, verspricht das Projekt „Von den Rechtsnormen zur Rechtspraxis: Ein neuer Zugang zur Rechtsgeschichte der Juden im Heiligen Römischen Reich?" die Beseitigung dieser Defizite und ein adäquateres Bild von der Vielschichtigkeit, durch die die rechtliche Situation der Juden charakterisiert war. Von der Untersuchung der Rechtspraxis lassen sich Aussagen über die Rechtserfahrungen von Juden im Alltag, über das

senschaft des Judentums 83 (NF 47; 1939) 509–532; AVIGDOR UNNA (Hrsg.), Pinkassim weReschumot schel haChewra Kadischa deGemilut Chasadim Warmasia (1716–1837) (Jerusalem 1980); BERNHARD WACHSTEIN, Das Statut der jüdischen Bevölkerung der Grafschaft Wied-Runkel (Pinkas Runkel), in: Zeitschrift für die Geschichte der Juden in Deutschland 4 (1932) 129–49; KURT WILHELM, Von Jüdischer Gemeinde und Gemeinschaft. Aus Gemeindebüchern, Satzungen und Verordnungen (Berlin 1938); ERIC ZIMMER, Jewish Synods in Germany during the late Middle Ages (1286–1603) (New York 1978).

17 Zitiert nach BATTENBERG (Hrsg.), Judenverordnungen 18.

18 WILHELM GÜDE, Die rechtliche Stellung der Juden in den Schriften deutscher Juristen des 16. und 17. Jahrhunderts (Sigmaringen 1981); BATTENBERG, Rechtliche Rahmenbedingungen, hier 66ff.

Ausmaß, in welchem Juden durch die nicht-jüdische Rechtsprechung Rechtssicherheit gewährt wurde, über die Häufigkeit, mit der interne jüdische Konflikte vor christlichen Gerichten ausgetragen wurden, und über die unterschiedlichen Rollen, die Juden im Rechtssystem des Alten Reiches einnahmen, erhoffen. Während Juden auf der Ebene des Judenrechts vornehmlich als Objekte obrigkeitlichen Handelns sichtbar werden, erscheinen sie auf der Ebene der Rechtspraxis auch als aktiv Handelnde, nämlich als Kläger vor Gericht.

Anhand einiger Beispiele aus der Tätigkeit des Reichshofrats in Juden berührenden Angelegenheiten soll einmal die Vielfalt der Juden betreffenden Rechtspraxis nicht-jüdischer Gerichte anschaulich illustriert, zugleich aber auch der begrenzte Erkenntnisgewinn solcher Einzelfallstudien deutlich gemacht werden. Ende des 16. Jahrhunderts reichte die „Judenschaft im Reich", vertreten durch die Prager Judengemeinde, eine Klage gegen den Dortmunder Buchdrucker Westhof ein.[19] Dieser hatte eine anonyme Schrift mit dem Titel „Christlicher underricht" drucken lassen, in der – so die Vorwürfe – populäre Schmähungen des Papstes sowie insbesondere der Juden und ihres Schutzverhältnisses zum Kaiser vorgebracht wurden. In der Klageschrift bat die Prager Gemeinde für die „Judenschaft im Reich" um ein kaiserliches Verbot der Verbreitung der Schrift und um den Erlaß eines Befehls an den Dortmunder Rat, den Drucker festzunehmen und über den Verfasser des Werkes zu verhören. Darüber hinaus sollte verboten werden, dergleichen Schmähreden von den Kanzeln zu predigen. Die Entscheidung des Reichshofrats war eindeutig. Nach dem protokollierten kaiserlichen Beschluß sollte der Rat der Reichsstadt Dortmund aufgefordert werden, die genannte Schrift zu verbieten, da sie gegen den Reichs- und Landfrieden gerichtet sei „unndt leichtlich größer unruhe erweckht werden möcht". Außerdem solle der Rat den Drucker verhören und zusammen mit dem Autor nach den Reichsgesetzen aburteilen. Die Stadt dürfe die Juden gegen ihren alten kaiserlichen Schutzbrief weder vertreiben noch beschweren. Weiter heißt es, man solle „den Predicanten auch undersagen, daß sie sich dergleichen

19 HHStA Wien, Reichshofrats-Protokoll XVI/76, fol. 81f. vom 10. Juli 1595. Zum Hintergrund siehe RONNIE PO-CHIA HSIA, Printing, Censorship and Antisemitism in Reformation Germany, in: SHERRIN MARSHALL / PHILIPP N. BEBB (Hrsg.), The process of change in Early Modern Europe: Essays in Honor of Miriam Usher Chrisman (Athens/Ohio 1988) 135–148, sowie DERS., The Jews and the Emperors.

Ausschreien wider die Juden, dadurch daß gemeinen Pöfels auffstandt verursacht werden möcht enthalten." Abschließend heißt es, wenn die Dortmunder etwas gegen die Juden zu klagen hätten, sollten sie ihre Beschwerden vor dem Kaiser vorbringen; jedenfalls sei das Buch über den Frankfurter Buchzensor einzuziehen und seine Verbreitung zu unterbinden.

Am Beispiel der Bemühungen der Hildesheimer Juden, sich mit Unterstützung des Reichshofrats gegen die Vertreibung aus der Stadt 1596 bis 1598 zu wehren, werden dessen Probleme bei der Durchsetzung seiner Entscheidungen deutlich, für die er auf die Zusammenarbeit mit lokalen Obrigkeiten und Landesherrschaften angewiesen war. Ein wichtiges Instrument in diesem Zusammenhang stellte die Institution der „Kaiserlichen Kommissionen" dar, mit denen Reichsstände beauftragt wurden, um in Prozessen des Reichshofrats Beweissicherungen, Vergleichsverhandlungen oder Urteilsexekutionen auszuführen. Das jeweilige Engagement hing dabei entscheidend von den Eigeninteressen des Kommissars ab, die der Reichshofrat bei der Einsetzung entsprechend berücksichtigte. Die Konflikte, die mit Klagen des Hildesheimer Juden Nathan Schay zunächst zu einem Prozeß am Reichskammergericht geführt hatten, weiteten sich unter dem Einfluß starker antijüdischer Stimmungen im Niedersächsischen Reichskreis schnell aus.[20] Die Vertreter der Prager Judengemeinde reichten daher am Kaiserhof eine Supplikation ein, die Hildesheimer Juden laut ihres kaiserlichen Privilegs zu schützen und die Stadt mit einer ernsten Strafandrohung zum Einlenken zu bewegen.[21] Die größte Hilfe bei der Wiedereinsetzung der Juden in ihre Rechte erwartete der Kaiserhof vom Kölner Kurfürsten, der in seiner Eigenschaft als Fürstbischof von Hildesheim in ständigem Konflikt mit seiner nach Autonomie strebenden Stiftshauptstadt lebte. Kurfürst Ernst wurde daher mit dem Auftrag zu einer Informationskommission ausgestattet, der es ihm erlaubte, sich in den Streit des Rates und der Bürgerschaft mit der jüdischen Gemeinde einzumischen. Der Ende 1596 verfaßte und im Januar 1597 im Reichshofrat beratene Bericht der kurfürstlichen Kommissare bestätigte die jüdischen Vorwürfe, wobei er den Ungehorsam der Stadt gegen die Judenschutzweisungen des kurfürstlichen

---

20 Zur Geschichte der Hildesheimer Juden siehe ROTRAUT RIES, Jüdisches Leben in Niedersachsen im 15. und 16. Jahrhundert (Hannover 1994) 60–76.

21 HHStA Wien, Reichshofrats-Protokoll XVI/78, fol. 78 vom 6. Mai 1596.

Landesherrn betonte. Der Stadt Hildesheim wurde eine dreimonatige Frist eingeräumt, die Juden wieder aufzunehmen und in ihre hergebrachten Rechte einzusetzen.[22] Eine von der Stadt beim Reichskammergericht eingereichte Appellationsklage sollte für nichtig und das Speyrer Reichsgericht auf die Zuständigkeit des Reichshofrats hingewiesen werden.[23]

Neben Vertreibungen waren offene Forderungen jüdischer Gläubiger gegenüber christlichen Schuldnern Anlaß für Prozesse. So klagte etwa 1596 der Jude Schmoll gegen die Reichsritter von Stain zu Altenstein, die ihre Untertanen darin unterstützten, die Zinszahlungen ausstehender Schulden an Schmoll mit dem Argument einzustellen, sie wollten nur halben „judenzins" und die andere Hälfte „christenzins" zahlen.[24] Gegenüber Gläubigern, die eine Ausweisung der Juden zu erreichen suchten, agierte der Reichshofrat vorsichtig, damit die lokalen Obrigkeiten, die oftmals auf der Seite ihrer Untertanen standen, zur Kooperation gewonnen wurden. So holte der Reichshofrat vor seiner Schutzerklärung für zwei Aachener jüdische Familien 1602 zunächst einen Bericht des Aachener Rates ein, ob vielleicht rechtliche Anschuldigungen bestünden, die die Aufhebung des Judengeleits rechtfertigten.[25]

Auch in innerjüdischen Rechtsstreitigkeiten wurde der Reichshofrat tätig. Im Streit zwischen einem jüdischen Goldschmied aus Prag, der in Wien mit einem kaiserlichen Freihandelsbrief Geschäfte tätigen wollte, und der dortigen Judenschaft schlug der Kläger die Einsetzung eines mit zwei Rabbinern und zwei christlichen Juristen besetzten Schiedsgerichts vor. Der Reichshofrat nahm diesen Vorschlag jedoch nicht auf, wollte zunächst eine Informationskommission einsetzen und entschied sich – nach einem Hinweis des für Privilegien zuständigen Hoffiskals – letztendlich dafür, auf der Anerkennung des erteilten kaiserlichen Freibriefs zu bestehen.[26]

---

22 HHStA Wien, Reichshofrats-Protokoll XVI/79, fol. 18f. vom 4. Januar 1597 (Nachtrag).

23 Zu den Beziehungen der beiden obersten Reichsgerichte untereinander siehe WOLFGANG SELLERT (Hrsg.), Reichshofrat und Reichskammergericht. Ein Konkurrenzverhältnis (Köln-Wien 1999).

24 HHStA Wien, Reichshofrats-Protokoll XVI/78, fol. 22–24 vom 24. Februar 1596.

25 HHStA Wien, Reichshofrats-Protokoll XVII/3, fol. 40 vom 8. März 1602.

26 HHStA Wien, Reichshofrats-Protokoll XVI/78, fol. 182 vom 19. Dezember 1596.

Ein anderer Fall belegt, daß der Reichshofrat bei Eingriffen in innerjüdische Streitfälle auch mit einer jüdischen Gemeinde zusammenarbeitete. Der Kölner Kurfürst Ernst von Wittelsbach, der eine prononcierte Judenschutzpolitik in seinen Territorien verfolgte, intervenierte 1605 für einen in seiner Residenzstadt Bonn ansässigen Juden, der von seinen Koblenzer Glaubensbrüdern im Verlauf eines internen Rechtsstreits lahmgefoltert worden sein sollte. Der Kurfürst hatte die schuldigen Koblenzer Juden namhaft gemacht und verlangte einen kaiserlichen Befehl an alle Judenschaften im Reich, die Missetäter in den Bann zu erklären, sie festzunehmen und der kurkölnischen Gerichtsbarkeit auszuliefern. Der Trierer Kurfürst intervenierte seinerseits am Kaiserhof für die Koblenzer Juden und beantragte, sie gegen Hinterlegung einer Kaution zunächst unbehelligt zu lassen und den Prozeßausgang abzuwarten.[27] Der Reichshofrat entsprach jedoch der Kölner Bitte und bedrohte alle Helfer der flüchtigen Koblenzer Juden mit der außergewöhnlich hohen Strafe von 50 Mark Gold. Im September des folgenden Jahres konnte der klagende Bonner Jude die Insinuation des kaiserlichen Mandats bei den großen Judengemeinden von Frankfurt, Worms und Trier nachweisen, die dem Befehl jedoch nicht nachgekommen seien. Die Frankfurter Juden hatten die Antwort auf konkrete Beweisfragen verweigert; einer der Beklagten hatte ein Urteil des Reichskammergerichts gegen seine Auslieferung zu erreichen versucht und war lediglich bereit, sich vor einem Trierer Gericht zu verantworten.[28] Der Reichshofrat erklärte gegenüber dem Reichskammergericht auch hier seine Zuständigkeit für den Fall. In der Sache wurde vorsichtig vorgegangen und zunächst der Abt von Fulda und die Stadt Gelnhausen gebeten, „das sie die unter Inen gesessne Judenschafft anhören und vernemmen, was man bey Inen den Judenschafften gegen ainen oder andern Juden, gegen dene mit äusserster Execution procedieret werden solle, für mittel zugeprauchen pflegen".[29] Vor einer Entscheidung – die die jüdischen Rechtsgepflogenheiten zu berücksichtigen hatte – war auch die Prager Judengemeinde zu hören.

Auch wenn die angeführten Beispiele zahlreiche interessante Einzelinformationen enthalten, so bleibt ihr Erkenntniswert doch gering. Sie werfen eher Fragen auf als daß sie diese beantworten können. Obwohl

---

27 HHStA Wien, Reichshofrats-Protokoll XVII/9, fol. 279 vom 19. Dezember 1605.
28 HHStA Wien, Reichshofrats-Protokoll XVII/10, fol. 164f. vom 5. September 1606.
29 Ebd., fol. 165.

die beiden zuerst vorgestellten Fälle eine kompromißlose Haltung bei der Sicherung jüdischer Rechte gegen Vertreibungsversuche nahelegen, drängt sich doch die Frage auf, ob der Reichshofrat unabhängig von politischen Konjunkturen als Garant jüdischer Rechte gewertet werden kann, oder ob er nicht vielmehr nur dann zugunsten von Juden intervenierte, wenn ihr Schutz mit kaiserlichen Interessen konform ging, wie dies in den oben angeführten Beispielen der Fall war. Schritt der Reichshofrat grundsätzlich gegen antijüdische Schriften und Predigten ein oder nur dann, wenn Protestanten gleichzeitig gegen Juden, Papst und Kaiser polemisierten? Die Frage stellt sich in ähnlicher Weise, wenn wie in dem vorgestellten Dortmunder Fall sozialer Protest mit antijüdischer Haltung gekoppelt war. Ist das Eintreten des Reichshofrats für Juden in einem solchen Fall auf ein grundsätzliches Bestreben, die jüdische Rechtsposition zu bewahren, zurückzuführen oder eher als Funktion von Bemühungen um die Eindämmung sozialer Unruhe zu werten? Selbst wenn sich dem Reichshofrat eine die rechtliche Lage der Juden stabilisierende Tendenz unterstellen ließe, stellt sich immer noch die Frage ihrer praktischen Umsetzung. Denn durchsetzen ließen sich die Entscheidungen des Reichshofrats nur dort, wo sich lokale Obrigkeiten und Landesherrschaften dazu bereit erklärten. Weitergehende Schlußfolgerungen hinsichtlich der Rechtsprechung des Reichshofrats in innerjüdischen Streitfragen lassen sich, jenseits der bloßen Feststellung, daß eine solche stattgefunden hat, nicht aus den angeführten Beispielen ziehen.

Um ein repräsentatives Bild von der Rechtspraxis gewinnen und um fundierte und generalisierbare Aussagen treffen zu können, ist es unabdingbar, über das Studium einzelner Fälle hinauszugelangen und in einem ersten Teilschritt die Rechtsprechung ausgewählter Gerichte über einen längeren Zeitraum nach Kläger, Beklagten, Streitgegenstand, Prozeßdauer und Prozeßausgang – ähnlich wie dies für die Prozeßakten des Reichskammergerichts geschehen ist – systematisch zu erfassen.

Ziel des Projekts ist nicht nur die Analyse der Juden betreffenden Rechtsprechung durch christliche Gerichte, sondern auch der internen jüdischen Rechtspraxis. Es handelt sich hierbei um den als *intern* begriffenen Bereich der rechtlichen Segmentierung jüdischen Lebens, der auf Klagen zwischen Juden und interne religiöse Angelegenheiten im weitesten Sinne beschränkt war. Bislang sind die grundlegenden Fragen nach Umfang, Aufbau und Verfahren der internen jüdischen Rechtsprechung in der Frühen Neuzeit mit dem pauschalen Verweis auf eine absolute Rechtsautonomie in innerjüdischen Streitfällen – eine Annahme, die sich zweifellos nicht aufrechterhalten läßt – eher verschleiert als befriedigend beantwortet worden.[30] Sieht man von Rechtsresponsen, die nicht als repräsentative Quelle für die Rechtspraxis betrachtet werden können, und einigen punktuellen Untersuchungen etwa zur Prozeßführung ab, so liegen keine präzisen Erkenntnisse über die Aufgaben der Rabbinatsgerichte in den Territorien des Alten Reiches, über Art und Umfang der Rechtsprechung oder die Rechtsmittel vor.[31] Das gilt sowohl für die Abgrenzung der Rechtsautonomie nach außen als auch für ihre interne Ausgestaltung.

Als fest etabliert kann die rabbinische Gerichtsbarkeit in den meisten Territorien vermutlich erstmals im 18. Jahrhundert gelten. Allerdings war sie weitgehend auf die erstinstanzliche Gerichtsbarkeit in Fällen mit geringem Streitwert beschränkt. Es stellt sich damit die Frage, ob vor der externen Anerkennung die binnenjüdische Rechtsprechung tatsächlich selbstverständlich geübt wurde – was die jüdische Synode im Jahr 1603 mit dem Versuch einer Stärkung der internen Rechtsprechung nahelegen mag – oder ob nicht die pragmatische Integration auch von binnenjüdischen Klagen in das bestehende externe Rechtssystem eher die Regel war. Zwei noch nicht abgeschlossene Studien zu reichsritterschaftlichen Gebieten im nordbadischen Raum und zu Friedberg für das 17. bis 18. Jahrhundert lassen diese Vermutung zu.[32] Parallel zur Konsolidierung

---

30 Z.B. MORDECHAI BREUER, Frühe Neuzeit und Beginn der Moderne, in: MICHAEL BRENNER / MICHAEL A MEYER (Hrsg.), Deutsch-Jüdische Geschichte in der Neuzeit I (München 1996) 160–166; ANDREAS BRAMER, Rabbiner und Vorstand. Zur Geschichte der jüdischen Gemeinde in Deutschland und Österreich 1808–1871 (Wien 1999) 13–16; STERN, Der Preussische Staat und die Juden I/1, 29–30, 102–119; JACOB KATZ, Masoret uMaschber 96, arbeiten mit der unklaren, stereotypen Annahme einer archetypischen voremanzipatorischen jüdischen Organisationsstruktur.

31 Z.B. ERIC ZIMMER, Synods; HERMANN POLLACK, Jewish Folkways in Germanic Lands (1648–1806). Studies in Aspects of Daily Life (Cambridge/Mass. 1971).

32 Bei der einen Arbeit handelt es sich um die Dissertationsschrift von Monika Preuß an der Hochschule für Jüdische Studien in Heidelberg, die die Vernetzungen verschiedener Landgemeinden im Hinblick auf ihre gemeinsame Organisationsstruktur, aber auch hinsichtlich ökonomischer Verbindungen thematisiert. Die zweite Studie, die derzeit am Lehrstuhl für Judaistik der Universität Erfurt unter Mitarbeit von Cilli Kasper-Holtkotte und Stefan Litt entsteht, befaßt sich auf der Grundlage interner und externer archivalischer Quellen mit der Gemein-

der rabbinischen Gerichtsbarkeit setzte spätestens in der zweiten Hälfte des 18. Jahrhunderts ein Verdrängungsprozeß der internen jüdischen Rechtsprechung ein, gerade in Angelegenheiten, welche die Vermögensverhältnisse der jüdischen Bevölkerung betrafen. Das Aufeinandertreffen der beiden Rechtssphären entwickelte unerwartete Dynamiken, etwa wenn für christliche Richter einführende Kompendien zum jüdischen Recht verfaßt wurden[33] oder wenn von nicht-jüdischer Seite der Versuch unternommen wurde, einer zweiten Instanz durch die Verweigerung der Anerkennung der hebräischen Sprache bzw. Schrift im Verfahren den Zugriff auf die interne jüdische Rechtsprechung überhaupt erst zu ermöglichen.[34] Ungeklärt sind nicht nur das Verhältnis von jüdischer und nicht-jüdischer Rechtsprechung, sondern auch die Funktionsweise der jüdischen Gerichtsbarkeit. Wie gestaltete sich die Kompetenzaufteilung, etwa zwischen Gemeindevorstand und Rabbinat, aber auch hinsichtlich konkurrierender rabbinischer Gerichte innerhalb einer Gemeinde, etwa zwischen Gemeinderabbinat und privaten bzw. Bruderschaftsrabbinaten, oder zwischen unterschiedlichen Gemeinden? Übten einzelne Rabbinatsgerichte eine überregionale Funktion im Sinn einer Appellationsgerichtsbarkeit aus? Um diese Fragen beantworten und fundierte Aussagen über die Funktionsweise der rabbinischen Gerichtsbarkeit und ihr Verhältnis zur nicht-jüdischen treffen zu können, ist es notwendig, die Rechtsprechung ausgewählter Rabbinatsgerichte zu erschließen und auszuwerten.

III. KONTEXTUALISIERUNG DES PROJEKTS

An der Schnittstelle von deutscher, italienischer und jüdischer Geschichte sowie der Rechtsgeschichte der Frühen Neuzeit gelegen, kann

deorganisation und dem Selbstbild der Friedberger Gemeinde als einer der zentralen Gemeinden des Heiligen Römischen Reiches in der Frühen Neuzeit.

33 Vgl. hiezu z.B. HIRSCHEL LEWIN / MOSES MENDELSSOHN, Ritualgesetze der Juden betreffend Erbschaften, Vormundschaften, Testamente und Ehesachen in so weit sie das Mein und Dein angehen. Entworfen vom Verfasser der philosophischen Schriften auf Veranlassung und unter Aufsicht von R. HIRSCHEL LEWIN, Oberrabbiner zu Berlin (Berlin 1778).

34 In Baden mit geringem Erfolg bezeichnenderweise bereits 1752, zu einer Zeit, in der sich das Landesrabbinat erst konsolidierte, GOTZMANN, Jüdisches Recht 48–51.

das Projekt von der Übertragung verschiedener, im Kontext anderer historischer Teildisziplinen entstandener Fragestellungen auf die jüdische Geschichte profitieren. Umgekehrt ist das Projekt so positioniert, daß es Impulse in unterschiedliche historische Teilgebiete geben, bislang nicht wahrgenommene Querverbindungen deutlich machen und dadurch zu einer Vernetzung von oft isoliert voneinander geführten Debatten beitragen kann. Die Erforschung der sogenannten „Untertanenprozesse" hat gezeigt, in welchem Ausmaß unterprivilegierte Bevölkerungsgruppen von der frühneuzeitlichen Tendenz zur Verrechtlichung von Konflikten profitieren konnten.[35] Die systematische Untersuchung von Prozessen, an denen Juden als Kläger oder Beklagte beteiligt waren, kann zeigen, ob auch Juden von dieser Tendenz zur Verrechtlichung profitierten.[36] Die seit dem späten 16. Jahrhundert feststellbare Verfestigung der rechtlichen Stellung der Juden[37] ist bislang nicht auf eine generelle Veränderung der Rechtskultur zurückgeführt worden, sondern auf pragmatische Motive oder die Rezeption des römischen Rechts, nach welchem die Juden innerhalb der allgemeinen Rechtsgemeinschaft standen.[38]

Eng verknüpft mit der Frage nach dem Ausmaß der Verrechtlichung in der frühen Neuzeit ist die Debatte um die Entstehung der Menschen- und Bürgerrechte. Realgeschichtlich-pragmatische Erklärungsversuche sehen die modernen Menschen- und Bürgerrechte in der Tradition einer kontinuierlichen Entwicklungslinie, die vom Spätmittelalter über den

---

35 Vgl. VOLKER PRESS, Von den Untertanenrevolten des 16. zur konstitutionellen Verfassung des 19. Jahrhunderts. Die Untertanenkonflikte in Hohenzollern-Hechingen und ihre Lösungen, in: HERMANN WEBER (Hrsg.), Politische Ordnungen und soziale Kräfte im Alten Reich (Mainz 1980) 85–112; WERNER TROSSBACH, Die Reichsgerichte in der Sicht bäuerlicher Untertanen, in: DIESTELKAMP (Hrsg.), Reichskammergericht 129–142; MARTINA SCHATTKOWSKY, Mit den Mitteln des Rechts. Studien zum Konfliktaustrag in einem sächsischen Rittergut, in: Tel Aviver Jb. für Deutsche Geschichte 22 (1993) 293–311; WINFRIED SCHULZE, Bäuerlicher Widerstand und feudale Herrschaft in der frühen Neuzeit (Stuttgart 1980) 76–85; DERS., „Geben Aufruhr und Aufstand Anlaß zu neuen heilsamen Gesetzen". Beobachtungen über die Wirkungen bäuerlichen Widerstands in der Frühen Neuzeit, in: DERS. (Hrsg.), Aufstände, Revolten, Prozesse. Beiträge zu bäuerlichen Widerstandsbewegungen im frühneuzeitlichen Europa (Stuttgart 1983) 273–285; HELMUT GABEL, Widerstand und Kooperation. Studien zur politischen Kultur rheinischer und maasländischer Kleinterritorien (1648–1794) (Tübingen 1992).

36 SAILER, Untertanenprozesse.

37 BATTENBERG (Hrsg.), Judenverordnungen in Hessen-Darmstadt 4.

38 Ebd.

Schutz wohlerworbener Rechte in absolutistischer Zeit bis hin zu den Rechtsschutzmechanismen des 18. Jahrhunderts reicht. Dagegen betonen theoretisch-programmatische Erklärungen die erst durch die Naturrechtslehre gelieferten theoretischen Voraussetzungen für die Konstruktion der Menschen- und Bürgerrechte. Diese Diskussion läßt sich auf die Debatte um die Gewichtung pragmatisch-funktionaler und programmatisch-ideologischer Motive für die Judenemanzipation übertragen.

Die Untersuchung der Juden betreffenden Rechtsprechung wirft auch die Frage auf, welcher Strategien sich Juden zur Wahrung ihrer Interessen bedienten. In welchem Verhältnis standen Schtadlanut und die Inanspruchnahme nicht-jüdischer Gerichte?[39] Welche Konflikte haben Juden alternativ bzw. komplementär durch Fürsprache und durch die Anrufung von Gerichten zu lösen versucht?

Auch zur Forschungsdebatte zwischen isolationistischer, die Geschlossenheit und Vitalität des präemanzipatorischen Judentums betonender Interpretation jüdischer Geschichte und einer interaktionistischen Sichtweise des Verhältnisses von Juden und Christen in der Frühen Neuzeit verspricht das Projekt „Von den Rechtsnormen zur Rechtspraxis“ einen entscheidenden Beitrag.[40] Die Untersuchung der die Juden betreffenden Rechtsprechung durch christliche Gerichte und der Abgrenzung zwischen dieser und der innerjüdischen Gerichtsbarkeit sowie des weiteren Umfelds von Gerichtsprozessen, z.B. der die Juden vertretenden Anwälte und Agenten, bietet sich als ein geeigneter Gradmesser für das Ausmaß und die Grenzen jüdischer Integration in die frühneuzeitliche Gesellschaft an. Bereits die übliche Differenzierung zwischen externer und autonomer interner Rechtssphäre erweist sich als ausgesprochen problematisch. Der Vergleich der wenigen bislang vorgelegten Editionen

---

39 Zu Schtadlanut vgl. FANCOIS GUESNET, Strukturwandel im Gebrauch der Öffentlichkeit: Zu einem Aspekt jüdischer politischer Praxis zwischen 1744 und 1881, erscheint demnächst in dem von MARTIN SCHULE WESSEL und JÖRG REQUATE herausgegebenen Tagungsband „Europäische Öffentlichkeit: Realität und Imagination einer Apellationsinstanz“, und SCOTT URY, „Noble Advocate or Unbridled Opportunist?: The Shtadlan of the Polish-Lithuanian Commonwealth, erscheint demnächst in Polin.

40 Zu dieser Kontroverse FRIEDRICH BATTENBERG, Zwischen Integration und Segregation. Zu den Bedingungen jüdischen Lebens in der vormodernen christlichen Gesellschaft, in: Aschkenas 6 (1996) 421–454; GOTZMANN, Strukturen; PO-CHIA HSIA / LEHMANN (Hrsg.), In and Out of the Ghetto; ULLMANN, Nachbarschaft 16–21, 345–481.

innerjüdischer Gemeindeordnungen mit den zur gleichen Zeit erlassenen obrigkeitlichen Gemeinde- bzw. Generalprivilegien läßt erkennen, daß nicht von einer strikten Trennung zwischen externer und interner Rechtssphäre gesprochen werden kann. Durch das Aushandeln der Aufnahmebedingungen zwischen Obrigkeit und jüdischen Gemeindeleitungen und aufgrund der zunehmenden Inanspruchnahme innerjüdischer Organisationsstrukturen zur Aufsicht und zur finanziellen Ausbeutung der jüdischen Gemeinden kam es zur wechselseitigen Beeinflussung der beiden Rechtssphären. Während einerseits bestimmte Rechtsbereiche der internen jüdischen Rechtssphäre zugewiesen wurden, fanden andererseits religionsrechtlich-halachische Vorstellungen auch Eingang in die externe obrigkeitliche Normsetzung[41] und wurden, parallel hierzu, umgekehrt externe Forderungen in die jüdische Sphäre eingepaßt. Wie erklärten sich solche Transfers und, umgekehrt, wie ging man intern mit dem zunehmenden Druck auf die eigene Rechtssphäre um? Diese Frage stellt sich weniger im vermögensrechtlichen Bereich, in dem das Jüdische Recht flexibel angelegt ist. Gravierender waren Eingriffe in Liturgie, Eherecht und interne Gemeindestruktur.

Die Untersuchung der internen jüdischen Rechtspraxis bietet sich nicht nur als Barometer für die Bestimmung von Eigenschaften und Umfang der jüdischen Rechtsautonomie und deren Verhältnis zur externen Rechtssphäre an, das eher von Verschränkung als von klarer Abgrenzung charakterisiert war, sondern verspricht darüber hinaus Beiträge zur Klärung des Ursprungs innerjüdischer Organisationsstrukturen[42] sowie von Veränderungen im kulturellen jüdischen Selbstverständnis zu leisten. Da das Judentum in der Frühen Neuzeit primär über das Religi-

---

41 GOTZMANN, Strukturen.

42 Die Hypothesen zum Ursprung innerjüdischer Organisationsstrukturen reichen von der Annahme einer Übertragung externer, insbesondere zünftischer Strukturen auf den innerjüdischen Bereich bei JITZCHAK (FRITZ) BAER, „A Social and Religious History of the Jews“ (Comments on S. Baron's new Book), in: Zion 3 (1938) 277–99 und S.W. BARON, The Jewish Factor in Medieval Civilization, in: Proceedings of the American Academy for Jewish Research 12 (1942) 1–48, zu dem autonomistischen Entwurf eines gemeinsamen jüdischen Grundverständnisses hinsichtlich der Organisationsstrukturen und des Wahlrechts bei Simon Dubnow und in der zionistischen Geschichtsschreibung; entscheidend ist der Vergleich der hier interessierenden west-askenasischen Entwicklung mit den entsprechenden internen Regelungen etwa in Mähren, Böhmen und im Bereich des Polnisch-Litauischen Waad Arzot.

onsrecht definiert war, sind die Fragen nach der Rechtsautonomie und der internen Anerkennung jüdischer Gerichte ausschlaggebend für die Integrität des kulturellen Systems insgesamt. Gegen Ende des 18. Jahrhunderts wird erkennbar, daß die Vorstellung eines allumfassenden religiösen Rechtssystems für die Mehrzahl der jüdischen Bevölkerung keine Realität mehr darstellte. Damit hatte sich – in Anlehnung an externe Bewertungen – auch im internen Bereich eine Differenzierung zwischen religiösen und nicht-religiösen Rechtsbeständen etabliert, wobei nur mehr die ersteren als Teil der eigenen Sphäre wahrgenommen wurden. Die reale Rechtssituation hatte damit das ideologische Konstrukt jüdischer Kultur verändert.[43]

Speziell von den vor dem Reichshofrat verhandelten jüdischen Prozessen läßt sich Aufschluß über die Frage erwarten, in welchem Umfang und wie lange das durch die im Mittelalter begründete kaiserliche Kammerknechtschaft begründete Nahverhältnis zwischen Juden und Kaiser in der Frühen Neuzeit fortdauerte.[44] Mit Verweis auf das Verschwinden von Gesandten der Judenschaft am kaiserlichen Hof im 17. Jahrhundert ist argumentiert worden, daß spätestens mit dem Westfälischen Frieden nicht mehr das Reich, sondern die Territorien Adressaten jüdischer Bemühungen um die Sicherung und Verbesserung ihrer Existenz waren.[45] Dagegen läßt sich argumentieren, daß sich in der Inanspruchnahme des Reichshofrats durch Juden bis ins 18. Jahrhundert hinein die trotz Territorialisierung anhaltend hohe Bedeutung der Ebene des Reiches für die Juden widerspiegelt.[46] Davon ausgehend könnte man die freilich noch verifizierungsbedürftige These aufstellen, daß sich im Verlauf der Frühen

---

[43] Dies läßt sich anhand rabbinischer Gutachten als punktueller Befund für die letzten Jahrzehnte des 18. Jahrhunderts nachweisen, GOTZMANN, Jüdisches Recht 86–106.

[44] BATTENBERG, Rechtliche Rahmenbedingungen, hier 57ff., 69ff.

[45] STEFAN LITT, Joachim Ferber von Nordhausen – Gesandter der deutschen Juden am kaiserlichen Hof?, in: Aschkenas 9 (1999) 150.

[46] Während die Untersuchung zweier Reichshofratsprozesse von Wiener Hofjuden in LYDIA GRÖBL / SABINE HÖDL / BARBARA STAUDINGER, Steuern, Privilegien und Konflikte, in: Mitteilungen des Österreichischen Staatsarchivs 48 (2000) 180–194 ein durch die Kombination von landesherrlicher und oberstrichterlicher Gewalt sowie räumlicher Nähe bestimmtes besonderes Nahverhältnis nahelegt – eine Interpretation, die mit der Territorialisierungsthese konform geht –, war die jüdische Inanspruchnahme des Reichshofrats unserer Meinung nach nicht auf diese Personengruppe beschränkt.

Neuzeit nicht das Nahverhältnis der Juden zum Kaiser geändert hat, sondern infolge des allgemeinen Verrechtlichungsprozesses die Mittel, mit denen Juden ihre Interessen zu sichern suchten. Abgesehen von den zu erwartenden Erträgen für die Rechtsgeschichte der Juden stellt die Erschließung und Auswertung der jüdischen Rechtsfälle vor dem Reichshofrat einen Beitrag zur längst überfälligen Aufarbeitung der Judikatur des Reichshofrats dar.

Die Forschung zu den Beziehungen zwischen Reich und Reichsitalien in der frühen Neuzeit stehen noch am Anfang.[47] In diesem Zusammenhang könnten die Klagen italienischer Juden vor dem Reichshofrat, bzw. der Plenipotenz in Mailand, eventuell zur Offenlegung eines bislang unbemerkt gebliebenen Beziehungsstrangs zwischen Reichsitalien und Institutionen des Reiches führen.

IV. QUELLENLAGE UND PRAKTISCHE UMSETZUNG

Da die Juden betreffende Rechtspraxis nicht flächendeckend für das Alte Reich untersucht werden kann, beschränkt sich das Projekt auf die Erschließung und Analyse der Rechtsprechung einer begrenzten Auswahl von Gerichten. Da die Tätigkeit der einzelnen Gerichte in jüdischen Angelegenheiten jeweils als Fallstudie bearbeitet wird, ist die Struktur des Projekts modular organisiert und somit in der Zukunft erweiterbar. In der Pilotphase wird zunächst die Judikatur eines der beiden obersten Reichsgerichte, des Reichshofrats, erschlossen.

---

47 Eine Wende eingeleitet hat KARL OTMAR VON ARETIN, Die Lehensordnungen in Italien im 16. und 17. Jahrhundert und ihre Auswirkungen auf die europäische Politik, in: WEBER (Hrsg.), Politische Ordnungen 53–84; ein Überblick über den Forschungsstand findet sich bei MATTHIAS SCHNETTGER, Italienische Fürsten im Deutschen Reichstag? Ein Projekt Friedrich Ludwig von Bergers aus dem Jahr 1723, in: Historisches Jahrbuch 118 (1998) 86–107, hier 86 ff.; DERS., Das Alte Reich und Italien in der Frühen Neuzeit. Ein institutionengeschichtlicher Überblick, in: Quellen und Forschungen aus italienischen Archiven und Bibliotheken 79 (1999), 344–420; FRIEDRICH EDELMAYER, Maximilian II., Philipp II. und Reichsitalien. Die Auseinandersetzungen um das Reichslehen Finale in Ligurien (Stuttgart 1988); GUIDO DEL PINO, Un problema burocratico: la Plenipotenza per i feudi imperiali in Italia e il suo archivio tra XVII e XVIII secolo, in: Rassegna degli Archivi di Stato 54 (1994) 551–583.

Für die Auswertung der vor dem Reichshofrat verhandelten jüdischen Prozesse, die im Haus-, Hof- und Staatsarchiv in Wien überliefert sind, sind die folgenden Bestände relevant: (1) das Fiskalarchiv, (2) die Plenipotenz in Italien – ein delegiertes Gericht, das neben Reichslehenssachen auch andere italienische Angelegenheiten verhandelte, die der Kompetenz des Reichshofrats unterworfen waren –, (3) die verschiedenen Serien der *Judicialia*: die *decisa, vota, relationes, antiqua, denegata antiqua, denegata recentiora, Alte Prager Akten, Judicialia Miscellanea* und die *Judicialia latinae expeditionis*. Neben den Judizialakten enthalten auch die Reichshofratsagentenarchive sowie die Bestände *Gratialia* und *Feudalia* Akten, die für die Untersuchung der rechtlichen Position von Juden aufschlußreich sind. Die in letzteren enthaltenen Judenprivilegien, kaiserlichen Druckprivilegien und Akten der in Frankfurt residierenden kaiserlichen Zensurkommission versprechen Auskunft über die Rolle des kaiserlichen Judenschutzes und die Handhabung der Zensur hebräischer, aber auch antijüdischer Schriften.

Eine überschlagsmäßige Bestandsaufnahme der vor dem Reichshofrat verhandelten jüdischen Fälle im Haus-, Hof- und Staatsarchiv in Wien hat folgendes Bild ergeben. Unter den durch Findbuch erfaßten Judizialsachen [Sign.: I/1, Bd. 1–17] sind nach Abzug von Verlusten noch mehr als tausend Fälle überliefert, bei denen Juden oder jüdische Gemeinden als Kläger auftraten. Da diese Zahl zum Beispiel die in den Reihen *antiqua, Alte Prager Akten* und *denegata antiqua* überlieferten Fälle nicht enthält, ist die Anzahl der insgesamt vor dem Reichshofrat verhandelten jüdischen Fälle noch höher anzusetzen. Im Gegensatz zur deutschen Expedition existiert für die lateinische Expedition ein Gesamtverzeichnis der verhandelten Sachen [Sign.: I/20]. Von den dort erfaßten ca. 2610 Fällen sind nur zwei durch jüdische Kläger charakterisiert: Der eine betrifft die für einen einzelnen Juden klagende Judenschaft von Mantua, der andere betrifft einen individuellen jüdischen Kläger [293/1 und 188/5]. Italienische Fälle mit jüdischer Beteiligung sind vor dem Reichshofrat selten verhandelt worden. Ob dies darauf zurückzuführen ist, daß in Italien die Plenipotenz die Sachen verhandelte, die sonst der Kompetenz des Reichshofrats unterworfen waren, oder auf andere Gründe, bedarf noch der Klärung.

Einen ersten Eindruck vom zahlenmäßigen Verhältnis der von Christen und Juden vor dem Reichshofrat angestrengten Klagen vermittelt die Auswertung von ausgewählten Jahrgängen der Resolutionsprotokolle des Reichshofrats nach den Klägern. Im Jahr 1601 traten in 11 von 513 Fällen Juden als Kläger auf, im Jahr 1602 in 10 von 486, im Jahr 1700 in 15 von 1357, im Jahr 1701 in 11 von 591, im Jahr 1750 in 18 von 1011 und im Jahr 1800 in 19 von 665. Die jüdischen Fälle vor dem Reichshofrat lassen sich nach verschiedenen Kriterien einteilen, so etwa nach den Prozeßbeteiligten oder nach dem Prozeßgegenstand. Erhoben wurden die Klagen entweder von einzelnen Juden oder von Judenschaften, besonders häufig etwa von denen in Frankfurt am Main, Worms oder Friedberg. Obgleich es in den weitaus meisten Fällen einzelne Juden waren, die vor Gericht gingen, stellen die Klagen jüdischer Gemeinden dennoch keine vernachlässigbare Größe da. So hat etwa die jüdische Gemeinde in Frankfurt am Main zwischen 1646 und 1806 einundsiebzig Klagen vor dem Reichshofrat angestrengt. Neben Klagen von Juden gegen Christen wurden auch Klagen von Juden gegen Juden vor dem Reichshofrat verhandelt. Was den Klagsgegenstand betraf, handelte es sich meistens um die Rückforderung von Schulden, die Verletzung von Privilegien, vereinzelt aber auch um Erbschaftsstreitigkeiten, familien- und erbrechtliche Folgen von Konversionen und Fragen der jüdischen Gemeindedisziplin.

Neben den jüdischen Prozessen vor dem Reichshofrat als einem der beiden obersten Reichsgerichte wird die Juden betreffende Rechtsprechung in der Pilotphase auch auf der territorialen Ebene untersucht, und zwar für das Kurfürstentum Sachsen, wobei sich Erschließung und Auswertung zunächst auf die Spruchtätigkeit der Leipziger Juristenfakultät und des Leipziger Schöffenstuhls beschränken.[48]

Die interne jüdische Gerichtsbarkeit soll in der ersten Phase anhand des Oberrabbinats der Dreigemeinde Altona-Hamburg-Wandsbek und des Rabbinats Heidingsfeld bei Würzburg untersucht werden. Damit ist sowohl eines der Rabbinate der größten städtischen Gemeinde im Alten Reich einbezogen als auch ein Rabbinat mit landjüdischem Umfeld, der für die Mehrzahl der jüdischen Bevölkerung maßgeblichen Siedlungsform. Beide Rabbinate zeichnen sich sowohl durch eine herausgehobene Stellung innerhalb der Hierarchie der Rabbinate als auch durch einen weiten Einzugsbereich aus. Die rabbinische Rechtsprechung ist auf die mündliche Verhandlung hin ausgerichtet und hegt große Vorbehalte ge-

---

48 HEINER LÜCK, Die Spruchtätigkeit der Wittenberger Juristenfakultät (Köln u.a. 1998); STEPHAN WENDEHORST, Juden in Leipziger juristischen Dissertationen, Gutachten und Urteilen, in: DETLEF DÖRING / HANSPETER MARTI (Hrsg.), Leipziger Universitätsgeschichte 1680–1750 (Basel 2002; in Vorbereitung).

genüber einer Verschriftlichung des Verfahrens. Diese Umstände haben neben dem Verlust jüdischer Archivalien dazu geführt, daß kaum Akten jüdischer Gerichte erhalten sind. Mit der Überlieferung umfangreicher Bestände zur internen Gerichtsbarkeit, die zugleich Verzeichnisse der verhandelten Prozesse umfassen, bilden die beiden genannten Rabbinatsgerichte eine Ausnahme.[49] Die sogenannten Altonaer *Dajanimsbücher*, die in etwa den Zeitraum von 1669–1863 abdecken, stellen im wesentlichen Verzeichnisse der verhandelten Summen bzw. der verhängten Strafen dar, die offenbar vor allem zur prozentualen Abrechnung der Gerichtssporteln mit der Obrigkeit dienten. Obwohl mit Ausnahme von Eheverträgen, Scheidungen und Testamentseröffnungen keine Verhandlungsprotokolle im eigentlichen Sinn vorliegen, lassen sich an diesen Akten sowohl Art und Umfang der Tätigkeit als auch die Strukturierung des dreifach untergliederten Hamburger Rabbinatsgerichts nachvollziehen. Auf der Grundlage des erstaunlich geschlossen erhaltenen Archivbestands, der auch Gemeindeverordnungen und Sitzungsprotokolle des Vorstands umfaßt, können auch die Zusammenarbeit und die Gegensätze zwischen Rabbinat und Gemeinde erschlossen werden. Da die durch das Rabbinatsgericht vereinte Dreigemeinde von Altona, Hamburg und Wandsbek eine der wenigen jüdischen Gemeinden war, die mit Ausnahme von Strafsachen die volle Rechtsautonomie besaß, bietet sie ein sozusagen maximales Bild jüdischer Rechtspraxis. Mit den nicht ganz lückenlos überlieferten Prozeßprotokollen für die Periode von 1744 bis 1804 sowie weiteren Sonderbeständen für den Zeitraum von 1801–1816 ist die Rechtsprechung des Rabbinats Heidingsfeld ungewöhnlich dicht dokumentiert.[50] Sowohl die Hamburger als auch die Würzburger Bestände sind in Hebräisch und Jiddisch gehalten und weitgehend unerschlossen.

Die in der zweiten und dritten Phase des Projekts zu bearbeitenden Gerichte werden so ausgewählt, daß die Grundlagen für Vergleiche zwi-

---

49 Nach punktueller Einsichtnahme zeigt sich, daß sich die Protokolle erst im 19. Jahrhundert ansatzweise zu Verhandlungsprotokollen im eigentlichen Sinn entwickeln. Die Originale liegen in den Central Archives for the History of the Jewish People in Jerusalem, das Staatsarchiv Hamburg besitzt diese auf Mikrofilm, ebd., Jüdische Gemeinden, Fasz. 522-1; Filmarchiv 741-4, Sa 903–943, Akten betr. die jüdische Gerichtsbarkeit: Dajanimsbücher etc.

50 Staatsarchiv Würzburg, Juden 20-35; darüber hinaus Admin. 416/8324, Admin. 736/1743, G 16718, Geistl. Reg. III/34, Juden 17, Juden 86, Juden 92.

schen katholischen und protestantischen, zwischen österreichischen, reichsstädtischen und reichsfürstlichen sowie zwischen deutschen, (reichs-)italienischen und weiteren europäischen Territorien möglich sind.

INA VOM FELD, Frankfurt/Main

VERTRAUEN IST GUT, KONTROLLE IST BESSER? Dampfkesselüberwachung in Preußen zwischen Fremdsteuerung und Selbststeuerung 1870–1914

I. DER MYTHOS VOM RÜCKZUG DES STAATES AUS DER GEFAHRENABWEHR

Die Entwicklung der Dampfkesselüberwachung in Preußen ist in zweierlei Hinsicht exemplarisch. Zum einen ist sie ein Modell für das Recht der Industriellen Revolution. Die Dampfmaschine war der häufig glorifizierte Motor dieser Revolution. Zum anderen ist sie exemplarisch, weil bereits im Rahmen der Dampfkesselüberwachung ein Mischmodell politischer Steuerung entwickelt wurde, das das moderne Technikrecht bis heute prägt. Um diesen zweiten Aspekt wird es im Folgenden gehen. Die Betrachtung der Dampfkesselüberwachung bewegt sich dabei an der Schnittstelle zwischen Technikgeschichte, Rechtsgeschichte und Politikwissenschaft.

Ausgangspunkt der Untersuchung ist die Beobachtung, daß Preußen zwar schon relativ früh Regelungen zur Dampfkesselsicherheit erließ und 1856 eine Dampfkesselüberwachung durch staatliche Beamte zur Pflicht machte,[1] sich jedoch ab 1872 mehr und mehr aus der unmittelbaren Dampfkesselüberwachung zurückzog. Die unmittelbare Überwachungstätigkeit wurde „privatisiert“, indem sie Vereinen von Kesselbesitzern (Dampfkesselüberwachungsvereine) und Überwachungsingenieuren großer Firmen (Eigenüberwacher) übertragen wurde. Ab 1872 konnten die Betreiber von Kesseln wählen, ob sie ihre Kessel von staatlichen Beamten oder anerkannten Überwachungsvereinen revidieren lassen wollten, oder ob sie für ihre Betriebsingenieure eine entsprechende Revisi-

---

[1] Gesetz, den Betrieb der Dampfkessel betreffend, vom 7. Mai 1856, GS 1856, 295 iVm Regulativ des preußischen Handelsministers zur Ausführung des Gesetzes vom 7. Mai 1856, den Betrieb der Dampfkessel betreffend, MBliV 1856, 210–211. Es waren jedoch nur äußere Untersuchungen zulässig, für die der Betrieb nicht unterbrochen werden mußte.

onsbefugnis einholen wollten.[2] 1897 entzog Preußen der Gewerbeaufsicht die Revision der Dampfschiffskessel und landwirtschaftlich genutzten Kessel und übertrug sie den Ingenieuren der Vereine und Eigenüberwacher.[3] 1900 wurde den Vereinen und Eigenüberwachern auch die Revision der übrigen Dampfkessel übertragen.[4] Anknüpfend an die Terminologie der Politikwissenschaft und der Rechtswissenschaft ist zu fragen, ob diese Entwicklung gleichbedeutend war mit einem Wandel von politischer Steuerung durch den Staat hin zu gesellschaftlicher Selbstregelung[5] oder Selbstregulierung[6]?

Bisher wird gemeinhin davon ausgegangen. Umstritten ist allein die Bewertung dieses Vorganges. Die einen feiern die Selbstüberwachung als Erfolg privater Gefahrenabwehr.[7] Die anderen kritisieren, daß der Staat

---

2 § 3 des Gesetzes, den Betrieb der Dampfkessel betreffend, vom 3. Mai 1872, GS 1872, 515 iVm § 4 des Circulars des preußischen Ministers für Handel, Gewerbe und öffentliche Arbeiten vom 24. Juni 1872, MBliV 1872, 182–184, hier 183.

3 Durch Runderlaß des preußischen Ministers für Handel und Gewerbe, betreffend die Prüfungen, Druckproben und Untersuchungen bei nichtfiskalischen Dampfschiffskesseln und den Dampfkesseln in landwirthschaftlichen Betrieben, MBliV 1897, 81–85, hier 81.

4 Durch Verfügung des Preußischen Ministers für Handel und Gewerbe vom 22. März 1900, betreffend die Genehmigung und Untersuchung der Dampfkessel, MBliV 1900, 181 sowie die Verfügung und Anweisung des Handelsministers vom 9. März 1900, betreffend die Genehmigung und Untersuchung der Dampfkessel, MBliV 1900, 139–169, hier 143. Ausgenommen von der Vereinsüberwachung waren die Kessel der Betriebe, die unter der Aufsicht der Bergbehörden standen, und die Kessel staatlicher Stellen (Staatseisenbahn, Marine, Post, Heer etc.), soweit diese eigene Revisionsingenieure beschäftigten. Die Kessel der privaten Eisenbahnen wurden durch Sachverständige revidiert, die damit von den Königlichen Eisenbahndirektionspräsidenten beauftragt worden waren.

5 Zu dieser Terminologie siehe RENATE MAYNTZ / FRITZ SCHARPF (Hrsg.), Gesellschaftliche Selbstregelung und politische Steuerung (Köln 1995) 9.

6 Zum Begriff siehe WOLFGANG HOFFMANN-RIEM, Innovationen durch Recht und im Recht, in: MARTIN SCHULTE (Hrsg.), Technische Innovation und Recht: Antrieb oder Hemmnis? (Heidelberg 1996) 3–32, hier 15–20.

7 Dies ist der ständige Tenor in zahlreichen Schriften der Überwachungsvereine, siehe z.B. K. VIGENER, Vom Werden und Wollen des Zentralverbandes der Preussischen Dampfkessel-Ueberwachungs-Vereine, Sonderdruck aus: „Die Wärme" – Zeitschrift für Dampfkessel und Maschinenbetrieb Nr. 9 vom 4. März 1927, 1–8, hier 2. Entsprechend äußert sich aus Anlaß von TÜV-Jubiläen auch die Politik, siehe z.B. das Grußwort der damaligen Ministerin in Baden-Württemberg ANNEMARIE GRIESINGER, die nicht nur von „Selbstverwaltung" sondern zugleich auch vom Vorliegen „demokratischer Strukturen im Bereich technischer Sicherheit"

sich aus der präventiven Gefahrenabwehr zurückgezogen habe.[8] Auch das Haftungsrecht der Zeit wird meist kritisch betrachtet.[9] Die Rolle des Staates wird allgemein als sehr gering eingeschätzt.

II. DAMPFKESSELÜBERWACHUNG ALS MISCHMODELL ZWISCHEN FREMDSTEUERUNG DURCH DEN STAAT UND SELBSTSTEUERUNG DURCH DIE INDUSTRIE

Betrachtet man hingegen Reaktionen auf die Kesselexplosionen anhand von Quellen, die einen Blick auf die Überwachungspraxis erlauben,[10] kommt man zu dem Ergebnis, daß zumindest auf diesem Gebiet diese Einschätzung nicht zutrifft. Der preußische Staat hat trotz des Rückzugs aus der unmittelbaren Überwachung weiterhin eine aktive Rolle bei der Abwehr der Gefahr von Dampfkesselexplosionen gespielt. Dabei kann es in diesem Zusammenhang dahinstehen, ob Preußen die Überwachungsvereine und Eigenüberwacher 1872 oder spätestens 1897 bzw. 1900 durch Beleihung zu Organen mittelbarer Staatsverwaltung gemacht hat, was die für die Vereinigung der Technischen Überwachungs-Vereine gutachtenden Ernst Forsthoff[11] und Wolfgang Siebert[12] vehement bestritten.

---

sprach, abgedruckt in: Technischer Überwachungs-Verein Stuttgart (Hrsg.), 100 Jahre Technischer Überwachungs-Verein Stuttgart e.V. 1875–1975 – Festveranstaltung und Vereinsgeschichte (Stuttgart 1975) 5.

8 Der Bielefelder Technikhistoriker Joachim Radkau bezeichnet die Entwicklung als „fragwürdige(n) Lernprozess", der zu der Auffassung geführt habe, „daß die Sicherheit allein Sache der Experten sei und am besten durch die kollektive Selbstkontrolle der Industrie gewährleistet werde", siehe JOACHIM RADKAU, Technik in Deutschland. Vom 18. Jahrhundert bis zur Gegenwart (Frankfurt/M. 1989) 217.

9 So z.B. durch REGINA OGOREK, Untersuchungen zur Entwicklung der Gefährdungshaftung im 19. Jahrhundert (Wien 1975) 123.

10 Es wurden u.a. die Akten der Gewerbeaufsicht aus dem Regierungsbezirk Düsseldorf, die Jahresberichte der Fabrikinspektoren, Verbandszeitschriften der Überwachungsvereine und Archivmaterial des Eigenüberwachers Firma Friedrich Krupp herangezogen.

11 ERNST FORSTHOFF, Stellung und Aufgabe der Technischen Überwachungs-Vereine insbesondere in ihrem Verhältnis zum Staat, in: Vereinigung der Technischen Überwachungs-Vereine e.V. (Hrsg.), Gutachten über die rechtliche Stellung der Technischen Überwachungs-Vereine (2. Aufl., Essen 1952) 7–28, hier 11–16.

12 WOLFGANG SIEBERT, Technische Überwachungs-Vereine und Dampfkessel-Überwachungs-Vereine – Rechtsnatur, Identität und Rechtsnachfolge. Rechtsgutach

Denn jedenfalls übte der Staat – wie hier zu zeigen sein wird – durch inhaltliche Vorgaben und Aufsicht großen Einfluß auf die Tätigkeit der Vereine und Eigenüberwacher aus.

Zur Analyse der Rolle des Staates bieten sich die in Politik- und Rechtswissenschaft entwickelten Steuerungsmodelle an, die idealtypisch zwischen staatlich-imperativer Steuerung, kooperativer Steuerung und privater Selbstregulierung unterscheiden.

Tabelle: Steuerungsmodelle (in Anlehnung an die Terminologie von Hoffmann-Riem):[13]

	Staatlich-imperative Steuerung	*Kooperative Steuerung/hoheitliche Regelung mit selbstregulativen Elementen*	*Privat-selbstregulative Steuerung / staatlich regulierte gesellschaftliche Selbstregulierung*
Wer bestimmt Ziele und Mittel der Zielerreichung?	Ziele und Mittel der Zielerreichung bestimmt allein der Staat	- Ziele definiert der Staat, bei der Zielerreichung wirken Staat und Private zusammen - Staat übernimmt lediglich Gewährleistungsverantwortung für Zielerreichung	- Staat definiert die Ziele, die Wahl der Mittel zur Zielerreichung überläßt er völlig privaten Akteuren - Bzgl. Zielerreichung übernimmt der Staat Auffangverantwortung, indem er z.B. mit Sanktionen droht bei Nichtaufbau eines funktionierenden Systems
Wer setzt Regeln und wer setzt sie durch?	Regelsetzung und Regelüberwachung liegen primär beim Staat	- Gesellschaftliche Kräfte in Regelsetzung und Regelüberwachung einbezogen - Staat setzt den Privaten Rahmen, überläßt ihnen dabei eigenen Entscheidungsspielraum - Staat formuliert in	Staat konturiert lediglich Rahmen für das Spiel der selbstregulativen Käfte

ten erstattet im Auftrage der Vereinigung der Technischen Überwachungs-Vereine e.V. (Essen 1956) 12–14.

13 HOFFMANN-RIEM, Innovationen 3–32.

		der Regel Anforderungen an die Qualifikation der Überwacher und knüpft die Wirksamkeit der von den Privaten erstellten Regelungen an staatliche Zustimmung	
Beispiele aus dem geltenden Recht	Ordnungsrecht mit Erlaubnispflicht und Untersagungsvorbehalt	- Betriebsbeauftragte im Umweltschutz - Öko-Audit - Umweltverträglichkeitsprüfung	- allgemeine private Rechtsordnung - Duales System zur Rücknahme von Verpackungsmüll

Legt man diese Modelle zugrunde, zeigt sich, daß sich historisch bei der Dampfkesselüberwachung ein Mischmodell aus allen drei Steuerungselementen entwickelte, wie es auch für das heutige Umweltrecht charakteristisch ist. Parallelen aus dem Bereich des heutigen Umwelt- bzw. Technikrechts zeigen sich insbesondere bei den Betriebsbeauftragten im Umweltschutz,[14] dem Öko-Audit,[15] der Umweltverträglichkeitsprüfung[16] und dem sog. Dualen System.[17] Ähnlich wie bei der Dampfkes-

14 §§ 53ff. Bundes-Immissionsschutzgesetz (BImSchG), §§ 21a ff. Wasserhaushaltsgesetz (WHG), HOFFMANN-RIEM, Innovationen 17.

15 Laut Gesetz zur Ausführung der Verordnung (EWG) Nr. 1836/93 des Rates vom 29. Juni 1993 über die freiwillige Beteiligung gewerblicher Unternehmen an einem Gemeinschaftssystem für das Umweltmanagement und die Umweltbetriebsprüfung (Umweltauditgesetz – UAG) vom 7. Dezember 1995. Es handelt sich um ein freiwilliges Anreizsystem durch Verkaufsvorteile durch Siegel, veröffentlichte Umwelterklärungen und Prämienvorteile bei der Haftpflicht. Siehe dazu auch HOFFMANN-RIEM, Innovationen 16.

16 Wegen der begrenzten privaten Sachverhaltsvermittlung mit nachvollziehender Amtsermittlung laut Gesetz über die Umweltverträglichkeitsprüfung (UVPG) vom 12. Februar 1990. Siehe HOFFMANN-RIEM, Innovationen 17/22, der Untersuchungsrahmen werde mit dem Staat im vorhinein ausgehandelt.

17 Durch die Verpackungsverordnung vom 12. Juni 1991 (mittlerweile gilt die Neufassung 27. August 1998) wurde zwar eine Rücknahmepflicht für Hersteller und Vertreiber von Verpackungen begründet, es wurde jedoch die Möglichkeit einer Befreiung gewährt. Gem. § 6 III der Verordnung entfällt die Rücknahmepflicht für an den Endverbraucher gelangte Endverpackungen, falls sich Hersteller und Vertreiber an einem System beteiligen, das die ordnungsgemäße Abholung und Entsorgung sicherstellt. Nähere Vorgaben enthält die Verpackungsverordnung nicht. Daraufhin wurde die Duale System Deutschland AG gegründet und von den obersten Landesbehörden als das geforderte flächendeckende System aner-

selüberwachung sind diese Instrumente dadurch gekennzeichnet, daß zwar weitgehend ein kooperatives Verhältnis zwischen Staat und Unternehmen besteht, der Staat sich jedoch Kontrollmöglichkeiten und eine Letztentscheidung vorbehält.

Das Mischmodell der Dampfkesselüberwachung des neunzehnten Jahrhunderts nutzte unterschiedliche Steuerungsmittel. Es ist zwischen zwei Bereichen zu unterscheiden, die nacheinander betrachtet werden. Der erste Bereich umfaßt die Regelungen, die unmittelbar die Tätigkeit der Dampfkesselüberwachungsvereine und der Eigenüberwacher betrafen. Der zweite Bereich umfaßt das Haftungs- und das Unfallversicherungsrecht und geht daher über das eigentliche Recht der technischen Sicherheit hinaus. Der Blick auf die Praxis der Abwehr der Kesselexplosionsgefahr zeigt, daß das Haftungs- und das Unfallversicherungsrecht sehr viel stärker unfallvermeidend auf die Unternehmer wirkten als bisher angenommen. Gerade diese Wirkung des Haftungsrechtes rechtfertigt es, auch die Gestaltung des Haftungsrechtes als Bestandteil staatlicher Techniksteuerung anzusehen.[18]

III. HOHER ANTEIL STAATLICH-IMPERATIVER STEUERUNG GEGENÜBER DEN PRIVATEN ÜBERWACHERN

Trotz des Rückzugs des Staates aus der unmittelbaren Überwachungstätigkeit wurde der staatlich gesetzte Rahmen für die Tätigkeit der Dampfkesselüberwachungsvereine und Eigenüberwacher mit der Zeit immer enger. Der Staat gab auf diese Weise Vorgaben für eine gründliche Gefahrenabwehr durch die Industrie. Anders als die herkömmliche Auffassung meint, blieb der Anteil der einseitig staatlich gesetzten Regeln, d.h. der staatlich-imperativen Steuerung, hoch.

---

kannt. Der Aufbau dieses Systems ist somit weder staatlich-imperativ erzwungen worden noch durch detaillierte staatliche Strukturvorgaben gesteuert. Der Staat interveniert lediglich durch die Androhung, bei Nichtaufbau eines funktionierenden privaten Systems die Wirtschaft mit Rücknahmepflichten zu belangen. Siehe dazu HOFFMANN-RIEM, Innovationen 19/20.

18 Zur Einordnung des Haftungsrechts als Mittel staatlicher Techniksteuerung siehe GERHARD WAGNER, Haftung und Versicherung als Instrumente der Techniksteuerung, in: KLAUS VIEWEG (Hrsg.), Techniksteuerung und Recht – Referate und Diskussionen eines Symposiums an der Universität Erlangen-Nürnberg (Köln 2000) 87–120, hier 89–93 sowie ANNE RÖTHEL, Europäische Techniksteuerung, im gleichen Band 35–59, hier 55–56.

Die Regelungen darüber, wie die Vereine die periodischen Kesselrevisionen zu gestalten hatten, wurden zunehmend detaillierter. 1872 waren die Vorgaben, worauf bei den inneren und äußeren Revisionen zu achten war, noch relativ knapp in drei Paragraphen gefaßt.[19] In der Kesselanweisung aus dem Jahre 1892 umfaßten diese Vorgaben bereits sieben Paragraphen.[20] Hinzu kamen immer zahlreicher werdende Erlasse des preußischen Handelsministers, mit denen er rasch auf spezielle Unglücksfälle reagierte.[21] Allerdings waren die Revisionsfristen der Vereine fast von Anfang an kürzer als die der staatlichen Überwachung, und die Vereine führten von Beginn an Revisionen des Kesselinneren durch, was in Preußen erst 1872 verpflichtend gemacht wurde.[22] Daß die Verbände der privaten Dampfkesselüberwacher sich häufig gegen staatliche Rechtssetzung und stattdessen für weitgehend staatsfreie Selbstverwaltung aussprachen, kann daher nicht so verstanden werden, daß die Unternehmer nicht bereit waren, etwas für die Kesselsicherheit zu tun.

Es gelang ihnen meist nicht, staatliche Rechtssetzung auf Dauer zu verhindern. Hauptakteur im Namen der privaten Überwacher war der 1872 gegründete Verband der Dampfkessel-Überwachungs-Vereine. Der Verband sollte laut seinem Gründungsaufruf „für die Anlage und Unterhaltung der Dampfkessel rationelle, der Jetztzeit wie dem steten Fortschritt der Technik genügende Gesetze, Verordnungen oder Vorschrif-

---

19 §§ 6–8 des Regulativs des preußischen Handelsministers vom 24. Juni 1872, die Revision der im Betriebe befindlichen Dampfkessel betreffend, MBliV 1872, 182–184, hier 183.

20 §§ 29–35 der Anweisung des Preußischen Ministers für Handel und Gewerbe, betreffend die Genehmigung und Untersuchung der Dampfkessel, vom 16. März 1892, MBliV 1892, 119–131, hier 126–128.

21 Siehe z.B. zwei Erlasse des preußischen Handelsministers, die ausdrücklich konkrete Kesselexplosionen zum Anlaß hatten und zur Beseitigung dieser Mißstände durch die Dampfkesselüberwachungsvereine aufriefen: Erlaß des Handelsministers, betreffend gelegentliche Untersuchungen von Dampfkesseln und Dampffässern, vom 2. September, Gewerbearchiv für das Deutsche Reich 1906, 231 und Erlaß die Kesselwärter betreffend vom 7. September 1906, Gewerbearchiv für das Deutsche Reich 1906, 232.

22 §§ 6, 8 des Regulativs des preußischen Handelsministers vom 24. Juni 1872, die Revision der im Betriebe befindlichen Dampfkessel betreffend, MBliV 1872, 182–184, hier 183.

ten“[23] erreichen. Im Klartext waren damit der Industrie genehme Regeln gemeint.

Ein Beispiel dafür, daß der Protest der Kesselbetreiber meist eine staatliche Regelung nur aufschieben konnte, war die Regelung der sog. Dampffässer. Die Dampffässer (zeitgenössisch wurden auch die Begriffe Dampfapparate und Dampfkocher verwendet) fielen nicht unter die Regelungen für Dampfmaschinen, weil nicht in ihnen selbst Dampf erzeugt wurde, sondern sie Dampf nutzten, der in einem anderen Behälter erzeugt worden war. Erste Bestrebungen staatlicher Regelungen konnte der Verband der Dampfkessel-Überwachungs-Vereine noch abwehren. Die Argumentation folgte dem einheitlichen Muster des Arguments für Selbstverwaltung statt staatlicher Kontrolle. Zum einen hieß es, durch staatliche, dem Einzelfall nicht angepaßte Regeln drohe die „Hemmung und Schädigung der Industrie“.[24] Zum anderen wurde eine Alternative angeboten, nämlich eine freiwillige Kontrolle durch die Dampfkesselüberwachungsvereine. Dies sei „die dem heutigen Standpunkte der Technik und der unbehinderten Entwicklung der Industrie am meisten entsprechende [...] Art der Ueberwachung“.[25] Die freiwillige Überwachung brachte in der Folgezeit jedoch nicht den erwünschten Erfolg, die Zahl der Unfälle sank kaum. In der Folge wurde durch Polizeiverordnungen,[26] die durch Musterpolizeiordnungen in Preußen vereinheitlicht wurden,[27] ein vereinfachtes Revisionsverfahren eingeführt.

Die Regelungen für die Tätigkeit der Dampfkesselüberwachungsvereine und der Eigenüberwacher setzte Preußen mittels eines Aufsichtssystems durch. Von Anfang an waren die privaten Überwacher berichts-

---

23 Abgedruckt in: Mittheilungen aus der Praxis des Dampfkessel- und Dampfmaschinen-Betriebes – Zeitschrift des Verbandes der Dampfkessel-Ueberwachungs-Vereine (MittPDDB) 1882, 120.

24 MittPDDB 1879, 66.

25 MittPDDB 1879, 93.

26 Laut Mitteilung des Berliner Dampfkesselüberwachungsvereines wurde in Berlin eine entsprechende Polizeiverordnung bereits 1882 erlassen, siehe MittPDDB 1882, 155.

27 Siehe Verfügung des preußischen Ministers für Handel und Gewerbe vom 29. November 1899, betreffend die Einrichtung und den Betrieb der Dampffässer, MBliV 1900, 61–76, hier 63–68, und Ministerialerlaß des preußischen Ministers für Handel und Gewerbe, betreffend Einrichtung und Betreib von Dampffässern, vom 7. Februar 1908, Gewerbearchiv für das Deutsche Reich 1908, 393–407.

pflichtig.[28] Insbesondere war über die Ergebnisse der Kesselprüfungen und etwaige Mängel zu berichten. Die Ausführungsbestimmungen der Vereine waren der Regierung vorzulegen und wurden von ihr geprüft. Daß dabei staatlicherseits hohe Anforderungen an die Vereine gestellt wurden, zeigt z.B. die Vorgabe, daß die Untersuchungsfristen der Vereinsüberwachung in der Regel kürzer zu sein hatten als die staatlich in der Kesselanweisung vorgeschriebenen.[29] Allerdings unterschritten die Revisionsfristen der Vereine bemerkenswerterweise ohnehin schon die staatlichen Fristen. Ebenfalls von Anfang an bestand die Möglichkeit, durch Gewerbeaufsichtsbeamte Kessel, die unter Vereinsaufsicht standen, unter gewerbepolizeilichen Gesichtspunkten nachprüfen zu lassen. Die Geschäftsanweisung für die Dampfkesselüberwachungsvereine aus dem Jahre 1906 sah zudem vor, daß Gewerbeaufsichtsbeamte stichprobenartig innere Untersuchungen und Druckproben an Kesseln, die unter Vereinsaufsicht standen, vornahmen.[30] Durch diese Kontrolluntersuchungen wurde Druck auf die Vereine ausgeübt, einen hohen Sicherheitsstandard aufrecht zu erhalten.

Die Revisionsbefugnisse wurden den Vereinsingenieuren lediglich auf Widerruf verliehen. Grundsätzlich bestand immer die Möglichkeit, daß Preußen entschied, die Kesselrevision vollständig durch eigene Beamte durchführen zu lassen. Ein darauf gerichteter Vorschlag zur Einstellung von vierzig staatlichen, hauptamtlichen Kesselrevisoren scheiterte zwar 1884 nicht zuletzt durch die Lobbyarbeit der Überwachungsvereine,[31] aber die Vereine standen auch weiterhin unter dem Druck, erfolgreiche Arbeit vorweisen zu müssen.

---

[28] § 5 des Regulativs, die periodische Untersuchung der Dampfkessel betreffend, vom 24. Juni 1872, MBliV 1872, 183–184, hier 183.

[29] Siehe Verfügung des preußischen Ministers für Handel und Gewerbe vom 12. Oktober 1901 betreffend die von den Dampfkessel-Ueberwachungsvereinen zu erlassenden Ausführungs-Bestimmungen, abgedruckt in: Gewerbearchiv für das Deutsche Reich 1902, 419/420, hier 420.

[30] Geschäftsanweisung für die Dampfkessel-Überwachungsvereine, Ministerialblatt der Handels- und Gewerbeverwaltung 1906, 177. Wohl um die Überwachungsvereine zu besänftigen, die mit der hergebrachten Ausbildung der Fabrikinspektoren unzufrieden waren, war dabei ausdrücklich von einer Untersuchung durch „jüngere Gewerbeaufsichtsbeamte" die Rede.

[31] Siehe dazu das Votum der Budgetkommission des preußischen Abgeordnetenhauses zugunsten der Vereinsüberwachung in der Sitzung vom 19. Dezember 1883, Stenogr. Berichte, 15. Legislaturperiode, 2. Session 1883/1884, Band I, 536.

IV. DIE ENTWICKLUNG EINES KOOPERATIVEN VERHÄLTNISSES ZWISCHEN STAAT UND VEREINEN SOWIE VERBÄNDEN DER PRIVATEN KESSELÜBERWACHER

Insgesamt gesehen ist jedoch eine Verschiebung hin zu einem kooperativeren Verhältnis zu beobachten. Dies zeigte sich vor allem im Verhältnis des Staates zu den beiden Verbänden der privaten Überwacher, dem Zentralverband der Preußischen Dampfkessel-Überwachungs-Vereine und dem Verband der Dampfkessel-Überwachungs-Vereine.

Der Zentralverband der Preußischen Dampfkessel-Überwachungs-Vereine wurde 1884 unter staatlichem Druck gegründet, um einheitliche Überwachungsstandards zu garantieren. Nur unter dieser Bedingung war Preußen bereit, den Vereinen neben der laufenden Revisionstätigkeit auch die Befugnis zur Vorprüfung und Schlußabnahme der Kessel zu übertragen.[32] Preußische Beamte waren maßgeblich an der Erarbeitung der Grundlagen der Vereinstätigkeit beteiligt, u.a. an einer gemeinsamen Instruktion der Vereinsingenieure.[33] Der Zentralverband war der zentrale Mittler zwischen den Überwachungsvereinen und staatlichen Stellen.

Der andere Verband, der Verband der Dampfkessel-Überwachungs-Vereine, widmete sich vor allem der Standardisierung von Materialvorschriften, weil die Anforderungen an das Material seit Aufhebung der letzten staatlichen Vorschriften für Werkstoffprüfung und Wanddicke 1861[34] ungeregelt waren. Grund für die Aufhebung waren Klagen über die Unzulänglichkeit der Berechnungsformeln gewesen. An die Stelle unflexibler Berechnungsformeln trat die Wasserdruckprobe mit dreifachem Arbeitsdruck.[35] Das Fehlen konkreter Berechnungsvorschriften führte jedoch häufig zu Unsicherheiten im Genehmigungsverfahren,[36] so

---

32 K. VIGENER, Fünfzig Jahre Zentral-Verband der Preußischen Dampfkessel-Überwachungsvereine, in: Zentral-Verband der Preußischen Dampfkessel-Überwachungs-Vereine e.V. (Hrsg.), 50 Jahre Zentral-Verband der Preußischen Dampfkessel-Überwachungs-Vereine 1884–1934 (Berlin 1935) 3–10, hier 6.

33 Siehe dazu die Diskussion abgedruckt in: MittPDDB 1885, 131/132.

34 Siehe Cirkular-Verfügung des preußischen Handelsministers mit dem neuen Regulativ, betreffend die Anlage von Dampfkesseln, vom 31. August 1861, MBliV 1861, 176–80, hier 176/177 u. 179. Laut § 13 des Regulativs war die Bestimmung der Wandstärken nunmehr dem Hersteller des Kessels überlassen.

35 Laut § 14 des Regulativs vom 31. August 1861.

36 Siehe MittPDDB 1884, 150–151.

daß vor allem aus Sicht der Kesselbesitzer doch ein Bedürfnis nach mehr Rechtssicherheit durch Materialvorschriften bestand. Nach anfänglichen Konflikten entwickelte sich schließlich im Zusammenspiel zwischen Verband und Staat ein kooperatives Modell der Normsetzung mit Sachverständigen aus Forschung und Praxis.

Der Verband entwickelte bereits in den 1880er Jahren Materialvorschriften für Kesselmaterialien, die sog. Würzburger und Hamburger Normen.[37] Der aus der Gegenwart vertraute Grundkonflikt der technischen Normung zwischen Rechtssicherheit und mangelnder Flexibilität gegenüber technischem Wandel läßt sich bereits gut an der zeitgenössischen Diskussion verfolgen. Trotz der Versicherung des Verbandes, man wolle nicht „Vorschriften machen", die mit den langjährigen Gewohnheiten der Fabrikanten kollidierten,[38] kam aus den Kreisen der Industrie Kritik. Hauptkritikpunkt der Technikpraktiker war die mangelnde Flexibilität. Sie formulierten, schon der Begriff der „Norm" deute eine „schablonenhafte Zusammenstellung" an.[39] Größer noch war der Widerstand gegen die vom Reichsinnenministerium begehrte staatliche Festsetzung von Materialvorschriften.

Über zwanzig Jahre lang vermochten Vertreter der Dampfkesselüberwachungsvereine und des VDI (Verein deutscher Ingenieure) eine staatliche Regelung mit dem Argument zu verhindern, es drohe eine „Bindung der bisher so erfreulichen Fortschritte der deutschen Technik".[40] Erst 1908 kam es zu einem Kompromiß. Die Normerstellung wurde einer anerkannten Sachverständigen-Kommission übertragen, in der vorwiegend Private saßen (Deutsche Dampfkessel-Normen-Kommission).[41] Vertreten waren u.a. die Verbände der Dampfkesselüberwachungs-

---

37 Der Verband stellte 1881 die sog. „Würzburger Normen" für die Werkstoffprüfung auf. 1884 folgten die sog. „Hamburger Normen" für Wanddickenberechnung.

38 MittPDDB 1881, 1.

39 Siehe: MittPDDB 1884, 80; die Ausführungen des Ingenieurs des Rheinischen Dampfkesselüberwachungsvereins Böcking in: MittPDDB 1885, 2.

40 Zitiert nach FRANZ WEBER, Zur Geschichte der deutschen Dampfkessel-Bestimmungen. Hundert Jahre Ringen um eine industrielle Selbstverwaltung, in: VDI Information Nr. 8, Juni 1963 (Düsseldorf 1963) 6.

41 Durch § 7 der Vereinbarung der verbündeten Regierungen vom 17. Dezember 1908, betreffend Bestimmungen über die Genehmigung, Untersuchung und Revision der Dampfkessel, abgedruckt bei: G. A. GROTEFEND / C. CRETSCHMAR, Das

vereine, die Maschinenbauindustrie und die Versicherungen, aber auch die technischen Hochschulen und die teils staatlichen Materialprüfanstalten. Die Entwürfe dieser Kommission bedurften der staatlichen Inkraftsetzung. Sie traten erstmals 1910 in Kraft.

Zusammenfassend zum ersten Bereich staatlicher Steuerung, den Regelungen, die die private Dampfkesselüberwachung unmittelbar betreffen, ist festzustellen, daß das Deutsche Reich und Preußen den Dampfkesselüberwachungsvereinen und Eigenüberwachern für ihre Tätigkeit einen immer detaillierter werdenden Rahmen setzten und sie dabei einer effektiven Staatsaufsicht unterwarfen. Dabei bedienten sie sich auch der Verbände der Dampfkesselüberwachungsvereine. Im Zusammenspiel mit den Verbänden der privaten Überwacher entwickelte sich vor allem hinsichtlich technischer Details ein kooperatives Verhältnis zwischen Staat und Industrie, wobei der Staat sich jedoch immer die Letztentscheidung vorbehielt.

V. ANREIZE FÜR EINEN HÖHEREN SICHERHEITSSTANDARD DURCH HAFTPFLICHT UND UNFALLVERSICHERUNG

Das Haftpflichtgesetz von 1871[42] und das 1885 eingeführte Unfallversicherungssystem[43] boten den Unternehmern Anreize, in die Unfallverhütung zu investieren. Um dies zu verstehen, muß man zunächst untersuchen, welche Sanktionen den Unternehmern vorher bei Kesselexplosionen drohten.

Zum einen drohte bei einer Kesselexplosion grundsätzlich eine strafrechtliche Verurteilung wegen fahrlässiger Körperverletzung bzw. Tötung. In der Praxis waren solche Verurteilungen jedoch selten, wie man den Berichten der staatlichen Fabrikinspektoren entnehmen kann.[44]

---

gesamte deutsche und preußische Gesetzgebungs-Material 1909, 1172–1174, hier 1172/1173.

42 Gesetz, betreffend die Verbindlichkeit zum Schadensersatz für die bei dem Betriebe von Eisenbahnen, Bergwerken etc. herbeigeführten Tödtungen und Körperverletzungen vom 7. Juni 1871, abgedruckt im dRGBl 1871, 207–209.

43 Durch das Unfallversicherungsgesetz vom 6. Juli 1884, dRGBl 1884, 69–111.

44 Siehe Bericht des für den Regierungsbezirk Düsseldorf zuständigen Gewerberates Wolff, Reichsamt des Innern (Hrsg.), Amtliche Mittheilungen aus den Jahres-Berichten der mit der Beaufsichtigung der Fabriken betrauten Beamten 1881, 158–200, hier 172. 1881 gab es im Regierungsbezirk Düsseldorf laut Wolff nur ei-

Kam es jedoch zu Verurteilungen, erregten diese Aufsehen durch die Berichterstattung in Zeitungen und insbesondere in der Verbandszeitschrift der privaten Überwachungsvereine. Berichtet wurde beispielsweise über eine Verurteilung wegen fahrlässiger Tötung zu vier Monaten Haft,[45] bzw. wegen fahrlässiger Körperverletzung zu sechs Monaten,[46] wobei Unfallursache jeweils die Nichtabdichtung eines Lecks gewesen war. In einem Fall wurde ein Fabrikbesitzer wegen fahrlässiger Tötung erstinstanzlich sogar zu einem Jahr Haft verurteilt.[47] Die zweite Instanz hob das Urteil jedoch wegen nicht erwiesener Schuld auf.[48] Trotz der geringen Anzahl von Verurteilungen war die Möglichkeit einer strafrechtlichen Verfolgung den Betroffenen aufgrund solcher Berichte präsent. Dies zeigt ein Brief eines bei Krupp angestellten Ingenieurs an seinen Vorgesetzten aus dem Jahre 1872. Der Ingenieur forderte darin eine Klärung seiner Zuständigkeiten für die Kesselsicherheit und damit seines Haftungsrisikos. Zur Begründung verwies er auf einen Zeitungsbericht über die Verurteilung eines Fabrikleiters wegen fahrlässiger Tötung.[49]

Während den Unternehmern und Ingenieuren die Möglichkeit einer strafrechtlichen Verantwortlichkeit durchaus präsent war, konnten sie die Gefahr einer Haftung nach ALR getrost vernachlässigen. Im Regelfall war es nötig, ein Verschulden des Unternehmers zu beweisen, was häufig nicht gelang. Auch die Voraussetzungen einer erleichterten Haftung lagen meist nicht vor. Der Nachweis eines schuldhaften Verhaltens war zwar ausnahmsweise entbehrlich, wenn der Schaden durch Nichtbeachtung eines „auf Schadensverhütungen abzielenden Polizeygesetzes" entstanden war (Theil I Tit. 6 § 26 ALR). Die allgemeine polizeiliche Verordnung über die Anlegung von Dampfkesseln vom 29. Mai 1871 und die dazu in Preußen und anderen Teilstaaten erlassenen Ausführungsbestimmungen waren solche Schutzgesetze. Häufig entsprach der explodierte Kessel jedoch den Vorschriften und Unfallursache war vielmehr ein Fehlverhalten des Kesselwärters bzw. Heizers. Für Kesselwärter und

ne Bestrafung gem. Strafgesetzbuch wegen eines Arbeitsunfalls, und diese betraf keine Kesselexplosion.

45 MittPDDB 1886, 2–4 sowie 49–51.

46 MittPDDB 1886, 7.

47 MittPDDB 1886, 18.

48 MittPDDB 1886, 89/90.

49 Schreiben Brunhuber an Diechmann vom 14. November 1872, Historisches Archiv Krupp, WA 4/1449, 1–3.

Heizer wurden erst 1903 durch preußischen Ministerialerlaß amtliche Verhaltensregeln aufgestellt, deren Einhaltung die Unternehmer zu überwachen hatten.[50] Der Verband der Dampfkessel-Überwachungsvereine hatte bereits 1881 einheitliche sog. „Normal-Betriebsregeln“ erstellt,[51] aber da dies keine staatlichen Regeln waren, galten sie nicht als „Polizeygesetz“ im obigen Sinne.

Das Haftpflichtgesetz verbesserte die Position der Geschädigten durch Verringerung der Beweislast. Sie mußten nicht mehr das Verschulden des Unternehmers selbst beweisen, um gegen den Unternehmer klagen zu können. Es reichte aus, das Verschulden einer Person nachzuweisen, die mit der Leitung oder Beaufsichtigung des Betriebs oder der Arbeiter betraut war (§ 2 des Haftpflichtgesetzes).[52] Auch das Verschulden des Kesselwärters reichte aus, wenn dieser mit der Kesselwartung bei einem gewissen Grade an Unabhängigkeit betraut war.[53]

Den verletzten Arbeitern fiel es allerdings in der Praxis nach wie vor schwer, ihre Ansprüche in einem Prozeß durchzusetzen. Der Düsseldorfer Gewerberat Wolff schilderte ihre Probleme. Die Arbeitskollegen des Geschädigten würden als Zeugen häufig aus wirtschaftlicher Abhängigkeit zu gunsten des Arbeitgebers aussagen. Und die aufgrund des Armenrechts beschäftigten Anwälte würden die Prozesse ohne Engagement führen.[54] Daher kam Wolff zu dem Ergebnis, daß er über die Wirkung des Haftpflichtgesetzes nichts berichten könne, „was zu Gunsten desselben spräche“.[55] Diese Betrachtung aus der Perspektive der Arbeiter ist

---

50 Ministerialerlaß betreffend Dienstvorschriften für Kesselwärter vom 8. September 1903, abgedruckt in: Gewerbearchiv für das Deutsche Reich 1904, 210–215. Diese amtlichen Dienstvorschriften hatte auf Wunsch des Ministers für Handel und Gewerbe eine vom Zentralverband der Preußischen Überwachungsvereine eingesetzte Sachverständigenkommission erarbeitet.

51 MittPDDB 1881, 136.

52 Gesetz, betreffend die Verbindlichkeit zum Schadensersatz für die bei dem Betriebe von Eisenbahnen, Bergwerken etc. herbeigeführten Tödtungen und Körperverletzungen vom 7. Juni 1871, abgedruckt im dRGBl 1871, 207–209, hier 207.

53 GEORG EGER, Das Reich-Haftpflicht-Gesetz (3. Aufl., Breslau 1886) 236/237.

54 Siehe Bericht des Gewerberates Wolff für den Regierungsbezirk Düsseldorf, Jahresberichte der Fabriken-Inspektoren 1876, 241–278, hier 257.

55 Siehe Bericht des Gewerberates Wolff für den Regierungsbezirk Düsseldorf, Jahresberichte der mit der Beaufsichtigung der Fabriken betrauten Beamten 1881, 159–200, hier 200.

wohl auch der Grund für die anhaltend negative Beurteilung des Haftpflichtgesetzes.[56]

Betrachtet man die Wirkungen des Haftpflichtgesetzes hingegen aus der Sicht der Unternehmer, ergibt sich ein anderes Bild. Den Jahresberichten der Fabrikinspektoren und den Verbandszeitschriften der Kesselüberwachungsvereine läßt sich nämlich entnehmen, daß die Unternehmer sehr wohl ein beträchtliches Haftpflichtrisiko empfanden. Die Unternehmer bezogen ihre Informationen vor allem aus den Verbandszeitschriften. Die Verbände hatten aus zwei Gründen ein Eigeninteresse daran, das Haftpflichtrisiko als signifikant darzustellen. Erstens konnten sie mit den Haftpflichtrisiken für ihre als besonders effektiv geltende Vereinsüberwachung werben. Bis 1897 bzw. 1900 war eine solche Werbung wichtig, da bis dahin die Unternehmer zwischen der Überwachung durch staatliche Beamte und der Vereinsüberwachung wählen konnten. Zweitens diente die Argumentation mit den Wirkungen des Haftpflichtgesetzes dem Werben für industrielle Selbstregulierung gegenüber dem Staat. Mit Hinweis auf diese Wirkungen suchten die Vereine zu erreichen, daß lediglich eine fakultative Überwachung der Kessel durch die Überwachungsvereine vorgeschrieben wurde. Eine fakultative Überwachung durch die Überwachungsvereine „unter Hinweis auf das Haftpflichtgesetz" werde belehrend wirken „und zwar ohne Belästigung des Fabrikgeschäfts".[57] Gleichzeitig werde die Drohung mit den Folgen der Haftpflicht die Unternehmer veranlassen, ihre Apparate auch untersuchen zu lassen.[58]

Die von den tatsächlichen Verhältnissen abweichende Einschätzung der Dampfkesselbetreiber zeigt, daß der Einschätzung des Bonner Haftungsrechtlers Gerhard Wagner nicht zuzustimmen ist, der schreibt, daß ökonomisch richtige Signale über zu erwartende Schadenskosten nur bei lückenloser Durchsetzung des Haftungsrechts zu erreichen seien.[59]

Daß die Unternehmer die Wirkungen des Haftpflichtgesetzes fürchteten, läßt sich trotz seiner oben zitierten persönlichen Negativeinschätzung den Berichten des Gewerberates Wolff entnehmen. Wolff schilderte nämlich den regelrechten Boom der privaten Unfallversicherungen seit

---

56 So z.B. durch OGOREK, Gefährdungshaftung 123.

57 MittPDDB 1879, 66.

58 MittPDDB 1879, 67.

59 GERHARD WAGNER, Die Aufgaben des Haftungsrechts – eine Untersuchung am Beispiel der Umwelthaftungsrecht-Reform, in: JZ 1991, 175–183, hier 177.

den 1870er Jahren, bei denen Unternehmer ihre Arbeitnehmer gegen Arbeitsunfälle versicherten.[60] Dieser Boom beruhte gerade auf dem Haftpflichtgesetz, denn gem. § 4 Haftpflichtgesetz wurde die Leistung einer unternehmerfinanzierten Unfallversicherung auf die Schadensersatzpflicht des Arbeitgebers angerechnet. Auch an anderer Stelle schrieb Wolff von der Einschätzung des Haftpflichtrisikos durch die Unternehmer. Die Unternehmer würden sich für den Erlaß von verbindlichen Sicherheitsnormen aussprechen, weil sie sich davon eine Befreiung von eigener Verantwortlichkeit und eine Verringerung der Haftpflichtstreitfälle erhoffen würden.[61]

Aus der Zeitschrift des Verbandes der Dampfkessel-Überwachungs-Vereine erhielten die Unternehmer mehrfach Hinweise auf Urteile zur Haftpflicht, die ihnen ein Haftpflichtrisiko vor Augen führten und auf die Pflicht des Unternehmers zur Schadensprävention hinwiesen. Besonders eindrücklich war die Berichterstattung über ein Urteil des Reichsgerichts aus dem Jahre 1885, demzufolge der Kesselbetreiber bei einem Unfall nicht dadurch entlastet wurde, daß der Kessel kurz vorher von einem Staatsbeamten ohne Beanstandung revidiert worden war. Wissend, daß dieses Urteil auf den Unmut und die Besorgnis der Kesselbesitzer stoßen würde, kommentierte es der Redakteur der Verbandszeitschrift ausdrücklich zustimmend und betonte die Verantwortung des Unternehmers, die Kesselanlagen und deren Betrieb fortwährend zu beobachten und Unregelmäßigkeiten zu beseitigen und zu melden.[62]

Solche Berichte wurden in den betroffenen Betrieben zur Kenntnis genommen und motivierten zu verstärkten Anstrengungen, die Kesselsicherheit zu verbessern. Gerade zu dieser Zeit begann bei Krupp eine ausgedehnte Diskussion darüber, wer für die Wartung der Kessel „verantwortlich" sei.[63] In der gleichen Zeit entwickelten die Krupp-Ingenieure ein sehr komplexes Überwachungs- und Qualitätssicherungssystem.

---

60 Siehe Berichte WOLFF, Jahresberichte der Fabriken-Inspektoren 1877, 249–277, hier 265, und Jahresberichte der Fabriken-Inspektoren 1878, 247–276, hier 264. Wolff schätzte 1878 den Anteil der unfallversicherten Arbeitnehmer im Regierungsbezirk auf ungefähr ein Drittel.

61 Bericht WOLFF, Amtliche Mittheilungen aus den Jahres-Berichten der mit der Beaufsichtigung der Fabriken betrauten Beamten 1879 Band 1, 201–221, hier 206.

62 MittPDDB 1885, 43–44.

63 Siehe z.B. das Schreiben des Ingenieurs Brunhuber an seinen Vorgesetzten Heindorff vom 21. Januar 1884 in der Akte Wasserwerk Bredeney Vol. II, Historisches Archiv Krupp, WA 47 V 63.

Der Staat schuf also durch das Haftpflichtgesetz jedenfalls aus der Sicht der Kesselbetreiber ein erhebliches Haftungsrisiko. Dies bot den Unternehmern einen Anreiz für einen höheren Sicherheitsstandard.

Die Wirkungen des Haftpflichtgesetzes wurden durch das Unfallversicherungsgesetz modifiziert. Gem. § 95 des Unfallversicherungsgesetzes waren im Regelfall direkte Schadensersatzansprüche der Arbeiter gegen den Arbeitgeber ausgeschlossen. An die Stelle des bisher haftenden einzelnen Arbeitgebers traten die Berufsgenossenschaften als Solidargemeinschaft der Unternehmen einer bestimmten Branche und eines bestimmten Bezirkes. Wie auch schon bei der privatrechtlichen Versicherung gegen Unfälle waren daher die finanziellen Folgen für den einzelnen Unternehmer bei einem Unfall in seinem Betrieb geringer, wodurch sich sein unmittelbares finanzielles Interesse an einer Unfallprävention verringerte.[64] Diese Wirkung der Versicherungen wurde jedoch mehr als kompensiert dadurch, daß die Träger des Schadens, d.h. die privaten Versicherungen bzw. die Berufsgenossenschaften, als Träger der gesetzlichen Unfallversicherung selbst präventiv tätig wurden.

Die privaten Versicherungen führten teilweise selbst Untersuchungen durch. So untersuchte beispielsweise der Germanische Lloyd zusätzlich und sehr gründlich die Kruppschen Dampfschiffskessel.[65] Oder aber die Versicherungen verlangten, daß die versicherten Apparate von den Dampfkesselüberwachungsvereinen revidiert wurden. So war es z.B. erst dann möglich, Unfälle mit Dampfapparaten zu versichern, als eine Revision durch die Vereine stattfand. Gewerberat Wolff meinte 1879 sogar, daß die Ursache der Unfallverhütung gerade in der Einwirkung von Angestellten der Unfallversicherungen zu sehen sei.[66]

Die Träger der gesetzlichen Unfallversicherungen, die Berufsgenossenschaften, waren besonders aktiv bei der Unfallprävention. Nach und nach stellten sie gem. § 78 des Unfallversicherungsgesetzes Unfallverhütungsvorschriften auf, deren Befolgung sie durch Beauftragte gem. § 82 des Unfallversicherungsgesetzes überwachten. Dabei erwies sich die Möglichkeit zur Verhängung von Geldstrafen oder zur Einstufung des

---

[64] Zur Nivellierung haftungsrechtlicher Verhaltensanreize durch Versicherung des Schädigers siehe WAGNER, Die Aufgaben des Haftungsrechts 178.

[65] Siehe z.B. die Kesselakten der Dampfschiffe Orconera und Dr. Adolf Schmidt, Historisches Archiv Krupp, WA 47 V 24 bis 47 V 39.

[66] Bericht WOLFF, Amtliche Mittheilungen aus den Jahres-Berichten der mit der Beaufsichtigung der Fabriken betrauten Beamten 1879, Band 1, 201–221, hier 205.

Betriebes in eine höhere Gefahrenklasse und damit Erhöhung der Beiträge (§ 78 des Unfallversicherungsgesetzes) als effektives Druckmittel.[67] Man sollte zudem den Druck nicht unterbewerten, der von anderen Mitgliedsfirmen derselben Berufsgenossenschaft ausging. Denn diese finanzierten schließlich die Entschädigungssummen mit. Ein Aufsichtsbeamter ließ seine Verbitterung darüber erkennen, daß ihm ähnliche Möglichkeiten wie den Berufsgenossenschaften nicht zur Verfügung gestanden hätten. Er schrieb, daß die Berufsgenossenschaften „eine viel schärfere Kontrole über ihre Mitglieder" ausübten „als es jemals durch staatliche Aufsichtsbeamten bei noch so angestrengter Thätigkeit" habe geschehen können.[68]

VI. ZUSAMMENFASSUNG

Betrachtet man nun die beiden Bereiche noch einmal zusammenfassend, d.h. einerseits die unmittelbar die Dampfkesselüberwachung betreffenden Regeln und das Haftungs- und Versicherungsrecht andererseits, zeigt sich ein Mischmodell zwischen staatlich-imperativer Steuerung, kooperativer Steuerung und gesellschaftlicher Selbstregulierung mit einer gewissen Phasenverschiebung hin zur kooperativen Steuerung.

Wie gerade dargestellt, gab es eine Reihe einseitig staatlich gesetzter – also staatlich-imperativer – Vorgaben für die privaten Überwacher. Der Anteil dieser Steuerungsform blieb auch weiterhin hoch. Eine Verschiebung hin zu kooperativer Steuerung trat bereits dadurch ein, daß man den Überwachungsvereinen und Eigenüberwachern ab 1872 und vermehrt nach 1897 und 1900 die periodische Revision der Dampfkessel übertrug, allerdings innerhalb des staatlich gesetzten Rahmens und unter staatlicher Aufsicht. Gleiches gilt für das Überwachungssystem durch die Berufsgenossenschaften nach dem Unfallversicherungsgesetz ab 1884. Das Modell der Gestaltung der Bau- und Werksvorschriften durch eine Sachverständigenkommission mit staatlicher Genehmigung ab 1908 war ein weiterer Teil einer kooperativen Steuerung.

---

[67] So die Einschätzung des für Ost- und Westpreußen zuständigen Aufsichtsbeamten, Amtliche Mittheilungen aus den Jahres-Berichten der mit der Beaufsichtigung der Fabriken betrauten Beamten 1886, 101.

[68] Aus dem Bericht des für Trier-Aachen zuständigen Beamten, zitiert nach: Amtliche Mittheilungen aus den Jahres-Berichten der mit der Beaufsichtigung der Fabriken betrauten Beamten 1886, 101.

Durch das Haftpflichtgesetz bediente sich der Staat auch der dritten Möglichkeit, nämlich der privaten Selbstregulierung. Den Arbeitnehmern mußte das Haftpflichtgesetz zwar als Akt bloß symbolischer Gesetzgebung erscheinen, da ihnen die Prozeßführung gegen die Arbeitgeber nach wie vor schwer fiel. Aus Sicht der Unternehmer schufen Gesetzgeber und Rechtsprechung jedoch ein beträchtliches Haftpflichtrisiko. Dies veranlaßte sie – wie vom Gesetzgeber beabsichtigt – zu erhöhten Sicherheitsanstrengungen. Das Haftpflichtrecht wirkte daher stärker gefahrverhütend als die Forschung bisher annahm.

Dieses Mischmodell der Dampfkesselüberwachung bewegte sich also zwischen Fremdsteuerung und Selbststeuerung. Im Lauf der Zeit vollzog sich zwar eine Phasenverschiebung hin zu einer kooperativen Steuerung, der Anteil der staatlich-imperativen Steuerung blieb aber groß. Beispiele wie das oben ausgeführte Scheitern des Konzepts der freiwilligen Überwachung der Dampffässer legen den Schluß nahe, daß die staatlich-private Kooperation bei der Kesselsicherheit auch dadurch zu einer Erfolgsgeschichte werden konnte, weil der Anteil der Fremdsteuerung durch den Staat hoch blieb. Allerdings überboten die Überwachungsingenieure sogar teilweise die staatlichen Vorgaben, indem sie von Anfang an ihre Untersuchungen häufiger und gründlicher vornahmen als staatlich vorgesehen. Zum Teil dürfte auch dies auf den staatlichen Einfluß bei der Kesselsicherheit zurückzuführen sein, da die Vereine bewußt die staatlichen Vorgaben überboten, um so das Vertrauen staatlicher Stellen für Selbstregulierungsbestrebungen in diesem Bereich zu erwecken. Andererseits ist durchaus ein genuines Interesse zu erkennen, durch gründliche Untersuchungen zukünftige Unglücksfälle zu verhindern. Zudem wurde die Untersuchung durch Vereinsingenieure und Betriebsingenieure von den Unternehmern offensichtlich auch besser angenommen, da sie sich nunmehr nicht mehr von staatlichen Beamten gegängelt fühlten. Auf die Dampfkesselüberwachung des Kaiserreichs traf daher nicht das Sprichwort „Vertrauen ist gut, Kontrolle ist besser“ zu, sondern sie erreichte ihre hohe Effektivität durch die richtige Balance zwischen Vertrauen und Kontrolle.

KATALIN GÖNCZI, Frankfurt/Main

JURISTISCHER WISSENSTRANSFER VON DEUTSCHLAND NACH UNGARN IM 19. JAHRHUNDERT

Der europäische Einigungsprozeß und die fortschreitende Integration nationaler Rechtssysteme haben erfreulicherweise ein verstärktes Interesse an den gemeinsamen Grundlagen der europäischen Rechtskultur ausgelöst. Ein Blick auf Ungarn ist in diesem Zusammenhang so notwendig wie ergiebig und soll hier von der folgenden Fragestellung ausgehen: In welcher Weise wirkten die Diskussionsprozesse und Ergebnisse der deutschen Rechtswissenschaft auf Ungarn ein; welche Wege, Medien und Ergebnisse dieser Prägung lassen sich nachweisen? Es geht also vor allem um die Reichweite der deutschen Rechtswissenschaft im 19. Jahrhundert und um ihren – wie sich zeigen wird: maßgeblichen – Einfluß auf die Modernisierung des ungarischen Rechtssystems und der ungarischen Rechtswissenschaft. Der Wissenstransfer wird dabei als eine der zentralen Kategorien der mittel-osteuropäischen Rechtsgeschichte im 19. Jahrhundert konstituiert; zugleich wird ihm eine wesentliche Rolle bei der Erforschung von Zusammenhängen der europäischen Rechtskultur zugewiesen.[1]

Damit erfolgt ein Anschluß an andere Transferforschungen, die in den letzten Jahren bei rechtshistorischen Analysen immer mehr an Bedeutung gewonnen haben, was sich unter anderem bei einer diesem Thema gewidmeten Sektion des 43. Deutschen Historikertages in Aachen 2000 zeigte.[2] Publikationen zur juristischen Transferforschung greifen inzwischen sogar über die europäischen Modernisierungsprozesse[3] hin-

---

1 Ähnlich WERNER OGRIS, Einführung, in: EDUARD NOWOTNY (Hrsg.), Österreichisches Recht in seinen Nachbarstaaten. Tschechien – Slowakei – Ungarn (Wien 1997) 83 sowie DERS., Die historische Schule der österreichischen Zivilistik, in: NIKOLAUS GRASS / WERNER OGRIS (Hrsg.), Festschrift Hans Lentze zum 60. Geburtstag (Innsbruck-München 1969) 449–496.

2 Die Sektion „Eine Welt des Rechts? Transfer von Recht im 19. und 20. Jahrhundert" fand unter der Leitung von PD Dr. Monika Wienfort, Bielefeld, statt.

3 Wichtige methodische Grundlagen zur Analyse des Wissenstransfers liefern ALFONS BÜRGE, Das französische Privatrecht im 19. Jahrhundert (Frankfurt/M. 1991) und DERS., Ausstrahlungen der historischen Rechtsschule in Frankreich, in: Zeitschrift für Europäisches Privatrecht 1997, 643–653, sowie Einzeluntersu-

aus und berücksichtigen auch den Rechtstransfer von Europa in die *common-law*-Welt[4] und nach Asien im 19. Jahrhundert.[5] Insbesondere die im Fall Asiens staatlich gesteuerte Rezeption ausländischer Normen ist, wie im folgenden belegt wird, mit den Vorgängen in Ostmitteleuropa vergleichbar.

I. ÜBERBLICK

A. Die Zeit bis 1825

Den Einstiegszeitraum für die folgenden Überlegungen konstituiert die Trennung der ungarischen Rechtswissenschaft von der Wiener Rechtslehre und die Entstehung der ungarischsprachigen Rechtswissenschaft am Übergang vom 18. zum 19. Jahrhundert. Bei dieser ersten Stufe des Wissenstransfers[6] waren vor allem die persönlichen Kontakte jener Wissenschaftler und Praktiker von Bedeutung, die im folgenden als *liaisonmen* bezeichnet werden. Dadurch konnte sich trotz und neben der Dominanz der österreichischen Naturrechtslehre[7] eine direkte Verbindung zur

---

chungen zu Savignys Wirkung in Spanien und in Italien: ANTONIO SERRANO GONZÁLEZ, Savigny in der spanischen Kultur, in: ZNR 19 (1997) 31–53 bzw. LAURA MOSCATI, Savigny in Italien, in: ZNR 19 (1997) 17–30. Zu Ostmitteleuropa siehe TOMASZ GIARO, Forschungsbulletin des Max-Planck-Instituts für Europäische Rechtsgeschichte, 2001/1, 20–28.

4 Meilensteine der Rezeptionsforschung sind MATHIAS REIMANN, Historische Schule und Common Law (Berlin 1993) und MICHAEL H. HOEFLICH, Roman & Civil Law and the Anglo-American Jurisprudence in the Nineteenth Century (Athens-London 1997). Zu letzterem Buch vgl. meine Rezension, in: Ius Commune 25 (1998) 583–585.

5 Dazu jetzt GERHARD SCHUCK, Rechtstransfer als Erfolgsgeschichte? Zur Zivilrechtskodifikation in Japan in der *Meiji*-Zeit, in: HEINZ DUCHHARDT u.a. (Hrsg.), Jahrbuch für Europäische Geschichte 2 (2001) 131–146.

6 HOLGER FISCHER / FERENC SZABADVÁRY, Vorwort, in: HOLGER FISCHER u.a. (Hrsg.), Technologietransfer und Wissenschaftsaustausch zwischen Ungarn und Deutschland (München 1995) 7–13, hier 9.

7 Dabei sind drei der österreichischen Rechtswissenschaftler besonders hervorzuheben: Carl Anton Martini, Paul Joseph Riegger und Joseph Sonnenfels. Die Bücher des Wiener Universitätsprofessors Martini fungierten sogar als Leitfaden für den Rechtsunterricht, vgl. FERENC ECKHART, A Jog- és Államtudományi Kar története 1667–1935 [Die Geschichte der Rechts- und Staatswissenschaftlichen Fakultät 1667–1935] (Budapest 1936) 345: „Martinis Werke wurden in allen Fächern des Naturrechts als Codex zitiert, und die meist ungedruckten Kommenta-

europäischen Jurisprudenz entwickeln. Beispielsweise verstärkte sich seit 1780 die Wechselwirkung zwischen der Göttinger Schule und Ungarn, was sich unter anderem an der Rezeption der Thesen von August Schlözer in Ungarn belegen läßt;[8] auch die Beschäftigung mit der in Göttingen betriebenen Staatenkunde und Statistik in Ungarn ist insoweit aufschlußreich.[9] Diese Rezeption war aber nicht nur eine Einbahnstraße: Ungarische Forscher waren Mitglieder in der Göttinger Akademie[10] und publizierten im Göttinger Staatsanzeiger, so daß ein erster Dialog zwischen den beiden Rechtskulturen entstand. Auf ungarischer Seite war der Wissenstransfer eng mit Reformdiskussionen verbunden, was zum Beispiel die Verfassungsentwürfe und Kodifikationsausschüsse während der Jakobinerbewegung prägte.

B. Juristischer Wissenstransfer im Reformzeitalter

Die nächste Phase der verstärkten Auseinandersetzung mit westlichen Modellen fand im Reformzeitalter (1825–1848) statt. Hier spielten aber die Ideen der deutschen Rechtswissenschaft, obwohl wiederum Teil der Modernisierungsbestrebungen in Ungarn, nur eine eher unbedeutende

re versuchten, seine Thesen zu erläutern"; dazu außerdem TIVADAR PAULER, Az észjogtudomány fejlôdése s jelen állapota [Entwicklung und gegenwärtiger Zustand der Vernunftrechtswissenschaft], in: Tudománytár. Értekezések 14 (Buda 1843) 26–49, 77–94, 147–163 und 208–215, hier 209.

8 ÉVA H. BALÁZS, A. L. Schlözer und seine ungarischen Anhänger, in: FRIEDRICH ENGEL-JÁNOSI (Hrsg.), Formen der europäischen Aufklärung (Wien 1976) 251–269, hier 261.

9 Sonnenfels vermittelte die Ideen des Göttinger Naturrechtlers und Statistikers Gottfried Achenwall, die auf diese Weise ebenfalls in die ungarische Juristenausbildung übernommen wurden: JÓZSEF KOVACSICS, Statistikunterricht an der Universität von A. Barits bis S. Konek (1777–1882), in: Annales Universitatis Scientiarum Budapestiensis de Rolando Eötvös nominatae, Sectio Iuridica 3 (1962) 63–89, hier 64, und ZOLTÁN FALLENBÜCHL, Ungarische Staatswissenschaft und Beamtenausbildung im 18. Jahrhundert, in: ERK VOLKMAR HEYEN (Hrsg.), Wissenschaft und Recht der Verwaltung seit dem Ancien Régime (Frankfurt/M. 1984) 213–232, hier 229.

10 Etliche ungarische Magnaten (wie Graf György Festetics) und Angehörige der Intelligenz (wie der Nationalökonom Gergely Berzeviczy) waren Mitglieder der Göttinger Gelehrten Gesellschaft. MORITZ CSÁKY, Von der Aufklärung zum Liberalismus. Studien zum Frühliberalismus in Ungarn (Wien 1981) 88.

Rolle neben englischen, französischen und amerikanischen Lösungen.[11] Als beispielsweise Szalay, dem Redakteur der Zeitschrift „Themis“, vorgeworfen wurde, daß er England und Frankreich nachahmen wolle, stimmte er zu und verband diese Stellungnahme mit einer Kritik an der deutschen Kleinstaaterei in der ihm eigenen Prägnanz: „Jawohl, denn wir wollen kein Spiegelbild von Braunschweig und Schwarzburg-Rudolfstadt sein.“[12] Diesmal drehte sich die Diskussion vor allem um „Codification“, um Jury, Vereine, Strafrecht und das Strafvollzugsrecht.[13]

Im Reformzeitalter begann aber auch die Dominanz der deutschen Jurisprudenz gegenüber der österreichischen Lehre, die sich später zur Hegemonie der deutschen Rechtswissenschaft entwickelte.[14] Inbesondere die Beratungstätigkeit des Heidelberger Germanisten und Strafrechtsprofessors Karl Joseph Anton Mittermaier bei der Kodifikation des Strafrechts führte zu einem umfassenden Gedankenaustausch zwischen deutschen und ungarischen Juristen.[15] Dazu gehörte, daß Mittermaier persönlich die erste ungarische Wechselordnung in seiner rechtsvergleichenden Zeitschrift ausführlich rezensierte;[16] später wurde Mittermaier als erstes auswärtiges Mitglied sogar in die Ungarische Akademie der Wissenschaften aufgenommen und erhielt nach seinem Tod mehrere

---

11 KATALIN GÖNCZI, Magyarok az amerikai Legfelsôbb Bíróság elôtt [Ungarn vor dem US-amerikanischen *Supreme Court*] (Budapest 2000) 11.

12 Zitiert nach GUSZTÁV BEKCSICS, A magyar doktrinairek [Die ungarischen Doktrinäre] (Budapest 1882) 95 (dort ohne Nachweis).

13 Diese Themen wurden in der ersten kurzlebigen juristischen Zeitschrift in Ungarn, der von László Szalay gegründeten *Themis* diskutiert. Vgl. GYÖRGY KÓKAY, A magyar sajtó története I: 1705–1848 (Budapest 1979) 573–575.

14 FERDINANDO TREGGIARI, Der Einfluß des deutschen Unterrichtsmodells auf die italienische Rechtskultur: Die Fallrechtsmethode, in: REINER SCHULZE (Hrsg.) Deutsche Rechtswissenschaft und Staatslehre im Spiegel der italienischen Rechtskultur während der zweiten Hälfte des 19. Jahrhunderts (Berlin 1990) 131–167, hier 134.

15 KÁLMÁN GYÖRGYI / LAJOS VÉKÁS, Mittermaier und das ungarische Rechtsleben, in: WILFRIED KÜPER (Hrsg.), Carl Joseph Anton Mittermaier (Heidelberg 1988) 149–163 und KATALIN GÖNCZI, Wissenstransfer bei den Kodifikationsarbeiten im ungarischen Vormärz, in: Ius Commune 25 (1998) 261–290, hier 285.

16 KARL JOSEPH ANTON MITTERMAIER, Die ungarische Wechselordnung von 1840, in: Kritische Zeitschrift für Rechtswissenschaft und Gesetzgebung des Auslandes 13 (1841) 145–160.

Nachrufe aus Ungarn.[17] Als weiteres Beispiel aus der Geschichte der interkulturellen Wissenschaftsverbindungen zwischen Deutschland und Ungarn im Reformzeitalter können umfangreiche Veröffentlichungen von Leipziger Verlagen zur ungarischen Rechtswissenschaft gelten.[18] Beim Leipziger Verlag Otto Wigand erschienen zum Beispiel ein deutschsprachiges Handbuch zum ungarischen Handelsrecht,[19] eine Zeitschrift über die ungarische Gesellschaft[20] sowie „Stadium", das in Ungarn damals verbotene Werk des Reformaristokraten István Széchenyi.[21]

Die neuen Impulse kamen im Reformzeitalter durch vielfältige Vermittlungswege nach Ungarn. Der Erfahrungshorizont der Nation wurde anfangs durch Bildungsreisen von Privatpersonen erweitert,[22] bald entstand aber auch eine institutionelle Ebene des rechtswissenschaftlichen Kulturtransfers, wodurch sich die Nation auch allgemein für Ideen aus dem europäischen Ausland öffnete. Seit den 1840er Jahren traten in der ungarischen Öffentlichkeit junge Politiker und Publizisten auf, die soge-

---

17 Für die Akademie der Wissenschaften schrieb PAULER TIVADAR, Emlékbeszéd Mittermaier Károly József Antal fölött [Gedenkrede über Karl J. A. Mittermaier] (Pest 1869); zusätzlich noch in Jogtudományi Közlöny 3 (1868) 194–196 und 202–203.

18 KATALIN GÖNCZI / THOMAS HENNE, Leipziger Verlage, *liaisonmen* und die Anfänge der modernen Rechtswissenschaft in Ungarn, in: ZRG GA 118 (2001) 247–272.

19 ALEXANDER PUSZTAY, Das ungarische Wechselrecht in Bezug auf die Landeskonstitution, den Handel, die Industrie und den Kredit (Leipzig 1842).

20 „Vierteljahresschrift aus und für Ungarn". Zur Gründungsgeschichte DOMINIK WESTERKAMP, Pressefreiheit und Zensur im Sachsen des Vormärz (Baden-Baden 1999) 122. Der Herausgeber Imre Henszlmann übernahm auch ansonsten in der ungarischen Gesetzgebung und insbesondere im Wissenstransfer zwischen Deutschland und Ungarn eine wichtige Rolle. Vgl. E. HANSSLMANN [= IMRE HENSZLMANN], Verhandlungen des ungarischen Landtags über den Kriminalcodex, und zwar über das Gefängniss-System, in: Kritische Zeitschrift für Rechtswissenschaft und Gesetzgebung des Auslandes 18 (1846) 261–300 und 372–392. Henszlmann hat außerdem zwei ins Deutsche übertragene Gesetzesentwürfe des Landtages von 1843 kommentiert und herausgegeben: EMRICH HENSZLMANN, Gesetzvorschlag über Ungarns Freistädte u[nd] Gesetzvorschlag über die Volkserziehung im Königreich Ungarn (Tyrnau 1844).

21 Dazu GÖNCZI/HENNE, Leipziger Verlage, 260.

22 Dies eröffnete für die Generation von József Eötvös, László Szalay und Ágoston Trefort die Möglichkeit für Studienreisen bis nach England, von denen sie mit liberalen Wertvorstellungen und Ideen für die Modernisierung des Landes zurückkehrten.

nannten *Zentralisten*,[23] die als Träger der westeuropäischen liberalen Ideen Innovationen an die einheimische Rechtswissenschaft vermittelten. Die Ergebnisse des interkulturellen Dialogs konnten im Reformzeitalter aber noch nicht in die Praxis umgesetzt werden. Doch formulierte die Publizistik in den zwei Jahrzehnten des ungarischen Vormärz die wichtigsten Prinzipien einer liberalen Gesellschaft, die später nach dem österreichisch-ungarischen Ausgleich als Leitfaden bei der Umgestaltung des ungarischen Rechtssystems dienten.

C. Der nur eingeschränkte juristische Wissenstransfer im Neoabsolutismus

Der der Revolution und dem Freiheitskampf folgende Neoabsolutismus des österreichischen Herrschers leitete dann eine neue Epoche der Rechtsentwicklung ein,[24] denn die bislang prägenden Tendenzen wurden durch die oktroyierte Normsetzung des Kaisers modifiziert. Mit der Einführung des österreichischen ABGB (nebst einigen weiteren kaiserlichen Verordnungen) begann in Ungarn ab dem 1. Mai 1853 eine kurze Epoche des kodifizierten Privatrechts, was mit einer diesmal (wie in Japan) *vom Staat* gesteuerten Rezeption verbunden war.[25] Die Modernisierungsideen

---

23 Ihre Bezeichnung stammte daher, daß sie in der Debatte um die Umgestaltung der adeligen Selbstverwaltungseinheiten (Komitate) eine liberale, konstitutionelle Regierung nach westeuropäischem Muster forderten. ISTVÁN FENYŐ, A centralisták [Die Zentralisten] (Budapest 1997) 9–11.

24 Nach der Zeit der Reformideen folgte, anfänglich unter Militärverwaltung, die vollständige Eingliederung des ungarischen Rechtssystems (wie auch des Staats insgesamt) in die Habsburgermonarchie. Jede Art von Selbstverwaltungsrechten wie auch eigenständige Gesetzgebungs- und Rechtssprechungsbefugnisse wurden demontiert. GEORGE BARANY, Ungarns Verwaltung 1848–1918, in: ADAM WANDRUSZKA / PETER URBANITSCH (Hrsg.), Die Habsburgermonarchie 1848–1918 II: Verwaltung und Rechtswesen (Wien 1975) 306–468, hier 339, und BARNA MEZEY (Hrsg.), Magyar alkotmánytörténet [Ungarische Verfassungsgeschichte] (2. Aufl., Budapest 1998) 212.

25 ISTVÁN KAJTÁR, Österreichisches Recht in Ungarn (Die Probleme der Rezeption und Identität während der Modernisation des ungarischen Rechtssystems um die Mitte des 19. Jahrhunderts), in: BÉLA SZABÓ (Hrsg.), A bonis bona discere. Festgabe für János Zlinszky (Miskolc 1998) 451–472, hier 455; JUDIT BALOGH, Österreichisches Recht in Ungarn und in Siebenbürgen – Westeuropäische Einflüsse auf das ungarische Zivilrecht im 19. Jahrhundert, in: MARTIN F. POLASCHEK / ANITA ZIEGERHOFER (Hrsg.), Recht ohne Grenzen – Grenzen des Rechts (Frank-

wurden aber in Ungarn nicht akzeptiert,[26] und es entstand eine Befürwortung des alten, ständischen Rechts. Damit war die spätere Trennung von der österreichischen Rechtswissenschaft vorgezeichnet; umgesetzt wurde sie während der Unabhängigkeitsbestrebungen gegenüber den Habsburgern im Zeitalter des Nationalismus, verstärkt noch durch den Niedergang der österreichischen Rechtsliteratur im unmittelbaren Anschluß an das Inkrafttreten des ABGB (worauf Werner Ogris hingewiesen hat).[27]

An dieser Stelle begann in der Rechtswissenschaft in Ungarn die „Historische Schule", was zu Vergleichen mit der zeitlich vorangegangenen deutschen rechtswissenschaftlichen „Historischen Schule" einlädt. Eine Universitätsreform führte nunmehr nicht nur zur Aufnahme der europäisch ausgerichteten Pandektistik in die Lehrpläne, sondern auch die „Deutsche Rechtsgeschichte" erhielt jetzt einen größeren Stellenwert. Gusztáv Wenzel, der Begründer des Faches Rechtsgeschichte an der ersten Universität Ungarns (in Pest), suchte dabei explizit Anschluß an die deutsche Rechtsgeschichtswissenschaft, damit die deutsche Rechtsgeschichte als Modell bei der Gestaltung der nationalen Rechtsgeschichtsschreibung dienen konnte. Aus diesem Grund unternahm er 1853 eine Reise nach Bayern, Sachsen und Preußen und studierte den Rechtsgeschichtsunterricht sowie den Stand der Gesetzgebung und der Rechtswissenschaft in diesen Territorien.[28] Hier ist also exemplarisch die Moderni-

---

furt/M. 1998) 123–135, hier 126; KÁROLY SZLADITS, Franz Deák und unser heutiges Privatrecht, in: Zeitschrift für ungarisches öffentliches und Privatrecht 9 (1903) 317–326, hier 320, und STEFAN MALFÉR, Das österreichische Allgemeine bürgerliche Gesetzbuch in Ungarn zur Zeit des „Provisoriums" 1861–1867, in: ZNR 14 (1992) 32–44, hier 32.

26 Der Herrscher Franz Joseph wurde von der Nation nicht als König von Ungarn anerkannt, denn der ungarische Landtag hatte die Abdankung seines Vorgängers nicht akzeptiert und folglich fehlte laut ungarischem Verfassungsrecht die rechtmäßige Krönung des neuen Königs. Als Antwort auf die oktroyierten Normsetzungen des Kaisers vertrat der ungarische Adel in der Landespolitik eine Art von Passivität, die sogenannte „passive Resistenz", wie es Ferenc Deák formulierte. Vgl. die Rede „A passzivitás politikája" [Die Politik der Passivität], in: MANÓ KÓNYI (Hrsg.), Deák Ferenc beszédei [Die Reden von Ferenc Deák] II (Budapest 1882–1903) 178.

27 OGRIS, Die historische Schule 450.

28 GUSZTÁV WENZEL, [Bericht über seine Studienreise in Deutschland], in: Magyar Académiai Értesítô [Ungarische Akademische Mitteilungen] 1853, 274–282 und 288–295.

sierungsfunktion des deutschen Rechts*unterrichts* zu beobachten, wenn auch der *Wissens*transfer zum ungarischen Rechtssystem im Zeitalter des Neoabsolutismus nicht funktionieren konnte.

Durch die sogenannte Judexcurialkonferenz, die Wiederherstellung der ungarischen Verfassungsordnung, und durch die Aufhebung der Geltung des ABGB (1861) versuchte Ungarn im folgenden, die Kontinuität seiner Rechtsordnung wiederherzustellen.[29] Da die oktroyierten Erlasse des österreichischen Herrschers aber zu einer gewissen Modernisierung der Rechtsordnung geführt hatten, bedeutete diese Rückkehr einen neuen Anfang für die ungarische Rechtsentwicklung und zugleich für die Wissenschaftsgeschichte.

D. Juristischer Wissenstransfer nach dem Ausgleich (1867)

Nach dem Ausgleich (1867)[30] wurde im Zeitalter des Dualismus auf die früheren Diskussionen und auf die Modernisierungspläne des Vormärz zurückgegriffen und der aktuelle Stand der deutschen Rechtswissenschaft rezipiert. Im letzten Drittel des 19. Jahrhunderts wurden in Ungarn dann die Grundlagen eines modernen Rechtssystems ausgebaut, Normen zur eigenstaatlichen Verwaltung und Gerichtsbarkeit geschaffen, und zudem organisierten sich die Juristen in juristischen Vereinigungen.[31] Zugleich wurde die Juristenausbildung durch eine zweite Fakultät in Klausenburg (1872) und eine dritte in Preßburg (1912) ausgebaut. Die Budapester Universität behielt aber ihre führende Rolle.[32]

---

29 Die Beschlüsse der Judexcurialkonferenz, die provisorischen Justiznormen, erlangten nach 1861 Geltungskraft und wurden für die Judikatur bindend. JÁNOS ZLINSZKY, Ungarn, in: HELMUT COING (Hrsg.), Handbuch der Quellen und Literatur der neueren europäischen Privatrechtsgeschichte III/2: Gesetzgebung zum Allgemeinen Privatrecht und zum Verfahrensrecht im 19. Jahrhundert (München 1986) 2141–2213, hier 2153.

30 GA XII: 1867. Umfassend dazu jetzt KARIN OLECHOWSKI-HRDLICKA, Die gemeinsamen Angelegenheiten der Österreichisch-Ungarischen Monarchie (Frankfurt/M. u.a. 2001) 183–201. Vgl. dazu meine Rezension in: ZRG GA 119 (2002).

31 BÉLA SARLÓS, Das Rechtswesen in Ungarn, in: WANDRUSZKA/URBANITSCH (Hrsg.), Die Habsburgermonarchie II, 499–537, hier 500.

32 JÁNOS ZLINSZKY, Jogtanítás, jogtudomány [Der Rechtsunterricht, die Rechtswissenschaft], in: BARNA MEZEY (Hrsg.), Magyar jogtörténet (Budapest 1997) 36–48, hier 46.

Parallel zu diesen Reformen entfaltete sich im Zeitalter des Dualismus die ungarische Rechtswissenschaft und öffnete sich weiter in Richtung Ausland. Dies erfolgte im Einklang mit einem wesentlichen Merkmal der ungarischen Gesellschaftsentwicklung im 19. Jahrhundert, dem bewußt und offensiv vorangetriebenen Integrationsprozeß in die westlichen Kulturen. Dabei belebte sich die juristische Literatur des Landes auch durch die Berücksichtigung der deutschen Rechtsliteratur wieder; Zeitschriftengründungen[33] und Monographien in den 1870er bis 1880er Jahren sowie die Publikationen des obersten Gerichtshofs ab 1894 markieren diese Entwicklung. In Ungarn läßt sich dabei – wie auch in anderen Ländern Europas[34] – eine langjährige Hegemonie der deutschen Rechtswissenschaft beobachten. Auch in dieser Epoche handelte es sich aber nicht nur um eine Einbahnstraße des Rechtsimports aus dem entwickelteren Deutschland, sondern ungarische Wissenschaftler publizierten auch in deutschen Fachzeitschriften.[35] Deutschland, dessen Sprache für die Bürger der Habsburger Monarchie nicht fremd war, lag geographisch und eben auch rechtswissenschaftlich nahe.

II. AKTEURE DES WISSENSTRANSFERS IM DUALISMUS

A. Universitäten und juristische Vereinigungen als Brückenpfeiler

Bei diesem dichten Kommunikationsnetz im Zeitalter des Dualismus stellten die Universitäten und juristische Vereinigungen die Zentren des Austausches dar. Im Hinblick auf die Transferrolle von Vereinigungen

---

[33] Die wichtigsten neugegründeten juristischen Periodika im Zeitalter des Dualismus waren erstens die „Ungarische Gerichtshalle" (1879 gegründet, erschien wöchentlich zweimal, hrsg. v. Advokat Dr. LUDWIG ROSENBERG), zweitens *„Jogtudományi Közlöny"* (1866 gegründet), drittens *„Magyar Igazságügy"* (erschien 1874–1892).

[34] Vgl. REINER SCHULZE (Hrsg), Deutsche Rechtswissenschaft und Staatslehre im Spiegel der italienischen Rechtskultur während der zweiten Hälfte des 19. Jahrhunderts (Berlin 1990), insbesondere den Beitrag von TREGGIARI, Der Einfluß des deutschen Unterrichtsmodells, 131–163, hier 134.

[35] EMERICH VON ZLINSZKY, Beiträge zur Rechts- und Gesetz-Entwickelung in Ungarn, in: Zeitschrift für das Privat- und öffentliche Recht der Gegenwart („Grünhuts Zeitschrift") 1 (1874) 789–792; FRANZ VON NAGY, Das neue ungarische Wechselgesetz, in: Zeitschrift für das gesammte Handelsrecht 22 (1877) 204–217 und GUSZTÁV SZÁSZY-SCHWARZ, Das bürgerliche Gesetzbuch für Ungarn, in: Jherings Jahrbücher für die Dogmatik des bürgerlichen Rechts 32 (1918) 327–418.

sind vor allem die Juristentage erwähnenswert, denn ungarische Teilnehmer waren bei den „Deutschen Juristentagen“ schon seit 1862 präsent.[36] In den ersten Jahren waren diese Delegierten noch Teil der österreichischen Delegation, doch nach dem Ausgleich, als die ersten Organisationen ungarischer Juristen die Arbeit begonnen hatten,[37] erfolgten sogleich selbständige Kontakte zum „Deutschen Juristentag“. Schon 1869 schickten daher die Pester Rechtsanwälte,[38] deren Organisation (eine „Advocatengenossenschaft“) den Vorläufer des ungarischen Juristentages darstellt, eine Delegation zum „Deutschen Juristentag“.[39] Es lag also nahe, daß der ungarische Juristentag später nach dem deutschen Vorbild gegründet wurde – der Transfer hatte diesmal sogar zur Übernahme einer Institution geführt. Der ungarische Juristentag trat dann in den 1880er und 1890er Jahren einmal jährlich in Budapest zusammen.

Auch inhaltlich erfolgte der Wissenstransfer über derartige Vereinigungen. So hat z.B. der oben genannte (Buda-)Pester Anwaltverein zur Modernisierung des Rechtssystems erheblich beigetragen, indem seine Fachausschüsse die Reformen des Handels- und Wechselrechts vorantrieben. Dies geschah vor allem durch István Apáthy, Professor an der Pester Universität, der die Handelsrechtskodifikation intensiv verfolgte und dann für den Budapester Anwaltverein die Prinzipien des Handelsrechts ausarbeitete und in der führenden rechtswissenschaftlichen Zeit-

---

36 Der erste namentlich ermittelbare Delegierte aus Ungarn war ein Finanzprokuraturs-Conzipist namens Umlauf aus Preßburg. Verhandlungen des Dritten Deutschen Juristentages II (Berlin 1863) [unpaginiert].

37 Die ersten Organisationen waren die Rechtsanwaltskammern, die der GA XXXIV: 1874 sowohl auf regionaler als auch auf zentraler Ebene ermöglicht hatte; erster Präsident der ungarischen Rechtsanwaltskammer war IMRE HÓDOSSY, der erste Rechtsanwaltstag folgte 1884. JÁNOS ZLINSZKY, Az ügyvédség kialakulása Magyarországon és története Fejér megyében [Die Herausbildung der Rechtsanwaltschaft in Ungarn und ihre Geschichte im Komitat Fejér], o. O. o. J. (ungefähr 1980) 44; KRISZTINA DELACASSE-KORSÓSNÉ, Reformügyvédek és ügyvédreformok [Reformanwälte und Anwaltsreformen], in: Jogtudományi Közlöny 54 (1999) 293–303.

38 Zur Geschichte der ungarischen Rechtsanwaltschaft, einem weitgehend unerforschten Thema, vgl. jetzt die wichtige Studie von JUDIT BALOGH, Vázlatok a Miskolci Ügyvédi Kamara történetéhez [Skizzen zur Geschichte der Rechtsanwaltskammer von Miskolc], in: Emlékkönyv az Ügyvédi Kamarák fennállásának 125. évfordulójára (Budapest 2000) 30–57.

39 Verhandlungen des Achten deutschen Juristentages II (Berlin 1870) 8.

schrift Ungarns publizierte.[40] Später wurde Apáthy von der Regierung beauftragt, in Anlehnung an das ADHGB einen Entwurf des Handelsrechtes auszuarbeiten.

Ebenfalls eine zentrale Stellung im Wissenstransfer besaß ab 1870 die wichtigste juristische Vereinigung des Landes, der „Ungarische Juristenverein" mit Sitz in Budapest. Dessen Mitglieder widmeten sich in Vorträgen häufig der deutschen Rechtsentwicklung. Zahlreiche Beiträge in Veröffentlichungen des „Ungarischen Juristenvereins" zu dieser Zeit belegen das Interesse für die deutsche Rechtswissenschaft[41] und auch die internationale Rechtsentwicklung, was zu mehreren Tagungen internationaler juristischer Vereinigungen in Budapest führte.[42] Umgekehrt war der Präsident des ungarischen Juristenvereins, Ferenc Nagy, einer der wenigen ausländischen Referenten der Berliner Juristischen Gesellschaft und hielt dort einen Vortrag über die ungarische Rechtsentwicklung.[43] Nagy kann daher als Prototyp des *liaisonman* bezeichnet werden.

Dieser Wissenstransfer von Deutschland nach Ungarn ging, wie schon früher, einher mit einem gesteigerten Interesse deutscher Juristen an Ungarn. Die Leipziger Juristische Gesellschaft, damals wegen der Bedeutung der Leipziger Juristischen Fakultät und dem in Leipzig residierenden Reichsgericht eine der wichtigsten in Deutschland, hatte 1917 zwei wichtige ungarische Wissenschaftler zu Gast: Sándor Plósz, der über die kurz zuvor verabschiedete Zivilprozeßordnung referierte, und Gusz-

---

40 ECKHART, A Jog- és Államtudományi Kar története 527.

41 Vgl. die Magyar Jogászegyleti Értekezések [Abhandlungen des ungarischen Juristenvereins]: ÁRPÁD SZAKOLCZAI, A tisztességtelen verseny leküzdésérôl szóló német törvény [Das deutsche Gesetz gegen den unlauteren Wettbewerb] XVIII, Heft 6 (1899) 1–31; VILMOS RÓZSA, A német biztosítási törvénytervezet tekintettel hazai joggyakorlatunkra [Der deutsche Entwurf zum Versicherungsrecht unter Berücksichtigung unserer einheimischen Rechtspraxis] XXX, Heft 3 (1904) 1–111 und ISTVÁN EGYED, Önkormányzati közigazgatás a német államokban [Die Selbstverwaltung in den deutschen Ländern] (1916) 1 ff.

42 Die International Law Association tagte 1909 in Budapest und verabschiedete die sogenannten „Budapester Wechselrechtlichen Regeln". Am Anfang des 20. Jahrhunderts wurden auch internationale strafrechtliche Tagungen in Budapest durchgeführt. FERENC NAGY, Székfoglaló beszéd [Antrittsvorlesung], in: Magyar Jogászegyleti Értekezések, Neue Folge I, Heft 1 (1910) 4–16, hier 8.

43 Der Vortrag mit dem Titel „Die Rechtsverhältnisse Ungarns und der engere Zusammenschluß der mitteleuropäischen Rechtsbeziehungen" wurde am 8. 4. 1916 gehalten. Hinweis in: JZ 1916, 517; vgl. auch ANDREAS FIJAL, Die Geschichte der Juristischen Gesellschaft zu Berlin in den Jahren 1859 bis 1933 (Berlin 1991) 186.

táv Szászy-Schwarz, der über den Stand der privatrechtlichen Kodifikation in Ungarn berichtete.[44] Die Berliner Juristische Gesellschaft, aufgrund des Rufs der Juristischen Fakultät in Berlin ebenfalls von großer Bedeutung, veröffentlichte sogar eines ihrer Preisausschreiben auch in der führenden *ungarischen* rechtswissenschaftlichen Zeitschrift, damit Bewerbungen aus Ungarn eingingen. Ließen sich ungarische Teilnehmer auf das Preisausschreiben ein, mußten sie die dortige Methodik übernehmen: Eine Frage der Gesetzgebung sollte nicht nur historisch und dogmatisch aufgearbeitet werden, sondern zugleich mußten den damaligen Vorstellungen entsprechend Nationalökonomie und Rechtsvergleichung einbezogen werden.[45] Wie ein Vergleich mit einem zeitlich parallelen Preisausschreiben der Ungarischen Akademie der Wissenschaften zeigt, beschränkte sich die dort vorausgesetzte Methodik auf theoretische und praktische Gesichtspunkte.[46] Auch Preisausschreiben konnten also zum Wissenstransfer beitragen; es ist allerdings nicht bekannt, ob auch Bewerbungen aus Ungarn eingingen. Zudem haben auch die Richterorganisationen in Deutschland und Ungarn in dieser Zeit eine Kooperation begonnen, wie Berichte im Standesorgan „Deutsche Richterzeitung" über den Ungarischen Richtertag und über die ungarische Zivilprozeßordnung zeigen.[47]

Die „Ungarische Akademie der Wissenschaften" reagierte rasch auf die Wissensvermittlung aus Deutschland und wählte zahlreiche Rechtswissenschaftler aus Deutschland zu Mitgliedern: Gneist, Mittermaier, W. Roscher, Savigny und Welcker.[48] Diese Anerkennung benennt zugleich wichtige Personen für die Rezeption. Bei den ungarischen Akteuren läßt sich aber für die Zeit ab dem Dualismus keine feste und abgrenzbare Gruppe der Vermittler beschreiben (wie es noch für das Reformzeitalter möglich ist), sondern etliche Juristen kamen unabhängig voneinan-

---

44 Alexander Plósz, Zwei Vorträge aus dem ungarischen Zivilprozeßrecht (Berlin 1917) 3 und Szászy-Schwarz, Das bürgerliche Gesetzbuch für Ungarn 327.

45 Jogtudományi Közlöny, Jg. 1 (1866) 16.

46 Ebd.

47 Deutsche Richterzeitung (1. November 1912) 834–835 und (15. September 1911) 567–568.

48 Karl J. A. Mittermaier (1846), Wilhelm Roscher (1861), Carl Friedrich v. Savigny (1859) und Karl Welcker (1859). Rudolf v. Gneist (1874) wurde zum „äußeren" Mitglied der Ungarischen Akademie gewählt. Vgl. Gézáné Fekete (Hrsg.), A Magyar Tudományos Akadémia tagjai [Mitglieder der Ungarischen Akademie der Wissenschaften] (Budapest 1975) 346–399.

der primär während ihrer Sozialisation, also während des Studiums, in Kontakt mit dem deutschen Recht.[49] In ihren späteren juristischen Berufen pflegten sie diese Kontakte dann weiter und setzten die Ergebnisse des Wissenstransfers in die Praxis um.

Anders als in früheren Zeiten übernahmen nunmehr auch die *Universitätsprofessoren* eine aktive Rolle bei der Umgestaltung des Rechtssystems, indem sie – zugleich meist als Mitglieder der Ungarischen Akademie der Wissenschaften – die Mehrzahl der Kodifikationsentwürfe erstellten. Primäre Transferpersonen waren insoweit Pál Hoffmann, István Apáthy und Gusztáv Szászy-Schwarz, die die Ergebnisse der deutschen Rechtswissenschaft zur Modernisierung des ungarischen Rechtssystems benutzten.

B. Der Beitrag von Übersetzungen zum juristischen Wissenstransfer

In der Ära des Dualismus entstanden etliche Übersetzungen deutscher rechtswissenschaftlicher Werke, was das Interesse für deutsche juristische Diskussionen belegt. Robert von Mohl wie auch Rudolf von Gneist und Rudolf von Jhering wurden ins Ungarische übertragen.[50] Jherings berühmten „Kampf ums Recht" übersetzte der Rechtshistoriker Gusztáv Wenzel, so daß der Text 1874 in Ungarn erscheinen konnte. Der Universitätsprofessor Pál Hoffmann war ebenfalls ein Übersetzer für Texte

---

49 Die Universität in Pest erhielt 1855 einen einheitlichen deutschsprachigen Unterrichtsplan, denn der konservative Religions- und Kultusminister Graf Leo Thun-Hohenstein wollte aus dem Vielvölkerstaat ein sprachlich und geistig einheitliches Reich herstellen. Die ungarische Universität konfrontierte daher die Studenten mit deutschrechtlichen Fächern. Die Unterrichtssprache war jetzt deutsch, Vorlesungen über ungarisches Recht wurden eingestellt. Der erste Abschnitt des Universitätsstudiums, bisher nur römische Dogmengeschichte, wurde um deutsche Reichs- und Rechtsgeschichte sowie deutsches Privatrecht vermehrt. Hans Lentze, Die Universitätsreform des Ministers Graf Leo Thun-Hohenstein (Wien 1962) 237 und Werner Ogris, 200 Jahre Rechtswissenschaft an der Universität Wien, in: 200 Jahre Rechtsleben in Wien. Katalog des Historischen Museums der Stadt Wien (Wien 1986) 221–228, hier 224.

50 Robert von Mohl, Az államtudományok encyklopédiája [Enzyklopädie der Staatswissenschaften] (Pest 1866); Rudolf Gneist, A jogi állam [Der Rechtsstaat] (Budapest 1875); Rudolf von Jhering, Küzdelem a jogért [Der Kampf ums Recht] (Budapest 1874); ders., A jogtudomány a mindennapi életben [Die Jurisprudenz des täglichen Lebens] (Budapest 1875); ders., Magánjogi esetek [Zivilrechtsfälle] (Budapest 1886).

deutscher Romanisten.[51] Damit war die Rechtswissenschaft ein Wegbereiter für die Normrezeption aus Deutschland. In den 1870er Jahren begann dann die legislative Durchsetzung der Reformen (Kodifikation des Handelsrechts bzw. Strafrechts, Entwürfe eines ungarischen Zivilgesetzbuches).[52] Die hierbei besonders evidenten Ergebnisse des Wissenstransfers werden das Thema einer separaten Studie an anderer Stelle sein.

III. SÁNDOR PLÓSZ – ZUR BIOGRAPHIE EINES TYPISCHEN *LIAISONMAN*

Anhand der Biographie des Dr. iur. h.c. der Universität Leipzig, Sándor [Alexander] Plósz,[53] läßt sich exemplarisch belegen, wie der Wissens-

---

[51] LÁSZLÓ ASZTALOS, Entwicklung der ungarischen Privatrechtswissenschaft im Zeitalter des Dualismus, in: ANDOR CSIZMADIA u.a. (Hrsg.), Die Entwicklung des Zivilrechts in Mitteleuropa (1848–1944) (Budapest 1970) 21–39, hier 26.

[52] FERENC MÁDL, Das ungarische Zivilgesetzbuch in fünf Studien (Budapest 1963) 57; ZLINSZKY, Ungarn 2153 und 2612–2164; KÁLMÁN KOVÁCS, Zivilrechtliche Kodifikationsbestrebungen in Ungarn in den Jahren 1866–1877, in: Tagungsband der Rechtshistorischen Konferenz in Krems/Stein vom 21.–24.4.1974 (Privatdruck) 1–29, hier 2; KATALIN GÖNCZI, Die deutsch-ungarischen Rechtsverbindungen von der Frühen Neuzeit bis in die Gegenwart: Wissenstransfer, Kodifikationen und *liaisonmen*, in: Osteuropa-Recht 46 (2000) 215–229, hier 224.

[53] Sándor Plósz (1846–1925) studierte Jura an der Rechts- und Staatswissenschaftlichen Fakultät der Pester Universität während des sog. Provisoriums, als das nationale Rechtssystem nach der Herrschaft des österreichischen Rechts begann, seine Eigenständigkeit wiederzuerlangen. Danach besuchte Plósz wie viele andere damalige Jurastudenten die Universität Wien. Nach der Promotion an der Pester juristischen Fakultät (1868) erhielt Plósz noch im selben Jahr die Anwaltszulassung und wurde ein Jahr später Fachanwalt für Wechselsachen. Eine kurze Richterkarriere (ab 1871) endete bereits ein Jahr später, als Plósz als ordentlicher Professor für Zivilprozeßrecht und Handels- und Wechselrecht an die neugegründete Universität in Klausenburg berufen wurde. Dafür war keine wissenschaftliche Qualifikation notwendig, sondern eine Berufung an diese Universität galt erst als Startpunkt für eine spätere wissenschaftliche Karriere. 1880 wurde Plósz von der ungarischen Regierung nach Deutschland geschickt, um dort das mündliche Prozeßverfahren zu studieren (ECKHART, A Jog- és Ållamtudományi Kar története 540). Im folgenden Jahr wurde Plósz an die Pester Fakultät berufen und erhielt die Professur für Zivilprozeßrecht und die Lehrbefugnis für Wechsel- und Handelsrecht. 1894 wurde er Staatssekretär im Justizministerium und war außerdem Parlamentsabgeordneter, ab 1899 dann Justizminister unter drei Regierungen. In seine Ministerzeit fallen wichtige legislative Neuerungen, vor allem die Strafprozeßordnung, eine Novelle des Wuchergesetzes sowie ein Gesetz zur

transfer zwischen Deutschland und Ungarn funktionierte. Die Sozialisation von Plósz, einem führenden Vertreter der Zivilprozeßrechtswissenschaft in Ungarn, ist dabei typisch für die *liaisonmen* zur Zeit des Dualismus: Sein Studium fällt noch in den Neoabsolutismus, als an der Pester Universität deutsche Fächer in deutscher Sprache unterrichtet wurden. Seine Universitätskarriere war mit praktischen Tätigkeiten verbunden; er nahm intensiv an den Kodifikationsarbeiten der Regierung teil. In diesem Zusammenhang und unter Verwertung seiner Kenntnisse aus dem Studium deutscher Fächer in Ungarn setzte er sich mit der europäischen Rechtsentwicklung auseinander. Eher untypisch ist allerdings, daß Plósz nicht wie andere *liaisonmen* auch in Deutschland studiert hatte.

Plósz bestimmte die Wissenschaft des ungarischen Zivilprozeßrechts im Zeitalter des Dualismus, dabei verfaßte er den ersten Entwurf der Zivilprozeßordnung und hat auch zur Ausarbeitung weiterer Entwürfe beigetragen.[54] In den zivilprozeßrechtlichen Publikationen Plósz' läßt sich der Wissenstransfer besonders gut nachweisen, zum Beispiel in einer 1888 veröffentlichten Abhandlung zur Theorie des Klagerechts.[55] Er setzte sich dort sowohl auf ungarisch als auch auf deutsch mit den Grundprinzipien des Klagerechts auseinander und diskutierte mit großer Selbstverständlichkeit die Thesen der deutschen Zivilprozeßrechtler Degenkolb, Wach, Bülow, Weismann und des Österreichers Menger. Als Plósz dabei den Standpunkt kritisierte, daß die Klage nur aus der Sicht des Privatrechts behandelt wurde, griff er in Anlehnung an Windscheid auf die römische *actio* zurück. In seinen weiteren Ausführungen zum ungarischen Prozeßrecht ließ sich Plósz dann vor allem von Oskar Bülows Auffassung vom Prozeß leiten.[56]

Gerichtsverfassung. 1905 kehrte Plósz dann wieder an die Universität zurück. Parallel dazu verlief die Karriere von Plósz in der Ungarischen Akademie der Wissenschaften: Nach seiner Wahl zum korrespondierenden (1884) wurde er 1894 ordentliches Mitglied und 1913 zum Vizepräsidenten der Akademie gewählt.

54 Entwürfe aus den Jahren 1893, 1900 und 1901, im GA I: 1911 verzeichnet. Seine Mitarbeiter waren Ármin Fodor und Gyula Térfy.

55 ALEXANDER PLÓSZ, Beiträge zur Theorie des Klagerechts (Leipzig 1880).

56 Zu Bülow vgl. THOMAS HENNE / CARSTEN KRETSCHMANN, Ein Mythos der Richterrechtsdiskussion: Oskar Bülow, Gesetz und Richteramt (1885), in: Ius Commune 26 (1999) 211–237.

IV. ANMERKUNGEN ZUM WISSENSTRANSFER IM ÖFFENTLICHEN RECHT: WEGE VON MOHL, G. JELLINEK UND LABAND NACH UNGARN

Die Diskussion zwischen ungarischer und deutscher Rechtswissenschaft beeinflußte außerdem maßgeblich die Dogmatik des ungarischen öffentlichen Rechts, so daß sich am Beispiel Ungarn Treggiaris These von der Hegemonie der deutschen Rechtswissenschaft in Europa im letzten Drittel des 19. Jahrhunderts bestätigen läßt.[57] Dieser Einfluß ist schon am Anfang der 1860er Jahre zu beobachten, als die ungarische rechtswissenschaftliche Literatur noch aus nur wenigen Werken bestand. Beispielsweise zeigen die in Wien publizierten nationalökonomischen Arbeiten von Julius Kautz eine intensive und positive Wahrnehmung der Thesen von Mohl.[58] Kautz zitierte in seinem 1860 erschienenen historischen Werk besonders häufig Mohls „Geschichte und Literatur der Staatswissenschaften" und stützte darauf seine Gedanken zur Forschungslage.[59] Kautz führte Mohls dreibändiges Werk sogar an, als er „die literarischen Hilfsmittel einer Geschichte der National-Ökonomik" beschrieb.[60]

Als um 1870 in Ungarn mehrere rechtswissenschaftliche Periodika erstmals erschienen, gab es wiederum einen Einfluß der Methodik von Robert von Mohl. *Jogtudományi Közlöny*, das wichtigste periodische Organ des Wissenstransfers im Dualismus, berichtete 1866 von der Übersetzung von Mohls Enzyklopädie der Staatswissenschaften[61] und der von ihm redigierten „Zeitschrift für die gesammte Staatswissenschaft". Der Kolumnist von *Jogtudományi Közlöny* meinte in diesem Zusammenhang sogar, daß Mohls Name in der ungarischen Rechtswissenschaft allgemein bekannt sei und Mohl das Idealbild des Wissenschaftlers und Staatsmannes darstelle.[62] Als Begründung für den Wissenstransfer wurde die in der Wissenschaft unabdingbare Solidarität genannt,[63] und als Ziel

---

57 TREGGIARI, Der Einfluß des deutschen Unterrichtsmodells 134.

58 JULIUS KAUTZ, Die Nationalökonomik als Wissenschaft (Wien 1858) und DERS., Die geschichtliche Entwicklung der National-Oekonomik und ihrer Literatur (Wien 1860, Neudruck Glashütten 1970).

59 KAUTZ, Die geschichtliche Entwicklung 17, 19, 29 und 31.

60 KAUTZ, Die geschichtliche Entwicklung 34.

61 Jogtudományi Közlöny 1 (1866) 15.

62 Ebd. 15.

63 Ebd. 96.

wurde gesetzt, die wissenschaftlichen Ereignisse im Ausland weiterhin zu registrieren. Auch die politische Zeitschrift von József Eötvös hat Mohls Enzyklopädie angezeigt[64] und denjenigen zur Lektüre empfohlen, die sich mit den öffentlich-rechtlichen Verhältnissen Ungarns in der Zukunft insbesondere als Abgeordnete beschäftigen werden.

Der wichtigste *liaisonman* für das öffentliche Recht war Ernô Nagy, Professor an der Rechtsakademie in Großwardein, der später an die Pester Juristenfakultät wechselte. Vor allem durch zahlreiche Rezensionen zeigte er die Methodik der europäischen und insbesondere deutschen Rechtswissenschaft für die ungarischen Leser.[65] Nagy setzte sich dabei immer wieder mit der Methode von Mohl auseinander und berichtete über die Vorteile der dogmatischen, historischen und vergleichenden Methoden. Zusätzlich hat Nagy mehrfach die Anwendbarkeit dieser Methode im ungarischen öffentlichem Recht untersucht.[66] Dementsprechend war eine Rezension Rudolf v. Gneists Englischer Verfassungsgeschichte eine Vorstudie Ernô Nagys zu seinen Forschungen über das Oberhaus in Ungarn,[67] und Nagy hat den Gneistschen Konstitutionalismus und auch dessen Konservativismus mit großer Zustimmung übernommen.[68] Nagys Methodik stammte auch ansonsten aus der deutschen Rechtswissenschaft: Er rechnete mit der historischen Schule ab und führte die dogmatische Methodik in das ungarische öffentliche Recht ein. Nagys Monographie zum öffentlichen Recht wurde daher gemäß der Labands verfaßt.[69] Diese sogenannte „zivilistische“ Methodik hat jede Art von historischen, philosophischen und subjektiven Elementen ausgeschlossen. Neben der Methodik übernahm Nagy auch Begrifflichkeiten von Laband; zum Beispiel führte Nagy in Anlehnung an Laband den Be-

---

64 Politikai Hetilap (1866) Nr. 25, 318.

65 Vgl. z.B. die ausführlichen Rezensionen zu RUDOLF GNEIST, Englische Verfassungsgeschichte, in: Jogtudományi Közlöny 18 (1883) Heft 25, 195–196; Heft 26, 205–206 und Heft 27, 213–214; und zu GEORG JELLINEK, Die Lehre von den Staatenverbindungen, in: Jogtudományi Közlöny 19 (1884) Heft 2, 13–14; Heft 3, 19–20.

66 ERNÔ NAGY, Az államjogi methodológiáról [Über die staatsrechtliche Methodologie], in: Atheneum I (1892) 49–66.

67 NAGY, Rezension zu Rudolf Gneist 195–206.

68 CSEKEY, Nagy Ernô 155–156.

69 ISTVÁN CSEKEY, Laband, in: Jogtudományi Közlöny 53 (1918) Heft 14, 106–107, hier 107.

griff „autonomes Land“ im Hinblick auf Kroatien in das ungarische öffentliche Recht ein.[70]

Auch im öffentlichen Recht waren immer wieder Verbindungen aus der Zeit des Studiums die erste Voraussetzung des späteren Wissenstransfers. Dabei war die Universität Heidelberg neben Berlin die von ungarischen Jurastudenten wohl am häufigsten besuchte Universität.[71] Zum Beispiel studierte 1910 der spätere ungarische Verfassungsrechtler und zentrale *liaisonman* István Csekey[72] im Seminar von Georg Jellinek und berichtete später, daß Jellineks Seminare kleine wissenschaftliche Akademien waren.[73] Als Hochschullehrer vermittelte Csekey dann Jellineks Thesen nach Ungarn[74] (und übrigens auch nach Estland).[75] Es entstanden sogar gemeinsame Projekte: In der Reihe des öffentlichen Rechts der Gegenwart wurden zwei Bücher zum ungarischen öffentlichen Recht von Georg Jellinek betreut: Henrik Marczalis Band zum Verfassungsrecht[76] und Dezsô Márkus’ Buch über das ungarische Verwaltungsrecht.[77] Auch Csekeys Studium bei Paul Laband,[78] der „überragende[n] Figur der Staatsrechtslehre in den Jahrzehnten nach 1871“,[79] war folgenreich: Csekey, der sein Studium bei Laband mit dem führenden ungarischen

---

70 CSEKEY, Nagy Ernô 157–158.

71 Vgl. die verdienstvolle Datenbank von LÁSZLÓ SZÖGI, Magyarországi diákok németorszagi egyetemeken és fôiskolákon 1789–1919 [Ungarländische Studenten an deutschen Universitäten und Hochschulen 1789–1919] (Budapest 2001).

72 Durch Publikationen in österreichischen bzw. französischen Zeitschriften pflegte CSEKEY lange Jahre seine Kontakte zur europäischen wissenschaftlichen Öffentlichkeit: Die Verwaltungsreform in Ungarn, in: Zeitschrift für ausländisches öffentliches Recht und Völkerrecht (ZaöRV) 2 (1931) 268–276, und: Die Verfassungsänderung in Estland, in: ZaöRV 4 (1934) 582–596.

73 CSEKEY, Laband 107.

74 Vgl. CSEKEY, Nagy Ernô 137 und DERS., Laband 107.

75 1923–31 hatte CSEKEY eine Professur in Tartu und galt als einer der angesehensten Staatsrechtler in Estland. Aus dieser Zeit stammt sein Aufsatz: Die Verfassungsentwicklung Estlands 1918–1928, in: Jahrbuch des öffentlichen Rechts 16 (1928) 168–269. Dankenswerter Hinweis von Prof. Dr. Peeter Järvelaid, Universität Tartu, Estland.

76 HEINRICH MARCZALI, Ungarisches Verfassungsrecht (Tübingen 1911).

77 DEZSÔ MÁRKUS, Ungarisches Verwaltungsrecht (Tübingen 1912).

78 Während Csekeys Studium an der Universität Straßburg in den Jahren 1907–1912 wurde dort das Staatsrecht noch von Paul Laband gelehrt.

79 MICHAEL STOLLEIS, Geschichte des öffentlichen Rechts II (München 1992) 341.

Rechtshistoriker Åkos Timon teilte,[80] erwähnte später mit großer Anerkennung die dogmatische Methode und bezeichnete Labands „Öffentliches Recht des Reiches" als das „klassische *standard work* der neuen öffentlich-rechtlichen Literatur".[81] Außerdem war Laband dank Csekey einer der wenigen deutschen Rechtswissenschaftler, die in der ungarischen juristischen Publizistik einen Nachruf erhalten haben. Sein ehemaliger Schüler würdigte dort unter anderem Labands Beziehungen zu Ungarn[82] und hob besonders hervor, daß Laband das öffentliche Recht des deutschen Reiches erstmals aus dogmatisch-juristischer Perspektive behandelt habe. Die Bedeutung von Laband zeigte sich auch daran, daß der ungarische Öffentlichrechtler Gyula Schwarz seinen Kollegen Ernô Nagy den „ungarischen Laband" nannte.

Die Verbindungen der ungarischen Rechtswissenschaft zu Laband mündeten aber nicht in eine Einbahnstraße, da sich auch Laband mit dem ungarischen Recht befaßte. In seinen Vorlesungen zitierte er gerne das ungarische öffentliche Recht, als es um die Unterscheidung von materiellen und formellen Gesetzen ging.[83] Laband begleitete zudem die Handelsrechtskodifikation in Ungarn mit großer Aufmerksamkeit und schrieb eine Rezension zum entsprechenden Entwurf von István Apáthy.[84] Außerdem hat Laband eine ausführliche Rezension zu Åkos Timons Ungarischer Verfassungs- und Rechtsgeschichte verfaßt, wobei er aber auf die Schwierigkeiten deutscher Stellungnahmen zur ungarischen Literatur hinwies,[85] da er schon aus sprachlichen Gründen keine Kenntnis

---

80 1876 besuchte Timon Labands Seminar. LÁSZLÓ PÉTER, Die Verfassungsentwicklung in Ungarn, in: HELMUT RUMPLER / PETER URBANITSCH (Hrsg.), Die Habsburgermonarchie 1848–1918 VII/1: Verfassung und Parlamentarismus (Wien 2000) 239–540, hier 400.

81 CSEKEY, Laband 107.

82 CSEKEY, Laband 106–107.

83 Den GA III: 1876 „über die Inartikulierung des Andenkens an FERENC DEÁK", rechnete LABAND zum typisch formellen Gesetz. CSEKEY, Laband 107. Solche Gedenkgesetze wurden in der neueren ungarischen Geschichte häufig verfaßt, vgl. HERBERT KÜPPER, „Personenkult" in der ungarischen Gesetzgebung?, in: Osteuropa 1997/7, 684–696.

84 PAUL LABAND, Rezension zu Stephan Apáthy, Entwurf des ungarischen Handelsgesetzbuchs, in: Zeitschrift für das gesammte Handelsrecht 19 (1874) 659.

85 PAUL LABAND, Rezension zu Åkos von Timon, Ungarische Verfassungs- und Rechtsgeschichte, in: Archiv für öffentliches Recht 19 (1905) 277–279, hier 278. Dazu KATALIN GÖNCZI, Das historische Ungarnbild in der deutschen Rechtsgeschichtswissenschaft – Eine Geschichte der Forschung und der interkulturellen

der ungarischen Rechtsquellen habe und ihm auch die Literatur zur ungarischen Rechtsgeschichte nicht zugänglich sei.[86] Laband schätzte das von ihm rezensierte Buch aber dennoch als „hochbedeutsame wissenschaftliche Leistung" und verglich die Bedeutung des Werkes für die ungarische Rechtsgeschichte mit der Wirkung von Eichhorns Werk in Deutschland.[87]

V. SCHLUSSÜBERLEGUNGEN

Das 19. Jahrhundert gilt in der ungarischen rechtsgeschichtlichen Forschung als Entstehungszeitraum der modernen ungarischen Rechtswissenschaft. Dabei spielte der Wissenstransfer von Deutschland nach Ungarn eine, wie sich an vielen Beispielen belegen läßt, entscheidende Rolle. Diese auf deutschen Grundlagen beruhende Methodik und Dogmatik der ungarischen Rechtswissenschaft konnte auch während der sowjetischen Dominanz erhalten werden.[88] Deshalb ist es für die heutige ungarische Rechtswissenschaft von besonderem Interesse, Wege, Medien und Ergebnisse jenes Wissenstransfers zu kennen. Die obigen Darlegungen sollen dazu einen Beitrag leisten; weitere Forschungen sind – auch zusammen mit ungarischen Partnern – eingeleitet. Auch die sich gegenwärtig europäisierende juristische Ausbildung ist von den Traditionen des Wissenstransfers geprägt.[89] Das Beispiel Ungarn belegt die Ergiebigkeit eines solchen Ansatzes.

Wissenschaftsbeziehungen bis 1945, in: MÁRTA FATA (Hrsg.), 1000 Jahre Ungarn (im Druck).

86 LABAND, Rezension zu Timon 279.

87 Ebd.

88 Dazu LÁSZLÓ BOROS u.a., Zur Entwicklung der ungarischen Rechtsordnung (1944–1989), in: HEINZ MOHNHAUPT u.a. (Hrsg.), Ungarn (1944–1989) (Frankfurt/M. 1997) 2–35; GEORG BRUNNER, Gibt es ein „sozialistisches Gesellschaftsrecht"? Das Beispiel Ungarn, in: WERNER BARFUß u.a. (Hrsg.), Festschrift für Karl H. Neumayer zum 65. Geburtstag (Baden-Baden 1986) 93–114.

89 FERENC MÁDL, Das Studium fremden Rechts in Ungarn, in: WILHELM BRAUNEDER u.a. (Hrsg.), Rechtsstudium für das Europa von morgen (Wien 1991) und KATALIN GÖNCZI, Az európai identitás jogtörténeti vetületei [Die rechtshistorischen Projektionen der europäischen Identität], in: BÉLA SZABÓ u.a. (Hrsg.), „Dum spiro doceo" – Ünnepi tanulmány Huszti Vilmos 85. születésnapjára (Miskolc 2000) 367–376.

DOROTHEE GOTTWALD, Frankfurt/Main

GENPOOL ODER WIEDERGÄNGER VOM „FRIEDHOF DER ELITEN"?
Voraussetzungen einer Debatte über den hohen Adel am Beginn des 20. Jahrhunderts

I.

I. 1. Zuweilen entsteht in der Rechtswissenschaft ein großer Streit, ohne daß man so richtig begreift, warum. Ganz unerwartet werden verjährte Vorwürfe noch einmal wiederholt und längst beantwortete Fragen wieder gestellt. Diese Situationen stellen das Selbstbild der Disziplin in Frage, das von einer Tätigkeit ausgeht, die Probleme löst, ja Erkenntnisfortschritt zumindest plausibel machen kann. Umso mehr fragt man sich, wann es zu so scheinbar irrationalen Szenen kommt.

I. 2. 1895 starb in dem kleinen Fürstentum Lippe-Detmold der letzte regierungsfähige Fürst. Die Rechtsverhältnisse der deutschen regierenden und mediatisierten Fürsten richteten sich bis 1918 nach den Hausgesetzen der hochadeligen Familien, dem sog. Fürstenrecht.[1] Nach den Erbfolgeregeln des Hauses Lippe wäre Graf Ernst aus der Nebenlinie Lippe-Biesterfeld berechtigt gewesen. Jedoch behauptete der Herrscher des Nachbarstaats, Prinz Adolf von Schaumburg-Lippe, daß der Biesterfelder Graf von unstandesgemäßer Abstammung sei. Für sein eigenes Thronfolgerecht berief er sich auf einen geheimen Erbvertrag. Politisch konnte er sich auch auf seinen Schwager, Kaiser Wilhelm den Zweiten, verlassen. Der Landtag in Detmold, besonders die liberalen Abgeordneten, empfanden die Ansprüche des Nachbarfürsten und die Einmischung aus Berlin als Anmaßung. Mehrere Kaisertelegramme erregten die Öffentlichkeit. Um sich vor alldem zu schützen, bereitete der Landtag ein

---

[1] Siehe dazu DIETMAR WILLOWEIT, Art. Privatfürstenrecht, in: HRG III, Sp. 1966–1970. Ich bevorzuge für das 19. Jahrhundert den Begriff Fürstenrecht, weil gerade die Zugehörigkeit des Gebiets zum Privatrecht bzw. zum öffentlichen Recht einer der Hauptstreitpunkte war. Zu den Rechtsquellen des Fürstenrechts siehe HERMANN SCHULZE, Die Hausgesetze der regierenden deutschen Fürstenhäuser I–III (Jena 1862–1883).

Thronfolgegesetz vor, das die Erbfolge der Biesterfelder Linie ein für allemal sichern sollte. – Prinz Adolf von Schaumburg war empört: Wie sollte die Verfassung allein gegen einen Erbvertrag triumphieren können, der Landtag gegen eine Hausversammlung, das reine Staatsrecht gegen das Fürstenrecht?

I. 3. Die Einzelheiten des Streits können hier dahinstehen.[2] Im folgenden soll es um etwas anderes gehen: Die Position des Schaumburger Prinzen gab Anlaß zu einer unerwartet heftigen, ja zur letzten wissenschaftlichen Grundsatzdebatte über das Fürstenrecht. Die Stellung dieses Rechtsgebiets zum Verfassungsrecht, sein Inhalt und seine Geltung, kurz alle einschlägigen Lehren wurden plötzlich in Frage gestellt. An der Debatte beteiligten sich fast alle Staatsrechtslehrer des Reichs, und die Radikalität, mit der sie geführt wurde, erstaunte schon die Zeitgenossen.

Tatsächlich scheint die Diskussion zu ihrem Anlaß völlig außer Verhältnis zu stehen. Der Fall Lippe stellt sich als ein gar nicht untypisches Erbfolgeproblem des 19. Jahrhunderts dar. Streit um die Ebenbürtigkeit kam sehr häufig vor, und das Problem der Hierarchie zwischen Verfassung und Hausgesetz hatte sich gerade erst 20 Jahre vorher in Braunschweig genauso gestellt.[3] Damals verlief die Diskussion ruhig, und Grundlagenfragen blieben unberührt. Jetzt, beim lippischen Streit, waren es vor allem die Extreme, die auffielen. Die herrschende Lehre, nämlich der Positivismus und sein Umfeld, bestanden weiter. Aber plötzlich entstanden radikale Meinungen, die es bisher nicht gegeben hatte. Warum also wurden 1904 Extrempositionen vertreten, die 1884 undenkbar gewesen waren?

---

[2] ANNA BARTELS-ISHIKAWA, Der lippische Thronfolgestreit. Eine Studie zu verfassungsrechtlichen Problemen des Deutschen Kaiserreiches im Spiegel der zeitgenössischen Staatsrechtswissenschaft (Frankfurt/M. u.a. 1995) 24–52; ELISABETH FEHRENBACH, Der lippische Thronfolgestreit. Zum Problem des monarchischen Bundesstaats in Deutschland, in: KURT KLUXEN / WOLFGANG J. MOMMSEN (Hrsg.), Politische Ideologien und nationalstaatliche Ordnung. Festschrift für Theodor Schieder (München-Wien 1998) 337–355; ERNST RUDOLF HUBER, Deutsche Verfassungsgeschichte seit 1789 IV (2. Aufl., Stuttgart u.a. 1982) 433–436.

[3] Zum braunschweigischen Thronfolgestreit WILHELM BRINGMANN, Die braunschweigische Thronfolgefrage. Eine verfassungsgeschichtliche Untersuchung der Rechtmäßigkeit des Ausschlusses der jüngeren Linie des Welfenhauses von der Thronfolge in Braunschweig 1884–1913 (Frankfurt/M. u.a. 1988); HUBER, Verfassungsgeschichte IV 428–433.

Im folgenden sollen zwei dieser neuen randständigen Positionen vorgestellt werden.

II.

II. 1. Extrem 1: Hermann Rehm war Staatsrechtslehrer in Straßburg.[4] Im Lippischen Streit verfaßte er ein Parteigutachten für die Linie Schaumburg-Lippe, also gegen die „staatsrechtliche Position“ des Landtags.[5] 1904 veröffentlichte er ein Lehrbuch mit dem Titel „Modernes Fürstenrecht“,[6] immerhin die größte Darstellung des Gebiets nach 1806 – und zugleich auch die letzte. Der Titel täuscht über die radikal konservative Tendenz des Werks hinweg. Rehms Hauptanliegen war es, daß die Thronfolge in einem deutschen Einzelstaat nicht durch Verfassungsänderung und nicht ohne Zustimmung der betroffenen Prinzen geregelt werden könne.[7] Das Ergebnis ist nicht verwunderlich, bedenkt man sein Engagement als Parteigutachter. Auffällig ist aber das Staatsbild, mit dem er argumentiert.

Die gesamte Staatsrechtslehre seit der Mitte des Jahrhunderts, angeführt vom staatsrechtlichen Positivismus, hatte ein Axiom: nämlich daß der Staat eine juristische Person, eine Staatspersönlichkeit für sich

---

4 Er wurde 1862 in Augsburg als Sohn eines Bezirksgerichtsassessors geboren, studierte in München Rechtswissenschaft und absolvierte 1888 das Assessorexamen. Sein Lehrer war Max von Seydel, bei dem er sich 1889 für Öffentliches Recht und Kirchenrecht habilitierte. Nach Professuren in Marburg (außerordentliche Professur), Gießen und Erlangen (ordentliche Professuren) wurde er 1903 für Staats-, Verwaltungs-, Kirchen- und Handelsrecht nach Straßburg berufen. Dort blieb er bis zu seinem Tod 1917. Er verfaßte staatsrechtliche, handelsrechtliche und fürstenrechtliche Schriften, darunter: Allgemeine Staatslehre (Freiburg i. Br. 1899, 2. Aufl. Leipzig 1907); Die Bilanzen der Aktiengesellschaften und Gesellschaften m.b.H. nach deutschem und österreichischem Handels-, Steuer-, Verwaltungs- und Strafrecht (München 1903, 2. Aufl. 1914); Reichsgesetz über die privaten Versicherungsunternehmungen vom 12. Mai 1901 (München 1901, 2. Aufl. 1907, 3. Aufl. 1911) sowie mehrere Denkschriften für den Verein deutscher Standesherren, z.B.: Die juristische Persönlichkeit der standesherrlichen Familie (Straßburg 1911).

5 HERMANN REHM, Können den Agnaten ihre Rechte auf die Thronfolge nach deutschem Staatsrecht durch ein Landesgesetz wider ihren Willen entzogen werden? Ein Rechtsgutachten (als Manuskript gedruckt Erlangen 1900).

6 HERMANN REHM, Modernes Fürstenrecht (München 1904).

7 REHM, Fürstenrecht, Vorwort und 7.

darstellt.[8] Wenn das so ist, ist der Monarch Organ des Staates und die Thronfolge nichts anderes als die Auswechselung eines Repräsentanten, z.B. eines Ministers. Auf jeden Fall hat sie nichts mit privatrechtlicher Erbfolge zu tun und gehört auch nicht ins Hausgesetz, sondern in die Verfassung. Rehm akzeptiert, daß diese Ableitung in sich konsequent ist. Da er zu einem entgegengesetzten Ergebnis kommen will, beseitigt er gleich die Prämisse, die Staatspersönlichkeit. Wie kann er aber etwas beseitigen, worauf die eigene Disziplin geradezu ihre Identität aufbaut?

Rehm argumentiert mit der Geschichte. Theoretisch möge ja die juristische Person den Ausgangspunkt für ein schlüssiges Konzept bieten, tatsächlich habe aber der deutsche Einzelstaat seine privatrechtlichen Bindungen aus dem Mittelalter nie abgestreift. Für Rehm waren es allein die Fürsten, die den modernen Staat geschaffen haben. Sollten dabei, so fragt er, „die deutschen Herrscher [...] ausschließlich nur das Interesse des Staates wahrgenommen und das der Familie [...] ganz aus dem Auge gelassen haben?“[9] Eher sei doch anzunehmen, daß sie ihre Stellung verteidigt hätten. Damit sei der deutsche Einzelstaat „teilweise noch Patrimonialstaat“.[10]

Mit diesem Reizwort hat Rehm es besonders verstanden, die Staatsrechtslehre gegen sich aufzubringen. Er verwendet es in dem Wissen, daß damit seit Hallers „Restauration der Staats-Wissenschaft“[11] alles mitschwingt, was die Staatsrechtler im 19. Jahrhundert ablehnten. Inhaltlich will er damit noch einmal die privatrechtlichen Bindungen des

---

8 MICHAEL STOLLEIS, Geschichte des öffentlichen Rechts II (München 1992) 368–370; WALTER PAULY, Der Methodenwandel im deutschen Spätkonstitutionalismus (Tübingen 1993) 137–208; CHRISTOPH SCHÖNBERGER, Das Parlament im Anstaltsstaat (Frankfurt/M. 1997) 42–52; HENNING UHLENBROCK, Der Staat als juristische Person. Dogmengeschichliche Untersuchung zu einem Grundbegriff der deutschen Staatsrechtslehre (Berlin 2000) 63–110; zum staatsrechtlichen Positivismus auch: PETER VON OERTZEN, Die soziale Funktion des staatsrechtlichen Positivismus (Frankfurt/M. 1953); WALTER WILHELM, Zur juristischen Methodenlehre im 19. Jahrhundert. Die Herkunft der Methode Paul Labands aus der Privatrechtswissenschaft (Frankfurt/M. 1958); MAURIZIO FIORAVANTI, Giuristi e Costituzione Politica nell'Ottocento Tedesco (Milano 1979).

9 REHM, Fürstenrecht 25.

10 Ebd. 58.

11 CARL LUDWIG VON HALLER, Restauration der Staats-Wissenschaft I–V (Paris 1816–34).

Staates betonen, die seine Kollegen in jahrzehntelanger mühevoller Arbeit aus dem Staatsrecht eliminiert hatten.

Das Erstaunliche an Rehms Ansicht ist also nicht das Ergebnis und auch nicht die Tatsache, daß er dafür ungewohnte juristische Wege geht.[12] Was vielmehr entscheidend ist, ist die Weite des Ausschlags: Vom personalisierten Verfassungsstaat des 19. Jahrhunderts hatte seit Jahrzehnten niemand mehr Abstand genommen.[13] Um die schaumburgischen Interessen zu vertreten, wäre dies auch gar nicht notwendig gewesen: Gerade einer der exponiertesten Positivisten, Georg Jellinek, vertrat dieselbe Ansicht wie Rehm mit einer relativ einfachen Argumentation über die staatsrechtliche Organfunktion der Hausversammlung.[14] Auch eine Anleihe beim 1891 verstorbenen Begründer der juristischen Methode, Carl Friedrich von Gerber, wäre leicht möglich gewesen.[15] Die Ablehnung der juristischen Person ist also kein Notausgang eines verzweifelten Gutachters, sondern ein gewähltes und gewolltes Staatskonzept. Da-

---

[12] Über die Besonderheiten gutachterlicher Argumentation hat Ulrich Falk 1998 vor dem Münchner „Europäischen Forum" gesprochen: ULRICH FALK: „Uhralte Gewohnheiten". Beobachtungen zu einem erbrechtlichen Gutachten von Christian Thomasius, in: ANDREAS THIER / GUIDO PFEIFER / PHILIPP GRZIMEK (Hrsg.), Kontinuitäten und Zäsuren in der Europäischen Rechtsgeschichte. Europäisches Forum Junger Rechtshistorikerinnen und Rechtshistoriker München 22.–24. Juli 1998 (Frankfurt/M. u.a. 1999).

[13] Eine Ablehnung der juristischen Person findet man einige Jahre zuvor freilich bei Rehms Lehrer Max von Seydel in seiner „realistischen Staatsauffassung". Diese Lehre lehnt jedoch patrimonialstaatliche Annahmen strikt ab. Sie legt die Souveränität dem „Herrscher" bei, unabhängig davon, wer das je nach Staatsform ist. In ihren Auswirkungen kommt diese abstrakte Fassung der Souveränität der Lehre von der Staatspersönlichkeit sehr nahe, sie verzichtet nur auf die als abstrakt und formalistisch empfundene Konstruktion. Rehm selbst hat sich scharf von Seydel abgesetzt: Seydel vertrete aufgrund seiner Lehre von der abstrakten Herrscherpersönlichkeit mit anderen Worten doch nur die Lehre von der Staatspersönlichkeit, so REHM, Allgemeine Staatslehre 157. Seydel lehnte in seinem eigenen Gutachten (für Rehms Gegenseite, also die Linie Lippe-Biesterfeld) die Mitwirkung der Hausversammlung gerade mit dem Argument ab, der Staat sei schließlich kein Patrimonialstaat mehr.

[14] Dazu BARTELS-ISHIKAWA, Lippischer Thronfolgestreit 65–71.

[15] CARL FRIEDRICH VON GERBER, Grundzüge des deutschen Staatsrechts (3. Aufl., Leipzig 1880) 92, Anm. 7. Er vertritt hier ebenfalls die Auffassung, daß ohne Zustimmung der Agnaten die Thronfolge nicht geändert werden könne, und zwar mit der Begründung, daß „es eine der ersten Forderungen des modernen Staats ist, dass die Ordnung der Thronfolge jeder Willkür entrückt sei".

mit stand Rehm übrigens nicht ganz allein: Arndt, Stoerk und von Stradonitz vertraten jetzt ähnliche Anschauungen.[16]

Lassen wir uns nicht entgehen, was Jellinek in seiner Prorektoratsrede 1907 zu ihnen sagt: „Es gewährt [...] ein wehmütig-ästhetisches Schauspiel, zu sehen, wie ernste Männer sich vergebens abmühen, mit kleinen dialektischen Künsten dem Staate der Gegenwart das Spinngewebe ihrer Argumente, die häufig nicht einmal die Diskussion lohnen, als unzerreißbare Fesseln anzulegen“.[17]

Wenn es Rehms Ziel war, mit seiner Argumentation ernstgenommen zu werden, dann hat er es also nicht erreicht. Auffällig genug ist jedoch die Tatsache, daß jemand überhaupt wieder wagte, eine monarchische Patrimonialstaatstheorie zu vertreten – nach einem halben Jahrhundert Staatspersönlichkeit. Wenn die Geschichte ein Friedhof der Eliten ist, so ist die Patrimonialstaatstheorie eine Art Wiedergänger vom Friedhof der Rechtsgeschichte.

II. 2. Soweit die Position, die das Fürstenrecht dem Staatsrecht gleich- oder überordnen will. Kommen wir nun zu einem entgegengesetzten Extrem. Otto Freiherr von Dungern, Professor für Rechtsgeschichte in Graz, stammte selbst aus einem alten Nassauer Adelsgeschlecht.[18] Er war nicht Gutachter im Lippischen Thronfolgestreit, nahm aber in seinen Werken

---

16 BARTELS-ISHIKAWA, Lippischer Thronfolgestreit 84–86 und 89–98.

17 GEORG JELLINEK, Der Kampf des alten mit dem neuen Recht (Heidelberg 1907) 36.

18 Er wurde 1875 in Neuwied (Rhein) als Enkel des ersten westfälischen Oberpräsidenten Ludwig Freiherr Vincke und Sohn des Luxemburgischen Finanzkammerpräsidenten Max Freiherr von Dungern geboren und studierte Jurisprudenz in Edinburgh, Genf, Leipzig, Berlin und Erlangen. Nach preußischem Referendariat begab er sich nach Graz, wo er 1909 für Staatsrecht mit besonderem Bezug auf die Verfassungsgeschichte habilitiert wurde. Nach einer Zwischenstation in Czernowitz war er seit 1916 ordentlicher Professor für Staatsrecht, Verwaltungslehre und Verwaltungsrecht in Graz. 1920–1923 war er für die großdeutsche Partei im steiermärkischen Landtag, 1936 mußte er seine Professur niederlegen, wurde aber nach dem Anschluß Österreichs an das deutsche Reich 1938 rehabilitiert und lehrte bis zu seiner Emeritierung 1940. 1968 starb er in Graz. Sein Werk verbindet Genealogie und Verfassungsgeschichte: Das Problem der Ebenbürtigkeit (München-Leipzig 1905); Grenzen des Fürstenrechts (München-Leipzig 1906); Der Herrenstand im Mittelalter, eine sozialpolitische und rechtsgeschichtliche Untersuchung (o. O. 1908); Staat und Volk durch die Jahrhunderte (Graz 1911); Mutterstämme (Graz 1924); Aus dem Blute Widukinds (Gotha 1935).

vielfach auf die Literaturdiskussion Bezug. Sein Werk „Grenzen des Fürstenrechts“ von 1906 beginnt mit einem Affront gegen die hohe Wertschätzung des Gebiets bei seinen Zeitgenossen: „Das Fürstenrecht ist kein wichtiges, aber ein sehr interessantes Gebiet unseres geltenden Rechts“.[19] Im Verlauf des Werks bricht er mit der Vorstellung, daß es Fürstenrecht als Rechtsgebiet überhaupt gibt.

Zunächst zeigt er für den Bereich der Ebenbürtigkeit, daß die Praxis der wissenschaftlichen Lehre entgegenstehe. Für die Wissenschaft waren die Familien des hohen Adels kraft Gewohnheitsrechts einander ebenbürtig. Nach Dungern ist dagegen bei einer Betrachtung der Heiratspraxis der Familien seit 1500 keine Regel festzustellen. Jedes Haus habe vielmehr die Befugnis, selbst zu bestimmen, welcher Ehepartner bei ihm akzeptiert werden solle. Ebenbürtigkeit ist nach dieser Lehre kein objektives Recht, sondern nur die Befugnis, bestimmte Grundsätze für die eigene Familie aufzustellen.[20] Da dies die einzige Materie ist, in der Dungern dem Fürstenrecht überhaupt noch praktische Relevanz zuspricht,[21] kann er das leicht auf das ganze Rechtsgebiet ausdehnen.

Als nächstes beschränkt Dungern den Umfang dieses subjektiven Rechts: Durch die Gewährung der Autonomie habe es den Familien nur möglich werden sollen, nach Zusammenbruch des alten Reichs ihre besonderen Regeln zu erhalten. Neue Sonderbestimmungen oder solche, die beispielsweise strengere Ebenbürtigkeitsvoraussetzungen als bisher aufstellten, seien durch Sinn und Zweck des Autonomierechts ausgeschlossen.[22] Damit wird das Fürstenrecht zu einer Befugnis, die auf eine Assimilierung an das bürgerliche Recht zielt.

Nur nebenbei sei angemerkt, daß Dungerns fürstenrechtliche Umwertungen sich nicht auf das geltende Recht beschränkten. In seinen nächsten Werken zeigte er durch genealogische Studien, daß es schon seit 1200 keinen geschlossenen Geburtsstand des hohen Adels mehr gab. Den Herrenstand des Mittelalters sieht er weder durch Abstammung definiert noch als Amtsadel, sondern als eine Elite der wirtschaftlich Lei-

---

19 DUNGERN, Grenzen 1.
20 Ebd. 36–47.
21 Ebd. 8.
22 Ebd. 95–115.

stungsfähigen.[23] Er hielt jedenfalls ein, was er 1906 versprochen hatte: „Der ganze Begriff Adel scheint mir recht revisionsbedürftig."[24]

Nun hatte Dungern den Hochadel als Geburtsstand demontiert, die wichtigsten Rechtssätze des Fürstenrechts außer Kraft gesetzt und seine Erneuerungsfähigkeit blockiert. Was blieb jetzt von seiner Materie noch übrig?

Sein Konzept vom Fürstenrecht ist das eines Denkmalpflegers. Es ist ihm so viel wert wie „eine merkwürdige halbverfallene Schloßruine, die zu schützen sich Verteidiger genug finden, solange sie den Vorübergehenden kein Aergernis schafft." Solange das Fürstenrecht sich an seine Grenzen hält, „ist es so beschaffen, daß es den herrschenden Rechtssinn nicht stört. Solange wird es unangefochten weiter bestehen als eine harmlose und interessante Eigentümlichkeit, deren das deutsche Recht sich freuen mag, bis sie vielleicht einmal den formalen Nivellierungsbestrebungen der modernen Gesetzgebung nicht mehr stand hält".[25]

Seltsam verschwommen bleibt dagegen sein Konzept vom hohen Adel. Als einer der ersten betrachtet er die Ebenbürtigkeit unter den Gesichtspunkten der Blutsreinhaltung: Der Adel kann nun plötzlich als eine Art Genpool betrachtet werden, der die Besten und Tüchtigsten aus sich heraus reproduziert. Wie dieses Konzept der „sozialen Auslese"[26] im einzelnen aussehen sollte, hat er nie im Zusammenhang dargestellt. Sicher ist jedoch, daß Dungern die enge Verbindung des Hochadels zum Staat auflösen will. So wie er schon im mittelalterlichen Adel keine Amts-, sondern eine Wirtschaftselite sieht, wünscht er sich auch für die Zukunft keine staatstragende Funktionselite, sondern eine Auslese der Besten.

III.

Haben diese beiden gegensätzlichen Positionen etwas gemeinsam? Wenn wir für sie vergleichbare Hintergründe oder auch nur eine ähnliche Ausgangssituation entdecken können, sind wir unserer Anfangsfrage näher gekommen, warum aus einem so begrenzten Anlaß so grundlegende wis-

---

23 DUNGERN, Herrenstand 211–217.

24 DUNGERN, Grenzen 8.

25 Ebd. 158.

26 DUNGERN, Ebenbürtigkeit 129.

senschaftliche Konventionen gebrochen werden. Drei solcher gemeinsamen Punkte lassen sich ausmachen:

III. 1. Gemeinsam ist beiden Autoren eine Umwertung des Verhältnisses zwischen juristisch-begrifflicher Konstruktion und historischer Tatsachenfeststellung. Rehm hebelt die Konstruktion der Staatspersönlichkeit einfach durch seine Interpretation der „tatsächlichen" Geschichte aus. Dungern ist der erste, der neben den Ebenbürtigkeitsregeln auch die Ebenbürtigkeitspraxis betrachtet. Dazu setzt ihn seine Methode, die Genealogie, instand. Beide heben hervor, daß die reine juristische Konstruktion zur Lösung von Problemen nicht viel taugt. Damit fügen sie sich in einen juristischen Zeitgeist ein, der die Öffnung der „juristischen Methode" für außerjuristische Faktoren anstrebt[27] – freilich ohne daß sie selbst ein Programm für diese Öffnung anbieten könnten oder auch nur das Problem ausdrücklich benennen.

III. 2. Durch die Betonung gesellschaftlicher und dynastischer Momente drückt sich eine neue Distanz der Autoren gegenüber dem Staat aus. Rehm will statt des anonymen Rechtsstaats den monarchischen Patrimonialstaat – und unterstützt damit im Fall Lippe die Interessen gerade des Kaisers, der die Reichsverfassung durch sein „persönliches Regiment" umgestalten wollte. Dungern akzeptiert das bestehende Staatsbild ohne eigentliches Interesse. Er lenkt den Blick statt dessen auf die Genealogien und die Selektionsmechanismen der Gesellschaft.

III. 3. Damit geht einher, daß beide Autoren Hochadel und Fürstenrecht vom Staat abkoppeln. Rehm erreicht das durch eine gleichberechtigte Nebenordnung von Fürstenrecht und Staatsrecht, von Dungern mit seiner Vorstellung von der sozialen Auslese. Damit brechen sie mit den bisher herrschenden Konzepten, die vor allem auf Integration des Fürstenrechts ins Staatsrecht gezielt hatten.

Bestes Beispiel für die traditionelle Lehre war das Werk des Breslauer und Heidelberger Staatsrechtlers Hermann Schulze (von Gaevernitz).[28]

---

[27] THOMAS DUVE, Normativität und Empirie im öffentlichen Recht und in der Politikwissenschaft um 1900 (München 1998).

[28] Hermann Schulze, Staatsrechtslehrer in Jena, Breslau und Heidelberg (1824–1888). Den Beinamen „von Gaevernitz" nahm er erst bei seiner Nobilitierung durch den Erzherzog von Baden 1888 an. Er war Mitglied des preußischen

Er war Nationalliberaler, Bismarckverehrer und Mitglied des preußischen Herrenhauses und hatte in den 60er bis 80er Jahren als maßgebliche Autorität auf dem Gebiet des Fürstenrechts gegolten. Indem er auf sein genossenschaftliches Staatsbild, das er etwa mit Otto von Gierke gemeinsam hatte, die konstruktiv-juristische Methode angewandt hatte, war es ihm gelungen, diese Gegensätze zu versöhnen.[29] Damit war die hochadelige Familie zu einer rechtssetzenden Gemeinschaft unter anderen geworden – in einem Staat, der gleichzeitig alle Zeichen eines abstrakten Rechtsstaats aufgewiesen hatte.[30]

Daß diese Lehre gerade nach der Reichsgründung ausgearbeitet worden war, macht ihren Charakter als Integrationsleistung deutlich. Sie hatte die Einbindung der Fürsten ins Reich abgebildet, die auf verschiedenen Ebenen bewältigt werden mußte: die der Einzelfürsten in den Nationalstaat, die des Hochadels in die adelig-bürgerliche Führungsschicht des Reichs und schließlich die der Monarchen in den Verfassungsstaat des Rechtspositivismus.

Dreißig Jahre später bündelte der Nationalstaat die Energien der Wissenschaft nicht mehr. Die wilhelminische Gesellschaft, der wilhelminische Staat zeigten ihre Widersprüche offener. Nun hatte der zerbrechliche Konsens zwischen Staats- und Fürstenrecht seine Aufgabe erfüllt. Als seine Bindungskräfte nachließen, offenbarte er seine Fragilität.

Die letzte Grundsatzdiskussion des Fürstenrechts erscheint so als die Auflösung eines Kompromisses, der den spezifischen Bedürfnissen der Reichsgründungszeit gedient hatte. Vor diesem Hintergrund gewinnt der scheinbar irrationale Streit ein hohes Maß an Rationalität.

Herrenhauses seit 1869 und Mitglied der ersten Kammer des badischen Landtags 1881–1888. Werke: Einleitung in ein System des deutschen Staatsrechts (Leipzig 1865); Die Krisis des deutschen Staatsrechts im Jahre 1866 (Leipzig 1867); Die Hausgesetze der regierenden Fürstenhäuser (siehe Anm. 1); Preußisches Staatsrecht, 2 Bände (2. Aufl., Leipzig 1888, 1890); Deutsches Staatsrecht, 2 Bände (Leipzig 1881, 1886).

[29] Mit stark abweichenden Einschätzungen über Schulzes Gerberkritik: STOLLEIS, Geschichte des öffentlichen Rechts 354–355; PAULY, Methodenwandel 162–165; SCHÖNBERGER, Parlament 37–42.

[30] SCHULZE, Deutsches Staatsrecht 20–23; DERS., Das Deutsche Fürstenrecht in seiner geschichtlichen Entwicklung und gegenwärtigen Bedeutung, in: FRANZ VON HOLTZENDORFF (Hrsg.), Encyclopädie der Rechtswissenschaft in systematischer Bearbeitung (1. Aufl., Leipzig 1870) 1351–1376 und 1362–64.

KAJA HARTER-UIBOPUU, Graz

STREITVERMEIDUNG UND KONFLIKTBEILEGUNG
Friedenserhaltende Maßnahmen im antiken Völkerrecht

Friedenserhaltung ist das zentrale Anliegen des modernen Völkerrechts. In der Charta der Vereinten Nationen von 1945 verpflichten sich die Mitglieder in Art. 2 (3) und (4), Streitigkeiten auf friedlichem Wege beizulegen und Gewalt weder anzudrohen noch anzuwenden. Bereits 1899 und 1907 wurden in den Abkommen zur friedlichen Erledigung internationaler Streitfälle (1. Haager Abkommen) verschiedene Möglichkeiten der friedlichen Streitbeilegung genauer definiert. 1928 erfolgte dann unter dem Eindruck der Ereignisse des 1. Weltkrieges der Gewaltverzicht im Vertrag über die Ächtung des Krieges (Kellogg-Pakt).[1]

Die friedenserhaltenden Maßnahmen des Haager Abkommens sind die Guten Dienste und Vermittlung (2. Tit., Art. 2–8), Internationale Untersuchungskommissionen (3. Tit., Art. 9–36) und Internationale Schiedssprechung (4. Tit., Art. 37–90). Der nun folgenden Untersuchung dieser Institutionen in der Antike soll kurz die Definition vorangestellt werden, die das moderne Völkerrecht trifft. Drittparteien, die Gute Dienste leisten, versuchen die Streitparteien zu Verhandlungen zu bewegen, indem sie ihnen Kommunikationskanäle und Konferenzeinrichtungen zur Verfügung stellen. Untersuchungskommissionen haben die Aufgabe, umstrittene Tatsachen zu klären; eine rechtliche Beurteilung des festgestellten Sachverhaltes obliegt ihnen nicht. Vermittler wiederum greifen aktiv in die Verhandlungen zwischen den Streitparteien ein, kommentieren deren Positionen und unterbreiten Lösungsvorschläge; ihre Vorschläge sind aber nicht rechtsverbindlich. Die Streitbeilegungsverfahren der internationalen Schiedsgerichtsbarkeit und Gerichtsbarkeit hingegen – denen sich die Streitparteien freiwillig unterwerfen – enden in Schiedssprüchen und Gerichtsurteilen und sind rechtsverbindlich.[2]

---

1 RÜDIGER WOLFRUM, Handbuch Vereinte Nationen (2. Aufl., München 1991) 175–201; J. G. MERRILLS, International Dispute Settlement (3. Aufl., Cambridge 1998).

2 HANS-PETER NEUHOLD, Die Grundregeln der zwischenstaatlichen Beziehungen, in: HANS-PETER NEUHOLD / WALDEMAR HUMMER / CHRISTOPH SCHREUER, Österreichisches Handbuch des Völkerrechts I (3. Aufl., Wien 1997) 338–341.

Bei der Darstellung der antiken Geschichte stehen allerdings zumeist – durchaus den antiken Quellen folgend – der Krieg und die aus ihm resultierenden Erfolge oder Mißerfolge im Mittelpunkt. So wurde bis zum Ende des 19. Jahrhunderts angenommen, daß der Normalzustand zwischen zwei oder mehreren antiken Staaten der Krieg gewesen sei und erst Verträge ein friedliches Miteinander der Staaten ermöglichten.[3] Obwohl sich die Forschung seit dem Beginn des 20. Jahrhunderts immer wieder gegen diese Ansicht ausspricht, hat sich das Bild der Antike in der breiten Öffentlichkeit nicht wesentlich geändert.[4] Daher will der vorliegende Tagungsbeitrag auf die Frühgeschichte der oben definierten friedenserhaltenden Maßnahmen eingehen und derartige Bestrebungen im antiken Völkerrecht vorstellen.

An den Anfang soll eine Art der friedenserhaltenden Maßnahmen gestellt werden, die dem heutigen Völkerrecht fremd ist: der entscheidende Zweikampf zwischen den Feldherren der gegnerischen Armeen. Als sich die Heere der Griechen und Trojaner zum ersten Aufeinandertreffen vor Troja aufstellen, tritt Paris aus den Reihen der Trojaner hervor und fordert die tapfersten Achäer zum Kampf heraus (Il. 3.15–20) – zieht dieses Angebot allerdings zurück, als er den wütenden Menelaos sieht

---

3 Die Behauptung eines immerwährenden Kriegszustandes in der Antike ist in der völkerrechtlichen Literatur des 19. Jh. eng verbunden mit der Diskussion um die Existenz eines antiken Völkerrechtes. Diese wird zumeist negiert, vgl. z.B. zum griechischen Bereich: MAURITIUS MÜLLER-JOCHMUS, Geschichte des Völkerrechts im Altertum (Leipzig 1848) 226f.; GEORGE FRÉDRIC DE MARTENS, Précis du droit des gens moderne I (Paris 1864) eingeleitet von C. VERGÉ, p. viii; FRANÇOIS LAURENT, Études sur l'histoire de l'humanité – Histoire du droit des gens et des relations internationales II (Gand 1850–1870) 117; HENRY WHEATON, History of the Law of Nations (New York 1845) 5; AUGUST WILHELM HEFFTER, Das Europäische Völkerrecht der Gegenwart (Berlin 1881) 12.

4 COLEMAN PHILLIPSON, The International Law and Custom of Ancient Greece and Rome I (London 1911) 43–64 zum griechischen Völkerrecht, 67–99 zur römischen Einstellung. Zum griechischen zwischenstaatlichen Recht heute: ELIAS BIKERMANN, Bemerkungen über das Völkerrecht im klassischen Griechenland, in FRITZ GSCHNITZER (Hrsg.), Zur griechischen Staatskunde (Darmstadt 1969) 474–502; HATTO H. SCHMITT, Internationale Beziehungen zwischen antiken Staaten, Soc. Internat. F. De Visscher, XXIXe Session (Köln 1975) 6–18 (Forschungsbericht); zum Völkerrecht aus römischer Sicht: WERNER DAHLHEIM, Struktur und Entwicklung des römischen Völkerrechts im dritten und zweiten Jahrhundert v. Chr. (München 1968); KONRAD ZIEGLER, Das Völkerrecht der römischen Republik, in: ANRW I 2 (Berlin-New York 1972) 68–114.

(3.30–37). Hektor gelingt es, seinen Bruder umzustimmen und durch sein Auftreten zwischen den Schlachtreihen einen Zweikampf zu vermitteln (3.38–96). Dabei ist es der König von Sparta, der den friedensschaffenden Charakter dieses Vorgehens betont: „φρονέω δὲ δικρινθήμεναι ἤδη / Ἀργείους καὶ Τρῶας, ἐπεὶ κακὰ πολλὰ πέποσθε / εἵνεκ' ἐμῆς ἔριδος καὶ Ἀλεξάνδρου ἕνεκ' ἀρχῆς. / ἡμέων δ' ὁπποτέρῳ θάνατος καὶ μοῖρα τέτυκται, / τεθναίη. ἄλλοι δὲ διακρινθεῖτε τάχιστα." *„Doch hoff' ich, ihr trennt euch bald nun in Frieden. Völker von Argos und Troja, nachdem ihr so Schlimmes erduldet wegen unseres Streites, den Paris frevelnd verursacht. Wem nunmehr von uns beiden der Tod und das Schicksal bestimmt ist, dieser sterbe; ihr anderen aber versöhnt euch in Eile*" (3.98–102). Die Aussichten, ohne Kampf den Krieg beenden zu können, „*erfreuen*" die Heere: οἱ δ' ἐχάρησαν Ἀχαιοί τε Τρῶές τε (3.111). Im folgenden wird ein Eid geschworen, daß derjenige, der den Zweikampf gewinne, Helena und die Schätze nehmen könne, wobei im Fall eines Sieges des Griechen die Trojaner noch zusätzlich Buße leisten müßten (3.276–291). Dieser Eid, also der Vertrag zwischen den beiden Streitparteien, verleiht der nun folgenden Entscheidung rechtliche Bindung, er ähnelt damit dem Schiedsvertrag. Die Einhaltung des Eides wird durch eine Selbstverfluchung der Parteien gesichert (3.298–302). Dabei stellt Homer im Gebet der Trojaner und Achäer deutlich den Charakter des Zweikampfes heraus: Es handelt sich um ein Gottesurteil. Zeus selbst wird angerufen, demjenigen den Tod zu bringen, der den Zwist verursacht hat: „Ζεῦ πάτερ, Ἴδηθεν μεδέων, κύδιστε μέγιστε, / ὁππότερος τάδε ἔργα μετ' ἀμφοτέροισιν ἔθηκε, / τὸν δὸς ἀποφθίμενον δῦναι δόμον Ἄϊδος εἴσω, / ἡμῖν δ' αὖ φιλότητα καὶ ὅρκια πιστὰ γενέσθαι." *„Vater Zeus, erhabenster Gott, du Herrscher vom Ida! Wer von beiden den Grund zum Zwiste der Völker gegeben, den verdirb und laß ihn versinken im Hause des Hades; uns aber werde zuteil der Freundschaft heiliges Bündnis!*" (3.320–324).[5] Ganz nach demselben Muster verläuft in Vergils Aeneis der Kampf des Rutulers Turnus mit Aeneas, der wiederum kriegsentscheidend sein soll. Auch hier ist es der oberste Gott –

5 Zur Bindung der homerischen Gesellschaft an den geschworenen Eid und zur Verwendung von Eiden in Gerichtsverfahren der homerischen und der archaischen Zeit siehe GERHARD THÜR, Oaths and Dispute Settlement in Ancient Greek Law, in: LYNN FOXHALL / ANDREW D. E. LEWIS (Hrsg.), Greek Law in Political Setting (Oxford 1996) 57–72. Zur Form des Vertragsabschlusses: PHILLIPSON, International Law I 385–390.

Jupiter — bei dem die unmittelbare Entscheidung über den Ausgang des Kampfes liegt. Alle diese Szenen bauen auf der Überzeugung auf, daß in der Person des Anführers das Wohlergehen und das Heil der geleiteten Gemeinschaft repräsentiert wird. Daher erscheint der kriegsentscheidende oder im besseren Fall kriegsverhindernde Zweikampf zwischen den Anführern als logische Konsequenz.[6]

Aber auch die spätere griechische und römische Geschichte verliert den Gedanken an den ritterlichen Zweikampf nicht so schnell. Eine Variante schildert Herodot in einer Episode aus dem Jahrhunderte andauernden Streit zwischen Sparta und Argos um die Kynouria, eine geographisch isolierte Küstenebene (Hdt. 1.82).[7] In der Mitte des 6. Jh. einigten sich die beiden im Laufe von Verhandlungen vor den entscheidenden Kämpfen auf folgende Vorgehensweise (1.82.2): Jeweils 300 Krieger aus beiden Heeren sollten gegeneinander antreten, der siegreichen Partei sollte der Landstrich gehören. Auch hier ist der entscheidende Faktor die vertragliche Einigung der beiden Streitparteien, durch einen bestimmten Vorgang die Entscheidung des Streites herbeizuführen. Von den 600 Kriegern blieben nach dem Kampf nur drei am Leben, zwei Argiver hatten sich – des Sieges gewiß – zurückgezogen, der überlebende Spartaner hatte am Schlachtfeld die argivischen Rüstungen eingesammelt. Am Tag darauf stellten sich die Streitparteien wieder ein und erhoben beide den Anspruch auf den Sieg. Die Argiver unterstützten ihren Anspruch mit dem Argument, daß aus ihrer Kampfmannschaft mehr Überlebende vorhanden wären, die Spartaner argumentierten damit, daß ihr Kämpfer ausgeharrt hätte, während die Argiver geflohen seien. Schließlich gerieten sie wieder in Streit, und der Kampf, der verhindert hätte werden sollen, brach nun doch aus und wurde von den Spartanern nach großen

6 John G. Frazer, Der goldene Zweig (Gekürzte Ausgabe Leipzig 1928) 216ff., 245ff. Vgl. Heribert Aigner, Römische Feldherrn im Herausforderungszweikampf, in: Schild von Steier 15/16 (1978/79) 251–256.

7 Die Auseinandersetzungen datieren in die zweite Hälfte des 8. Jh. v. Chr., wie Pausanias (Paus.) 3.7.5 und Eusebios, Chronik, zur Olympiade 15/2 überliefern, als die beiden Kontrahenten ihr Stammgebiet, die Argolis respektive Lakonien fest im Besitz hatten und nun dazu übergingen, benachbarte Gebiete ihrem Herrschaftsbereich anzuschließen. Vgl. dazu Klaus Tausend, Amphiktyonie und Symmachie. Formen zwischenstaatlicher Beziehungen im Archaischen Griechenland (Stuttgart 1992) 104–106.

Verlusten auf beiden Seiten gewonnen.[8] Interessant ist auch das Weiterleben dieser berühmten Entscheidung. Argos verlor den Gedanken an eine Wiedereroberung der Kynouria nicht und so schildert Thukydides, daß in den 50-jährigen Friedensvertrag zwischen Argos und Sparta 420 v. Chr. folgende Klausel aufgenommen wurde (5.41.7): „ἐξεῖναι δ' ὁποτεροισοῦν προκαλεσαμένοις, μήτε νόσου οὔσης μήτε πολέμου Λακεδαίμονι καὶ Ἄργει, διαμάχεσθαι περὶ τῆς γῆς ταύτης, ὥσπερ καὶ πρότερόν ποτε, ὅτε αὐτοὶ ἑκάτεροι ἠξίωσαν νικᾶν, διώκειν δὲ μὴ ἐξεῖναι περαιτέρω τῶν πρὸς Ἄργος καὶ Λακεδαίμονα ὅρων." „[...] *es solle aber jede Partei das Recht haben, wenn nicht grad Krieg oder Krankheit sei in Argos oder Sparta, die andere zum entscheidenden Kampf um dies Gebiet herauszufordern, wie schon früher einmal, als beide den Sieg für sich beanspruchten, und die Verfolgung solle nicht weiter erlaubt sein, als bis zur Grenze gegen Argos oder Sparta*".[9] Allerdings wurde diese vertraglich festgelegte Möglichkeit von keiner der beiden Parteien je genutzt.

Auch in der römischen Geschichte wird der Gedanke an den Zweikampf weiter verfolgt. Immer wieder stellen sich Feldherren der Herausforderung eines Einzelkampfes, wenn auch die kriegsentscheidende und damit friedensschaffende Motivation deutlich in den Hintergrund tritt.[10] Dem alten Ideal entsprechen eher die Einstellungen der Gegner Roms, wie dies an einer Stelle bei Plutarch in der Vita des Sertorius deutlich wird. Sertorius fordert – hier in keltiberischer Tradition stehend – Metellus zu einem Einzelkampf heraus. Auch wenn dies die römischen Truppen wünschen, ist Metellus nicht bereit, sich auf diesen Kampf einzulassen und Theophrast gibt ihm recht, da ein General sterben müsse

---

8 Nach Herodot berichten auch andere antike Autoren von diesem berühmten Ereignis: Simonides Fragment 124 D (Anthologia Palatina 7.431); Paus. 3.38.5; Strabon 8.6.17 p. 376; Plutarch (Plut.) Moralia 231; E. A. BRELICH, Guerre, Agoni e Culti nella Grecia Arcaica (Bonn 1961) 22–34; LUIGI PICCIRILLI, Gli Arbitrati Interstatali Greci I. Dalle Origini al 338 a. C. (Pisa 1973) Nr. 8, 36–41; RICHARD A. TOMLINSON, Argos and the Argolid (London 1972) 87–100.

9 PICCIRILLI, Arbitrati Nr. 29, 132–134; HERMANN BENGTSON, Die Staatsverträge des Altertums II. Die Verträge der griechisch-römischen Welt von 700 bis 338 v. Chr. (München 1975) Nr. 192, 124f.

10 So erwähnt Appian (App.), daß Scipio und Hannibal in der Schlacht von Zama aufeinandertreffen (App. Libyke 45.188f.); Diodor schildert, daß im zweiten Sklavenkrieg der römische Consul Manlius Aquilius den Anführer der Aufständischen, Athenion, besiegt und tötet (Diodorus Siculus [Diod. Sic.] 36.10).

wie ein General und nicht wie ein einfacher Soldat.[11] Für den Heldenmut der Frühzeit ist im alltäglichen Kriegsleben des zweiten und ersten Jh. v. Chr. kein Platz mehr. So geht auch Octavian nicht darauf ein, als M. Antonius ihm einen Entscheidungskampf anbietet und bemerkt, daß dem Antonius viele Möglichkeiten zum Tod offenstünden (Plut. Antonius 75.1).[12]

Im folgenden aber sollen Maßnahmen erläutert werden, die das antike wie das moderne Völkerrecht gleichermaßen kennen. Direkte Verhandlungen zwischen den potentiellen Kriegsparteien sind im antiken Völkerrecht die gängigste Maßnahme, internationale Konflikte beizulegen oder ihr Entstehen zu verhindern. Auch heute noch werden viele anstehende Konflikte durch direkte Verhandlungen zwischen den Parteien, die ja zumeist an das oben zitierte Gewaltverbot gebunden sind, beigelegt. Dennoch hat gerade das letzte Jahrhundert gezeigt, daß ein Abbruch der diplomatischen Beziehungen oft bereits am Beginn eines Konfliktes steht und somit direkte Verhandlungen erschwert sind. Daher sind die „Guten Dienste“, also das Ermöglichen einer neutralen Basis, auf der sich die Parteien treffen können, von immer größerer Bedeutung.[13] Die Möglichkeiten und Mittel der antiken Diplomatie waren ebenso dazu geeignet, eine Verständigung zwischen den einzelnen Staaten herbeizuführen und auch in kritischen Situationen noch Ergebnisse zu erzielen.[14] So präsentiert Thukydides den peloponnesischen Krieg nicht nur als eine Abfolge von Feldzügen und Kämpfen, sondern vielmehr auch als Abfolge mehr oder minder gescheiterter Verhandlungen zwischen den Hauptgegnern Athen und Sparta und ihren Verbündeten in unterschiedlichen

---

11 Plut. Sertorius 13.5–7. Vgl. auch den Zweikampf zwischen P. Cornelius Scipio min. und einem keltischen Führer während des spanischen Krieges: App. Iberika 53f; Polybios (Pol.) 35.5.1f.; Livius (Liv.) Epitome 48; Velleius Paterculus 1.12.4; Valerius Maximus 3.2.6; AIGNER, Herausforderungszweikampf 252.

12 AIGNER, Herausforderungszweikampf 255.

13 Ein Beispiel für dieses Vorgehen bietet der Konflikt zwischen den USA und dem Iran 1979, als die diplomatischen Beziehungen nach dem Überfall auf die amerikanische Botschaft in Teheran abgebrochen wurden und eine Verständigung der beiden Parteien erst nach Einschaltung verschiedener Vermittler durch die „Guten Dienste“ Algeriens erreicht werden konnte. MERRILLS, Dispute Settlement 35f. Ebenso bietet Norwegen die Verhandlungsplattform für Israel und die PLO.

14 Zur antiken Diplomatie siehe PHILLIPSON, International Law I 302–346; FRANK ADCOCK / DEREK J. MOSLEY, Diplomacy in Ancient Greece (London 1975); ECKART OHLSHAUSEN (Hrsg.), Antike Diplomatie (Darmstadt 1979).

Konstellationen. Beispielhaft seien hier die Gesandtschaften aus dem Anfang des ersten Buches angeführt: So kommen vor dem Ausbruch des Krieges Gesandte aus Korkyra gemeinsam mit Spartanern und Sikyoniern nach Korinth, um über Epidamnos zu sprechen (1.28); nach der ersten Seeschlacht bei Korkyra debattieren korinthische Gesandte mit dem athenischen Kontingent (1.53); im nächsten Konflikt entsenden die Potidaier eine Delegation nach Athen, um weitere Schritte gegen ihre Stadt zu verhindern (nicht ohne gleichzeitig in Sparta und Korinth um Hilfe im Krisenfall anzusuchen) (1.58); in Thrakien einigen sich die Athener mit Perdikkas auf eine Erneuerung ihres Bündnisses (1.61); als auf dem großen Kongreß des peloponnesischen Bundes in Sparta 432/1 viele griechische Poleis ihre Klagen gegen Athen vorbringen, wird athenischen Gesandten, die sich gerade in Sparta befinden, selbstverständlich gestattet, das Wort zu ergreifen, und sie setzen sich für eine friedliche Lösung des Konfliktes ein (1.72–78); auch Archidamos, der spartanische König, rät dazu, mit Athen weiter zu verhandeln und nicht gleich einen Krieg zu beginnen (1.82).[15]

Da es allerdings kaum je zur *Anepibasia*, also zum echten Abbruch aller Beziehungen zwischen Staaten, gekommen war,[16] fallen die oben erwähnten „Guten Dienste“ als friedenserhaltende Maßnahme nicht ins Gewicht. Im Gegensatz dazu findet sich die Vermittlung zur Vermeidung des offenen Ausbruches von Feindlichkeiten durch alle Epochen der griechisch-römischen Geschichte. Wie im modernen Recht werden auch in der Antike Vermittlung und Schiedsgerichtsbarkeit streng unterschie-

---

15 Vgl. G.E.M. DE STE. CROIX, The origins of the Peloponnesian War (3. Aufl., London 1989).

16 Das einzige international bedeutende Beispiel für diesen Zustand stammt auch aus der Vorgeschichte des peloponnesischen Krieges: Nachdem in Megara ein athenischer Herold ermordet worden war, stellte Charinos, ein Parteigänger des Perikles, in Athen den Antrag auf Abbruch der Beziehungen zwischen den Staaten und Begründung einer unversöhnlichen Feindschaft. Die Volksversammlung stimmte dem Antrag zu. Jeder Megarer, der athenischen Boden betrat, riskierte, hingerichtet zu werden; darüber hinaus verpflichteten sich die Strategen, zweimal im Jahr in das Gebiet der Megarer einzufallen (Plut. Perikles 30). Dieser Beschluß ist als „Megarisches Psephisma“ bekannt, siehe dazu: A. NIKITSKY, ΑΝΕΠΙΒΑΣΙΑ, in: Hermes 38 (1903) 409f.; DE STE. CROIX, Origins 247. Vgl. dazu auch die *Anepibasia* zwischen Troizen und Arsinoe in der Mitte des 2. Jh. v. Chr., KAJA HARTER-UIBOPUU, Das zwischenstaatliche Schiedsverfahren im Achäischen Koinon (Köln-Wien-Weimar 1998) 102–104.

den: Während Schiedsrichter durch einen Vertrag zwischen beiden Streitparteien ermächtigt sind, einen bindenden Spruch zu erlassen, sind Vermittler allein auf ihren Einfluß und ihre Überzeugungskraft sowie auf die Einsichtigkeit der Streitparteien angewiesen. Diesen Konflikt erkennt auch Polybios, der die Überlegenheit der Schiedsgerichtsbarkeit betont: „ἐλέγετο μὲν οὖν ταῦτα καὶ παραπλήσια τούτοις πλεονάκις ὑπ' ἀμφοτέρων κατὰ τὰς διαπρεσβείας καὶ τὰς ἐντεύξεις, ἐπετελεῖτο δὲ τὸ παράπαν οὐδὲν ἅτε τῆς δικαιολογίας γινομένης διὰ τῶν κοινῶν φίλων, μεταξὺ δὲ μηδενὸς ὑπάρχοντος τοῦ δυνησομένου παρακατασχεῖν καὶ κωλῦσαι τὴν τοῦ δοκοῦντος ἀδικεῖν ὁρμήν" *„So und ähnlich wurde bei den Verhandlungen in einem fort von beiden Seiten hin- und hergeredet, aber es kam dabei schlechterdings gar nichts heraus, da die Erörterung der Rechtsfragen durch die gemeinsamen Freunde geführt wurde und kein Schiedsrichter vorhanden war, der der Rechthaberei des augenscheinlich im Unrecht Befindlichen hätte Einhalt gebieten und ihn in seine Schranken hätte weisen können.*“[17]

Vermittler können zunächst Einzelpersonen sein, die zumeist wegen ihres Ansehens und ihres Einflusses ausgewählt werden.[18] So gelang es zum Beispiel dem Dichter Simonides 476/5 v. Chr. die beiden sizilischen Herrscher Hieron von Syrakus und Theron von Akragas miteinander auszusöhnen.[19] Im Hellenismus waren es dann die Könige selbst, die als Vermittler auftraten.[20] So berichtet Appian, daß sich Karthago im Ver-

---

[17] Pol. 5.67.11 beklagt die Aussichtslosigkeit der Vermittlung im Streit zwischen den Seleukiden und den Ptolemäern um den Besitz von Koile-Syrien.

[18] So gelingt es z.B. 1978 Papst Johannes XIII., Argentinien und Chile dazu zu bewegen, Kardinal Antonio Samoré als Vermittler in ihrem Streit über den Beagle-Kanal zu akzeptieren, weil die päpstliche Vermittlung in Südamerika bereits jahrhundertelange Tradition hat. MERRILLS, Dispute Settlement 29–33.

[19] Timaios Fragment 93 b; Diod. Sic. 11.48.3; Scholion zu Pindar, Olympien 2.29 bcd. 173 k., dazu HELMUT BERVE, Die Tyrannis bei den Griechen I (München 1967) 135f.

[20] Neben der Vermittlung des Ptolemaios sei auch auf folgende Fälle hingewiesen: Diod. Sic. 19.65.5 und 71.6–7: Hamilkar versucht zwischen Messana und Agathokles von Syrakus Frieden zu stiften (315–313 v. Chr.); Dionysios von Halikarnassos 19.9.2–4; Plut. Pyrrhos 16.4; Zonaras 8.3.4: Pyrrhos bietet an, zwischen Rom und den italischen Griechen zu vermitteln (280 v. Chr.); Diod. Sic. 30.2; Liv. 44.14.5–7; Pol. 29.7.6–8: Ptolemaios VI, Prusias von Bithynien und Eumenes II wollen – aus unterschiedlichen Gründen – in den Konflikt zwischen Rom und Makedonien im 3. Makedonischen Krieg besänftigend eingreifen (172–168 v. Chr.). Dazu jeweils SHEILA L. AGER, Interstate Arbitrations in the Greek World,

laufe des Krieges an den ägyptischen Herrscher Ptolemaios II wandte und um ein Darlehen von 2000 Talenten ansuchte. Dieser aber war mit beiden Kriegsparteien in gutem Einvernehmen und versuchte daher, sie miteinander auszusöhnen. Allerdings ist das Motiv des Königs deutlich zu erkennen: Durch das Angebot, eine Vermittlerrolle zu übernehmen, hatte er sich gleichsam die Rolle des Neutralen gesichert und wurde von weiteren Ansuchen um finanzielle Hilfe von beiden Seiten verschont.[21] Ebenso wirtschaftliche Motive stehen hinter einer Vermittlung durch den Galaterfürsten Kavaros: Ihm gelang es, Frieden zwischen den Streitparteien Byzanz auf der einen Seite und Rhodos mit Prusias von Bithynien auf der anderen Seite zu vermitteln. Polybios berichtet, daß er sich zunächst das Einverständnis von Byzanz und Prusias zur Vermittlung holte und Prusias zum Einlenken bewegte (220 v. Chr.). Daraufhin entsandten auch die Rhodier einen Gesandten zu den Friedensverhandlungen, nicht ohne aber als Rückversicherung gleichzeitig drei Trieren auf den Weg zu schicken. Ein griechisches Sprichwort nannte dieses Vorgehen „καὶ τὸ δόρυ καὶ τὸ κηρύκειον ἅμα πέμπειν". *„Den Speer und den Heroldsstab zusammen entsenden"* (Pol. 4.51.9–52.4). Auch in diesem Fall waren es neben der Person des Vermittlers und der Macht, die dieser verkörperte, individuelle Überlegungen der Streitparteien, die zur Beendigung der Kämpfe führten, wobei die friedliche Lösung als „ehrenvoller Ausweg" (ἐξαγωγὴ εὐσχήμων) angestrebt wurde.

Es ist jedoch nicht immer die Bekanntheit des Vermittlers, die ihn für diese Rolle geeignet macht. Sehr schnell bemerken Politiker auch, daß Vermittlungsversuche ihre Bekanntheit steigern können. Als bestes Beispiel mag dabei die – allerdings erfolglose – Mission des Q. Fabius Labeo in Kreta dienen, von der Livius berichtet (37.60.1–6). Labeo, der eben erst als Praetor zur Flotte gekommen war, machte sich Sorgen, daß man ihm Untätigkeit vorwerfen könne, da zur See zu dieser Zeit Frieden herrschte. Daher setzte er zur Insel Kreta über und lud die untereinander

---

337–90 B.C. (Berkeley 1996) und ANNA MAGNETTO, Gli Arbitrati Interstatali II. Dal 337 al 196 a.C. (Pisa 1997).

21 App. Sikelika 1; Matthaei argumentiert, daß es wohl am römischen Senat gelegen haben muß, daß der Vermittlungsversuch des Ptolemaios scheiterte, da die karthagischen Gesandten, die nach Alexandria gekommen waren, ihre Zustimmung wohl gegeben haben mußten; LOUISE E. MATTHAEI The Place of Arbitration and Mediation in Ancient Systems of International Ethics, in: Classical Quarterly 2 (1908) 254–256; AGER, Arbitration 109f.; MAGNETTO, Arbitrati 349ff.

streitenden kretischen Poleis ein, die Waffen niederzulegen, die italischen und römischen Gefangenen freizulassen und Gesandte zu ihm zu schicken, um diejenigen Angelegenheiten zu besprechen, die für Rom und Kreta gleichermaßen von Interesse wären. Dieses Angebot wurde von den kretischen Städten rundweg abgelehnt. Lediglich Gortyn gab die Gefangenen frei, was allerdings dazu führte, daß Labeo in Rom ein *triumphus navalis* gewährt wurde. Damit war für Q. Fabius Labeo der gewünschte Effekt des Vermittlungsversuches erreicht: die Vergrößerung seines eigenen Ruhms.[22]

Nicht nur herausragende Einzelpersonen, sondern auch eine oder mehrere Poleis konnten als Vermittler tätig werden. Sie wurden entweder wegen ihres Rufes als neutrale Macht ausgewählt, wie dies z.B. im Fall von Rhodos im 3. und 2. Jh. v. Chr. oft geschah,[23] oder besondere politische Konstellationen legten die Wahl des Vermittlers nahe. Zu den bekanntesten Fällen einer erfolgreichen Friedensvermittlung zählen sicher die Interventionen verschiedener griechischer Staaten zur Beendigung der Belagerung von Rhodos durch den Antigoniden Demetrios Poliorketes 304 v. Chr., die bei Diodor ausführlich geschildert wird.[24] Nachdem Rhodos sich geweigert hatte, mit Antigonos I Monophthalmos ein Bündnis gegen Ptolemaios von Ägypten zu schließen, begann Demetrios 305 v. Chr. die Stadt zu belagern. Im Frühjahr 304, als die mit modernsten technischen Mitteln durchgeführte Belagerung große Erfolge zu zeigen begann, bot sich eine Gesandtschaft aus Knidos an, die Rhodier dazu zu überreden, sich den Befehlen des Demetrios nach Möglichkeit zu fügen (20.95.4–5). Trotz intensiver Verhandlungen erreichten sie ihr Ziel nicht und der unterbrochene Sturm auf die Mauern von Rhodos wurde weitergeführt. Unterstützt durch Lieferungen aus Ägypten konnten die Rhodier eine Zeitlang Erfolge verzeichnen, dann gewann aber der Be-

---

22 Es gab natürlich auch genügend Fälle von erfolgreicher Vermittlung durch einzelne römische Politiker, als Beispiel sei hier die bei Polybios überlieferte Mission des Appius Claudius nach Kreta, 184 v. Chr., angeführt (Pol. 22.15). Vgl. dazu ANGELOS CHANIOTIS, Die Verträge zwischen kretischen Poleis in der hellenistischen Zeit (Stuttgart 1996) 281–285.

23 Siehe SHEILA L. AGER, Rhodes. The Rise and Fall of a Neutral Diplomat, in: Historia 40 (1991) 10–41; R. M. BERTHOLD, Rhodes in the Hellenistic Age (Ithaca/N.Y. 1984).

24 Diod. Sic. 20.95.4–5; 98.2–3; 99.3; Plut. Demetrios 22.8. BERTHOLD, Rhodes 74f.; KONSTANTIN BURASELIS, Das hellenistische Makedonien und die Ägäis (München 1982) 53–56.

lagerer wieder die Oberhand, und es kam beinahe erneut zur Erstürmung der Stadt. Inzwischen befanden sich über 50 Gesandte aus Athen und anderen griechischen Städten im Lager des Demetrios, die versuchten, einen Frieden zwischen den Streitparteien zu vermitteln. Ihre Bemühungen wurden aber durch neuerliche ägyptische Hilfslieferungen an Rhodos vereitelt (20.98.2–3). Im weiteren Verlauf der Belagerung gelang Demetrios noch einmal fast die Einnahme der Stadt, der Vorstoß wurde aber im letzten Moment zurückgeschlagen. Als die veränderte politische Lage in Griechenland seine Abreise notwendig machte, erreichte ihn der Befehl des Antigonos, er solle mit Rhodos Frieden schließen, wenn er annehmbare Bedingungen aushandeln könne (20.99.1). Auch Ptolemaios hatte inzwischen den Rhodiern geraten, Frieden zu schließen – wohl da er befürchtete, noch weitere Hilfe leisten zu müssen. Die Vermittlung wurde diesmal von Gesandten des Aitolischen Bundes durchgeführt, der dringend Antigonos' und Demetrios' Hilfe gegen Kassander in Griechenland benötigte (20.99.2). Die Rhodier, die unter den Folgen der langen Belagerung litten, stimmten zu und erhielten die Zusicherung, weiterhin autonom und ohne Besatzung bleiben und ihre Einkünfte selbst verwalten zu können. Sie hatten demnach keine Abgaben zu leisten, mußten aber Bundesgenossen der Könige werden. Nur im Fall eines Kriegszuges gegen Ptolemaios waren sie von der Beistandspflicht befreit (20.99.3).[25] Gerade diese Verhandlungen während der Diadochenkriege, als sich die politischen Verhältnisse in Griechenland rasch änderten, zeigen, wie sehr nicht nur die Beschlüsse, Krieg zu führen oder Frieden zu schließen, von den jeweiligen politischen, wirtschaftlichen und militärischen Umständen abhängen, sondern auch die Überlegung, sich als Vermittler zur Verfügung zu stellen. Sowohl die Streitparteien als auch die Vermittler hatten eigene Interessen an einer Beendigung des Krieges. Die Vermittlung selbst hat natürlich keine rechtliche Folgen, vielmehr führt sie in den erfolgreichen Fällen – wie eben demonstriert – zum Abschluß eines Vertrages zwischen den ehemaligen Streitparteien.[26] Dieser Vertrag konnte,

[25] Vgl. auch SCHMITT, Staatsverträge III, Nr. 442, 58f.

[26] An dieser Stelle seien einige weitere Vermittlungen des 3. Jh. v. Chr. erwähnt, die das vorhin Ausgeführte verdeutlichen: Memnon, Fragment 13, in: FELIX JACOBY, Die Fragmente der griechischen Historiker (FgrHist) III B (Leiden 1950) Nr. 434, 347–348: Herakleia schlichtet zwischen Byzantion und Istros-Kallatis, 253–247 v. Chr.; Inscriptiones Graecae (IG) V, 2.419: Das Aitolische Koinon erreicht einen Ausgleich zwischen Messene und Phigaleia, ca. 240 v. Chr.; Pol. 4.49.2: Byzantion

wie Inschriften belegen, auch einen Dank an die Vermittler enthalten, bisweilen wurden die Ehrungen auch gesondert festgehalten. Dabei sind Ehreninschriften, Kranzverleihungen und deren Verkündigung an den hohen Festen, Ehrentitel und wirtschaftliche Bevorteilungen die häufigsten Gunstbezeugungen.[27]

Seit der Freiheitserklärung des T. Quinctius Flamininus an den Isthmien 196 v. Chr. galt Rom für die griechischen Städte als Garant der neuen Ordnung und wurde mit zahllosen Konflikten zwischen den Poleis des hellenistischen Ostens belangt. Dabei wurden sowohl aus dem Mutterland als auch aus Kleinasien Klagen gegen Nachbarstaaten oder aber auch in vielen Fällen gegen die Leitung des jeweiligen Bundesstaates vorgetragen, um mit Hilfe Roms eine genehme Regelung zu erhalten. Der Senat aber war weder willens noch in der Lage, all diese Klagen einzeln zu behandeln, wie es die griechischen Städte erwarteten.[28] Seine direkte Einmischung sollte mit den Regelungen der Verhältnisse im Mutterland und in Kleinasien durch jeweils eine Kommission von 10 Männern nach den großen Siegen 196 v. Chr. bei Kynoskephalai und 188 v. Chr. bei Apameia ein Ende haben.[29] In der Aufgabe eines echten Vermittlers findet sich Rom selten, eines der wenigen Beispiele ist sein Eingreifen in

---

will Attalos I von Pergamon und seine Bruder Achaios versöhnen, 222–220 v. Chr.; Liv. 27.30.3–4; 28.7.13–14; App. Makedonika 3.1; Pol. 11.4–6: Rhodos, Chios, Athen und Ptolemaios IV versuchen im 1. Makedonischen Krieg zu vermitteln, 209–205 v. Chr.

27 Vgl. zum Beispiel Inschriften von Pergamon (IvPergamon) 245: Mytilene und Pitana übermitteln Pergamon den Beschluß, ihren Gebietsstreit von fremden Richtern beilegen zu lassen und danken der Stadt für die Vermittlung; Sammlung griechischer Dialektinschriften III, 1 Nr. 3089.11–40: Ehrendekret der Stadt Kallatis für Apollonia nach einer erfolgreichen Vermittlung durch Stratonax, einen Bürger von Apollonia.

28 Anthony J. Marshall, The Survival and Development of International Jurisdiction in the Greek World under Roman Rule, in: ANRW II 13 (Berlin-New York 1980) 626–661; Erich S. Gruen, The Hellenistic World and the Coming of Rome (Berkeley 1984) 96–131.

29 Die *legati* 196 v. Chr. hatten über die Verteilung der Gebiete, die dem makedonischen König im Verlaufe des Krieges abgenommen worden waren, ebenso zu entscheiden wie über verschiedene Ansprüche, die andere griechische Staaten gestellt hatten (Pol. 18.42.5; Liv. 33.30–34). Zur genauen Untersuchung der rechtlichen Grundlagen ihrer Tätigkeit siehe Werner Dahlheim, Struktur und Entwicklung des römischen Völkerrechtes im 3. und 2. Jahrhundert v. Chr. (München 1968) 83–98.

den 6. syrischen Krieg (170–168 v. Chr.). Zuerst wurde Rhodos von Rom aufgefordert, als Vermittler aufzutreten, ebenso befanden sich Athener, Achäer, Milesier und Klazomenier in Alexandria. Erst als Antiochos' Erfolge zu groß waren, griff Rom selbst ein und entsandte eine Kommission unter C. Popillius Laenas, der eine Vereinbarung zwischen Ptolemaios und Antiochos erreichen sollte. Allerdings kann der Erfolg des Laenas bei der Beendigung des Krieges weniger auf diplomatisches Geschick als auf die Kraft seiner Worte nach Bekanntwerden des römischen Sieges bei Pydna zurückgeführt werden: Rom diktierte die Friedensbedingungen in einem Krieg, an dem es gar nicht teilgenommen hatte.[30]

Eine Möglichkeit, den Wünschen der griechischen Städte zu entsprechen, sah Rom in der Entsendung von Untersuchungskommissionen. Diese hatten – ähnlich den Missionen der Vermittler – zumeist keinerlei rechtliche Handhabe und waren auf die Mitwirkung der Streitparteien angewiesen, allerdings verstärkt durch die Macht des Staates, der sie entsandt hatte. Aber mehr war von Rom aus auch gar nicht vorgesehen: Untersuchungskommissionen hatten den Vorteil, daß sie den bittstellenden Griechen das Gefühl vermittelten, Rom stünde als Hilfe zur Verfügung, ohne daß es selbst finanzielle oder personelle Aufwendungen in militärischer Hinsicht machen mußte.[31] So entsandte der römische Senat drei aufeinanderfolgende Untersuchungskommissionen zu Eumenes II von Pergamon und seinem Gegner Pharnakes. Nachdem beide Seiten 183/2 v. Chr. ihre Klagen im römischen Senat vorgetragen hatten, war es die Aufgabe der ersten Kommission, zu „*untersuchen*" (ἐπισκοπεῖν, Pol. 23.

---

[30] Pol. 28.1.6–7; 17.13–15; 19.1–7; 20.1; 23.1; 29.2.1–3; 24–25; 27.1–7; Liv. 44.19. 13–14; 45.12.3–7; Diod. Sic. 31.2.1–2; App. Syriaka 66. Siehe dazu AGER, Arbitration 336–341; M. G. MORGAN, The Perils of Schematism. Polybios, Antiochus Epiphanes and the „Day of Eleusis", in: Historia 39 (1990) 37–76.

[31] Als Untersuchungskommissionen sind unter anderem anzusprechen: Pol. 25.6.2–6; Liv. 41.19.3–6; App. Makedonika 11.1: Aulus Postumius und einige *legati* untersuchen – nach Bitten der Dardanier und Thessaler – das Verhältnis des Perseus zu den Bastarnen. Es gelingt Perseus aber, die Bedenken nach dem Untersuchungsergebnis zu zerstreuen (175 v. Chr.). Pol. 30.27; 30; 31.19–20; 31.3; Diod. Sic. 31.17; 28; Liv. Perioche 46: Ti. Gracchus bereist als Legat des Senats den Osten und besucht dabei Pergamon, Kappadokien, das seleukidische Königreich und Rhodos, um so den römischen Senat mit notwendigen Informationen zu versorgen. Sein Bericht diente weitgehend als Grundlage für die Antworten des Senats auf diverse Bittgesuche, mit denen Pergamon, Rhodos und Kappadokien im folgenden Jahr an ihn herantraten. Pol. 31.1.6–8; 6.1–5: vgl. zu diesen Kommissionen GRUEN, Hellenistic World 126–129.

9.3). Der Bericht dieser *legati* fiel eindeutig zugunsten des Pergameners aus, dennoch wurde im nächsten Jahr – als wiederum Gesandte der beiden Streitparteien in Rom vorstellig geworden waren – eine neue Kommission ausgesandt, die *„genauer untersuchen“* sollte (φιλοτιμότερον ἐπισκοπεῖν, Pol. 24.1.3). Ohne weitere Angaben über den Erfolg dieser Kommission berichtet Polybios als nächstes über eine Reise der Brüder des Eumenes, unter der Leitung des Attalos, nach Rom, wo dieser in einer Rede an den Senat um Hilfe für Eumenes in seinem Konflikt mit Pharnakes bittet (24.5.7). Nachdem die *patres* mit der nötigen Nachsicht (φιλανθρώπως) zugehört hatten, wurde Attalos mit der Antwort entlassen, man würde *legati* entsenden, die *„auf jede Weise dem Krieg ein Ende bereiten würden“* ([...] ἀπεκρίθη [...] πέμψει πρεσβευτὰς τοὺς κατὰ πάντα τρόπον λύσοντας τὸν πόλεμον·, Pol. 24.5.8) – eine Vermittlung, wie noch zu zeigen sein wird. Gleichzeitig aber war Pharnakes schon in Galatien und Kappadokien eingefallen. Eumenes verlegte sein Heer nach Galatien, wohin ihm Attalos folgte, der inzwischen aus Rom zurückgekehrt war. Auf die Nachricht über die Entsendung von *legati* hin entsandte Eumenes seinen Bruder zurück nach Pergamon, verstärkte sein Heer aber weiter. Die römischen Gesandten allerdings stellten als Bedingung für ihre Vermittlung den Rückzug des Pergameners aus Galatien und reisten dann zu Pharnakes, der sich überreden ließ, Unterhändler nach Pergamon zu entsenden. Als im Verlaufe der Verhandlungen klar wurde, daß alle Friedensbemühungen an der strikten Haltung beider Seiten scheitern würden, verließen die römischen *legati* Pergamon unverrichteter Dinge und erstatteten darüber im Senat Bericht. Eumenes führte den Krieg gegen Pharnakes allein erfolgreich zu Ende.[32] So zeigt sich, daß Untersuchungskommissionen – wie sie von Rom ausgesandt wurden – nicht unbedingt auf Friedensstiftung angelegt und dazu auch nicht geeignet waren.

Eine erfolgversprechendere Maßnahme zur Friedensstiftung im antiken Völkerrecht war das zwischenstaatliche Schiedsgericht.[33] Dieses In-

---

32 Pol. 24.14–5; vgl. auch Liv. 40.2.6–8; 20.1; Diod. Sic. 29.22.

33 In der modernen Staatenpraxis existieren parallel Schiedsgerichtsbarkeit und seit 1919 internationale Gerichtsbarkeit. Während es in der Schiedsgerichtsbarkeit – wie bereits in der Antike – den Parteien und dem Entscheidungsgremium überlassen bleibt, den Verlauf des Verfahrens zu bestimmen, sind die Verfahren vor den Internationalen Gerichtshöfen – Internationaler Gerichtshof, Europäischer

stitut hat seine Vorbilder in der innerstaatlichen Rechtsprechung: Stets war die freiwillige Unterwerfung zweier Streitparteien unter eine neutrale Instanz eine Alternative zum gerichtlichen Rechtsstreit gewesen.[34] Die wesentliche Voraussetzung für jedes zwischenstaatliche – wie auch private – Schiedsverfahren bildet daher die Einigung der beiden Streitparteien, sich dem Urteil eines Dritten zu unterwerfen, der Schiedsvertrag (ἐπιτροπή).[35] Dabei unterscheidet die Freiwilligkeit der Parteien, die dem Vertragsabschluß zugrunde liegt, das Verfahren von der staatlichen Gerichtsbarkeit. Eine angebotene Unterwerfung unter ein Schiedsgericht abzulehnen, hatte daher zwar keine rechtlichen Folgen für einen Staat, wurde allerdings als moralisch zu verurteilende Handlung angesehen.[36] Der Schiedsvertrag enthielt neben der Bestätigung der Parteien, daß sie den Spruch der Richter als bindende Grundlage ihrer rechtlichen Beziehungen anerkennen würden (κυρία-Klausel),[37] auch Vereinbarungen über

---

Gerichtshof und Internationaler Gerichtshof für Menschenrechte – normiert. Vgl. MERRILLS, Dispute Settlement 121–269.

34 Zu den dogmatischen Grundlagen vor allem ARTUR STEINWENTER, Die Streitbeendigung durch Schiedsspruch, Urteil und Vergleich (2. Aufl., München 1971) 16–19. A. RAEDER, L'arbitrage internationale chez les Hellènes (Kristiania 1912); MARCUS N. TOD, International Arbitration amongst the Greeks (Oxford 1913). Dazu kommen die Materialsammlungen von PICCIRILLI, Arbitrati; AGER, Arbitration und MAGNETTO, Arbitrati. Zu einem allgemeinen Überblick über den Stand der Forschung siehe HARTER-UIBOPUU, Schiedsverfahren 1–4.

35 Nur wenn dieses Element in den antiken Quellen gefunden wird oder mit Sicherheit darauf geschlossen werden kann, kann man von Schiedsgerichtsbarkeit sprechen, die anderen Fälle sind dem Bereich der Vermittlung zuzuordnen. Natürlich ist gerade dieses Vorgehen nicht einfach, da die antiken Historiographen in ihrer Schilderung von Beispielen der Streitbeilegung oft auf derartige juristische Details keinen Wert legten und viele Schiedsverfahren auch vorzeitig durch einen Vergleich abgebrochen wurden (siehe unten). Oftmals kann nur ein vorsichtiger Vergleich mit der Terminologie aus den – vom juristischen Standpunkt aus besser qualifizierbaren – Inschriften helfen. Vgl. dazu HARTER-UIBOPUU, Schiedsverfahren 165–195.

36 So klagt zum Beispiel Perikles 432/1 v. Chr. die Spartaner an, daß es immer wieder zu bewaffneten Übergriffen komme, anstatt Konflikte – wie im dreißigjährigen Frieden vereinbart – auf friedlichem Wege beizulegen, Thukydides (Thuk.) 1.140.2. Sparta selbst erkennt 414/13 v. Chr., daß sein fehlendes Kriegsglück wohl auf die Weigerung zurückzuführen sei, ein athenisches Angebot anzunehmen, sich einem Schiedsgericht zu unterwerfen (Thuk. 7.18.2).

37 Vgl. STEINWENTER, Streitbeendigung 180f. Z.B. IvPergamon 245 (Mytilene–Pitana Z.31 und 74); WILHELM DITTENBERGER, Sylloge Inscriptionum Graecarum

die Definition des Streitgegenstands und die Auswahl der Richter, Ort und Zeitpunkt des Verfahrens und zumeist Regelungen in prozeßtechnischen Fragen.[38] Zumeist fanden sich die Streitparteien ad hoc zum Abschluß eines Schiedsvertrages zusammen, auch wenn im Vorfeld keine Regelungen über ein Vorgehen im Streitfall getroffen wurden: Man spricht dann von kompromissarischer Schiedsgerichtsbarkeit. Aber auch obligatorische Schiedsgerichtsbarkeit war in der Antike bereits bekannt: Dabei wurde – vor allem in Friedens- oder Bündnisverträgen – vereinbart, daß die Vertragsparteien im Falle auftretender Streitigkeiten diese friedlich durch ein Schiedsgericht beilegen sollten. Eine derartige Schiedsklausel überliefert Thukydides im Vertrag zwischen Sparta und Argos 418 v. Chr. „αἰ δέ τινι τᾶν πολίων ᾖ ἀμφίλογα, ἤ τᾶν ἐντὸς ἤ τᾶν ἐκτὸς Πελοποννάσω, αἴτε περὶ ὅρων αἴτε περὶ ἄλλω τινός, διακριθῆμεν. αἰ δέ τις τῶν ξυμμάχων πόλις πόλι ἐρίζοι, ἐς πόλιν ἐλθεῖν ἅντινα ἴσαν ἀμφοῖν ταῖς πολίεσσι δοκείοι." *„Entsteht zwischen den Städten ein Streitfall, denen innerhalb oder außerhalb der Peloponnes, über Grenzen oder sonst irgend etwas, sollen sie sich gütlich einigen. Hat eine Stadt der Verbündeten mit einer andern Streit, wenden sie sich an eine Stadt, die beiden unparteiisch scheint."*[39] Allerdings war der Erfolg derartiger Schiedsklauseln von der Zeit abhängig, in der die ihnen zugrundeliegenden Verträge Gültigkeit hatten – und diese war zumeist sehr beschränkt.

Als Richter wurden entweder kleinere Personengruppen („fremde Richter") oder ein ganzer Stadtstaat (*Polis Ekkletos*) ausgewählt, wobei neben diesen Grundtypen auch andere Varianten der Besetzung des Gerichtshofes offenstanden. Gerade die Möglichkeit für konkurrierende Poleis, den Gerichtshof für die Beilegung ihrer Streitigkeiten selbst zu wählen, kann als einer der wichtigsten Grundsätze der antiken Schieds-

---

(3. Aufl., Leipzig 1915) 712, 27 (Schiedsvertrag zwischen den kretischen Poleis Lato und Olous).

38 IvPergamon 245, 28–31 und 70–73.

39 Thuk. 5.79.4, vgl. BENGTSON, Staatsverträge II Nr. 194; PICCIRILLI, Arbitrati 137–141. Parallele Schiedsklauseln finden sich im dreißigjährigen Frieden zwischen Athen und Sparta (446/5 v. Chr.): Thuk. 1.78.4; 140.2; 7.18.2; im Waffenstillstand zwischen Athen und Sparta 423 v. Chr.: Thuk. 4.118.8; 4.122.4; im Nikiasfrieden 421 v. Chr.: Thuk. 5.18.4. Vgl. auch den Koine-Eirene-Vertrag von 362/1 v. Chr.: IG IV 556 und Diod. Sic. 15.89.1.

gerichtsbarkeit angesprochen werden.[40] Als klassische Form gilt allerdings das Verfahren vor einer *Polis Ekkletos*, einer angerufenen Polis. Die Besetzung des Gerichtshofes, die Anzahl der Richter und die Art der Auswahl oder Auslosung blieben dabei dem Richterstaat überlassen, der das Verfahren entweder vor einem eigenen regulären Gerichtshof durchführte oder ein Gericht für diesen Fall bestellte.[41] Verfahren vor fremden Richtern (δικασταὶ μεταπεμπτοί) sind ab dem 4. Jh. v. Chr. belegt und finden sich zunächst vor allem in der innerstaatlichen Rechtsprechung.[42] Die Zahl der Richter war in diesen Verfahren zumeist kleiner als im Fall der Streitentscheidung durch eine *Polis Ekkletos*, was vor allem in Grenzstreitigkeiten einen gewissen Vorteil brachte, die oft nur nach ausgiebigen Untersuchungen vor Ort einer Lösung zugeführt werden konnten.

Die Inschriften wie die literarischen Zeugnisse bestätigen, daß im Verlaufe des zwischenstaatlichen Schiedsverfahrens ebenso wie im privaten Rechtsverkehr stets auf die Möglichkeit geachtet wurde, eine außergerichtliche Einigung zwischen den Streitparteien zu erlangen. Es herrschte die Überzeugung vor, daß ein Vergleich, der zu einer Versöhnung der Kontrahenten führte, in jedem Fall einem streitbeendenden Urteil oder Schiedsspruch vorzuziehen war. Hierin besteht auch die enge Verwandtschaft mit der Vermittlung: Auch die Schiedsrichter waren als Vermittler tätig, bis sich herausstellte, daß kein außergerichtlicher Ausweg mehr offenstand. Dann konnten sie ohne weitere Verfahrensschritte auf die ihnen übertragene Kompetenz zurückgreifen und den Streit mit einem Spruch entscheiden. Von einer erfolgreichen Vermittlung können 12 Richter — je sechs aus Milet und Rhodos — berichten, die in einem

---

40 So kann man z.B. für das Achäische Koinon feststellen, daß es seine Mitglieder zwar verpflichtend zur friedlichen Streitbeilegung anhielt und Schiedsgerichtsbarkeit dabei als probates Mittel ansah, den Gliedstaaten aber freistellte, in welcher Art und Weise diese Schiedsgerichtsbarkeit ausgeübt werden sollte, HARTER-UIBOPUU, Schiedsverfahren 197–200.

41 Zur *Polis Ekkletos*: TOD, Arbitration 96–106 mit zahlreichen Beispielen; RAEDER, Arbitrage 254–258. Vor dem regulären Gerichtshof: IG XII 3, 1259, 2: Argos entscheidet zwischen Melos und Kimolos; Inschriften von Priene 134, 4: Smyrna entscheidet zwischen Milet und Priene. Spezieller Gerichtshof: Inscriptiones Creticae 3.4.9: Magnesia am Mäander entscheidet zwischen Itanos und Hierapytna.

42 LOUIS ROBERT, Les juges étrangers dans la cité grecque, in: ΞΕΝΙΟΝ, FS Zepos I (Athen-Freiburg-Köln 1973) 765–782; STEINWENTER, Streitbeendigung 152–156; MARSHALL, Survival 636–640.

Streit in der Argolis entscheiden sollten.[43] Da epidaurische Hirten widerrechtlich hermioneische Weiden genutzt hatten, hatte Hermione Epidauros dazu aufgefordert, sich einem Schiedsgericht zu unterwerfen (Z. 12–15). Die Richter waren zu einem Lokalaugenschein in das umstrittene Grenzgebiet geführt worden und hatten sich selbst ein Bild von den Verhältnissen gemacht.[44] Daraufhin unterbreiteten sie einen Kompromißvorschlag, der die Zustimmung der Parteien fand: Das umstrittene Gebiet sollte in Hinkunft beiden Poleis gemeinsam gehören und auch von ihnen gemeinsam genutzt werden. Da Epidauros und Hermione diesem Kompromiß zustimmten, wurde das Verfahren abgebrochen, eine Streitentscheidung war nicht mehr notwendig. Dennoch wurde der Vergleich von den Richtern als Spruch formuliert und verkündet, wohl um ihm mehr Gewicht zu verleihen und seine Einhaltung garantieren zu können.[45]

Als typisches Beispiel für ein Schiedsverfahren, das mit einem Spruch endete, sei hier auf den Gebietsstreit zwischen den Inseln Melos und Kimolos verwiesen (IG XII 3.1259):[46] „Θεός. Ἔκρινε ὁ δᾶμος ὁ τῶν Ἀργείων κατὰ τὸ δόκημα τοῦ συνεδρίου τῶν Ἑλλάνων, ὁμολογησάντων Μαλίων καὶ Κιμωλίων ἐμμένεν ἅι κα δικάσσαιεν τοὶ Ἀργεῖοι· περὶ τᾶν [ν]άσων, Κιμωλίων ἦμεν Πολύαιγαν Ἑτήρειαν Λίβειαν. Ἐδίκασσαν νικῆν Κιμωλ[ίο]υς. Ἀρήτευε Λέων· [β]ωλ[ᾶ]ς σευτέρας· Ποσιδάον γρο[φ]εὺς

43 Supplementum Epigraphicum Graecum 11.377 und IG IV 1² 75; dazu HARTER-UIBOPUU, Schiedsverfahren 72–80 und DIES., Ein Vergleich zwischen Epidauros und Hermione. Zur friedlichen Lösung zwischenstaatlicher Konflikte durch Schiedsgerichte, in: Grazer Beiträge 21 (1995) 61-70 mit topographischen Angaben.

44 Der Lokalaugenschein ist das wichtigste Beweismittel bei Gebietsstreitigkeiten und wird auch von großen Gruppen von Richtern gewissenhaft durchgeführt. Vgl. IG IV 1² 71: Megara entscheidet in einem Gebietsstreit zwischen Epidauros und Korinth, 242/1 v. Chr., in dem 151 Richter das umstrittene Gebiet besuchen und in weiterer Folge eine Kommission von 31 Richtern die Grenze genau abschreitet. Dazu: TOD, Arbitration 109ff.; HARTER-UIBOPUU, Schiedsverfahren 19–21 und 155–156.

45 Siehe dazu HARTER-UIBOPUU, Schiedsverfahren 77f.; einen ähnlichen Fall schildert IG XII 5.128: Eretria vermittelte 194 v. Chr. in einem Streit zwischen Paros und Naxos.

46 CARL A. ROEBUCK, The settlements of Philipp II in 338 B.C., in: Classical Philology 43 (1948) 73–92; IDA CALABI, Il sinedrio della lega di Corinto e le sue attribuzioni giurisdizionali, in: Rivista di Filologia Classica nuova seria 28 (1950) 63–69; MAGNETTO, Arbitrati 1–9.

βωλᾶς· Πέριλλος πεδιόν." *„Gott. Das Volk der Argiver entschied gemäß dem Beschluß des Rates der Griechen, nachdem Melier und Kimolier übereingekommen waren, anzuerkennen, was immer die Argiver über die Inseln urteilen würden, daß Polyaiga, Etereia und Libeia den Kimoliern gehören sollten. Sie sprachen den Kimoliern den Sieg zu."* In kürzestmöglicher Weise wird die Richterstadt Argos genannt (Z. 2–3), der Schiedsvertrag umrissen (Z. 5–9) und der Streitgegenstand spezifiziert (Z. 9–12). Nach dem Spruch (Z. 12–14) wird die Inschrift nach den Amtsträgern der Stadt Argos datiert (Z. 14–17). Informationen über den Verfahrensablauf, wie sie im Hellenismus in Inschriften, die zwischenstaatliche Schiedsgerichte betreffen, üblich sind, fehlen völlig. Als Besonderheit sei hier aber darauf hingewiesen, daß die Entscheidung, Argos als Schiedsrichter zu wählen, nicht unmittelbar von den Streitparteien ausging. Als Jurisdiktionsträger fungierte das *Synedrion* des Korinthischen Bundes, den Philipp II von Makedonien nach seinem Erfolg über die vereinten griechischen Streitkräfte bei Chaironeia 338 v. Chr. ins Leben gerufen hatte.[47] Sowohl die Streitparteien als auch die Richterstadt waren Mitglieder in diesem *Synedrion*, an das sich Melos und Kimolos mit der Bitte um Entscheidung ihrer konkurrierenden Gebietsansprüche gewandt haben müssen. Möglicherweise ist auch dieses Schiedsgericht im Rahmen einer großangelegten Kampagne zur Beilegung verschiedener Konflikte zwischen griechischen Poleis 338/7 v. Chr. zu sehen, die unter Philipps Ägide durchgeführt wurde. Rege Diskussionen gibt es über die Frage, wie weit Philipp persönlich in die Verfahren eingegriffen hatte. Dabei scheint festzustehen, daß von den Richtern – unabhängig oder nicht – keine Entscheidungen getroffen wurden, die nicht in die Pläne des makedonischen Herrschers paßten. Gerade dieses Vorgehen Philipps, der eben erst seinen Anspruch auf ganz Griechenland überzeugend geltend gemacht hatte, zeigt die Bedeutung der zwischenstaatlichen Schiedsgerichtsbarkeit zu seiner Zeit: Hinter ihrer Maske konnte er den Eindruck vermitteln, die Griechen seien frei, selbst über ihre Besitzstände zu entscheiden.[48]

---

[47] Siehe vor allem die detaillierte Analyse von MARTIN JEHNE, Koine Eirene. Untersuchungen zu den Befreiungs- und Stabilisierungsbemühungen in der griechischen Poliswelt des 4. Jh. v. Chr. (Stuttgart 1994) 139–261.

[48] Zum Forschungsstand: JEHNE, Koine Eirene 146–151; AGER, Arbitration 39–45; HARTER-UIBOPUU, Schiedsverfahren 89–92.

Dem römischen Völkerrecht war das Konzept eines neutralen Dritten, dem sich die Streitparteien uneingeschränkt unterwarfen, unbekannt.[49] Rom war nicht gewillt, Entscheidungen von politischer Bedeutung einem Schiedsgericht mit ungewissem Ausgang zu überlassen. Dies zeigt sich besonders deutlich in den Verhandlungen mit Philipp V. Für das Jahr 200 v. Chr. berichtet Polybios von zwei Schiedsklauseln in Friedensangeboten, 198 v. Chr. erklärt sich Philipp V sogar bereit, sich einem Tribunal zu stellen, das über die Ansprüche der griechischen Städte entscheiden sollte, die durch den Krieg Schaden erlitten haben wollten. Für den römischen Verhandler T. Quinctius Flamininus war aber die Schuldfrage bereits geklärt, er wollte nur noch die Höhe des Schadenersatzes feststellen lassen. Daraufhin wurden die Verhandlungen abgebrochen und der Krieg sollte noch zwei Jahre dauern.[50] Im folgenden findet sich Rom weder als Streitpartei in einem Verfahren, noch werden Entscheidungen vom römischen Senat direkt getroffen, wie es die griechischen Staaten erwarteten. Streitfälle, die an den Senat herangetragen wurden, wurden zumeist an eine griechische Stadt delegiert, die über eine „Prozeßfrage", die sie aus Rom erhielt, urteilen mußte.[51] Dabei wurden Ähnlichkeiten zum römischen Zivilprozeß festgestellt, da dem Senat gleichermaßen die Aufgabe des Prätors zukam, der über die Richterbestellung und das Prozeßprogramm entschied. Die ausgewählte Stadt entschied nicht nach Billigkeit, sondern war angehalten, bestimmte Fakten zu ermitteln, aufgrund derer sie den Spruch fällen mußte.[52] Viele der lokalen Streitfälle im griechischen Mutterland und in Kleinasien waren aber auch ohne Zutun Roms weiterhin durch Schiedsgerichte entschieden worden, wobei Rom diese Entwicklung nicht nur zuließ, sondern auch begrüßt haben dürfte.[53]

---

49 GRUEN, Hellenistic World 100; MATTHAEI, Place of Arbitration 240ff.; MARSHALL, Survival 645; HARTER-UIBOPUU, Schiedsverfahren 165ff.

50 200 v. Chr.: Pol. 16.27.2; 34.3; Konferenz am Aoos: Liv. 32.10: GRUEN, Hellenistic World 102f.

51 Analysierende Studien bieten GRUEN, Hellenistic World 96–131 sowie MARSHALL, Survival.

52 Dazu JOSEF PARTSCH, Die Schriftformel im römischen Provincialprozeß (Breslau 1905) 48ff. mit Kritik von H. F. HITZIG, Der griechische Fremdenprozeß im Lichte der neueren Inschriftenfunde, in: ZRG RA 28 (1907) 249–253. MARSHALL, Survival 649, stellt fest: „The Romans seemed quite naturally to have related their new task of arbitration to their own tried and tested civil law forms".

53 GRUEN, Hellenistic World 111.

Die vorliegende Untersuchung der Verhandlungen, Vermittlungen und zwischenstaatlichen Schiedsverfahren hat gezeigt, daß Kriege in der klassischen und hellenistischen Antike zumeist von friedenserhaltenden Maßnahmen begleitet waren. Auseinandersetzungen mit Waffengewalt waren zwar nicht verpönt, und einmal getroffene Vereinbarungen wurden oft schnell wieder „vergessen“ aber der Frieden wurde weitaus höher geschätzt. So klagte schon Herodot (1.87.4): „Οὐδεὶς γὰρ οὕτω ἀνόητός ἐστι ὅστις πόλεμον πρὸ εἰρήνης αἱρέεται· ἐν μὲν γὰρ τῇ οἱ παῖδες τοὺς πατέρας θάπτουσι, ἐν δὲ τῷ οἱ πατέρες τοὺς παῖδας.“ *„Denn niemand ist ja so unvernünftig, daß er den Krieg wählt statt des Friedens. Im Frieden begraben die Kinder ihre Väter, im Krieg aber die Väter ihre Kinder.*“ Dies galt es zu verhindern.

THOMAS HENNE, Frankfurt/Main

DIE *MEPHISTO*-ENTSCHEIDUNGEN DER DEUTSCHEN GERICHTE

Eine exemplarische, justitiell geführte Auseinandersetzung über den Umgang mit der deutschen NS-Vergangenheit in den späten sechziger und frühen siebziger Jahren*

Die langjährigen gerichtlichen Auseinandersetzungen um die Publikation von Klaus Manns Roman *Mephisto* kulminierten 1971 in einem spektakulären Beschluß des Bundesverfassungsgerichts: Im „Duell der Toten"[1] gewann der Schauspieler und Theaterintendant Gustaf Gründgens postmortal gegen den Schriftsteller Klaus Mann. Das Bundesverfassungsgericht bestätigte das Ergebnis der Vorinstanz: Der Roman verletze das Persönlichkeitsrecht von Gründgens. Das Buch, als Übersetzung schon mit großem Erfolg in etlichen europäischen Ländern publiziert, durfte nach wie vor in der Bundesrepublik nicht erscheinen. Diese Entscheidung des Bundesverfassungsgerichts gilt heute gemeinhein als der bekannteste Literatur-Prozeß der deutschen Nachkriegsgeschichte,[2] in mehrfacher Hinsicht als grundlegend für die Dogmatik der bundesdeutschen Grundrechtsjudikatur[3] und im Hinblick auf das Ergebnis als „Fehlurteil".[4]

So wichtig diese Gesichtspunkte sind, ist damit doch ein weiterer wesentlicher Aspekt noch unberücksichtigt: Es stand „Geschichte vor Ge-

---

* Der Verf. dankt Lars Hendrik Riemer, M.A., für seine hilfreichen Anmerkungen.

1 Überschrift eines Artikels von MARCEL REICH-RANICKI in der Wochenzeitung „Die Zeit" v. 18. 3. 1966, also kurz nach dem folgenreichen OLG-Urteil (dazu Anm. 34). Zitiert nach dem Abdruck bei EBERHARD SPANGENBERG, Karriere eines Romans. Mephisto, Klaus Mann und Gustaf Gründgens (Hamburg 1986) 225–227, hier 225. Noch vor Mann und Gründgens war auch der ursprüngliche Verleger des Romans gestorben; dazu bei Anm. 22.

2 THOMAS BLUBACHER, Gustaf Gründgens (Berlin 1999) 60; NICOLE SCHAENZLER, Klaus Mann. Eine Biographie (Frankfurt/M. 1999) 265.

3 Dazu neuestens JOHANNES HAGER, Die Mephisto-Entscheidung des Bundesverfassungsgerichts, in: JURA 2000, 186–193.

4 Vgl. z.B. KARL LARENZ / CLAUS-WILHELM CANARIS, Lehrbuch des Schuldrechts II/2 (13. Aufl., München 1994) 529.

richt".[5] Die insgesamt vier Entscheidungen in diesem Rechtsstreit belegen exemplarisch die jeweils zeittypischen Antworten auf die Grundfrage: Welche moralische Wertigkeit besaß die Entscheidung für die Emigration (1933 und danach) im Vergleich zur Entscheidung für ein Leben im NS-System? Die erst miteinander verzahnten, dann entgegengesetzten Lebensläufe von Klaus Mann und Gustaf Gründgens lieferten zur Diskussion dieser Frage Idealtypen: Auf der einen Seite Klaus Mann, 1933 emigriert und ein erbitterter Gegner der Nationalsozialisten, auf der anderen Seite Gründgens, der nach 1933 von führenden Nazi-Größen protegiert wurde und bis in höchste Ämter aufstieg.

Nach 1945 setzte sich die Idealtypik nahezu bruchlos fort: Einerseits der „Nationalschauspieler"[6] Gründgens, der nach wie vor als „Mephisto" in Theateraufführungen von Goethes „Faust" gefeiert wurde, andererseits lehnte es Thomas Mann, Klaus Manns Vater, explizit ab, dauerhaft in der Bundesrepublik zu leben. Und zudem war es kurz vor der Entscheidung des Bundesverfassungsgerichts erstmals einem Emigranten, Willy Brandt, gelungen, für seine Politik eine knappe Mehrheit unter den bundesdeutschen Wählerinnen und Wählern zu finden. Hintergrund und Zeitpunkt der vorläufig-endgültigen *Mephisto*-Entscheidung hätten kaum brisanter sein können. Dabei gilt, wie der Sohn des vor dem BVerfG unterlegenen Verlegers zu Recht geschrieben hat: „Man kann den *Mephisto* nicht ohne die Situation seiner Entstehung beurteilen".[7]

I. DIE VOR- UND NACHGESCHICHTE ZUM URTEIL DES BVERFG

Leben und Werk von Gründgens und Klaus Mann waren auf eine spezifische Weise miteinander verzahnt – An- und Abstoßung schufen jenes Spannungsfeld, aus dem eine Karriere, ein Roman und dessen Karriere hervorgingen. All dies ist zwar nicht in den Sachverhalten der Gerichtsentscheidungen, aber jedenfalls von Literatur- und Theaterwissenschaftlern umfassend beschrieben, wobei die zeitliche Parallelität von Klaus Manns 50. Todestag und Gründgens' 100. Geburtstag vor kurzem noch

5 So der Titel eines von NORBERT FREI, DIRK VAN LAAK und MICHAEL STOLLEIS herausgegebenen Sammelbandes (München 2000).

6 DAGMAR WALACH, Gustaf Gründgens – eine deutsche Karriere (Berlin 1999) 9.

7 E. SPANGENBERG, Karriere 107.

einmal zu vielen Neuerscheinungen geführt hat.[8] Nach wie vor kommt allerdings eine rechtshistorische Analyse der juristischen Aspekte regelmäßig zu kurz.[9]

Ausgangspunkt war die Zeit der Weimarer Republik: Gustav[10] Gründgens heiratete 1926 Erika Mann, die Schwester von Klaus Mann; zuvor hatte Gründgens ein Theaterstück von Klaus Mann inszeniert. Die Ehe wurde aber schon nach kurzer Zeit, 1929, geschieden; Klaus und Erika Mann hatten zuvor zusammen unter anderem eine Weltreise unternommen und sich heftige Konflikte mit Gründgens geliefert. Die Grundkonstellation war geprägt.

Noch in der Endphase der Weimarer Republik wurde Gründgens „der meistbeschäftigte Darsteller und Regisseur in Schauspiel, Oper, Revue und Film“[11] und spielte 1932 in Berlin die Rolle seines Lebens, den „Mephisto“ in Goethes „Faust“. Klaus Mann hingegen schrieb im gleichen Jahr einen Roman, in dem erstmals eine Figur durch Gründgens inspiriert war;[12] zugleich wurde Mann jetzt zum entschiedenen Gegner der

---

8 Erwähnt seien nur: ERIKA FISCHER-LICHTE / DAGMAR WALACH (Hrsg.), „Als Schauspieler fühle ich mich“ – Gustaf Gründgens (1899–1963) (Berlin 2000); THOMAS BLUBACHER, Gustaf Gründgens (Berlin 1999); MICHAEL MATZIGKEIT / WINRICH MEISZIES (Hrsg.), Gustaf Gründgens – Ansichten eines Schauspielers (Düsseldorf 1999) (Bildband); PETER MICHALZIK, Gustaf Gründgens. Der Schauspieler und die Macht (Berlin 1999) (mit umfassender Thematisierung der Verzahnung mit Klaus Mann); WALACH, Gründgens (Nachlaßmaterialien) bzw. MARLIS THIEL, Klaus Mann: Die Sucht, die Kunst und die Politik (Pfaffenweiler 1998) (Biographie); ANDREA WEISS, Flucht ins Leben: Die Erika-und-Klaus-Mann-Story (Hamburg 2000) (Doppelbiographie); SCHAENZLER, Mann (ausführlich zur Entstehung des Mephisto-Romans).

9 Erste Schritte in diese Richtung jetzt aber bei BEATE SCHULTE ZU SODINGEN, Mephisto. Die Freiheit der Kunst und der postmortale Ehrenschutz, in: JÖRG MENZEL (Hrsg.), Verfassungsrechtsprechung. Hundert Entscheidungen des Bundesverfassungsgerichts in Retrospektive (Tübingen 2000) 169–174. Dazu THOMAS HENNE, Rezension, in: Ius Commune – Zeitschrift für Europäische Rechtsgeschichte 28 (2001) 527–531. Kursorische Erörterungen zuvor bei HARM PETER WESTERMANN, Klaus Manns Mephisto Roman und die Justiz, in: HANS-ALBRECHT KOCH u.a. (Hrsg.), Grenzfrevel. Rechtskultur und literarische Kultur (Bonn 1998) 167–176.

10 Gründgens schrieb seinen Vornamen erst später mit „f“.

11 E. SPANGENBERG, Karriere 31.

12 Gregor Gregori im Roman „Treffpunkt im Unendlichen“. Dazu UWE NAUMANN, „... nur ein ganz gewöhnlicher Schauspieler“? Gustaf Gründgens, Klaus Mann und der Mephisto-Roman, in: FISCHER-LICHTE/WALACH, Gründgens 79–88, hier 84f.

Nazis. Die Machtübergabe an die Nazis spaltete daher endgültig die Lebensläufe: Gründgens wurde bald Intendant des Berliner Staatstheaters, während Klaus Mann schon im März 1933 emigrierte. Arriviert der eine, emigriert der andere. Und dieses Grundmuster blieb erhalten: 1936 wurde Gründgens (vor allem zu seinem Schutz) mit Görings Unterstützung zum Preußischen Staatsrat ernannt (und teilte dieses Amt unter anderem mit Carl Schmitt[13]), während Klaus Mann im Amsterdamer Exil den Roman *Mephisto* mit einer Auflage von rund 2.500 publizierte.[14] Einer Schlußfolgerung trat Klaus Mann jedoch sofort entgegen: Als die „Pariser Tageszeitung“ die Erstveröffentlichung als „Schlüsselroman“ ankündigte, widersprach Mann energisch. Gründgens war wahrscheinlich bald einer der eifrigsten Leser des Buchs[15] und reagierte offenbar 1941 mit dem Kinofilm „Friedemann Bach“: Der ambitionierte älteste Sohn von Johann Sebastian Bach scheitert mit seiner Künstlerkarriere und endet im Film als vagabundierender (!) Geiger.[16]

Nach 1945 konnte Gründgens seine Theaterkarriere in der Bundesrepublik fortsetzen; berühmt sind unter anderem seine „Mephisto“-Rollen. Gründgens blieb arriviert und wurde als (so jedenfalls die Angabe in einem der Urteile) erster Künstler 1953 mit dem „Großen Verdienstkreuz mit Stern“ der Bundesrepublik Deutschland ausgezeichnet. Der Rest blieb im Keller, oder genauer: im Schreibtisch – Gründgens konnte die Publikation des *Mephisto*-Romans bei bundesdeutschen Verlagen verhindern. Auch Hendrik Höfgens so prophetischer Ausruf „Das Theater

---

[13] Dazu jetzt DIRK BLASIUS, Carl Schmitt – Preußischer Staatsrat in Hitlers Reich (Göttingen 2001).

[14] Querido Verlag (Amsterdam 1936), 400 Seiten. Die Angabe der Auflage nach E. SPANGENBERG, Karriere 118; zurückhaltender HANS-ALBERT WALTER (Bearb.), Fritz H. Landshoff und der Querido Verlag 1933–1950 (Marbach am Neckar 1997) 114: „Für ‚Mephisto‘ haben wir keine Abrechnung, doch der Start war vielversprechend: 1200 Exemplare nach einem knappen Vierteljahr, die Erstbestellungen der Auslieferer“.

[15] E. SPANGENBERG, Karriere 121, m.N.

[16] Dazu NAUMANN, Schauspieler 82f. Naumann hält dort den Bezug des Films auf Klaus Mann „für ausgesprochen plausibel“; vorsichtig zustimmend auch WOLFGANG THEIS, Capriolen. Der Filmschauspieler Gustaf Gründgens, in: FISCHER-LICHTE/WALACH, Gründgens 117–128, hier 127f.: Der Film, eine „überaus ambitionierte Biographie [...] gilt allgemein als Desaster. [...] Sieht man den Film [jedoch als Auseinandersetzung mit Klaus Mann], erhält er eine neue Aktualität, die in vielerlei Hinsicht besticht. Nicht ohne Liebe, Nachsicht und Einfühlungsvermögen würde dann hier Gründgens den Jugendfreund porträtieren [...]“.

braucht mich, und jedes Regime braucht das Theater! Kein Regime kann ohne mich auskommen!"[17] blieb ungedruckt. 1949 starb Klaus Mann – nach fünf erfolglosen Freitodversuchen – durch eine Überdosis Schlaftabletten. „Wohl einer der Gründe zu Klaus Manns Freitod [ist] die Ablehnung der schon zugesagten Veröffentlichung des ‚Mephisto'-Romans durch einen Verleger in West-Berlin".[18]

Endlich, 1956, wurde *Mephisto* im Aufbau-Verlag in der DDR publiziert und in der Bundesrepublik „ohne Behinderung" verkauft.[19] Nach dem Absatz von immerhin 60.000 Exemplaren binnen drei Jahren erfolgte aber keine Neuauflage. Auch beim letzten Schritt blieb die Verzahnung der Lebensläufe erhalten: Wie sein Antipode starb Gründgens 1963 durch eine Überdosis Schlaftabletten, und im gleichen Jahr begann die Nymphenburger Verlagshandlung mit der (noch zu Gründgens' Lebzeiten in Gang gebrachten) ersten Gesamtausgabe von Klaus Manns Werken. Als die Publikation des *Mephisto* anstand, begann das langjährige „Duell der Toten" in den Hallen der Justiz. Es endete damit, daß 1965 zwar 10.000 Exemplare gedruckt und schnell verkauft werden konnten, danach das Buch aber bis 1981 in der Bundesrepublik Deutschland nicht mehr legal publiziert wurde. Stattdessen produzierte die bundesdeutsche Justiz vier so bemühte wie aufschlußreiche Anläufe, sich anhand des *Mephisto* der NS-Vergangenheit zu stellen – oder diesem Thema auszuweichen.

II. DIE VIER URTEILE ZUR PUBLIKATION DES *MEPHISTO*

Ein Stück unerledigte Geschichte meldete sich also zurück, und die Prozeßparteien eigneten sich ideal zur Identifikation. Beide Seiten versuchten, je zeitgemäß kollektive Verleugnungen der Gegenseite aufzubrechen, wobei es wegen des „postmortalen" Sachverhalts eben ausnahmsweise eine neue Generation war, die sich diesen Fragen stellte. Die an sich Betroffenen hatten hingegen nur ihre Werke und ihren Ruf hinterlassen.

---

17 KLAUS MANN, Mephisto. Roman einer Karriere, hier zit. nach der Taschenbuchausgabe (Hamburg 1981) 340.

18 BERTHOLD SPANGENBERG, Zur Neuausgabe des Mephisto. Geschichte eines Verbots 1966–1980, in: KLAUS MANN, Mephisto. Roman einer Karriere (Frankfurt/M. 1990) 11–29, hier 16.

19 E. SPANGENBERG, Karriere 193.

A. „Die Schilderung in dem Roman gehört bereits der Historie an" – das Urteil der ersten Instanz

Das galt schon für die erste Entscheidung im „Duell der Toten", dem in neuerer Zeit kaum beachteten Urteil des LG Hamburg vom 25. August 1965.[20] Schon dieser Zeitpunkt verband die Entscheidung mit der justitiellen Behandlung der NS-Taten: Genau sechs Tage zuvor hatte das Frankfurter Schwurgericht im Auschwitz-Prozeß sein Urteil gesprochen.[21] Zwanzig Monate seit dem Beginn der Verhandlungen in diesem Verfahren im Dezember 1963 – und das heißt auch: kurz nach dem Tod von Gründgens – hatte erstmals seit 1945 die deutsche Öffentlichkeit in großem Umfang einen Prozeß gegen NS-Täter beachtet. Zwanzig Monate lang stand der Massen- und Völkermord in Auschwitz – dort war auch Klaus Manns erster Verleger, der Holländer Emanuel Querido, umgebracht worden[22] – im Zentrum der öffentlichen Aufmerksamkeit, standen jedenfalls untere Chargen, unmittelbar ausführende Täter vor Gericht. Allerdings: Mitläufer und Opportunisten mußten in Frankfurt am Main nicht vor die Schranken des Gerichts treten. Mit der Verlagerung der Schuld auf die unteren Täter schottete die bundesdeutsche Gesellschaft zugleich die Mitläufer ab.

Von diesem, mit großer Selbstsicherheit ausgeführten Ansatz ist auch das so kurz nach dem Auschwitz-Prozeß ergangene Urteil des Landgerichts Hamburg geprägt. In einem ersten Schritt weigerte sich das Gericht souverän, den *Mephisto* exemplarisch oder mit Gegenwartsbezug zu lesen. Juristisch ausgedrückt, lehnte das Gericht einen postmortalen Schutz von Gründgens' Persönlichkeitsrecht über § 823 BGB ab. Zwar hatte die Rechtsprechung in den 1950er Jahren das allgemeine Persön-

---

20 Az. 15 O 81/64, publiziert nur in: UFITA 51 (1968) 352–362 (allerdings ohne den vermutlich ebenfalls aufschlußreichen Tatbestand des Urteils). Nicht in NJW, JZ oder MDR veröffentlicht.

21 Dazu z.B. GERHARD WERLE / THOMAS WANDRES, Auschwitz vor Gericht (München 1995) und HERMANN LANGBEIN, Der Auschwitz-Prozeß (2 Bände, Neudruck Frankfurt/M. 1995) und jüngst WERNER RENZ, Der erste Frankfurter Auschwitz-Prozeß. Völkermord als Strafsache, in: 1999 – Zeitschrift für Sozialgeschichte des 20. und 21. Jahrhunderts 15/2 (2000) 11–48.

22 Hinweis bei E. SPANGENBERG, Karriere 231; gemäß HANS-ALBERT WALTER (Bearb.), Fritz H. Landshoff und der Querido Verlag 1933–1950 (Marbach am Neckar 1997) 172–173: „Im Juli 1943 wurden er [Emanuel Querido] und seine Frau in eines der polnischen Vernichtungslager deportiert und ermordet".

lichkeitsrecht umfassend als Schutzgut anerkannt (übrigens auch ein Vorgang, der unmittelbar durch den Umgang mit der NS-Vergangenheit geprägt war und zeittypisch das Totschweigen des Geschehenen fördern sollte),[23] im Anschluß an eine Mindermeinung verneinte das LG Hamburg jedoch eine Fortwirkung des Persönlichkeitsrechts über den Tod hinaus.[24] Der Fall des Mitläufers[25] Gründgens war nicht exemplarisch, der Rechtsstreit seines Adoptivsohnes Peter Gorski eine quasi private Angelegenheit: Nur dessen sog. „Pietätsgefühl" war Gegenstand des Prozesses,[26] nicht der Ruf von Gründgens selbst oder gar die Ehre der Nachkriegs-Gesellschaft, der Gründgens als Identifikationsfigur gedient hatte.

Dem damit bloßen „Pietätsgefühl" gegenüber stand die – bislang in der Literatur eher wenig behandelte[27] – Kunstfreiheit nach Art. 5 Abs. 3 GG, die neben dem Autor Klaus Mann auch den beklagten Verleger schützte. Um nun zwischen Pietätsgefühl einerseits und Kunstfreiheit

---

23 Dazu umfassend STEFAN GOTTWALD, Das allgemeine Persönlichkeitsrecht. Ein zeitgeschichtliches Erklärungsmodell (Berlin 1996) besonders 78–79. Eine Zusammenstellung der Fälle (beginnend mit RGZ 45, 170 – „Bismarck auf dem Totenbett", wo sogar auf den Sachsenspiegel zurückgegriffen wird) jetzt auch bei FEDOR SEIFERT, Postmortaler Schutz des Persönlichkeitsrechts und Schadensersatz – Zugleich ein Streifzug durch die Geschichte des allgemeinen Persönlichkeitsrechts, in: NJW 1999, 1889–1897.

24 UFITA 51 (1968) 353f. (danach auch die folgenden Belege): eine Zusammenstellung des damaligen Meinungsstandes z.B. bei FRANZ-WILHELM PETER, Urteilsanmerkung, in: Film und Recht 1968, 215–223, hier 216.

25 In der Diskussion zum Vortrag war teilweise Kritik an der Verwendung des Begriffs „Mitläufer" vorgebracht worden. Der Begriff und auch der Bezug zu Gründgens erscheint aber nach wie vor adäquat, schon weil er auch in der heutigen Literatur über den Nationalsozialismus und auch in neueren Werken zu Gründgens verwendet wird. Der Begriff hat sich längst von seiner Herkunft aus den Entnazifizierungsverfahren gelöst. Und der sich unpolitisch gebende Gründgens hat, wie so viele andere Deutsche mit gleicher Einstellung, ab 1933 seine Karrierechancen mit Entschlossenheit genutzt. Daß Gründgens dabei außergewöhnlich erfolgreich war, hebt seine Mitläuferstellung nicht auf. Allgemein dazu (und mit wortprägendem Titel): LUTZ NIETHAMMER, Die Mitläuferfabrik: die Entnazifizierung am Beispiel Bayerns (Berlin 1982).

26 UFITA 51 (1968) 354–356.

27 Das änderte sich vor allem mit der viel diskutierten, materialreichen Arbeit von WOLFGANG KNIES, Schranken der Kunstfreiheit als verfassungsrechtliches Problem (München 1967), dessen Schlußfolgerungen (283–288, u.a.: „Definitionsverbot" der Kunstfreiheit, Art. 5 Abs. 2 GG enthält Schranken zu Art. 5 Abs. 3 GG) aber weitgehend auf Ablehnung stießen.

andererseits eine Entscheidung zu treffen, griff das Hamburger Gericht auf eine Entscheidung des BVerfG zurück, die kaum größere Parallelität zum *Mephisto*-Fall hätte aufweisen können: Im „Lüth"-Urteil von 1958,[28] dem zentralen Urteil zur Grundrechtssystematik, hatte das Karlsruher Gericht zu entscheiden gehabt, ob ein Boykott-Aufruf gegen Nachkriegsfilme Veit Harlans, eines führenden Filmregisseurs in der NS-Zeit, rechtmäßig gewesen war. Damals bekam der Boykottaufrufer, der Hamburger [sic!] Senatsdirektor Erich Lüth, Recht und – anders als bei Gründgens – mißlang der Wiedereintritt von Harlan in das deutsche Film-Establishment. Nun wurde sozusagen bloß das Medium gewechselt: Nach dem führenden NS-Filmregisseur ging es nun um das Theater und den führenden Theaterintendanten des Dritten Reichs. Die im „Lüth"-Fall entwickelten Abwägungsgrundsätze wandte das Hamburger Gericht jetzt auf die Klage von Gründgens' Adoptivsohn an, gab folglich wie im „Lüth"-Fall dem Gegner des im NS-System arrivierten Künstlers Recht und erklärte den *Mephisto* zudem souverän zu einem Fall der sowohl abgeschlossenen als auch außer-deutschen Vergangenheit: Gründgens und Klaus Mann seien schon gestorben, „den interessierten Kreisen ist der Inhalt des Romans längst bekannt",[29] und schließlich sei der Roman „ein Stück Zeitgeschichte und Dokumentation über die deutsche Emigration".[30] Nicht etwa: über NS-Deutschland. Und so hatte das Gericht keine Bedenken, die Publikation uneingeschränkt zu gestatten.

B. „Es geht nicht an, jedem die Ehre abzuschneiden, weil er auch unter dem neuen Regime weiter seinen Beruf ausübte" – die Entscheidungen der zweiten Instanz

Wenige Monate nach dem erstinstanzlichen Urteil erreichte Gründgens' Adoptivsohn beim OLG Hamburg als nächster Instanz aber eine einstweilige Verfügung: Zwar war der größere Teil der (bundesdeutschen) Auflage von 10.000 schon verkauft,[31] doch in die übrigen Exemplare

---

[28] BVerfGE 7, 198–230, Urteil v. 15. 1. 1958; dazu aus rechtshistorischer Sicht CHRISTOPH FIEDLER, BVerfGE 7, 198 – Lüth. Freiheitsrecht, Gesetze und Privatrecht am Beispiel des Art. 5 I, II GG, in: MENZEL, Verfassungsrechtsprechung 97–107.

[29] UFITA 51 (1968) 361.

[30] Ebd. 362.

[31] E. SPANGENBERG, Karriere 212.

mußte eine so kurze wie kuriose Leseanleitung eingeklebt werden.[32] Der Leser (Leserinnen wurden zeitgemäß noch nicht angesprochen) erfuhr dort vom schwarzen Schimmel der freiwilligen Emigration Klaus Manns, die sogar „aus Gesinnung“ erfolgt sei – von politischen Ansichten keine Rede. Zudem läge nur ein „zeitkritisches Bild der Theatergeschichte in Romanform“ vor, womit das Buch zugleich banalisiert wurde. Und diese und andere Interpretationsversuche, stilistisch deutlich von Juristen stammend,[33] sind eingebettet in die Auslegung des von Klaus Mann stammenden Satzes: „Alle Personen dieses Buches stellen Typen dar, nicht Porträts“. Der Autor selbst mußte (ungefragt) eine Aussage des Gerichts beglaubigen.

Doch auch das half nichts: Im Hauptsacheverfahren hielt das OLG Hamburg die immerhin von ihm selbst kurz zuvor formulierte Leseanleitung nicht mehr für ausreichend und verbot die Publikation des Buches, nunmehr nach Ansicht des Gerichts nichts weniger als eine „Schmähschrift in Romanform“.[34]

Schon der Tatbestand des OLG-Urteils zeigt, daß jetzt im *Mephisto* erstens ein Angriff auf Gründgens und zweitens auf ihn als Symbolfigur gesehen wurde – Symbol für jenes Deutschland, das ihm und vielen anderen Mitläufern der NS-Zeit nach 1945 einen Platz an der Spitze eingeräumt hat. Gründgens wurde demzufolge als Heldenfigur geschildert,

---

32 Abgedruckt u.a. in BVerfGE 30, 173–227, hier 177: „An den Leser: Der Verfasser Klaus Mann ist 1933 freiwillig aus Gesinnung emigriert und hat 1936 diesen Roman in Amsterdam geschrieben. Aus seiner damaligen Sicht und seinem Haß gegen die Hitlerdiktatur hat er ein zeitkritisches Bild der Theatergeschichte in Romanform geschaffen. Wenn auch Anlehnungen an Personen der damaligen Zeit nicht zu verkennen sind, so hat er den Romanfiguren doch erst durch seine dichterische Phantasie Gestalt gegeben. Dies gilt insbesondere für die Hauptfigur. Handlungen und Gesinnungen, die dieser Person im Roman zugeschrieben werden, entsprechen jedenfalls weitgehend der Phantasie des Verfassers. Er hat daher seinem Werk die Erklärung beigefügt: ‚Alle Personen dieses Buches stellen Typen dar, nicht Porträts.‘ Der Verleger“.

33 BERTHOLD SPANGENBERG, Zur Veröffentlichung dieser Ausgabe, in: KLAUS MANN, Mephisto – Roman einer Karriere (Hamburg 1981) IV.

34 Urteil v. 10. 3. 1966, 3 U 372/1965; Publikation nur in ERICH SCHULZE, Rechtsprechung zum Urheberrecht 6, in: Entscheidungen der Oberlandesgerichte in Zivilsachen 64, 1–32 (nach diesem Abdruck die folgenden Belege aus der Entscheidung) und in UFITA 51 (1968) 362–375. Nicht in NJW, JZ oder MDR. Bei E. SPANGENBERG, Karriere 219, ist – offenbar aufgrund eines Druckfehlers – als Datum des Urteils der 17. 3. angegeben.

und es wurde vor allem ausführlich auf seinen Lebenslauf nach der Publikation des *Mephisto* und insbesondere nach 1945 eingegangen. Daß – wie jetzt mitgeteilt – Gründgens als erster Künstler 1953 mit dem Großen Verdienstkreuz mit Stern ausgezeichnet wurde, daß ihm 1959 der Professorentitel verliehen wurde, ist nur dann für den Streitgegenstand irrelevant, wenn man wie die Vorinstanz im *Mephisto* ein Buch über einen abgeschlossenen Zeitraum erblickt. Das OLG hingegen schuf sich (sogar in Übereinstimmung mit der Argumentation des Verlegers)[35] einen stellvertretend Angegriffenen – und einen Gegner, der ebenfalls als Prototyp verstanden wurde. In deutlichem Gegensatz zu der vom gleichen Gericht verfaßten Leseanleitung („freiwillig aus Gesinnung emigriert") wurde folgerichtig nunmehr mitgeteilt, daß Klaus und Erika Mann 1933 „aus politischen Gründen Deutschland" verließen.[36] Gründgens hingegen, der sich 1933 „im Ausland befand, kehrte nach Berlin zurück, um bereits geschlossene Theaterspielverträge zu erfüllen". Verträge erfüllen oder das Weite suchen – die moralische Aufladung des Verhaltens ist evident. Das „Duell der Toten" war verwandelt in eine Auseinandersetzung über das moralisch bessere Verhalten. Daran konnten auch die Argumente der Vorinstanz nichts mehr ändern, die bei der Lesart des OLG im Tatbestand nur noch verzerrt auftraten.[37]

In Anlehnung an eine BGH-Entscheidung aus der Mitte der 1950er Jahre erklärte dann das OLG das Persönlichkeitsrecht postmortal für fortwirkend.[38] Im folgenden wurde in das Strafrecht geschwenkt und der Unterlassungsanspruch des Klägers über die „Verunglimpfung des Andenkens Verstorbener" (§ 189 StGB) geprüft, denn der postmortale Persönlichkeitsschutz diene der Ehre, dem Ansehen und dem Andenken.[39] Damit war die Prüfungsebene elegant verschoben: Der objektive Tatbestand des § 189 StGB liege vor, weil Gründgens „von einer nicht unbeträchtlichen Zahl der Leser des Buches in Höfgen erkannt wird".[40] Und

---

[35] In einem Gutachten des Schriftstellers Wolfgang Weyrauch, das der Verleger dem OLG vorgelegt hatte, hieß es: „Nein, Höfgen ist nicht Gründgens, soviel Bestandteile er auch von ihm hat. [...] Höfgen ist ein Stellvertreter für viele andere." (abgedruckt bei E. SPANGENBERG, Karriere 219).

[36] OLG Hamburg, in: SCHULZE, Rechtsprechung 1.

[37] Ebd. 8–9.

[38] Ebd. 17.

[39] Ebd. 17, 20.

[40] Ebd. 20.

der subjektive Tatbestand sei erfüllt, weil Klaus Mann seinen Höfgen, wie der beklagte Verleger nicht bestritt, an Gründgens „angelehnt" habe.[41] Paternalistisch wurde ergänzt: „Der Leser kann bei einer solchen Schilderung nicht zwischen Wahrheit und Dichtung unterscheiden".[42] Damit war ein wundersamer *circulus vitiosus* geschaffen: Je mehr Nicht-Übereinstimmungen mit Gründgens das Gericht in den Details aus Höfgens Leben sah, um so mehr handelte es sich um eine „Beleidigung, Verächtlichmachung und Verunglimpfung von Gründgens", kurz: „eine Schmähschrift in Romanform"[43] – es war die „Problematik geradezu auf den Kopf gestellt", wie aus heutiger Sicht Larenz/Canaris anmerken.[44] Doch die Schwelle zur „Verfremdung des Höfgen von Gründgens" sei, so das Hamburger Gericht, nicht überschritten, denn obwohl Höfgens Charakter nicht auf Gründgens passe: „Der Leser wird Höfgen mit Gründgens identifizieren".[45]

Tatsächlich erfolgten die Identifikationen jedoch etwas anders: Das Gericht identifizierte erstens Höfgen mit Gründgens und zweitens diesen als Prototyp (obwohl es zuvor dessen individuelle Persönlichkeitsverletzung so stark betont hatte). Denn, wie das Gericht so apodiktisch wie generalisierend feststellte: „Es geht nun nicht an, jedem in seinem Beruf tüchtigen Mann deswegen die Ehre abzuschneiden, weil er nicht 1933 und später emigriert ist, sondern auch unter dem neuen Regime weiter seinen Beruf ausübte".[46]

Zwar war bislang nicht von „jedem" Mann die Rede, sondern nur von Gründgens, und eben deshalb war ja *Mephisto* als strafbare Handlung im Sinne des § 189 StGB zu Lasten eines *Einzelnen*, eben von Gründgens verstanden worden. Doch zugleich war Gründgens eben der *Prototyp* des Nicht-Emigranten, des Mitläufers, des „in seinem Beruf tüchtigen Mann[es]". Und diese tüchtige Berufstätigkeit erfolgte nach der Typologisierung des Gerichts „*unter* dem Regime", also als Teil-Opfer, und in Form des bloßen „Weitermachens". Der Aufstieg von Gründgens war damit entpolitisiert, eben lediglich Folge seiner „Tüchtigkeit".

---

41 Ebd. 20.

42 Ebd. 22.

43 Ebd. 23.

44 LARENZ/CANARIS, Lehrbuch II/2, 529.

45 Die Zitate bei OLG Hamburg, in: SCHULZE, Rechtsprechung 22 bzw. 23; die These von der Verschiedenheit von Höfgens und Gründgens' Charakter ebd. 31.

46 OLG Hamburg, in: SCHULZE, Rechtsprechung 25.

Im folgenden nahm das Gericht eine weitere erhellende Abgrenzung vor: Hätte Klaus Mann nicht einen Mitläufer, sondern einen Mittäter als Ausgangspunkt seines Romans gewählt, wäre dies für den Verbotsantrag ein wesentlicher Unterschied. Denn Gründgens habe sich nach 1933 nicht „für politische Propagandazwecke in Theaterstücken oder Filmen von Goebbels oder Göring [...] mißbrauchen lassen". Weil Gründgens seine Ehre behalten habe, sei der *Mephisto* ein Angriff auf diese Ehre. Noch einmal wird deutlich, wie stark das Gericht in Gründgens den Prototyp des „tüchtigen Mitläufers" sah, so daß im *Mephisto* ein Generalangriff auf diese Legitimationsgrundlage der frühen Bundesrepublik gesehen wurde.

Auf der anderen Seite ging es nicht nur um Klaus Mann, sondern immer wieder zugleich auch um die Emigration in ihrer Gesamtheit: Klaus Mann war der Prototyp des Emigranten. Schon das eben erwähnte Zitat vom tüchtigen, nicht emigrierten Mann hatte dieses verallgemeinerte Gegenbild benutzt; noch deutlicher wurde das Gericht an einer anderen, später viel zitierten[47] Stelle: „Die Allgemeinheit ist nicht daran interessiert, ein falsches Bild über die Theaterverhältnisse nach 1933 aus Sicht eines Emigranten zu erhalten. Klaus Mann [ist nach 1945] die politisch einwandfreie Haltung von Gründgens nach 1933 bekannt geworden".[48]

Aufschlußreich ist schon die Doppelung des ersten Satzes: Läßt man sich auf den dortigen paternalistischen Ansatz ein, so liegt die Betonung nicht so sehr auf dem „falschen Bild" als auf der „Sicht eines Emigranten". Marcel Reich-Ranicki merkte dazu an: „Übertreibe ich, wenn ich in dem Wort ‚Emigrant' einen diffamierenden Ton zu hören glaube?"[49] Dem wird sofort, als sei man noch mitten in den Entnazifizierungsverfahren, ein ‚Persilschein' für Gründgens gegenübergestellt, indem ihm generell eine „politisch einwandfreie Haltung" attestiert wird, kurz danach sogar von seiner „wahren antifaschistischen Gesinnung" die Rede ist.

Die einzige Hintertür öffnete das Gericht durch eine zeitliche Gültigkeitsbeschränkung seiner *Thesen*, wobei die widersprüchlichen Argu-

---

47 Z.B. bei E. SPANGENBERG, Karriere 204, als Kapitelüberschrift verwendet; zitiert auch von MARTIN GREGOR-DELLIN in seiner ablehnenden Reaktion auf das OLG-Urteil, Abendzeitung v. 26./27. 3. 1966, abgedruckt bei E. SPANGENBERG, Karriere 223.

48 OLG Hamburg, in: SCHULZE, Rechtsprechung 31.

49 In seinem in Anm. 1 erwähnten Artikel, hier zit. n. E. SPANGENBERG, Karriere 227.

mentationen des Gerichts noch einmal zusammengeführt wurden: „Nach einem längeren Zeitablauf“[50] wäre eine neue Publikation möglich, wenn einerseits jüngere Leser des Romans in Höfgen nicht mehr Gründgens wiedererkennen könnten – andererseits müsse dann „in einem umfassenden Vorwort“ eine „objektive Richtigstellung des Charakterbildes“ von Gründgens erfolgen.[51] Zutiefst defensiv und mit „beleidigter Entschlossenheit“[52] signalisierte das Gericht, daß es seine Position zur Heldenhaftigkeit der Mitläufer nicht für längerfristig überzeugend hielt – aber jedenfalls jetzt sollte die Gegenposition verboten bleiben. Klaus Manns *Mephisto* hingegen wurde wieder das, was er schon zur Nazi-Zeit war: In Deutschland verboten, im Ausland erhältlich. Und nicht einmal der Karrierist Höfgen hatte ein Buch über sich verbieten lassen.

Die Reaktionen waren für das OLG vorhersehbar: Viele bekannte Schriftsteller äußerten sich in den Tageszeitungen ablehnend und sahen vor allem andere Werke gefährdet: „Uns droht ein gewaltiger Aufmarsch der Witwen und Töchter, der Adoptivsöhne und Alleinerben“:[53] in Sachen Papst Pius XII. gegen Hochhuths „Stellvertreter“, gegen die Dramen von Carl Zuckmayer und Heinar Kippardt – und hätte mit der OLG-Argumentation Büchners „Dantons Tod“ jahrzehntelang auf die Publikation warten müssen, oder was wäre gar aus Thomas Manns „Buddenbrooks“, aus vielen Werken eines gewissen Shakespeare geworden? Richard III.?

Hätte es noch eines Beweises bedurft, daß es letztlich weniger um Gründgens und Klaus Mann als um die daran aufgehängte Frage des Umganges mit der NS-Vergangenheit ging, so ergab sich dieser aus der Auswirkung des OLG-Urteils auf all die vorhandenen Exemplare des *Mephisto*: In diese Richtung geschah, soweit ersichtlich, nichts. Das von Gründgens' Adoptivsohn in einem Zivilrechtsstreit erstrittene Urteil

---

50 In seiner weitgehend zustimmenden Anmerkung zu dem Urteil konkretisierte HEINRICH HUBMANN, 1953 mit einer wichtigen Monographie über das Persönlichkeitsrecht bekanntgeworden: Man müsse eine „Schutzfrist von 25 Jahren nach dem Tod annehmen“ – damit hätte der *Mephisto* erst 1988 erscheinen können! [die Anmerkung ist publiziert bei SCHULZE, Rechtsprechung 34 (im Anschluß an den Abdruck des Urteils)].

51 OLG Hamburg, in: SCHULZE, Rechtsprechung 31.

52 WILFRIED F. SCHOELLER, Unerwünschte Zeugenschaft: Klaus Mann, in: JÖRG-DIETER KOGEL (Hrsg.), Schriftsteller vor Gericht (Frankfurt/M. 1996) 266–280, hier 278.

53 REICH-RANICKI, Duell der Toten, zit. n. E. SPANGENBERG, Karriere 227.

wirkte notwendigerweise nur zwischen den Parteien, und die in Bibliotheken vorhandenen Exemplare des *Mephisto* blieben wie zuvor: eingelagert und ausleihbar. Auch von Behinderungen beim Bezug ausländischer Ausgaben des *Mephisto* ist nichts bekannt; der Antiquariatsbuchhandel wird vermutlich sogar von einer nun größeren Nachfrage profitiert haben. Und der deutsche Verleger verkaufte engagiert Lizenzen an ausländische Verlage.[54] Zu all dem trug auch bei, daß die juristische Fachwelt bislang weitgehend lediglich Desinteresse an diesem Fall gezeigt hatte: Die erst- und zweitinstanzlichen *Mephisto*-Entscheidungen waren nur in urheberrechtlichen Spezialperiodika publiziert, und selbst eine kurze Urteilsanmerkung in den gängigen Zeitschriften (NJW, JZ, MDR) unterblieb. Der später bekannteste Literaturprozeß der deutschen Nachkriegsgeschichte hatte schon die Hälfte der Instanzen durchlaufen und war trotzdem noch ein Fall für Urheberrechtsspezialisten geblieben. Dies änderte sich aber mit der anschließenden BGH-Entscheidung.

C. „Entstellungen derart schwerwiegender Art werden nicht durch die Kunstfreiheit gedeckt" – die Entscheidung des BGH

Zwei Jahre später, mitten im Jahr der Studentenunruhen, als die NS-Vergangenheit bekanntlich so eigenartig wie intensiv thematisiert wurde, bestätigte der BGH und damit das oberste Zivilgericht der Bundesrepublik das OLG-Urteil[55] – der *Mephisto* blieb verboten. Nicht nur im Ergebnis, sondern auch in der zweigleisigen Argumentation folgte der BGH in seinem Urteil vom März 1968 dem OLG.

Offenbar im Wissen um die Brisanz dieses Urteils verordnete sich der 1. Zivilsenat in seinem Urteil aber eine starke Zurückhaltung. Der Sachverhalt ist kurz und zurückhaltend,[56] alle Hinweise auf die Stellung von

---

54 Dazu E. SPANGENBERG, Karriere 251: Verkauf in die Schweiz, nach Amerika und nach Frankreich.

55 BGHZ 50, 133–147; wesentlich ausführlicher in NJW 1968, 1773–1778. Außerdem in: JZ 1968, 697–703 mit zustimmender Anmerkung von NEUMANN-DUESBERG, 703–706; in: GRUR 1968, 552–558; in: MDR 1968, 737–739 und in: UFITA 51 (1968) 337–352; die Leitsätze auch in: DÖV 1968, 803. Vgl. außerdem PETER, Urteilsanmerkung.

56 Lediglich eine Spitze im Sachverhalt springt ins Auge: „Im Jahre 1933 begaben sich die Geschwister Klaus und Erika Mann aus politischer Überzeugung in die Emigration". Man „begab sich" – kein Wort von Zwang, Furcht und Gewalt, sondern man leistete sich den Luxus, seine politische Überzeugung auszuleben. Vgl.

Gründgens nach 1945 sind entfallen, und weder Gründgens noch Klaus Mann werden explizit zu Prototypen aufgewertet. Ungewöhnlicherweise warb die Senatsvorsitzende Krüger-Nieland sogar in zwei Aufsätzen,[57] veröffentlicht zugleich mit oder kurz nach der Urteils-Publikation in urheberrechtlichen Fachzeitschriften, zusätzlich um Verständnis für die Entscheidung ihres Senats, wobei sie die Argumentation des BGH-Urteils aber weitgehend lediglich paraphrasierte. Frau Krüger-Nieland war mit dem Fall in mehrfacher Hinsicht verbunden: „Aus ihrer Feder" stammte bereits die Grundsatzentscheidung von 1954, mit der der BGH einen allgemeinen deliktischen Schutz des Persönlichkeitsrechts anerkannt hatte,[58] und der Ehemann der Senatsvorsitzenden, der Schauspieler und Schauspieldirektor Detlof Krüger, war von 1944–1948 an jenem Deutschen Schauspielhaus in Hamburg engagiert,[59] dessen Intendanz Gründgens 1955 übernahm.

Inhaltlich lehnte der BGH die These des OLG, zugunsten von Gründgens greife ein objektiv-rechtlicher „Persönlichkeitsschutz" ein, ab und konstruierte – was sich aus seiner bisherigen Rechtsprechung nicht zwingend ergab[60] – ein subjektives, wenn auch subjektloses Recht. Auch dies trug dazu bei, mehr die einzelnen Prozeßparteien und ihre Rechte anstatt allgemeine Überlegungen zur „Ehre" etc. in das Zentrum des Urteils zu stellen und so die Stellvertreterebene zu verlassen. Auffällig ist zudem, daß der BGH bei der Veröffentlichung des Urteils in seiner amtlichen Entscheidungssammlung (anders als z.B. die NJW-Redaktion) entfallen ließ, wo das vorangehende Urteil publiziert war. Auch ließ der BGH dort unerwähnt, daß er mit seiner Entscheidung letztlich selbst unzufrieden war und die ursprüngliche Zwangsvorwort-Lösung des OLG grundsätzlich präferierte. Da der Verleger kein neues „Vorwort" vorge-

---

zu dieser Formulierung auch E. D. HIRSCH BALLIN, „Mephisto", in: UFITA 59 (1971) 21–32, hier 22.

57 GERDA KRÜGER-NIELAND, Persönlichkeitsschutz Verstorbener als Schranke der Freiheit der Kunst. Zum Mephisto-Urteil des I. Zivilsenats [...], in: GRUR 1968, 523–527; DIES., Das Recht der Persönlichkeit und die Freiheit der Kunst, in: UFITA 53 (1969) 181–194.

58 Das Zitat im Nachruf auf Krüger-Nieland von WILLI ERDMANN in: NJW 2001, 206–207, hier 206; es handelte sich um die „Hjalmar Schacht"-Entscheidung, BGHZ 13, 334-341.

59 Kürschners biographisches Theater-Handbuch (Berlin 1956) 585.

60 Dazu schon NEUMANN-DUESBERG, Urteilsanmerkung, in: JZ 1968, 703–706, hier 703 (Abschnitt III.1.a.).

schlagen hatte (was der BGH sichtlich als starrsinnig empfand)[61], blieb nur übrig, recht deutlich auf die Möglichkeit eines nochmaligen Publikationsversuchs mit einem vom BGH praktisch schon vorformulierten „Vorwort" hinzuweisen.[62] Der Paternalismus hatte sein Höchststadium erreicht, doch zugleich war das Ziel des BGH eine Versachlichung und wohl auch eine Vorbereitung der späteren Auseinandersetzung vor dem BVerfG.

Trotzdem enthält das BGH-Urteil eine weitere, allerdings nach dem damals aktuellen Stand der Dogmatik unvermeidbare Aufladung des Falls: Das OLG hatte im Anschluß an einen BGH-Fall aus den fünfziger Jahren noch ganz überwiegend zivilrechtsdogmatisch argumentiert und explizit verneint, daß ein postmortaler Persönlichkeitsschutz wie hier zugunsten von Gründgens auch dessen verfassungsrechtlich gesicherte Rechte aus Art. 1 und 2 GG schütze.[63] In Fortführung seiner neueren Judikatur und in Anlehnung an das erwähnte „Lüth"-Urteil des BVerfG verankerte hingegen der BGH in seiner *Mephisto*-Entscheidung Gründgens' postmortalen Persönlichkeitsschutz offensiv im Grundgesetz.[64] Und diese dogmatische Frage, nicht etwa das Ergebnis des Rechtsstreits, wurde im Anschluß an das BGH-Urteil in den Fachzeitschriften ausführlich diskutiert.[65]

---

61 „[...] ein formuliertes Vorwort [...] anzubieten, ist Sache der Beklagten [= des Verlegers]. [Die] Abstimmung auf die Umstände des Einzelfalles hätte es aber im vorliegenden Falle erfordert, daß die Beklagte bereits in den Tatsacheninstanzen, gegebenenfalls durch Hilfsanträge, Vorschläge [eines Vorworts] zur Entscheidung gestellt hätte." (BGH in: NJW 1968, 1778 unter IV.2.b.).

62 „In Betracht käme beispielsweise eine Einschränkung des Verbotes dahin, daß die Wiederveröffentlichung des Romans dann zulässig wäre, wenn in einem Vorwort des Verlegers augenfällig und unmißverständlich dargestellt würde, daß die erörterten besonders negativ wirkenden Umstände frei erfunden sind, daß – soweit die dargestellten Typen an damals lebende Personen angelehnt wurden – die damalige Sicht des Autors zwangsläufig einseitig bleiben mußte und daß insbesondere die Hauptfigur des Höfgen auch dem Typ nach nicht mit derjenigen Person zu identifizieren ist, auf welche äußere Bezüge des Romans hindeuten." (BGH in: NJW 1968, 1777 unter IV.2.a.).

63 OLG Hamburg, in: SCHULZE, Rechtsprechung 17: Es sei zu beachten, „daß dieser Schutz eine Beschränkung insofern erleidet, als er nicht mehr ‚der freien Entfaltung seiner Persönlichkeit', Art. 2 Abs. 1 GG, sondern seiner Ehre, seinem Ansehen und nicht zuletzt seinem Andenken dient".

64 BGHZ 50, 133–147, hier 143.

65 Diese Einschätzung auch bei WESTERMANN, Mephisto-Roman, 168 m.N.

1969 wurde dann die Lage bei den gerichtlichen Buchverboten noch kurioser, als „Die Memoiren der Fanny Hill" von einem Strafsenat des BGH freigegeben wurden.[66] Bei John Clelands Buch, angesiedelt an der Schnittstelle zwischen Kunst und Pornographie, zeigten sich die Karlsruher Richter im Ergebnis liberaler als bei Klaus Manns politischem Roman.

D. Drei gegen drei – die gescheiterte Verfassungsbeschwerde

Schon wenige Monate nach der BGH-Entscheidung wandte sich der Verleger des *Mephisto* an das Bundesverfassungsgericht,[67] das aber mehrere Jahre bis zur Entscheidung benötigte. In der Zwischenzeit war Klaus Manns Roman mehr denn je zum bloßen Aufhänger geworden, da die Verfassungsbeschwerde vom Börsenverein des Deutschen Buchhandels unterstützt wurde[68] und schon deshalb der Fall ins Allgemeine gezogen worden war. Auch das Bundesjustizministerium, damals geführt von dem Sozialdemokraten Gustav Heinemann, ließ auf Anfrage des BVerfG ungewöhlich deutlich Sympathien für eine Publikation des *Mephisto* zumindest mit dem erwähnten Zwangs-Vorwort erkennen.[69] Es erfolgte allerdings, soweit ersichtlich, keine Verzahnung des Verfahrens mit Aktionen der 68er-Revolte; kein „Read-In" entzog dem Publikationsverbot den Boden. Der Aktionismus der Studenten ging an Klaus Manns Roman vorbei, und der Verleger und sein Rechtsanwalt gehörten einer anderen Generation an.

Inzwischen war, drei Jahre nach dem BGH-Urteil, die Hochphase der sozialliberalen Reformpolitik unter dem ehemaligen Emigranten [sic!] Willy Brandt erreicht. Nunmehr bestätigte das Bundesverfassungsgericht am 24. 2. 1971 die BGH-Entscheidung: Der 1. Senat des BVerfG, dominiert von Richtern, die die CDU nominiert hatte,[70] wies die Verfassungs-

---

[66] Entscheidungen des Bundesgerichtshofs in Strafsachen 23, 41–46, Urteil des 1. Strafsenats v. 22. 7. 1969.

[67] Die Verfassungsbeschwerde wurde durch den Rechtsanwalt Dr. Gerth Arras am 24. 7. 1968 eingelegt (E. SPANGENBERG, Karriere 233).

[68] E. SPANGENBERG, Karriere 233.

[69] Vgl. die in BVerfGE 30, 173–227, hier 184–186, paraphrasierte Stellungnahme des Ministeriums.

[70] Gebhard Müller (nominiert von der CDU), Erwin Stein (CDU nom.), Theodor Ritterspach (CDU nom.), Wiltraud Rupp-v. Brünneck (SPD nom.), Werner Böhmer (CDU nom.), Hans Brox (CDU nom.). Die Angabe der Partei bezieht sich auf

beschwerde gegen das BGH-Urteil (und das erwähnte Urteil des OLG Hamburg)[71] mit 3:3 Stimmen zurück.[72] Nach dem berühmten „Spiegel"-Urteil von 1966 und nur einen Monat nach einer gnadenrechtlichen Entscheidung[73] war das Gericht ein weiteres Mal spektakulär gespalten.[74]

Die Verfügbarkeit des Romans für bundesdeutsche Leser war dadurch aber nur wenig beeinträchtigt, denn der Aufbau-Verlag der DDR reagierte mit der 1971 erschienenen 4. Auflage seiner Ausgabe; und auch diesmal ist über Behinderungen des Vertriebs in der Bundesrepublik nichts bekannt. Dem bundesdeutschen Verleger blieb jedoch nur übrig, statt des *Mephisto* die rund 70seitige Entscheidung zu publizieren.[75] Lediglich ganz wenigen Entscheidungen des höchsten deutschen Gerichts

---

das inoffizielle, aber langjährig ausgeübte Vorschlagsrecht bei der Richterwahl; die jeweiligen Parteien sind angegeben bei MICHAEL WILD, Biographische Hinweise zu den Bundesverfassungsrichtern, in: MENZEL, Verfassungsrechtsprechung 665–673.

[71] Zur Möglichkeit, gleichzeitig gegen die Entscheidungen mehrerer Instanzen Verfassungsbeschwerde zu erheben, vgl. die Hinweise bei HAGER, Mephisto-Entscheidung 187 Anm. 8 m.N.

[72] BVerfGE 30, 173–227; auch in: NJW 1971, 1645–1655; DÖV 1971, 554–557 (ohne Sondervoten); Deutsches Verwaltungsblatt 1971, 684–689 (mit Anmerkung v. JÜRGEN SCHWABE zum Problem der „Drittwirkung", 689–691); Gewerblicher Rechtsschutz und Urheberrecht 1971, 461–472; Archiv für Presserecht 1971, 119–126 (mit kritischer, aber dem Ergebnis zustimmender Anmerkung von ERNST FORSTHOFF, 126–127); JZ 1971, 544–548 (ohne Sondervoten) und MDR 1971, 821-823 (ohne Sondervoten); zusammengefaßt durch v. MUTIUS, in: Verwaltungsarchiv 1972, 75–80. Dem Ergebnis der *Mephisto*-Entscheidung zustimmend, aber kritisch zur Begründung: PETER LERCHE, Schranken der Kunstfreiheit. Insbesondere zu offenen Fragen der Mephisto-Entscheidung, in: Bayerische Verwaltungsblätter 1974, 177–185. Grundsätzlich ablehnend PHILIPP MÖHRING, Verfassungsgerichtliche Wertentscheidungen. Anmerkungen zur „Mephisto"-Entscheidung des [BVerfG], in: MICHAEL FISCHER / RAIMUND JAKOB (Hrsg), Dimensionen des Rechts. Gedächtnisschrift für René Marcic I (Berlin 1974) 575–590, hier 582–590.

[73] BVerfGE 20, 162–230, Entscheidung ebenfalls des 1. Senats v. 5. 8. 1966 („Spiegel") bzw. BVerfGE 30, 108–112 (Widerruf von Gnadenentscheidungen).

[74] Wer von den Richtern – neben den beiden Verfassern der Sondervoten – als Dritter für die Freigabe des *Mephisto* votierte, ließ sich nicht ermitteln. HANS BROX, Erbrecht (9. Aufl., Köln 1984) Rn. 13, jedenfalls referiert die Entscheidung mit positivem Unterton.

[75] BERTHOLD SPANGENBERG (Hrsg.), Mephisto: Die Entscheidung des Bundesverfassungsgerichts und die abweichende Richter-Meinung. Der vollständige Wortlaut der Entscheidung vom 24. Februar 1971 (München 1971) (74 Seiten).

ist die Ehre einer solchen separaten Publikation widerfahren. Doch hier hatte der Verleger Spangenberg in mehrfacher Hinsicht zu Recht die Druckerpresse angeworfen: Zum einen war der Text nicht weniger als ein „intelligenter Extrakt des indizierten Buches".[76] Außerdem lohnt eine genauere Lektüre auch unter der hier gewählten Fragestellung.

a) Der gesamte Text der Entscheidung ist davon geprägt, daß der Senat hinsichtlich der juristischen Kernfrage gespalten war, daher Einigkeiten in sonstigen Fragen besonders betont wurden. Nur damit läßt es sich erklären, daß die Richter gleich eingangs eine überraschende Schwerpunktsetzung vornahmen – nach einer kurzen Darlegung des Prüfungsmaßstabes[77] beschäftigten sie sich nämlich ausführlich mit einer Frage, die, wie sie selbst einräumten,[78] bislang zwischen allen Beteiligten unumstritten und deshalb auch nicht Gegenstand der Verfassungsbeschwerde war: Handelte es sich beim *Mephisto* überhaupt um Kunst im Sinne von Art. 5 Abs. 3 GG?[79] Die Überraschung über diesen Aufbau, der wohl jedem Jurastudenten angekreidet würde, löst sich jedoch auf, wenn man bedenkt, daß jenseits der bejahenden Antwort erheblich streitig war, wodurch Klaus Manns Buch im einzelnen zum Kunstwerk wurde. Darüber ließ sich keine Einigkeit erzielen, obwohl diese Frage, wie man unterstellen darf, im Senat heftig diskutiert worden war. Und das Ergebnis jener Diskussionen war dann der größte gemeinsame Nenner – eben abstrakte Darlegungen zur Kunstfreiheit im allgemeinen, die einem materialen, wertbezogenen Ansatz verpflichtet waren. Eben weil die Auseinandersetzungen aber so heftig gewesen waren, entstanden zugleich so konzise Überlegungen, daß die *Mephisto*-Entschei-

---

76 HANNS LOTHAR SCHÜTZ, Gründgens für jedermann, in: Welt am Sonntag v. 25. 7. 1971, abgedruckt bei E. SPANGENBERG, Karriere 244.

77 BVerfGE 30, 173–227, hier 188; bei der Frage der Drittwirkung der Grundrechte wird – entgegen WEBER, Urteilsbesprechung, Juristische Schulung 1971, 652 – m.E. durchaus der üblichen Lehre von der (nur) mittelbaren Drittwirkung gefolgt, indem das BVerfG (a.a.O.) ausdrücklich und in Übernahme der BGH-Argumentation (Entscheidung des Bundesgerichtshofs in Zivilsachen 50, 133–147, hier 143) an das Persönlichkeitsrecht und somit an eine zivilrechtliche Generalklausel anknüpft.

78 BVerfGE 30, 173–227, hier 189 am Ende.

79 Nach der Darstellung von Sachverhalt und Prozeßgeschichte (unter I., S. 174–187) resümierte das Gericht kurz seinen Prüfungsmaßstab bei zivilrechtlichen Normen (unter II., S. 187–188) und widmete dann der Kunstfreiheit die abschließenden Seiten (unter III., S. 188–195).

dung „bis zum heutigen Tage die tragende Entscheidung zur Kunstfreiheit schlechthin“ darstellt, wie kürzlich resümiert wurde.[80] Nur eine Anwendung der heute jedem Jurastudenten begegnenden Ausführungen auf den *Mephisto* erfolgte nicht, oder besser: konnte nicht erfolgen, weil dies die spätere Entscheidung zur Indizierung des Buches präjudiziert hätte. Insgesamt also ein doppelt erstaunlicher, nur mit den tiefgreifenden Meinungsunterschieden im Senat erklärbarer Aufbau: Erstens wurde eine Frage aufgeworfen, die im Ergebnis unstrittig war, und zweitens blieben die allgemeinen Ausführungen zu dieser Frage ohne Anwendung auf den konkreten Fall. Doch jedenfalls hatte Klaus Manns *Mephisto* den Anlaß für die bis heute zentralen Definitionen zur Kunstfreiheit geliefert.

Damit fügt sich der *Mephisto*-Fall in eine erstaunliche, aber wenig beachtete Kette ein: Etliche „große“ Entscheidungen des BVerfG zur Grundrechtssystematik bis zur Mitte der 1970er Jahre sind in Fällen getroffen worden, in denen es sehr direkt um den Nationalsozialismus oder den Kommunismus ging: in den fünfziger Jahren beginnend mit den SRP- und KPD-Urteilen[81] und fortgesetzt mit dem erwähnten „Lüth“-Fall; es folgte am Ende der sechziger Jahre die „Blinkfüer“-Entscheidung,[82] die (was kaum bekannt ist) sehr eng und auf paradoxe Weise mit der Umgründung der verbotenen KPD zur DKP verknüpft ist. Und nun bot der *Mephisto*-Fall ebenfalls einen evidenten Bezug zur NS-Vergangenheit.

b) Ähnlich am Ziel des größten gemeinsamen Nenners orientiert sind die Ausführungen zu einer zweiten Frage, für die der *Mephisto*-Beschluß des BVerfG ebenfalls dauerhaft berühmt geworden ist: Was sind die Schranken sog. „vorbehaltloser“ Grundrechte? Seit Jahrzehnten war diese Frage, die nicht nur die Kunstfreiheit betrifft, in umfangreichen Texten diskutiert worden, und genauso lange hatte das Karlsruher Gericht eine explizite Stellungnahme, soweit ersichtlich, vermieden. Doch nachdem derselbe Senat ein knappes Jahr zuvor diese grundsätzliche Frage im Hinblick auf Art. 4 Abs. 3 GG (Kriegsdienstverweigerung) berührt,

80 JOACHIM WÜRKNER, Das Bundesverfassungsgericht und die Freiheit der Kunst (München 1994) 49.

81 BVerfGE 2, 1–79 bzw. 5, 85–393.

82 BVerfGE 25, 256–269.

aber nicht endgültig entschieden hatte,[83] einigten sich die Richter nun auf eine generelle Antwort, allerdings in gedrängter Kürze, sehr thesenartig und – entgegen der früher üblichen Verfahrensweise in solchen Fragen[84] – ohne einen einzigen Beleg aus der Literatur, sieht man von Fundstellen zur historischen Auslegung von Art. 5 Abs. 3 GG ab.

Daß Art. 5 Abs. 2 GG zugleich eine Schranke für die Kunstfreiheit darstellen kann, hatten neben mehreren Oberverwaltungsgerichten[85] unter anderem die Verfassungsrechtler Bettermann, Lerche und Maunz und vor allem Willi Geiger, Richter im 2. Senat des Karlsruher Gerichts, in ihren Publikationen begründet.[86] Im Anschluß an das vorangegangene BGH-Urteil[87] und in Übereinstimmung auch mit der Rechtsprechung des BVerwG[88] lehnte das BVerfG diese Ansicht nun endgültig ab und führte neben einem knappen systematischen Argument vor allem die Entstehungsgeschichte als Begründung an.[89]

Noch kürzer wurde die bis dahin immerhin herrschende Lehre[90] widerlegt, daß nämlich die Schranken des Art. 2 Abs. 1 GG direkt oder indirekt auch bei vorbehaltlosen Grundrechten Anwendung finden sollten. Es konnte also nicht nach der Lehre vom „Muttergrundrecht" auf das als Schranke von Art. 2 Abs. 1 GG erwähnte Sittengesetz zurückgegriffen werden. Klaus Manns *Mephisto* hätte wohl wenig Chancen gehabt, wäre er an jenem, heute weitgehend funktionslosen „Sittengesetz" gemessen worden. Der Rückgriff auf Art. 2 Abs. 1 GG wurde abgelehnt mit dem schlichten Hinweis, daß Art. 2 Abs. 1 GG subsidiär zu den spezielleren

---

83 BVerfGE 28, 243–264 (Dienstpflichtverweigerung), dort Leitsatz 2 und Seite 261. Die Frage mußte dort nicht umfassend diskutiert werden, weil es nur um die Möglichkeit ging, Grundrechte durch einfaches Recht einzuschränken.

84 HANS HEINRICH RUPP, Zum „Mephisto-Beschluß" des Bundesverfassungsgerichts, in: Deutsches Verwaltungsblatt 1972, 66–67, hier 67, meinte sogar, daß lediglich „der seit längerer Zeit zu beobachtende Verzicht des BVerfG auf Zitierung rechtswissenschaftlicher Stellungnahmen" fortgeführt wurde.

85 Oberverwaltungsgericht Koblenz, in: DVBl 1966, 576–582; Oberverwaltungsgericht Münster, in: JZ 1959, 716–720, hier 718.

86 Nachweise bei RUPERT SCHOLZ, Kommentierung von Art. 5 Abs. 3 GG, in: THEODOR MAUNZ / GÜNTER DÜRIG / ROMAN HERZOG / RUPERT SCHOLZ (Hrsg.), Grundgesetz-Kommentar I (München, Loseblattsammlung, Stand Mai 1977) Rn. 11.

87 BGHZ 50, 133–147, hier 145.

88 Seit BVerwGE 1, 303–308 („Sünderin").

89 BVerfGE 30, 173–227, hier 191f.

90 Diese Einschätzung mit Nachweisen bei WEBER, Urteilsbesprechung 652.

Einzelgrundrechten sei[91] – weitere Argumente wie auch Hinweise auf Literaturfundstellen sucht man vergebens, obwohl die Gegenthese vom Rückgriff auf die Schranken des Art. 2 Abs. 1 GG unter anderem früher von einem Strafsenat des BGH und vom LG Hamburg in seiner erstinstanzlichen Entscheidung des *Mephisto*-Falles vertreten worden war.[92] Vor allem hatte diese Ansicht in der Literatur überwogen: Ihr folgten neben anderen der Grundgesetz-Kommentar von Mangoldt-Klein, der spätere Verfassungsrichter Böckenförde und insbesondere Günter Dürig, in den 1950er Jahren jener maßgebende Kommentator, mit dem das BVerfG regelrecht „Zwiesprache" gehalten hatte.[93] Auf Dürig ging insbesondere der Ausbau der Grundrechte zu einem lückenlosen Anspruchssystem zurück, doch nun, bei den Schranken „vorbehaltloser" Grundrechte, folgte das Gericht einer Ansicht, die zuvor nur von einer kleinen Minderheit der Autoren, vorrangig vom späteren Verfassungsrichter Konrad Hesse und von Ulrich Scheuner, vertreten worden war.[94] Wiederum hatte sich der gespaltene Senat bei der Suche nach dem „größten gemeinsamen Nenner" auf eine große These, aber nicht auf eine detaillierte Begründung einigen können.

c) Und als sei durch diese zwei grundsätzlichen Thesen zur Kunstfreiheit im allgemeinen und zu den Schranken „vorbehaltloser" Grundrechte nicht bereits die dauerhafte Bedeutung der *Mephisto*-Entscheidung gesichert, holten die Richter auch bei einer dritten dogmatischen

---

91 BVerfGE 30, 173–227, hier 192; angeführt werden nur mehrere Entscheidungen seit dem „Elfes"-Fall von 1957 (BVerfGE 6, 32–45).

92 BGH in: UFITA 38 (1962) 181–186, hier 182: Art. 5 Abs. 3 GG „unterliegt dem sog. allgemeinen Gemeinschaftsvorbehalt des Art. 2 Abs. 1 Halbs. 2 GG [...]"; LG Hamburg, in: UFITA 51 (1968) 352–362, hier 358f.

93 HERMANN V. MANGOLDT / FRIEDRICH KLEIN, Das Bonner Grundgesetz (2. Aufl., Berlin 1957) Art. 5, Anm. X 6f.; ERNST-WOLFGANG BÖCKENFÖRDE, Der Stellvertreter-Fall, in: Juristische Schulung 1966, 359–367, hier 363; GÜNTER DÜRIG, Kommentierung von Art. 2 Abs. 1 GG, in: MAUNZ/DÜRIG/HERZOG (Hrsg.), Grundgesetz-Kommentar I (Stand 1958) Rn. 69–87. Die Formulierung von „Dürigs Zwiesprache mit dem BVerfG" (u.a. bei dem erwähnten „Lüth"-Urteil) bei WALTER SCHMIDT, Grundrechte – Theorie und Dogmatik seit 1946 in Westdeutschland, in: DIETER SIMON (Hrsg.), Rechtswissenschaft in der Bonner Republik (Frankfurt/M. 1994) 188–226, hier 196, Anm. 25.

94 KONRAD HESSE, Grundzüge des Verfassungsrechts der Bundesrepublik Deutschland (4. Aufl., Karlsruhe 1970) 163: „Die Freiheiten des Art. 5 Abs. 3 GG sind nur durch die Verfassung selbst begrenzt." (= Rn. 403 in der 20. Aufl. 1995 und dort um Belege aus der BVerfG-Rechtsprechung seit *Mephisto* ergänzt).

Frage weit aus: Der postmortale Persönlichkeitsschutz wurde ein weiteres Mal aufgewertet. Von der ersten Instanz wie erwähnt als Recht des Verstorbenen nach § 823 Abs. 1 BGB noch abgelehnt,[95] beim OLG zivilrechtlich anerkannt, aber auf den Schutz von Ehre, Ansehen und Andenken jenseits von Grundrechten reduziert,[96] beim BGH erstmals aus Art. 2 Abs. 1 GG abgeleitet,[97] wurde nun ein viertes Mal eine höhere dogmatische Verankerung vertreten: Beim Persönlichkeitsschutz Verstorbener sei mangels Rechtssubjekt nicht Art. 2 Abs. 1 GG einschlägig, sondern ausschließlich Art. 1 Abs. 1 GG, also die Garantie der Menschenwürde.[98] Es ging damit bei Klaus Mann und Gustaf Gründgens um nichts weniger als, in der Formulierung des BVerfG, „oberste Werte", da auch die Kunstfreiheit in dieser Entscheidung eng mit der Menschenwürde verbunden wurde.[99]

d) Damit hätten die drei von der CDU vorgeschlagenen Richter, die das Hauptvotum verfaßten, nun zur Verteidigung dieser obersten Werte ausholen können. Doch die drei Richter versteckten sich, zogen sich inhaltlich auf einen Prüfungsmaßstab zurück, der die Wertungen der Unterinstanzen bestehen ließ. Die Hinweise zum Prüfungsmaßstab entsprachen zwar weitgehend der bisherigen Judikatur, doch präsentierten die Richter eine höchst restriktive Anwendung, indem sie die fallentscheidenden Wertungen auf der Tatsachenebene ansiedelten und so die ver-

95 UFITA 51 (1968) 352–362, hier 354: Nur „das Persönlichkeitsrecht der nächsten Angehörigen eines Verstorbenen" und „deren Andenken an den Verstorbenen" werden von der Rechtsordnung geschützt.

96 SCHULZE, Rechtsprechung 17: Das OLG hielt „ein Fortwirken des allgemeinen Persönlichkeitsschutzes von Gründgens für gegeben, wobei allerdings zu beachten ist, daß dieser Schutz eine Beschränkung insofern erleidet, als er nicht mehr der ‚freien Entfaltung seiner Persönlichkeit', Art. 2 Abs. 1 GG, sondern seiner Ehre, seinem Ansehen und nicht zuletzt seinem Andenken dient".

97 BGHZ 50, 133–147, hier 139: „Der Senat ist der Überzeugung, daß Menschenwürde und freie Entfaltung [der Persönlichkeit, Art. 2 Abs. 1 GG] zu Lebzeiten nur dann im Sinne des Grundgesetzes zureichend gewährleistet sind, wenn der Mensch auf einen Schutz seines Lebensbildes wenigstens gegen grobe ehrverletzende Entstellungen nach dem Tode vertrauen und in dieser Erwartung leben kann".

98 BVerfGE 30, 173–227, hier 194.

99 „Als Teil des grundrechtlichen Wertsystems ist die Kunstfreiheit insbesondere der in Art. 1 GG garantierten Würde des Menschen zugeordnet, die als oberster Wert das ganze grundrechtliche Wertsystem beherrscht." (BVerfGE 30, 173–227, hier 193).

fassungsrechtliche Überprüfbarkeit verneinten. Vor allem galt dies für die These, „daß ein nicht unbedeutender Leserkreis unschwer in Höfgen Gründgens wiedererkenne. Ob dies richtig ist, hat das Bundesverfassungsgericht nicht zu entscheiden; jedenfalls liegt darin die maßgebliche Wertung der Tatsachen [sic!] durch die Gerichte, daß das ‚Abbild‘ Höfgen gegenüber dem ‚Urbild‘ Gründgens“ nicht hinreichend „künstlerisch transzendiert“ sei.[100] Versteckt hinter den Thesen der Untergerichte, blieben die Ausführungen des Hauptvotums defensiv, kurz und weitgehend referierend. 1971 ließ sich nicht mehr anhand von Gründgens die Haltung der Mitläufer in der NS-Zeit verteidigen, sondern nur noch die frühere Verteidigung zitieren und paraphrasieren. Die nunmehr langjährigen und intensiven Debatten um die Funktionsweise des NS-Regimes hatten den Verteidigern der Indizierung buchstäblich die Sprache und Argumentationskraft genommen.

e) Dies gilt um so mehr bei einem Vergleich mit dem bereits quantitativ überlegenen, fast zwanzigseitigen Votum des Richters Erwin Stein, innerhalb des Senats der Berichterstatter für den *Mephisto*-Fall.[101] Zum ersten und einzigen Mal[102] hat Stein, Verfassungsrichter seit 1951, dabei die gerade erst geschaffene Möglichkeit einer *dissenting opinion*[103] genutzt. Kurz vor seinem Ausscheiden aus dem Gericht[104] publizierte er mit dem ersten Sondervotum seines Senats[105] ein umfassendes literaturästhetisches Gutachten, in dem unter Anknüpfung an seine früheren Publikationen[106] die zeitgenössische Ästhetiktheorie bis hin zu Adorno ausgewertet und für eine Analyse des *Mephisto* verwendet wird. Deutlich dem Humanismus und den Erziehungsidealen der Nachkriegszeit ver-

---

[100] BVerfGE 30, 173–227, hier 198.

[101] JOHANN FRIEDRICH HENSCHEL, Gedenkwort, in: PETER A. DÖRING (Hrsg.), In Memoriam Erwin Stein (1903–1992) (Frankfurt/M. 1995) 14–16, hier 16.

[102] ERICH STEFFEN, Bundesverfassungsrichter Erwin Stein. Eine Erinnerung, in: Jahrbuch des öffentlichen Rechts der Gegenwart 46 (1998) 95–104, hier 103. Steffen war damals Steins wissenschaftlicher Mitarbeiter.

[103] § 30 Abs. 2 des Gesetzes über das BVerfG wurde eingeführt durch eine Gesetzesnovelle v. 21. 12. 1970.

[104] Stein gehörte dem 1. Senat bis zum 8. 12. 1971 an (STEFFEN, Stein 98).

[105] HELMUT FETZER, Erwin Stein – Eine Bio-Bibliographie, in: DÖRING, Stein 175–284, hier 190.

[106] U.a. Urteilsanmerkung, in: JZ 1959, 720–724 (mit dem Hinweis 721: „Wenn diese Entscheidung Schule macht, steht zu befürchten, daß wir zu vormärzlichen Zuständen zurückkehren.“).

pflichtet, knüpft Steins Duktus an die erstinstanzliche Entscheidung an und sieht im *Mephisto* zwar einen Roman über „das Phänomen des geistigen Mitläufertums im NS-Staat",[107] doch sei diese Epoche abgeschlossen und zunehmend weniger von Bedeutung: „Gründgens gehört heute, acht Jahre nach seinem Tod, weitgehend bereits der Theatergeschichte an".[108] Deshalb und wegen der bisherigen Publikationen des Buches könne es „nur noch auf das Interesse eines begrenzten, vor allem der Bildungsschicht angehörenden Leserkreises rechnen". In einer Zeit, in der Faschismus-Vorwürfe zur gängigen Münze im politischen Tagesgeschäft wurden, in der die Verstrickung von Führungseliten in den Nationalsozialismus immer umfassender diskutiert wurde, zog sich Stein, 1933 von den Nazis aus dem Richteramt vertrieben, noch einmal auf die Abgeschlossenheit dieser Epoche zurück und versuchte von daher, „den Mephisto-Roman als ein bedeutendes Werk eines Hauptvertreters der Exilliteratur" vor der Indizierung zu schützen. Auffällig ist auch, daß die Homosexualität der beiden Protagonisten auch bei Stein nicht angesprochen wird – diese weiter verkomplizierende Ebene und ihren zusätzlichen Gegenwartsbezug ließen Stein wie auch die anderen Richter außen vor.[109]

Das zweite Sondervotum, verfaßt von Wiltraud Rupp-v. Brünneck,[110] griff vor allem im Hinblick auf den Prüfungsmaßstab zu deutlichen Worten[111] und verdichtete die methodische Kritik am Vorgehen von OLG und BGH: Deren Prüfung „führt zu dem seltsamen und widersprüchlichen Ergebnis, daß dem Autor einerseits der Vorwurf gemacht wird, er habe zu wenig ‚verfremdet' – d.h. er habe seinen Romanhelden Gründgens zu ähnlich, also zu wirklichkeitsgetreu nachgebildet –, andererseits wird ihm vorgeworfen, er habe zu stark ‚verfremdet' – nämlich seinen

---

107 BVerfGE 30, 173–227, hier 213.

108 Ebd. 173–227, hier 215.

109 Lediglich im Sondervotum der Richterin Rupp-v. Brünneck (dazu gleich) wird dieses Thema jedenfalls verklausuliert angesprochen (BVerfGE 30, 173–227, hier 223).

110 Ihr Sondervotum ist jetzt auch zugänglich in: HANS-PETER SCHNEIDER (Hrsg.), Wiltraut Rupp-von Brünneck: Verfassung und Verantwortung – Gesammelte Schriften und Sondervoten (Baden-Baden 1983) 369–377.

111 Die drei Richter des Hauptvotums präsentieren „eine evidente Verkürzung des bisherigen Grundrechtsschutzes: Bei solchen Prüfungsmaßstäben hätten weder das Lüth-Urteil selbst" noch etliche andere Urteile ergehen können (221).

Helden mit erdichteten negativen Verhaltensweisen und Charakterzügen ausgestattet, die dem Lebensbild von Gründgens nicht entsprächen".[112]

Damit tue man dem „Wesen eines Kunstwerks in Form eines Romans Gewalt an" – ein Vorwurf, der noch einmal die Schärfe der vorangegangenen Debatten im Senat belegt.

Der Versuch der Vergangenheitsbewältigung war damit endgültig mißglückt, weil nun mehr als je zuvor nicht der *Mephisto* selbst, sondern sein Publikationsverbot das Interesse an dem Roman aufrechterhielt. Und weil die Richter gleich zu zwei zentralen Fragen der juristischen Dogmatik in ihrem Urteil eine These aufgestellt hatten, war eine weitere Ursache gesetzt, warum mit der *Mephisto*-Entscheidung auch der zugrunde liegende Sachverhalt im Gedächtnis jedenfalls der Juristen blieb.

III. *MEPHISTO* OHNE JUSTITIA

Erst spät, dann aber dauerhaft setzte der Rückzug von Justitia aus dem „Duell der Toten" ein: 1979/80 brachte die französische Regisseurin Ariane Mnouchkine eine Dramatisierung des *Mephisto* auf die Bühne; und das zugehörige Textbuch wurde in der Bundesrepublik vertrieben, ohne daß eine Klage erfolgte. Kurz danach erschien das Buch (inklusive BVerfG-Entscheidung) als Raubdruck,[113] gefolgt von einem separaten [!] Raubdruck der 70seitigen Karlsruher Entscheidung[114] – soweit ersichtlich der einzige Text des BVerfG, dem diese etwas zweifelhafte Ehre bislang widerfahren ist. Schließlich und endlich erschien *Mephisto* 1981 bei einem anderen Verlag, so daß die zivilprozessuale Rechtskraftwirkung der früheren Entscheidung keine Bedeutung hatte.[115] Versehen mit einer

---

112 BVerfGE 30, 173–227, hier 222.

113 Der Verleger E. Spangenberg vermutet eine Beteiligung des heutigen Mitglieds des Europäischen Parlaments Daniel Cohn-Bendit (Grüne) und führt als Beleg ein Telefongespräch an, nach dessen von Spangenberg wiedergegebenen Text Cohn-Bendit indirekt seine Beteiligung einräumt (E. SPANGENBERG, Karriere, 265). Eine schriftliche Nachfrage bei Cohn-Bendit im Juli 2001 blieb unbeantwortet.

114 Das Titelblatt ist abgedruckt bei E. SPANGENBERG, Karriere 276.

115 Erst recht erfolgte die Publikation nicht „entgegen einem Verbot des BVerfG"; so aber KLAUS KASTNER, Freiheit der Literatur und Persönlichkeitsrecht, in: NJW 1982, 601–605, hier 601, schon weil das BVerfG nur die Verfassungsbeschwerde gegen die zivilgerichtlichen Verbote abgewiesen hat und im übrigen schon der BGH auf die zeitliche Begrenzung des Unterlassungsanspruchs hingewiesen hat-

ausführlichen Einleitung publizierte rororo den *Mephisto* als Taschenbuch-Lizenzausgabe, und der Roman war – ganz im Gegensatz zur erwähnten Erwartung des Richters Stein – monatelang die Nr. 1 der Spiegel-Bestsellerliste. Eine weitere Klage unterblieb.[116] Mit der Verfilmung durch István Szábo (Klaus Maria Brandauer spielte Hendrik Höfgen) ist *Mephisto* dann noch einmal und sogar europaweit bekannt geworden.

IV. SCHLUSSBEMERKUNGEN

Vergangenheits„bewältigung“ in Gerichtsurteilen ist in letzter Zeit in der bundesdeutschen Literatur vermehrt diskutiert worden; Prozesse nach dem Untergang der DDR und wegen der Entschädigung für NS-Zwangsarbeiter haben die Debatte erneut belebt. Doch bisher ist der Umgang der deutschen Justiz mit dem NS-Unrecht weitestgehend mit Blicken auf die Strafurteile nach 1945 beleuchtet worden. Die *Mephisto*- und z.B. auch die hier nicht behandelte „Lüth“-Entscheidung (wie auch die Grundsatzentscheidung des BGH zum Schutz des allgemeinen Persönlichkeitsrechts) zeigen, daß auch das Zivil- und das Verfassungsrecht dafür wichtiges, bislang kaum ausgewertetes Material zur Verfügung stellen. Im Hinblick auf Mitläufer und Emigration hat dabei die Kette der vier *Mephisto*-Entscheidungen die wohl spektakulärste und aufschlußreichste Prozeßgeschichte. Mehr noch: Nur mit den hier präsentierten Überlegungen läßt sich erklären, warum das BVerfG seinen Beschluß schon mit der mehrfachen Entscheidung von dogmatischen Grundfragen dauerhaft berühmt machte, warum Brüche in der Argumentation vorlie-

---

te. Der *Mephisto* ist daher auch nicht „bis heute ein verbotenes Buch“, wie noch jüngst NAUMANN, Gründgens 83, annahm. Ausführlich dazu RAFAELA BOCKSLAFF, Die Behandlung des „Mephisto-Falles“ als Beispiel für die Problematik der Vollstreckung von bundesverfassungsgerichtlichen Entscheidungen (Frankfurt/M. 1987), besonders 82–84.

116 Spekulationen über mögliche Erfolgsaussichten sind selbstverständlich müßig, doch sei darauf hingewiesen, daß Johann Friedrich Henschel, Richter am BVerfG, noch 1990 schrieb, daß im *Mephisto* „verfremdet, aber erkennbar die Karriere des Schauspielers Gustaf Gründgens im Dritten Reich nachgezeichnet wird.“ (Die Kunstfreiheit in der Rechtsprechung des BVerfG, in: NJW 1990, 1937–1944, hier 1937f.). Ebd. 1941 aber eine referierende Darstellung der damaligen Entscheidungsgründe, die – u.a. wegen des durchgängigen Konjunktivs – wohl als vorsichtige Distanzierung verstanden werden kann.

gen, die für Kriele „unglaublich" klingen,[117] und warum ausgerechnet ein Buchverbot die grundrechtliche *magna charta* für die Kunstfreiheit enthält.[118] Und zusätzlich lohnt sich, wie gezeigt, auch unter dem Blickwinkel des Umgang mit der NS-Vergangenheit eine Lektüre der Entscheidungen. Mit diesem Blickwinkel ist es übrigens kein Zufall, daß auch in der Schweiz ein zentraler Fall zum postmortalen Persönlichkeitsschutz seinen Ausgangspunkt in der Vergangenheit einer der Prozeßparteien während der Jahre 1933–1945 hat.[119] Der berühmteste dogmatisch ähnlich gelagerte US-amerikanische Fall zur Verletzung des Persönlichkeitsrechts durch einen „Schlüsselroman" hat hingegen keine Bezüge zur Nazi-Zeit, sondern betrifft, als sollten landläufige Vorurteile radikalisiert werden, eine sexualisierte Psychotherapie.[120]

Kurz erwähnt sei noch, daß der gerichtliche Umgang mit dem *Mephisto* auch ein Lehrstück für die Tabuisierung der (Homo-)Sexualität in dieser Zeit darstellt: Obwohl Gründgens' (und auch Klaus Manns) Homosexualität bekannt war, wurde sie in den vier Urteilen umgangen. Zwar stellte eine sado-masochistische Szene im *Mephisto* durchgängig ein zentrales Argument für die Verbote dar, doch nie wurde darauf eingegangen, daß Klaus Mann Gründgens' Homosexualität im Roman durch die masochistische Beziehung zu einer Frau ersetzte.[121] Da Gründgens

---

117 MARTIN KRIELE, Vorbehaltlose Grundrechte und die Rechte anderer, in: Juristische Arbeitsblätter 1984, 629–638, hier 633.

118 Auf das letztere Paradoxon weist HERBERT BETHGE, Mephistos Beitrag zur Erhaltung der Kunstfreiheit, in: Zeitschrift für Urheber- und Medienrecht 1989, 492–499, hier 493, hin.

119 Urteil des Schweizerischen Kassationshofes v. 27. 4. 1992 (Entscheidungen des Schweizerischen Bundesgerichts 118 IV 153–166); es ging um Behauptungen des Historikers Walther Hofer über die Nähe eines 1961 verstorbenen Schweizers zur Gestapo. Auch fast 40 Jahre nach dem Tod des Betroffenen wurde ihm postmortaler Persönlichkeitsschutz gewährt und ein weiteres Verfahren zu Lasten von Prof. Hofer entschieden (Entscheidungen des Schweizerischen Bundesgerichts 125 IV 298–303). Der Verf. dankt Herrn Nikolaus Linder, Zürich, für diese Hinweise. Zu Japan vgl. JUNICHI MURAKAMI / CHRISTINA ESCHER-WEINGART, Ein japanischer Mephisto. Zur judiziellen Genese des Persönlichkeitsrechts im interkulturellen Vergleich, in: Kritische Vierteljahresschrift für Gesetzgebung und Rechtswissenschaft 1994, 138–153.

120 Dazu ROBERT RIE, Der Schlüsselroman und die amerikanischen Gerichte, in: UFITA 81 (1981) 1–16.

121 Auf letzteres weist BLUBACHER, Gründgens 59, hin. Ähnlich MARCEL REICH-RANICKI, Diskussionsbeitrag, in: FISCHER-LICHTE/WALACH, Gründgens 180: „Daß

aufgrund seiner Homosexualität in der Nazi-Zeit, wie Klaus Mann bekannt war, massiv gefährdet war,[122] hat Mann durch diese Gestaltung eine weitere Gefährdungsquelle für Gründgens verschlossen. Dies ist um so auffälliger, als *Mephisto* der einzige Roman Klaus Manns ist, in dem Homosexualität keine Rolle spielt.[123] Ein Hinweis auf diese Zusammenhänge, der zeitgenössischen Öffentlichkeit unter anderem durch einen Zeitungsartikel von Marcel Reich-Ranicki 1966 kurz vor dem OLG-Urteil präsentiert,[124] hätte eines der zentralen Verbotsargumente schlagartig entkräftet – doch soweit ersichtlich, ist dies nicht vorgetragen worden.[125] Daher blieb es einem Randverfahren vorbehalten, die den Gründgens-Mann-Fall so grundierende Sexualität zu thematisieren: Als in der Berichterstattung über den *Mephisto*-Prozeß 1965 Inzest-Vorwürfe gegen Erika Mann auftauchten, machte sie eine Persönlichkeitsrechtsverletzung geltend und erstritt Schmerzensgeld.[126]

In den sechziger und frühen siebziger Jahren brach sich der gesellschaftliche Modernisierungsprozeß seine Bahn über viele Geschichtswiederholungen, die notwendigerweise meist als Farce, aber mit um so größerem Engagement durchfochten wurden.[127] Mittels einer postmortalen Verlängerung der Auseinandersetzungen zwischen Klaus Mann und Gustaf Gründgens ließ sich an diesem Modernisierungsprozeß auch in den Hallen der Justiz arbeiten.[128] Der Fall enthielt ein buntes Konglomerat

---

Klaus Mann trotz des ganzen Krieges mit Gründgens die Homosexualität aus dem Spiel gelassen hat, ist hochinteressant".

122 SCHAENZLER, Mann 270.

123 Der letztere Hinweis bei ARMIN STROHMEYR, Klaus Mann (München 2000) 83; Strohmeyr sieht aber, ohne auf die Stellung von Gründgens einzugehen, im bewußt „politischen Charakter" des Romans die Ursache für die Auslassung der Homosexualität.

124 MARCEL REICH-RANICKI, „Mephisto", der Roman einer Karriere, zuerst in: „Die Zeit" v. 18. 2. 1966 (das OLG-Urteil erging am 10. 3. 1966), jetzt in: DERS., Thomas Mann und die Seinen (Frankfurt/M. 1990) 192–199, hier 197.

125 Auch noch in seiner Dokumentation zur „Karriere eines Romans" geht E. SPANGENBERG nur darauf ein, daß nunmehr (1981) ein „Modell" für Höfgens Partnerin in jener Szene gefunden ist (136).

126 IRMELA VON DER LÜHE, Szenen einer Ehe. Gustaf Gründgens und Erika Mann, in: FISCHER-LICHTE/WALACH, Gründgens, 69–78, hier 76 m.w.N. in Anm. 27.

127 Dazu jetzt mit psychoanalytischem Zugriff CHRISTIAN SCHNEIDER, Die verachtete Zeit, in: taz-magazin v. 24./25. 3. 2001, III.

128 Zum umgekehrten Fall, also nicht Literatur vor Gericht, sondern Recht in der Literatur, vgl. THOMAS HENNE, Formeln vs. Individuum im Recht. Rechtshistorische

von Stichworten, die die Identifikations- und Ablehnungsbereitschaft der Zeitgenossen anregen konnten: Familie, Karriere, Emigration, Widerstand, Nationaldichter[129] und -schauspieler, Schuld, Sexualität, Drogenabhängigkeit und Goethe. Die vier Gerichtsentscheidungen zeigen, wie die Justiz mit ihren Mitteln den jeweiligen Stand des Modernisierungsprozesses spiegelte.[130] Die rechtsgeschichtliche Analyse der *Mephisto*-Prozesse öffnet den Blick auf ein spannendes Stück Mentalitätsgeschichte der Bundesrepublik.[131]

P.S.: Wird das Persönlichkeitsrecht verletzt, steht dem Betroffenen regelmäßig auch ein Entschädigungsanspruch zu. Warum der Kläger in den *Mephisto*-Verfahren diesen Anspruch nicht eingeklagt hat, ist nicht bekannt. Hätte er Erfolg gehabt, obwohl nur eine Verletzung des postmortalen Persönlichkeitsrechts vorlag? Diese Frage beantwortete ein nahezu zeitgleiches und spektakuläres Verfahren, das nicht zufällig ebenfalls die NS-Vergangenheit thematisierte. Es ging um nicht weniger als den Bundespräsidenten Heinemann, seine Neubewertung des kommunistischen Widerstandes gegen das NS-Regime und eine rechtsradikale Zeitung. Aber das ist eine andere verwickelte Geschichte. Leicht feststellen läßt sich nur das Ergebnis: 11 BGH in NJW 1974, 1371 = MDR 1974, 921 (Fiete Schulze). In den *Mephisto*-Verfahren wäre Gründgens' Adoptivsohn mit einem Entschädigungsanspruch am BGH gescheitert. Niemand mehr konnte Geld am *Mephisto*-Roman verdienen.

Anmerkungen zu den ästhetischen Dimensionen literarischer Verarbeitungen von Recht, in: IRIS DENNELER (Hrsg.), Die Formel und das Unverwechselbare (Frankfurt/M. 1999) 26–38.

129 Inzwischen ist die Familie Mann sogar als „deutscher Erinnerungsort" aufgenommen, vgl. IRMELA VON DER LÜME, Die Familie Mann, in: ETIENNE FRANÇOIS / HAGEN SCHULZE (Hrsg.), Deutsche Erinnerungsorte I (München 2001) 254–271.

130 Als aktuelle Entscheidung zum Schutz des postmortalen Persönlichkeitsrechts aufschlußreich ist jetzt BverfG, in: NJW 2001, 2957–2960 (kein Schutz eines verstorbenen Sozialdemokraten gegen die im Wahlkampf von einer rechtsextremistischen Partei erhobene Behauptung, er würde heutzutage diese Partei wählen).

131 So auch jüngst IRMELA VON DER LÜHE, Diskussionsbeitrag, in: FISCHER-LICHTE/WALACH, Gründgens 178.

VIOLA HEUTGER, Utrecht

DIE SPÄTANTIKEN IMPERIALEN SONNTAGSGESETZE: VOM *DIES SOLIS* ZUM *DIES DOMINI*

I. EINLEITUNG

Der Sonntag ist der Festtag der Christenheit. Den Sonntag feiern die christlichen Gemeinden als den Tag des auferstandenen Herrn, folglich als das wöchentliche Ostern.

Eine Sonntagsruhe zur Verherrlichung des Tages war in den ersten Jahrhunderten nach Christi Geburt noch unbekannt. Die Entwicklung des Sonntags wurde stark durch die jüdische Mutterreligion beeinflusst.

Als wöchentlichen, religiös motivierten Festtag feiert das jüdische Volk den Sabbath. Der Sabbath ist der siebte Tag der Woche, an dem das israelitische Volk für die Befreiung aus der ägyptischen Sklaverei dankt – ein Ruhetag, der Gott, dem Herrscher über Ernte und Natur, zu weihen ist. Der Ablauf des Sabbaths ist ritualisiert, er beginnt mit Sonnenuntergang am Freitag und dauert bis zum Anbruch der Nacht am Samstag. Für diesen Ruhetag findet sich keine außerisraelitische Parallele. Die Römer kannten zwar viele Feiertage, aber keinen wöchentlichen Ruhetag. Die christliche Urkirche stand im Spannungsfeld römischer, jüdischer und heidnischer Einflüsse. Es kam zu einem vielschichtigen Prozess der Übernahme, Umbildung und Neubildung von Festen. Die ersten christlichen Gemeinden hatten keinen besonders geschützten Tag, den sie zur Feier des Gottesdienstes nutzen konnten. Der Sonntag musste erst seinen festen Platz erhalten. Ohne eine Arbeitsruhe zu kennen, versammelte man sich am Sonntag der ersten Jahrhunderte zum Gottesdienst. Eine Zeit lang wurde auch der Sabbath noch weiter gefeiert – bis Kirche und Synagoge sich völlig trennten. Nun setzte sich der Sonntag als Feiertag in den christlichen Gemeinden durch.

Die ersten Spuren des durch christliche Verehrung geheiligten Sonntags finden wir im Neuen Testament.[1] Als erste nichtchristliche Bezeugung der Gottesdienstfeier am Sonntag ist uns ein römisches Schriftstück

---

1 Z.B. 1. Korintherbrief 16.2; Apostelgeschichte 20.7; in diesen Versen wird vom ersten Tag der Woche gesprochen. In der Offenbarung des Johannes 1.10 ist die Rede vom Tag des Herrn.

überliefert. Es handelt sich um den Briefwechsel des Plinius des Jüngeren (gest. ca. 113 n.Chr.) mit Kaiser Trajan (98–117).[2] Hier berichtet Plinius über das Zusammenkommen der Christen an einem festgesetzten Tag vor Sonnenaufgang, um Gott zu loben. Dieser festgesetzte Tag wird einhellig als Sonntag gedeutet.

Der Beginn der Sonntagsruhegesetzgebung und das Umfeld der christlichen Gemeinden ab dem 4. Jahrhundert sind Gegenstand dieses Beitrags. Kaiser Konstantin der Große erließ die ersten Sonntagsregelungen. Seine Beweggründe und die spätere Entwicklung seiner Sonntagsgesetzgebung sollen erörtert werden.

II. DAS UMFELD DER GESETZGEBUNG

Die ersten Sonntagsgesetze entstanden mehr als zweihundert Jahre nach dem Briefwechsel zwischen Plinius dem Jüngeren und Trajan. Diese Zeit war durch zahlreiche Umbrüche gekennzeichnet. Das Römische Reich wurde neu eingeteilt und mehrere Herrscher regierten gleichzeitig.

Das Christentum begann sich zu festigen, wurde aber durch Verfolgungen immer wieder geschwächt. Politische Ereignisse und unterschiedliche Herrscherpersönlichkeiten beeinflussten die römische Sonntagsgesetzgebung.

Gegen Ende des 3. Jahrhunderts führte Kaiser Diokletian (284–305) die Tetrarchie als Herrschaftsform ein. Diese Reform führte zu einer Aufteilung des Reiches in eine Ost- und eine Westhälfte.[3] Die Reichsvision Diokletians sah keinen Alleinherrscher vor, obwohl er als *dominus et deus*, als Herr und Gott, regierte. So setzte er 285 als Mitaugustus seinen Kriegsgenossen Maximian (Regierungszeit 286–305/306–308) ein, und

---

[2] Plinius der Jüngere, Briefe 10, 96, in: JAKOB SPEIGL (Hrsg.), Der römische Staat und die Christen. Staat und Kirche von Domitian bis Commodus (Amsterdam 1970) 58ff.

[3] Weiterführend zur Tetrarchie und zum Leben Kaiser Konstantins: JACOB BURCKHARDT, Die Zeit Constantins des Grossen (1970) 26ff. (erstmals Basel 1853 erschienen); HEINRICH KRAFT, Kaiser Konstantins religiöse Entwicklung (Tübingen 1955); RUDOLF LEEB, Konstantin und Christus – Die Verchristlichung der imperialen Repräsentation unter Konstantin dem Großen als Spiegel seiner Kirchenpolitik und seines Selbstverständnisses als christlicher Kaiser (Berlin 1992); MANFRED CLAUSS, Konstantin der Große und seine Zeit (München 1996).

im Jahre 292 zwei Cäsaren, Galerius und Constantius.[4] Kaiser Diokletian verfolgte die Christen:[5] Er ließ die Geistlichen verhaften, vernichtete die Kirchen, zog das Kirchengut ein, verbot die Abhaltung von Gottesdiensten und zwang jedermann zum Kaiserkult.

Zur Vernichtung des Christentums erließ Kaiser Diokletian am 23. Februar 303, dem Tag des Gottes Terminus, das erste Edikt zur Christenverfolgung. Bis 304 folgten noch drei weitere Edikte. Nach erbitterten Kämpfen folgte eine Wende: Kaiser Galerius erließ 311, in seinem Todesjahr, ein Toleranzedikt. Er hatte einsehen müssen, dass die Verfolgungen die Christen nicht wieder zum römischen Glauben zurückgeführt hatten. Galerius erklärte das Christentum zur *religio licita*, also zu einem gleichberechtigten und anerkannten Kult. Die Religionsverhandlungen waren mit dem Toleranzedikt von 311 aber nicht abgeschlossen. Im Jahre 313 erfolgte ein Treffen zwischen Kaiser Konstantin (Regierungszeit 306–337, ab 324 als Alleinherrscher), genannt Konstantin der Große, und seinem Gegenspieler Licinius (Regierungszeit 308–324). Die sogenannte Mailänder Vereinbarung gewährte als Abschluss der Verhandlungen religiöse Toleranz. Sie bedeutete den grundlegenden Friedensschluss zwischen dem Römischen Reich und dem Christentum. Den Christen im Römischen Reich wurde nun die freie Religionsausübung gestattet, das Christentum wurde der römischen Religion gleichgestellt und eingezogener Besitz den Christen zurückerstattet. Auf dieser Grundlage konnte das Christentum seine Position festigen.

III. DAS ERSTE GESETZ ZUR SONNTAGSRUHE

Kaiser Konstantin erließ im Jahre 321 die ersten Regelungen zum Sonntag:[6] Zum einen wurde jegliche Arbeit, die Feldarbeit ausgenommen, ver-

---

4 Constantius, der Vater Kaiser Konstantins des Großen, wurde im Jahre 293 Cäsar und im Jahre 305 Augustus. Er starb 306.

5 Lactantius, *De mortibus persecutorum* (ediert und übersetzt von J.L. CREED, Oxford 1984, 15), berichtet von Verbrennungen von Christen und anderen Grausamkeiten gegen sie. Constantius ließ zwar die Kirchen zerstören, die Menschen aber unbeschadet.

6 *Codex Iustinianus* 3.12.2.

boten, zum anderen durften mit Ausnahme der Sklavenfreilassung am Sonntag keine Gerichtsverhandlungen stattfinden.[7]

Am 3. März 321 übergab Kaiser Konstantin dem Stadtpräfekten von Rom folgendes Gesetz: „Kaiser Konstantin an Helpidius. Alle Richter, die Stadtbevölkerung und die gesamte Gewerbetätigkeit sollen am verehrungswürdigen Tag der Sonne ruhen. Nichtsdestoweniger sollen die Landleute den Anbau der Felder frei und ungehindert betreiben, weil es sich ja häufig trifft, dass kein anderer Tag ebenfalls geeignet ist, Getreide auszusäen oder Weinstöcke einzupflanzen, damit nicht zugleich mit der günstigen Gelegenheit des Augenblicks der durch die himmlische Vorsorge verliehene Vorteil verloren gehe".[8]

Ein Vierteljahr später ergeht ein weiterer Erlass: „Wie es unwürdig erschien, den durch die Verehrung hoch angesehenen Sonntag von gegenseitigem Gezänk und schädlichem Streit der Parteien erfüllt sein zu lassen, so ist es schön und erfreulich, an jenem Tag Gott Wohlgefälliges zu tun. Darum sollen alle die Befugnis haben, am Feiertag aus der väterlichen Gewalt zu entlassen und Sklaven freizulassen, und es soll nicht verwehrt sein, darüber Protokoll aufzunehmen".[9]

Konstantin lehnte Gerichtsverhandlungen am Sonntag ab. Für ihn zählte offenbar nicht das Ergebnis des richterlichen Wirkens – die hergestellte Gerechtigkeit. Dem Kaiser stand nur das Gezänk der Parteien sowie dessen End- und häufige Sinnlosigkeit vor Augen.

Durch die Einführung eines gesetzlich geregelten, staatlichen Feiertags am ersten Wochentag wird der Sonntag ehrend hervorgehoben und

---

7 Die Gerichtshöfe waren vom Staatskalender mit seinen komplizierten Verflechtungen zwischen *dies fasti* und *dies nefasti* abhängig. Gerichtsfreie Tage waren bekannt.

8 *Codex Iustinianus* 3.12.2: *Imperator Constantinus. Omnes iudices urbanaeque plebes et artium officia cunctarum venerabili die solis quiescant. ruri tamen positi agrorum culturae libere licenterque inserviant, quoniam frequenter evenit, ut non alio aptius die frumenta sulcis aut vineae scrobibus commendentur, ne occasione momenti pereat commoditas caelesti provisione concessa. Const. a. Helpidio. a 321 pp. v non. mart. Crispo ii et Constantino ii conss.*

9 *Codex Theodosianus* 2.8.1: *Imp. Constantinus a. Helpidio. sicut indignissimum videbatur, diem solis, veneratione sui celebrem, altercantibus iurgiis et noxiis partium contentionibus occupari, ita gratum ac iucundum est, eo die, quae sunt maxime votiva, compleri. atque ideo emancipandi et manumittendi die festo cuncti licentiam habeant, et super his rebus acta non prohibeantur. pp. v non. iul. Caralis, Crispo ii. et Constantino ii. caess. coss.*

zu öffentlicher Geltung gebracht. Die christlichen Gemeinden hatten nun einen festen wöchentlichen Feiertag.

IV. KAISER KONSTANTINS RELIGIÖSE ÜBERZEUGUNG

Die Motive, die Kaiser Konstantin zum Erlass der Sonntagsgesetze veranlassten, bleiben unklar. Kaiser Konstantin, der sich räumlich von Rom entfernt hatte und Byzanz zur oströmischen Haupt- und Residenzstadt machte, beobachtete das Christentum aufmerksam. Von Beginn an war Konstantin (wie auch schon sein Vater) Monotheist.[10] Nach einiger Zeit konnte sich Konstantin sicher sein, dass die Christen eine starke Stütze seiner Macht sein würden. Konstantin hatte das Christentum als Weltmacht begriffen und danach sein Handeln eingerichtet.[11] Christen waren nun auch in öffentlichen Ämtern zu finden. Sein Gegner Licinius dagegen erschwerte den Christen das Leben.[12] Aus diesem Grund waren die Christen Konstantin besonders zugeneigt.

Im Jahre 324 siegte Konstantin endgültig über den Rivalen Licinius. Zu Beginn seiner Regierungszeit versuchte Konstantin, Legitimität und Macht durch die nahe Beziehung zum *sol invictus*,[13] dem Sonnengott, zu bekräftigen. Es ist wahrscheinlich, dass Konstantin Christus als „wahres Licht der Welt" in eine enge Verbindung mit dem Sonnengott brachte und so der Idee eines *summus deus* folgte.[14]

Bis zu seinem Lebensende nahm Konstantin eine Doppelstellung bzw. eine Art Mittlerposition zwischen der christlichen Lehre und dem heidnischen Kult ein. Zum einen wählte er das Monogramm Christi zum Abzeichen des Heeres,[15] zum anderen führte er den *sol invictus* weiter auf den Münzen. Er baute nicht nur christliche Gotteshäuser, sondern auch zwei heidnische Tempel. Konstantin führte, wie auch die Kaiser nach ihm bis 379, noch den alten Titel *Pontifex Maximus*. Kurz vor seinem Tod ließ er sich taufen. Bis heute ist es umstritten, ob Kaiser Konstantin der

---

[10] HERMANN DÖRRIES, Konstantin der Grosse (Stuttgart 1958) 50ff.

[11] BURCKHARDT, Zeit Constantins 272.

[12] Eusebius, Vita Constantini, 1. Buch 51–54.1.

[13] Dem allwaltenden Sonnengott, der die solaren Mächte des Ostens und Westens in sich aufnahm, hatte auch Kaiser Aurelian (270–275) in Rom einen eigenen staatlichen Kult geschaffen.

[14] JOSEPH VOGT, Constantin (München 1960) 142.

[15] Eusebius, Vita Constantini, 1. Buch 31.

Große ein überzeugter Christ war oder als geschickter monotheistischer Politiker den *sol invictus* wie auch Christus zur Legitimation seines Handelns zu nutzen wusste.

Jacob Burckhardt sieht in Kaiser Konstantin einen hart kalkulierenden Machtmenschen. Demnach bediente sich Konstantin christlicher Worte, um auch Christen für seine Ziele zu gewinnen. Hermann Dörries sieht in Konstantin dagegen einen Christen, der sich fest zu seinem Glauben bekannte. Allerdings räumt er ein, dass nicht genau zu belegen ist, welcher Art sein Christentum war und wie viel es noch von Vorchristlichem innehatte.[16]

V. DER *DIES SOLIS*

In seinen beiden Erlässen aus dem Jahre 321 sprach Konstantin vom *dies solis*, vom „Sonntag", nicht vom „Herrentag". Konstantin erhob den Sonntag[17] – einen Tag, der bereits den ersten Platz unter den Wochentagen der Planetenwoche eingenommen hatte – zum arbeitsfreien Feiertag.

Konstantin fand bei den Christen einen durch Gottesdienst geheiligten Tag vor,[18] den Auferstehungstag Christi. An diesem Tag versammelten sich die Christen in ihren Gemeinden zur kultischen Feier. Der Kaiser diente mit seiner Regelung den Christen, die nun geschützter ihren Feierlichkeiten nachkommen konnten, und gab zudem durch die weitere Verwendung des Ausdrucks *dies solis* den Anhängern des Sonnenkultes einen Trost. Die Christen verehrten Christus als *sol iustitiae*, als Sonne der Gerechtigkeit. So konnte der Sonntag für alle Seiten geschickt platziert werden.

Die Erhebung des Sonntags zum Staatsfeiertag duldete eine christliche Deutung, weil Christus an einem Sonntag auferstanden war. Mit der Auszeichnung dieses Tages stieß er nicht nur bei Christen auf Verständnis, sondern ebenso bei den „Heiden". Mit der Auszeichnung des *dies so-*

---

[16] DÖRRIES, Konstantin der Grosse 170.

[17] Zum Begriff Sonntag weiterführend VIOLA HEUTGER, Das Recht auf Sonn- und Feiertage (Wien 1999) 40.

[18] Die Didache, die Lehre der 12 Apostel aus der Zeit um 100, sagt von der Sonntagsfeier und der Eucharistie: „An jedem Herrentage kommt zusammen, um das Brot zu brechen und das Abendmahl zu halten; bekennt zuvor eure Sünden, damit euer Opfer lauter sei." Vgl. XIV.1 = HANNS LILJE (Hrsg.), Die Lehre der 12 Apostel (Hamburg 1956) 36.

lis konnte der Kaiser alle verpflichten. Es entsteht der Eindruck, als wollte Konstantin ein universales Wochenfest stiften, das Christen und Heiden verbindet. Im Gegensatz zum späteren Kaiser Theodosius I. (379–395) nötigte Konstantin niemanden, den Sonntag spezifisch christlich zu begehen.

Es ist überliefert, dass Konstantin selbst die Sonntagsfeierlichkeiten mitgestaltete; er hielt sogar die Predigt. Er ließ sein Heer den Sonntag feiern und verbot Manöver.[19] Kaiser Konstantin versammelte „Heiden“ und Christen innerhalb des Heeres nicht zu einer gemeinsamen Feier am Sonntag, vielmehr kamen die „Heiden“ zum gemeinsamen Kult zusammen und die Christen hielten ihren eigenen Gottesdienst ab. Das Gebet für die Nichtchristen bei den Sonntagsfeierlichkeiten rief in einer allgemein monotheistischen Wendung den Gott an, der die Siege verleiht und den Kaiser und seine Söhne schützt.[20] Und die Christen konnten am Sonntag ungehindert in ihrer Kirche am Gottesdienst teilnehmen.

Um die Sonnenreligion zu überwinden, hat das Christentum den Sonnengottkult weitgehend miteinbezogen.[21] So blieb der Sonntag zunächst der *dies solis*. Im 4. Jahrhundert wurde der Sonntag zudem für den Mithraskult – Mithras wurde auch als Sonnengottheit verehrt[22] – und die Verehrung der kaiserlichen Familie genutzt. Im Vordergrund stand nicht die Arbeitsruhe, sondern die Sonntagsfeier. In der Art der kultischen Verehrung sind Parallelen mit dem Christentum erkennbar.

Als Feier des Auferstehungstages Christi ist der Sonntag genuin christlich. Von der Auferstehung Jesu bzw. vom Osterglauben nahm die christliche Kirche von ihrem Selbstverständnis her den Anfang. Am Sonntag, dem ersten Tag der Woche, erschien der Herr seinen Jüngern.[23] Als achter Tag der Woche[24] bekam der Sonntag eine eschatologische Dimension als Anfang der Vollendung. Der Sonntag war und ist für die

---

19 Eusebius, Vita Constantini, 2. Buch 4.18 u. 19.

20 Weitere Nachweise bei DÖRRIES, Konstantin der Grosse 91.

21 Vgl. ERNST STEIN, Geschichte des spätrömischen Reiches I (Wien 1928) 13.

22 Kaiser Julian (361–363) verehrte Mithras. Er konnte das gerade erstarkte Christentum nicht wieder zu Fall bringen. Der Mithraskult verschwand dann bald aus der Kirchengeschichte.

23 Lukas 24.15; Johannes 20.14 u. 26; Offenbarung des Johannes 1.10.

24 Johannes 20.26.

Christen ein heiliger Tag.[25] Das Sonntagsgesetz förderte eine allwöchentliche Ruhe, im Rhythmus der Sieben-Tage-Woche.[26]

VI. DIE QUELLEN

Die wichtigsten juristischen Fundstellen für die Sonntagsgesetzgebung sind die *Codices* von Theodosius und Justinian. Die überlieferten Texte stellen Antwortbriefe der Kaiser auf Anfragen von Beamten dar. Diese sogenannten Reskripte wurden für den Einzelfall erlassen. Wenn sie zu einer allgemeinen Problemlösung beitrugen, wurden sie später den *leges*, den Gesetzen, gleichgestellt. Die überlieferten Gesetze sind stets um die Einleitung und den Schlussgruß gekürzt. Jedes Fragment benennt den regierenden Kaiser, den Namen und das Amt des Adressaten und im *Codex Theodosianus* werden zudem Ort und Tag der Ausstellung benannt.[27]

Die uns überlieferten Erlasse römischer Kaiser zur Sonntagsruhe umfassen den Zeitraum von 321 bis 469. Kaiser Konstantin erließ als einziger Herrscher alleine ein Sonntagsgesetz. Alle weiteren Sonntagsgesetze wurden von zwei oder drei Imperatoren gemeinschaftlich erlassen. Dies sollte auch die Idee der Reichseinheit bekräftigen, die *concordia partium imperii*, obwohl die Verwaltung des Reiches unter den Kaisern aufgeteilt war.

Die Sonntagsgesetze in den Kompilationen von Theodosius und Justinian überliefern uns unterschiedliche, einander ergänzende Regelungen.[28] Beide *Codices* enthalten einen Erlass von Kaiser Konstantin aus

---

25 Vgl. die deutsche Übersetzung der Apologie Justins 1.67, in: Frühgeschichtliche Apologeten I (Kempten-München 1913): „Am Sonntag kommen wir alle zusammen, weil er der erste Tag ist, an welchem Gott aus der Finsternis den Urstoff gezogen und die Welt erschaffen hat, und weil Jesus Christus, unser Erlöser, an diesem Tag von den Toten auferstanden ist".

26 Es wird vermutet, dass die Sieben-Tage-Woche aus Babylonien kommt. Die Hervorhebung eines der sieben Tage wurde aber nicht überliefert. Zurückzuführen ist sie auf den Mondkult, entsprechend dem etwa siebentägigen Abstand der Mondphasen, die den Lunarmonat bilden.

27 Der *Codex Theodosianus* wurde 438 in Konstantinopel und 439 in Rom dem Senat vorgelegt und in Kraft gesetzt. Er demonstrierte noch einmal die Einheit des zweigeteilten Reiches. Etwa hundert Jahre später wurde der *Codex Justinianus* im Ostreich kodifiziert.

28 Jeweils unter dem Titel *„De Feriis"* werden uns in beiden Kompilationen die Sonntagsgesetzgebungen überliefert:

dem Jahr 321. Die übrigen Reskripte der *Codices* stammen von unterschiedlichen Kaisern.

VII. DIE FOLGENDEN SONNTAGSGESETZE DES 4. JAHRHUNDERTS

Gegen Ende des 4. Jahrhunderts war die Verbreitung des christlichen Glaubens nicht mehr aufzuhalten. Der Sonntag hatte bereits seinen festen Platz als Feiertag.

Kaiser Gratian (367–383) regierte zum Teil gleichzeitig mit Kaiser Theodosius I. Fromm und an theologischen Fragen interessiert, stand er im Kontakt mit Bischof Ambrosius von Mailand und legte 379 als erster römischer Herrscher den Titel *Pontifex Maximus* ab.

Unter Kaiser Theodosius I. wurde im Jahr 380 der christliche Glaube zur Staatsreligion erklärt. Die bisherige Freiwilligenkirche wurde zur Reichskirche.

Kaiser Theodosius gelang es, noch einmal das Reich zu vereinen. Mit dem Regierungsantritt seiner Söhne Arcadius und Honorius wurde die Reichsteilung jedoch endgültig.

Im Jahre 386 wurde von drei Kaisern ein weiteres Sonntagsgesetz erlassen.[29] Mit diesem verstärkten die Herrscher den von Kaiser Konstantin eingeschlagenen Weg. Das Mitfeiern der sonntäglichen Eucharistie wurde jetzt verpflichtend, die Abhaltung heidnischer Gottesdienste verboten.

Codex Theodosianus 2.8 *De Feriis*: 2.8.1 (Constantinus, im Jahre 321); 2.8.18 (Gratianus, Valentinianus und Theodosius I, im Jahre 386); 2.8.19 (Valentinianus, Theodosius I und Arcadius, im Jahre 389); 2.8.23 (Arcadius und Honorius, im Jahre 399); 2.8.25 (Honorius und Theodosius II, im Jahre 409).
Codex Justinianus 3.12 *De Feriis*: 3.12.2 (Constantinus, im Jahre 321); 3.12.9 (Leo und Anthemius, im Jahre 469).

29 *Codex Theodosianus* 2.8.18 : *Imppp. Gratianus, Valentinianus et Theodosius aaa. ad principium praefectum praetorio. solis die, quem dominicum rite dixere maiores, omnium omnino litium, negotiorum, conventionum quiescat intentio; debitum publicum privatumque nullus efflagitet; nec apud ipsos quidem arbitros vel iudiciis flagitatos vel sponte delectos ulla sit agnitio iurgiorum. et non modo notabilis, verum etiam sacrilegus iudicetur, qui a sanctae religionis instinctu rituve deflexerit. proposita iii non. nov. Aquileiae, accepta viii k. dec. Romae Honorio n. p. et Evodio conss.* (386 nov. 3). Obwohl Gratian in diesem Erlass auch genannt wird, ist er zu diesem Zeitpunkt bereits verstorben. Es ist anzunehmen, dass er die Gesetzgebung mitveranlasst hat.

Im Jahr 389 erließ Kaiser Theodosius I. zusammen mit den Kaisern Valentianus II. (375–392) und Arcadius (395–408) eine Festtagsordnung, in der die christlichen Festtage in Bezug auf allgemeine Feste (Erntefeiern, Kaisergeburtstage etc.) im Vordergrund stehen: Alle Sonntage, die Wochen vor und nach Ostern, Epiphanie und Weihnachten wurden als christliche Festzeiten staatlich eingeführt.[30] In Ergänzung zu dieser Festtagsordnung erließen im Jahre 395 Arcadius und Honorius (395–423) ein Gesetz, das die heidnischen Feste als Veranstaltungen des Aberglaubens verbot.[31]

VIII. DIE ZEIT NACH KAISER THEODOSIUS I.

Nach dem Tod Kaiser Theodosius I. im Jahre 395 gab es im Osten wie im Westen nur noch ein schwaches Kaisertum. Die Macht lag in den Händen von kaiserlichen Beratern und Hofbeamten. Die Reichsteilung in Ost und West war endgültig. Die Kaiser regierten nun nicht mehr gemeinsam, sondern jeder der Herrscher nur noch in seiner Reichshälfte. Ein Gesetz galt in der anderen Reichshälfte nur, wenn es ausdrücklich übernommen wurde. Wirtschaftlich und kulturell entwickelten sich Ostrom und Westrom unterschiedlich.

Aus dem geteilten Reich ist uns ein Sonntagsgesetz der Söhne Kaiser Theodosius' I. überliefert. In ihrem Erlass vom 27. August 399 sprachen die Kaiser Arcadius und Honorius zum ersten Mal ausdrücklich vom *dies dominicus*,[32] vom „Herrentag".[33] Dies ist der erste juristische Text, der hinsichtlich des Sonntags nicht mehr vom *dies solis* spricht. Nun war der

---

30 Codex Theodosianus 2.8.19.3: *Sacros quoque paschae dies, qui septeno vel praecedunt numero vel sequuntur, in eadem observatione numeramus, nec non et dies solis, qui repetito in se calculo revolvuntur. ...* (389 aug. 7).

31 Codex Theodosianus, 2.8.22: *Impp. Arcadius et Honorius aa. Heracliano correctori paflagoniae. sollemnes paganorum superstitionis dies inter feriatos non haberi olim lege reminiscimur imperasse. dat. v non. iul. Constantinopoli Olybrio et Probino conss.* (395 iul. 3).

32 Codex Theodosianus 2.8.23: *Idem aa. ad Aurelianum praefectum praetorio. die dominico, cui nomen ex ipsa reverentia inditum est, nec ludi theatrales nec equorum certamina nec quicquam, quod ad molliendos animos repertum est, spectaculorum in civitate aliqua celebretur. natalis vero imperatorum, etiamsi die dominico inciderit, celebretur. dat. vi k. sept. Constantinopoli Theodoro v.c. cons.* (399 aug. 27).

33 Vergleiche auch die Offenbarung des Johannes 1.10.

Sonntag bereits vollständig vom Christentum geprägt. Der Sonntag trug seinen Namen nicht mehr nach der Sonne, sondern nach dem auferstandenen Herrn Jesus Christus.

Kaiser Arcadius setzte somit die harte orthodoxe Linie seines Vaters Theodosius I. fort. Eine Ausnahme von der Sonntagsruhe war unter Arcadius und Honorius nur gegeben, wenn der Kaisergeburtstag auf einen Sonntag fiel: Dann waren Zirkuswettkämpfe und Theaterspiele erlaubt.[34] Über die Gründe dieser Ausnahme lässt sich spekulieren. Sicherlich sollte damit das Gottesgnadentum der Kaiser unterstrichen, die Stellung der Kaiser gestärkt und diese als Statthalter Gottes auf Erden dargestellt werden.

Durchaus dem Geiste des Christentums entsprach es, dass Kaiser Honorius 409 zusammen mit Kaiser Theodosius II. ein Gesetz zur Sicherstellung der Gefangenen gegen rohe Behandlung erließ und am Sonntag besondere Erleichterungen für diese anordnete.[35]

Unter dem Einfluss seiner gelehrten Gattin verlangte er die Kodifizierung der seit Konstantin dem Großen erlassenen Gesetze. So entstand der *Codex Theodosianus*, der uns unter anderem einen Teil der Sonntagsgesetze überliefert.

Auch Kaiser Leo I. (457–474) hatte eine besonders enge Verbindung zur Kirche. Er wurde als erster Kaiser durch den Patriarchen von Konstantinopel gekrönt. Leo I. bekämpfte die Reste des Heidentums.[36] Kaiser Leo I. intensivierte 469 die christliche Sonntagheiligung. Er ordnete im Gegensatz zu Kaiser Arcadius und Kaiser Honorius eine Verschiebung der Feierlichkeiten anlässlich seines Regierungsantrittes oder Geburtstages an, wenn diese Tage auf einen Sonn- oder Feiertag fielen.[37] Den Besuch von Schauspielen oder das Abhalten von Gerichtsverhandlungen an Feiertagen bestrafte er mit der Einziehung des Vermögens des Übeltäters und dem Verlust des Amtes.

---

[34] *Codex Theodosianus* 2.8.23.

[35] *Codex Theodosianus* 2.8.25: *Impp. Honorius et Theodosius aa. iovio praefecto praetorio. post alia: dominica die, quam vulgo solis appellant, nullas edi penitus patimur voluptates, etsi fortuito in ea aut imperii nostri ortus redeuntibus in semet anni metis obfulserit aut natali debita sollemnia deferantur. dat. kal. april. Ravenna Honorio viii et Theodosio iii aa. conss.* (409 apr. 1).

[36] *Codex Iustinianus* 1.11.8.

[37] *Codex Iustinianus* 3.12.10.

Leos Mitkaiser Anthemius (467–472) war Heiden und Häretikern gegenüber eher tolerant. Um aber die *concordia partium imperii*, die Reichseinheit, zu demonstrieren, unterzeichneten beide Kaiser die Gesetze gegen die letzten „Heiden“ gemeinsam.

IX. ERGEBNIS

Die Sonntagsgesetze entstanden in einer Zeit, in der die Reichseinheit stark belastet wurde und später unter diesen Belastungen zerbrach. Im Westen erschütterten Germanenkriege das Reich und im Osten die kirchlichen Auseinandersetzungen.

Das Ende des weströmischen Reiches kam 476 mit der Absetzung von Kaiser Romulus Augustulus durch Odoaker. Von nun an verlagerte sich das Zentrum der Macht nach Osten. Hier hielten die byzantinischen Kaiser die Romidee aufrecht.

Die antike Kaiserstadt Rom wurde allein durch die römische Kirche bzw. das immer höher strebende Papsttum wieder zu einem geistigen Weltzentrum gemacht. Sie blieb durch die Macht des Papsttums die *urbs aeterna*.

Der Verfall des römischen Reiches spiegelt sich auch in den Sonntagsgesetzen wider. Die Kaiser zeigten sich in der Art ihrer Selbstdarstellung ambivalent. Manch einer verstand sich als 13. Apostel oder als Nachfolger der früheren Gottkaiser, wiederum andere waren eher hilflose, den machtpolitischen Interessen an ihrem eigenen Hof ausgelieferte Kindkaiser.

Ob ein bestimmtes Ereignis Kaiser Konstantin dazu veranlasst hat, den Sonntag als Ruhetag gesetzlich zu regeln, bleibt bis heute ungeklärt. Politisches Kalkül und religiöse Überzeugung lassen sich bei den römischen Herrscherpersönlichkeiten nicht voneinander trennen. Kaiser Konstantin stiftete ein universales Wochenfest. Die Sonntagsgesetzgebung war ein erster Schritt in die Richtung eines Bündnisses von Thron und Altar. Der gemeinsame Feiertag war ein verbindendes Element dieser beiden Mächte.

Die Entwicklung vom *dies solis* zum *dies domini* lässt sich im Vergleich des europäischen Sprachgebrauchs nachvollziehen. So wird der Begriff Herrentag in den romanischen Sprachen genutzt: *domenica, dimanche, domingo*. Hier wurde der *dies solis* verdrängt. Zuvor jedoch war die Lehnübersetzung „Sonntag“ ins Germanische gedrungen, wo man auch die Sonnenverehrung kannte. Im deutschen Sprachgebrauch hat sich so der *dies solis* bis heute als Sonntag gehalten, im Englischen aus dem Germanischen als *sunday*. So sind der *dies solis* und der *dies domini* noch immer in ihrer ursprünglichen Entstehungsform in Europa präsent.

INGE KROPPENBERG, Mainz

DIE SICHERUNG DER MITGIFT DURCH DIE EHEFRAU BEI VERMÖGENSVERFALL DES EHEMANNES *CONSTANTE MATRIMONIO*

I. PROBLEMSTELLUNG

Quamvis in bonis mariti dos sit, mulieris tamen est. Obgleich die Mitgift juristisch zum Vermögen des Ehemannes gehört, steht sie der Ehefrau zu. Dieser Satz des Juristen Tryphonin aus dem sechsten Buch seiner *disputationes*[1] ist geradezu programmatisch für das römische Dotalrecht in klassischer Zeit. Er bezeichnet das Spannungsverhältnis, das zwischen dem sachenrechtlichen Gehören und dem schuldrechtlichen Gebühren bestand.[2] Die *dos* war im klassischen römischen Recht Eigentum des Ehemannes.[3] Er konnte frei über das Dotalgut verfügen und verwaltete es auch nicht als Treuhänder.[4] Erst mit der Auflösung der Ehe wurde der

---

1 D 23.3.75. Ähnlich Paul. D 21.2.71: *mulieris dos est*, und Paul. D 50.1.21: *mulieris tamen est*. Weitere Nachweise bei MAX KASER, Das römische Privatrecht I (2. Aufl., München 1971) 334, Anm. 12.

2 Dieses Charakteristikum des Sondervermögens *dos* wird kaum einmal so auf den Punkt gebracht. In der Regel bleibt es bei der allgemeinen Feststellung, dass die Mitgift von den römischen Juristen in einzelnen rechtlichen Beziehungen vom juristischen Inhaber des Dotalvermögens, dem Ehemann, abgelöst und – wirtschaftlich gesehen – wie Frauengut behandelt werde. So etwa HEINRICH HONSELL / THEO MAYER-MALY / WALTER SELB, Römisches Recht (New York u.a. 1987) 404 m.w.N. in Anm. 14; zuvor bereits KASER, Privatrecht I 334. Des Weiteren (O. V.) FRANCKE, Über Rückzahlung der dos während der Ehe nebst Bemerkungen über Schenkungen unter Ehegatten, in: Archiv für die civilistische Praxis 18 (1835) 1–36, hier 25; HANS JULIUS WOLFF, Zur Stellung der Frau im klassischen römischen Dotalrecht, in: ZRG RA 53 (1933) 297–371, hier 328, 357f.; PIETRO BONFANTE, Corso di Diritto Romano I: Diritto di Famiglia (Mailand 1963) 437; DERS., Istituzioni di Diritto Romano I (Mailand 1973) 170.

3 Ältere Auffassungen in der Literatur, zum Beispiel die FRIEDRICH WILHELM TIGERSTROEMS, Das römische Dotalrecht. Eine zivilistische Abhandlung I (Berlin 1831, Neudruck Aalen 1983) 263f., von der procuratorischen Verwaltung des Ehemannes für die Ehefrau sind überholt.

4 KASER, Privatrecht I 334, Anm. 7: „Von einer fiduziarischen Bindung schweigen die Quellen".

Ehefrau[5] eine Rückgewährklage auf den Wert der Mitgift gewährt, die so genannte *actio rei uxoriae*.

Die Konstruktion war für die Frau während der Ehezeit nicht ohne Risiko: etwa wenn der *maritus* in Vermögensverfall geriet und daher sowohl die materielle Lebensgrundlage der Eheleute als auch der nacheheliche Rückgewähranspruch der Frau gefährdet waren. Ob sich in dieser für die *mulier* prekären Situation der besagte Satz des Tryphonin bewährt, ist Gegenstand der folgenden Überlegungen.

Die Fragestellung ist dabei eine zweigeteilte. Zunächst soll geklärt werden, ob juristisch bereits *constante matrimonio* ein Sicherungsbedürfnis der *mulier* anerkannt wurde,[6] dann, wie man sich dessen prozessuale Umsetzung im Einzelnen vorzustellen hat.[7]

II. DIE ANERKENNUNG DES SICHERUNGSBEDARFS DER EHEFRAU WÄHREND DER EHE

Die romanistische Literatur hält die Sicherung der Ehefrau wegen Vermögensverfalls ihres Ehemannes, solange die Ehe fortdauert, entweder für iustinianisches Gedankengut[8] oder verbindet – so vor allem gemeinrechtliche Autoren – die vorzeitige Klagegewährung in klassischer Zeit mit einer Scheidungsfiktion.[9]

---

5 Oder im Fall der *dos recepticia* ihren Erben, wenn die Ehe durch den Tod der Ehefrau aufgelöst wurde. Zur Aktivlegitimation bei der *dos profecticia*, wenn der Besteller die Ehefrau überlebte: HONSELL/MAYER-MALY/SELB, Römisches Recht 407.

6 Dazu unten II.

7 Dazu unten III.

8 SILVIO PEROZZI, Istituzioni di Diritto Romano I (Florenz 1906) 260; BONFANTE, Corso 334f., 456; ROBERTO BONINI, Il manuale novelarum del von der Wal (con alcuni considerazioni sui rapporti fra Novelle e Digesto), in: Archivio Giuridico „Filippo Serafini" 171 (1966) 196–222, hier 210; MAX KASER, Das römische Privatrecht II (2. Aufl., München 1975) 192 m. Anm. 35. Anders – soweit ersichtlich – nur SIRO SOLAZZI, Noterelle critiche, in: Studi in memoria di Emilio Albertario I (Mailand 1953) 1–24, hier 21: „non può essere creduta l'affermazione che la restituzione della dote durante il matrimonio per insolvenza del marito sia un istituto schiettamente giustinianeo".

9 FRANCKE, Über Rückzahlung der dos während der Ehe nebst Bemerkungen über Schenkungen unter Ehegatten, in: Archiv für die civilistische Praxis 17 (1834) 458–472, hier 459; AUGUST BECHMANN, Das römische Dotalrecht II (Erlangen 1865) 167, 489. Weniger deutlich JOHANN CHRISTIAN HASSE, Versuch einer genaueren Auslegung der L. 73 § 1 D. de iure dotium und der L. 20 D. soluto matrimonio,

Träfe das zu, stellte man die *mulier* vor eine fatale Wahl: Entweder müsste sie tatenlos zusehen, wie ihrem Ehemann die materielle Lebensgrundlage in der Ehe und ihre nacheheliche Versorgung durch die Finger rinnt; oder aber sie würde in die Scheidung getrieben, um die Mitgift, oder was davon noch übrig ist, zurückverlangen zu können, bevor sie den Gläubigern ihres Mannes anheim fällt. Begründet wird die Schutzlosigkeit der Ehefrau jeweils mit dem Umstand, dass sie *constante matrimonio* keine Dotalgläubigerin ist, weil die entsprechende Obligation erst mit der Auflösung der Ehe entsteht.[10] Das soll natürlich nicht bestritten werden, ist aber kein Argument dafür, dass sich die klassischen Juristen konstruktiv außerstande sahen, den dotalrechtlichen Sicherungsbedarf der Ehefrau bei Vermögensverfall des *maritus* bereits während der Ehezeit rechtlich zu erfassen. Das entwicklungsgeschichtlich früheste Beispiel für das Gegenteil ist ein Text Papinians, dem berühmteren Kollegen Tryphonins im *consilium* des Septimius Severus:[11]

Pap. (13 resp.) D 40.1.21

Servum dotalem vir qui solvendo est constante matrimonio manumittere potest: si autem solvendo non est, licet alios creditores non habeat, libertas servi impedietur, ut constante matrimonio deberi dos intellegatur.

Der Ehemann kann einen zur Mitgift gehörenden Sklaven während bestehender Ehe freilassen, wenn er solvent ist: Wenn er jedoch nicht solvent ist, wird, selbst wenn der Ehemann keine anderen Gläubiger haben sollte, dem Sklaven die Freiheit nicht zuteil, so als würde die Mitgift während bestehender Ehe geschuldet.

---

in: Zeitschrift für geschichtliche Rechtswissenschaft 5 (1825) 311–337, hier 316: „Nach dem alten Recht war die Rückforderung die Hauptsache, und das allein Juristische, denn die Übernahme der *onera matrimonii*, da nun der Mann nichts, sie aber etwas hatte, fand sich faktisch von selbst ein, da die Scheidung so leicht war".

10 Typisch ist insoweit die folgende Aussage KASERS, Privatrecht I 333: „Die Frau kann dem Mann in Fällen des Mißbrauchs seines Dotaleigentums zwar die Scheidung androhen, aber nicht in seine Herrschaft über die *dos* eingreifen".

11 Paul. D 49.14.50. WOLFGANG KUNKEL, Herkunft und soziale Stellung der römischen Juristen (2. Aufl., Graz 1967, Neudruck Köln u.a. 2001) 231; ROLF KNÜTEL, Papinianus, Aemilius (um 150–212), in: MICHAEL STOLLEIS (Hrsg.), Juristen. Ein biographisches Lexikon. Von der Antike bis zum 20. Jahrhundert (München 2001) 485.

Im ersten Satz des Texts bekräftigt der Jurist Bekanntes. Der Ehemann kann als Eigentümer einen Dotalsklaven[12] *constante matrimonio* jederzeit freilassen, sofern in seinem Vermögen dessen wertmäßiges Äquivalent vorhanden ist.[13] Ist der *maritus* allerdings zur Vergütung des Wertes wegen Vermögensverfalls außerstande, liegen die Dinge anders. In diesem Fall hat die *manumissio* nicht den gewünschten Erfolg. *Libertas impedietur*, lautet die Rechtsfolge.[14]

Auf den ersten Blick kommen zwei Unwirksamkeitsgründe in Betracht: der Verstoß gegen die *lex Iulia de maritandis ordinibus* aus dem Jahre 18 v. Chr., die die Freilassung eines Dotalsklaven von der Zustimmung der Ehefrau abhängig machte.[15] Darauf kommt der Jurist jedoch nicht zu sprechen, so dass man davon ausgehen muss, dass die *manumissio* nicht bereits an der Verweigerung der Zustimmung scheiterte.[16] Der

---

[12] JOHANNES MICHAEL RAINER / ELISABETH HERRMANN-OTTO, Corpus der römischen Rechtsquellen zur antiken Sklaverei. Prolegomena (Stuttgart 1999) 19: Ein *servus dotalis* gehört der Gruppe jener Sklaven an, „die angesichts einer Mitgiftbestellung entweder ausdrücklich als Mitgiftsklaven bestellt worden sind oder sonst auf irgendeine Weise zur Miftgift zu zählen sind".

[13] C 7.8.1 Sev. Ant. a. 205: *licet dotale mancipium vir qui solvendo est possit manumittere.*

[14] Die Wendung *libertas impedietur* bezieht sich ebenso wie *libertas non competit* auf die zivilrechtliche Unwirksamkeit der Freilassung (XAVIER D'ORS, Effectos de la manumision del ‚servus pignori datus' en el Derecho Romano, in: Revista de Estudios Historicos-Juridicos 2 [1977] 45–54, hier 46). Unzutreffend insoweit FRIEDRICH WILHELM TIGERSTROEM, Das römische Dotalrecht. Eine zivilistische Abhandlung II (Berlin 1863, Neudruck Aalen 1963) 271f.: „Wegen Unsicherheit und Schuldenlast des Mannes also kann die Frau die Freilassung des Dotal-Sklaven anfechten; auch schon während der Ehe, [...] wenn der Mann insolvent wird".

[15] Nach den augusteischen *leges Iulia de maritandis ordinibus* und *de fundo dotali* (möglicherweise das erste Kapitel der *lex Iulia de adulteriis*) aus dem Jahre 18 v. Chr. (GIOVANNI ROTONDI, Leges Publicae Populi Romani [Hildesheim 1966] 443ff.; M. H. CRAWFORD, Roman Statutes II [London 1996] 781ff., 801ff.) bedurfte der Ehemann zur Freilassung eines Dotalsklaven und der Veräußerung eines italischen *fundus dotalis* der Zustimmung seiner Frau (FRANCKE, Rückzahlung, AcP 18 [1835] 14f.; RICCARDO ASTOLFI, La lex Iulia et Papia [Padua 1970] 72ff.; KASER, Privatrecht I 319, 334, m. Anm. 19; HONSELL/MAYER-MALY/SELB, Römisches Recht 404, m.w.N. in Anm. 16; MARKUS MÜLLER, Die Bestätigung nichtiger Rechtsgeschäfte nach § 141 BGB [Berlin 1989] 176f.).

[16] Wie hier XAVIER D'ORS, La ‚Ley Aelia Sentia' y las manumisiones testamentarias (una exégesis de D. 40.9.5.2 y D. 40.1.21), in: Studia et documenta Historiae et Iuris 40 (1974) 425–434, hier 432 m. Anm. 28.

Hinweis auf die anderen Gläubiger (*alios creditores*) und die Erwähnung der Vermögensverhältnisse des *maritus* legen vielmehr eine Verletzung der *lex Aelia Sentia* nahe[17] – einer *lex perfecta*[18] aus dem Jahre 4 n. Chr., nach der unter anderem gläubigerbenachteiligende Freilassungen unwirksam waren.[19]

Der Jurist nimmt ausschließlich die mitgiftrechtliche Fragestellung in den Blick.[20] Ob andere Gläubiger den *maritus* bedrängen, ist für seine Entscheidung unbeachtlich: *licet alios creditores non habeat.*[21] Nicht et-

---

[17] Für Pap. D 40.1.21 teilen diese Auffassung OTTO LENEL, Palingenesia Iuris Civilis I (Graz 1960) Sp. 93; und FERNANDO BETANCOURT, La defensa pretoria del ‚missus in possessionem‘, in: Annuario de Historia del Derecho Español 52 (1982) 373–510, hier 393, Anm. 51.

[18] Das gilt zumindest für das Verbot fraudatorischer Freilassungen, wie es in Gai. 1.37 = I. 1.6pr., Gai. 1.47, Ps. Dosith. 16, Paul. D 40.9.16.2 und Iul. D 40.9.5.2 ausgesprochen wird. Siehe ANDREAS WACKE, Die Rechtswirkungen der Lex Falcidia, in: Studien im römischen Recht. Max Kaser zum 65. Geburtstag gewidmet von seinen Hamburger Schülern (Berlin 1973) 209–251, hier 221ff.; MAX KASER, Über Verbotsgesetze und verbotswidrige Geschäfte im römischen Recht (Wien 1977) 156; siehe auch FÉLIX SENN, Leges perfectae minus quam perfectae et imperfectae (Paris 1902) 123ff.; SANTI DI PAOLA, ‚Leges Perfectae‘, in: Synteleia Vincenzo Arangio-Ruiz II (Napoli 1964) 1075–1094, hier 1078ff.

[19] Die *lex Aelia Sentia* verbot Freilassungen eines Sklaven unter zwanzig Jahren durch einen Eigentümer, der noch keine dreißig Jahre alt war (Gai. 1.18ff. und Ulp. epit. 1.12ff.). Zu den Ausnahmen von diesem Grundsatz und den Rechtsfolgen bei Zuwiderhandlung WILLIAM WARWICK BUCKLAND, The Roman Law of Slavery. The condition of the slave in Private Law from Augustus to Iustinian (Cambridge 1908) 537ff.; FRANCIS DE ZULUETA, The institutes of Gaius II (Oxford 1953) 26ff.; KASER, Privatrecht I 297; HONSELL/MAYER-MALY/SELB, Römisches Recht 74; zuletzt: TERESA GIMÉNEZ-CANDELA, Bemerkungen über Freilassungen in consilio, in: ZRG RA 113 (1996) 64–87, hier 65ff.

[20] Den dotalrechtlichen Aussagegehalt der Stelle verkürzt D'ORS, Ley Aelia Sentia 433, unzulässig, wenn er Pap. D 40.1.21 nur auf testamentarische Freilassungen durch insolvente Erblasser beziehen will und deshalb vom Tod des Ehemannes während der Ehezeit ausgehen muss. Das räumt D'ORS selbst ein: „es irrelevante completo que se trate de un esclavo dotal“. Geradezu in ihr Gegenteil verkehrt GERHARD V. BESELER, Miszellen, in: ZRG RA 47 (1927) 355–379, hier 377, die Stelle. Er rekonstruiert den Text wie folgt: *Servum dotalem vir, qui solvendo <non> est, <si alios creditores non habeat>, constante matrimonio deberi dos <non> intellegatur*. Diese Lesart macht das Insolvenzkriterium überflüssig, weil für die Wirksamkeit der Freilassung allein die Tatsache ausschlaggebend sein soll, dass die Rückgewähr des Heiratsguts bei bestehender Ehe nicht geschuldet wird.

[21] Der Passus kann auf zweierlei Weise interpretiert werden: Entweder der Mann hat außer der Ehefrau keine weiteren Gläubiger, dann ist der Dotalsklave das letzte

wa darf man diesen Passus so interpretieren, als würde hier tatsächlich von einer Gläubigerstellung der Frau während der Ehe ausgegangen.[22] Das widerspräche dem letzten Satz des Texts: *ut constante matrimonio deberi dos intellegatur* – als ob die Mitgift während bestehender Ehe geschuldet würde. Hier stellt Papinian eine Vergleichs- oder „als-ob"-Betrachtung an. Weder wird die Dotalobligation während bestehender Ehe fingiert,[23] noch bedingt konstruiert[24] und schon gar nicht – wie Bechmann schreibt – eine „Anwartschaft der Frau auf die dereinstige Forderung"[25] begründet. Wohl aber wird der mitgiftrechtliche Sicherungsbedarf der *mulier* in der Sache respektiert – und das mit dem ausdrücklichen Hinweis auf den Fortbestand der Ehe. Gerade damit die eheliche Lebensgrundlage nicht noch weiter geschmälert wird, soll der Sklave als Bestandteil des Dotalvermögens weiter zur Versorgungsgemeinschaft der

---

vermögenswerte Gut, über das mit der Freilassung verfügt wird. Da der *servus* zwar Eigentum des *maritus* ist, aber der *mulier* im Hinblick auf den Rückgewährfall gebührt, schlägt er im Vermögensbestand des Ehemannes nicht zu Buche. *Solvendo non esse* bezeichnet hier den Vermögensstand „Null" (auf diese Lesart beschränkt sich FRITZ SCHULZ, Die fraudatorische Freilassung im klassischen römischen und iustinianischen römischen Recht, in: ZRG RA 48 [1928] 197–284, hier 223). Oder aber den *maritus* bedrängen, was wahrscheinlicher ist, weitere *creditores*: Dann sind seine Verbindlichkeiten größer als seine Außenstände. Es ist Überschuldung eingetreten.

22 So aber SCHULZ, Die fraudatorische Freilassung 215: „Der einzige (potentielle) Gläubiger des Ehemannes [sei] derjenige (*licet alios creditores non habeat*), der nach der Auflösung der Ehe die *dos* zurückfordern kann, der Dotalanspruch [sei] aber noch gar nicht fällig." Der Anspruch auf Rückgewähr des Heiratsguts ist nicht nur noch nicht fällig, er besteht vor der Beendigung der ehelichen Verbindung überhaupt nicht (AUGUST BECHMANN, Das römische Dotalrecht I [Erlangen 1863] 150ff.; DERS., Dotalrecht II 147f.).

23 So KARL RITTER V. CZYHLARZ, Das römische Dotalrecht (Gießen 1870) 218: „Die Freilassung des Sklaven wird nicht durch den Hinweis auf die ohnedies bereits bestehende Dotalobligation für nichtig erklärt, sondern im Gegenteil behufs ihrer Entkräftung erst die Dotalobligation als jetzt bereits vorhanden hingestellt".

24 Denn für die Vereinbarung einer *dos recepticia* (siehe dazu KASER, Privatrecht I 335, m.w.N. in Anm. 21; sowie oben Anm. 5), bei der *constante matrimonio* die bedingte Gläubigerstellung der *mulier* anerkannt war (V. CZYHLARZ, Dotalrecht 366; BECHMANN, Dotalrecht II 345f.), gibt es in Pap. D 40.1.21 keine Anhaltspunkte (so auch SCHULZ, Die fraudatorische Freilassung 223, Anm. 2).

25 Dotalrecht I 183. An derselben Stelle ist von einer „objectiv begründeten *spes* [die Rede], welche ihr [der Ehefrau] nicht mehr willkürlich entzogen werden kann". Gegen diese These bereits RAFFAELLO D'ANCONA, Il concetto della dote nel Diritto Romano. Studio storico-giuridico (Florenz 1972) 107ff., zu Tryph. D 23.3.75.

Eheleute beitragen. Für die Dauer der Ehe wird damit auf den möglichst weitgehenden wirtschaftlichen Erhalt des Sondervermögens „Mitgift" geachtet. Lebt der Ehemann in soliden Vermögensverhältnissen geschieht dies nur dem Werte nach, im Fall der Insolvenz aber gegenständlich.[26]

III. DIE VERFAHRENSRECHTLICHE UMSETZUNG DES SICHERUNGSINTERESSES

A. Die aktive Parteirolle der mulier

In dem eben besprochenen Papinian-Text ist dem Schutzinteresse der *mulier* bereits dadurch Genüge getan, dass dem Rechtsgeschäft, das die *dos* minderte, aufgrund seines benachteiligenden Charakters die Wirksamkeit abgesprochen wird. Es ist Ulpian, der diesen behutsamen Ansatz seines Lehrers Papinian ausbaut. Er gibt der Ehefrau während der Ehe ein eigenes prozessuales Sicherungsmittel zur Durchsetzung ihrer Belange an die Hand. Denn es sind auch Situationen denkbar, in denen die Ehefrau, will sie die Mitgift sichern, selbst aktiv werden muss, ohne dass sie ihre Ehe gleich mit aufs Spiel setzen will. Darum geht es in der Stelle

> Ulp. (33 ad ed.) D 24.3.24pr.
> *Si constante matrimonio propter inopiam mariti mulier agere volet, unde exactionem dotis initium accipere ponamus? et constat exinde dotis exactionem competere, ex quo evidentissime apparuerit mariti facultates ad dotis exactionem non sufficere.*
>
> Wenn die Ehefrau während bestehender Ehe wegen der Insolvenz ihres Mannes klagen will, ab welchem Zeitpunkt lassen wir eine Klage wegen der Mitgift zu? Es steht fest, dass die Dotalklage zu dem Zeitpunkt statthaft ist, in dem sich offensichtlich heraus-

---

[26] Wenn die Rückgewähr der Mitgift gefährdet ist, bezieht sich der eingangs wiedergegebene Satz *quamvis in bonis mariti dos sit, mulieris tamen est* entgegen PEROZZI, Istituzioni I 260, Anm. 2, auf das einzelne Dotalgut. Verfügungen über Dotalgegenstände stehen, was ihre Wirksamkeit anbelangt, unter dem Vorbehalt der Erlösbarkeit ihres wertmäßigen Äquivalents im Vermögen des Veräußerers. Der Mann könne bewegliche Sachen auf jeden Fall veräußern, schreiben JOHANN CHRISTIAN HASSE / AUGUST BETHMANN-HOLLWEG, Die Culpa des römischen Rechts. Eine zivilistische Abhandlung (2. Aufl., Bonn 1938, Neudruck Aalen 1963) 429, wenn er nur nicht insolvent sei.

stellt, dass die Vermögenskräfte des Ehemannes zur Befriedigung des Dotalanspruchs nicht ausreichen.

Ulpian kümmert hier nur noch der Klagezeitpunkt, nicht mehr die prozessuale Option als solche. Der Rechtsbehelf wurde der *mulier* selbstverständlich zugestanden.[27] Jedenfalls hatte man – wie Pap. D 40.1.21 zeigt – den mitgiftrechtlichen Sicherungsbedarf der Ehefrau bei Vermögensverfall des *maritus* bereits anerkannt, und zwar ohne die Auflösung der ehelichen Verbindung vorauszusetzen.

B. Der einschlägige Rechtsbehelf

Wie hat man sich nun die *exactio dotis*, von der Ulpian in D 24.3.34pr. spricht, juristisch vorzustellen? Das ist zunächst die Frage nach dem einschlägigen prozessualen Mittel. Solazzi hat insoweit die *missio in bona* in Gestalt einer besonderen ediktalen Klausel, der *missio dotis servandae causa* erwogen.[28] Es ist schon zweifelhaft, ob dieser Rechtsbehelf überhaupt existiert.[29] Er könnte auch schlicht ein Anwendungsfall der allgemeinen *missio rei servandae causa* sein.[30] Jedenfalls ist verfahrenstechnisch nicht von einer *missio*, sondern von einer *actio* die Rede *(agere volet)*.[31] Zudem wollte der Jurist die Ehefrau wegen des frühen Klagezeitpunkts offenbar gerade nicht wie bei einer *missio in bona* mit den anderen Gläubigern des *maritus* konkurrieren lassen.[32] Dass die *mulier* bevorzugt werden soll, zeigt sich daran, dass sie nicht abwarten muss, bis der

---

27 Bei SOLAZZI, St. Albertario I 21, liest sich das so: „Se riteniamo genuino il quesito posto dal fr. 24 pr. è chiaro che Ulpiano non dubitava della spettanza alla moglie di un'azione e solo discuteva intorno al momento di esercitala. Anche l' ‚*et constat exinde dotis exactionem competere ex quo* ...' ha l'aria di troncare una disputa sul ‚quando' e non sul ‚se' della restituzione dotale".

28 St. Albertario II 19f.

29 Generell gegen dessen Existenz OTTO LENEL, Edictum Perpetuum. Ein Versuch zu seiner Wiederherstellung (3. Aufl., Leipzig 1927, Neudruck Aalen 1956) 303.

30 LENEL, Edictum Perpetuum 303. Ebenso SIRO SOLAZZI, Il concorso dei creditori nel Diritto Romano I (Neapel 1937) 29ff. Zur *missio rei servandae causa* MAX KASER / KARL HACKL, Das römische Zivilprozeßrecht (2. Aufl., München 1996) 222ff. Erwähnt wird die *missio dotis servandae causa* in den Quellen in Ulp. D 6.1.9, Ven. D 44.3.15.4, Marcel. D 46.3.48, Paul. D 50.1.26.1, C 7.72.8.

31 Darauf weist auch SOLAZZI, St. Albertario I 21, hin.

32 Deutlich SOLAZZI, St. Albertario I 19f.: „Il credito per la restituzione della dote è privilegiato".

Ehemann tatsächlich insolvent geworden ist. Es genügt die Prognose, dass die Erfüllung der künftigen Dotalverbindlichkeit offensichtlich gefährdet ist. Das spricht gegen einen vollstreckungsrechtlichen Rechtsbehelf und in der Tat für die vorzeitige Gewährung der *actio rei uxoriae*. Hier ist das iustinianische Vorzugsrecht der Ehefrau im Konkurs ihres Mannes bereits angelegt.[33]

C. Verfahrensgegenstand und Verfahrensart

Verfahrenstechnisch sind in D 24.3.24pr. zwei Situationen zu unterscheiden.[34] Entweder die Mitgift war bei dem insolventen Ehemann noch vorhanden. Dann genügte der Ehefrau vom Rechtsschutzziel her ein Veräußerungsverbot, welches das noch vorhandene Dotalgut – ähnlich wie in D 40.1.21 – gegenständlich schützte. Veräußerungsverbote waren im klassischen römischen Dotalrecht durchaus bekannt, nämlich in Gestalt der *leges Iulia de fundo dotali* und *Iulia de maritandis ordinibus*, die die Verfügung über besonders wertvolle Mitgiftgegenstände von der Zustimmung der Ehefrau abhängig machten.[35]

Prozessual bot sich am ehesten ein Verfahren *extra ordinem* an.[36] Hier wurde der Prätor *causa cognita* tätig, und der Grundsatz der Geldkon-

33 ALFRED SÖLLNER, Zur Vorgeschichte und Funktion der actio rei uxoriae (Köln u.a. 1969) 49f., hält das Vorzugsrecht der Ehefrau im Konkurs des Ehemannes bereits für eine klassische Erscheinung. Anders KASER, Privatrecht I 334; KASER/HACKL, Zivilprozeßrecht 403. Ulp. D 24.3.34pr. zeigt, dass die Privilegierung der *mulier* in klassischer Zeit noch keine dingliche war, sondern ausschließlich in der frühen Klagemöglichkeit der Ehefrau lag.

34 Das übersieht SOLAZZI, St. Albertario I 20, wenn er schreibt, D 34.2.24pr. habe in seiner klassischen Form allein eine Klage gegen den *bonorum emptor* im Zeitpunkt der *venditio bonorum* vorgesehen.

35 Zu diesen beiden Gesetzen siehe bereits oben II., bei Anm. 15.

36 In der Prinzipatszeit wurden Ansprüche auf Unterhalt unter Verwandten in einer *extraordinaria cognitio* erstmals rechtlicher Prüfung zugänglich gemacht. KARLHEINZ MISERA, Klagen manente societate. Zu Klagemöglichkeiten der Gesellschafter bei bestehender Gesellschaft im klassischen römischen Recht, in: Studia et documenta Historiae et Iuris 60 (1994) 395–403, hier 396, folgert daraus: „Damit wurde (auch) dieser Teilbereich familienrechtlicher Beziehungen dem Eingriff des Staates unterworfen. Das Beispiel signalisiert vielleicht auch Veränderungen bezüglich der Justiziabilität in anderen Bereichen." Eine davon könnte die Sicherung der *dos* bei Vermögensverfall des *maritus* gewesen sein.

demnation galt nicht.[37] In den Quellen findet sich dafür als Stütze immerhin Ulp. D 24.3.22.8 – ein Text, der sicherlich überarbeitet ist, aber doch einen glaubhaften Kern hat. Ein verschwendungssüchtiger Ehemann wurde in einem außerordentlichen Verfahren[38] dazu angehalten, die Mitgift seiner geisteskranken Frau an einen Sequester herauszugeben.[39] Insoweit wirkt der Grundsatz: *Rei publicae interest mulieres dotes salvas habere.*[40] Es liegt im öffentlichen Interesse, dass den Ehefrauen ihre Mitgift erhalten bleibt.[41]

---

37 Dazu KAROLY VISKY, Remarques sur la thèse *ipsam rem condemnare* et ses rapports économiques, in: Revue internationale des Droits de l'Antiquité 19 (1972) 469–494, hier 474ff.

38 So schon THEODOR MUTHER, Sequestration und Arrest im römischen Recht (Leipzig 1856, Neudruck Amsterdam 1969) 211: „Es ist das ein außerordentliches, nicht auf andere Rechtsgrundsätze zurückzuführendes Mittel".

39 Ulp. 33 ad ed.: *Sin autem in saevissimo furore muliere constituta maritus dirimere quidem matrimonium calliditate non vult, spernit autem infelicitatem uxoris et non ad eam flectitur nullamque ei competentem curam inferre manifestissimus est, sed abutitur dotem: tunc licentiam habeat vel curator furiosae vel cognati adire iudicem competentem, quatenus necessitas imponatur marito omnem talem mulieris sustentationem sufferre et alimenta praestare et medicinae eius succurrere et nihil praetermittere eorum, quae maritum uxori adferre decet, secundum dotis quantitatem. sin vero dotem ita dissipaturus ita manifestus est, ut non hominem frugi oportet, tunc dotem sequestrari, quatenus ex ea mulier competens habeat solacium una cum sua familia* [...] .
Wenn aber die Ehefrau an einer schweren Geisteskrankheit leidet, und der Ehemann zwar aus Berechnung die Ehescheidung nicht betreiben will, jedoch das Unglück seiner Frau verachtet, ihr nicht zugetan ist, und es ganz offensichtlich ist, dass er ihr nicht die erforderliche Pflege zukommen lässt, sondern die Mitgift verschwendet: dann soll der Kurator der Geisteskranken oder deren Verwandte die Möglichkeit haben, den zuständigen Richter anzurufen, damit dem Ehemann die Verpflichtung auferlegt werde, den gesamten Unterhalt seiner Frau in der Weise zu gestalten, dass er sie sowohl mit Lebensmitteln versorgt, für ihre Arzneimittel Sorge trägt und nichts von den Dingen unterlässt, die ein Mann seiner Frau dem Umfang der Mitgift entsprechend angedeihen lassen sollte. Wenn die Verschwendung der Mitgift jedoch ein solches Ausmaß angenommen hat, wie es sich für keinen anständigen Menschen gehört, dann soll die Mitgift sequestriert werden, aus der dann die Ehefrau und ihre *familia* eine angemessene Rente erhalte [...] .

40 Paul. D 23.3.2. Siehe auch Pomp. D 24.3.1: *nam et publice interest dotes mulieribus conservari.*

41 MUTHER, Sequestration 211, in Bezug auf Ulp. D 24.3.22.8: „Allein bei der *dos* darf der Magistrat im öffentlichen Interesse zu solchen Mitteln greifen [...]". An gleicher Stelle zieht MUTHER die Parallele zur Sicherung der Mitgift bei Insolvenz des Ehemannes *constante matrimonio.*

War das Dotalgut bereits dem Zugriff der Gläubiger des *maritus* verfallen, könnte die *actio rei uxoriae* – so lässt sich vermuten – mit der *formula Rutiliana* gewährt worden sein. Sie nannte in der *intentio* als Verpflichteten den Schuldner, in der *condemnatio* dagegen als Prozessgegner den *bonorum emptor*.[42] Gerade die Dotalklage eignet sich für eine flexible prozessuale Handhabung besonders gut. Denn sie räumt als *bonae fidei iudicium* bei der Rechtsfolgenfindung einen weiten Ermessenspielraum ein.[43]

Der allgemeine Gedanke, den Fortbestand eines Rechtsverhältnisses durch eine vorzeitige Klage zu sichern, begegnet auch in anderen Rechtsgebieten. Mit einer *actio in factum* wird in Serv. Iul. D 19.2.35.1 Rechtsschutz bei einer bestehenden Gemeinschaft gewährt. In diesen Zusammenhang gehören auch die Klagemöglichkeiten der Gesellschafter bei bestehender Gesellschaft. So scheint die *actio pro socio manente societate* in Sonderfällen gegeben worden zu sein (Paul. D 17.2.65.15: *nonnumquam*).[44] Misera hält die „ordentliche“[45] Gewährung einer solchen *actio* freilich für „eher weniger wahrscheinlich“[46], entnimmt aber immerhin die klagbare Verselbständigung gesellschaftlicher Abreden während bestehender *societas* dem Ulpian-Text D 17.2.69. Denn ein „gerichtsfreier Raum“[47] sei die Gesellschaft nicht gewesen.

---

42 Gai. 4.35. LENEL, Edictum Perpetuum 427ff.; OKKO BEHRENDS, Der Zwölftafelprozeß (Göttingen 1974) 184ff.; KASER/HACKL, Zivilprozessrecht 342, 399 m.w.N. in Anm. 29.

43 Gai. 4.62. Kondemniert wird nach dem Grundsatz *quod melius aequius erit*. Dazu zunächst MAX KASER, Die Rechtsgrundlage der actio rei uxoriae, in: Revue internationale des droits de l'Antiquité 2 (1949) 511–550, hier 531ff. = Ausgewählte Schriften I (Camerino 1976) 343–387, hier 365ff.; DERS., Oportere und ius civile, in: ZRG RA 83 (1966) 1–46, hier 33 (Aufgabe der Auffassung in RIDA 2); ROLF KNÜTEL, Contrarius Consensus. Studien zur Vertragsaufhebung im römischen Recht (Köln u.a. 1968) 65. Zum Formelwortlaut siehe LENEL, Edictum Perpetuum 303ff.; MAX KASER, ‚Ius honorarium‘ und ‚Ius civile‘, in: ZRG RA 101 (1984) 1–114, hier 87. Vgl. auch SÖLLNER, Vorgeschichte 146f.; PETER APATHY, Animus novandi (Wien u.a. 1975) 182; HONSELL/MAYER-MALY/SELB, Römisches Recht 407.

44 Nachweise bei KASER, Privatrecht I 576, Anm. 39; und MISERA, Klagen 395 m. Anm. 3.

45 MISERA, Klagen 403.

46 Ebd. 402.

47 Ebd. 396.

D. *Zur Frage der Klagegewährung* ficto divortio

Die frühe Statthaftigkeit der Klage zeigt, dass die vermögensrechtliche Grundlage für die Fortsetzung der Ehe erhalten werden sollte. Der Schutz der Mitgift erfüllt insoweit durchaus eine „Garantiefunktion".[48] Schon das spricht gegen die These von der *ficto divortio* erteilten Dotalklage, wie sie Bechmann, Hasse und Francke vertreten haben.[49] Sie haben sich dabei vor allem auf die iustinianischen Konstitutionen C 5.12.29pr. und C 5.12.30.2 berufen – zu Unrecht, wie ich hoffe, zeigen zu können.

C 5.12.29pr. Iust. a. 528

Ubi adhuc matrimonio constituto maritus ad inopiam sit deductus et mulier sibi prospicere velit resque sibi suppositas pro dote et ante nuptias donatione rebusque extra dotem constitutis tenere, non tantum mariti res ei tenenti et super his ad iudicium vocatae exceptionis praesidium ad expellendum ab hypotheca creditorem secundum praestamus, sed etiam si ipsa contra detentatores rerum ad maritum suum pertinentium super isdem hypothecis aliquam actionem secundum legum distinctionem moveat, non obesse ei matrimonium adhuc constitutum sancimus, sed ita eam posse easdem res vindicare vel a creditoribus posterioribus vel ab aliis, qui non potiora iura legibus habere noscuntur, ut potuisset, si matrimonium eo modo esset dissolutum, quo dotis et ante nuptias donationis exactio ei competere poterat: ita tamen, ut eadem mulier nullam habeat licentiam eas res alienandi vivente marito et matrimonio inter eos constituto, sed fructibus earum ad sustentationem tam sui quam mariti filiorumque, si quos habeant, abutatur.

Wenn der Ehemann während bestehender Ehe in Vermögensverfall geraten ist und die Ehefrau sich absichern möchte, indem

---

[48] BECHMANN, Dotalrecht I 77, hält es für eine Aufgabe der Mitgift, „beide Teile von einer grundlosen Ehescheidung sowie von einem solchen Betragen abzuhalten, welches dem anderen Teil einen gerechten Scheidungsgrund dargeboten hätte". Aufgegriffen wird dieser Gesichtspunkt von SÖLLNER, Vorgeschichte 114ff.; und ANDREAS WACKE, Zur Funktion und Gefahrtragung bei der römischen Mitgift. Zugleich Besprechung von Karl Ludwig Streicher, Periculum dotis. Studien zum dotalrechtlichen Haftungssystem im klassischen römischen Recht, Berlin 1973, in: Tijdschrift voor Rechtsgeschiedenis 43 (1975) 241–256, hier 241ff.

[49] Nachweise siehe Anm. 9.

sie sich auf die Dotalgegenstände, die vorehelichen Geschenke sowie die sonstigen nicht zur Mitgift gehörenden Gegenstände Zugriff verschafft, gewähren wir ihr, wenn sie sich im Besitz der Gegenstände des Mannes befindet und deshalb vor Gericht geladen wird, nicht nur das Verteidigungsmittel der *exceptio*, um die nachrangigen Hypothekengläubiger zurückzuschlagen, sondern wir ordnen an, dass sie selbst gegen die Inhaber der tatsächlichen Sachherrschaft über die Gegenstände, die ihrem Ehemann gehören, wegen des ihr daran zustehenden Pfandrechts eine bestimmte Klage unter der gesetzlichen Voraussetzung anstrengt, dass ihr die bestehende eheliche Bindung dabei nicht hinderlich sein soll, sondern dass sie die besagten Gegenstände sowohl von den nachrangigen Gläubigern als auch von denjenigen, die keine besseren gesetzlichen Rechte haben, soll „vindizieren" können, wie sie es gekonnt hätte, wenn die Ehe aus einem Grund aufgelöst worden wäre, der sie berechtigt hätte, die Mitgift und die vorehelichen Geschenke herauszuverlangen. Jedoch gilt das mit der Einschränkung, dass die Ehefrau keinesfalls die Befugnis haben soll, diese Gegenstände zu Lebzeiten ihres Mannes und solange die Ehe besteht, zu veräußern; vielmehr soll sie die Nutzungen aus den sichergestellten Gegenständen zu ihrem Unterhalt, dem ihres Gatten und etwaiger Kinder verwenden.

C 5.12.30.2 Iust. a. 529

[...] *ex alio quocumque tempore* [...], *ex quo possint actiones movere, id est opulentis quidem maritis constitutis post dissolutum matrimonium, minus autem idoneis ex quo hoc eis infortunium illatum esse claruerit, cum constante etiam matrimonio posse mulieres contra maritorum parum idoneorum bona hypothecas suas exercere iam nostra lege humanitatis intuitu definitum est: ficti divortii falsa simulatione in huiusmodi causa, quam nostra lex amplexa est, stirpitus eruenda.*

[...] von dem Zeitpunkt an [...] [steht den Ehefrauen die Einrede zu], zu dem sie klagebefugt sind, das heißt, wenn ihre Männer vermögend waren, nach der Auflösung der Ehe, wenn sie insolvent waren, von dem Zeitpunkt an, zu dem sie von diesem ungünstigen Umstand Kenntnis erlangt haben, weil bereits durch unser Gesetz der Billigkeit wegen bestimmt wurde, dass auch während bestehender Ehe die Ehefrauen ihre (Pfand)Rechte in Bezug auf das Vermögen ihrer insolventen Ehemänner geltend machen können: Damit hat es mit der Vorspiegelung einer fingierten Ehescheidung, in jedem Fall, den unser Gesetz erfasst, ein für alle mal ein Ende.

In den Texten geht es unter anderem[50] um den Zugriff der Ehefrau auf Dotalgegenstände, die sich bei Detentoren oder Gläubigern ihres in Vermögensverfall geratenen Mannes befinden. Die Frau kann nicht nur deren vollstreckungsrechtlichen Zugriff abwehren, sondern hat ihr eigenes „insolvenzfestes" Herausgaberecht. Allerdings muss sie die Nutzungen der sichergestellten Gegenstände für die Dauer der Ehe familiennützig verwenden und darf sie nicht veräußern.

Nach der gängigen Interpretation ist das ebenso iustinianisches Gedankengut wie die Gewährung der Dotalklage während bestehender Ehe. Klassischer Rechtszustand sei vielmehr die mit der *actio rei uxoriae* einhergehende Scheidungsfiktion gewesen – eben jene *falsa simulatio*, die Iustinian in C 5.12.30.2 beklagt und beseitigt, indem er die Aktivlegitimation der Ehefrau unabhängig vom Bestehen oder Ende der Ehe ausgestaltet.

Zwingend ist dieses Textverständnis nicht. Denn der Missstand in der Rechtsanwendung, der hier beklagt wird, kann auch erst durch die „Verdinglichung" entstanden sein, die die *actio rei uxoriae* entwicklungsgeschichtlich erfahren hat. Äußeres Kennzeichen dieses Prozesses ist der Terminus *vindicare*, den Iustinian in der älteren Konstitution verwendet und der sich hier nicht auf die klassische *rei vindicatio* bezieht,[51] sondern auf die Dotalklage nachklassischer Prägung. Der Begriff bringt die Vorstellung vom – wie Kaser das ausgedrückt hat[52] – „natürlichen" Eigentum der Ehefrau an dem Dotalgut zum Ausdruck, das mit Auflösung der Ehe

---

50 Einbezogen werden des Weiteren Gegenstände, an denen ein Generalpfandrecht der Ehefrau besteht (dazu HERBERT WAGNER, Die Entwicklung der Legalhypotheken am Schuldnervermögen im römischen Recht [bis zur Zeit Diokletians] [Köln u.a. 1974] 44, Anm. 14) und *res ante nuptias donatae* (KASER, Privatrecht II 192, Anm. 35).

51 Zwar wurde die Klage wieder an den klassischen Rechtszustand angenähert (KASER, Privatrecht II 293ff.). Der Ehefrau stand sie jedoch in nachklassischer Zeit für Mitgiftgegenstände nicht zu. Siehe SÖLLNER, Vorgeschichte 49, für die Auflösung der Ehe durch Tod. Iustinian hat daran nichts geändert.

52 KASER, Privatrecht II 191, 270, m. Anm. 73.

auch juristisch an die *mulier* zurückfiel.[53] Mit der klassischen Anschauung, dass die *dos* bei Insolvenz des *maritus* an die Ehefrau zurück übertragen werden muss, weil sie ihr zwar nicht gehört, aber wegen der akuten Gefährdung des Dotalanspruchs schon vorab gebührt, ist diese Konstruktion nicht mehr zu vereinbaren. Es bedarf nun vielmehr eines fixen Zeitpunkts, um den automatischen Rückfall des Eigentums an die *mulier* auszulösen. Und da man nicht hinter den klassischen Rechtszustand zurückfallen wollte, der ja offenbar – zumindest wenn man Ulpian Glauben schenkt – schon die ernsthafte Vermögensgefährdung *constante matrimonio* für die Gewährung der *actio rei uxoriae* ausreichen ließ, behalf sich die nachklassische Rechtspraxis mit einer fingierten Ehescheidung. Erst Iustinian hat diese Fehlentwicklung korrigiert, nämlich dadurch, dass er an den klassischen Rechtszustand anknüpfte.[54]

E. Die Rechtsfolge der Klage

Mit dem dinglichen Charakter, den die Dotalklage in nachklassischer Zeit gewonnen hat, verträgt es sich, dass die Ehefrau über die „vindizierten" Mitgiftgegenstände frei verfügen kann, sie also nicht verwenden muss, um ihre Familie zu unterhalten – und das, obwohl die eheliche Lebensgemeinschaft fortbesteht. Das entspricht nicht dem Interesse der *mulier*. Denn was sie erreichen möchte, ist die Sicherung des Dotalguts, nicht aber die Auflösung der Ehe.[55] Deshalb ordnet Iustinian in den genannten Konstitutionen die familiennützige Verwendung der betreffenden Dotalgüter (wieder) an.

---

53 So wörtlich in C 5.12.30pr, Inst a. 529.

54 Diese Methode ist für Iustinian nicht untypisch und auch an anderer Stelle überliefert: KARL-HEINZ SCHINDLER, Iustinians Haltung zur Klassik. Versuch einer Darstellung an Hand seiner Kontroversen entscheidenden Konstitutionen (Köln u.a. 1966) 337f.

55 Den Wertungswiderspruch zwischen der freien Verfügungsbefugnis über die Dotalgegenstände und dem Interesse der *mulier* am Fortbestand der Ehe bemerkt offenbar auch BECHMANN, Dotalrecht II 490: „Die Aufgabe, der Frau schon während bestehender Ehe eine gegenwärtige Sicherheit zu verschaffen, wurde dadurch erreicht, daß das ganze Dotalverhältnis vorzeitig aufgehoben und seiner Bestimmung entzogen wurde." Ähnlich FRANCKE, Rückzahlung, in: AcP 17 (1834) 459: Die *fictio divortii* habe „nur das einseitige Recht der Frau selbst vor Augen, um für diese die *dos* zu erhalten".

In klassischer Zeit war das ohnehin die Rechtsfolge der vorzeitigen *actio rei uxoriae*. Das ergibt sich aus dem Text D 23.3.73.1, der wohl nicht von dem Juristen Paulus selbst stammt, aber in voriustinianischer Zeit verfasst wurde und daher Rückschlüsse auf die spätklassische Zeit durchaus zulässt.[56] Die Stelle behandelt freilich nicht die erzwungene Rückgabe der Mitgift, sondern deren freiwillige Herausgabe durch den Ehemann an die Ehefrau *constante matrimonio*.

Paul. (2 sent.) D 23.3.73.1

Manente matrimonio non perditurae uxori ob has causas dos reddi potest: ut sese suosque alat, ut fundum idoneum emat, ut in exilium vel in insulam relegato parenti praestet alimonia, aut ut egentem virum fratrem sororemve sustineat.

Während bestehender Ehe kann der Ehefrau die Mitgift, auf dass sie sie nicht verliert, aus folgenden Gründen zurückgegeben werden: damit sie sich und ihre Familie ernährt, ein geeignetes Grundstück kauft, ihrem im Exil lebenden oder auf eine Insel verbannten Vater Unterhalt leistet, oder damit sie ihren bedürftigen Ehemann, Bruder oder Schwester unterstützt.

Die Stelle nennt als eine Folge der freiwilligen Mitgiftrückgabe ausdrücklich die Alimentation des insolventen Ehemannes durch die Ehefrau: *aut ut egentem virum sustineat*. Dieser Passus hat den literarischen Anhängern der „Scheidungsfiktionsthese" einiges Kopfzerbrechen bereitet und in aller Regel zu Interpolationsbehauptungen geführt.[57] Beispielhaft möchte ich hier Bechmann im zweiten Band seines römischen Dotalrechts[58] zu Wort kommen lassen. Er schreibt:

„Dagegen hat der *vir egens* den Exegeten von jeher viele Schwierigkeiten verursacht. Denkt man dabei nämlich an den rückgebenden Ehemann selbst, so läßt sich auf die naheliegende Frage, welchen Zweck denn hier eigentlich die Rückgabe der *dos*

---

[56] Siehe hierzu ERNST LEVY, Paulus und der Sentenzenverfasser, in: ZRG RA 50 (1930) 272–294; WOLFF, Zur Stellung der Frau 327.

[57] Zum Teil wird mit dem *vir egens* ein geschiedener Ehemann identifiziert (HASSE, Versuch 322ff.; TIGERSTROEM, Dotalrecht II 63), bisweilen von einem Haussohn *ex alio viro* ausgegangen (FRANCKE, Rückzahlung, AcP 18 [1835] 22; WOLFF, Zur Stellung der Frau 326, Anm. 1) oder die gesamte Wendung schlicht für unklassisch gehalten (BONFANTE, Corso 458: „scorrettezza insostenibile").

[58] BECHMANN, Dotalrecht II 165f.

habe, kaum eine befriedigende Antwort geben. Entweder der *vir egens* hat außer der *dos* kein anderes Vermögen: dann begreift man schwer, wie er sich dazu entschließen sollte, auch noch die Vortheile der letzteren aufzugeben und sich mit der Alimentation zu begnügen. Oder es ist ein bereits überschuldeter Mann gemeint: dann hat nach klassischem Rechte die Frau bekanntlich das Recht, *ficto divortio* auf Rückgabe der *dos* zu klagen: für diesen Fall bedarf es offenbar nicht erst der Frage, ob die Rückgabe erlaubt und wirksam ist."

Das Motiv des insolventen Ehemannes für die freiwillige Rückgabe[59] der Mitgift an seine Ehefrau liegt – so meine ich – auf der Hand: Er möchte damit einen Prozess unter den Eheleuten, nämlich den um die Sicherung des Dotalguts verhindern und den Bestand der Ehe bei fortdauernder Alimentation sichern. Daran zeigt sich einmal mehr die „Garantiefunktion" der *dos*, die mit der Klagewährung *ficto divortio* nicht harmoniert. Es spricht vielmehr einiges dafür, dass die *uxor* die Mitgift auch dann für den Familienunterhalt zu verwenden hatte, wenn sie diese mit der vorzeitigen *actio rei uxoriae* erst sicherstellen musste. Das Ergebnis entspricht im übrigen dem Ausgangstext Pap. D 40.1.21. Der Dotalsklave, dessen Freilassung durch den insolventen Ehemann wegen Verstoßes gegen die *lex Aelia Sentia* unwirksam ist, trägt weiter zum Unterhalt der Familie bei.

IV. ERGEBNISSE

Damit bin ich wieder am Ausgangspunkt angelangt und möchte die Ergebnisse meiner Ausführungen wie folgt zusammenfassen: Den Vermö-

---

59 Bei der vorzeitigen Rückgewähr des Dotalguts handelt es sich nicht etwa um eine verbotene Schenkung unter Ehegatten, die ausnahmsweise wirksam ist (so aber HASSE, Versuch 313), sondern um die antizipierte Erfüllung der nachehelichen Pflicht zur Rückgewähr der Mitgift (WOLFF, Zur Stellung der Frau 328: „vorweggenommene Schulderfüllung"). Die römischen Juristen haben Paul. D 23.3.73.1 nicht als schenkungs-, sondern ausschließlich als dotalrechtlichen Fall betrachtet. Auch Ulp. D 24.3.24pr. sollte nicht als Ausnahme vom Ehegattenschenkungsverbot verstanden werden. Das übersieht HENRIKE SCHLEI, Schenkungen unter Ehegatten. Zu ihrer Behandlung nach römischem Recht und in der Rechtsprechung des Reichsgerichts mit Ausblicken auf das geltende Recht (Göttingen 1993) 77, Anm. 185. Sie bezieht sich an dieser Stelle zu Unrecht auf WOLFF.

gensverfall des Ehemannes haben die klassischen römischen Juristen als Bewährungsprobe für die Funktionsfähigkeit der Mitgift begriffen. Für das dotalrechtliche Schutzbedürfnis[60] der Ehefrau war bereits Papinian sensibilisiert.[61] Am Interesse der *mulier* orientiert, wurde es so behutsam wie möglich ausgestaltet. Die Dotalklage wurde nur zur Sicherung der *dos* gewährt,[62] die eheliche Verbindung nicht angetastet. Im Gegenteil: Gerade der Erhalt der Mitgift wird die Auflösung der ehelichen Versorgungsgemeinschaft verhindert und der Scheidung vorgebeugt haben.[63] Verfahrensrechtlich[64] ist das Bestreben zur Bevorzugung der Ehefrau im Konkurs des Mannes bereits in klassischer Zeit erkennbar.[65] Vollends entfaltet wird das Konkursprivileg von Iustinian auf der Grundlage einer *actio in rem*. Allerdings trägt diese dem Interesse der *mulier* am Fortbestand der Ehe und ihrem Willen zur familiennützigen Verwendung der sichergestellten Mitgift nicht ausreichend Rechnung. Insoweit wird an die klassische Konzeption wieder angeknüpft. *Quamvis in bonis mariti dos sit, mulieris tamen est*[66] – dieser Satz bewährt sich damit gerade im „pathologischen" Fall des insolventen *maritus*.

---

60 Oben II.
61 Oben III.A.
62 Oben III. D.
63 Oben III. D.
64 Oben III. B.
65 Oben III. E.
66 Quellennachweise oben Anm. 1.

NIKOLAUS LINDER, Zürich

AUFSTIEG UND FALL DES HAUSES MALACRIDA
Die Folgen der europäischen Finanzkrise von 1720 in Bern

Als die fünf Inhaber der Berner Bank Malacrida und Compagnie am 26. November 1720 eine Bittschrift um einen *Fristungsbrief* sowie die Beistellung von *Commissarien* beim Rat der Stadt Bern deponierten,[1] beliefen sich ihre gesamten ungedeckten Verbindlichkeiten auf fast 900.000 Bernkronen,[2] nämlich auf rund 400.000 Kronen gegenüber der Obrigkeit und rund 500.000 gegenüber den *Particularen*, den übrigen, meistenteils privaten Einlegern der Bank. Das nachfolgende langwierige Verfahren zur Bereinigung dieser über die Grenzen der Schweiz hinaus „aufsehenerregenden“[3] Bankenpleite dauerte mehrere Jahre und war gekennzeichnet durch hartnäckige Verhandlungen zwischen den verschiedenen Interessengruppen, vorab der *Particularen* und der Obrigkeit, bevor es durch einen *Auskauf*, die diskontierte Übernahme sämtlicher Aktiven und Passiven – auch der Privatvermögen der Gesellschafter – durch den Kaufmann David Gruner seinen Abschluss fand.

Ende November 1720 aber stand man vor einem Scherbenhaufen, wie die Gruner'sche Chronik unter dem Stichwort *„Banque zu Bern falliert“* berichtet:

---

1 Nach der Gerichtssatzung von 1614, fol. 208a (Sammlung Schweizerischer Rechtsquellen [SSRQ] Bern, VII/2, 823), war der (Grosse) Rat Bewilligungsbehörde für *Geltstagsverfahren* in der Stadt. Als „Geltstag“ bezeichnete das Stadtrecht eine Form des Konkurses, welches aber grössere Ähnlichkeit mit dem heutigen Nachlassverfahren hat. Seit Juni 1721 war diese Kompetenz an die Teutsche Appellationscammer delegiert.

2 Die bernische Krone war eine reine Rechnungsmünze und entsprach 25 Batzen zu je vier Kreuzern. Die staatlichen Buchhaltungen wurden vor 1769 nach dem Pfundsystem (1 Pfund = 20 Schilling = 240 Haller) geführt, Kronenbuchhaltungen waren aber gerade im Handel durchaus üblich. Nach 1770 übernahm dann auch der Staat die Buchhaltung mit Kronen. Eine Summe von 900.000 Kronen entspräche heute rund 100 Millionen Euro.

3 „Faillite retentissante“, siehe HERBERT LÜTHY, La Banque Protestante en France de la Révocation de l'Édit de Nantes à la Révolution I (Paris 1959/1970, Reprint Paris 1998) 349.

> „Dieß Jahr [1720] hat das große Unglück so allerorten in Franckreich, Engelland, Holland, Genf um sich gegriffen, deßwegen allzuhohen Werth des Gelts und der verfluchten Banquezedlen und *Billies de Monnaÿe*, auch unserer *Banque* zu Bern, die sonst in gantz Europa den besten Credit gehabt, mitgerißen, so daß selbig Ends Novembris hat falliren müßen, da nicht nur meine Gnädigen Herren ihre meisten Gelter, die sie in Holland gewonnen, [wieder] verlohren, [...] sondern fast alle Familien in Bern großen Verlust gelitten. [...] Sonderlich werden sehr beklagt unzehlich Knecht und Mägd, die ihre Liedlöhn in die *Banque* gethan, auch viele Wittwen und Weisen, die all ihr Vermögen dahin verwendet“.[4]

Die Liste der Gläubiger umfasst 462 Namen, darunter nicht weniger als 252 Frauen; von diesen sind 140 unverheiratet. Hier befindet sich auch der Hauptteil der kleineren Guthaben von unter 200 Kronen. Auch 173 Männer sind aufgeführt, von denen sich immerhin 39 in diesem untersten Segment befinden. Der Rest der Ansprüche verteilt sich auf die „Gesellschaften“ (die städtischen Innungen), verschiedene Erbengemeinschaften, Familienkisten sowie städtische Behörden wie die Teutsche Vennerkammer, die mit über 12.000 Kronen verzeichnet ist.

Über weite Teile liest sich das Verzeichnis sodann wie ein *Who's Who* der städtischen Gesellschaft: Alle regierenden und grosse Teile der regimentsfähigen Familien sind vertreten, so u.a. zwölf Steiger, elf Jenner, elf Stürler und zehn von May. Sie alle wurden aber überflügelt von den riesigen Forderungen, welche die Familien von Graffenried (mit 74.419 Kronen) und von Wattenwyl (38.931 Kronen) geltend machten.

Neben dieser schlagartigen Entreicherung eines beträchtlichen Teils der Bürgerschaft bescherte der Zusammenbruch der Bank der Stadt aber noch weiteres Ungemach, denn nicht nur diese Gelder schienen verloren, sondern auch ein grosser Teil der sog. „ausländischen Anlagen“, 150.000 Pfund Sterling, welche der Geheime Rat im Auftrag der Bürgerschaft seit 1710 in London angelegt hatte und die inzwischen auf ein mehrfaches angewachsen waren. Dieses Geld befand sich in der Verwaltung von Samuel Müller und Compagnie, Malacridas Korrespondenzbank in London,

---

4 JOH. RUD. GRUNER, Chronikon, das ist Beschreibung der Begebenheiten in der Stadt Bern selbst und deren Landen, von 1710–1725, Bd. I, Stadt- und Universitätsbibliothek Bern [StUB] Mss. Hist. Helv. VIII. 40, S. 319.

mit der die Berner Bankiers personell wie finanziell stark verbunden waren.

Beide Banken fielen einem neuartigen Phänomen zum Opfer, denn 1720 ereignete sich in Europa der erste Börsenkrach.[5] Der extremen Hausse – von Zeitgenossen als *Bubble* (Seifenblase) bezeichnet – folgte eine starke Baisse. Zeitlich leicht versetzt, bildeten Paris, wo im Frühsommer 1720 John Laws System[6] scheiterte, und London, wo kurz darauf der *South Sea Bubble*[7] platzte, die Epizentren einer Krise,[8] sie waren aber nicht als einzige davon betroffen. Enorme Wertverluste der Hauptobjekte der Spekulation, die Aktien der Compagnie des Indes in Frankreich, diejenigen der South Sea Company[9] in England, führten daraufhin zu einer Serie von Bankpleiten in ganz Europa.

Der Zusammenbruch des Law'schen Systems belastete Nikolaus Malacrida und seine Gesellschafter unmittelbar. Zwar hatte die Bank damals in Frankreich nicht mehr als 300.000 Taler an Eigenmitteln stehen.[10] Wegen ihrer grosszügigen Zinsusancen – sie zahlte den Einlegern drei Prozent und musste diese Mittel deshalb mit fünf Prozent verzinsen lassen – unterhielt sie aber Geschäftsbeziehungen mit Häusern wie Gaspard Boisier in Genf oder Suter & Rotmund in St. Gallen, die schon durch den Mississippi-Krach geschwächt waren und nun in Konkurs fielen. Die dortigen Guthaben liessen sich kaum mehr eintreiben. Der Crash in London im Oktober 1720 wirkte sich fatal aus, weil Malacridas Korrespondenzbank Samuel Müller & Cie. in grossem Umfang Depositengelder

---

5 Bezogen auf *Effekten*börsen. Ähnliche Phänomene im Bereich der Warenmärkte gab es schon vorher (Tulipomania; „Kipper- und Wipperzeit").

6 Dazu grundlegend EDGAR FAURE, La banqueroute de Law (Paris 1977).

7 Aus der äusserst zahlreichen Literatur zum *South Sea Bubble* seien erwähnt P.G.M. DICKSON, The Financial Revolution in England. A Study in the Development of Public Credit 1688–1756 (London 1967) sowie LARRY NEAL, The rise of financial capitalism. International capital markets in the Age of Reason (Cambridge 1990). Zur Ereignisgeschichte JOHN CARSWELL, The South Sea Bubble (2. Aufl., London 1993).

8 Zum inneren Zusammenhang zwischen *South Sea Bubble* und *Mississippi Bubble* siehe NEAL, Financial Capitalism 39.

9 Zur Geschichte der *South Sea Company* [*SSC*] siehe, neben den unter Anm. 7 erwähnten auch W. R. SCOTT, The Constitution and Finance of English, Scottish and Irish Joint-Stock Companies to 1720 I–III (Cambridge 1910–1912) hier III 288-348.

10 „Nothwendiger Bericht und Ablehnung der Beschuldigung", StUB H Varia 8309 und H XXII 117.I (2) S. 4.

ausgeliehen und dafür Aktien und Obligationen der South Sea Company in Sicherheit genommen hatte.[11]

Die Nachricht vom Zusammenbruch Ende November alarmierte die Obrigkeit. Die Bank war in den vergangenen Jahren zur bevorzugten, da nahezu einzigen Möglichkeit avanciert, in der Stadt Geld zinsträchtig anzulegen, und grosse allseitige Verluste waren deshalb abzusehen. Der sehr machtnahen Stellung der Bank und ihrer wirtschaftlichen Bedeutung entsprechend mussten deshalb spezielle Massnahmen ergriffen, die Eingabe der Bankiers musste beraten und gleichzeitig die Situation in London im Auge behalten werden.[12] Zunächst ging es aber einmal darum, die Handlungsfähigkeit des Grossen Rates sicherzustellen; von der Bankpleite waren nämlich derart viele „Ehrenglieder" betroffen, dass der Rat nur durch grosszügige Modifikation der verfassungsrechtlichen Ausstandsregeln überhaupt beschlussfähig wurde. Dann verfügte er „zum besten allseitiger *Creditoren*" und durchaus satzungsgemäss die Sicherstellung, Siegelung und Inventarisierung des Gesellschaftsvermögens. Den Bankiers wurde ein eidesstattliches Gelübde abgenommen, sich nicht aus der Stadt zu entfernen.[13]

Als nächstes wurden von Rät und Burgern zwei Kommissäre[14] verordnet und den übrigen Gläubigern freigestellt, ihrerseits ebenfalls zwei zu bestimmen. Diesen Kommissären oblag es, Inventarisierung und Schuldenruf durchzuführen, die Bank treuhänderisch zu verwalten und insbesondere überfällige Zahlungen zu *„sollicitieren"*. Des weiteren sollten sie Verantwortlichkeiten abklären und Vorschläge ausarbeiten, wie die Bank weitergeführt werden könnte.

Am 2. Dezember 1720 entsandte der Rat zwei seiner Mitglieder nach London. Die dort angelegten Gelder waren in höchster Gefahr, verloren zu gehen, und die beiden Abgeordneten des Rates wurden deshalb beauftragt, alles mögliche zu ihrer Rettung zu unternehmen. Als erstes

---

11 Siehe dazu, wie auch zum folgenden, JULIUS LANDMANN, Die auswärtigen Kapitalanlagen aus dem Berner Staatsschatz im XVIII. Jahrhundert (Zürich 1903), insbes. 24ff., sowie WOLFGANG FRIEDRICH VON MÜLINEN, Law und Malacrida, in: Berner Taschenbuch (Bern 1897) 137–162.

12 Ratsmanual [RM] der Stadt Bern Bd. 86 S. 112.

13 RM Bd. 86 S. 125f. Erst am 9. April 1721 wurde dieses Verbot teilweise aufgehoben.

14 Dabei handelte es sich um den Salzdirektor Johannes Müller für die Burger und Johann Jakob Sinner, alt Landtvogt von Lausanne für den Kleinen Rat.

suchten sie Samuel Müller und seine Gesellschafter auf und konfrontierten sie mit einem Katalog von Fragen über den Verbleib von 107.000 Pfund Sterling an obrigkeitlichen Geldern, welche die Bankiers zum Teil an verschiedene Debitoren ausgeliehen hatten:

> „1° Ob die von den verkaufften 133 actionen annoch überblibenen 439 mit dem *Divident* der 43 also samptlichen 482 act: noch würcklich *in natura* verhanden, und wo dieselben liegen .
>
> 2° Wohin der *Product* der nach ihrer eingeschickten *notta* verhandleten 56 act: verwendt worden, und wo selbiger lige.
>
> 3° Ob die *Obligation*en *du Sud*, die sie nach eingeschicktem Bericht zuhanden IhrGn: erhandlet hätten, under IhrGn oder Ihrem [d.h. Sam. Müllers & Cie.] Nahmen sich eingeschrieben befindeten“.[15]

Während der folgenden zwei Jahre waren die beiden Abgeordneten fieberhaft darum bemüht, von den „ausländischen Anlagen“ so viel als möglich zu retten, was trotz grosser Schwierigkeiten auch gelang.

In der Zwischenzeit untersuchte die Kommission in Bern das Geschehene und suchte nach Lösungen. Ende Februar erstattete sie erstmals Bericht. Die Kommittierten hatten ein Gutachten verfasst,[16] das sich zunächst mit der Frage auseinandersetzte, wie denn nun vorgegangen werden solle,

> „wie dies Geschäfft zu verleiten, ob denen samptlich *Credito*res rathsamlich und vorträglich seye, ihr Recht nach allem *Rigor* gelten ze machen, und mithin die *Debitor*en zur *Extremitet* zu treiben“.

Das war eine rhethorische Frage, denn, wie die Kommittierten weiter ausführten, „es thun sich [...] hier so viele *Difficulteten* hervor, daß man billich Bedenken tragt, dißen Wäg einzuschlagen“. Das Hauptproblem war nämlich folgendes:

---

15 „Gesandtschaft nach London 1721“. Burgerbibliothek Bern Mss. Hist. Helv. III. 89. Berichte der HH. Morlot und Tscharner über ihre Mission nach London, in Sachen der in Engelland angelegten Staatsgelder, in Schreiben an den Rath von Bern, vom Januar bis Dezember 1721, S. 1.

16 „Der Malacridanischen Banque Fallite halb, und was für Mensuren zu nehmen“, Responsa Prudentum [RP], Staatsarchiv Bern [StAB] A V 1471, S. 391ff.

Es sei nicht klar, ob die Liquidation nach dem Stadtrecht oder aber nach dem Handelsbrauch stattfinden sollte. Diese Frage war aber von grosser Brisanz, da das städtische Geltstagsrecht die Konkursforderungen in allen Klassen nach ihrem Alter bevorzugt behandelte, das Recht der Kaufleute hingegen nicht. Ebenso kollozierte das Stadtrecht verurkundete Forderungen vor nicht verurkundeten („vorgang [...] gemeiner handschrifften"). *In casu* war aber der Hauptteil der obrigkeitlichen Forderungen weder besonders alt – er bezog sich auf die Zinsremissen, die erst im November aus London eingetroffen waren – noch waren sie im Rechtssinne „verschrieben", sodass die Obrigkeit in einer Liquidation *nach Stadtrecht* vermutlich all ihr Geld verloren hätte. Sie musste ein Liquidationsverfahren deshalb möglichst verhindern.

Die Lösung, welche die Kommission deshalb präsentierte, sah die *Konversion* der Bank in eine Handelsgesellschaft vor. Der Plan dazu sah folgendermassen aus: Malacrida & Cie. sollten das Geschäft weiterführen in Form einer „Waaren-Handlung" mit Leinwand, Käse, Leder und Wolle, welche in Zukunft unter Aufsicht von zwei Inspektoren eine „dem Land anständige und nutzliche Handlung *en gros*" betriebe. Zur Äufnung des Betriebskapitals sollten alle Gläubiger, auch der Staat, während einer Probezeit von vier Jahren auf den Rückzug ihrer Einlagen verzichten, die Privatkreditoren gegen einen Jahreszins von 4 Prozent, der Staat hingegen zinslos. Nach diesen vier Jahren würden alle Gläubiger „Rath halten, ob und wie sie ihr *Capitale* der Handlung ferner überlassen sollen". Geht die Sache aber nicht gut, „so sollen sämmtlichen Creditoren ihre habenden Rechte vorbehalten seyn".

Obwohl dieser Vorschlag sehr auf der wirtschaftspolitischen Linie der Obrigkeit lag,[17] lehnte ihn der Rat überraschenderweise ab. *Vor* der materiellen Auseinandersetzung mit dem Kommissionsvorschlag war jedoch beschlossen worden, im Fall einer Ablehnung von den Bankiers ein alternatives Projekt erarbeiten zu lassen.

Ihre Antwort liess nicht lange auf sich warten. Zwei Tage später reichten sie eine *Supplication* ein des Inhalts, es fielen ihnen auch keine besseren Lösungen ein als die eben abgelehnte, und nachdem dies nun einmal so sei, seien sie in der traurigen Lage, „sich ihrer Handlung gäntzlich

---

17 1719 war das sog. *Manufakturmandat* erlassen worden, in welchem Rät und Burger kundtaten, Manufakturen seien das einzige Mittel, „dardurch der armuth und müssiggang abgeholffen, und der dem land so beschwerliche außlauff deß gelts verhinderet werden könne" (SSRQ Bern, Bd. VIII.1 [Wirtschaftsrecht] S. 165).

zu entschlagen, die Schlüßel zu ihrem *Contoir* zu handen ihro Gnaden zu übergeben undt sich also mit Leib und Gut in meiner gnädigen Herren Schoos zu werffen".

Das damit vorgebrachte Konkursbegehren wurde von der Obrigkeit begreiflicherweise nicht gerne gesehen. Die Kommittierten erhielten deshalb noch einmal Frist, einen neuen Vorschlag auszuarbeiten, reichten aber den bereits gehabten unverändert wieder ein. Mit kleinen Retuschen[18] wurde dieser am 29. Mai 1721[19] genehmigt, gedruckt und den übrigen Gläubigern verkündet.

Weit davon entfernt, den in ihren Augen völlig diskreditierten Bankiers ihr Geld auch weiterhin anzuvertrauen, lehnten diese den Plan aber ab bzw. ersuchten um weitgehende *modification* desselben. Der Burgerrat lehnte es zwar ab, auf das Ersuchen der *Particularen* auch nur einzutreten,[20] diese hatten es aber vermocht, die Bankiers derart zu verunsichern, dass sie ein weiteres Mal um Liquidation baten.[21] Nun war der Punkt erreicht, an dem der Obrigkeit nichts mehr übrig blieb, als wohl oder übel in den Geltstag einzuwilligen, den sie bisher so vehement bekämpft hatte.

Eigentlich hätte der Burgerrat nun als erstes Geltstagsverordnete einsetzen sollen. Nach Stadtrecht hätten diese dann ein Inventar erstellen, an verschiedenen einzelnen „Geltstagen" die Forderungen aufnehmen und diese dann kollozieren sollen. Satzungsgemäss folgte dann regelmässig die Versilberung und Verteilung der Werte nach dem Kollokationsplan.

Dieses Schema fand hier aber keine Anwendung, denn es war für Rät und Burger nach wie vor unerlässlich, Kontrolle über das Verfahren auszuüben. Statt die Wahl der Verordneten jetzt ohne weiteres vorzunehmen, bestimmte er deshalb als erstes eine Kommission (die sog. *Liquidations-Kommission*, nicht zu verwechseln mit der Ende November eingesetzten Kommission „zur Untersuchung der Malacridanischen Fallite"), welche sich über die Aufrichtung und Besetzung eines „Hoch-*Tribu*-

---

18 Die Bankiers hatten als Verstärkung des *fonds* das Münz- wie auch das Tabakmonopol gefordert, was aber abgelehnt wurde. Der Einschub hielt fest, dass ihnen kein Monopol zukommen sollte.

19 „Meiner Gnädigen Herren Räht und Burgeren Vorschlag vom 26., 27. und 28. May 1721. Das Banque-Geschäfft ansehend", StUB H XXII 117.I (4).

20 Beschluss vom 28. Juni 1721, RM Bd. 88 S. 190.

21 RM Bd. 88 S. 219, 4. Juli 1721.

nals“ Gedanken machen sollte.[22] Dieses Sondergericht sollte aus Ratsherren bestehen, welche einer speziellen Liste entnommen waren, die Heimlicher Steiger eigens angefertigt und penibel mit der Gläubigerliste verglichen hatte. Auf diese Weise versuchte die Obrigkeit so weit als möglich sicherzustellen, dass bei den 36 „Ehrengliedern“, die an der Sitzung des Tribunals vom 16. Juli zu Gericht sassen, keine Interessenkonflikte bestanden.

Es oblag sodann den „ehrenden Gesellschafften, wo die fünf Bankiers zünfftig“, die Verordneten zu bestimmen,

> „nämlich die Gesellschaft zu Pfistern wg. H. v. Wattenweil und H. v. Mollens zwey; eine ehrende Gesellschafft zu Metzgeren wegen H. Gabriel Frisching einen; eine ehrende Gesellschafft zu Gerweren wg. H. Emanuel Steigers einen, undt eine ehrende Gesellschafft zu Kauffleuthen wegen H. Niclaus Malacrida auch einen Geltstagsverordneten“.[23]

Die Geltstagsverordneten sollten alle Burger sein und nicht zum Ausstand verpflichtet sein. Sie durften „zwey bediente auß der *Banque* zuziehen“ und bei Bedarf weitere Sachverständige. Die Verordneten sollten als erstes über die Frage entscheiden, ob die Liquidation nach Stadtrecht oder Handelsbrauch durchgeführt werden solle.

Diese unübliche Interpretation des städtischen Konkursrechts seitens der Obrigkeit stiess nicht überall auf Zustimmung. Am 4. August stellten die Privatkreditoren dem Statthalter eine von ihrer Mehrheit unterzeichnete Bittschrift zu, worin sie forderten, die Liquidation sollte nach dem Willen der Mehrheit der Gläubiger durchgeführt werden. Immerhin wandte sich eine einflussreiche Minderheit dagegen. Das sei satzungswidrig, schmecke „nach einer Landgmeind und *Popular* Regierung“ und ziele „auff gefährliche Abenderung der Regierungs*form*“. In der Sitzung vom 14. August spielten sich tumultartige Szenen ab, und es fiel u.a. die Äusserung, „daß man sich dem ausfellenden schluß der hochoberkeitlich regulierten [...] *Tribunal*s nicht underwerffen“ werde.

Um die *Particularen* zu besänftigen, ging der Rat in seiner nächsten Sitzung auf ihr Anliegen ein, entschärfte es jedoch völlig. Zwar genehmigte er grundsätzlich Mehrheitsentscheide der Gläubigerversammlung,

22 RM Bd. 88 S. 226, 5. Juli 1721.
23 RM Bd. 88 S. 288f., 16. Juli 1721.

bestimmte aber, dass nicht die Mehrheit nach Köpfen zähle, sondern nur die Mehrheit, die auch zwei Drittel *aller* auf der Malacrida-Bank lastenden Forderungen repräsentiere. Sie hatte sich damit vorerst ihre Vorrangstellung gegenüber den Privaten gesichert, aber das Tribunal war diskreditiert.

Die geplante Liquidation der Malacrida-Bank wurde so immer mehr zu einem kaum zu bewältigenden Problem, denn nicht nur drohte ein Patt zwischen Rät und Burgern einerseits und den *Particularen* andererseits, das Verfahren gänzlich zum Stillstand zu bringen, es gab zudem auch wirtschaftliche Gründe, welche insbesondere gegen eine Verwertung der zahlreichen französischen Effekten sprachen, die immer noch denkbar schlecht im Kurs standen. Schon im Dezember zuvor hatte Schultheiss Steiger auf ein neues französisches Edikt aufmerksam gemacht, welches geeignet schien, die „*actions* der *Banque* der He. Malacrida und *Compagney* in Gefahr völligen Verlurstes [zu] setzen".[24]

Die – nunmehr *combinierte*[25] – Kommission arbeitete deshalb im Herbst einen weiteren Vermittlungsvorschlag aus, der am 26. Dezember 1721 vor Rät und Burgern beraten wurde. Auf die Frage, ob die Liquidation aufgehoben werden solle, bzw. „ob nützlich seye von *Liquidation* zu *abstrahieren* und ein *accommodement* zu *preferieren*" folgte ein einstimmiges *Ja*. Bei der Frage, welchen Anteil an den in der Bank liegenden Wertpapieren und an den Privatvermögen der Bankiers die Obrigkeit für sich beanspruchen sollte, entschieden sich die Ratsherren für die „den *Particularen* vortheilhafftere" Variante, nämlich fünf Zwölftel anstelle von drei Siebtel. Für die Verwaltung der liegenden Effekten wurde wiederum eine Kommission eingesetzt. Und zu guter Letzt verlieh der Rat der Hoffnung Ausdruck, es möge doch ein „*Particular*-Außkauff" stattfinden; die gnädigen Herren würden derartige Auskäufe jedenfalls annehmen und „also denen *liquidatoren* überlaßen, solchem Gehör zu geben".[26]

Die Antwort der Privatkreditoren erfolgte am 27. Januar 1722 in Form einer Bittschrift mit dem Titel *Demüthigst-gehorsame Vorstellung der*

---

24 Dabei handelte es sich vermutlich um den Erlass vom 2. Dezember 1720, „qui annulle toutes les actions qui n'auront pas été timbrées du second sceau", und jeglichen Handel mit diesen Papieren verbot, FAURE, Banqueroute 656.

25 D.h. die Liquidations-Kommission zusammen mit der Kommission „zur Untersuchung der Malacridanischen Fallite".

26 RM Bd. 89 S. 498-505, 26. Dez. 1721.

Malacridanischen Banque Creditoren,[27] worin sie zwar einerseits betonten, sie hätten sich „viel lieber Ihr Gnaden angebohrener *Clemenz*, als dem Rechtigen anvertrauen wollen", dass sie sich aber versprächen, durch eine klare Darlegung ihrer vorteilhaften juristischen Position – was sie bisher unterlassen hätten – die gnädigen Herren zu etwas mehr Grosszügigkeit bewegen zu können.

Was ihnen auch gelang, zumindest ansatzweise. Die 200 erklärten sich einerseits zwar bereit, sich mit vier Zwölfteln zu begnügen, verfügten jedoch gleichzeitig, dass der überschüssige Zwölftel nicht allen Privatgläubigern, sondern lediglich den „Armen und Dürftigen" unter ihnen zukommen und so „eint und ander ohnglückhafftige *Creditoren* in ihrem Zustandt getrößtet"[28] werden sollten. Nach starkem Protest seitens der Particularen schwächten sie diese Anordnung dahingehend ab, diese dürften selbst entscheiden, ob sie „die dürfftigen mitleidelich bedenken wollen"[29] oder nicht.

Damit war der Konflikt auf institutioneller Ebene endlich bereinigt. Am 22. April 1722 teilten die Privatkreditoren der Obrigkeit mit, sie nähmen „das güthige nachgeben" der Gnädigen Herren vom 16. März „mit dank" an, „worbey es dann sein verbleiben haben"[30] solle. Ein *Accommodement* war gefunden, nur war es eigentlich bereits obsolet. Im anschliessenden Auskauf durch David Gruner wurden die Privatgläubiger einheitlich mit 55, der Staat mit 27,5 Prozent ihrer Forderungen abgefunden. Gruner vermochte in der Folgezeit allerdings nicht mehr an die höchst einträglichen Geschäfte seiner Vorgänger anzuknüpfen. 1723 wurde ihm beschieden, dass „der hiesige Stand in seinem Banque-Geschäft nit interessiert" – die Tage der „halbstaatlichen" Finanzverwaltung waren gezählt.

***

Die Geschichte vom Untergang der Malacrida-Bank ist an mehreren Orten referiert worden. Neben den bereits erwähnten Werken von Landmann und von Mülinen[31] befassen sich auch verschiedene Monographien

---

27 StUB H XXII 117.I (3).
28 RM Bd. 90 S. 200, 13. Feb. 1722.
29 RM Bd. 90 S. 453, 26. März 1722.
30 RM Bd. 90 S. 607.
31 Siehe die Angaben in Anm. 11.

zur Berner Geschichte zumindest kursorisch mit dem Thema der ausländischen Anlagen und ihrer Entstehung.[32] Der Schwerpunkt dieser Darstellungen liegt im Bereich der Wirtschafts-, Finanz- und Bankengeschichte, wenig ist zu lesen von Gruners „unzehlich Knecht und Mägd, die ihre Liedlöhn in die *Banque* gethan“ und von den Witwen und Waisen, deren Vermögen durch die Krise empfindlich geschmälert wurde.

Aber auch die institutionelle Seite findet wenig Beachtung, insbesondere der „halbstaatliche“ Charakter der Bank und ihre damit verbundene Bedeutung. Schon ihre Gründung geht nämlich auf einen Vorstoss des Kommerzienrats zurück, welcher 1702 anregte, zur Förderung des Handels „eine *Banque* in obrigkeitlichem Namen halten und führen zu lassen“, und ob der Rat für den Fall, dass eine Staatsbank nicht gegründet werden sollte, geneigt wäre, „sich ihrer diesbezüglichen Rechte und Regalien zu Gunsten von *Particularen* zu begeben“.[33]

Im Auftrag der 200 untersuchten daraufhin der Deutschseckelmeister und die Venner die Frage und erklärten in einem Bericht, dass „wiewohlen die Einführung einer *Banque* allhier in der Hauptsach nit allein nützlich, sondern auch anständig wäre, [...] die Introduktion derselbigen aus obrigkeitlichen Fonds aus vielerlei Ursachen gantz bedenklich“ sei. Die obersten Finanzverwalter der Republik hielten es „derowegen für besser, dass unsere Gnädigen Herren und Oberen sich ihres diesörthigen Rechtes begeben, und selbiges denjenigen ihrer Partikularen, so dazu Lust tragen möchten, unter Vertröstung hochoberkeitlicher Protektion überlassen“.[34] Das Ratsmanual vermerkt dazu:

> „Über beschehenen Vortrag [...] habend Mgh. in gutheissung desselben nit thunlich befunden eine Banque in alhiesiger Haubtstatt in und aus obrerkeitlichem nahmen anstellen zu lassen, sondern besser, sich dessen zu begeben, und dasselbe denen particularen, so darzu Lust hätten, zu überlassen, welche hierin hocho-

---

32 RICHARD FELLER, Geschichte Berns III (Bern 1946–1960) 493–499; ANTON V. TILLIER, Geschichte des eidgenössischen Freistaates Bern von seinem Ursprunge bis zu seinem Untergange im Jahre 1798 I–V, 1 Registerbd. (Bern 1838–1840) hier IV 342ff.

33 Zit. nach LANDMANN, Kapitalanlagen 24.

34 Ebd.

berkeitl. schutz und protection sich zu vertröstung haben sollind […]".[35]

Teilhaber der neuen Bank waren vier junge Patrizier,[36] nämlich Gabriel Frisching von Rümlingen, Emanuel Steiger von Valleires, Junker Friedrich von Wattenwyl und Sigmund Weiss, Herr zu Mollens. Kopf und Namensgeber des Unternehmens war Nikolaus Malacrida, auch er ein Burger, dessen Familie 1671 zu ewigen Einwohnern angenommen worden war und der sich als Inhaber der Papiermühle in Worblaufen einen Namen als Unternehmer und Bankier erworben hatte.[37]

Wie ein roter Faden zieht sich die ungewöhnlich enge Verflechtung der Bank mit der städtischen Obrigkeit durch die Quellen. Malacrida & Cie. etablierten sich schon früh als Mittler in Finanzdingen, so beispielsweise 1705, als sie sich anerboten, in der Angelegenheit Paccoton[38] für die an-

---

35 RM Bd. 8 (A II 594) S. 529; siehe auch GRUNER, Chronik I 24.

36 Der Beruf des Kaufmanns, und umso mehr das Einschlagen einer Bankkarriere, war für junge Berner Patrizier höchst unüblich; das bernische Patriziat lebte von den Ämtern, die den Abkömmlingen regimentsfähiger Familien normalerweise nach einer erfolgreichen Karriere in den fremden Diensten zugänglich wurden. Den Gesellschaftern der Malacrida-Bank war eine solche Karriere aus religiösen Gründen verwehrt, waren sie doch Pietisten und als solche seit 1699 von allen Ämtern ausgeschlossen.

37 FELLER, Geschichte III 216f.

38 SSRQ Bern Bd. VII.1, 92ff.: „Nachdem Paccoton, ein Staatsangehöriger Berns aus Yverdon, von der Judenschaft zu Führt […] eines Mords und Raubs verklagt worden, aber – der Anklag alß unschuldig liberiert […] aber bis anhin keine Entschädigung erhalten hatte", wurde den Juden „insgemein ohne *Exception interdiciert*, […] unsere pottmäßigkeit zu betretten und einichen handel und wandel darin zu führen", bis die Fürther Juden bezahlt haben würden. (RM. Bd. 10 S. 599). Nach längeren Verhandlungen beschlossen Rät und Burger am 4. Februar 1705, „das dero landt der Judenschafft wiederumb geöfnet werde", jedoch unter Einschränkungen, „alles in der meinung, daß die judenschafft und in dero nahmen der sich hier befindliche Jud lehman und consorten den Paccoton für alle seine ansprachen 3000 taler durch gnugsame und annehmliche bürgschafft versicheren sollind", welche innert eines Monats bezahlt werden sollten (RM Bd. 18 S. 113ff.). Darauf versprachen „unsere burgere Niclaus Malacrida und compagney" durch Bürgschaft vom 3. April 1705, „daß sie unter denen bestimbten zahlungsterminen die 3000 taler allhier in Bern außliferen werdind, so fehr ihnen die bewilligung und gewalt ertheilet werde, daß sie ob denen jenigen Juden, so unsere land betretten oder darinnen handlen wurden oder wolten, sich widerumb erholen mögind." Diese Bewilligung wurde erteilt (RM Bd. 18 S. 580ff.). Die Amtleute wur-

sässigen Juden Bürgschaft zu stellen und dafür das Recht erhielten, unter Mithilfe der bernischen Amtsleute auf dem Land den geschuldeten Betrag bei den Juden einzutreiben.

Auch bei weiteren Anlässen konnte die Bank auf die Unterstützung der Obrigkeit zählen: 1704, als der Herzog von Württemberg 8.000 Golddublonen konfiszierte, die die Bank für das Konto des Genfer Bankiers Huguetan nach Bayern transportieren sollte,[39] und deren Arrest sich bis ins nächste Jahr hinzog,[40] und anlässlich einer Klage über einen „Dublonen-Arrest in Genf"[41] aus dem Jahr 1710. In beiden Fällen gelangten die Bankiers an die Regierung, und die Obrigkeit setzte sich für sie ein, wie sie es auch in späteren Fällen tat.[42]

Die grosse Zeit Malacridas & Cie. begann allerdings 1710, als die Bank die Geld- und Wechseltransaktionen im Zusammenhang mit den „ausländischen Anlagen" nach Holland und England übernahm, welche sie bis zu ihrem Untergang fortführte. 1717 erschien die Bank zudem erstmals als Korrespondenzbank von John Laws Banque Générale aufgeführt,[43] was auf den ersten Blick befremdet, da Bern als Finanzplatz völlig unbedeutend war. Die Bank fungierte aber offenbar als Zahlstelle für die Pensionen und Jahrgelder, welche regelmässig von Frankreich in die Eidgenössischen Orte flossen.[44]

Zusammen mit ihren Korrespondenten in London und Amsterdam[45] übten Malacrida & Cie. also für Bern wichtige Finanzverwaltungsfunktionen aus. Obwohl nicht von einer Staatsbank gesprochen werden kann, scheint die schon bei der Gründung ausgesprochene und auch im Polizeibuch festgehaltene „oberkeitliche Protektion" kein leeres Wort gewe-

---

den aufgefordert, Malacrida & Cie. „oder dero befelchshaberen die ambtliche hand dahin zu piethen[...]". (RM Bd. 11 S. 11f.).

39 Deutsche Missivenbücher [DM] Bd. 37 S. 654, 665 und 727. Siehe auch LÜTHY, Banque I 155. Danach soll sich die Bank aufgrund des Vorfalles mit den 8.000 Dublonen „fast ganz" aus dem Frankreich-Geschäft zurückgezogen haben.

40 DM Bd. 38 S. 74.

41 DM Bd. 41 S. 312, 344 und 359.

42 Z.B. 1714 „wegen Geld-Forderungen ca. Fauchier", DM Bd. 44 S. 846 und weiteren (Bd. 46 S. 564, 620, 645, 698 und Bd. 49. S. 384, 386, 666).

43 JOHN LAW, Mémoire sur la Banque (1717), zitiert nach LÜTHY, Banque I 306 Anm. 19.

44 LÜTHY, Banque I, ebd.

45 Malacridas Korrespondenzbank in Amsterdam waren Hieronymus Hunziker & Cie. Auch Hunziker war bernischer Staatsangehöriger, er stammte aus Aarau.

sen zu sein, und die von Herbert Lüthy ausgesprochene Qualifikation Malacridas als „banque semi-gouvernementale“[46] erscheint gerechtfertigt. Malacridas Untergang bedeutete demnach nicht nur einen starken wirtschaftlichen Einschnitt, der Staat hatte zudem das Problem, dass für die Verwaltung der Gelder im Ausland neue Verwaltungseinheiten geschaffen werden mussten. Mit der Entsendung von zwei *Commissarien* im Dezember 1720 wurde ein erster Anfang gemacht, aber schon bald wurde klar, dass hier festere Strukturen geschaffen werden mussten. Solche wurden gerade auch von den *Commissarien* selber angemahnt, welche schon im Sommer 1721 die Einsetzung eines *„ordinari factor“* für unabdingbar hielten. Im Brief vom 30. Juli baten sie den Teutschseckelmeister Sinner um eine „ehrliche, wohlbemittelte, fleißige und *Punctuale* Person entweders von Bern oder aber von hier [d.h. aus London]“, und am 7. August bemerkten sie:

> „Wir halten auch darfür daß unserer gnädigen Herren alhiesige gelter und *fonds* schwärlich ohne jemandes hand, der in diesem geschäfft das benöthigte veranstalte und *Exequiere*, werden können verwaltet werden“.[47]

Dem kam man in der Folge schrittweise nach. Von der informellen institutionellen Lösung der *Commissarien* (die von einem Buchhalter begleitet wurden) vollzog sich in den folgenden Jahren eine allmähliche Entwicklung hin zu einer gefestigten Organisation mit klar umrissenen Aufgaben und erhöhtem Professionalisierungsgrad. Schon am 18. Januar 1721 wurde „über die äusseren Fonds ein Secretarius/Buchhalter von Räth und Burger erwählt“.[48] Drei Jahre später wurde die jährliche Besoldung eines Kommissärs auf 600 Pfund Sterling angesetzt sowie eine Amtsdauer von zwei Jahren festgelegt,[49] und bald darauf beschloss man, dem in London befindlichen Buchhalter für Nahrung und Entlöhnung die beträchtliche jährliche Summe von 250 Pfund zu entrichten.[50] Die Entwicklung kam zu einem vorläufigen Abschluss, als 1730 die neun Jahre zuvor geschaffene Stelle des englischen Sekretärs abgeschafft und „das Commissariat allda zu einem Amt der 3ten Class creirt, auf 4 Jahre ter-

---

46 LÜTHY, Banque I 155 Anm. 7.
47 „Gesandtschaft nach London 1721“ (Anm. 15) 73.
48 RM Bd. 86 S. 672.
49 RM Bd. 96 S. 682f. (3. und 8. März 1724).
50 RM Bd. 101 S. 687 (6. Juni 1725).

miniert, das jährliche Einkommen auf 800, das Reissgeld dann auf 100 Pfund Sterling gesetzt“ wurde.[51]

***

Die zahlreichen mittelbaren und unmittelbaren Folgen, welche die Krise von 1720 in Bern zeitigte, lassen sich hier nur ansatzweise darstellen. Insbesondere steht eine rechts- und verwaltungshistorische Darstellung der Geschichte des Wechselhauses Malacrida, seiner Bedeutung und der institutionellen Folgen, welche sein Untergang auslöste, zur Zeit noch aus. Sie hätte sich vorab mit den Folgen der durch den Wegfall der Bank ausgelösten Krise, der *Krisenbewältigung* im Bereich des städtischen Rechts, insbesondere des Konkurs- und des Gesellschaftsrechts zu befassen, aber auch beispielsweise im Bereich des Straf- und Prozessrechts. Auch die Folgen im Bereich der staatlichen Verwaltung, die institutionelle *Verdichtung* nach Kriterien wie Ausdifferenzierung, Professionalisierung, Effizienzsteigerung, müssten untersucht werden. Eine derartige Untersuchung wäre nicht nur in der Lage, Erkenntnisse über die Bewältigung einer Finanzkrise unter den Bedingungen eines hochabsolutistischen Stadtstaates zu Zeit des Ancien Régime zu liefern, sie trüge zudem zum historischen Verständnis eines Phänomens bei, welches auch in der heutigen Zeit, trotz hochgradiger Regulierung des Bankensektors und verbreiteter staatlicher Kontrolle, keineswegs selten ist.

---

51 RM Bd. 126 S. 712 (8. und 10. Mai 1730).

MARTIN MOLL, Graz

BURGFRIEDEN ODER STILLER BÜRGERKRIEG?
Die österreichische Militärjustiz im 1. Weltkrieg: Kärnten und die Steiermark im Vergleich

I.

Mit einer Kaiserlichen (Not-)Verordnung vom 25. Juli 1914 wurde für die cisleithanische Reichshälfte der österreichisch-ungarischen Monarchie „zeitweilig" die Militärgerichtsbarkeit über sämtliche Zivilpersonen im Falle der Begehung zahlreicher Delikte teils kriminellen, teils politischen Inhalts eingeführt.[1] Diese Maßnahme sollte nahezu drei Jahre lang in Geltung stehen.[2] Der 25. Juli 1914 war jener Tag, an dem das der serbischen Regierung in Reaktion auf den Thronfolgermord in Sarajewo (28. Juni) gestellte Ultimatum ablief. Nach Eingang der in Wien als unbefriedigend eingeschätzten Antwortnote setzte Kaiser Franz Joseph noch am selben Tag seine Unterschrift unter den Mobilmachungsbefehl und die eingangs genannte Verordnung, die ihrerseits nur einen Teil eines ganzen Bündels weiterer Ausnahmeverfügungen darstellte.[3] Sie alle erschienen bereits am folgenden Tag, dem 26. Juli, sowohl im Reichsgesetzblatt als auch im amtlichen Teil der Wiener Zeitung, womit sie sofort in Kraft treten konnten.[4] Es kann keinem Zweifel unterliegen, dass die überfallsartige Ausdehnung der Militärgerichtsbarkeit auf die gesamte Bevölkerung schon vor Kriegsbeginn einen beispiellosen Akt darstellte,

---

1 RGBl 156/1914. Die Verordnung stützte sich auf § 14 des Staatsgrundgesetzes über die Reichsvertretung aus dem Jahre 1867. Vgl. GERNOT D. HASIBA, Das Notverordnungsrecht in Österreich (1848–1917). Notwendigkeit und Mißbrauch eines „Staatserhaltenden Instrumentes" (Wien 1985); ARNOLD SUPPAN, Ausnahmszustand in Erwägung. Die Verhandlungen über im Kriegsfall zu erlassende Ausnahmsverfügungen für Kroatien-Slavonien im Frühjahr 1909, in: Österreichische Osthefte 16 (1974) 254–268.

2 Nach dem Wiederzusammentritt des Reichsrates Ende Mai 1917 versagte dieser am 6.7.1917 der Notverordnung vom 25.7.1914 die Sanktion, so dass sie von der Regierung als außer Kraft gesetzt erklärt wurde. RGBl 284/1917.

3 Vgl. WENZESLAUS GRAF GLEISPACH, Das österreichische Kriegsstrafrecht, in: Deutsche Strafrechtszeitung 1 (1914) 660–664. Umfassende Übersichtslisten in: Österreichische Zeitschrift für Strafrecht 5 (1914) und 6 (1915).

4 RGBl 153–158/1914. Wiener Zeitung Nr. 172, 26.7.1914, 1f.

der in keinem anderen kriegführenden Staat, nicht einmal im zaristischen Russland, zur Anwendung kam.

Ist schon unser Wissen über das Wirken der Militärjustiz gegenüber Soldaten bzw. der Zivilbevölkerung in frontnahen Bereichen fragmentarisch,[5] so fällt der Kenntnisstand bezüglich der Kronländer mit deutschsprachiger Bevölkerung noch weiter ab.[6] Der der bewaffneten Macht gewidmete Band des Reihenwerkes „Die Habsburgermonarchie 1848–1918" bzw. dessen Kapitel über das militärische Justizwesen enden mit dem Jahr 1914.[7] Rauchensteiners Gesamtdarstellung geht auf die „nur angedeuteten absolutistischen Maßnahmen" lediglich am Rande ein und verkennt zudem das Wesentliche, wenn es heißt, die Militärgerichtsbarkeit habe sich auf Zivilpersonen erstreckt, „sofern diese in irgendeiner Funktion an militärischen Operationen teilnahmen."[8] Die Zuständigkeit der Militärgerichte für politische Delikte sämtlicher Zivilisten, auch wenn diese in keiner wie immer gearteten Beziehung zur Armee standen, geht in dieser Formulierung völlig unter. Hans Hautmann hat zu unserer Thematik einige Skizzen vorgelegt, die jedoch keine Gerichtsakten auswerten und ihr Hauptaugenmerk auf das feld- und standgerichtliche Verfahren richten, welches in den Gebieten des heutigen Österreich wenigstens in der ersten Kriegsphase gerade nicht im Vordergrund stand.[9] Standrecht, Galgen und Erschießungskommando waren im Hinterland

---

5 Hinweise bei WOLFGANG DOPPELBAUER, Zum Elend noch die Schande. Das altösterreichische Offizierskorps am Beginn der Republik (Wien 1988).

6 Für die Steiermark MARTIN MOLL, Österreichische Militärgerichtsbarkeit im Ersten Weltkrieg – „Schwert des Regimes"? Überlegungen am Beispiel des Landwehrdivisionsgerichtes Graz im Jahre 1914, in: Mitteilungen des Steiermärkischen Landesarchivs 50/51 (2000/2001) 301–355.

7 ADAM WANDRUSZKA / PETER URBANITSCH (Hrsg.), Die Habsburgermonarchie 1848–1918 V (Wien 1987) 539–560.

8 MANFRIED RAUCHENSTEINER, Der Tod des Doppeladlers. Österreich-Ungarn und der Erste Weltkrieg (Graz-Wien-Köln 1993) 107–109.

9 HANS HAUTMANN, Bemerkungen zu den Kriegs- und Ausnahmegesetzen in Österreich-Ungarn und deren Anwendung 1914–1918, in: Zeitgeschichte 3 (1975/1976) 31–37. DERS., Kriegsgesetze und Militärjustiz in der österreichischen Reichshälfte 1914–1918, in: ERIKA WEINZIERL / OLIVER RATHKOLB / RUDOLF G. ARDELT / SIEGFRIED MATTL (Hrsg.), Justiz und Zeitgeschichte. Symposionsbeiträge 1976–1993 I (Wien 1995) 73–85. DERS. / CLAUDIA KURETSIDIS-HAIDER, Judicial Crimes as an Instrument of Internal Warfare and Subject of Post-War Justice in Austria: a Comparison of WW I and II, in: Bulletin du Comité international d'histoire de la Deuxième Guerre mondiale 30/31 (1999/2000) 75–92.

die seltene Ausnahme, nicht die Regel.[10] Hinsichtlich der Zivilbevölkerung dominierte vielmehr das ordentliche militärgerichtliche Verfahren, wobei die Gerichte kurioserweise das zivile Strafgesetzbuch (StG) nach dem militärischen Prozessrecht (MStPO) anzuwenden hatten.[11] Einige neuere Arbeiten beschränken sich auf eine Erörterung der Rechtslage, ohne die Praxis zu untersuchen.[12] Zwei vom selben Verfasser stammende, dem auch für Kärnten zuständigen Grazer Militärgericht gewidmete Hochschulschriften vermögen aufgrund ihres narrativen Charakters, ihrer schmalen Quellengrundlage und wegen der unverlässlichen statistischen Auswertungen nicht zu überzeugen.[13]

Nehmen schon nicht einmal diese Hochschulschriften voneinander Notiz, so mangelt es erst recht an vergleichenden Untersuchungen, welche die jeweils mehrere Kronländer umfassenden Gerichtssprengel einander gegenüberstellen und der Frage nachgehen müssten, inwieweit die Militärjustiz nicht allein auf die Zuarbeit einer denunzierenden Bevölkerung, des zivilen Sicherheitsapparates (Gendarmerie, Polizei) und der staatlichen Behörden angewiesen war (was im Grunde selbstverständlich ist), sondern in welchem Umfang die Praxis der Anklageerhebung und Urteilsfällung von regionalen Faktoren beeinflusst wurde.[14] Hält man

---

[10] Das Grazer Militärkommando verhängte am 7.8.1914 das Standrecht nur für das Verbrechen der Verleitung oder Hilfeleistung zur Verletzung eidlicher Militärdienstverpflichtung. Erst im Frühjahr 1915 wurde der Geltungsbereich erheblich ausgedehnt. Vgl. GEORG A. MUHRI, Das Standrecht in Österreich im 19. Jahrhundert bis 1938 (jur. Diss. Graz 1998) 123. Es trifft daher auf die Realität in der Steiermark, vermutlich aber auch in den übrigen Alpenländern, nicht zu, dass die Militärgerichtsbarkeit „sich vor allem zweier Instrumente bediente: des standrechtlichen Verfahrens und des Feldverfahrens." HAUTMANN, Bemerkungen 32.

[11] Lediglich einige gegen die Armee gerichtete Delikte wie etwa „Ausspähung" (Spionage) waren auch dann nach dem Militär-Strafgesetz abzuurteilen, wenn sie von Zivilisten begangen worden waren. RGBl 164/1914.

[12] MICHAEL PESENDORFER, Die Militärjustiz Österreich-Ungarns im 1. Weltkrieg (jur. Diss. Salzburg 1994); MATHIAS PREUSCHL, Österreichische Militärstrafgerichtsbarkeit 1914 bis 1918. Rechtliche Grundlagen und Judikatur (jur. Diss. Wien 1999).

[13] TED PETER KONAKOWITSCH, Österreichische Militärgerichtsbarkeit im Ersten Weltkrieg am Beispiel des Landwehrdivisionsgerichts Graz im Jahre 1914 (phil. Diplomarbeit Graz 1993); DERS., Im Namen seiner Majestät des Kaisers. Die Tätigkeit der Grazer Militärgerichte 1914 bis 1918 (phil. Diss. Graz 1999).

[14] An der Universität Innsbruck arbeitet OSWALD ÜBEREGGER an einer Studie zur Tiroler Militärjustiz während des Weltkrieges. Vgl. seine Projektskizze in: Arbeitskreis Militärgeschichte e.V. Newsletter 13 (Dezember 2000) 21–23.

sich vor Augen, dass es primär um die effektive Unterdrückung innerer Widerstände und die Ahndung politischer Delikte ging (und nur von diesen soll hier die Rede sein), so liegt auf der Hand, dass die von Kronland zu Kronland verschiedenen politischen Verhältnisse, mit anderen Worten: die Frage der Zuverlässigkeit und Staatstreue der Bevölkerung, eine ausschlaggebende Rolle spielen mussten. Es führt daher in die Irre, die Militärgerichtsbarkeit über die Zivilbevölkerung so vieler und höchst unterschiedlicher Kronländer über einen Kamm zu scheren, sie losgelöst von den jeweiligen örtlichen Verhältnissen gleich der Armee als quasi supra-nationalen Faktor zu deuten und dabei außer Acht zu lassen, dass ihr Wirken nur innerhalb des politischen, sozialen und nationalen Umfeldes der einzelnen Gerichtssprengel verstanden werden kann. Um meine These auszubreiten, sollen im Folgenden die überraschend gravierenden Unterschiede zweier benachbarter Kronländer dargestellt werden, die sich für mein Anliegen besonders eignen, da sie in den Sprengel desselben Militärgerichtes fielen, bis zum italienischen Kriegseintritt im Mai 1915 weitab der Kampfgebiete lagen und hinsichtlich ihrer nationalpolitischen Konstellationen weitgehende Parallelen aufwiesen: Kärnten und die Steiermark.

Weitgehend identisch war zunächst die demographische und politische Ausgangssituation: Zwei national gemischte Kronländer mit einer jeweils beträchtlichen slowenischen Minderheit.[15] In der Steiermark entfielen 1910 auf die Slowenen knapp 30 % der Bevölkerung von 1,44 Millionen. In Kärnten war das slowenische Element absolut und relativ schwächer, es betrug rund 81.000 von 387.000 Einwohnern.[16] Der slowenischen Minorität stand überall eine nicht nur zahlenmäßige deutsche Majorität gegenüber. In den Landtagen in Graz und Klagenfurt sowie in den Gemeinderäten der größeren Städte galt weiterhin das Kurien- und Zensuswahlrecht, das die autonome Selbstverwaltung zu Bastionen der

---

15 Vgl. EMIL BRIX, Die Umgangssprachen in Altösterreich zwischen Agitation und Assimilation. Die Sprachenstatistik in den zisleithanischen Volkszählungen 1880 bis 1910 (Wien-Graz-Köln 1982); DERS., Zur untersteirischen Frage in der Nationalitätenstatistik, in: STEFAN KARNER / GERALD SCHÖPFER (Hrsg.), Als Mitteleuropa zerbrach. Zu den Folgen des Umbruchs in Österreich und Jugoslawien nach dem Ersten Weltkrieg (Graz 1990) 119–132.

16 Vgl. BIRGIT BOLOGNESE-LEUCHTENMÜLLER, Bevölkerungsentwicklung und Berufsstruktur, Gesundheits- und Fürsorgewesen in Österreich 1750–1918 (Wien 1978) 28f.; JANKO PLETERSKI, Slowenisch oder deutsch? Nationale Differenzierungsprozesse in Kärnten (1848–1914) (Klagenfurt 1996).

Deutschen Volkspartei machte, die seit der Jahrhundertwende einen immer schärfer deutschnationalen, anti-slowenischen Kurs steuerte.[17] In beiden Kronländern meldete sich das im Laufe des 19. Jahrhunderts erwachte slowenische Nationalbewusstsein zu Wort, das sich nach Lage der Dinge nur in Abgrenzung gegenüber den Deutschen profilieren konnte.[18] Das slowenische Pochen auf die schon in der Verfassung von 1867 zugesagte Gleichberechtigung aller Nationalitäten stieß weniger in Wien, dafür aber bei den tonangebenden deutschen Schichten in Kärnten und der Steiermark auf erbitterten Widerstand.[19] Je länger, desto mehr entbrannte hier in den letzten Jahren vor dem Weltkrieg ein Nationalitätenkampf, zu dem seit der Jahrhundertwende ein neues Element hinzutrat: die Forderung nach einer völligen Umgestaltung der Monarchie und nach Errichtung eines die Slowenen, Kroaten und Serben innerhalb Österreich-Ungarns umfassenden Teilstaates.[20]

---

17 Vgl. VASILIJ MELIK, Wahlen im alten Österreich: Am Beispiel der Kronländer mit slowenischsprachiger Bevölkerung (Wien-Köln-Weimar 1997). Vgl. auch die Abschnitte über den Steiermärkischen (Edith Marko-Stöckl) und den Kärntner Landtag (Iris M. Binder) in: HELMUT RUMPLER / PETER URBANITSCH (Hrsg.), Die Habsburgermonarchie 1848–1918 VII/2 (Wien 2000) 1683–1718 bzw. 1719–1737.

18 JANKO PLETERSKI, Die Slowenen, in: ADAM WANDRUSZKA / PETER URBANITSCH (Hrsg.), Die Habsburgermonarchie 1848–1918 III/2 (Wien 1980) 801–838; VASILIJ MELIK, Zur Entwicklung der slowenischen Nation, in: HANS LEMBERG (Hrsg.), Bildungsgeschichte, Bevölkerungsgeschichte, Gesellschaftsgeschichte in den böhmischen Ländern und in Europa. Festschrift für Jan Havránek zum 60. Geburtstag (Wien-München 1988) 113–143; AVGUŠTIN MALLE, Die nationalen Bestrebungen der Kärntner Slowenen bis zum Zerfall der österreichisch-ungarischen Monarchie 1918, in: HELMUT RUMPLER (Hrsg.), Kärntens Volksabstimmung 1920. Wissenschaftliche Kontroversen und historisch-politische Diskussionen anläßlich des internationalen Symposions Klagenfurt 1980 (Klagenfurt 1981) 63–76.

19 Vgl. GERALD STOURZH, Die Gleichberechtigung der Nationalitäten in der Verfassung und Verwaltung Österreichs 1848–1918 (Wien 1985); WILHELM WADL, Zur Entwicklung des Nationalitätenkonfliktes in Kärnten bis zum Jahre 1918 – historische Voraussetzungen, in: Kärntner Landesarchiv (Hrsg.), Der 10. Oktober 1920. Kärntens Tag der Selbstbestimmung. Vorgeschichte – Ereignisse – Analysen (2. verbesserte Aufl., Klagenfurt 1990) 9–23.

20 Vgl. ISTVÁN DIÓSZEGI, Die „südslawische Frage" und das Problem der Reformierbarkeit der Habsburger-Monarchie, in: RUMPLER (Hrsg.), Volksabstimmung 29–43; VASILIJ MELIK, Die Reformpläne Österreich-Ungarns und die Slowenen, in: RICHARD G. PLASCHKA / HORST HASELSTEINER / ARNOLD SUPPAN / ANNA M. DRA-

Im Vergleich mit anderen Reichsteilen blieb es in der Steiermark und in Kärnten noch verhältnismäßig ruhig, es kann auch keine Rede davon sein, dass die slowenische Nationalbewegung schon die Masse der Bevölkerung erfasst hätte. Wortführer blieben Lehrer und Geistliche, die daher zum besonderen Feindbild der Deutschen avancierten, wobei diese Entwicklung durch den traditionellen Antiklerikalismus der Deutschnationalen zusätzlich genährt wurde. Auf die vielfältigen Manifestationen des Nationalitätenkampfes – den täglichen administrativen Kleinkrieg um Postenbesetzungen im öffentlichen Dienst, um die Amtssprache der Behörden und die Unterrichtssprache in den Schulen, um Ortstafeln, zweisprachige amtliche Formulare und Schilder der Tabak-Trafiken bis hin zu gewalttätigen Zusammenstößen zwischen deutschen und slowenischen Vereinen – kann hier nicht eingegangen werden.[21] Gleiches gilt für die von Teilen der Publizistik propagierte Ideologie eines „Abwehrkrieges" des Deutschtums gegen die vom Balkan herdrückenden „slawischen Horden".[22] Das um sich greifende extrem deutschnationale, ja alldeutsche Gedankengut fand seinen organisatorischen Niederschlag in diversen deutschen „Schutzvereinen", die für den Volkstumskampf den ideologischen Überbau lieferten und ihn bis in die Landgemeinden trugen.[23]

BEK / BRIGITTA ZAAR (Hrsg.), Mitteleuropa-Konzeptionen in der ersten Hälfte des 20. Jahrhunderts (Wien 1995) 77–80.

21 Der administrative Kleinkrieg ist dokumentiert in den unzähligen parlamentarischen Interpellationen in den Beilagen zu den Protokollen des Abgeordnetenhauses des Reichsrates. Dieses Quellenmaterial, das nicht so sehr wegen der Einzelfälle, sondern wegen des hier zum Ausdruck kommenden Klimas von Interesse ist, wurde bislang kaum ausgewertet. Daneben wären die in den zeitgenössischen Sammlungen von HYE-HUGELMANN und BUDWINSKI gedruckt vorliegenden Entscheidungen des Verwaltungsgerichtshofes und des Reichsgerichts heranzuziehen. Vgl. STOURZH, Gleichberechtigung, sowie DIETMAR BAIER, Sprache und Recht im alten Österreich. Art. 19 des Staatsgrundgesetzes vom 21. Dezember 1867, seine Stellung im System der Grundrechte und seine Ausgestaltung durch die oberstgerichtliche Rechtsprechung (München-Wien 1983). Zu den Schulen MARIA KURZ, Zur Lage der Slowenen in Kärnten. Der Streit um die Volksschule in Kärnten (1867–1914) (Klagenfurt 1990).

22 Z.B. KARL LINHART, Der Abwehrkrieg des unterländischen Deutschtums. Zeitgeschichtliche Streiflichter (Pettau 1910); KARL HRON, In zwölfter Stunde! Die Wahrheit über die Wiener Orientpolitik. Ein Mahn- und Warnungsruf an die freiheitlichen Deutschen Österreichs gegen die Machenschaften der Christlichsozialen (Graz 1909).

23 Vgl. WERNER DROBESCH, Der Deutsche Schulverein 1880–1914. Ideologie, Binnenstruktur und Tätigkeit einer nationalen Kulturorganisation unter besonderer

Die Beziehungen zwischen den Volksgruppen oder wenigstens zwischen deren Wortführern waren hinreichend vergiftet, als 1914 der Ausbruch des Krieges eine neuartige Situation schuf.

II.

Das Attentat von Sarajewo am 28. Juni 1914 schien zu bestätigen, was der extreme deutsche Flügel jahrelang gepredigt hatte.[24] Nun vertrat man auch in Wien die Meinung, es gebe in den südlichen Kronländern ein weitverzweigtes, von Serbien gesteuertes Komplott. Seit etwa dem 20. Juli, rund eine Woche vor der Kriegserklärung an Belgrad, ergingen von der cisleithanischen Regierung des steirischen Grafen Stürgkh eine Reihe von Warnungen vor serbischen Attentatsplänen sowie mehrere scharfe Erlasse an die Kronländer, in denen die Behörden angehalten wurden, jede staatsfeindliche und/oder pro-serbische Betätigung mit aller Strenge zu unterdrücken.[25] In diesen Weisungen spiegelt sich die Sorge der Staatsführung um die Loyalität der slawischen Bevölkerungsteile im Kriegsfall, weswegen bereits Mitte Juli die pauschale Verhängung des Ausnahmezustandes in allen von Südslawen bewohnten Gebieten der Monarchie ernsthaft in Erwägung gezogen wurde.[26]

In der Steiermark und in Kärnten bedurfte es dieser Anstöße aus Wien freilich nicht. Hatte die Regierung die kriegsbedingt notwendige Stärkung der Befugnisse der Staats- und Armeeführung bezweckt, so

---

Berücksichtigung Sloweniens, in: Geschichte und Gegenwart 12 (1993) 195–212; EDUARD G. STAUDINGER, Die Südmark. Aspekte der Programmatik und Struktur eines deutschen Schutzvereins in der Steiermark bis 1914, in: HELMUT RUMPLER / ARNOLD SUPPAN (Hrsg.), Geschichte der Deutschen im Bereich des heutigen Slowenien 1848–1941 (Wien-München 1988) 130–154.

24 Exemplarisch AUSTRIACUS, Von Laibach bis Belgrad! Serbische Umtriebe in Südösterreich (Cilli 1909). Zum Kenntnisstand der Wiener Regierung über serbische Geheimorganisationen vgl. BARBARA JELAVICH, What the Habsburg Government knew about the Black Hand, in: Austrian History Yearbook 22 (1991) 131–150.

25 Beispielsweise Steiermärkisches Landesarchiv Graz. Statthalterei-Präsidium E 91 Zl. 1607/1914 (künftig StLA StH. Präs.). MARTIN MOLL, Hochverrat und „serbophile Umtriebe“: Der Kriminalfall Maria-Rast als Beispiel der Verfolgung slowenischer Steirer zu Beginn des Ersten Weltkrieges, in: Blätter für Heimatkunde 74 (2000) 39–73, hier 51.

26 MIKLÓS KOMJÁTHY (Hrsg.), Protokolle des Gemeinsamen Ministerrates der Österreichisch-Ungarischen Monarchie (1914–1918) (Budapest 1966) 152 (Sitzung vom 19.7.1914).

wurden die Anweisungen in Graz und Klagenfurt eher als Blankoscheck zur Festigung der deutschen Vorherrschaft aufgefasst. Für die dortigen radikalen deutschen Elemente stand schon unmittelbar nach Sarajewo fest, dass die slowenische Intelligenz eine Mitverantwortung als geistiger Urheber des Attentats trug. Die im steirischen Unterland tonangebende und auch in Kärnten gelesene „Marburger Zeitung", das Organ des extremen deutschen Flügels, betitelte ihre Schlagzeile vom 30. Juni 1914 mit „Die südslawische Mördergemeinsamkeit" und schob zwei Tage später die völlig abwegige Behauptung nach, namentlich genannte Slowenenvertreter hätten mit den Mördern paktiert, weshalb sie das Blut von Sarajewo „nie mehr von ihren Rockschößen abschütteln können!"[27] Zudem heizte das Blatt die ohnehin ins Kraut schießende Gerüchtebildung mit der Meldung an, am 28. Juni sei in Marburg/Maribor ein Sprengstoffanschlag auf den sich dort zufällig aufhaltenden Erzherzog Salvator geplant gewesen. Das versuchte Attentat sei Teil eines Komplotts gewesen mit dem Ziel, das gesamte Haus Habsburg an einem Tag auszulöschen.[28]

Die losbrechende Pressehetze tat sofort ihre Wirkung. Wichtigtuer überhäuften die Behörden seit der Monatswende Juni/Juli mit Denunziationen.[29] Jene, die da Morgenluft witterten, wollten nicht selten alte Rechnungen begleichen.[30] Die Beschuldigungen waren allesamt nach demselben Strickmuster gefertigt: private, ja selbst familiäre Kontakte nach Belgrad in den Friedensjahren, Geldsammlungen für Serbien während der Balkankriege 1912/13,[31] abfällige Bemerkungen über den er-

---

27 Marburger Zeitung 30.6.1914, 1 sowie 2.7.1914, 1, Schlagzeile: „Die Mitschuldigen".

28 Marburger Zeitung 2.7.1914, 4.

29 Eine Unzahl derartiger Denunziationen spiegelt sich in den Tagebüchern der Staatsanwaltschaft Marburg. Pokrajinski Arhiv Maribor. Akten der Staatsanwaltschaft Marburg 1914/1915 (Državno tožilstvo Maribor 1914/1915). Künftig zitiert als PAM und mit dem Aktenzeichen der Staatsanwaltschaft. Hierzu MARTIN MOLL, Steirische (Straf-)Gerichtsakten aus der Endphase der Habsburger-Monarchie in slowenischen Regionalarchiven, in: Justiz und Erinnerung Nr. 3 (Oktober 2000) 14–17.

30 Überlegungen zum Denunziantentum im Ersten Weltkrieg bei MAUREEN HEALY, Denunziation und Patriotismus: Briefe an die Wiener Polizei im Ersten Weltkrieg, in: Sozialwissenschaftliche Informationen 27 (1998) 106–112.

31 Paradigmatisch der Fall der Gastwirtin Karoline Oswald aus Zmollnig, die am 28.7.1914 geäußert hatte, „man" werde die Serben wie in den vergangenen Kriegen weiter unterstützen. Diese Bemerkung in Verbindung mit den aus ihrem Heimatort in der Vergangenheit erbrachten Geldspenden für Serbien wertete die

mordeten Thronfolger oder den Kaiser, Aufforderungen an Reservisten, nicht auf die „serbischen Brüder" zu schießen bis zum Vorwurf des Hochverrats, der Spionage und Sabotage. Unzählige absurde Gerüchte schwirrten durch die Lande. So sollten sogar Geistliche die Sprengung von Brücken und ähnliche Sabotageakte vorbereitet haben. Beispielsweise wurde der Pfarrer von Jahring/Jarenina bei Marburg verdächtigt, als Frau verkleidet und mit einem 13-jährigen Knaben als Komplizen einen Giftanschlag auf eine die Marburger Kaserne versorgende Wasserleitung unternommen zu haben.[32] Man hielt es allen Ernstes für möglich, dass ein Kärntner Pfarrer von seinem Kirchturm aus den Italienern Lichtsignale gegeben und ein anderer die Landung eines italienischen Luftschiffs vorbereitet habe![33] In Cilli/Celje tauchte das von den Behörden bis nach Wien ernst genommene Gerücht auf, rund 500 Apotheker und Pharmazeuten serbischer Volkszugehörigkeit, die angeblich innerhalb der Monarchie lebten, würden im Kriegsfall Pest-, Cholera- und Typhuserreger zum Einsatz bringen.[34] Man war höheren Ortes aber durchaus informiert, dass von einer panslawistischen Unterwanderung Kärntens und der Steiermark keine Rede sein konnte.[35]

Gendarmerie als Indiz für Hochverrat. Gendarmerieposten Maria-Rast an Statthalterei-Präsidium, 8.8.1914. StLA StH. Präs. E 91 Zl. 1848/1914.

32 Gendarmerieposten Brunndorf an Statthalterei-Präsidium, 7.8.1914. StLA StH. Präs. E 91 Zl. 1863/1914. PAM St 1133/14.

33 Es handelt sich um die Pfarrer Josef Kukacka in Uggowitz, Georg Trunk in Ferlach und Franz Meško in Maria Gail. JANKO PLETERSKI (Hrsg.), Politično preganjanje slovencev v austriji 1914–1917. Poročili vojaške in vladne komisije I (Ljubljana 1980) 55. Es ist dies die deutschsprachige Edition der Berichte jener Kommissionen, die Kaiser Karl I. im Herbst 1917 zur Aufklärung der Vorfälle einsetzte.

34 StLA StH. Präs. E 91 Zl. 1660/1914.

35 Belege bei MARTIN MOLL, „Burgfrieden" im Habsburger-Reich 1914? Die Verfolgung slowenischer Steirer bei Ausbruch des ersten Weltkrieges. Ein Forschungsbericht, in: Bulletin für Faschismus- und Weltkriegsforschung 13 (1999) 63–83, hier 74. Für Kärnten vgl. den Erlass des Landespräsidenten Fries-Skene an die Unterbehörden, 29.8.1914, gedruckt bei JANKO PLETERSKI (Hrsg.), Politično preganjanje slovencev v austriji 1914–1917. Priloge poročilom vladne komisije (izbor) II (Ljubljana 1982) 151f. Hierbei handelt es sich um eine Auswahledition von Dokumenten, die den in Anm. 33 erwähnten Kommissionsberichten beilagen. Das Landespräsidium in Krain, das ebenfalls zum Zuständigkeitsbereich des Landwehrdivisionsgerichtes Graz gehörte, meldete dem Grazer Militärkommando am 6.8.1914, die Vorwürfe gegen die slowenische Geistlichkeit seien unbegründet; diese sei unzweideutig loyal und habe mehrmals klar gegen Serbien Stellung genommen. Österreichisches Staatsarchiv, Kriegsarchiv Wien. Bestand Militär-

Die Ausnahmegesetze schufen für die Pläne einer anti-slowenischen Flurbereinigung ideale Bedingungen. Sowohl Kärnten als auch die Steiermark fielen in den Bereich des Landwehrdivisionsgerichtes Graz.[36] Allerdings wäre es verfehlt, sich von dem negativen Beigeschmack des Begriffs „Militärjustiz" dazu verleiten zu lassen, in ihr den Hauptschuldigen an der einsetzenden Verfolgungswelle zu vermuten, wenn auch evident ist, dass die Militärrichter mit der ihnen über Nacht übertragenen Anwendung des zivilen Strafgesetzbuches gegenüber Zivilisten heillos überfordert waren.[37] Es zeigt sich nämlich, dass die zivilen Strafgerichte in dem einen Monat zwischen Sarajewo und der Einführung der Militärgerichtsbarkeit Ende Juli 1914 nicht weniger scharf ans Werk gingen, ja in gewisser Hinsicht Vorarbeit leisteten, die richtunggebend auf die dann einsetzende Tätigkeit der Militärjustiz einwirkte. Obwohl etwa majestätsbeleidigende Äußerungen ungeachtet der Nationalität des Täters streng verfolgt wurden,[38] ist nicht zu übersehen, dass das Vorgehen der Justiz- und Sicherheitsorgane in beiden Kronländern sofort eine anti-slowenische Richtung einschlug. Dies zeigt schon ein Blick auf die den Beschuldigten zum Vorwurf gemachten Handlungen. Abgesehen von den erwähnten Schauermärchen ging es zumeist um nichts anderes als die Betonung des eigenen slowenischen Nationalbewusstseins, eine Haltung, die nun plötzlich als anti-österreichisch, staatsfeindlich, hochverräterisch und pro-serbisch galt. Dies selbst dann, wenn die in Rede stehenden „Delikte" – z.B. die Gründung eines slowenischen Vereins, die Herausgabe einer slowenischen Zeitung etc. – von den Behörden genehmigt worden waren. Die meisten Opfer wurden nicht wegen konkreter strafbarer Handlungen, sondern wegen ihrer zur Schau gestellten oder auch nur vermuteten Gesinnung verfolgt, ging es doch darum, die günstige Gelegenheit während des Krieges zu nutzen, um jene Wortführer der slowe-

---

kommando Graz, Präsidialakten. 1914 Präs. 3-6-13-10. Künftig zitiert als KA, MilKdo Graz.

36 Dessen Akten im Österreichischen Staatsarchiv, Kriegsarchiv Wien, Bestand Militärgerichtsarchiv Graz (künftig KA, MGA Graz).

37 Vgl. HANS HAUTMANN, Zum Sozialprofil der Militärrichter im Ersten Weltkrieg, in: ERIKA WEINZIERL / OLIVER RATHKOLB / SIEGFRIED MATTL / RUDOLF G. ARDELT (Hrsg.), Richter und Gesellschaftspolitik. Symposion Justiz und Zeitgeschichte 12. und 13. Oktober 1995 in Wien (Innsbruck 1997) 21–29.

38 Vgl. ELGIN DRDA, Die Entwicklung der Majestätsbeleidigung in der österreichischen Rechtsgeschichte unter besonderer Berücksichtigung der Ära Kaiser Franz Josephs (Wien 1992).

nischen Nationalbewegung unschädlich zu machen, die ihren Widersachern seit langem ein Dorn im Auge gewesen waren. Als idealtypisch kann der Fall des Pfarrers Josef Kukacka in Uggowitz/Kärnten gelten, der in den letzten Friedensjahren mit den Behörden sehr zu deren Ärger standhaft nur in slowenischer Sprache korrespondiert hatte. Nach Kriegsbeginn kamen rund um ihn immer wildere Gerüchte auf, bis er Ende Mai 1915 wegen Spionageverdachts festgenommen wurde.[39]

Die Masse der Anzeigen in der Steiermark entsprang hingegen den Zufälligkeiten des Alltags. Im Sommer 1914 beherrschte in den Gaststätten Sarajewo, dann der Krieg die Gespräche. Durch Alkohol angeregt, gab in den leidenschaftlichen Diskussionen oft ein Wort das andere. Viele nach Bildung und Beruf einfache Menschen ließen sich zu Äußerungen hinreißen wie: Um Erzherzog Franz Ferdinand ist es nicht schade, was können die Serben dafür, wenn einige Jugendliche zum Revolver greifen. Österreich ist schuld am Kriegsausbruch, ich will nicht auf meine serbischen Brüder schießen. Keineswegs alle Äußerungen können übrigens unter ausschließlich nationalen Vorzeichen gedeutet werden. Ebenso verbreitet waren pessimistische Prognosen über den Kriegsverlauf. Zu einer solchen hatte sich etwa der Pfarrer Anton Sturm hinreißen lassen, indem er prophezeite, Kaiser Franz Joseph werde es ebenso ergehen wie seinem Bruder Maximilian, der bekanntlich vor einem Erschießungskommando geendet hatte.[40] Und natürlich wurde in den Debatten von dem einen oder anderen Wichtigtuer schlichtweg Nonsens oder ein abwegiges Gerücht zum Besten gegeben, das zu einer Verhaftung führen konnte.[41]

In den Details der Verhaftungswelle zeigen sich zwischen Kärnten und der Steiermark neben vielen Parallelen auch auffällige Unterschiede. Für Kärnten liegen keine genauen Zahlen vor; in der Steiermark fielen allein im zweiten Halbjahr 1914 mindestens 900 politische Strafverfah-

---

39 PLETERSKI (Hrsg.), Politično I 55.

40 Bericht der Untersuchungskommission betreffend Kärnten. PLETERSKI (Hrsg.), Politično I 50ff., hier 53f. Sturm hatte Glück, da er nach einigen Wochen Haft wieder freikam. Im Frühjahr 1916 wurde der unvorsichtige Geistliche für seine Äußerung, Österreich sei schuld am Krieg, vom Feldgericht in Klagenfurt zu 18 Monaten Kerker verurteilt.

41 Vgl. bei PLETERSKI (Hrsg.), Politično I 54f. das Beispiel des Ordensgeistlichen Franz Osolnik, der nichts Besseres zu tun hatte, als Anfang August 1914 in Tarvis zu verbreiten, Italien halte mit 50.000 Mann die Grenze besetzt!

ren an, die Masse davon in der Untersteiermark und mit Slowenen als Beschuldigten. Der Kreis der Opfer zieht sich durch alle Altersgruppen und Berufsschichten. Vom 14-jährigen Schüler bis zum 80-jährigen Greis, vom Kleinbauern und Tagelöhner bis zum Lehrer, Geistlichen, Rechtsanwalt und Reichsratsabgeordneten.[42] Namhafte südslawische Aktivisten und slowenische Politiker stellten nur einen recht kleinen Teil der Opfer. Wenn der Männeranteil klar überwiegt, dann deswegen, weil das „starke Geschlecht" den öffentlichen Raum dominierte, worunter die Wirtshäuser zu verstehen sind, in denen mit Vorliebe politisiert wurde. In Kärnten waren vorrangig slowenische Geistliche betroffen; allein 18 von ihnen wurden zwischen 1914 und 1916 verhaftet. Nicht weniger als 10 dieser Inhaftnahmen fielen in das Jahr 1914.[43] Insgesamt kam es lediglich in drei Fällen zu einer Verurteilung von Kärntner Priestern. Mehrmals wurden erstinstanzliche Schuldsprüche im Berufungsverfahren aufgehoben, so etwa im Fall des pensionierten Pfarrers Josef Svaton aus Schiefling am See, den das Landwehrdivisionsgericht Graz im Herbst 1914 wegen seiner Äußerung, die Serben seien seine Brüder, zu einem Jahr schweren Kerkers verurteilt hatte. Trotz der Aufhebung des Schuldspruchs wurde er auf militärische Veranlassung aus Kärnten abgeschoben.[44] Von dem sprichwörtlichen Bündnis zwischen Thron und Altar war so gut wie nichts zu bemerken.

Prominentestes Opfer war der einzige slowenische Reichsratsabgeordnete Kärntens, Franz Grafenauer, der im Mai 1916 von einem Militärgericht wegen einiger „unpatriotischer" Äußerungen zu einer fünfjährigen Kerkerstrafe verurteilt wurde. Unter anderem hatte Grafenauer 1915

---

42 Diese Angaben beruhen auf den Ergebnissen eines Forschungsprojektes des Verfassers über den Kriegsbeginn 1914 in der Steiermark. Ausgewertet wurden die leider nur für die Untersteiermark in größerer Dichte erhaltenen Akten der zivilen Gerichte und Strafverfolgungsbehörden, des Landwehrdivisionsgerichtes Graz, der Statthalterei sowie die Gerichtsberichterstattung der Tagespresse. Wegen des Fehlens jeglicher Aktenüberlieferung ziviler Strafgerichte auf dem Territorium des heutigen Bundeslandes Steiermark (Landes- bzw. Kreisgericht Graz und Leoben) ist mit Sicherheit anzunehmen, dass tatsächlich weitaus mehr als die belegbaren 900 Verfahren anfielen.

43 Aufstellung des Militärkommandos Graz über anhängige Verfahren gegen Kärntner Geistliche, o.D. (Herbst 1914). KA, MilKdo Graz, 1914 Präs. 3-6-13-9. Die Liste nennt insgesamt 14 Namen; in einem Fall waren die Ermittlungen bereits eingestellt; drei Verdächtige blieben auf freiem Fuß.

44 Vgl. die Auflistung der einzelnen Fälle bei PLETERSKI (Hrsg.), Politično I 51ff.

geäußert, Russland sei eine große Macht, die mehr Getreide habe als Österreich-Ungarn, was schwerlich zu bestreiten war. Im Jahr darauf hatte er an dem Umgang Kärntner Mädchen mit russischen Kriegsgefangenen nichts Anstößiges finden können, dabei jedoch übersehen, dass das Armeekommando der Südwestfront den Verkehr von Zivilisten mit Kriegsgefangenen untersagt hatte.[45] Obwohl bereits im Frühjahr 1917 entlassen, wurde Grafenauer sein Reichsratsmandat aberkannt.[46] Daneben traf es im September 1914 den Vorsitzenden des slowenischen (katholischen) politischen Vereins, den Klagenfurter Anwalt Dr. Janko Brejc, der – wenn auch nur für einen Tag – von einem Offizier eigenmächtig inhaftiert wurde. Bei der Staatsanwaltschaft Klagenfurt waren bereits im Juli und August mehrere Personen erschienen, „um in Form von Privatgesprächen den Gedanken eines Einschreitens wider Dr. Brejc [...] anzuregen“, da dieser als „Stütze der slovenischen Partei [und] Führer der subversiven slovenischen Elemente“ galt. Weder diese Interventionen noch eine gleichgeartete Anzeige an das Wiener Kriegsüberwachungsamt lösten vorerst behördliche Maßnahmen aus, da der Staatsanwalt diese als unbegründet ablehnte. Nachdem ein für Nachschubfragen zuständiger Hauptmann, der später angab, er sei von Zivilpersonen seines Bekanntenkreises unter Druck gesetzt worden, Brejc verhaftet hatte, erwirkte der Staatsanwalt beim Militärkommandanten die Freilassung. Eine Anklage wurde gegen Brejc niemals erhoben.[47] Zu dem großen öffentlichen Aufsehen – Brejc war beim Mittagessen in einem Klagenfurter Hotel abgeführt worden – lieferte die aus der Steiermark importierte Pressehetze die schrille Begleitmusik. Zwei Grazer Blätter beschuldigten am 3. bzw. 6. September 1914 den Advokaten in einem „Abrechnung mit

---

45 Eine Abschrift des Urteils gegen Grafenauer findet sich bei PLETERSKI (Hrsg.), Politično II 158f.

46 Vgl. zu diesem Fall PLETERSKI (Hrsg.), Politično I 59 sowie JOSEF LUKAN, Franz Grafenauer (1860–1935). Volkstribun der Kärntner Slowenen (Klagenfurt 1981).

47 Diese Schilderung stützt sich auf den Bericht der Untersuchungskommission bei PLETERSKI (Hrsg.), Politično I 59; Brejc's eigene Aussage gegenüber der Kommission bei PLETERSKI (Hrsg.), Politično II 128–130, ferner die Stellungnahme der Klagenfurter Staatsanwaltschaft, 17.12.1917, in: PLETERSKI (Hrsg.), Politično II 138f. Vgl. die Akten des Militärkommandos Graz, welches das Vorgehen des Hauptmanns für ungerechtfertigt hielt und ihn mit einem strengen Verweis bestrafte. KA, Milkdo Graz, 1914 Präs. 18-12-2.

den Serbenfreunden" betitelten Bericht der direkten Mitverantwortung für die Sarajewoer Bluttat.[48]

In der Steiermark wurden wohl gegen mehrere Abgeordnete bzw. Politiker Ermittlungen eingeleitet und einer auch kurzzeitig verhaftet. Den Anlass gab allerdings weniger die ständige Agitation gegen die „serbophilen" Neigungen des Politikers als vielmehr dessen Unvorsichtigkeit, sich in eine Amtshandlung der Gendarmerie gegen einen anderen Slowenen einzumischen. Die Gendarmeriemeldung über die Festnahme stellte das „freche" und „einmengende" Verhalten des Mandatars in den Vordergrund und nutzte überaus fadenscheinige politische Argumente eher als Tarnung. Während sich für Grafenauer in Kärnten keine Hand rührte, wurde zugunsten des steirischen Abgeordneten sowohl vom Grazer Statthalter Clary als auch von Ministerpräsident Stürgkh erfolgreich interveniert.[49] Vergleichend kann man sagen, dass die Verfolgungswelle in Kärnten primär gegen die kleine, überschaubare Führungsschicht der slowenischen Nationalbewegung, zu der man auch den Klerus zählte, gerichtet war, während in der Steiermark eine ungleich breitere soziale Basis der weitaus zahlreicheren Opfer festzustellen ist, von denen sich die allermeisten bis dato politisch in keiner Weise betätigt hatten. Mussten in der Steiermark in einem aufwendigen Verfahren erst Listen politisch Verdächtiger[50] angelegt werden, kannte man in Kärnten sozusagen seine Pappenheimer, nämlich die suspekte slowenische Intelligenz. Bezeichnend ist, auf welche „Vergangenheit" die prominentesten Verhafteten, Brejc und Grafenauer, zurückblicken konnten: Letzterer war bereits

---

48 Vgl. den Endbericht der Untersuchungskommission für Kärnten. PLETERSKI (Hrsg.), Politično I 50–74, hier 66f. Erst in einem jahrelangen Rechtsstreit konnte Brejc einen Widerruf bzw. eine Verurteilung der Verleumder durchsetzen. Die Grazer Tagespost druckte erst in ihrer Nr. 72 vom 13.3.1917, 6 eine Entschuldigung ab.

49 Gendarmerieposten St. Leonhard in den Windischen Büheln, 29.8.1914. Bericht über die Verhaftung des Abgeordneten. StLA StH. Präs. E 91 Zl 2286/1917. Das Verfahren gegen ihn wurde eingestellt. PAM St 1568/14 und 1576/14. Stürgkh schrieb am 10.9.1914 an den Grazer Statthalter, „die Annahme als ob gerade dieser Abgeordnete serbophiler Tendenzen zu bezichtigen wäre, [hat] etwas Befremdendes [...], wenn man sich die bisherige Haltung des Genannten vergegenwärtigt". StLA StH. Präs. E 91 Zl. 2090/1914. Clary an Militärkommando Graz, 12.9.1914. KA, Milkdo Graz, 1914 Präs. 3-6-13-9. Clary an StA Marburg, 27.5.1915. PAM St 1576/14.

50 Zur Erstellung der Listen MOLL, Hochverrat 52f. Die hunderte Namen umfassenden Listen im StLA StH. Präs. E 91 Zl. 1782/1914.

Jahrzehnte zuvor einmal als „Hochverräter" verhaftet worden und Brejc's katholisch-politischer Verein war 1911 der behördlichen Auflösung verfallen, hatte er sich doch erdreistet, eine private Volkszählung zu organisieren, was die Klagenfurter Landesregierung als Anmaßung von Exekutivgewalt interpretierte.[51] 1913 zeichnete Brejc's Verein für die aufsehenerregende Broschüre „Aus dem Wilajet Kärnten" verantwortlich, welche die Lage der Slowenen in Kärnten, das mit einer türkischen Provinz verglichen wurde, als halb-koloniale Unterdrückung durch die deutsche Majorität schilderte. Leidenschaftliche Entgegnungen von deutscher Seite ließen nicht lange auf sich warten.[52] Eine weitere Frontlinie hatte sich seit Jahren in der Schulfrage herausgebildet, wurden doch die slowenischen Forderungen von den Ortsgeistlichen (mit)getragen.[53]

Die allermeisten Strafverfahren gegen politisch engagierte, prominente Beschuldigte – in Kärnten der Klerus, in der Steiermark stärker die Lehrerschaft – wurden im Herbst/Winter 1914 sang- und klanglos eingestellt und die Opfer aus der nicht selten monatelangen Untersuchungshaft entlassen. In der Steiermark blieb es bei dieser einmaligen „Aktion Scharf" zu Kriegsbeginn, nicht so in Kärnten: Ungeachtet des blamablen Ausgangs der Gerichtsverfahren kam es hier 1915 (Mai–September) und 1916 (Februar–Juli) zu weiteren Verhaftungswellen, von denen zum Teil dieselben Personen betroffen waren, deren Unschuld sich 1914 herausgestellt hatte. Aus der dritten Phase stammt auch der spektakulärste Einzelfall: Der Holzhändler Matthias Prosekar hatte öffentlich geäußert, die Bauern sollten bei Requisitionen kein Getreide mehr hergeben, dann wäre der Krieg bald zu Ende. Das Gericht der 10. Armee in Villach verurteilte ihn am 4. September 1916 hierfür nach dem zu dieser Zeit geltenden Standrecht zum Tode. Der Unterschied zur späteren „Rechtsprechung" des nationalsozialistischen Volksgerichtshofs bestand nur mehr darin, dass das Urteil nicht vollstreckt, sondern Prosekar zu einer Kerkerstrafe

---

[51] ARNOLD SUPPAN, Zwischen Assimilation und nationalpolitischer Emanzipation. Die Kärntner Slovenen vor und im Ersten Weltkrieg (1903–1918), in: Österreichische Osthefte 20 (1978) 292–328, hier 293f. und 316f.

[52] Die Schrift wirbelte nicht zuletzt wegen ihrer Korruptionsvorwürfe gegen deutsche Politiker eine Menge Staub auf. Als Reaktion erschien: Die Wahrheit über Kärnten. Eine Abwehrschrift gegen die Verunglimpfung unseres Heimatlandes durch die südslawischen Gegner. Hrsg. vom Deutschen Volksverein für Kärnten (Klagenfurt 1914).

[53] Vgl. hierzu die Nachweise bei KURZ, Lage, insbesondere 297.

von 10 Monaten begnadigt wurde.[54] Allein das krasse Missverhältnis zwischen der Todesstrafe und der relativ kurzen Haftstrafe legt den Schluss nahe, dass das Urteil selbst nach damaligen Maßstäben als völlig überzogen galt.

In der Steiermark lag das Schwergewicht der Initiative bei den Staatsanwaltschaften, insbesondere jener in Marburg, und dem Militärgericht, während sich die politische Verwaltung (Statthalterei und Bezirkshauptmannschaften) merklich zurückhielt und schon seit August 1914 wiederholt zur Mäßigung und zur kritischen Distanz gegenüber (anonymen) Denunziationen aufrief. Statthalter Graf Clary in Graz, besorgt über die katastrophalen politischen Konsequenzen der vor aller Augen ablaufenden Massenverhaftungen, intervenierte mehrmals beim Militärkommandanten, um die Verfahren zu beschleunigen und die überlangen Haftzeiten abzukürzen.[55] Nicht jede slowenisch-nationale Betätigung dürfe mit Hochverrat gleichgesetzt werden.[56] Das Militärgericht hielt dem entgegen, in Anbetracht seiner Unabhängigkeit stelle sich dieses „Ansuchen als eine der gesetzlichen Grundlage entbehrende [...] Ingerenz der zivilen Verwaltungsbehörde auf ein anhängiges militärgerichtliches Verfahren dar“.[57]

Nichts dergleichen findet sich in Kärnten. Heftige Meinungsverschiedenheiten, wie sie in der Steiermark zwischen Zivilverwaltung einerseits, Militär und Gendarmerie andererseits nachweisbar sind, gab es hier

---

54 Der Fall Prosekar wird referiert im Bericht des Landespräsidenten Graf Lodron an das Innenministerium, 31.3.1917. PLETERSKI (Hrsg.), Politično II 157f. Auf die Kontinuitäten zwischen dem österreichisch-ungarischen Kriegsstrafrecht und der NS-Zeit verweisen EDUARD RABOFSKY / GERHARD OBERKOFLER, Verborgene Wurzeln der NS-Justiz. Strafrechtliche Rüstung für zwei Weltkriege (Wien-München-Zürich 1985).

55 Vorausgegangen waren besorgte Anfragen aus Wien. Bspw. Minister für Kultus und Unterricht an Clary, 21.8.1914. StLA StH. Präs. E 91 Zl. 2028/1914. Zur Intervention beim Militärkommandanten Clary an Mattanovich, 12.9.1914. PLETERSKI (Hrsg.), Politično II 111f. mit der kaltschnäuzigen Antwort des Generals vom 19.9.1914.

56 Clary an Unterbehörden (Abschrift), 20.9.1914. StLA StH. Präs. E 91 Zl. 2286/1917.

57 Landwehrdivisionsgericht Graz an Militärkommando Graz, 28.9.1914, mit Argumenten zur Beantwortung mehrerer Schreiben der Statthalterei. KA, Milkdo Graz, 1914 Präs. 3-6-13-12.

nicht.[58] Äußerst dubios ist die Rolle des Kärntner Landespräsidenten[59] Baron Fries-Skene, von dem aus dieser Zeit mehrere anti-slowenische Verbalentgleisungen sowie Anordnungen zu noch schärferem Durchgreifen überliefert sind. Gegenüber einem Kleriker, der für seine verhafteten Glaubensbrüder eintrat, soll Fries-Skene die (bestrittene) Bemerkung gemacht haben: „Sie [= die Verhafteten] verdienen nicht eine bessere Behandlung, ich werde sie bei hellichtem Tag mit aufgepflanztem Bajonett einsperren lassen, und lange sollen sie sitzen, wenn auch nicht viel herauskommt".[60] Das Grazer Militärkommando ließ der Baron wissen, „dass unter der slovenischen Geistlichkeit Kärntens sich einige politisch nicht verlässliche Elemente befinden",[61] deren strengste Überwachung und Niederhaltung „unnachsichtlich mit der allergrößten Strenge" er den Bezirkshauptmannschaften am 5. August 1914 nochmals einschärfte.[62]

Man gewinnt den Eindruck, dass es dem Landespräsidenten – anders als seinem Kollegen in Graz, der sich in den Volkstumskampf niemals einmischte – nicht unangenehm war, dass ihm das Militärgericht die Bekämpfung gegnerischer Kräfte abnahm und er selbst unter Hinweis auf dessen alleinige Kompetenz seine Hände in Unschuld waschen konnte. Bezeichnend war schon seine Reaktion auf die bereits erwähnte eigenmächtige Verhaftung des slowenischen Politikers Dr. Brejc: Der dem Wiener Innenministerium erstattete Bericht schilderte den „Führer der slovenisch-klerikalen Partei" nicht nur als „unter der deutschen Bevölkerung des ganzen Landes wegen seiner extrem nationalen Haltung verhasst", sondern ließ bedauernd anklingen, dass die bisherigen intensiven Überwachungsmaßnahmen zu keinem verwertbaren Resultat geführt

---

58 Vgl. zu den Disputen in der Steiermark MOLL, Hochverrat 60f. Zum Hintergrund vgl. CHRISTOPH FÜHR, Das k.u.k. Armeeoberkommando und die Innenpolitik in Österreich 1914–1917 (Graz-Wien-Köln 1968).

59 Titel des Vertreters des Gesamtstaates in Kärnten, der in der Steiermark als Statthalter bezeichnet wurde.

60 So die Ergebnisse der Untersuchungskommission bei PLETERSKI (Hrsg.), Politično I 68. Die heftigen Dementis Fries-Skenes in dessen Schreiben an die Kommission, 7.1.1918, bei PLETERSKI (Hrsg.), Politično II 143–146.

61 Fries-Skene an Militärkommando Graz, 5.8.1914. KA, Milkdo Graz, 1914 Präs. 3-6-13-7.

62 Fries-Skene an Bezirkshauptmannschaften, 5.8.1914 (Abschrift). KA, Milkdo Graz, 1914 Präs. 3-6-13-7.

hatten.[63] Fries-Skenes zumindest passive, wenn nicht konfliktverschärfende Haltung wirkte umso verhängnisvoller, als die ihm über die Bezirkshauptmannschaften unterstellten Landgendarmen bei ihrem geistigen Zuschnitt naturgemäß außerstande waren, selbst ein fundiertes Urteil über die politische Brisanz der von ihnen untersuchten Handlungen zu fällen. Auch ist bemerkenswert, dass deutschnationale Aktivisten in Kärnten bei den Verfolgungsmaßnahmen ungeniert mit den Gerichten kooperierten, wenn Erstere nicht ohnehin als Reserveoffiziere ihre privaten Rechnungen mit politischen Kontrahenten beglichen.[64] Der Klagenfurter Anwalt Dr. von Sedlmayer – nebenbei als Obmann des deutschen Schulvereins tätig – war zum Heer eingezogen worden und amtierte dort als Militärjurist. Als einer seiner schärfsten Widersacher, der Obmann des slowenischen Schulvereins, in Haft kam, wurde ausgerechnet von Sedlmayer als Untersuchungsrichter mit dem Fall betraut, obwohl seine Befangenheit gegenüber dem Beschuldigten offen zu Tage lag.[65] Vergleichbare Erscheinungen in dieser Zuspitzung sind für die Steiermark nicht festzustellen, wenngleich auch dort deutschnationale und/oder „staatstreue“ Kreise Druck auf die Behörden ausübten.[66] Dies taten sie mitunter nicht in ihrer Eigenschaft als Politiker, sondern als Inhaber staatlicher Ämter, wie etwa die mehrfachen Interventionen des Bürgermeisters von Pettau/Ptuj und Landtagsabgeordneten der Deutschen Volkspartei, Josef Ornig, unter Beweis stellen: Er ließ seine Stadtpolizei bei ihm suspekten Slowenen Hausdurchsuchungen vornehmen; obwohl diese ergebnislos blieben, glaubte er dennoch dem Strafgericht „empfehlen zu müssen, [...] mit der Verwahrungshaft vorzugehen“.[67] Zu-

---

63 Fries-Skene an Innenministerium, 2.9.1914. KA, Milkdo Graz, 1914 Präs. 18-12-2.

64 Eine Bestätigung dieser Einschätzung findet sich sogar schon in einem Bericht der Kärntner Landesregierung an das Innenministerium, September 1914. PLETERSKI (Hrsg.), Politično II 149–151.

65 Protokoll der Untersuchungskommission mit Dr. Brejc, 13.12.1917. PLETERSKI (Hrsg.), Politično II 128–130. Von Sedlmayer soll darüber hinaus auf die Verhaftung von Brejc hingewirkt haben. In einem anderen Fall wird die Intervention von Sedlmayers, der auf die Inhaftnahme eines Priesters drängte, bestätigt durch die Stellungnahme der Staatsanwaltschaft Klagenfurt an die Untersuchungskommission, 12.12.1917. PLETERSKI (Hrsg.), Politično II 135f.

66 Für die Steiermark vgl. MOLL, Hochverrat. Für Kärnten Staatsanwaltschaft Klagenfurt an die Untersuchungskommission, 17.12.1917. PLETERSKI (Hrsg.), Politično II 136–139, hier 139.

vor war dieser Heißsporn mit der Bezirkshauptmannschaft aneinandergeraten, da diese seinem im Namen der „autonomen Kammerstadt Pettau" verfolgten, scharfmacherischen Kurs nicht folgen wollte.[68]

Für Kärnten ist von einem breit fundierten Versuch der Ausschaltung der slowenischen Nationalbewegung zu sprechen. Während die deutschen Blätter gegen die Verhafteten die wüstesten Beschuldigungen verbreiten durften, unterdrückte die Zensur selbst jene Stellen in den slowenischen Zeitungen, die bloß über gerichtliche Freisprüche berichten wollten. Spätestens mit der Einsetzung des Oberleutnants Max Graf Zedwitz als militärischer Zensor im Juli 1915, so gab der für Zensurfragen zuständige Klagenfurter Staatsanwalt später an, habe das Militär die Initiative völlig an sich gerissen. Obwohl der Graf lediglich militärische Belange zu wahren hatte, sei dieser, so der Staatsanwalt, „zur entscheidenden Person geworden, neben der ich meine Anschauungen fast gar nicht durchsetzen konnte".[69] Die in Kärnten praktizierte Strategie des „stillen Kulturkampfes"[70] wirkte sich auf vielen Gebieten aus: Slowenische Vereine wie die Hermagoras-Bruderschaft wurden schikaniert und überwacht. Der Militäranwalt in Graz hatte bereits im Herbst 1914 hinsichtlich einer Überwachung der caritativen Zwecken gewidmeten Bruderschaft interveniert, die eingeleitet wurde, obwohl der Landespräsident mitteilte, man habe bislang keinerlei verdächtige Beobachtung gemacht.[71] Derartige Maßnahmen sind in Kärnten zumindest bis 1916/17 feststellbar, zumal der damalige Landespräsident Graf Lodron im Mai 1916 als Ziel seiner Politik ausdrücklich die Niederhaltung der Slowenen „im engeren Sinne", also aller Nationalbewussten, bezeichnete.[72] In der Steiermark betrafen die nicht-justiziellen Maßnahmen primär die Pressezensur und dies grosso modo lediglich im ersten Halbjahr des Krie-

---

67 Stadtamt Pettau an Bezirksgericht Pettau (Abschrift), 22.8.1914. StLA StH. Präs. E 91 Zl. 1736/1914.

68 Stadtamt Pettau an Statthalterei-Präsidium, 4.8.1914. StLA StH. Präs. E 91 Zl. 1773/1914. Darin scharfe Kritik am Bezirkshauptmann, der die Aufrechterhaltung von Ruhe und Ordnung in der Stadt selbst übernehmen wollte.

69 PLETERSKI (Hrsg.), Politično II 137.

70 Endbericht der Untersuchungskommission für Kärnten. PLETERSKI (Hrsg.), Politično I 50–74, hier 50.

71 PLETERSKI (Hrsg.), Politično I 61f.

72 Zitiert nach JANKO PLETERSKI, Die Kärntner Slowenen während des Ersten Weltkrieges. Unveröffentlichtes Manuskript, 6. Ich danke Herrn Kollegen Pleterski sehr herzlich für die Überlassung dieses Textes.

ges.[73] Interessante Einblicke vermittelt schließlich eine Untersuchung der Rolle der autonomen Landesverwaltung in den beiden Kronländern. Vom Landeshauptmann der Steiermark, Graf Attems, sind keinerlei Stellungnahmen rund um die Verhaftungen überliefert.[74] In Kärnten hingegen rechtfertigte der Landesausschuss[75] noch rückschauend das Vorgehen gegen die Slowenen. Aus einer Ende 1917 abgegebenen Stellungnahme spricht seine Strategie, den slowenischen Bevölkerungsteil in Slowenen und „Windische“ zu spalten bzw. die realiter bestehende Dichotomie auszunutzen. Die zweitgenannte Gruppe, angeblich die überwiegende Mehrheit, empfinde keinen Gegensatz zu den Deutschen und fühle sich in keiner Weise unterdrückt. Sie lehne nationale Kämpfe ab, wie sie „von eingewanderten (Dr. Brejc) Politikern“ und der Geistlichkeit betrieben werde.[76] Im übrigen hätte das pro-serbische Verhalten slowenischer Politiker und Presseorgane vor dem Sarajewoer Attentat hinreichend Verdachtsmomente geliefert.[77]

Auf einen letzten, nachgerade kuriosen Unterschied zwischen den beiden Kronländern ist noch einzugehen. Der Klagenfurter Fürstbischof Dr. Hefter hielt als Einziger seine schützende Hand über den ihm unterstellten Klerus, indem er in wiederholten, teilweise geradezu flehentlichen Schreiben an die zuständigen Armeestellen für die ins Zwielicht Geratenen bürgte und bemerkte, ihm blute das Herz, wenn er seinen Klerus des Vaterlandsverrats beschuldigt sehe.[78] Der erst Anfang 1915 auf den Bischofsstuhl berufene Hefter ließ sich auch nicht von den Schalmeien-

---

73 Endbericht der Untersuchungskommission für Kärnten. PLETERSKI (Hrsg.), Politično I 50–74, hier 70.

74 Vgl. ULRIKE FRANK, Edmund Graf Attems. Landeshauptmann der Steiermark 1893–1918 (phil. Diss. Graz 1967).

75 Der Landesausschuss unter Vorsitz des Landeshauptmanns war das vom Landtag gewählte Exekutivorgan der autonomen Selbstverwaltung; er entsprach der Sache nach den heutigen Landesregierungen der Bundesländer.

76 Brejc stammte ursprünglich aus Flitsch, weshalb ihn die deutschnationale Propaganda als landfremd abzustempeln suchte. Vgl. Wahrheit über Kärnten 6.

77 Stellungnahme des Kärntner Landesausschusses an die Untersuchungskommission, o.D. (Ende 1917). PLETERSKI (Hrsg.), Politično II 146–149, hier 147. Die Unterteilung in Slowenische und „Windische“ findet sich schon in einem Bericht der Landesregierung an das Innenministerium, September 1914. PLETERSKI (Hrsg.), Politično II 149–151.

78 Nachweise der teilweise geharnischten Interventionen Dr. Hefters im Endbericht der Untersuchungskommission für Kärnten. PLETERSKI (Hrsg.), Politično I 50–74, hier 55 und 60f.

tönen des Landespräsidenten betören, der argumentierte, das Vorgehen gegen den slowenischen Klerus müsse auch im Interesse des Bischofs liegen, der sich dann leichter durchsetzen könne ...[79] Bemerkenswert ist ferner, dass der Deutsche Priesterbund in Kärnten Anfang Oktober 1914 die Angriffe auf die slowenischen Mitbrüder zutreffend als Ausdruck antiklerikaler Stimmungen interpretierte (es gehe „schlechthin gegen die Pfaffen") und für die Verhafteten eintrat.[80] Von den beiden steirischen Diözesanbischöfen blieb der Marburger Dr. Michael Napotnik weitgehend passiv, obwohl er Slowene war.[81] Lediglich seine Kleriker aus dem zweiten und dritten Glied traten mit einer schüchternen, die Unschuldsvermutung ins Treffen führenden Erklärung an die Öffentlichkeit, die außer wütenden Repliken der deutschnationalen Zeitungen nichts bewirkte.[82] Hinter den Kulissen war auch das Ordinariat in Marburg geneigt, den Verdächtigungen Glauben zu schenken. Dem Pfarrer von Lembach/Limbuš bei Marburg, Andreas Bračič, war ursprünglich zur Last gelegt worden, Ende Juli 1914 am Kirchturm eine serbische Fahne gehisst zu haben. Während der ergebnislosen Ermittlungen saß der Geistliche mehr als zwei Monate in Haft. Kaum entlassen, interessierten sich seine kirchlichen Vorgesetzten brennend für jene im Zuge des Gerichtsverfahrens erstellte und ihnen zugespielte Leumundsnote der Gendarmerie, in welcher Bračič nicht nur als „verbissener Panslavist", sondern auch als allseits bekannter „Mädchenjäger" und Alkoholiker bezeichnet worden war. Die Diözesanleitung setzte Erhebungen in Gang, die in der Befragung zahlreicher Zeugen und einem an Peinlichkeiten nicht mehr überbietbaren Gendarmeriebericht gipfelten. Dies alles geschah zu einer Zeit, als sich der politische Teil der Vorwürfe bereits als böswillige Denunziation herausgestellt hatte und als vieles darauf hindeutete, dass hier gegen einen unliebsamen Slowenen eine Rufmordkampagne insze-

79 Zeugenaussage des Generalvikars Dr. Johann Quitt, zu dem Fries-Skene die fragliche Äußerung gemacht haben soll. PLETERSKI (Hrsg.), Politično I 68.

80 Auszüge aus dem Schreiben des Deutschen Priesterbundes an Fries-Skene bei PLETERSKI (Hrsg.), Politično I 68.

81 Vgl. zu Napotnik die Charakterisierung bei ERWIN GATZ (Hrsg.), Die Bischöfe der deutschsprachigen Länder 1785/1803 bis 1945. Ein biographisches Lexikon (Berlin 1983) 529–531.

82 Erklärung des Rechtsschutzvereins der Diözese Lavant, abgedruckt u.a. in: Untersteirische Volkszeitung, 5.9.1914, 2. Zur Replik Marburger Zeitung 5.9.1914, 4 („Eine traurige Verteidigung") und Tagespost Nr. 227, 30.8.1914, o.S.

niert werden sollte.[83] Noch weniger solidarisch zeigte sich das Grazer Bistum: Es gab im September 1914 eine Presseerklärung heraus, welche die im steirischen Unterland verhafteten Geistlichen zu Verbrechern stempelte, „jede Gemeinschaft mit diesen sowie mit ähnlich Gesinnten auf das entschiedenste" ablehnte und ihnen einen Bannfluch ins Gefängnis nachschleuderte.[84]

III.

Im Zuge unserer Erörterung des politisch-nationalen Kontextes der Tätigkeit des Landwehrdivisionsgerichtes Graz haben wir gesehen, dass die Verfolgungen spätestens nach Ablauf der ersten Kriegswochen in beiden Kronländern heftig umstritten waren. Die Fronten pro und contra verliefen allerdings völlig konträr: Kirchenleitung und staatliche Zivilverwaltung spielten in Kärnten und der Steiermark jeweils eine entgegengesetzte Rolle. Die Gendarmerieführung, in der Steiermark hinter dem Rücken des Statthalters als Scharfmacher tätig, entwickelte in Kärnten kaum eigene Initiativen.[85] Wir haben uns mit der Frage befasst, welcher Personenkreis überhaupt in den Apparat der Militärjustiz geriet, wer die Anzeigen erstattete und aus welchen Motiven dies geschah. Man möchte meinen, dass mit der Einleitung der Verfahren bis hin zu einer eventuellen Urteilsfällung wieder das juristische Moment dominierte, dass es also im zweiten Schritt nur mehr darum ging, die angezeigten Handlungen unter die Normen des Strafrechts zu subsumieren und dass damit der Einfluss einer wie auch immer beschaffenen Öffentlichkeit in den Hintergrund trat. Dem war jedoch nicht so. Ganz im Gegenteil kann beobachtet werden, dass diese Öffentlichkeit weit über den Kreis der Denunzianten hinaus ihren Einfluss dahingehend zum Tragen bringen konnte, welche Taten überhaupt als politische Delikte angesehen wurden. So be-

---

83 Vgl. die Akten in StLA StH. Präs. E 91 Zl. 1813/1914.

84 Die Erklärung des Rechtsschutzvereins der Diözese Graz-Seckau wurde u.a. veröffentlicht in: Grazer Tagblatt Nr. 202, 10.8.1914, 3. Deutsche Wacht Nr. 59, 13.8.1914, 5.

85 Der steirische Landesgendarmeriekommandant Oberst Kostenzer erließ mehrere (dem Statthalter erst Monate später vorgelegte) Geheimbefehle, welche die Gendarmen zu Eigeninitiative und scharfem Durchgreifen aufforderten. Kostenzer an alle Abteilungs-, Bezirks- und Postenkommandanten (Abschrift), 24.8.1914. Darin Wiederholung eines gleichgearteten Erlasses vom 30.7.1914. StLA StH. Präs. E 91 Zl. 2286/1917.

rief sich beispielsweise der Gendarmeriebericht über die Verhaftung des untersteirischen Realitätenbesitzers Anton Černko expressis verbis darauf, die Ermittlungen seien aufgrund eines Artikels der „Marburger Zeitung" eingeleitet worden.[86] In diesem war zunächst die „Befriedigung" über die „Vernichtung" „hochwürdiger und anderer nichtswürdiger Agitatoren" ausgedrückt und sodann mit einem bedauernden Seitenhieb konstatiert worden, der angeblich „serbophile" Černko und einige andere verdächtige Personen befänden sich immer noch auf freiem Fuß.[87] Dies sollte sich schlagartig ändern. Welchen Weg Denunziationen gehen konnten, lässt sich an diesem Fall exemplarisch verfolgen: Černkos Äußerungen vom 29. Juli waren bereits am folgenden Tag mit entsprechendem Kommentar in der „Marburger Zeitung" nachzulesen – erst durch diesen das Nicht-Agieren der Sicherheitskräfte bewertenden Artikel gelangte der Vorfall zur Kenntnis der Gendarmerie.

Im zweiten Teil dieses Beitrags soll davon die Rede sein, wie dasselbe gesellschaftliche Umfeld, aus dem schon die Benennung der Täter hervorgegangen war, in weiterer Folge eine massive Definitionsmacht darüber erlangte, was im Grunde das ureigenste Arbeitsfeld der Richter und auch der Anklagebehörden hätte sein sollen.

Es liegt auf der Hand, dass sich die innerhalb der Militärjustiz tätigen Personen dem allgemeinen, extrem aufgeheizten, ja hysterischen Klima nicht völlig entziehen konnten, zumal die öffentliche Meinung sich einer massiven Pressehetze bediente und nicht davor zurückschreckte, höheren Orts Beschwerden über angeblich zu milde Beamte vorzubringen bzw. solche anzudrohen. Hinzu kam zweitens die völlige Unerfahrenheit der meisten Militärrichter in der Handhabung des zivilen Strafgesetzes – dies umso mehr, als die erkennenden Senate nur aus einem Juristen, in der Mehrheit jedoch aus mit der Materie nicht vertrauten Berufsoffizieren bestanden. Zum dritten wirkte der unscharfe, beliebig interpretierbare Inhalt etlicher politischer Delikte in dieselbe Richtung. Hier gab es freilich Abstufungen: Zu Delikten wie Majestätsbeleidigung und Beleidigung der Mitglieder des Kaiserlichen Hauses (§§ 63f. StG) existierten halbwegs klare Definitionen und vor allem eine langjährige Rechtspre-

86 Gendarmerieposten Brunndorf an Statthalterei-Präsidium, 1.8.1914. StLA StH. Präs. E 91 Zl. 1764/1914.

87 MZ 30.7.1914, 3.

chung.[88] Die Mehrzahl der Fälle war verhältnismäßig eindeutig, vor allem wenn es um Verbalinjurien gegen den Monarchen („Scheißkerl“) oder Aussagen, es sei nicht schade um den ermordeten Thronfolger, ging. Zweifelsfälle gab es auch bei diesen beiden Delikten und auch hier bestimmte das herrschende Klima die juristische Beurteilung. Stand etwa wirklich die Absicht, den Kaiser zu beleidigen, hinter der Bemerkung eines Maurergehilfen, der „verfluchte Kerl“ Franz Joseph solle doch die russischen Kriegsgefangenen umstandslos erschießen lassen?[89] Im katholischen Österreich des Jahres 1914 galt es als Beleidigung Franz Ferdinands, diesen als „Pfaffenfreund“ zu bezeichnen.[90] Schmähungen des Erzherzogs waren nicht immer leicht von der Gutheißung seiner Ermordung – die als eigenes Delikt in § 305 StG vertypt war – abzugrenzen. Da für dieses Delikt weiter die zivilen Strafgerichte zuständig waren, oblag es diesen wie auch der Gendarmerie, bei der die meisten Anzeigen einliefen, vorzusortieren, welche Aussprüche sie unter § 64 StG einordnen und an das Landwehrdivisionsgericht abtreten wollten. Wie sehr der zivile und militärische Justizbereich verzahnt waren, zeigt sich darin, dass die Staatsanwaltschaften seit Kriegsbeginn selbst eindeutige § 305-Fälle als solche des § 64 einstuften und dem Militärgericht weiterreichten. Die Folge waren zahllose Unzuständigkeitsurteile und Aktenrückleitungen.[91]

Paradebeispiele für vage Tatbestände, die durch politische Kriterien erst konkrete Gestalt anzunehmen vermochten, finden sich in den §§ 58 (Hochverrat) und 65 StG (Störung der öffentlichen Ruhe, Aufreizung zum Haß und zur Verachtung gegen den einheitlichen Staatsverband der Monarchie). Die Unsicherheit aller beteiligten Behörden über die Substanz dieser Tatbestände wirkte bis in die Formulierungen hinein. Meist war die Rede von „hochverräterischen Umtrieben“, „serbophiler“ Neigung, Agitation oder Propaganda und dergleichen Wortschöpfungen mehr.[92] Ein Gendarm sprach in seiner Meldung gar von „serbophilischen

---

88 Vgl. neben DRDA, Entwicklung, auch AUGUST FINGER, Das Strafrecht mit Berücksichtigung des Entwurfes zu einem Strafgesetzbuch II (3., umgearbeitete und erweiterte Aufl. Berlin 1914) 789.

89 KA, MGA Graz, Karton 38, DSt 1380/14. Die Gendarmerieanzeige vom 10.12.1914 in StLA StH. Präs. E 91 Zl. 3117/1914. Das Verfahren wurde schließlich eingestellt.

90 KA, MGA Graz, Karton 40, A 631/14. Urteil: 14 Wochen Kerker.

91 Z.B. PAM St 1058/14, 1106/14, 1136/14, 1228/14 und andere.

92 Exemplarisch Gendarmerieposten Franz an Statthalterei-Präsidium, 4.8.1914. StLA StH. Präs. E 91 Zl. 1783/1914. Dem Bericht über die Verhaftung eines Bergarbeiters war als Betreff vorangestellt: „Serbenfreundliche Gesinnung“.

Gedanken".[93] Lässt man einmal die sehr zahlreichen, meist unter Alkoholeinfluss getätigten Ausrufe „Hoch Serbien!" außer Betracht, so ging es bei solchen „Umtrieben" um die Mitgliedschaft in slowenischen Vereinen, um private Kontakte nach Serbien, die Lektüre serbischer Printmedien usw. – alles Handlungen, die in der Friedenszeit vollkommen legal waren, jetzt aber als Indizien einer „serbophilen" Gesinnung akribisch ausgeforscht wurden. Dabei wurde, wie selbst der Grazer Oberstaatsanwalt im Herbst 1914 bemerkte, in Winkel hineingeleuchtet, die ansonsten „vor Heimsuchung durch die Staatsgewalt gefeit" waren.[94] Nachbarschaftsklatsch, über fünf Ecken kolportierte und dementsprechend aufgebauschte Gerüchte sowie argwöhnische Ortsgendarmen lieferten Beweismittel, die unter normalen Bedingungen niemand eines Blickes gewürdigt hätte. Dem Gemeindesekretär im untersteirischen Sachsenfeld/Žalec (Bezirk Cilli), Albin Mikuš, hielt die Gendarmerie anlässlich seiner Verhaftung vor, er sei nicht etwa seiner Nationalität, sondern „seiner Gesinnung nach Südslave". Er habe an allen einschlägigen „südslavischen Veranstaltungen und Festen" im Ort teilgenommen. Darüber hinaus führe er „in nationalen Angelegenheiten eine grosse Rolle und ist als südslavischer Agitator anzusehen."[95] Derlei vage, sich in immer neuen Zirkelschlüssen ergehende Anschuldigungen reichten aus, den Gemeindesekretär für nahezu drei Monate hinter Gitter zu bringen.[96] Das kurioseste Beispiel produzierte die Gendarmerie in Maria-Rast/Ruše bei Marburg: Sie beschlagnahmte auf dem Nachtkästchen des slowenischen Kaplans eine gestickte Decke, auf der sie das Bildnis des serbischen Kronprinzen zu erkennen glaubte und flugs auf die „serbophile" Gesinnung des Geistlichen schloss. In Wahrheit handelte es sich um das Porträt eines ägyptischen Khediven.[97]

Der Gesinnungsdruck der öffentlichen Meinung bzw. des sich ultrapatriotisch gebenden Teils der Bevölkerung richtete sich nicht nur gegen

---

93 Gendarmerieposten Maria-Rast an Statthalterei-Präsidium, 7.8.1914. StLA StH. Präs. E 91 Zl. 1849/1914.

94 Oberstaatsanwalt Graz an Innenministerium, 27.9.1914. PLETERSKI (Hrsg.), Politično II 114–116.

95 Gendarmerieposten Cilli an BH Cilli, 29.7.1914. StLA StH. Präs. E 91 Zl. 1751/1914.

96 Arbeiterwille Nr. 315, 18.10.1914, 10 mit kurzer Notiz über die Enthaftung wegen erwiesener Schuldlosigkeit.

97 Zum Fall Maria-Rast, in dem gegen rund 80 der 1.000 Ortsbewohner ermittelt wurde, MOLL, Hochverrat.

bekannt national eingestellte Slowenen, sondern gegen den Mann von der Straße, der am Stammtisch mehr oder minder geistreich über den Krieg dozierte. Als „Aufreizung" gegen den Staatsverband wurden z.B. folgende Sprüche angezeigt und zeitweilig verfolgt: Was werden die blöden Steirer mit den Serben raufen; Serbien und Russland sind eng verbündet; die Russen sollen nur kommen; in Österreich sind lauter Spitzbuben.[98] Viele der aus solchen Anlässen eingeleiteten Verfahren wurden früher oder später – nach kürzerer oder längerer Untersuchungshaft des Beschuldigten – eingestellt oder endeten mit einem Freispruch. Gleichwohl bleibt festzuhalten, dass die Anklagebehörde auf derartigen Unsinn einging, Ermittlungen anstellen ließ und einen Haftbefehl beantragte. Sie nahm also das von Denunzianten und der Gendarmerie produzierte Belastungsmaterial nicht nur entgegen, sie nahm es auch ernst. In Ermangelung einer gesicherten Definition eines allgegenwärtigen Begriffs wie „Serbophilie", ohne Orts- und Personenkenntnisse blieb ihr wenig anderes übrig, als den im Brustton der Überzeugung verfassten Gendarmerieberichten Glauben zu schenken, zumal diese nicht versäumten, die Ansichten der Ortsansässigen in den Vordergrund zu rücken. Zur Verhaftung eines gerade 19-jährigen „Hoch Serbien"-Rufers merkt der Gendarmeriebericht an, dass „sich die Bevölkerung in Aufregung befindet und deshalb einzelne auch schon an einem österreichischen Erfolg zu zweifeln beginnen."[99] Fallweise hieß es sogar, die staatstreue Bevölkerung sei derart aufgebracht, dass gar nichts anderes übrig geblieben sei, als einen Verdächtigen zu verhaften, obwohl gegen ihn nichts Konkretes vorlag. So führt etwa der Bericht über die Verhaftung zweier als bekannte „Serbenfreunde" titulierter Geistlicher der Diözese Marburg an, für die Bevölkerung hätte die „Entfernung" der beiden Pfarrer „eine wahre Erlösung" bedeutet.[100] Noch weiter ging die Gendarmerie im Fall des bereits erwähnten Gemeindesekretärs Mikuš, da nach ihrer Meinung dessen Freilassung „üble Folgen nach sich ziehen könnte [...]. Wie im Volksmunde gesprochen wird, sollen sich patriotisch gesinnte Leute geärgert

---

98 In der Reihenfolge der Nennungen: KA, MGA Graz, Karton 40, A 664/14 und A 667/14; Karton 34, DSt 576/14 (die dritte und die vierte Bemerkung stammen vom selben Täter und wurden mit sechs Monaten Kerker geahndet).

99 Gendarmerieposten Brunndorf an Statthalterei-Präsidium, 2.8.1914. StLA StH. Präs. E 91 Zl. 1762/1914.

100 Gendarmerieposten Pragerhof an Statthalterei-Präsidium, 8.8.1914. StLA StH. Präs. E 91 Zl. 1861/1914.

haben, dass die Sicherheitsbehörden und deren Organe den Mikuš nicht schon längst in Verwahrung genommen [...] haben, ja es wurden Stimmen laut, dass von staatstreuen Persönlichkeiten die Anrufung höherer Behörden erfolgen wird [...]. Die Verhaftung [...] musste demnach zwecks Beruhigung dieser Kreise beschleunigt werden".[101] Hier wurde gar nicht mehr versucht, den massiven öffentlichen Druck hinter (straf-) rechtlichen Argumenten zu verstecken.

Es ist mithin keine Übertreibung zu behaupten, dass die erste gültige Definition „serbophiler" Gesinnung keineswegs von den Militärjuristen stammte, sondern teils von Denunzianten und der vox populi, teils von untergeordneten örtlichen Sicherheitskräften. In dem herrschenden Klima der Aufgeregtheit und der Unsicherheit, in der Flut ebenso unpräziser wie einander häufig widersprechender Anweisungen übergeordneter Stellen setzten sich die vor Ort wirksamen Einflüsse durch. Diese bewirkten in aller Regel eine Radikalisierung und konterkarierten mühelos entgegenstehende Direktiven wie jene, die schon Ende August 1914 die Militärkommandanten in ihrer Eigenschaft als Vorgesetzte der Militäranwälte anhielt, nur im Falle begründeter Verdachtsmomente mit Verhaftungen vorzugehen. Solche Mahnungen mussten zwangsläufig verpuffen, wenn nicht nur offen gelassen wurde, welcher Verdacht als begründet anzusehen war, sondern wenn zugleich kritisiert wurde, es seien bislang keine Verurteilungen nach Wien gemeldet worden, obwohl es doch neben „Raschheit, Entschiedenheit und Strenge" gerade auf „einige abschreckende Exempel" ankomme.[102]

Die bisher dargelegten Fakten haben deutlich gemacht, dass es bei dem Vorgehen der Justiz nur am Rande um die Ahndung tatsächlicher Straftaten ging. Schon das in die Augen stechende Missverhältnis zwischen der großen Zahl der Verhafteten und den wenigen am Ende Verurteilten spricht eine eindeutige Sprache. Selbst die zuständigen Ankläger mussten einräumen, dass gegen die meisten Inhaftierten keinerlei konkreter Verdacht vorlag.[103] Würde man das Geschehen allein mit straf-

---

[101] Gendarmerieposten Cilli an BH Cilli, 29.7.1914. StLA StH. Präs. E 91 Zl. 1751/1914.

[102] Kriegsüberwachungsamt (KÜA) an Statthalterei-Präsidium, 27.8.1914, mit Beilage: KÜA an Militärkommandanten (Abschrift), 27.8.1914. StLA StH. Präs. E 91 Zl. 2087/1914.

[103] So die Staatsanwaltschaft Marburg im Bericht über den Fall Maria-Rast. PAM, St 90/15. Vgl. MOLL, Hochverrat.

rechtlichen Kategorien erklären wollen, so bliebe unverständlich, warum ausgerechnet honorige Bürger (Pfarrer, Lehrer und Bürgermeister) als Kriminelle eingestuft werden konnten. Nicht nur diesen Umschlag auf einer individuellen Ebene gilt es zu erklären, sondern zusätzlich das Faktum, dass nun ausgerechnet die Slowenen, die bislang als eines der monarchietreuesten Völker des Reiches gegolten hatten, kollektiv in den Dunstkreis des Verrates gerieten. Die Militärjustiz und hier in erster Linie die Ankläger, deutlich abgeschwächt die Richter, übernahmen ohne hinreichende Prüfung jene Vorverurteilungen, die ihnen von den aktiven Elementen des politisch-nationalen Feldes geradezu aufgedrängt wurden. Ihr Handeln zeigt, dass sie die angebotenen Hilfestellungen bereitwillig, wenn auch in einer für sie prekären Situation, akzeptierten und in ihre juristische Tätigkeit integrierten. Dabei nahm der Gleichklang im Denken und in der Terminologie frappierende Ausmaße an. Es ist überaus vielsagend, dass ausweislich der reichen Quellenüberlieferung das Landwehrdivisionsgericht Graz weder an der in der Tagespresse verbreiteten, teilweise an Lynchjustiz grenzenden Behandlung der Inhaftierten vor ihrer Einlieferung Anstoß nahm[104] noch an den täglichen, reißerischen Presseberichten über die „Verhaftung von Serbenfreunden",[105] obwohl alle diese Vorkommnisse den von der Staatsführung verkündeten „Burgfrieden" konterkarierten.

Anstatt unmittelbare Staatsinteressen wie die Aufrechterhaltung des inneren Friedens und die Wahrung des Ansehens gegenüber dem Ausland, ganz zu schweigen von den Geboten einer fairen Rechtsprechung, im Auge zu behalten, schlossen sich die maßgebenden Militärs der durch naheliegende Motive geprägten Sichtweise deutschnationaler Kreise an. Zum einen wurde aus harmlosen Begebenheiten eine staatsfeindliche Einstellung konstruiert, wie etwa der Pfarrer Johann Schneditz aus Viktring in Kärnten erfahren musste, der am ersten Tag der Mobilisierung „bei offenem Fenster mit Gesinnungsgenossen slovenische Lieder" gesungen hatte. Dadurch hatte Schneditz, der – ohne je verurteilt zu

104 Als ein Beispiel unter vielen Deutsche Wacht 1.8.1914, 6: Die umstehende Menge war über einen Mann, der den serbischen König hatte hochleben lassen, hergefallen und versetzte ihm einen Messerstich. „Wäre der Gendarmeriewachmann nicht hinzugekommen, würde die erregte Menge den Mann erschlagen haben."

105 Im zweiten Halbjahr 1914 sind derartige, wenn überhaupt nur leicht variierte Überschriften etwa in der Marburger Zeitung, im Grazer Tagblatt und der Grazer Tagespost praktisch täglich zu finden.

werden – nicht weniger als 269 Tage in Untersuchungshaft saß, nach Meinung der Armeeführung „das Herkommen und das gesunde patriotische Empfinden" verletzt. Für derlei Einschätzungen, die die Formel vom „gesunden Volksempfinden" bis in die Formulierung hinein vorwegnehmen, gab es keine wie immer geartete Rechtsgrundlage. Zum anderen wurde das Engagement für slowenische Belange kriminalisiert und aus an sich nicht verbotenen Handlungen eine „radikal slovenische Haltung und serbophile Tendenzen" abgeleitet. So geschah es etwa den Kärntner Pfarrern Georg Trunk in Villach und Franz Meško in Maria Gail. Der Militärführung erschien „ihre politische Gesinnung [...] zur Genüge von vorneherein dadurch gekennzeichnet, dass sie Mitglieder des inzwischen aufgelösten slovenischen Vereines ‚Drava' waren."[106] Bei diesem handelte es sich um einen kirchlichen Wohltätigkeitsverein. Es entbehrt nicht einer grotesken Note, die Mitarbeit in einem zugelassenen Verein als hochverräterischen Akt einzustufen.

Zusammenfassend lässt sich das Verhältnis zwischen der Militärjustiz und der deutschen Mehrheit in Kärnten und der Steiermark dahingehend charakterisieren, dass deutschnationale Kreise massive Erwartungen in die Militärgerichtsbarkeit als nützliches Instrument im Volkstumskampf setzten, während die Justiz in einem sehr hohen Maße geneigt war, die aus diesem den öffentlichen Diskurs nahezu monopolartig beherrschenden Teil der Gesellschaft artikulierte Definition der Staatsfeinde zu übernehmen. Der Grad an Politisierung und Fanatisierung beider Gesellschaften war jedoch nicht im gleichen Masse ausgeprägt. Es ist daran zu erinnern, dass bezüglich Kärntens hier von einer Zeit noch vor dem Mobilisierungsschub durch „Abwehrkampf" und Volksabstimmung 1919/20 die Rede ist. In Kärnten fehlten prestigeträchtige und deshalb heiß umkämpfte deutsche Hochburgen in einem slowenischen Umland, die wie die untersteirischen Städte Marburg, Pettau und Cilli Zentren der nationalen Konfrontation bildeten.[107] Da in Kärnten anders als in der Steiermark eine Sprachgrenze praktisch nicht zu ziehen und die Siedlungsgebiete der beiden Volksgruppen stark ineinander verzahnt waren, fehlten dem Volkstumskampf die klaren Fronten. Der agrarische Charakter der nationalen Mischgebiete führte nicht nur dazu, dass in den

---

[106] Armeekommando an Ministerpräsident (Auszug), 19.10.1916. PLETERSKI (Hrsg.), Politično II 159–161.

[107] Zu diesem „Festungsdreieck" JANEZ CVIRN, Trdnjavski trikotnik. Politicna orientacija Nemčev na Spodnjem Štarjeskem (1861–1914) (Maribor 1997).

Dörfern jeder jeden kannte, was die Spannungen vermutlich milderte. Daher war auch der Entwicklungsstand der slowenischen Nationalbewegung in Kärnten, verglichen mit der Steiermark, zurückgeblieben, was den zeitweiligen Erfolg des Konzepts der „Windischen" erklärt. In dieselbe Richtung deuten die bei den Volkszählungen erkennbaren, viel stärkeren Assimilierungsprozesse in Kärnten sowie die weitaus schwächere Verankerung dezidiert slowenischer Parteien. Es lag nicht nur an der Konstruktion der Wahlkreise, dass die Untersteiermark abgesehen von den Städten bei Reichsrats- und Landtagswahlen fest in slowenischer Hand war, während in Kärnten selbst der einzige slowenische Reichsratsabgeordnete, Grafenauer, um sein Mandat zittern musste.[108]

Unter diesen Bedingungen blieben in Kärnten selbst in der Endphase der Monarchie die Verfechter nationaler Konfrontation in beiden Lagern auf eine kleine Elite beschränkt. Nach allem, was wir wissen, nahm die bäuerliche Bevölkerung an ethnischen Auseinandersetzungen nur geringen Anteil. Um eine signifikante Breitenwirkung zu erzielen, benötigten die Volkstumskämpfer eine breitere bürgerliche und/oder gebildete Schicht, die es in der Untersteiermark gab, nicht jedoch in den gemischtsprachigen Gebieten Kärntens. Deshalb denunzierten dort zumindest in der ersten Kriegsphase nur wenige, nämlich im deutschnationalen Sinne besonders engagierte Personen. Ihre Anzeigen richteten sich vorrangig gegen den überschaubaren Kreis slowenischer Politiker und (kultur-)politisch aktiver Geistlicher. In der Steiermark denunzierte der Mann von der Straße die Frau von der Straße und umgekehrt. Den meisten Strafverfahren lag hier weder eine vorhergegangene politische Betätigung der Beschuldigten noch eine sinnvollerweise politisch auslegbare Straftat zugrunde. Ganz im Gegenteil wurde die „serbophile" Neigung erst konstruiert, allerdings mit ebensoviel Aufwand wie Phantasie. Dies zeigen schon die nicht wenigen Fälle, in denen Halbwüchsige oder Greise zu gefährlichen Staatsfeinden stilisiert wurden.

Es mag der Eindruck entstanden sein, als solle die Militärgerichtsbarkeit zwar nicht ihres Schreckens entkleidet, aber doch eher als die getriebene und nicht als die treibende Kraft bei der Verfolgung hunderter Slowenen dargestellt werden. Daran ist nur soviel richtig, dass die Militärjustiz eben nur eine unter mehreren in die gleiche Richtung wirkenden und sich gegenseitig verstärkenden Kräften verkörperte. Es nimmt

---

[108] Hierzu MELIK, Wahlen, sowie PLETERSKI, Slowenisch.

ihr nicht einen Deut von ihrer Verantwortung, wenn man feststellt: Diese Institution, die Recht und Gerechtigkeit hätte vertreten sollen, agierte nicht im luftleeren Raum, sondern in einem von Kronland zu Kronland spezifischen Kontext. Dieses Umfeld stellte in der Steiermark und in Kärnten zweifellos eine mächtige Schubkraft in Richtung einer Verschärfung der ohnedies beabsichtigten Niederhaltung innerer Widerstände dar. Wie wir gesehen haben, unterlag jedoch selbst diese auf den ersten Blick einheitliche Kraft ganz erheblichen Wandlungen von Kronland zu Kronland wie auch im Zeitablauf, war also in sich differenziert je nachdem, ob und in welchem Umfang ihr Gegenwind entgegenblies. Insbesondere in der Steiermark gab es solche Gegenkräfte schon in einer sehr frühen Phase des Krieges. Sie stützten sich auf die in die Augen springende Erkenntnis, dass die pauschale, vor aller Öffentlichkeit vonstatten gehende Diffamierung und Verhaftung hunderter Personen umso verheerendere Auswirkungen haben mussten, als das Verhalten der ganz überwiegenden Mehrheit des slowenischen Bevölkerungsteils keinen Grund zur Klage bot. Unter den zahlreichen Kritikpunkten an der Militärgerichtsbarkeit wiegt wohl mit am schwersten, dass sie aus sich heraus zu dieser Einsicht nicht fähig war und stattdessen fortfuhr, die Grundlagen des Vielvölkerstaates zu untergraben.[109]

[109] Wie sehr die Vorgänge im Hinterland auf die Moral der Truppen an der Front einwirkten, belegt MARK CORNWALL, The Undermining of Austria-Hungary. The Battle for Hearts and Minds (New York 2000). Hinweise auf die Bedeutung der Verfolgungen für die Abwendung der Slowenen vom Habsburgerstaat bei FELIKS J. BISTER, „Majestät, es ist zu spät ...“ Anton Korošec und die slovenische Politik im Wiener Reichsrat bis 1918 (Wien-Köln-Weimar 1995).

ANNAMARIA MONTI, Milano

BETWEEN CASE LAW AND LEGISLATION: THE *SENATO* OF MILAN, A SUPREME COURT DURING THE *ANCIEN RÉGIME*

I. INTRODUCTION

The *Senato* of Milan was founded in 1499 by Louis XII d'Orléans, who defeated Ludovico il Moro and established the first French domination of the Duchy. The French king suppressed the existing ducal councils, the old *Consilium Secretum* and *Consilium Iustitiae*, operating since the times of Gian Galeazzo Visconti and created a new magistracy, named *Senato*, after the latin term.[1]

---

1 *«Statuimus, et ordinamus etc. de caetero erit in dicto Dominio nostro Mediolani unicum supremum consilium, qui Senatus noster iuxta veterum morem appellabitur* [...] *Volumus praeterea, et ordinamus praefatos Senatores nostros sic in Senatu nostro ordinatos, in dicta civitate Mediolani residentiam facere, ut sua valeant officia exercere, et subditis nostris prout de eis confidimus, iustitiam ministrare* [...]». The *Edictum* that established the *Senato* of Milan, rendered in Vigevano on November 11, 1499 by the French King, can be read in ORAZIO LANDI, Senatus Mediolanensis (Mediolani 1637) 107–124; as well as in LEON G. PELISSIER, Documents pour l'histoire de la domination française dans le milanais (Toulouse 1891) 17–28. – Among the historiographic contributions concerning the *Senato*, apart from a few old essays published in the 19th century and besides, the following deserve to be mentioned: ALESSANDRO VISCONTI, La pubblica amministrazione dello Stato milanese durante il predominio straniero (1541–1796). Saggio di storia del diritto amministrativo (Roma 1913) 167–206; the fundamental monographic study of UGO PETRONIO, Il Senato di Milano. Istituzioni giuridiche ed esercizio del potere nel Ducato di Milano da Carlo V a Giuseppe II (Milano 1972); as well as ID., I senati giudiziari, in: Il Senato nella storia. Il Senato nel medioevo e nella prima età moderna (Roma 1997) 355–452, here 425–427 and 434–436; ADRIANO CAVANNA, La codificazione penale in Italia. Le origini lombarde (Milano 1975) 181ff. and 200ff.; ID., Tramonto e fine degli statuti lombardi, in: Diritto comune e diritti locali nella storia dell'Europa, Atti del Convegno di Varenna 12–15 giugno 1979 (Milano 1980) 307–328, here 314ff.; ID., La codificazione del diritto nella Lombardia austriaca, in: Economia, istituzioni, cultura in Lombardia nell'età di Maria Teresa III (Bologna 1982) 611–657; ID., Giudici e leggi nella Milano di Cesare Beccaria, in: Cesare Beccaria tra Milano e l'Europa, Convegno di studi per il 250° anniversario della nascita (Bari 1990) 168–195; ID., La giustizia penale nella Milano del Settecento. Un'occasione di riflessione sulla

He entrusted the supreme court with the power of *interinatio* – i. e. the power to check and approve all Royal acts and to enforce them,[2] a

preistoria dei diritti dell'uomo, in: Scritti in memoria di M. E. Viora (Roma 1990) 171–198; GIAN PAOLO MASSETTO, Un magistrato e una città nella Lombardia spagnola. Giulio Claro pretore a Cremona (Milano 1985); ID., La prassi giuridica lombarda nell'opera di Giulio Claro (1525–1575), now in: Saggi di storia del diritto penale lombardo (secc. XVI–XVIII) (Milano 1994) 11–59; ID., I reati nell'opera di Giulio Claro, now in: Saggi 61–227; ID., Avvocatura fiscale e giustizia nella Lombardia spagnola: note su un manoscritto secentesco, now in: Saggi 269–329; ID., Aspetti della prassi penalistica lombarda nell'età delle riforme: il ruolo del Senato milanese, now in: Saggi 331–424; ID., Sentenza (diritto intermedio), in: Enciclopedia del diritto XLI (Milano 1989) 1200–1245.

2 «*Et cognoscet ulterius dictus Senatus, de verificatione, et interinatione literarum nostrarum, donorum, remissionum, indulgentiarum, privilegiorum, ordinationum, et edictorum tam iustitiam, quam policiam concernentium. Quae quidem literae omnes supradictae, nisi per prius fuerint in dicto Senatu nostro praesentatae, interinatae, et verificatae, nullius firmitatis effectus, vel momenti esse poterunt. Easque tam concessas, quam concedendas decernimus per praesentes irritas, et inanes* [...]», from the Provisions of 1499, in LANDI, Senatus mediolanensis 116–117. The same words were used by the Duke FRANCESCO II SFORZA, in his next *Edictum* regarding the Senato of May the 18th 1522, in Archivio di Stato di Milano (hereafter A.S.M.), Uffici giudiziari p.a., cart. 168 (also in LANDI, Senatus mediolanensis 143–148), and subsequently by CARLO DI BORBONE, in 1527 (A.S.M., Visconteo-sforzesco, cart. 1506, published as *Erectio Magnifici Senatus Caesarei Mediolanensis*, in LANDI, Senatus mediolanensis 153–160): see PETRONIO, Il Senato di Milano 12–13. And again in the statute law of 1541 (see *infra*) we can read very similar expressions: Constitutiones mediolanensis Dominii jam primum illustratae decisionibus et annotationibus ab egregio J.C. et advocato PIO ANTONIO MOGNO FOSSATO [...], ac vero duodecima editione ab eodem plurimis additis annotationibus et plusquam quingentis decisionibus meliori methodo dispositis (Mediolani 1764) – hereafter simply Constitutiones mediolanensis Dominii – lib. I, tit. de Senatoribus, § Cognoscet 8; lib. IV, tit. de iure et privilegio fisci, §§ Literae donorum, Literae gratiae 293. – Also the supreme courts of the Duchy of Savoy enjoyed this power of *interinatio*: PETRONIO, Senato (diritto intermedio), in: Enciclopedia del diritto XLI (Milano 1989) 1151–1164, here 1155–1158; ID., I senati giudiziari 420–425; CARLO DIONISOTTI, Storia della magistratura piemontese I (Torino 1881) 147–166; MARIO VIORA, Le Costituzioni piemontesi (Leggi e costituzioni di S.M. il Re di sardegna) 1723–1729–1770 (Torino 1928, rist. an. Torino 1986) 151ff.; ISIDORO SOFFIETTI / CARLO MONTANARI, Problemi relativi alle fonti del diritto negli stati sabaudi, secc. 15.–19.: appunti dal corso di esegesi delle fonti del diritto italiano, a.a. 1987–1988 (Torino 1988) 37–40 and 75–95; LAURENT CHEVAILLER, Essai sur le souverain Sénat de Savoie, 1559–1793 I (Annecy 1953) 72ff. About the Duchy of Milan, concerning specifically the question of the registration of the pardons granted by the Governor of the State, repre-

sort of registration – following the model offered by the *Parlement de Paris* and by other French provincial *Parlements*.[3]

Since then, the *Senato* had been the supreme Tribunal of the State for more than two centuries, first under the Spanish Crown and then under the Habsburg domination, until 1786, when it was abolished by Joseph II, who pursued a radical reform of the whole Lombard legal system.[4]

The institutional functions of the *Senato* and its judicial, legislative and administrative attributions were stated in the first book of the *Novae Constitutiones Dominii Mediolanensis*, promulgated in 1541 by Charles V. This piece of legislation was in fact a compilation of ancient ducal laws and *decreta*, collected and brought up to date by a commission of Lombard jurists.[5] Until the crucial year 1786, they had been the main

---

senting the Prince: PETRONIO, Il Senato di Milano 12ff. and 55; GIAN PAOLO MASSETTO, Monarchia spagnola, Senato e Governatore: la questione delle grazie nel Ducato di Milano (Secoli XVI–XVII), now in: Saggi 229–268, here 251ff.

3 Concerning the so-called *enregistrement des lettres patentes* by the French *Parlements* see ROLAND MOUSNIER, Les institutions de la France sous la monarchie absolue II (Paris 1980) 375–379; JEAN PAUL ROYER, Histoire de la justice en France de la monarchie absolue à la république (Paris 1996) 63–66; ALBERT RIGAUDIERE, Des temps féodaux aux temps de l'Etat, in: OLIVIER GUILLOT / ALBERT RIGAUDIERE / YVES SASSIER, Pouvoirs et institutions dans la France médiévale II (Paris 1994) 216–217; PHILIPPE SUEUR, Histoire du droit publique français: 15.–18. siècle: la genèse de l'Etat contemporain 2, Affirmation et crise de l'Etat sous l'Ancien Régime (Paris 1989) 202–203; BERNARD DURAND, Royal Power and its Legal Instruments in France, 1500–1800, in: ANTONIO PADOA SCHIOPPA (ed.), Legislation and Justice (Oxford 1997) 291–312, here 303–304 and 312.

4 See the Provisions of Joseph II, promulgated in Milan on February 11, 1786, in A.S.M., Uffici giudiziari p.a., cart. 198. Among the several studies on the 18th century *Lombardia* I just mention here FRANCO VALSECCHI, L'assolutismo illuminato in Austria e in Lombardia 2 La Lombardia (Bologna 1934); FRANCO VENTURI, Settecento riformatore I Da Muratori a Beccaria (Torino 1969) 648ff.; CARLO CAPRA, Il Settecento, in: DOMENICO SELLA / CARLO CAPRA, Il Ducato di Milano dal 1535 al 1796 (Torino 1984) 153–663; the essays collected in: Economia, istituzioni, cultura in Lombardia nell'età di Maria Teresa I–III (Bologna 1982); and the ones in: CARLO CAPRA (ed.), Pietro Verri e il suo tempo I–II (Milano 1999) with bibliographical references.

5 From 1541 until 1763, twelve editions of the *Novae Constitutiones* appeared. The eleventh, enriched with the *Senato's* judgements, was published by GABRIELE VERRI in 1747, who also added the well known essay *Prodromus de origine et progressu juris mediolanensis*: Constitutiones Dominii mediolanensis, decretis et senatus-consultis nunc primum illustratae, curante comite GABRIELE VERRO

statute of the Duchy, its *Ius provinciale*, prevailing over the *Statuta* of the different towns and communities of the State of Milan, still in force, as well as prevailing over the subsidiary law *par excellence*, the evergreen *Ius commune*, for the relevant topics.[6]

The *Senato*'s powers and range of action spread in many different directions, as occurred in several supreme tribunals during the *Ancien Régime*, throughout Europe.[7] Suffice it to think of the Roman *Rota*, an ancient example of a superior court.[8] But we can also include in the comparison: Naples' *Sacro Regio Consiglio*, for centuries under the same Spanish domination as the State of Milan;[9] the *Senato* of Torino and the *Senato* of Chambéry, whose rules of legal procedure were extremely simi-

---

(XI ed., Mediolani 1747). See ALESSANDRO VISCONTI, Il IV centenario delle Nuove Costituzioni dello Stato milanese, in: Studi di storia e diritto in memoria di Guido Bonolis I (Milano 1942) 59ff.; ID., La pubblica amministrazione nello Stato milanese 5–31.

6 For the relevance of the Lombard statute law as *Ius provinciale* see GIGLIOLA DI RENZO VILLATA, Diritto comune e diritto locale nella cultura giuridica lombarda dell'età moderna, in: Diritto comune e diritti locali nella storia dell'Europa 331–388.

7 JOHN P. DAWSON, The Oracles of the Law (Ann Arbor 1968); GINO GORLA, I tribunali supremi degli stati italiani fra i secoli XVI e XIX quali fattori della unificazione del diritto nello stato e della sua uniformazione fra stati, in: Diritto comparato e diritto comune europeo (Milano 1981) 543–617; ID., Introduzione allo studio dei tribunali italiani nel quadro europeo fra i secoli XVI e XIX, in: NICOLA PICARDI / ALESSANDRO GIULIANI (ed.), L'Ordinamento giudiziario I (Rimini 1985) 329ff.; MARIO ASCHERI, Rechtsprechungssammlungen. Italien, in: HELMUT COING (ed.), Handbuch der Quellen und Literatur der neueren europäischen Rechtsgeschichte II, 2 (München 1976) 1113–1194 – italian ed. MARIO ASCHERI, Tribunali giuristi e istituzioni dal medioevo all'età moderna (Bologna 1989); ID., I grandi tribunali e la ricerca di Gino Gorla, in: MARIO SBRICCOLI / ANTONELLA BETTONI (ed.), Grandi tribunali e rote nell'Italia di antico regime (Milano 1993) XI–XXXIII; ADRIANO CAVANNA, Storia del diritto moderno in Europa. Le fonti e il pensiero giuridico (Milano 1982) 155–171.

8 Recently: ANGELA SANTANGELO CORDANI, La giurisprudenza della Rota romana nel XIV secolo (Milano 2001).

9 GIANCARLO VALLONE, Le "decisiones" di Matteo d'Afflitto (Lecce 1988); MARCO NICOLA MILETTI, Tra equità e dottrina: il Sacro Regio Consiglio e le Decisiones di Vincenzo De Franchis (Napoli 1995); ID., Stylus judicandi: le raccolte di decisiones del Regno di Napoli in età moderna (Napoli 1998); see also ADRIANO CAVANNA, Le leggi penali di Giuseppe Bonaparte per il Regno di Napoli (1808), in: Casi, fonti e studi per il diritto penale raccolti da SERGIO VINCIGUERRA s. II 11 (1998) CCCLXXIX.

lar to the ones followed by the *Senato* of Milan.[10] The German *Reichskammergericht* also comes to mind,[11] as do the French *Parlements*.

The *Senato* of Milan had a very far-reaching influence. It enjoyed substantial administrative power over the University of *Pavia* and it took charge of several issues regarding public health, censorship and, of course, the administration of justice. In both civil and criminal cases, the *Senato* acted as the court of first instance, competent in a wide range of subjects and matters listed in the *Novae Constitutiones*. It also acted as the appellate jurisdiction and as the court of last resort with respect to any petition, claim or complaint taken against the decisions rendered by other judges located in the State.[12]

Moreover, the *Senato* had been especially charged with the supervision and care of all inferior judges, and the Tribunal always considered this as a fundamental task.[13]

---

10 Leggi e Costituzioni di Sua Maestà, lib. II, tit. III (Torino 1723). ISIDORO SOFFIETTI, La costituzione della 'Cour de Parlement' di Torino, in: Rivista di storia del diritto italiano 49 (1976) 301–308; ENRICO GENTA, Senato e senatori di Piemonte nel secolo XVIII (Torino 1983); ELISA MONGIANO, Il Senato di Piemonte nell'ultimo trentennio dell'antico regime (1770–1798), in: Rivista di storia del diritto italiano 63 (1990) 143–175; PAOLA CASANA TESTORE, Un esempio di corte suprema nell'età del diritto comune. Il senato di Piemonte nei primi decenni di attività (Torino 1995).

11 RUDOLF SMEND, Das Reichskammergericht I: Geschichte und Verfassung (Weimar 1911); HELMUT COING, Le Reichskammergericht, in: Consilium Magnum 1473–1973, Commémoration du 500e anniversaire de la création du Parlement et Grand Conseil de Malines, Colloque (Bruxelles – Malines) 8–9. XII. 1973 (Bruxelles 1977) 41–53; BERNHARD DIESTELKAMP, Der Stand der Arbeiten zur Erschließung der Quellen des Reichskammergerichts, *ibidem* 199–214; ID. (ed.), Das Reichskammergericht in der deutschen Geschichte, Stand der Forschung, Forschungsperspektiven (Köln et. al. 1990); ID., Reichskammergericht und Rechtsstaatsgedanke: die Kameraljudicatur gegen die Kabinettsjustiz (Heidelberg 1994); FILIPPO RANIERI, Diritto comune e diritto locale nei primi decenni della giurisprudenza del Reichskammergericht. Alcune prospettive di ricerca, in: Diritto comune e diritti locali nella storia dell'Europa 71–92; ID., Recht und Gesellschaft im Zeitalter der Rezeption, Eine rechts- und sozialgeschichtliche Analyse der Tätigkeit des Reichskammergerichts im 16. Jahrhundert I (Köln et. al. 1985); PETER OESTMANN, Hexenprozesse am Reichskammergericht (Köln et. al. 1997).

12 Constitutiones mediolanensis Dominii lib. I, tit. de Senatoribus 7–9.

13 GIULIO CESARE RUGGINELLI, Tractatus de Senatoribus sive Commentaria ad Novas Constitutiones Mediolani hoc titulo (Mediolani 1697) § I glossa VI cap. III, cap. XXIX; ID., Practicarum quaestionum rerumque iudicatarum liber singularis (Venetiis 1610) cap. XLIII n. 14; ANGELO STEFANO GARONI, Commentaria in tit. de

Its various activities were always, and obviously, politically oriented, but above all when the *Senato* acted as a supreme court and rendered justice to the parties, it represented the Prince himself. The foreign king was away from Milan, in Madrid, or in Vienna, so that in the Lombard State every issue related to *Iustitia*, inferior judges, courts and trials, was assigned to the *Senato*: «[...] *Et quidquid Senatus faciet, vel decernet, parem vim habeat ac si a Principe factum fuisset*».[14]

Furthermore, the scope of its equitable judicial power was almost unlimited: the *Senato* enjoyed the power to decide according to *Aequitas*, following its unobjectionable *Arbitrium*.[15] The court used to proceed and judge «*secundum conscientiam*»,[16] «*sola facti veritate inspecta*».[17] As we

---

Senatoribus Novarum Constitutionum Status Mediolani, lib. I, tit. IV (Mediolani 1643) art. VIII.

14 Constitutiones mediolanensis Dominii lib. I, tit. de Senatoribus § *Cum autem* 9. JACOPO MENOCHIO, Consiliorum sive responsorum liber undecimus (Venetiis 1609) cons. 1078 n. 1; GIOVANNI PIETRO BIUMI, Consiliorum sive responsorum liber tertius (Venetiis 1611) cons. 208 n. 42; GARONI, Commentaria in tit. de Senatoribus praelud. cap. VII nn. 47ff.

15 JACOPO MENOCHIO, De arbitrariis iudicum quaestionibus et causis I (Venetiis 1588) quaestio XIII; GIOVANNI BATTISTA CAVALLINO, Actuarium practicae civilis I (Mediolani 1616) 20–21; GIOVANNI ANTONIO ZAVATTARI, De Fori Mediolanensis praxi, et nonnullis depravationibus ex eo tollendi dialogus (Venetiis 1584) n. 5; GIULIO CESARE CALVINO, De aequitate tractatus I (Mediolani 1676) cap. V, n. 4; cap. XC, n. 62.

16 BARTOLO DA SASSOFERRATO, Commentaria in primam Codicis partem (Lugduni 1547) ad C 2.10. *Ut quae desunt advocatis partium iudex sup(pleat), lex non dubitandum*, n. 4: «*Sed si esset iudex supra legem, ut Papa, vel Imperator, vel alius dominus, cuius dictum habetur pro lege in territorio suo: tunc debet iudicare secundum conscientiam suam* [...]»; GUY PAPE, Decisiones Parlamenti Dalphinalis Grationopolis (Lugduni 1528) q. XXIX; ANDREA ALCIATO, In Digestorum titulos aliquot [...] commentaria I (Lugduni 1560) in c. X. 1. 31. 1 *de officio et potestate iudicis ordinarii*, c. *perniciosam* n. 59; OTTAVIANO CACHERANO, Decisiones Sacri Senatus Pedemontani (Augustae Taurinorum 1581) dec. I n. 43; GIOVANNI ANTONIO DALLA CHIESA, Observationes forenses Sacri Senatus Pedemontani (Augustae Taurinorum 1668) observatio CVI nn. 11–15; SIGISMONDO SCACCIA, Tractatus de sententia et re iudicata (Venetiis 1629) glos. XIV quaestio VIII n. 54; DIDACO IBAÑEZ DE FARIA, Additiones [...] ad libros Variarum Resolutionum [...] Didaci Covarruvias a Leiva (Lugduni 1676) ad caput I nn. 17–21. See ADRIANO CAVANNA, La conscience du juge dans le stylus iudicandi du Sénat de Milan, in: JEAN-MARIE CARBASSE / LAURENCE DEPAMBOUR-TARRIDE (ed.), La conscience du juge dans la tradition juridique européenne (Paris 1999) 229–262; ANTONIO PADOA SCHIOPPA, La conscience du juge dans le *ius commune* européen, *ibidem*

read in coeval doctrinal sources, the meaning of these clauses acquired a very special significance with respect to supreme judges, «*legibus soluti*».[18]

The *Senato*'s decisions were not subject to appeal and they could not be contested by anyone, including the Prince.[19] For these reasons, the

---

95–129; MASSETTO, Sentenza (dir. interm.) 1201–1202, 1205–1206; GIGLIOLA DI RENZO VILLATA, Egidio Bossi, un criminalista milanese quasi dimenticato, in: Ius Mediolani. Studi di storia del diritto milanese offerti dagli allievi a Giulio Vismara (Milano 1996) 365–616, here 582–583; PETRONIO, I senati giudiziari 396–398; as well as KNUT WOLFGANG NÖRR, Zur Stellung des Richters im gelehrten Prozess der Frühzeit. Iudex secundum allegata non secundum conscientiam iudicat (München 1967). – Specifically about the *Senato* of Milan: EGIDIO BOSSI, De parto supposito, in: Tractatus varii, qui omnem fere Criminalem materiam excellenti doctrina complectuntur (Lugduni 1562) n. 37; GIULIO CLARO, Volumen, alias liber Quintus (Venetiis 1570) Practica criminalis § Finalis q. LXIII n. 9 *Tu scis*; Milano Biblioteca Ambrosiana (hereafter B.A.) H 45 suss., Commentarium ad Novas Constitutiones Mediolanenses, In rubricam Tituli De Senatoribus 19v.ff.; GARONI, Commentaria in tit. de Senatoribus praelud. cap. VII; RUGGINELLI, Tractatus de Senatoribus § I glos. I cap. II n. 19; glos. VI cap. XXVII n. 268; ZAVATTARI, De Fori Mediolanensis praxi nn. 249ff.; MENOCHIO, De arbitrariis II casus XCVIII n. 13. See ANNAMARIA MONTI, Il Senato di Milano e lo stylus iudicandi 'in civilibus' (Ph. D. thesis Milano-Genova-Firenze 1999) 88–104.

17 This clause, originally conceived for the *processum summarium* of the ecclesiastical courts in the early 14th century, gained a specific relevance in the trials in front of the laical supreme tribunals, as the *Senato* of Milan, judging *ultra petita* and *non obstantibus allegatis et probatis in processu*: Rotae Romanae Decisiones quae hactenus extant, novissimae II, Decisiones Dominorum de Rota quas novas appellant, *Nova 2 de rescriptis* (Lugduni 1567); FILIPPO DECIO, In Decretalium Volumen perspicua Commentaria (Venetiis 1593) ad X. 2. 19. 11 *de probationibus*, c. *Quoniam contra* nn. 16–18; MENOCHIO, De arbitrariis I quaestio L, II centur. I casus LXVIII nn. 32–33; PIETRO RIDOLFINI, De ordine procedendi in iudiciis in romana curia praxis recentior II (Romae 1675) cap. I nn. 30–43. – See ITALO BIROCCHI, Tra tradizione e nuova prassi giurisprudenziale: la questione dell'efficacia dei patti nella dottrina italiana dell'età moderna, in: Saggi sulla formazione storica della categoria generale del contratto (Cagliari 1988) 164–169; MILETTI, Tra equità e dottrina 149–157; MASSIMO MECCARELLI, Arbitrium. Un aspetto sistematico degli ordinamenti giuridici in età di diritto comune (Milano 1998) 255–277; MONTI, Il Senato 104–125.

18 There was a huge difference in the degree of judicial authority entrusted to inferior judges and supreme courts. See: ANDREA ALCIATO, Responsa (Lugduni 1561) resp. 301; RUGGINELLI, Practicarum quaestionum cap. I.

19 «*A decretis vero, Sententiisve, Ordinationibus, et Provisionibus, quas Senatus faciet, non possit quovis modo appellari, provocarive, vel de nullitate dici: Sed*

Tribunal was compared, as it usually happened in the juridical literature on superior courts of the sixteenth and seventeenth centuries, to the late roman magistrate *Praefectus Praetorio*, whose decisions were final and not subject to further review.[20]

The decisions of the *Senato* were considered somehow divine in nature: «*Senatus iudicat tamquam Deus*». Lombard jurists used to say and write in their doctrinal works and this soon became a Leitmotiv.[21] A Leitmotiv that, during the second half of eighteenth century, had been ironically exploited by Pietro Verri, a well-known Enlightenment figure in Milan, in order to criticise judgements based on the capricious will of the magistrate.[22] The son of the famous *Senator* Gabriele also criticised the judicial methods adopted by the supreme court, as such methods were apparently devoid of any sense but, due to their peculiarity, they increased and affirmed *Senato*'s prestige.

II. FONTES

This is the institutional and historical backdrop against which the *Senato* was operating, according to the image projected by coeval *Fontes*. The available coeval *Fontes* include legislative sources – such as the already mentioned Lombard *Ius provinciale* and the orders issued by the Span-

---

hae omnino effectum sortiantur, et executioni mittantur [...]»: Constitutiones mediolanensis Dominii lib. I, tit. de Senatoribus 8. GARONI, Commentaria in tit. de Senatoribus art. X; GIULIO CESARE RUGGINELLI, Commentarii ad Caesareas Constitutiones Provinciae Mediolanensis in tit. de Appellationibus (Mediolani 1619) § secundus cap. II.

20 ANGELO STEFANO GARONI, Observationes in Constitutiones Dominii Mediolanensis (Mediolani 1627) Lib. I, Tit. *de Senatoribus* § *A Decretis*; GIUSEPPE OLDRADI, De litteris et mandatis principum ... commentaria (Mediolani 1630) prael. I n. 44. See MASSETTO, Sentenza (dir. interm.) 1212; PETRONIO, I senati giudiziari 386–387, 394, 408–409; ENNIO CORTESE, Philippus Probus, canonista gallicano della prima metà del '500, in: BERNARD DURAND / LAURENT MAYALI (ed.), *Excerptiones iuris*: Studies in Honor of André Gouron (Berkeley 2000) 128.

21 EGIDIO BOSSI, De parto supposito n. 26; CALVINO, De aequitate tractatus I cap. I n. 23.

22 PIETRO VERRI, Orazione panegirica sulla giurisprudenza milanese, in: PIETRO VERRI, Osservazioni sulla tortura (II ed. by GENNARO BARBARISI, Milano 1993) 172–173.

ish kings and by the Habsburgs for the Duchy and for the *Senato*[23] – but also the doctrinal *Fontes*, witnesses of an age-long legal practice. Judicial *Fontes*, by contrast, are much more complicated to find and less accessible.

Unfortunately, due to Second World War bombings, the Senato's Archives were almost completely destroyed, except for a section called *Fidecommessi*, divided into 699 folders – each folder is devoted to a different Lombard noble family – collecting the *Dispensationes* granted by the supreme court to private citizens, in order to alienate *bona fideicommisso subiecta*, from the sixteenth until the eighteenth century.[24]

The enormous loss of original documents and materials once kept in the Archives, in addition to the lack of both official and unofficial reports as well as of records of *Senato*'s decisions, forces the researcher to look for indirect *Fontes* in order to properly approach and study the various pronouncements of the *Senato* of Milan. A further inconvenience is attributable to the absence of collections of provisions and reports similar to those available for many other European supreme courts.[25]

---

23 Like the *Ordines* sent by Charles V from Worms in 1545 or the ones of 1581 by Philip II, from the Convent of Tomar.

24 ANTONIO PADOA SCHIOPPA, Sul fedecommesso nella Lombardia teresiana, in: Economia, istituzioni III 807–826; MARIA CARLA ZORZOLI, Della famiglia e del suo patrimonio: riflessioni sull'uso del fedecommesso in Lombardia tra Cinque e Seicento, in: LLOYD BONFIELD (ed.), Marriage, Property and Succession (Berlin 1992) 155–213.

25 ASCHERI, Rechtsprechungssammlungen 1113–1194; JOHN H. BAKER, Case-Law: Reports and Records, in: HELMUT COING / KNUT WOLFGANG NÖRR (ed.), Englische und kontinentale Rechtsgeschichte: ein Forschungsprojekt (Berlin 1985) 49–55; JOHN H. BAKER, Law reports and english legal history: the editorial problem, in: Scintillae Iuris, Studi in memoria di Gino Gorla I (Milano 1994) 155–171; DAVID IBBETSON / ALAIN WIJFFELS, Case Law in the Making: The Techniques and Methods of Judicial Records and Law Reports, in: ALAIN WIJFFELS (ed.), Case Law in the Making. The Techniques and Methods of Judicial Records and Law Reports I (Berlin 1997) 13–35; JEAN HILAIRE / CLAUDINE BLOCH, Connaissance des décisions de justice et origine de la jurisprudence, in: JOHN H. BAKER (ed.), Judicial Records, Law Reports, and the Growth of Case Law (Berlin 1989) 47–68; GERO DOLEZALEK, Reports of the "Rota" (14th–19th centuries), *ibidem* 69–99; ANDREA ROMANO, Tribunali, Giudici e Sentenze nel «Regnum Siciliae» (1130–1516), *ibidem* 211–301; ID., La Regia Gran Corte del Regno di Sicilia, in: Case Law in the making I 141ff.; JOHANNES-MICHAEL SCHOLZ, Colecciones de jurisprudencia y de dictámenes, in: ANTONIO PÉREZ MARTÍN / JOHANNES-MICHAEL SCHOLZ, Legislación y jurisprudencia en la España del Antiguo Régimen (Valencia 1978).

The main point is that most of the pronouncements issued by the *Senato*, above all *Decisiones* and *Rescripta*, can only be inferred, today, from the analysis of the printed doctrinal works of Lombard jurists, often lawyers who pleaded in front of the *Senato* or *Senatores* themselves, who used to report fragments of *Senato*'s case law in their books and collections of *Consilia*, or in their *Commentaria* or *Additiones* to the *Novae Constitutiones*.

But there is also a series of manuscripts dating back to the sixteenth, seventeenth and eighteenth century, which carry a more or less precise mark of the Tribunal's judicial activity. Among these unpublished sources, a series of anonymous manuscripts in which a great number of decisions rendered by the court are collected in chronological or alphabetical order deserves special attention.[26] There are also unpublished commentaries on the provincial statute law, enriched with a selection of *Senato*'s provisions.[27]

In addition, we were also able to look at some manuscript copies, mostly anonymous, of the *Formularium Cancellariae Senatus Mediolani*, very interesting and precious *Fontes*. These sources were especially useful in order to understand the court's provisions, since they offer a detailed analysis of the activity of its *Cancellaria*, the Tribunal's record-office, often accompanied by practical examples.[28]

These premises lead to a historical and juridical rebuilding of daily activity of the *Senato* of Milan mainly based upon second-hand sources, which turns out to be a rather challenging endeavour.

---

26 Milano Biblioteca Nazionale Braidense (hereafter B.N.B.) *Morbio* 146; B.N.B. *Morbio* 152; B.A. H 56 suss.; B.A. *Trotti* 23; Pavia Biblioteca Universitaria (hereafter B.U.) *Ticinesi* 360; in chronological order B.A. G. 143 suss.; B.A. 270; B.A. S.Q. + I. 6–9.

27 Besides the already mentioned 18th century editions of *Novae Constitutiones* by GABRIELE VERRI and MOGNI FOSSATI, among the unpublished commentaries see: B.A. A 308 suss.; B.A. D 47 suss.; B.A. H 45 suss.; B.A. I 173 inf.; B.A. I 53 inf. pars II; B.A. I 53 inf.; B.A. *Trotti* 116; B.A. *Trotti* 82; B.N.B. A. E. XIII. 18; B.N.B. *Morbio* 147; B.N.B. *Morbio* 152, *V.B. Sertorii ad Constitutiones Mediolani commentarium*; B.N.B. *Morbio* 97,15, *postillae Senatoris Brugorae*; B.U. *Ticinesi* 232.

28 ANNAMARIA MONTI, I formulari del Senato di Milano (secc. XVI–XVIII) (Milano 2001).

III. TYPOLOGY OF SENATO'S ACTS.

First of all, after collecting a number of *Senato*'s different acts from the indirect sources available, it is extremely important to understand their legal nature and form, their validity, their meaning and their force. Since it is not always easy to establish with certainty all those elements, I will try to give a general overview of the various types of provisions that we were able to identify. It is important to bear in mind that any modern conception of classification was completely absent at those times and that the legal categories which I am about to employ were not as clear and definite as they may appear today.

I would like to start this short outline of the pronouncements of the *Senato* of Milan with the *Ordines*, because they were the only acts duly collected and printed, so they are less difficult to study and consult.

The last version of *Ordines Excellentissimi Senatus Mediolani*, edited in 1743 by the lawyer Pio Antonio Mogni Fossati, as a matter of fact was the work of a secretary of the court, Giovanni Pietro Carli, and it was intended to be the continuation of the collection edited after 1639 by Angelo Stefano Garoni, professor at the University of *Pavia* until 1618 and then secretary of the *Senato*. It includes also the *Ordines* given to the *Senato* by the Spanish and Austrian sovereigns.[29]

The *Ordines* rendered by the *Senato* were a kind of set of general rules that may be viewed as expression of a sort of legislative power shared by the Tribunal, according to the norms set forth in the *Novae Constitutiones*. The statute, in particular, entrusted the supreme court of the Duchy with the power to «*tollere leges*», and consequently, as the Lombard doctrine argued, also with the power to «*condere leges*».[30]

---

29 *Ordines excellentissimi Senatus Mediolani, ab Anno 1490 usque ad Annum 1639 collecti, et scholiis ornati ab olim J.C.* ANGELO STEFANO GARONO [...] *Ab Anno vero 1639 usque ad Annum 1743 collecti ab egregio J.C. Don* JOANNE PETRO CARLIO [...] *nec non perutilibus annotationibus illustrati ab egregio J.C. et advocato* PIO ANTONIO MOGNO FOSSATO (Mediolani 1743).

30 CLARO, Volumen § Finalis q. XXXVIII *Vidi aliquando*; GARONI, Commentaria in tit. de Senatoribus prael. cap. VII n. 40; RUGGINELLI, Tractatus de Senatoribus § I glos. VI cap. XXVIII nn. 275–276; CALVINO, De aequitate I cap. V n. 1; OLDRADI, De litteris et mandatis prael. I nn. 27–29; prael. III n. 31; prael. IV n. 9 and n. 44; GIOVANNI PIETRO BIUMI, Consiliorum seu responsorum liber unus (Venetiis 1588) cons. 80 n. 21.

The legal nature of *Ordines*, however, is not entirely clear. Such provisions could be considered as a sort of «regulation», in the sense made clear by contemporary legal scholarship.[31] By regulation, therefore, we intend any kind of secondary rule, i.e. a rule that is inferior to the laws promulgated by the Prince – expression of the authoritative power of the court – that is immediately applicable to the general public or to a specific category of subjects. *Ordines*, in fact, could bind everyone in the State, private parties and local magistrates and – as Count Gabriele Verri stated in 1768 – they constituted, metaphorically speaking, the skeletal structure of the law in force in *Lombardia*.[32]

Their contents were various and manifold. For some particular aspects, they could be compared to the *Arrêts de règlements* issued by the French *Parlements*, especially during the sixteenth century.[33] One thinks, for instance, of the *Ordines* devoted to the discipline of trials in front of the *Senato*. Such pronouncements were clearly a sort of regulation that the court provided on several occasions during the centuries.[34]

Among *Senato*'s legal measures which have to be inferred from indirect sources, there are *Decisiones* and *Rescripta*. *Decisiones* are the final judicial decisions of the court given to the parties.[35] They are synthetic and essential, since the opinions of the supreme judge were kept secret: the supreme Tribunal, in fact, never had to disclose the *motiva* of its judgements. Besides, all *Senatores* and secretaries were bound to keep

---

31 MASSIMO SEVERO GIANNINI, Regolamento, in: Enciclopedia del diritto XXXIX (Milano 1988) 601–605.

32 *Relazione ovvero Compendio. Della origine, del progresso, della compilazione e de' fondamenti del Nuovo Piano Civile e Criminale, che si rassegna al Serenissimo Amministratore dal Reggente, e Senatore Conte* GABBRIELE VERRI, edited by GIULIANA VOLPI ROSSELLI, Tentativi di riforma del diritto del processo nella lombardia teresiana. Il «Nuovo Piano» di Gabriele Verri (Milano 1986) 213–216.

33 ANDRÉ GOURON, Jurisprudence de la Cour de Cassation et arrêts de règlement, in: ANDRÉ GOURON / LAURENT MAYALI / ANTONIO PADOA SCHIOPPA / DIETER SIMON (Hrsg.), Europäische und amerikanische Richterbilder (Frankfurt/M. 1996) 60ff.; PHILIPPE PAYEN, Parlement et administration judiciaire, in: Quaderni Fiorentini 26 (1997) 139–182.

34 Such as the *Ordines* rendered in 1580, 1616 and 1686, in *Ordines* 104–107, 219–222, 425–427.

35 *Decisio* is intended here in a non-technical sense: FILIPPO RANIERI, Styles judiciaires dans l'histoire européenne: modèles divergents ou traditions communes?, in: ROBERT JACOB (ed.), Le juge et le jugement dans les traditions juridiques européennes. Études d'histoire comparée (Paris 1996) 186–188.

secret what was discussed and decided during the sessions, and particularly for the single *vota* expressed, according to the oath they had to take at the raising to the Bench.[36]

The *Decisiones* of *Senato* consist therefore of the purview of the sentence: their contents are limited to the final collegiate statement on the case, introduced by the typical phrase «*Censuit Senatus*».[37] Both in printed and unpublished *Fontes*, *Senato*'s *Decisiones* are cited by the date – very often with year, month and day – and by the names of the parties, of the appointed secretary and of the *Senator referens*, the one in charge of the preliminary proceedings and of the final report to the court.[38] In a few, rare *Fontes*, *Decisiones* are preceded by a detailed summary of the underlying facts of the case and of the various stages of the trial. It is possible to conceive that all *Decisones* were once accompanied by such a description of the facts.[39]

Decisiones, which were pronounced in the name of the King, Duke of Milan, were binding on the parties involved in the case, as well as on all inferior judges, as *exempla* for future similar cases, but they were not binding on the *Senato* itself. All coeval Lombard jurists agreed on this issue.[40]

It is beyond doubt that *Senato*'s case law was a leading authority in the Lombard legal system. Even if we currently do not have evidence of any recording technique adopted by the supreme court, we can suppose

---

36 B.A. D 118 suss., *Formulae Senatus Mediolani scriptae ab Iacobo Ivagnes fere anno 1610* 67r–68r, edited in MONTI, I formulari 235–236; ALESSANDRO RHO, Tractatus de analogis, univocis et aequivocis iuris utriusque decisiones amplissimi Senatus Mediolani et aliorum supremorum magistratuum includens (Venetiis 1586) *Appendix ad librum primum* I n. 227.

37 ANDREA ALCIATO, In Digestorum titulos aliquot Commentaria III, II, ad D 50.16.46 nn. 1–2: «*Sive dicamus iudicem pronuntiasse, sive statuisse, idem est: haec enim verba sententiam latam ostendunt: sicut et ordinare, iudicare, praecipere, decernere, censere et iubere*»; BIUMI, Consiliorum [...] liber unus cons. 98 nn. 131–132.

38 For the civil trials: royal provisions of the 4th of July 1500, in Milano Biblioteca Trivulziana, *Dicasteri*, cart. 2; MONTI, Il Senato 161–182; for criminal cases: MASSETTO, Un magistrato 239ff.

39 FRANCESCO REDENASCHI, Consilia sive responsa (Ticini Regii 1652) cons. VII 62–63, cons. XVI 144, cons. XXXV 328.

40 GARONI, Commentaria in tit. de Senatoribus prael. cap. VII n. 35; OLDRADI, De litteris et mandatis prael. I nn. 45–47.

that one existed.[41] The greatest concern about the placement of *Senato*'s case law within the system of legal sources is related to the hypothetical, theoretical *vis legis* of its judgements, which were issued without any explicit motivation or statement about the *ratio decidendi*.

The expression *vis legis* in legal historiography has a twofold meaning.[42] On the one hand it means that supreme courts' decisions are to be considered as binding judicial precedents for lower courts. On the other hand, it means that the judges are entrusted with the power to articulate general and abstract rules in their decisions, immediately binding on everyone subject to the jurisdiction of the court.

The decisions of the *Senato* of Milan cannot be considered as binding precedents in a modern sense. However, we can affirm that its *Decisiones* contributed to shape a *consuetudo iudicandi* to which inferior judges were obliged to conform to.[43] Neither its provisions could generally be perceived as general rules binding on all citizens, even if, in some cases illustrated by the doctrinal sources, they could.[44] This explains why we can also find judgements among the printed *Ordines*.

«*Legibus, non exemplis iudicandum est*» (C. 7.45.13) was an acquired legal principle, shared by European doctrine during the *Ancien Régime*. Nevertheless, the *exempla* – i.e. the *Decisiones* issued by the *Senato* – were assimilated by Lombard jurists to the Prince's provisions, like those of the Pope or of the Emperor, so that they enjoyed the same law-making prerogatives. Among the local authors, several witnessed this way of considering and valuing *Senato*'s case law.[45]

---

41 This can be argued from the organisation of its *Cancellaria*, as it comes out of the *Formularia*.

42 GIANCARLO VALLONE, Le decisiones di Matteo d'Afflitto, in: Judicial Records, Law Reports 156–158.

43 LUIGI CAROELLI, Disquisitiones juridicae I (Mediolani 1728) *Ad Statuta et Novas Constit. Mediol.* n. 9. See also GIORGIO DE CABEDO, Practicarum observationum sive decisionum Supremi Senatus Regni Lusitaniae pars prima (Offenbachii 1610) decisio CCXII n. 7: «*Bene verum est, quod si senatus semel tantum iudicaverit causam aliquam, non errabunt iudices inferiores, qui in simili casu praedictam sententiam sequantur* [...]».

44 JACOPO MENOCHIO, Consiliorum sive responsorum liber sextus (Francofurti 1594) cons. 501 nn. 28–33; GARONI, Commentaria in tit. de Senatoribus prael. cap. VII n. 32 and n. 42.

45 JACOPO MENOCHIO, Consiliorum sive responsorum liber quintus (Francofurti 1594) cons. 412 n. 39; ID., Consiliorum sive responsorum liber tertius (Francofurti 1594) cons. 282 nn. 36–38; ID., Consiliorum sive responsorum liber septi-

Besides the *Decisiones*, there were also the *Rescripta*. These were judicial acts directed to inferior judges, aimed at gaining control of the management of a specific trial.[46] *Rescripta* were used, and very often abused, by the supreme court to respond to the *preces* of the parties and to interfere, sometimes heavily, with the activity of the inferior magistrates of the Duchy, without getting to the *avocatio*, in other words the removing of the proceedings to the higher court.

Rescripta were usually issued by a single *senator*, after careful examination of the petitions sent to the *Senato*'s record-office. The *Rescriptum* could simply consist of an order to proceed, but usually the party begged for a more precise provision, concerning evidence, time limitations, or other specific matters. A rich collection of different models of *Rescripta* is available in the various manuscript copies of the *Formularia Cancellariae Senatus*.[47]

In administrative proceedings related to Justice, instead, the *Senato* employed yet another legal instrument, the *Dispensationes*: direct expression of the sovereign power of exemption and dispense, tied to the power of *tollere leges*, they were rendered by the *Senato* in various cases.[48]

Apart from those concerning *Fideicommissa*, they were frequently issued to rule family relationships between husband and wife, or to provide special discipline for tutelage and guardianship cases. In each single case, the *Senato* dispensed the requesting party from the observance of a legal

---

mus (Francofurti 1604) cons. 676 nn. 2ff.; ID., Consiliorum sive responsorum liber duodecimus (Francofurti 1609) cons. 1144 nn. 20–21; ID., De praesumptionibus, coniecturis, signis, et indiciis commentaria (Venetiis 1597) lib I quaestio I n. 14 and n. 27; ALESSANDRO RHO, Consiliorum sive responsorum, et decisionum liber primus (Venetiis 1595) resp. XLVII n. 17; ID., Consiliorum sive responsorum, et decisionum liber secundus (Venetiis 1596) resp. 2 n. 312; BIUMI, Consiliorum [...] liber tertius cons. 387 n. 8.

46 Constitutiones mediolanensis Dominii lib. I, tit. *de rescriptis, et mandatis Principum* 4–5; *ordines* January 15, 1580, renewed in 1616, in *Ordines* 104–107 and 219–222. GARONI, Observationes Lib. I, Tit. *De rescriptis, et mandatis Principum* 6–11; RUGGINELLI, Practicarum quaestionum cap. XXIX; but above all OLDRADI, De litteris et mandatis principum *passim*. About *Senatus Rescripta*, for both procedures and contents, MASSETTO, Un magistrato 141ff.

47 MONTI, I formulari 45–69.

48 RUGGINELLI, Practicarum quaestionum § I glos. VI cap. I. n. 12: «*Praecipuum Senatus munus fuit in concedendo dispensationes*».

rule, a testamentary disposition or a contractual tie.[49] A great number of *Dispensationes* were also issued in order to allow foreigners to buy real estate in the ducal territory.[50] Of course, this overview should not be taken as an exhaustive picture of *Senato*'s *Dispensationes*, but it is useful to have a rough idea of its constantly expanding range of action.

IV. CONCLUSIONS

It is important to note that the *Senato*'s free interpretation of statute law, *Novae Constitutiones*, *Statuta civitatum*, customary law, *Ius commune* and doctrine often resulted, for practical purposes, in the creation of a new judge-made law, backed by the authority of the Prince. In the plurality of legal sources, in fact, the *Senato* succeeded in imposing its own prestigious *praxis*, its own *stylus iudicandi*, its own law-making process.

If the inferior judges did not abide by its precedents, the *Senato* could always remove the trial to the highest court or, upon request of the parties, it could send a binding *Rescriptum*, or reform the deviating sentence with a verdict that was binding, final and not subject to further review.

The complex activity performed by the *Senato* of Milan in the administration of Justice was characterised by different types of provisions, including *Decisiones*, *Rescripta*, *Ordines* and *Dispensationes*. All these provisions, taken cumulatively, constituted the *Senato*'s rich case law and contributed to the interpretation and development of existing traditional rules, stating legal principles in an authoritative way.

---

49 GARONI, Commentaria in tit. de Senatoribus art. II nn. 11ff.; MENOCHIO, Consiliorum [...] liber quintus cons. 478 n. 13.

50 Constitutiones mediolanensis Dominii lib. IV tit. *de Poenis* § *Collegiis* 258–259. GARONI, Commentaria in titulo de Poenis Constitutionum Status Mediolani (Mediolani 1640) artt. 69–75; ORAZIO CARPANI, Commentarius in capitulum Collegiis Novarum Constitutionum tit. De poenis, in: ID., In quatuor insigniores novarum Mediolani Constitutionum §§ [...] doctissimi commentarii (Mediolani 1609) 104–131. See CLAUDIA STORTI STORCHI, Ricerche sulla condizione giuridica dello straniero in Italia. Dal tardo diritto comune all'età preunitaria. Aspetti civilistici (Milano 1990) 77–81.

JOSÉ-DOMINGO RODRÍGUEZ MARTÍN, Madrid

VOLLSTRECKUNGSPROZESS OHNE URTEIL IM RÖMISCHEN RECHT (KOMMENTAR ZUR LEX LUCI LUCERINI)

Als[*] Gaius im 2. Jh. n. Chr. für seine Schüler ein Handbuch der Institutionen schrieb, dachte er wohl kaum, daß sein einfaches Werk eine der unentbehrlichen Quellen für die Kenntnis des klassischen römischen Rechts werden würde. Es ist kaum zu glauben, daß ein Autor, dem die zeitgenössischen Juristen wenig Bedeutung zukommen ließen, Justinians „Gaius noster" und unser primärer Anhaltspunkt für die Filterung des klassischen römischen Rechts wird. Einerseits erlaubte es die systematische Klarheit und Einfachheit im didaktischen Aufbau, daß sein Buch zum Schlüsselwerk für die Spätklassiker wurde, sich dem subtilen und komplizierten klassischen Recht anzunähern; andererseits ermöglichte Niehburs Entdeckung des Veroneser Palimpsestes im Jahr 1816, einer beinahe intakten Kopie des Werkes, eine kritische Studie der bis dahin verwendeten Quellen. Mittels Vergleiches des Palimpsestes mit anderen Werken konnten zahlreiche Interpolationen, die über die Jahrhunderte tradiert worden waren, aufgespürt werden.

Im Rahmen des Prozeßrechts ist das Buch des Gaius besonders bedeutsam, da Gaius nicht nur eine Beschreibung des klassischen prozessualen Systems gibt, sondern praktisch unsere einzige Quelle für den ursprünglichen römischen Prozeß darstellt: das archaische System der *legis actiones*. So finden wir in den ersten Absätzen des vierten Buches einige wenige, dafür umso wertvollere Verweise auf die ältere Zeit, die Gaius miteinbezieht, damit seine Studenten besser die nachfolgenden Erklärungen zum kontemporären Prozeßrecht verstehen können.

Die Darstellung des archaischen Vollstreckungsprozesses bietet dafür ein gutes Beispiel: Zu Gaius' Zeiten erstreckten sich die Urteilssprüche über das Vermögen und nicht über die Person des Verurteilten,[1] und

---

* Ich möchte Claudia Kreuzsaler für ihre Zeit und Aufmerksamkeit, die sie der Korrektur der deutschen Fassung des Textes widmete, herzlich danken.

1 Ausnahmen waren nur die Fälle der Hinterziehung zu Lasten des Gläubigers sowie der absoluten Mittellosigkeit; siehe vor allem MAX KASER / KARL HACKL, Das römische Zivilprozeßrecht (2. Aufl., München 1996) 383ff. Für Fragen des allge-

zwar mittels Konkursverfahrens. Die Klage, die dieses Vollstreckungsverfahren eröffnete, war die *actio iudicati*; sie war zulässig, wenn der Verurteilte dreißig Tage nach dem Urteil noch nicht geleistet hatte – ein System, das wir in seinen Grundprinzipien und in vielen Details geerbt haben.

Gaius verweist kurz auf das archaische System der Exekution, das vor der *actio iudicati* bestand: Die Vollstreckung in früherer Zeit – vielleicht schon vor den zwölf Tafeln – wurde mittels einer *legis actio per manus iniectionem* ausgeübt, einem bekanntlich sehr strikten Prozeß, der sich nicht nur auf den *iudicatus* erstreckte, sondern auch auf den *confessus* (der Beschuldigte, der seine Veranwortlichkeit *in iure* zugegeben hat, d.h. vor dem Prätor und noch vor einem Verfahren vor dem Iudex). Wenn der Kläger nicht binnen dreißig Tagen befriedigt wurde, konnte er den Verurteilten vor den Prätor führen und wenn kein *vindex* zu seiner Verteidigung erschien, gab der Magistrat dem Kläger die Erlaubnis, ihn als Gefangenen nach Hause zu führen. Falls dieser seine Schuld nicht begleichen konnte, war sein Gläubiger sogar ermächtigt, ihn zu töten und seinen Leichnam zu zerstückeln – oder ihn als Sklaven *„trans Tiberim"* zu verkaufen.

Von besonderem Interesse ist die Entwicklung, die dieses System der Vollstreckung bis zur modernen *actio iudicati* zu Zeiten von Gaius durchlief: Die alte *manus iniectio* war eine Kombination von primitiver Gewalt auf der einen Seite — mehr ein privater „Racheakt" als ein juristischer Vorgang[2] — und zivilisierter Kultur auf der anderen Seite: So kontrollierte ein Magistrat den gesetzmäßigen Ablauf des Prozesses und dem Verurteilten wurden mehrere Möglichkeiten gegeben, die Vollstreckung durch Begleichung der Schuld abzuwenden.

Der erste Schritt in dieser Entwicklung bestand darin, die barbarischen Züge des Systems zu glätten: Das Bestreben der Plebejer, die physische Vollstreckung in die Person des Verurteilten durch die Vollstrek-

meinen Prozeßrechts verweise ich auf dieses Werk, das ausreichend aktuelle Literatur enthält und kommentiert, um den *status quaestionis* jedes Problems zu kennen, das hier nicht in extenso diskutiert werden kann.

2 KASER/HACKL, Zivilprozeßrecht 131, wo der Vorgang der körperlichen Verhaftung als ein Teil des Rituales von der tatsächlichen Exekution auf die Person des Schuldners unterschieden wird. Für die Quellen, die uns die Meinung der Römer selbst überliefern, siehe KASER/HACKL, Zivilprozeßrecht 144, Anm. 90, mit Literatur.

kung ins Vermögen zu ersetzen, mündete bekanntlich in der *lex Poetelia Papiria* des Jahres 326 v. Chr.[3] Doch Gaius überliefert uns auch einen Aspekt dieser kulturellen Entwicklung, der die Romanisten bislang immer überraschte: Wie wir aus Gai. Inst. 4.22 ff. erfahren, begann man in bestimmten Fällen die sogenannte *manus iniectio „pro iudicato"* zuzulassen – eine Vollstreckung, als wäre bereits ein Urteilsspruch gefällt worden, während tatsächlich kein vorangehender Prozeß stattgefunden hat. Es scheint, daß bestimmte Konstellationen aus der damaligen Sicht der Römer als so offenkundig eingeschätzt wurden, daß eine direkte Vollstreckung zugelassen wurde ohne Notwendigkeit eines vorangehenden Streitverfahrens, in dem der Beschuldigte sich verteidigen konnte.

Ist das nun ein Fortschritt oder nicht vielmehr ein Rückschritt? Bedeutet das, daß bereits solche Rechtsgeschäfte entwickelt waren, für die sich eine derart zweifellose Rechtslage abzeichnete, daß man sicher sein konnte, nicht die Gefahr einer Ungerechtigkeit auf sich zu nehmen, wenn man eine Exekution ohne Richterspruch zuließ? Oder bedeutet es in Wahrheit ein Überleben antiker Rituale von Selbsthilfe, die als Fossilien am Rande der sonstigen kulturellen Entwicklung des Prozeßrechtes bestehen blieben?

Diese zweite Idee, im allgemeinen unvereinbar mit dem, was wir unter einem normalen Prozeß einer entwickelten Zivilisation verstehen würden, wurde in der Doktrin von großen Namen der Romanistik verteidigt, etwa Girard,[4] der solche Fälle als Stütze für seine Annahme verwendet, die archaischen Prozesse seien anfangs direkte Vollstreckungsprozesse ohne vorangehendes Streitverfahren gewesen — eine bloße Ritualisierung der privaten Rache. Jener Theorie nach wäre die Vollstreckung der ältere Prozeß gegenüber dem streitigen Verfahren — dieses entstand erst später, nämlich aus der Notwendigkeit der Diskussion von Sachver-

---

[3] Unsere Hauptquellen sind Titus Livius, Ab urbe condita 8.28.8 und Varro, De lingua latina 7.105.

[4] Siehe PAUL FRÉDERIC GIRARD, Manuel Élémentaire de Droit Romain (2. Aufl. von FELIX SENN, Paris 1929) 1041ff.: „[...] et c'est peut-être celle des Actions de la loi où l'on voit le mieux comment le procès a pu se greffer sur les anciennes prodédures sans procès"; siehe auch CARLO CANNATA, Profilo Istituzionale del Processo Privato Romano I. Le Legis actiones (Turin 1980) 41, wo der Verfasser meint, die Vollstreckung ohne Urteil im Rahmen der Entwicklung der *manus iniectio* läßt uns „risalire ad un'epoca alquanto precedente le XII Tavole, nella quale non esistevano cause non notorie".

halten, die nicht aureichend bestimmt waren, um direkt vollstreckbar zu sein.

Andere Autoren hingegen, wie Kaser, sind Anhänger der ersten Möglichkeit: Obgleich Kaser akzeptiert, daß dem Ursprung dieser Vollstrekkungsprozesse die „*vendetta*" inhärent sei,[5] verdanke seiner Meinung nach die Vollstreckung *pro iudicato* ihr Erscheinen der Öffentlichkeit jener Akte, die durch sie geschützt wurden; einer Öffentlichkeit, die ein so hohes Maß an Rechtssicherheit garantierte, daß aus römischer Sicht eine vorangehende Diskussion im streitigen Prozeß entbehrlich war.[6]

Ausgehend von den beiden bei Gaius angeführten Beispielen der *manus iniectio pro iudicato* erklärt Kaser, daß diese direkte Vollstreckbarkeit in dem dem Geschäft zugrundeliegenden Libralakt begründet ist:[7] So nennt Gaius in 4.22 die *lex Publilia,* die den *sponsor* nach Befriedigung des Gläubigers für den Rückgriff auf den Schuldner zur direkten *manus iniectio* ermächtigte; und die *lex Furia de sponsu,* die eine *manus iniectio pro iudicato* zugestand gegen den Gläubiger, der von einem *sponsor* mehr annahm als seine *pars virilis*, sein Kopfteil, betrug. In diesen beiden Fällen stellt schon die Publizität der Akte des Versprechens und der Zahlung (dem Formalismus dieser Zeit entsprechend mündlich, feierlich und vor Zeugen) die Verantwortlichkeit dessen, gegen den sich die Vollstreckung richtet, außer jeden Zweifel. Deshalb bedeutet für Kaser der Ausdruck „*pro iudicato*" nicht „ohne Urteil", sondern „als ob Du Verurteilter wärest (der Du nicht bist)".[8]

Wie eingangs erwähnt, sind die Ausführungen von Gaius so knapp gehalten, daß es nicht verwundern darf, wenn andere Zeugnisse diesem Bild widersprechen oder zumindest deutlich nicht mit Gaius überein-

---

5 Siehe oben Anm. 2.

6 KASER hat seine Theorie in einem ausführlichen Artikel in der ZRG RA 100 (1983) 80ff., bes. 84ff. dargelegt, dessen Titel lautet: Unmittelbare Vollstreckbarkeit und Bürgenregreß; siehe auch schon DERS., Das Altrömische Ius. Studien zur Rechtsvorstellung und Rechtsgeschichte der Römer (Göttingen 1949) 118ff., siehe auch KASER/HACKL, Zivilprozeßrecht 133ff.

7 In diesem Sinne siehe auch BERNARDO ALBANESE, Il processo privato romano delle Legis Actiones (Palermo 1993) 42, Anm. 128.

8 KASER, Vollstreckbarkeit 84. Der Verfasser relativiert an späterer Stelle (S. 93) diese Definition insoweit, als der Ausdruck *pro iudicato* schon für den Fall gelten konnte, daß der *magistratus* und nicht der *iudex* die Entscheidung getroffen hat. In diesem Sinne siehe CANNATA, Profilo I 38, der dem Ausdruck *pro iudicato* die Bedeutung „mit denselben Wirkungen eines *iudicium*" beilegt.

stimmen: In der italienischen Stadt Lucera wurde eine Inschrift entdeckt, die anhand der frühen Sprachstufe des verwendeten Latein ins 2. Jh. v. Chr. datiert werden kann.[9] Heute sind die Inschrift bzw. deren Teile leider unauffindbar, so daß wir für ihre Erörterung auf die frühe Transkription von Del Buono[10] angewiesen sind. Die (voneinander leicht abweichenden, vgl. die Anmerkungen) Ausgaben des CIL,[11] der FIRA,[12] bei Bruns[13] und Dessau[14] führen die Inschrift unter ihrer konventionellen Bezeichnung *lex Luci Lucerini* an:

IN · HOCE · LOVCARID · STIRCVS[15]
NE · //IS · FVNDATID · NEVE · CADAVER
PROIECITAD · NEVE · PARENTATID
SEI · QVIS · ARVORSV · HAC · FAXIT///IVM
QVIS · VOLET · PRO · IOVDICATOD · NI
MANVM[16] *· INIECTO · ESTOD · SEIVE*
MAC///STERATVS · VOLET · MOLTARE
///CETOD/////

(Transkription von F. del Buono)

IN HOCE LOVCARID STIRCVS NE ***[QV]****IS*
FVNDATID, NEVE CADAVER PROIECITAD,
NEVE PARENTATID[17]*. SEI QVIS ARVORSV*
HAC FAXIT, ***[IN]*** *IVM*[18] *QVIS VOLET PRO*
IOVDICATOD N(UMMUM) L[19] *MANVM*
*INIECT****[I]****O ESTOD; SEIVE MAC****[I]****STERA-*
TVS VOLET, MOLTARE, ***[LI]****CETOD*

(Ergänzungsvorschläge)

---

9 So die herrschende Doktrin, siehe etwa KASER, Altrömisches Ius 134, Anm. 37; die FIRA geben trotzdem mit Zweifeln das 3. Jh. v. Chr. an (siehe nächste Anm.).

10 Die Inschrift wurde von Francesco Del Buono entdeckt, die erste Edition stammt von GIOVANNI D'AMELJ, Storia della città di Lucera (Lucera 1861) App. 80; danach THEODOR MOMMSEN, Ephemerides Epigraphicae 2 (1874) 205, und ausführlich CARL GEORG BRUNS, Eine Inschrift von Lucera, in: ZRG 12 (1876) 127ff. Lesenswert ist auch die Geschichte der Entdeckung und der darauffolgenden Zerstörung der Inschrift, nicht nur wegen ihres geheimnisvollen Verschwindens – offensichtlich glaubte man eine Zeitlang, daß die Inschrift nur verloren war (siehe Dessau II 4912, CIL IX, 667) –, sondern auch angesichts der Reaktionen der Wissenschaftler vor Ort: Man schob die Verantwortung für die Zerstörung des Steins auf „qualche lavoriero della strada, presso da chi sa qual barbaro e maligno pensiero" (*sic* CIL IX, 667; ebenso liest man in den FIRA III Nr. 71 b *„barbara manu fractus")*. In CIL IX, 782 erzählt MOMMSEN, daß die Einwohner von Lucera angesichts seiner Vorwürfe *„erubuerunt et tacuerunt"*. Gleichermaßen erhebt BRUNS (S. 127) völlig undifferenzierte Anschuldigungen gegen die Einwohner der Stadt: „Unbegreiflicher Weise aber haben die Luceraner so wenig von dem sonstigen Localpatriotismus der italiänischen Städte gezeigt [...]".

11 CIL I², 401; CIL IX, 782; ebd., 667.

12 FIRA III, 71 b).

13 Bruns, 104 a).

14 Dessau II 4912.

15 FIRA lesen *stercus*.

In klassischem Latein würde der Text folgendermaßen lauten:

In hoc luco stercus ne quis fundito, neue cadauer proicito, neue parentato. Si quis aduersus haec[20] *fecerit, in ium*[21] *quis uolet pro iudicato n(ummum) L manum iniectio esto: siue magistratus uolet multare, liceto.*

Die Inschrift dokumentiert die Zulässigkeit einer *manus iniectio pro iudicato* gegen jeden, der in dem durch die Inschrift unter besonderen Schutz gestellten Wald[22] Müll wegwirft, einen Leichnam verscharrt oder sich auch bloß im Wald aufhält.

Der Inhalt dieser Inschrift war Anlaß für zahlreiche Diskussionen über verschiedene Fragen.[23] Ich möchte hier meine Aufmerksamkeit auf den Punkt beschränken, wo eine *manus iniectio pro iudicato* gewährt wird für Konstellationen, die nichts mit den zuvor genannten Rechtsgeschäften unter besonderer Publizität zu tun haben.

---

16 Ich möchte Prof. Manthe für folgenden Vorschlag danken: korrekt wäre wohl die Lesung MANVS INIECTO und es ist nicht auszuschließen, daß Del Buono hier irrtümlich ein M für ein S gelesen hat.

17 FRANZ BÜCHELER im CIL I² 401: „Debuit esse *funditod, proiecitod, parentatod* [...]: primos uersus ita uitiatos esse eo magis mireris, quod posteriores quinque prope nihil uitii contraxerunt".

18 MOMMSEN: *[ceiu]ium* (Eph. Epigr.; CIL I², 401).

19 *L* gelesen von MOMMSEN.

20 MOMMSEN: *hoc.*

21 MOMMSEN, entsprechend seinem Ergänzungsvorschlag: *ciuium.*

22 Alle Autoren stimmen darin über ein, daß *loucarid* gleichwertig mit *luco* ist, obwohl diese Beziehung nirgends bezeugt ist. Der Ausdruck der Inschrift wäre **lucar,* was eigentlich „das aus dem Wald gewonnene Geld" bedeutet, hier jedoch ganz einfach für „Wald" steht (siehe BRUNS, Inschrift 128, Anm. 1). *Lucus* an sich wurde dazu verwendet, um den Wald der *Dea Dia* zu bezeichnen, obwohl das Verehren der Wälder vielmehr latinischen Ursprungs ist (wie *de facto* auch *Luceria;* ihre Gründung wird in Livius 9.26 beschrieben). Über die heiligen Wälder siehe Seneca, Epistolae ad Lucilium 41.3; Plinius, Naturalis Historia 12.2.1; Lucretius, De natura rerum 5.76, und ausführlich JOSÉ GUILLÉN, Vrbs Roma III. Religión y Ejército (Salamanca 1980) 23 und 45–46. Über die Gebete, die man zu den Göttern sprechen sollte, um Holz aus den Wäldern zu nehmen und dennoch der Strafe der Inschrift zu entrinnen, siehe Cato, De Re Rustica 140–141 (siehe auch GUILLÉN, Vrbs III 103–104).

23 Wie etwa die umstrittene Datierung der *lex Vallia* oder die genaue Summe der Geldstrafe (zwischen 50 oder 50.000 *nummi*). Dazu ausführlich BRUNS, Inschrift 140ff.

Zunächst ist festzustellen, daß die Inschrift insoweit mit Gaius übereinstimmt, als die beiden genannten Fälle betreffend den *sponsor* nur Beispiele waren, wie die einleitende Wendung *sicut* [...] *item* beweist, ebenso wie der darauffolgende Kommentar: *„et denique conplures aliae leges in multis causis talem actionem dederunt"*. Das Verhalten einer Person, die gegen die in der Inschrift genannten Verbote verstößt, würde eine dieser *causae* darstellen, die eine der so bezeichneten *aliae leges* als ausreichend angesehen haben könnte, um eine direkte Vollstreckung ohne vorangehendes Urteil zuzulassen.[24]

Aber worin erkennt man die Publizität, die es erlaubt, ein solches Verhalten als so offensichtlich zu erachten, um den, der es setzt, gleich einem *iudicatus* zu behandeln?

Kaser selbst macht in seiner eingehenden Untersuchung der unmittelbaren Vollstreckbarkeit nicht mehr als einen kleinen Verweis auf diese Inschrift, die doch eine Ausnahme zu seiner Erklärung über die Vollstreckbarkeit aufgrund ausreichender Publizität darstellt.[25] Auch die Autoren, auf die Kaser in der betreffenden Anmerkung verweist, geben keine befriedigende Antwort auf diese Frage.

Nachdem dieses neue Beispiel für die Anwendung der *manus iniectio pro iudicato* sich offensichtlich nicht auf die Publizität eines *negotium per aes et libram* stützt, muß man einen anderen Grund suchen, der die unmittelbare Vollstreckbarkeit der in der *lex Luci Lucerini* angedrohten Bußgelder rechtfertigt. Zuerst mag man daran denken, daß die für die Vollstreckbarkeit nötige Öffentlichkeit vorliegt, wenn der Täter bei der Begehung der verbotenen Handlungen ertappt wird – ein Gedanke, der *mutatis mutandis* etwa auch der harten Strafdrohung für das *furtum*

---

24 Die Frage nach der Norm, die die Inschrift enthält, ist ebenfalls umstritten: Zuerst diskutierte man, ob die Regel ursprünglich römisch oder latinisch war (dazu siehe OTTO LENEL, Beiträge zur Kunde des Edicts und der Edictcommentare, in: ZRG RA 2 [1881] 50; ADOLF SCHMIDT, Zum internationalen Rechtsverkehr der Römer, in: ZRG RA 9 [1888] 142; MORITZ WLASSAK, Die klassische Prozeßformel (Wien 1924) 198, Anm. 115; PAUL FRÉDERIC GIRARD, La date de la loi Aebutia, in: ZRG RA 14 [1893] 41, Anm. 1, und Manuel, 1046, Anm. 1); darüber hinaus steht das Organ, das die *potestas* dazu hatte (über die Versammlung von Lucera siehe GIRARD, ebd.; über die *potestas* der *collegia* siehe BRUNS, Inschrift 129–130) zur Diskussion.

25 Siehe KASER, Vollstreckbarkeit 121, Anm. 148.

manifestum in den Zwölf Tafeln zugrunde liegt.[26] Die Formulierung der *lex* ist jedoch so offen, daß eine derart restriktive Interpretation keinen Raum findet: An keiner Stelle erscheint ein *terminus*, der auf ein Ergreifen *in flagranti* hinweist (wie das Adjektiv *„manifestum“* im vorigen Beispiel).

Die Begründung muß daher von anderer Natur sein. Man könnte denken, daß, sobald der Täter gesteht, die in der Inschrift verbotenen Verhaltensweisen gesetzt zu haben, die unmittelbare Vollstreckung gegen ihn gewährt werden würde. Tatsächlich wird seit früher Zeit der bekannte Aphorismus *„confessus pro iudicato est“*[27] angewandt, der festlegt, daß ein Geständnis *in iure* das streitige Verfahren nicht mehr notwendig macht und unmittelbar das Vollstreckungsverfahren eröffnet.[28] Ein solches Geständnis entfaltete eine derartige Wirkung, daß es sogar die Kraft eines Gesetzes zwischen den Parteien hatte – selbst wenn das Zugegebene nicht der Wahrheit entsprach.[29]

Darüber hinaus ist bekannt, daß eben dieses Voraussetzung war, um eine Vollstreckung ohne Urteil gegen jemanden zu erreichen, der einen von der *lex Aquilia* pönalisierten Schaden verursacht hat: Wenn er *in iure* seine Schuld bekannte, wurde das Vollstreckungsverfahren eröffnet. Angesichts der in unserer Inschrift verbotenen Verhaltensweisen, die vielleicht insoweit dem *damnum iniuria datum* vergleichbar sind als sie Angriffe auf den sakralen Status des Waldes darstellen – könnte man denken, daß die *lex Luci Lucerini* nicht mehr ist als eine moderne Entwicklung der alten Normen der *lex Aquilia*?[30]

---

26 *Mutatis mutandis*, und nur als Beispiel; über die Abgrenzung dieses Falles von denen, die der *manus iniectio* zugrunde lagen, siehe KASER, Vollstreckbarkeit 94ff.

27 Vgl. die verschiedenen Quellen, die uns den Ausdruck überlieferten: KASER/HACKL, Zivilprozeßrecht 270, Anm. 8.

28 Siehe MAX KASER, Das römische Privatrecht I (2. Aufl., München 1971) 162, Anm. 63: wenn der Prozeß weiter geführt wird, dient er nur dazu, die Summe für die Exekution zu bestimmen.

29 Siehe: KASER/HACKL, Zivilprozeßrecht 273, mit Literatur.

30 Vielleicht gibt es eine Beziehung mit D 9.2.27.14 über die Müllkontrolle (siehe THEODOR MOMMSEN, Römisches Strafrecht [Leipzig 1899] 810ff.). Tatsächlich ist die Entwicklung der ursprünglichen Normen der *lex Aquilia* vor allem dem Prätor zu verdanken. Siehe Literatur in: KASER/HACKL, Zivilprozeßrecht 238, Anm. 44[a].

Diese zweifellos suggestive Hypothese kollidiert dennoch mit den Charakteristika, die die *lex Aquilia* in anderen Texten zeigt: Zwar wurde die Exekution ohne Urteil ausschließlich gewährt, wenn es eine *confessio*[31] gab, aber die Texte, die davon sprechen, weisen immer den technischen Ausdruck „*damnas esto*“[32] auf und nicht „*manus iniectio esto*“ wie im Fall der Inschrift von Lucera. Andererseits verweisen die Texte, die die *manus iniectio* in Zusammenhang mit der *lex Aquilia* verhängen, ausdrücklich auf den Effekt der Litiskreszenz der Strafe,[33] was hier nicht passiert, da die *manus iniectio pro iudicato* für eine bestimmte Summe zugestanden wird.

Diese Möglichkeit ablehnend – insoweit die dürftigen Daten es erlauben, kategorisch zu sein –, meine ich, daß man für die unmittelbare Vollstreckbarkeit ohne vorangehendes Urteil eine andere Rechtfertigung suchen muß. Meiner Meinung nach lassen gewisse Merkmale, die die *manus iniectio pro iudicato* in dieser Inschrift aufweist, an eine vom Prozeß unter Privaten verschiedene Benutzung des Vollstreckungverfahrens denken: Zunächst wird ein öffentliches Interesse geschmälert, kein privates; daneben wird zur Erhebung der Vollstreckungsklage ermächtigt „*quis volet*“, also jeder, der die genannten Handlungen denunzieren möchte; zudem kann die Vollstreckung durch eine vom Magistrat verhängte Buße substituiert werden.

Solche Merkmale lassen vermuten, daß in dieser späteren Zeit (wenn, wie es scheint, die Inschrift tatsächlich aus dem 2. Jh. v. Chr. stammt) die *manus iniectio* verwendet wurde, um öffentliche Interessen zu schützen; also bereits abseits des privaten Umfeldes, in dem sie ihren Ursprung hatte, Gebrauch fand. Dies zeigt schon die Tatsache, daß sie als Popularklage konzipiert war – man denke an andere Normen mit demselben Zweck wie beispielsweise das *edictum de feris*.

---

31 Siehe KASER, Altrömisches Ius 133; besonders Anm. 67, auch mit den für seine Meinung kritischen Literaturangaben.

32 Siehe D 9.2.2pr., „*quanti id in eo anno plurimi fuit, tantum aes dare domino damnas esto*“, für das 1. Kapitel der *lex Aquilia*. In Hinblick auf das 3. Kapitel, siehe D 9.27.5, das denselben Ausdruck enthält. Über die technische Bedeutung von „*damnas*“ und seinen Ableitungen, s. DETLEF LIEBS, „*Damnum, damnare* und *damnas*“, in: ZRG RA 85 (1968), ausführlich 249ff.; KASER, Altrömisches Ius 134f.

33 Siehe KASER, Altrömisches Ius 134.

Das Vollstreckungsverfahren mittels *manus iniectio* entbehrt schon in dieser Epoche der Härte der älteren Zeit, ebenso wegen des zuvor erwähnten Umstandes, daß die Vollstreckung in die Person bereits durch die Vollstreckung ins Vermögen ersetzt wurde, wie aufgrund der Festsetzung einer bestimmten Summe in der Inschrift, wodurch die Bedingungen der Vollstreckungen erheblich eingeschränkt wurden. Diese neuen Beschränkungen machten aus der althergebrachten Institution des privaten Prozesses ein brauchbares Mittel für den Schutz öffentlicher Interessen, nachdem sich der ihm anhaftende Geruch privater Vergeltung verzogen hatte. Das alte Konzept des *„pro iudicato"* begann eine neue Bedeutung anzunehmen, die sich in der Substitution der traditionellen Urteile durch das neue System der Pönalisierung von Handlungen ausdrückt.

Die Verwendung privater Klagen mit öffentlicher Zielrichtung verschwand aber letztlich mit der Abschaffung des Verfahrens der *legis actiones*, das durch das Honorarrecht ersetzt wurde. Dieses schützte als Erbe des alten Systems der unmittelbaren Vollstreckung die besagten Interessen auf eine mehr administrative als jurisdiktionelle Weise,[34] während es der Effizienz gegenüber einer adäquaten Verteidigung des Beschuldigten den Vorrang gab. Ebenso wie die Interdikte als verkürzte Schutzmechanismen auf der Basis schneller prätorischer Entscheidungen immer mehr Raum gewannen, *„magis imperii quam iurisdictionis"*,[35] stellte die Vollstreckbarkeit ohne Urteil ein schnelles und praktisches System der Sanktionierung bestimmter Fälle dar – ließ jedoch immer die Möglichkeit für eine Diskussion innerhalb eines richtigen Verfahrens im Fall eines Widerspruches offen[36] (von neuem, ebenso wie es mit den *iudicia ex interdicta* passierte).

---

[34] Siehe Kaser/Hackl, Zivilprozeßrecht 132, der die Entscheidungen des *magistratus* ohne *iudex* so bezeichnet. Andererseits ist es vielleicht übertrieben zu sagen, daß die Anwendung dieses Vollstreckungsprozesses zum Schutz öffentlicher Interessen den Mangel eines öffentlichen Strafsystems voraussetzt. Über diesen Punkt siehe Francesco De Martino, I «quadruplatores» nel «Persa» di Plauto, in: LABEO 1 (1955) 44.

[35] Nach der bekannten Wendung bei Ulpian (D 2.1.4).

[36] Daß diese *actio* als *„pro iudicato"* bezeichnet wurde, konnte bedeuten, daß die *infitatio* einen *vindex* erfordete, denn Gaius unterscheidet in diesem Punkt die Vollstreckung *„pro iudicato"* von der *„pura"*, die später hervortrat und durch die *lex Vallia* verbreitet wurde (siehe Gai. 4.25). Trotzdem glaubt die Doktrin, daß die sonderbare Inschrift von Lucera später als die *lex Vallia* zu datieren ist (die

Meiner Meinung nach bezeugt die Inschrift einen mittleren Moment in dieser Entwicklung, weil sie bereits als Alternative zur unmittelbaren Vollstreckung die Verhängung einer Buße durch den Magistrat vorsieht. Es handelt sich um einen „quasi-administrativen" Prozeß ohne Eingreifen eines *iudex*. Andererseits enthält die *manus iniectio pro iudicato* keinen Verweis auf die Litiskreszenz, wie es ihr Charakteristikum in früheren Epochen war, sondern sie beschränkt sich bereits auf eine feste Summe, ähnlich wie Normen Bußgelder festsetzen. Man darf zudem auch nicht vergessen, daß das 2. Jh. v. Chr. das Jahrhundert der großen Wechsel im Prozeßrecht war – und nicht nur wegen der genannten *lex Vallia*: Die Koexistenz (und Konkurrenz) des prozessualen Systems der *legis actiones* und des Formularprozesses führte im Jahr 130 v. Chr. zu einem ersten Schritt in Richtung einer Substitution des einen durch den anderen, als die formulare Version der *condictio* mit zivilen Wirkungen ausgestattet wurde, deren Anwendungsbereich noch im selben Jahrhundert durch die *lex Calpurnia* ausgeweitet wurde. Zweifellos ist die innovative Tatsache, die diese Inschrift enthält, der Einschluß der Möglichkeit einer Bußzahlung statt des bereits ausgereizten Systems der *manus iniectio pro iudicato*.[37]

Aber das Verschwinden der *manus iniectio* mit der Funktion des Schutzes öffentlicher Interessen ist möglicherweise nicht nur auf prozessuale Gründe zurückzuführen, sondern auch auf soziale: Wir besitzen Nachrichten, daß das System der unmittelbaren Vollstreckung mit popularer Aktivlegitimation schon im 3. Jh. v. Chr. eine gewisse Unzufriedenheit im Volk hervorrief. Ohne Zweifel war das System bereits seiner

---

GIOVANNI ROTONDI, Scritti Giuridici I, 431, ins Jahr 180 v. Chr. datiert; KASER zitiert ROTONDI, obwohl er die von ihm vorgenommene Datierung kritisiert (siehe KASER/HACKL, Zivilprozeßrecht 141 Anm. 69). Die Frage wurde schon seit BRUNS' Artikel (Inschrift 133ff.) diskutiert. Die Erklärungen zu diesem Widerspruch sind unterschiedlich: entweder, daß die Terminologie nach der *lex Vallia* ihre vorherige Bedeutung verloren habe, da alle *manus iniectiones* grundsätzlich „*purae*" sind (tatsächlich zeigt Gai. 4.24 die Zweifel seines Verfassers über die Korrektheit des Ausdrucks); oder daß, wie ich oben erwähnt habe, der Ausdruck „*pro iudicato*" nur dann angewandt wurde, wenn die Vermittlung eines *vindex* erforderlich ist (was in der *satisdatio iudicatum solui* überlebte, die noch nach der *lex Vallia* vom *iudicatus* und *depensus* erfordert wurde); oder endlich daß die Inschrift eine Norm enthalte, die älter als der epigraphische Träger ist, der sie uns überliefert hat.

37 Darüber ausführlich bei BRUNS, Inschrift 139ff.

öffentlichen Zielsetzungen entkräftet und der mißbräuchlichen Verwendung durch Private ausgesetzt, die davon Gebrauch machten mit der Intention, sich durch Denunziation anderer Privatpersonen zu bereichern.[38] Das entsprechende Zeugnis überliefert uns Plautus: Es handelt sich um eine bekannte Stelle in seinem Werk *Persa* (53ff., besonders Vers 61ff.), wo der großartige Komödiendichter uns eine Person vorstellt, die, obwohl selbst stolz darauf, ein sozialer Blutegel zu sein, zur eigenen Rechtfertigung kritisiert, wie weit unwürdiger noch das lukrative Geschäft der *„quadruplatores"* sei. Vermutlich ist die Rede von Denunzianten, die durch die unmittelbare Exekution gegen andere Privatpersonen das *quadruplum* erlangen – im „öffentlichen Interesse", wie er selbst sagt.[39] Daß Plautus einen Charakter wie diesen zeichnet und ihm einen Monolog wie den folgenden in den Mund legt, kann man nur erklären, wenn es eine soziale Strömung entschiedener Zurückweisung des an seine Grenzen getriebenen betrügerischen Verhaltens gab; andererseits führen die beiden letzten Verse die Doppelgleisigkeit des bestehenden Sanktionssystems auf eine Linie zusammen:

Veterem atque antiquum quaestum maiorum meum
Seruo atque obtineo et magna cum cura colo.
Nam numquam quisquam meorum maiorum fuit,
Quin parasitando pauerint uentris suos.
Pater, auos, proauos, abauos, atauos, tritauos
Quasi mures semper edere alienum cibum,
Neque edacitate eos quisquam poterat uincere;
Atque is cognomentum erat Duricapitonibus.
Unde ego / hunc quaestum optineo et maiorum locum.
Neque quadruplicari me uolo; neque enim decet
Sine meo periclo ire aliena ereptum bona,
Neque illi qui faciunt mihi placent. Planen loquor?

---

38 Man kann die in der Folge kommentierte Plautus-Stelle nur verstehen, wenn man davon ausgeht, daß die Summe der Vollstreckung dem Kläger und nicht dem Staat zugestanden wurde; trotzdem ist diese Frage umstritten: Siehe BRUNS, Inschrift 134ff., mit Verweis auf MOMMSENS und KARLOWAS Theorien über die *quadruplatores*. Zur Stelle bei Plautus siehe nächste Anm.

39 Die möglichen Beziehungen zwischen diesem Text und der Inschrift werden auch bei DE MARTINO, „quadruplatores", *partim*, und SETTIMIO DI SALVO, Lex Laetoria. Minore età e crisi sociale tra il III e il II a.C. (o. A., 1979) 138ff., und 302f. erörtert.

Nam publicae rei causa quicumque id facit
Magis quam sui quaesti, animus induci potest
Eum esse ciuem / et fidelem / et bonum.
Sed si legirupam qui damnet, det in publicum
Dimidium; atque etiam / in ea lege adscribier:
Vbi quadrupulator quempiam iniexit manum,
Tantidem ille illi rursus iniciat manum,
Vt aequa parti prodeant ad trisuiros.
Si id fiat, ne isti faxim nusquam appareant
Qui hic albo rete aliena oppugnant bona.
Sed sumne ego stultus, qui rem curo publicam,
Vbi sint magistratus quos curare oporteat?[40]

[40] „Den alten, guten Beruf meiner Vorfahren bewahre und behalte ich, und mit größtem Fleiß üb ich ihn aus. Denn meine Ahnherrn allzumal sind dick und fett geworden durch Schmarotzerkunst. Mein Vater, Groß-, Urgroß- Ururgroßvater, mein Ururur- und Urururgroßvater zehrten wie die Mäuse stets von fremder Kost; sie wurden an Gefräßigkeit von keinem übertroffen, drum auch führten sie „Hartschädel“ als Beinamen. Bei diesem Broterwerb bleib ich und nehme meiner Ahnherrn Platz nun ein. Professionelles Denunziantentum ist meine Sache nicht; es ist verwerflich, anderer Gut ohn eigenes Risiko sich anzueignen. Wer das tut – versteht man mich? –, gefällt mir nicht. Was anderes ist's, wenn einer es mehr dem gemeinen Besten als dem eigenen Vorteil zuliebe tut, da kann man immerhin zugeben, daß er als ein treuer Bürger sich und braver Mann benahm. Angeber müßten mir dem Staat die Hälfte ihres Lohnes geben, und ich fügte auch den Artikel dem Gesetze noch hinzu: ‚Wenn ein Denunziant an jemand sich vergreift, so sei dem Angegriffenen gleiches Recht gewährt'. Geschähe das, so zeigte bald sich keiner mehr, der durch ein Klagelibell nach fremdem Gute fischt. Doch ist's nicht dumm von mir, um Staatsaffären mich zu kümmern, als gäb es nicht Behörden, die dafür zu sorgen haben?“ (Übersetzung nach WILHELM BINDER / WALTHER LUDWIG, Antike Komödien: Plautus – Terenz, I. Band, Wien 1968).

FEDERICO ROGGERO, Roma

LA GARANZIA PERSONALE DELL'OBBLIGAZIONE LONGOBARDA TRA DIRITTO GERMANICO E DIRITTO ROMANO
Legislazione e scienza giuridica

I. PREMESSA

In questo breve contributo vorrei porre in luce taluni aspetti dell'interpretazione dei giuristi longobardisti medievali circa l'istituto della garanzia personale dell'obbligazione.

Non pretendo, ovviamente, di esaurire in poche pagine un argomento tanto vasto, né tanto meno di dare risposte definitive ad interrogativi che impegnano da tempo la storiografia giuridica.

Credo, tuttavia, di poter offrire il quadro della disciplina di questo istituto così come lo elaborarono gli interpreti medievali, che con l'ausilio di strumenti romanistici misero a frutto le poche indicazioni ricavabili dagli editti longobardi.

Seguirò uno schema più lineare possibile, iniziando dai presupposti normativi che per secoli sono stati il riferimento dei longobardisti e proseguendo con l'esposizione dell'*interpretatio* formatasi su di essi.

Con i limiti di una cronologia che si crede sufficientemente consolidata – forse non del tutto a ragione, come dimostrano taluni tentativi di revocarla in dubbio –, prenderò dunque le mosse dalle glosse e dall'*Expositio* al cd. *Liber Papiensis*; dedicherò, poi, un paragrafo autonomo alla interpretazione condensata nelle glosse alla *Lombarda*; concluderò, infine, con la *Glossa ordinaria* di Carlo di Tocco e con brevi note sulle *Differentiae* di Andrea Bonello e Biagio da Morcone.

II. *FIDEIUSSIO* E *WADIA* NEGLI EDITTI LONGOBARDI

Nei capitoli longobardi non si trova una disciplina organica della garanzia personale dell'obbligazione. Essi parlano, frequentemente, di un «*fideiussor*», ma con significati di volta in volta differenti e, soprattutto, raramente con una pregnanza che ci permetta di dedurne i meccanismi di funzionamento dell'istituto.

Scarse indicazioni circa il ruolo di garanzia dell'adempimento svolto eventualmente dal *fideiussor* si evincono, a mio parere, da quei capitoli ove questi compare accanto alla *wadia* data *de sacramento*, ossia per obbligarsi alla prestazione di un giuramento di purgazione (e al pagamento della sanzione pecuniaria che ne risulterà in caso di soccombenza).[1]

Essi si limitano, infatti, a prescrivere che l'obbligazione di prestare giuramento, se assunta mediante *wadia* e *fideiussor*, deve essere adempiuta entro certi termini e secondo procedure determinate (e l'obbligo così costituito è trasmissibile agli eredi: *Roth.* 362). Se assumono rilievo per lo studio della *wadia* germanica, perché ce ne svelano un particolare ambito applicativo strettamente legato al processo germanico, questi capitoli ci forniscono, però, poche informazioni sul concreto atteggiarsi dell'eventuale ruolo di garante svolto dal *fideiussor*.

Più significativi sono, invece, i capitoli nei quali la menzione di un *fideiussor* si accompagna ad un certo dettaglio nella disciplina di una forma di garanzia dell'obbligazione: sono quelli ove egli compare, accanto alla *wadia*, nel procedimento che conduce alla formalizzazione di rapporti obbligatori di contenuto non predeterminato: si tratta di *Roth.* 366, *Roth.* 360 «*in Libro Papiensi*»,[2] *Liut.* 15 (a. 720), *Liut.* 36 (a. 723), *Liut.* 37 (a. 723), *Liut.* 38 (a. 723), *Liut.* 128 (a. 731) e *Ratch.* 8 (a. 746).

Un contenuto particolarmente importante hanno, poi, quelle norme ove si prevede che un *fideiussor*, a seguito dell'inadempimento del debitore all'obbligazione assunta mediante *wadia*, proceda esecutivamente sui beni di questo, pignorandoli e consegnandoli al creditore (*Liut.* 39 e 40 – a. 723).

Si devono, inoltre, tenere presenti le disposizioni dove un *fideiussor* compare, al contrario, accanto al debitore come soggetto passivo del pignoramento per debiti inadempiuti (*Liut.* 108 e 109 [a. 729], nonché *Ahist.* 21 [a. 755]).

---

1 *Roth.* 360 («*Si quis alii wadia et fideiussorem de sacramentum dederit*»), *Roth.* 361 («*Si quis alii pro quacumque causa wadia et fideiussorem de sacramento dederit*»), *Roth.* 362 («*Si contegerit homini post datum fideiussorem de sacramentum*»).

2 Questo capitolo manca nell'edizione Bluhme e dallo stesso Boretius, che pure lo inserisce nella sua edizione del *Liber Papiensis*, è ritenuto non genuino; cfr. la sua prefazione in MGH, Leges IV, LXXIV s.

Funzione di vero e proprio garante dell'adempimento il *fideiussor* sembra averla, infine, in un gruppo di capitoli longobardi concernenti la materia degli *sponsalia*: vi fa la sua comparsa come garante dell'adempimento delle obbligazioni a carattere patrimoniale (*Roth.* 178 e 192, nonché a *Liut.* 117 – a. 731, che regola il caso particolare in cui agli *sponsalia* sia stato ammesso un minore).

* * *

Pur così delimitato il campo di indagine, è ancora difficile trovare dati esaurienti sulla disciplina della garanzia personale delle obbligazioni secondo il diritto longobardo.

Un qualche carattere più generale sembra, per altro, da assegnare a quelle disposizioni che riguardano la *wadia* e che nel secondo libro della *Lombarda* compaiono riunite in un medesimo titolo (il n. 21: «*De debitis et guadimoniis et quando liceat pignorare vel non*»), anche perché, come dimostrano le fonti, questo carattere è stato attribuito ad esse dall'esegesi medievale.

Dalla lettura di queste disposizioni si ricava un importante aspetto di struttura dell'istituto di cui ci occupiamo: la *positio fideiussoris*, forma per la creazione di garanzie personali dell'obbligazione, si inserisce nel procedimento trilaterale della *datio wadiae*,[3] consistente in una succes-

[3] Della *datio wadiae*, in storiografia, si afferma generalmente la natura di contratto formale sottolineandone le forti analogie con la *stipulatio* romana. C. NANI, Storia del diritto privato italiano (Torino 1902) 405 e 409; F. SCHUPFER, Il debito e la responsabilità. Studio critico sulla guadia langobarda, estr. da Rivista italiana di scienze giuridiche 56 (1915) 238ss., nonché ID., Il diritto privato dei popoli germanici IV (Città di Castello-Roma-Torino-Napoli 1909) 142; G. SALVIOLI, Storia del diritto italiano (8. ed., Torino 1921) 584 ss.; P. S. LEICHT, Il diritto privato preirneriano (Bologna 1933) 204; G. CASSANDRO, La tutela dei diritti nell'alto medioevo (Bari 1951) 83; G. ASTUTI, I contratti obbligatori nella storia del diritto italiano. Parte generale, vol. I (Milano 1952) 205; F. CALASSO, Il negozio giuridico. Lezioni di storia del diritto italiano (rist. della 2a ed., Milano 1967) 61 e 78. Ciò sarebbe il risultato, sempre secondo l'opinione dominante, di un'evoluzione subita dalla *wadia*: in origine, infatti, essa sarebbe stata un *pegno* (soprattutto di se stesso), poi ridotto a mero simbolo.

Fuori dal coro l'opinione di E. CORTESE, Il diritto nella storia medievale, I, L'alto medioevo (Roma 1995, rist. 1996), che, escludendo che i longobardi avessero contratti tipici propri («Di proprio [...] ebbero 'forme' alle quali collegarono conseguenze giuridiche», p. 159), esclude pure tale carattere contrattuale per la *wa-*

sione di atti giuridicamente costituenti un tutto unitario (tanto che la storiografia prevalente vi ravvisa una fattispecie complessa: la cd. *«datio wadiae et positio fideiussoris»*).[4]

Il procedimento attraverso il quale la *datio wadiae* giunge a perfezionamento necessita, infatti, di una pluralità di soggetti: il debitore, il creditore ed, appunto, il *fideiussor*. Il debitore consegna al creditore un oggetto simbolico (la *wadia*), che poi provvede a far riscattare (tecnicamente *«liberare»*) da un terzo da lui nominato: il *fideiussor*.

La nomina deve avvenire, a cura del debitore, contestualmente alla dazione della *wadia*, e solo se ciò non è possibile, dispone *Liut.* 128, il debitore può attendere fino ad un massimo di tre giorni senza incorrere in responsabilità (*«sit spacium de ipsam wadiam tres dies sine culpam»*). Oltre tale termine, infatti, gli vengono applicate sanzioni pecuniarie progressivamente crescenti (cfr. *Roth.* 360 *«in Libro Papiensi»* e *Liut.* 36).

Le modificazioni della realtà giuridica che scaturiscono dal procedimento ora descritto sono di varia natura e andrebbero esaminate ciascuna separatamente.

Si tralascerà, però, di affrontare in questa sede il problema degli effetti della *datio wadiae*, che ci porterebbero a discutere sui temi più ge-

---

dia: «I Longobardi non ne fanno mai una figura contrattuale, e parlano sempre di una *datio wadiae* che si aggiunge a promesse: ossia della consegna originariamente di un pegno e poi di un segno dell'obbligazione assunta. Si tratta dunque di un semplice 'atto': soltanto quando i Franchi introdurranno l'uso del termine *wadiatio*, il nome potrà sembrare evocativo di un contratto» (p. 162). E' un'opinione che prende le mosse dalla distinzione di Labeone circa le fonti dell'obbligazione, il quale, accanto al *contrahere*, individua pure il *gerere* e l'*agere*.

4 «*Dare wadiam* e *ponere fideiussorem* sono due atti strettamente collegati tra loro e che non s'intendono l'uno senza l'altro, anche se il secondo può essere compiuto non contemporaneamente al primo, ma ad una certa distanza di tempo. Per difficile che possa apparire ad una mentalità giuridica moderna, bisogna pur concedere che la *wadiatio* sorge con il contemporaneo o successivo intervento di tre soggetti: e non v'è fino a quando questi tre personaggi non si siano posti reciprocamente in una certa relazione o rapporto»: CASSANDRO, La tutela, 77; v. pure 109 e 117; v. pure ASTUTI, I contratti obbligatori, 194–5 e 197–8; e già NANI, Storia, 410, nonché N. TAMASSIA, La wadiatio longobarda. Note per la storia delle obbligazioni, in: Scritti in onore di G.P. Chironi (Torino 1915), ora in ID., Scritti di storia giuridica pubblicati a cura della facoltà di giurisprudenza dell'Università di Padova (Padova 1969) 840.

nerali dell'obbligazione longobarda e delle sue forme e ci si soffermerà solamente sugli effetti prodotti dalla *positio fideiussoris*, ai quali le fonti normative dedicano, in realtà, accenni piuttosto scarni (oltretutto, come subito si vedrà, suscettibili di interpretazioni non sempre univoche).

Prendendo spunto dalla necessaria presenza del *fideiussor* accanto alla *wadia* nel momento genetico dell'obbligazione attestataci dalle fonti, in una strana inscindibilità di credito e garanzia che sembra ricordare esperienze giuridiche assai risalenti nel tempo, la storiografia si è divisa fra diverse letture dei testi normativi.

Si è sostenuto che, invero, l'unico responsabile di fronte al creditore fosse il *fideiussor*, in quanto garante del pagamento; il debitore che dava la *wadia*, pur rimanendo (l'unico) obbligato ad eseguire la prestazione dedotta in obbligazione, sarebbe stato esonerato da responsabilità (cd. scissione fra debito e responsabilità).[5]

Altri, al contrario, hanno ritenuto che il *fideiussor* diventasse l'unico obbligato verso il creditore.[6]

Larga parte degli studiosi ha, poi, assegnato al *fideiussor* longobardo la posizione ed il ruolo di un «*mediator*» fra il creditore e il debitore. In particolare, si è ritenuto che il creditore lo pignorasse col proposito di conseguire col suo mezzo il pagamento del debito[7] o, più esplicitamente, che il *fideiussor* fosse un «esecutore» per conto del creditore (la funzione di garanzia personale dell'obbligazione sarebbe sopravvenuta soltanto in un secondo momento, cioè con *Liut.* 128),[8] oppure ancora, si è affermato

---

5 SCHUPFER, Il debito, 79, nonché 294, che si rifà abbondantemente alla dottrina tedesca. Il medesimo aggiunge, però, che in realtà anche il debitore rimaneva responsabile, accanto al fideiussore. La tesi è compiutamente sviluppata anche in: Il diritto privato dei popoli germanici IV, 151–153: il *fideiussor* si obbliga verso il creditore ponendosi accanto al debitore (che dunque non viene liberato), come debitore principale (v. pure 264–266); il creditore può pignorare il *fideiussor*, ma non per ottenere da lui il pagamento, bensì per sollecitarlo a prendere i pegni dal patrimonio del debitore.

6 NANI, Storia, 435; TAMASSIA, La wadiatio, 842–843: questo, però, sarebbe vero solo per l'epoca di Rotari, mentre già con Liutprando è evidente che sia il debitore che il *fideiussor* sono obbligati in confronto del creditore.

7 SALVIOLI, Storia del dir., 606: «... egli era un intermediario per arrivare alla persona del debitore o alla sua sostanza».

8 CASSANDRO, La tutela, 76–79 e 118–119: eserciterebbe così un potere latamente «pubblico».

che, fin dall'inizio, i due ruoli, di esecutore e di garante dell'adempimento, fossero compresenti nella figura del *fideiussor*.[9]

Questi diversi orientamenti della storiografia sono dovuti al carattere ambiguo delle norme longobarde che disciplinano la *positio fideiussoris*.

Secondo *Liut.* 38, il debitore che dà *wadia* deve presentare uno, due o tre *fideiussores*. Se il creditore li rifiuta dicendo di non conoscerli, allora il debitore dovrà presentare fideiussori che provengano dalla sua città o dalla città del creditore. Se ciò non sarà possibile, dice Liutprando, spetterà al creditore scegliere come fideiussore un uomo libero che un suo «colliberto» gli abbia indicato come degno di fede.

In *Liut.* 39 e 40, come si è detto, compare poi un *fideiussor* che, esercitando l'azione esecutiva, prende pegni dal patrimonio del debitore: in *Liut.* 39 viene, infatti, punito il debitore che a sua volta abbia sottratto i pegni dalle mani di questo *fideiussor*; in *Liut.* 40 la sanzione colpisce il debitore che abbia preso al creditore i pegni che il *fideiussor* gli ha consegnato.

Queste prime tre leggi di Liutprando pongono, dunque, all'attenzione il rapporto fiduciario che deve legare il *fideiussor* al creditore. In particolare, lo si deduce da *Liut.* 38, che subordina la *positio fideiussoris* al gradimento del creditore.

E' possibile che la facoltà di rifiuto fosse concessa al creditore per permettergli di munirsi di un garante sufficientemente affidabile, ma nemmeno si può escludere che essa fosse preordinata alla scelta di un valido «esecutore» o «mediatore» perché, secondo *Liut.* 40, il *fideiussor*, compiuta l'azione esecutiva nei confronti del debitore, consegna i beni pignorati al creditore, dimostrando, così, di aver agito nell'interesse di questo.

Per altro verso, dai capitoli 108 e 109 di Liutprando, solo di sei anni successivi a quelli appena esaminati, il *fideiussor* fa la sua comparsa come soggetto passivo del pignoramento esperito dal creditore.

Vi si dovrebbe intravedere il ruolo di garante vero e proprio del *fideiussor*, obbligato con il proprio patrimonio nei confronti del creditore.

Ma anche queste leggi si prestano ad una diversa lettura, perché il pignoramento eseguito dal creditore sui beni del *fideiussor* potrebbe inten-

---

9 ASTUTI, I contratti obbligatori, 199–201; quest'opinione era già in SALVIOLI, Storia del dir., 606: per questo A., però, il ruolo di garante il *fideiussor* lo avrebbe esercitato come unico responsabile, che liberava il debitore principale.

dersi come volto a sollecitare quest'ultimo affinché svolga le sue funzioni «esecutorie» verso il debitore.

Non è comunque solo circa la questione fondamentale del ruolo del *fideiussor* che le fonti normative longobarde danno adito a dubbi: anche con riferimento ai profili di disciplina dell'eventuale funzione di garanzia assolta dal *fideiussor* gli editti sono avari di informazioni.

Non sembra possibile stabilire, per esempio, se il *fideiussor*-garante fosse obbligato solidalmente con il debitore principale o godesse, invece, di un beneficio assimilabile al *beneficium excussionis* romano (anche se qualche indicazione per la prima soluzione – puntualmente raccolta, come si vedrà, dagli interpreti medievali – sembrerebbe ricavabile da *Liut.* 108 e 109, che parlano di un pignoramento eseguito sul patrimonio del debitore «o del fideiussore»); né quali fossero (se ve ne erano) i rapporti interni fra debitore principale e *fideiussor*-garante; né, infine, si trovano indicazioni sicure per comprendere che relazione intercorresse fra obbligazione principale ed obbligazione fideiussoria.

Sugli aspetti trattati sommariamente dagli editti si è esercitata, a lungo, la scienza giuridica longobardistica, che ha saputo tramandarci una visione coerente dell'istituto della garanzia personale.

III. L'*EXPOSITIO* E LE GLOSSE AL CD. *LIBER PAPIENSIS*

L'interpretazione formatasi attorno alla raccolta cronologica degli editti longobardo-franchi, tramandataci attraverso le glosse e, principalmente, l'*Expositio* al cd. *Liber Papiensis*, mostra un volto già evoluto della *positio fideiussoris*.

In essa, non solo il *fideiussor* assume chiaramente i connotati del garante personale delle obbligazioni, ma pure si trovano posti e risolti molti problemi di disciplina dell'istituto.

L'*Exp. ad Liut.* 37 (38), enunciando una regola di coordinamento con *Liut.* 128, avverte che le due norme debbono considerarsi complementari nel prescrivere i requisiti di cui deve essere in possesso il *fideiussor* longobardo affinché il creditore possa dirsi obbligato ad accettarlo: e, tra di essi, si insiste sulla sufficienza del patrimonio del *fideiussor* a coprire l'ammontare del debito: «*Talis debet esse fideiussor sicut in hac lege precipitur et talis qualem precipit esse lex istius Liuprandi quae est 'In anterioris edicti nostro capitulum adfiximus'* (*Liut.* 128)*: id est, ut tantum habeant fideiussores, quantum obligatio est*».

Ad un'obbligazione del *fideiussor* nei confronti del creditore, poi, accenna una glossa a *Roth.* 178 – *promisit*: *«Hic videri potest obligatio fideiussoris»*. Ed i limiti di essa sono i medesimi che incontra quella del debitore principale: anche il *fideiussor*, cioè, non è tenuto per il caso fortuito. Sempre una glossa al capitolo 178 di Rotari afferma, infatti (ad vv. *excepta inevitabili causa*): *«Hic videri potest, quod exeptio datur fideiussori, quae principali reo est»*.

Al pari dell'obbligazione principale, inoltre, anche quella del *fideiussor* è trasmissibile agli eredi. Nel silenzio di norme esplicite sul punto, l'*expositor* argomenta fondando il suo ragionamento sia sul diritto longobardo che su quello romano: *«Si fideiussor, antequam cum eo agatur, obierit, eius heredes in eadem obligatione permaneant, quia in eadem lege Institutionum legitur: 'fideiiussor non tantum sed etiam heredem obligatum relinquit'* (*Inst.* 3.20.2), *quod item videri potest per legem Longobardam. Rotharis enim dicit in lege quae est 'Si quis post mortem patris filium de debito'* (*Roth.* 366[365]): *'ita decernimus, ut filii prebeant sacramentum secundum qualitatem pecunie aut per pugnam se defendant', et alibi dicit: 'Si quis sine heredibus mortuus fuerit, et res sue ad curtem regis ceciderint* [...] *et sine debito aut aliqua repetitione cecidit'* (*Roth.* 223), *quod dat intelligere, si heredes reliquerit, debere respondere pro debito»*.[10]

Già in questa fase dell'esegesi longobardistica l'obbligazione del *fideiussor* longobardo si delinea, poi, come solidale con quella del debitore principale.

Si tratta di un profilo fondamentale nella disciplina dell'istituto, che vale a differenziarlo nettamente dalla *fideiussio* del diritto giustinianeo.

Se in questo, infatti, con una importante innovazione rispetto al diritto classico, la posizione del garante viene tutelata mediante il *beneficium excussionis*, ciò non avviene, stando a quanto ci riferisce l'*expositor*, secondo il diritto longobardo, poiché il creditore ha la facoltà di scegliere contro chi agire per primo, se contro il debitore principale o il *fideiussor*: *«Iuxta legem Longobardorum creditori datur electio, utrum fidemiussorem aut debitorem pignerare velit, in quo a Romanorum lege* (*Epit.*

[10] *Exp. ad Roth.* 178, § 7.

Iul. 3.1)[11] *dissidet, iuxta quam, nisi prius debitor interpelletur et inopia approbetur, fideiussor appellari non debet»*.[12]

E nello stesso senso si esprime anche una glossa *ad Liut. 107 (108) – fideiussorem aut debitorem*: «*Hic est videndum, ut indiscrete pigneremus fideiussorem aut debitorem aut utrumque, conservatis superioribus preceptis pignerandi*».[13]

Accertato che il *fideiussor* vedeva vincolato il proprio patrimonio all'adempimento dell'obbligazione, è indubbio che il punto della solidarietà fosse l'aspetto più importante nell'applicazione pratica dell'istituto. L'*expositor* non omette, infatti, di dar conto di un dibattito sul punto ed, in particolare, dell'opinione contraria di Ugo, il quale avrebbe sostenuto l'esistenza del *beneficium* anche in favore del *fideiussor* longobardo. A giudizio di Ugo, cioè, anche gli editti longobardi avrebbero consentito l'azione verso il *fideiussor* soltanto in caso di infruttuosa escussione del debitore principale: «*Lex haec dicens: 'Si quis fideiussorem aut debitorem pigneraverit' nostro commendat intellectui, creditorem quemlibet seu debitorem aut fideiussorem pignerare posse; unde a lege Romana dissidet, que, dum debitor quod solvere possit habeat, fideiussorem pignerari posse prohibet* (*Epit. Iul.* 3, 1).[14] *Secundum Ugonem tamen non dici posse, quod hec lex a Romana dissidet: secundum enim eum, nisi debitore in solutione deficiente, fideiussorem pignorari non iubet; quod non laudatur*».[15]

Non è di poco conto il fatto che, pur essendo a conoscenza della disciplina romana del *beneficium excussionis* (addirittura sposata da uno dei maestri della scuola), l'*expositor* l'abbia scartata in favore di quella, diversa, che tradizionalmente si ricavava in via interpretativa dagli editti longobardi. Sembrerebbe trapelare, cioè, la volontà di non rinunciare, su

11 Cfr. *Nov.* 4.1 e 4.2.

12 *Exp. ad Roth.* 178, § 3.

13 Quest'ultima testimonianza nella parte finale evidenzia un aspetto di omogeneità dell'obbligazione del *fideiussor* rispetto a quella del debitore principale. Con l'espressione «*conservatis superioribus preceptis pignerandi*» essa intende dire, infatti, che l'azione intrapresa dal creditore nei confronti del *fideiussor* è regolata, nel procedimento, dalle stesse norme a carattere generale che regolano il pignoramento per debiti (*Roth.* 245–252), le quali prevedono, in particolare, la previa triplice diffida ad adempiere.

14 Cfr. *Nov.* 4.1 e 4.2.

15 *Exp. ad Liut.* 107 (108), § 3.

un punto chiave della fisionomia dell'istituto, alle peculiarità del diritto longobardo lasciandolo modificare da quello giustinianeo.

Un'impronta decisa di «romanizzazione» si coglie, invece, circa la materia dei rapporti interni fra *fideiussor* e debitore, sulla quale gli editti longobardi erano, però, piuttosto lacunosi. Sono passi che conducono a ritenere scomparsa, ai tempi dell'*Expositio*, quella funzione di «esecutore» per conto del creditore attestataci per il *fideiussor* da *Liut.* 39 e 40: l'azione che, secondo questi capitoli, il *fideiussor* esperisce contro il debitore principale, infatti, viene reinterpretata come un'azione di regresso che il *fideiussor* esercita dopo aver pagato del suo al creditore: *«Hic videri potest, quod debitor fideiussoris est debitor, quod et fideiussor debitorem pignorare potest et adversus eum accionem mandati exercere potest».*[16]

Sul problema del regresso l'*expositor* si diffonde più ampiamente nel § 6 dell'*Exp. ad Roth.* 178, riguardante il caso dell'adempimento, da parte del *fideiussor*, alla *meta* promessa al momento degli *sponsalia*: *«Si fideiussor pro sponso metam solvit, sponsus debet reddere fideiussori omne quod pro eo solvit per unam legem positam in tertio libro Institutionum quae sic incipit: 'Pro eo qui promittit, solent et alii obligari, qui fideiussores appellantur', quia illic legitur: 'Si quis fideiiussor pro reo solverit, ipse cum eo habet mandati iudicium'* (*Inst.* 3.20.6), *quod etiam confirmari potest per legem Longobardam ipsamque Liuprandi quae est 'Si infans ante 18'* (*Liut.* 116 [117]): *'et qui fideiussor extiterit nullam exinde habeat dampnietatem'».*

Come si può osservare, la fonte principale sulla quale si basa il ragionamento dell'*expositor* è il passo delle Istituzioni ove si trova codificato il principio del regresso nelle forme dell'*actio mandati* (*Inst.* 3.20.6); il tentativo di fondare il regresso anche sul diritto longobardo sembra, in verità, piuttosto forzato: quando, infatti, affermava che il *fideiussor*, il quale si fosse prestato a garantire l'obbligazione patrimoniale assunta da un minore al momento degli *sponsalia*, non avrebbe dovuto sopportare, per ciò, alcuna *«dampnietas»* (*«damnatio»* nell'ed. Bluhme), Liutprando intendeva soltanto sollevare costui dalle sanzioni previste per aver cooperato ad un negozio stipulato da un incapace; così come, del resto, ne sollevava lo scriba, *«qui pro causa ista cartam scripserit»*.

---

16 *Glossae ad Liut.* 38 (39) – *aut pignus.*

Di un regresso del *fideiussor* verso il minore al fine di recuperare quanto pagato, basato ancora una volta sull'*actio mandati* romana, parlano, infine, anche alcune glosse nonché l'*Expositio*, a *Liut.* 116 (117): *«id est ut fideiussor possit agere adversus infantem actione mandati»* | *«Pro ista causa potest fideiussor agere adversus infantes actione mandati* [...]*»*;[17] *«Quod in hac lege habetur: 'qui fideiussor extiterit nullam exinde habeat dampnietatem' non ita intelligendum est, ut pro infante compositionem non persolvat; sed si persolverit, ab eo tantundem exigat* [...]*»*.[18]

Per riassumere, le glosse e l'*Expositio* al cd. *Liber Papiensis* intendono il *fideiussor* longobardo come un garante dell'obbligazione, chiamato a rispondere con il proprio patrimonio dell'adempimento del debito. La sua obbligazione, che si trasmette agli eredi, a differenza di quella del *fideiussor* giustinianeo, è solidale con quella del debitore principale ed egli, dopo aver adempiuto, vanta un'*actio mandati* per rivalersi in via di regresso nei confronti del debitore principale, oltre al potere di pignorare direttamente i beni di quest'ultimo.

IV. GLOSSE ALLA *LOMBARDA*

Il quadro delineato dall'*Expositio* e dalle glosse al cd. *Liber Papiensis* si ritrova pressoché immutato nell'interpretazione formatasi attorno alla *Lombarda*[19] e tramandataci dalle glosse apposte ad essa,[20] salvo alcune precisazioni che si evidenzieranno.

---

17 *Glossae ad Liut.* 116 (117) – *nullam habeat exinde damnietatem.*

18 *Exp. ad Liut.* 116 (117), § 2.

19 Per citare i capitoli longobardi secondo l'ordine che essi assumono nella *Lombarda*, mancandone, com'è noto, un'edizione critica, si farà riferimento all'elenco dei titoli e degli *incipit* di quest'ultima compilato dal Bluhme in MGH. Leges IV, 607ss.; accanto, tra parentesi, si riporterà la corrispondenza secondo l'ordine progressivo. Per il testo dei vari capitoli si continuerà ad utilizzare quello dato dall'edizione critica dell'Editto (ed. BLUHME) e del cd. *Liber Papiensis* (ed. BORETIUS) (*«Nobis ea sola ex Lombarda edenda erant, quae nova et propria in ea exhibentur: rubricae scilicet titulorum et singularum legum series; nam variantes ipsarum legum lectiones ex libro Papiensi satis cognosci possunt»*: F. BLUHME, in MGH, Leges IV, CXI).

20 I mss. della *Lombarda* oggi noti sono elencati da G. DOLEZALEK, *Verzeichnis der Handschriften zum Römischen Recht bis 1600* (Frankfurt/M. 1972) IV, *s.v.* Contengono una gran mole di glosse, a tutt'oggi inedite e pressoché sconosciute nei

Si può seguirne l'itinerario cominciando da quelle che concernono il numero dei fideiussori offerti dal debitore. Già qui, infatti, sono confermate importanti indicazioni sulla fisionomia del *fideiussor* longobardo e sulle sue funzioni.

Commentando la lettera di *Lomb.* 2.21.16 (*Liut.* 38) gli interpreti affermano che è necessario procedere alla nomina di *duos* o *tres* fideiussori, rispettivamente: *«si unus non sufficit»*, e *«si duo non sufficiunt»*.[21]

Il riferimento alla «sufficienza» dei fideiussori sembra da riportare alla sufficiente capienza del loro patrimonio: se quello di uno solo non basta a coprire l'intero ammontare del debito, allora il debitore avrà l'onere di presentarne anche un altro (ed, eventualmente, un terzo).

Sulla sufficiente capienza del patrimonio del *fideiussor* insistono anche altre glosse, specie quelle che intendono chiarire la già riferita complementarità fra *Lomb.* 2.21.16 (*Liut.* 38), ove vengono fissati i requisiti personali del *fideiussor* (la provenienza e la sua condizione di uomo libero), e *Lomb.* 2.21.26 (*Liut.* 128), ove, invece, ne viene fissato il requisito patrimoniale (appunto la sufficiente capienza del suo patrimonio). Alcune testimonianze, pressoché omologhe a quelle già viste, tengono ad evidenziare che i riferiti capitoli di Liutprando, lungi dal contraddirsi tra loro, si aggiungono l'uno all'altro, perché enunciano ciascuno particolari requisiti del *fideiussor*:

> «*Hec l. uidetur r. a. l. istius In anterioris edic.* (*Lomb.* 2.21.26 [*Liut.* 128]); *set non r. immo augetur in hoc quod ipse fideiussor tantum uel plus quam ipsa sit debeat habere*»;[22]
>
> «*a. e. contra In anterioris* (*Lomb.* 2.21.26 [*Liut.* 128]). *Set adde illa huic, quia tantum debet habere adminus quantum debitum fuerit*»;[23]

---

loro contenuti. Per questa indagine li si è esaminati tutti, alcuni dal vivo, altri al microfilm.

21 *Ad Lomb.* 2.21.16 (*Liut.* 38); nei manoscritti Berlin, Deutsche Staatsbibliothek, West, lat. fol. 578, e Biblioteca Vaticana, Vat. lat. 3845. In entrambi i casi le glosse sono interlineari. Il ms. vaticano riporta la stessa glossa anche *ad Liut.* 128.

22 *Ad Lomb.* 2.21.16 (*Liut.* 38) – (*initium*): Paris, Bibliothèque Nationale, lat. 4617.

23 *Ad Lomb.* 2.21.16 (*Liut.* 38) – (*initium*): Berlin, Deutsche Staatsbibliothek, West, lat. fol. 578; Wroclaw, Universytet Wroclawski, Biblioteka Glowna, Rehd. 293; Biblioteca Vaticana, Vat. lat. 3845.

«*Eo tamen saluo, ut tantum habeat quantum ipsum debitum est pro quo interdicere* (!) *debet. Ut infra e. l. In anteriore* (*Lomb.* 2.21.26 [*Liut.* 128])»;[24]

«*Infra e. In anterioris* (*Lomb.* 2.21.26 [*Liut.* 128]) *contra. Hic et ibi utrumque querendum est, i. quid habeat et unde sit*».[25]

Più compiutamente, i fattori della complementarità sono enunciati in altre glosse:

«*Quia uadia per fideiussorem recipienda est et sine ipso non ualet hec et infra posita l. In anterioris edicto* (*Lomb.* 2.21.26 [*Liut.* 128]) *determinat originem fideiussoris et condicionem liberam. Enim esse debet de ciuitate dantis aut suscipientis g. uel in subsidium cognitus cumliberto suscipientis facultatibus et esse debet idoneus ut infra e.* (*Lomb.* 2.21.26 [*Liut.* 128])»;[26]

«*Hec uidetur rumpere l. istius Si quis alii uuadiam dederit et voluerit etc.* (*Lomb.* 2.21.16 [*Liut.* 38]). *Set non r. quia de eadem civitate unde debitor uel de ea unde creditor est uel ab alio comprobatus fideiussor esse debet ut illa precipit; tantum debet habere uel plus ipsa obligatio est ut ista. Et ideo additio est, non ruptura*».[27]

Non diversamente si esprimono alcune brevi chiose che corredano più direttamente il passo di *Lomb.* 2.21.26 (*Liut.* 128) ove si stabilisce che il *fideiussor* deve possedere beni di valore almeno pari all'ammontare del

---

24 *Ad Lomb.* 2.21.16 (*Liut.* 38) – *fideiussorem*: Berlin, Deutsche Staatsbibliothek, West, lat. fol. 462; Montpellier, Bibliothèque universitaire, Section de Medécine H. 229; Biblioteca Vaticana, Regin. lat. 1060. Negli ultimi due mss. «*interdicere*» diventa «*intercedere*».

25 *Ad Lomb.* 2.21.16 (*Liut.* 38) – (*initium*): Firenze, Biblioteca Medicea Laurenziana, Plut. 77.1, fol. 1–58; Olomouc, Statni archiv, C.O. 210 (*ad Lomb.* 2.21.14 [*Liut.* 36]).

26 *Ad Lomb.* 2.21.16 (*Liut.* 38) – *guadiam*: Berlin, Deutsche Staatsbibliothek, West, lat. fol. 578; Wroclaw, Universytet Wroclawski, Biblioteka Glowna, Rehd. 293; con var. Biblioteca Vaticana, Vat. lat. 3845.

27 *Ad Lomb.* 2.21.26 (*Liut.* 128) – (*initium*): Augsburg, Archiv des Bischöflichen Ordinariats, 12; con var. Bologna, Biblioteca Universitaria, 4307; Berlin, Deutsche Staatsbibliothek, West, lat. fol. 578; Biblioteca Vaticana, Palat. lat. 772, fol. 1 (–83v); Paris, Bibliothèque Nationale, lat. 4616.

debito. Le glosse dicono: *«Idest saltim»;*[28] *«Dum tantum fideiussor nummus habeat quantum sit ipsa obligacio».*[29]

Come già si vede in talune delle glosse riportate da ultimo, il fideiussore che abbia un patrimonio sufficientemente capiente da poter garantire l'adempimento viene qualificato, dai glossatori longobardisti, con l'aggettivo *«idoneus»*, termine peraltro assente nelle fonti longobarde: *«Idoneum qui debitum solvere possit».*[30]

Sempre sul punto della sufficiente capienza del patrimonio del *fideiussor*, gli interpreti più attenti fanno però presente che, in certi casi, avere a disposizione una garanzia patrimoniale pari all'ammontare del debito potrebbe non essere sufficiente. Ciò, in effetti, potrebbe avvenire a causa della particolare natura del pignoramento longobardo, la cui disciplina consente al creditore, in caso di persistente inadempimento del debitore, di procedere ad un'ulteriore azione esecutiva *«ut sint ipsa pignera in dubblo*[31] *quantum devitum ipse est»* (*Liut.* 108). Ecco, allora, che la garanzia patrimoniale offerta dal *fideiussor*, per essere sufficiente, deve poter far fronte anche a questa eventualità e deve, quindi, giungere a comprendere fino al doppio (triplo) dell'ammontare del debito, affinché il creditore possa esser certo di trovare soddisfazione: *«Scilicet in triplum per superiorem legem* (*Lomb.* 2.21.23 [*Liut.* 108])*».*[32]

E questa puntualizzazione trova riscontro proprio in una chiosa a *Lomb.* 2.21.23 (*Liut.* 108): «*Infra, eodem, contra* (*Lomb* 2.21.26 [*Liut.*

---

28 *Ad Lomb.* 2.21.26 (*Liut.* 128): Wroclaw, Universytet Wroclawski, Biblioteka Glowna, Rehd. 293 int.; Biblioteca Vaticana, Regin. lat. 1060 int.; Paris, Bibliothèque Nationale, lat. 4615 int.; Biblioteca Vaticana, Vat. lat. 3845 int.; Paris, Bibliothèque Nationale, lat. 4617 int.; Berlin, Deutsche Staatsbibliothek, West, lat. fol. 578 int.

29 *Ad Lomb.* 2.21.10 (*Roth.* 360 *in Libro Papiensi*) – *componat*: Biblioteca Vaticana, Regin. lat. 1060 int.

30 *Ad Lomb.* 2.21.10 (*Roth.* 360 *in Libro Papiensi*) – *per fideiussorem*: Olomouc, Statni archiv, C.O. 210 int.: *a.*

31 Nei manoscritti in questo punto si legge quasi sempre *«in triplum»*; così pure nell'ed. Nenna della *Lombarda*, pubblicata nel 1537 con il corredo della glossa di Carlo di Tocco.

32 *Ad Lomb.* 2.21.26 (*Liut.* 128) – *ipsa obligatio est*: Wroclaw, Universytet Wroclawski, Biblioteka Glowna, Rehd. 293 int.; Bologna, Biblioteca Universitaria, 4307 int.; Biblioteca Vaticana, Palat. lat. 772, fol. 1(–83v) int.; Paris, Bibliothèque Nationale, lat. 4616 int.

128]). *Per hoc enim innuit fideiussorem habere debere plusquam sit debitum, cum per inferiorem eum uel tantum habere sufficiat*».[33]

Sembra dunque che già da queste fonti traspaia chiaramente l'opinione che i glossatori della *Lombarda* avevano del ruolo svolto dal *fideiussor*: così come per gli interpreti del cd. *Liber Papiensis*, anche per loro questi era senza dubbio un garante dell'obbligazione, che vedeva vincolato il proprio patrimonio all'adempimento, per cui il creditore avrebbe potuto soddisfarsi su di esso.

Tale, anzi, era il vincolo, da potersi dire che, prima dell'adempimento, il *fideiussor* non avrebbe potuto disporre liberamente dei propri beni onde conservare la garanzia patrimoniale del creditore. Una glossa tramandataci dal manoscritto fiorentino della *Lombarda* riassume tutti i termini della questione: «*Tantam quantitatem debet habere fideiussor ad hoc ut sit ydoneus quantum est in summa debiti pro quo fideiubet, quia facile creditor loco pignoris tollere possit, ut hac lege* (*Lomb.* 2.21.26 [*Liut.* 128]) *apparet. Ac per hoc uidetur quod postquam fideiussor obligatus, nichil de rebus suis alienare possit ante debiti solutionem, nisi habeat in bonis suis ultra summa debiti pro quo fideiussit*».[34]

Nella direzione già delineata dall'*Expositio* vanno, poi, altre glosse a *Lomb.* 2.21.23 e 24 (rispettivamente *Liut.* 108 e 109), ossia a quei capitoli ove il *fideiussor* appare come un soggetto passivo del pignoramento accanto al debitore ed in posizione sostanzialmente paritaria rispetto a costui. I glossatori, infatti, prendono spunto da questa normativa per ribadire che, per il diritto longobardo, l'obbligazione del debitore e quella del *fideiussor* sono solidali, tanto che il creditore ha la scelta su chi dei due pignorare per primo: «*Hic colligitur licere creditori fideiussorem prius vel debitorem pignorare*»;[35] «*Hac lege vocatur creditorem habere electionem reum vel fideiussorem pignorandi*».[36]

---

33 *Ad Lomb.* 2.21.23 (*Liut.* 108) – *repignorare*: Biblioteca Vaticana, Palat. lat. 772, fol. 1(–83v); Olomouc, Statni archiv, C.O. 210.

34 *Ad Lomb.* 2.21.26 (*Liut.* 128) – *vel tantum quantum*: Firenze, Biblioteca Medicea Laurenziana, Plut. 77.1, fol. 1–58: *and.* F. Liotta annovera la sigla «*and.*» («ad.» con *titulus* sopra la «a») fra quelle usate nei mss. (non della *Lombarda*) per abbreviare il nome di Andrea Bonello da Barletta (F. LIOTTA, Bonello, Andrea, in: Dizionario Biografico degli Italiani XI [Roma 1969] 779).

35 *Ad Lomb.* 2.21.23 (*Liut.* 108) – *fideiussorem aut debitorem*: Berlin, Deutsche Staatsbibliothek, West, lat. fol. 578; Wroclaw, Universytet Wroclawski, Biblioteka Glowna, Rehd. 293; con var. Bologna, Biblioteca Universitaria, 4307; Biblioteca

E pure sulla questione dei rapporti interni tra *fideiussor* e debitore principale gli interpreti della *Lombarda* confermano quanto già emergeva dalla riflessione formatasi sul *Liber Papiensis*: anche per loro, infatti, il *fideiussor* procede al pignoramento sui beni del debitore nel proprio interesse e, sostanzialmente, in via di regresso, in quanto ha già pagato del suo al creditore.

Si giunge a tale constatazione esaminando una glossa a *Liut.* 39, che, nel commentare l'azione esecutiva esercitata dal *fideiussor* verso il debitore, afferma: «*Fideiussore prius pignorato a creditore*».[37] Significativamente, la si ritrova identica anche in interlinea al cap. 40 di Liutprando,[38] ove esplicitamente si contempla la consegna dei pegni al creditore da parte del *fideiussor*.

Si potrebbe interpretare la glossa ora citata anche in altro senso: il *fideiussor* che agisce verso il debitore è stato «prima pignorato dal creditore» non perché personalmente obbligato verso quest'ultimo, ma per essere così costretto a svolgere sollecitamente la sua funzione di «esecutore». Ad escludere questa ipotesi vanno tenute presenti, però, quelle testimonianze che affermano che il creditore può scegliere chi pignorare per primo, se il debitore o il *fideiussor*. Esse, infatti, lasciano intendere che il creditore ben potrebbe agire direttamente verso il debitore, escludendo del tutto il *fideiussor*.

Le glosse alla *Lombarda* ci svelano anche particolari interessanti circa le modalità dell'azione di regresso esperibile dal *fideiussor*. Si è già incontrata una glossa al *Liber Papiensis* (*ad Liut.* 38 [39]) ove si affermava che il debitore era obbligato nei confronti del *fideiussor*, sicché quest'ultimo avrebbe potuto agire in regresso, o con lo strumento romano *dell'actio mandati*, oppure avvalendosi direttamente della procedura, tipicamente longobarda, del pignoramento «privato» e stragiudiziale (*Roth.* 245 e ss.).

Vaticana, Vat. lat. 3845 int.; Biblioteca Vaticana, Palat. lat. 772, fol. 1(–83v) int.; Paris, Bibliothèque Nationale, lat. 4616 int.

36 *Ad Lomb.* 2.21.18 (*Liut.* 40) – (*initium*): Berlin, Deutsche Staatsbibliothek, West, lat. fol. 578; con var. Wroclaw, Universytet Wroclawski, Biblioteka Glowna, Rehd. 293; Biblioteca Vaticana, Palat. lat. 772, fol. 1(–83v); Paris, Bibliothèque Nationale, lat. 4616.

37 *Ad Lomb.* 2.21.17 (*Liut.* 39) – *ipsi fideiussori*: Biblioteca Vaticana, Vat. lat. 3845 int.

38 *Ad Lomb.* 2.21.18 (*Liut.* 40) – *ipse fideiussor*: Biblioteca Vaticana, Vat. lat. 3845 int.

A questo dato le glosse alla *Lombarda* aggiungono alcune precisazioni di rilievo: «*Volenti pignorare trina contestatione premissa si debitum liquidum est; alioquin si non fuerit premissa in octogild tenetur*»;[39] «*de pignore restituendo. Si uero debitum non est liquidum, si premissa fuerit trina contestatio in duplum tenetur per legem Quicumque* (*Lomb.* 2.21.12 [*Liut.* 15])»;[40] «*Scilicet trina contestatione premissa*».[41]

A prescindere dalla questione sulla liquidità del credito, affermano gli interpreti in queste ultime glosse che l'azione esecutiva stragiudiziale del *fideiussor* incontra gli stessi limiti di quella che l'ordinamento accorda in via generale al creditore, vale a dire la necessità di una previa triplice diffida ad adempiere da rivolgere al debitore (*Roth.* 245–246).

Viene in tal modo confermata la valenza generale dei capitoli 245 e ss. di Rotari nel delineare un agile strumento di autotutela del credito ma, soprattutto, si afferma l'equiparazione (rispetto al debitore principale) delle posizioni sostanziali del creditore e del *fideiussor* che abbia pagato del suo.

Spingendosi oltre, gli interpreti della *Lombarda* affrontano, anche il difficile problema della pluralità dei fideiussori e delle loro rispettive posizioni verso il creditore.

Benché una legge di Liutprando contemplasse espressamente l'ipotesi di una pluralità di fideiussori (*Liut.* 38), le fonti longobarde non offrivano, invero, nessuna indicazione per la disciplina di questa fattispecie.

Nel diritto romano, invece, l'*epistula Hadriani* era intervenuta riformando la materia. Il testo di essa non ci è pervenuto, ma ce ne riferiscono tanto Gaio[42] quanto le Istituzioni di Giustiniano.[43]

Essa instaurava il regime della parziarietà nei rapporti tra il creditore e i cofideiussori, perché costringeva il creditore a frazionare la richiesta fra i vari fideiussori pretendendo da ciascuno solo la sua parte e non l'intero. Condizione essenziale per l'applicazione di questo regime spe-

39 *Ad Lomb.* 2.21.17 (*Liut.* 39) – *ipsi fideiussori*: Berlin, Deutsche Staatsbibliothek, West, lat. fol. 578 int.; Biblioteca Vaticana, Vat. lat. 3845 int.

40 *Ad Lomb.* 2.21.17 (*Liut.* 39) – *probatum*: Berlin, Deutsche Staatsbibliothek, West, lat. fol. 578 int.

41 *Ad Lomb.* 2.21.18 (*Liut.* 40) – *pignoraverit*: Biblioteca Vaticana, Vat. lat. 3845 int.

42 *Gai Inst.* III, 121, 121a, 122.

43 *Inst.* 3.20.4.

ciale era, però, che tutti i fideiussori fossero solventi,[44] perché altrimenti il creditore avrebbe potuto non trovare giustizia;[45] e la prova della solvibilità degli altri fideiussori era a carico di quello convenuto in giudizio, senza di che egli sarebbe stato tenuto a pagare l'intero.

Una interpretazione riportataci da una glossa alla *Lombarda* mostra di aver ripreso proprio la regola romana dell'*epistula Hadriani*. Infatti, nel ms. fiorentino della *Lombarda* si legge: «*Per litteram istam 'qui non habent quid pignoretur' notatur quod omnes fideiussores pignorandi sunt, sicut in lege romana cauetur ex epistula diui adriani, quia a singulis partem creditor petere debet*».[46]

La glossa non solo riprende espressamente il regime della *epistula*, ma addirittura sembra generalizzarne il beneficio, perché parrebbe ignorare il presupposto della solvibilità di tutti i cofideiussori.

Sembra improbabile una lettura di questo tipo, anche se essa potrebbe avere una logica alla luce della particolare disciplina del diritto longobardo, ove un *fideiussor* insolvente non poteva darsi, perché il creditore lo avrebbe potuto rifiutare a buon diritto a priori (*Liut.* 38).

Per concludere sulle glosse alla *Lombarda*, possiamo affermare che esse non contengono differenze significative rispetto all'orientamento consolidato nell'*Expositio*.

Tuttavia, alcuni spunti presenti in esse ci hanno dato la sensazione di una riflessione più approfondita, ad es. quando si precisa che il patrimonio del *fideiussor* deve comprendere beni di valore pari al triplo dell'ammontare del debito, per far fronte ad una particolare modalità dell'azione esecutiva longobarda; oppure quando si afferma un esplicito vincolo di indisponibilità sui beni del *fideiussor* fino alla estinzione dell'obbligazione; oppure, ancora, quando si generalizza l'ambito applicativo della procedura del pignoramento «privato» longobardo facendovi ricadere anche

---

44 Più difficile è stabilire se ulteriore condizione per la validità di questo regime speciale fosse la simultaneità della *fideiussio* con l'assunzione dell'obbligazione principale, osservato peraltro che Gaio non sente la necessità di parlare di *unitas actus* (le diverse posizioni della storiografia sul punto in M. Talamanca, Fideiussione [storia], in: Enciclopedia del Diritto XVII [Milano 1968] 337 nt. 138).

45 E d'altra parte avvantaggiava lo stesso creditore, perché rendeva più sicuro l'adempimento (G. Nocera, Insolvenza e responsabilità sussidiaria nel diritto *romano* [Roma 1942] 72).

46 *Ad Lomb.* 2.21.26 (*Liut.* 128) – *qui non habeat*: Firenze, Biblioteca Medicea Laurenziana, Plut. 77.1, fol. 1–58: *and.* Per questa sigla cfr. la nota n. 34.

il regresso del *fideiussor*; oppure, infine, quando si recupera il regime romano dell'*epistula Hadriani* per i rapporti con i cofideiussori.

V. LA GLOSSA ORDINARIA DI CARLO DI TOCCO E LE *DIFFERENTIAE* DI ANDREA BONELLO E BIAGIO DA MORCONE

Forse in Carlo di Tocco[47] si trova l'affermazione più esplicita della funzione di garanzia dell'obbligazione svolta dal *fideiussor* longobardo. Inserendosi nel dibattito sull'essenzialità o meno di esso al procedimento della *datio wadiae,* Carlo asserisce che la sua funzione è appunto quella di dare al creditore maggior sicurezza nel soddisfacimento del credito. Egli, infatti, *«intervenit ut creditor sit tutior de obligatione, non autem ut ipsa obligatio magis minusve valeat».*[48]

Anche Carlo, poi, insiste sul requisito della sufficiente capienza del patrimonio del *fideiussor*: «*Notamus ex hac lege quod debitor debet dare fideiussores qui sint solvendo et alioquin creditor recte eos recusat. Qui si tantum habeant quantum est debitum sufficit creditori*».[49]

Uno spunto frutto di una riflessione evidentemente più attenta e matura, si trova in una breve glossa molto nota alla storiografia, dove Carlo affronta la questione, posta sotto silenzio dagli altri interpreti, circa il titolo in base al quale il *fideiussor* può ritenersi obbligato in confronto del

47 Cito dalla ristampa anastatica (Torino 1964) della nota edizione delle *Leges Longobardorum cum argutissimis glosis Caroli de Tocco*, curata da G. B. NENNA e pubblicata a Venezia nel 1537.

48 *Ad Lomb.* 2.21.14 (*Liut.* 36) – *reddere neglexerit.* Ricordo, però, che la posizione di Carlo è isolata, perché quasi tutte le glosse alla *Lombarda* affermano il contrario, che cioè l'obbligazione non sorge se non con la presenza anche del *fideiussor*. La divergenza era già stata notata da E. CORTESE – G. D'AMELIO, Prime testimonianze manoscritte dell'opera longobardistica di Carlo di Tocco, in: Atti del Convegno «I Glossatori» (Milano-Varenna, 29 maggio – 1 giugno 1971) (Pavia 1974) 87, ora in E. CORTESE, Scritti I, a cura di I. BIROCCHI e U. PETRONIO (Spoleto 1999) 299. Per la necessarietà del *fideiussor* si pronunciano anche Ariprando e Alberto (*«Ita demum autem guadia perficitur, si per fideiussores recepta fuerit» – «Et ita demum vadia perficitur, si per fideiussorem recepta fuerit»*; cfr. A. ANSCHÜTZ, Die Lombarda-Commentare des Ariprand und Albertus. Ein Beitrag zur Geschichte des germanischen Rechts im zwölften Jahrhundert [Heidelberg 1855] II.21, 116).

49 *Ad Lomb.* 2.21.26 (*Liut.* 128) – *In anterioris.* Nell'ed. NENNA il capitolo è il 2.21.27.

creditore. Egli, in proposito, dice che il *fideiussor* è obbligato verso il creditore *«ex tacita stipulatione»*.[50]

Sui caratteri dell'obbligazione instaurata tramite questa *stipulatio* e sui suoi rapporti con quella del debitore, Carlo ripete la regola della solidarietà e dell'assenza del *beneficium excussionis*, rilevando ancora una volta la differenza rispetto alla disciplina romana, che cita allegando non la *Nov.* 4 di Giustiniano, bensì la corrispondente Autentica al Codice:

> *«Est igitur in potestate creditoris velit convenire debitorem vel fideiussorem, ut infra De debitis et guadimoniis* (*Lomb.* 2.21) *plene notamus. Secus iure Romano auc. presente C. de fideius.* (*Auth.* Praesente tamen *Cod.* 8.40.3[51])»;[52]
>
> *«... Et iure Longobardo in electione creditoris est quem velit convenire»*;[53]
>
> *«Ex hoc notamus quod licet creditori pignorare debitorem vel fideiussorem pro suo arbitrio, licet secus iure romano, aucten. presente* (*Auth.* Praesente tamen *Cod.* 8.40.3[54])».[55]

Anche Carlo, poi, commentando il cap. 39 di Liutprando, si sofferma ampiamente sulla questione dei rapporti interni tra debitore e *fideiussor*, ribadendo la regola dell'azione di regresso sulla falsariga dell'*actio mandati*.

Per comprendere correttamente il pensiero di Carlo è necessario, però, in questo caso, non fermarsi ad una lettura superficiale del passo che interessa, ove sembrerebbe affermata una regola illogica.

---

50 *Ad Lomb.* 2.21.15 (*Liut.* 37) – *abstulerit.*

51 *«Praesente tamen vtroque non permittitur intercessorem conueniri prius quam reus inuentus est minus idoneus, siue in totum, siue in partem. Absente autem reo, praesens intercessor iure quidem conuenitur: ipso tamen desiderante iudex definiet tempus, intra quod deducat reum primo conueniendum, ipso in subsidium reseruando. Nam transacto tempore compellitur intercessor satisfacere, cessis sibi a creditore actionibus, absque distinctione contractus siue intercessionis»* (Codicis sacratissimi Imperat. Iustiniani PP. Augusti libri XII Accursii commentariis ac Contii et Dionysii Gothofredi, atque aliorum quorundam illustrium iurisconsultorum lucubrationibus illustrati, sumptibus Horatii Cardon [Lugduni 1612]. Nell'edizione il titolo è il n. 41).

52 *Ad Lomb.* 2.1.1 (*Roth.* 178) – *fideiussorem.*

53 *Ad Lomb.* 2.21.17 (*Liut.* 39) – *solidos XX.*

54 Per il testo dell'Autentica cfr. la nota n. 51.

55 *Ad Lomb.* 2.21.23 (*Liut.* 108) – *Si quis fideiussorem.*

Egli, infatti, afferma: «*Queritur quando liceat creditori pignorare debitorem? Respondeo: post solutionem, quandoque ante, ut si damnatus sit, aut bona sua ceperit dilapidare, aut si convenerit ut possit debitorem arctare ad solutionem ante quam solvat, ut C. manda. l. si pro ea* (Cod. 4.35.10) *et aget ut defendatur l. fideiussor. ii. ff. de fideiusso.* (Dig. 46.1.45 [?]). *Regulariter autem agere non potest contra debitorem ...*».[56]

In questo passo, Carlo sembra chiedersi quando sia lecito al creditore procedere al pignoramento del debitore. La soluzione che ne risulta è poco comprensibile.

In primo luogo, infatti, non si intende l'affermazione di principio, che cioè il creditore normalmente non potrebbe agire contro il debitore («*Regulariter autem agere non potest contra debitorem ...*»), evidentemente in contrasto con quanto più volte ripetuto dallo stesso Carlo, che cioè il creditore può scegliere liberamente chi pignorare per primo, se il *fideiussor* o il debitore. Né, tantomeno, si intende il significato della condizione posta all'inizio: che significa che il creditore potrebbe agire solo «*post solutionem*»?

Soprattutto poi se si ipotizza, pur con evidenti forzature, che tale «*solutio*» sia quella del *fideiussor* e che quindi sia l'adempimento di quest'ultimo (o la sua condotta di dispersione del proprio patrimonio) a condizionare l'azione verso il debitore, si ottiene un beneficio di escussione davvero singolare: esso, infatti, opererebbe a favore addirittura del debitore, l'opposto, cioè, del *beneficium excussionis* romano!

In realtà, sembra che l'editore abbia errato nella trascrizione del pensiero di Carlo e che le cose stiano in termini diversi: Carlo non si sta ponendo il problema della legittimazione attiva del creditore, bensì del *fideiussor*. E' quest'ultimo che, per pignorare il debitore, deve prima aver adempiuto («*post solutionem*»). Egli, cioè, può agire verso il debitore solo in regresso, salvo che il debitore abbia disperso o stia disperdendo la propria garanzia patrimoniale così da mettere in pericolo l'azione di recupero, e salvo, comunque, che si sia convenuta la possibilità di pignorarlo prima di adempiere.

Ce lo conferma un altro brano della stessa glossa, la quale si conclude come segue: «*Item queritur si creditor venit contra fideiussorem an ipse [scilicet: fideiussor] possit debitorem pignorare et creditori dare pigno-*

---

[56] *Ad Lomb.* 2.21.17 (*Liut.* 39) – *antesteterit.*

ra? Nequaquam, quia non licet sibi [scilicet: fideiussori] pignorare antequam solvat, ut supra notamus».

Nemmeno, cioè, se il creditore decida, nell'esercizio di una facoltà riconosciutagli dalla legge, di pignorare direttamente il *fideiussor*, quest'ultimo può pignorare il debitore: per farlo, si ribadisce, il *fideiussor* deve aver prima adempiuto. L'ultima frase *(«ut supra notamus»)* è certo un rinvio alla prima parte della glossa, che ho riportato un attimo fa, ove si vuole che la regola sia stata enunciata.

Infine, per questa interpretazione depongono anche le due allegazioni del diritto romano (Codice e Digesto) portate dalla glossa, le quali non riguardano l'azione del creditore, bensì quella del *fideiussor* nei confronti del debitore.

Del regresso del *fideiussor* verso il debitore principale Carlo ci parla anche in margine al più volte menzionato cap. 117 di Liutprando, riguardante l'adempimento alla *meta* promessa da un minore al momento degli *sponsalia*: *«quod dicit si fideiussor solveret pro minore habet adversus infantem regressum* [...]».[57]

Sulle modalità dell'azione esperita dal *fideiussor*, dopo l'adempimento, nei confronti del debitore principale Carlo di Tocco, al pari degli altri glossatori della *Lombarda*, ritiene estensibile a tale azione il procedimento dell'apprensione materiale dei beni previa triplice diffida ad adempiere stabilito in via generale per il creditore dai capitoli 245 e ss. di Rotari: *«... et sicut alii creditores necesse habent facere trinam denunciationem debitoribus, ita et fideiussor* [...]».[58]

Da ultimo, Carlo si pronuncia espressamente sul tema degli effetti delle cause estintive (in senso ampio) dell'obbligazione principale sull'obbligazione fideiussoria, un tema passato sotto silenzio dalle altre fonti che abbiamo esaminato.

Lo fa commentando il disposto di *Roth.* 366, norma dal contenuto schiettamente processuale volta a regolare la prova nel giudizio intentato dal creditore *cum wadia* nei confronti del debitore e del *fideiussor*. Stabilisce Rotari che, in questo giudizio, il debitore si può liberare giurando che *«in tali capitulo nec wadia dedi nec fideiussore posui»*.

---

[57] *Ad Lomb.* 2.29.6 (*Liut.* 117) – *damnietatem.*

[58] *Ad Lomb.* 2.21.17 (*Liut.* 39) – *antesteterit.*

Carlo, sul punto, precisa: «*sed debitor iurando se liberat et fideiussorem* [...] *et reus iurando liberat se et fideiussorem*».[59]

Si esplicita, così, il principio di accessorietà dell'obbligazione fideiussoria rispetto a quella principale: se, infatti, il debitore prova, mediante giuramento, l'inesistenza del debito principale, automaticamente si estingue la garanzia fideiussoria.

E questo è forse l'aspetto di maggiore originalità della riflessione di Carlo sul nostro problema.

* * *

E' probabile, comunque, che al tempo di Carlo il regime giuridico della fideiussione longobarda avesse trovato una certa stabilità.

Guardato nei suoi contorni complessivi, l'istituto plasmato dalla scienza giuridica longobardistica era uno strumento al pieno servizio del creditore.

Lo dimostra l'insistenza delle fonti nell'attribuire al creditore una recisa facoltà di rifiutare a priori quel *fideiussor* che non offrisse una garanzia patrimoniale tale da assicurargli soddisfazione.

Ce lo attesta, poi, l'estensione, tanto al creditore verso il *fideiussor* quanto al *fideiussor* verso il debitore principale, della procedura di autotutela del credito costituita dal pignoramento «privato» longobardo (*Roth.* 245 e ss.), per mezzo della quale il creditore, previa una sbrigativa diffida da ripetere per tre volte, aveva la possibilità di impossessarsi materialmente dei beni dell'obbligato finché questo non avesse adempiuto (ed in caso di inadempimento definitivo egli ne avrebbe addirittura acquistato la proprietà).

Ne è la più chiara manifestazione, infine, l'assenza indiscussa del *beneficium excussionis*, cui conseguiva la possibilità per il creditore di aggredire indiscriminatamente il patrimonio del *fideiussor* o del debitore principale.

Sembra di riconoscere, in questi caratteri, il tradizionale *favor* che l'ordinamento longobardo attribuiva da sempre alle ragioni del creditore, che già nella sua originaria posizione processuale di attore/accusatore era gravato di un leggerissimo onere della prova e al quale il debitore do-

---

59 *Ad Lomb.* 2.55.11 (*Roth.* 366) – *non est causa*. Nell'ed. NENNA il capitolo è il 2.55.10.

veva, invece, dimostrare, con il giuramento o il duello, di non avere commesso il fatto illecito che gli veniva attribuito.

Questi caratteri si riscontrano sostanzialmente anche nelle «*Differentiae*» che Andrea Bonello e Biagio da Morcone elaborano fra la seconda metà del XIII secolo e la prima metà del successivo.

Andrea dedica solo poche parole alla questione del beneficio di escussione, negandone l'esistenza nella disciplina della fideiussione longobarda e richiamando nuovamente l'Autentica *Presente tamen* già allegata da Carlo. Ricorda che, in tal modo, per il diritto longobardo si tornava, sostanzialmente, all'originaria disciplina del Codice, che fissava un regime di piena solidarietà fra debitore e *fideiussor* (cfr. *Cod.* 8.40.3): «[...] *per ius Longobardorum reversi sumus ad legem codicis*».[60]

Più ampia è, invece, l'analisi condotta da Biagio, che si diffonde principalmente sulla disciplina della fideiussione *iure romano*, della quale ci offre anche uno spaccato relativo alla prassi effettivamente vigente all'epoca sua.

Lo fa in un breve passo che val la pena di porre a conclusione di queste osservazioni sulla garanzia personale delle obbligazioni secondo il diritto longobaro. Ci dice, infatti, che del regime di favore per il *fideiussor* realizzato in diritto romano attraverso il beneficio di escussione (Autentica *Praesente tamen*) e la divisione dell'azione verso i più cofideiussori (*Epistula Hadriani*) poteva rimanere, nei fatti, ben poco, stante la rinunziabilità di tali *beneficia*, che di fatto venivano rinunziati nella pratica: «*Et propterea notarii continue ponunt in instrumentis quibus fideiussio continetur: Et renuntiaverunt predicti fideiussores legi sancimus. autentice presenti: Epistule divi Adriani: Autentice de duobus reis: beneficio cedendarum actionum et omni altero auxilio iuris pro fideiussoribus introducto etc.*».[61]

Sicché vien da pensare che, forse, le principali differenze tra garanzia personale romana e longobarda rimanessero sulla carta e fossero destinate a svuotarsi, invece, nella prassi, dove le esigenze di tutela del creditore, ben radicate nella tradizione longobardistica, avevano la meglio.

60 Tit. XVIII – *De pignoribus*. Cito dall'edizione delle *Differentiae* offerta dal NENNA in appendice a quella della *Lombarda* con la Glossa carolina.

61 De differentiis inter ius Longobardorum et ius Romanorum tractatus, ed. ABIGNENTE (Napoli 1912) 218.

KATJA ŠKRUBEJ, Ljubljana

HISTORISCH ANALYSIERTE LEXIK: RELEVANTE QUELLE FÜR DIE RECHTSGESCHICHTLICHE FORSCHUNG? (Am Beispiel der altslawischen Bezeichnung *zakonik*)

1. Rechtshistoriker sind gewöhnt, Texte als Quellen zu benützen. Bei unserer Interpretation der in Frage kommenden Wörter und Wortverbindungen stehen uns vor allem ihre synchronen Bedeutungen im konkreten Kontext vor Augen. Doch haben wir das Quasiargument: „Das besagt schon das Wort", wie ich glaube, schon alle in einer historischen Diskussion gehört. In solchen Fällen versuchen wir uns oft auf die sog. Etymologie des Wortes zu stützen. Meine Frage ist nun: Was kann uns das relativ isolierte Wort[1] überhaupt sagen, und könnte dies auch für die rechtsgeschichtliche Forschung relevant sein?[2]

2. Der Wortschatz einer Gemeinschaft ist als Quelle für die Erforschung ihrer Vergangenheit unter Sprachwissenschaftlern schon seit langem anerkannt. Man nennt das Forschungsgebiet auch linguistische Paläontologie (*linguistic paleontology*).[3] Hier ist z.B. an das Werk von Émile Benveniste *„Le Vocabulaire des Institutions Indo-éuropéenes"* zu denken.[4] Im deutschsprachigen Raum wurde die historisch analysierte Lexik als

---

1 Über die verschiedenen sprachwissenschaftlichen Kategorien „Wort" und „Bezeichnung", die für jede nähere Betrachtung des Themas berücksichtigt werden müssen, vgl. z.B. HADUMOD BUSSMANN, Lexikon der Sprachwissenschaft (2. Aufl., Stuttgart 1990) und PETER R. LUTZEIER, Lexikologie (Tübingen 1995) 155–167.

2 Die Frage, ob uns ein Wort bzw. eine Bezeichnung irgend etwas über die bezeichnete Realie mitteilen kann, ist eine sehr alte. Vgl. PLATON, Kraylos (Ausgabe Maribor 1980).

3 HANS H. HOCK, Principles of Historical Linguistics (2. Aufl., Berlin u.a. 1991) 573.

4 ÉMILE BENVENISTE, Le Vocabulaire des Institutions Indo-éuropéenes (Paris 1969), vgl. besonders den 2. Teil „Pouvoir, droit, religion". Einen relativ neuen Versuch in diesem Bereich stellt das Werk von T'AMAZ V. GAMKRELIDZE / VJAČESLAV V. IVANOV, Indo-European and the Indo-Europeans (Berlin u.a. 1995) dar. Siehe vor allem den 2. Teil, „Semantic Dictionary of the Proto-Indo-European Language and Reconstruction of the Indo-European Proto-Culture".
Für die slawische Welt vgl. z.B. ZBIGNIEW GOŁAB, The Origins of the Slavs, a linguist's view (Ohio 1992), vor allem das 3. Kapitel, „The Stratification of Proto-Slavic Vocabulary".

relevante rechtsgeschichtliche Quelle in den letzten Jahrzehnten vor allem seitens des Kreises von Ruth Schmidt-Wiegand besonders gründlich erörtert. Sie ist Protagonistin der Wiederbelebung der Forschungsrichtung „Wörter und Sachen", die sich im ersten Viertel des 20. Jahrhunderts entwickelt hat.[5] Schmidt-Wiegand hat versucht, gemeinsam mit Forschern anderer Disziplinen (Historikern, Archäologen) vor allem die Zeit des Frühmittelalters anhand der erhaltenen germanischen Lexik in den lateinisch aufgezeichneten *leges barbarorum* zu erhellen.[6]

3. So ist für einen Rechtshistoriker, der die älteren Epochen erforscht, für die oft keine schriftlichen oder nur in Fragmenten erhaltene Quellen zur Verfügung stehen, die historisch analysierte Lexik maßgebend. Sie hat uns verschiedene Informationen zu bieten: Wann ungefähr ist die Bezeichnung entstanden und welche Gemeinschaft hat sie gestaltet?[7] Vor allem aber ist jede Bezeichnung als Resultat eines Bezeichnungsbedürfnisses entstanden, um einen für die Gemeinschaft relativ neuen Begriff auszudrücken.[8] Ein neuer Begriff setzt sich dann durch, wenn ihm eine relativ neu gestaltete und in der Gemeinschaft weit verbreitete Differenzierung der Realität zugrunde liegt. In einer historischen Gemeinschaft mit entwickeltem Handel z.B. sind verschiedene Bezeichnungen für fein

---

5 Vgl. DOROTHEE HELLER, Wörter und Sachen. Grundlagen einer Historiographie der Fachsprachenforschung (Tübingen 1998).

6 Vgl. RUTH SCHMIDT-WIEGAND, Wörter und Sachen. Zur Bedeutung einer Methode für die Frühmittelalterforschung. Der Pflug und seine Bezeichnungen, in: DIES. (Hrsg.), Wörter und Sachen im Lichte der Bezeichnungsforschung (Berlin u.a. 1981) 1–41; KARL HAUCK / KARL KROESCHELL u.a. (Hrsg.), Sprache und Recht. Beiträge zur Kulturgeschichte des Mittelalters. Festschrift für Ruth Schmidt-Wiegand zum 60. Geburtstag (Berlin u.a. 1986); RUTH SCHMIDT-WIEGAND, Stammesrecht und Volkssprache (Weinheim 1991); DIES., Rechtssprache in Althochdeutscher Zeit, in: Arbeiten zur Frühmittelalterforschung Band 30 (Berlin u.a. 1996) 1–18. Ein wichtiges Resultat dieser Zusammenarbeit ist auch das HRG.

7 Vgl. HOCK, Principals 568–578.

8 Dabei soll das Sprachzeichenmodell Wort-Begriff-Sache berücksichtigt werden. Vgl. RUTH SCHMIDT-WIEGAND, Sprache und Geschichte in Spiegel historischer Bezeichnungen, in: DIES., Stammesrecht 213–229, hier 215–216. Über das Problem des Verhältnisses von Kategorien „Bedeutung" und „Begriff" bzw. „Vorstellung" vgl. z.B. GABRIELE V. OLBERG, Die Bezeichnungen für soziale Stände, Schichten und Gruppen in den *leges barbarorum* (Berlin u.a. 1991) 4–5. Siehe auch JAN NUYTS / ERIC PEDERSON (Hrsg), Language and conceptualization (Cambridge 1998).

differenzierte Handelsbegriffe zu erwarten – einheimische und entlehnte, was aber vom Grad der heimischen Aktivität in diesem Bereich abhängt. Die Schlußziehung steht auch umgekehrt fest: Wenn für eine bestimmte historische Gemeinschaft relativ viele Bezeichnungen für einen bestimmten Bereich des menschlichen Lebens nachweisbar sind, dann können wir für die Gemeinschaft vermuten, daß der Bereich relativ entwickelt war.

So können wir auch sagen, daß nicht nur die in den verschiedenen Urkunden erhaltenen juristischen Normen und Berichte von rechtsrelevanten Prozessen auf eine gewisse Entwicklungsstufe des Rechts[9] deuten, sondern daß schon die Gestaltung von eigenen Bezeichnungen für rechtsrelevante Beziehungen bzw. Institute in einer gewissen Gemeinschaft darauf hinweist.

Die Bezeichnung selbst berichtet uns aber auch etwas über die Vorstellung von der bezeichneten Realie, die in der Gemeinschaft, in der sie gestaltet wurde, herrschte.[10] Jede neue Bezeichnung ist nämlich in einem sog. Bezeichnungsprozeß[11] gestaltet worden, für den eine Typologie charakteristisch ist. Diese besagt, daß ein neuer Begriff immer nach seiner – für die Gemeinschaft – bedeutendsten Charakteristik benannt ist. Sie wurde von den Sprachwissenschaftlern als Benennungsmotiv bezeichnet.[12] Wir können sagen, daß jeder Bezeichnung bei ihrer Entstehung ein für die Sprecher relativ neuer Begriff (bzw. eine relativ neu konstruierte Perzeption der Sache) zugrundelag. Die Frage für die Forscher ist: welcher?

---

9 Vgl. GERHARD KÖBLER, Das Recht im Frühen Mittelalter. Untersuchungen zu Herkunft und Inhalt frühmittelalterlicher Rechtsbegriffe im deutschen Sprachgebiet (Köln u.a. 1971).

10 Vgl. METKA FURLAN, Etimologija in besedotvorje, in: Etimologija. Referati sa Znanstvenog skupa o etimologiji, održanog 4. i 5. lipnja 1987 u Zagrebu (Zagreb 1993) 41–46, hier 43; METKA FURLAN / MARKO SNOJ, Iz slovenske etimološke delavnice, in: XXXIII. Seminar slovenskega jezika, literature in kulture (Ljubljana 1997) 295–308, hier 295–296.

11 Vgl. JOHANNES SCHRÖPFER (Hrsg.), Wörterbuch der vergleichenden Bezeichnungslehre (Heidelberg 1979) VIII–X.

12 Vgl. EDGAR C. POLOMÉ, Comparative linguistics and the reconstruction of Indo-European culture, in: Trends in Linguistics, Studies and Monographs 58 (Berlin u.a. 1992) 369–390, hier 370. Die Eigenschaften der bezeichneten Phänomene, die der jeweiligen behandelten Bezeichnung zugrundelagen, sind gut aus dem berühmten Werk von CARL D. BUCK, A Dictionary of selected Synonyms in the principal Indo-European languages (Chicago u.a. 1949) ersichtlich.

Für den Rechtshistoriker ist es der selbstverständlichste Weg, in ein etymologisches Wörterbuch zu schauen, doch auch dort trifft man oft verschiedene Erklärungen an. Mit meinem Beitrag möchte ich zeigen, warum auch dort verschiedene Deutungen möglich sind.

Die sprachwissenschaftlichen Methoden, die den Kern der sog. Bezeichnungsforschung darstellen, sind die sprachvergleichende Methode, d.h. die Sammlung der potentiell miteinander verwandten Bezeichnungen in einer bestimmten Sprachgruppe, und die Methode der Rekonstruktion des Ursprungs des Wortes nach den Laut- und Wortbildungsgesetzen der jeweiligen Sprache.[13] Die Resultate jeder Bezeichnungsforschung müssen jedoch in einem gewissen Punkt immer mit den Sachforschungsergebnissen konfrontiert werden. Das möchte ich am Beispiel der altslawischen Bezeichnung *zakonьnikъ* aus der Zeit des slawischen gentilen Fürstentums Karantanien zeigen.

4. Den ausführlichsten Bericht über das Bestehen des frühmittelalterlichen gentilen Fürstentums der Slawen in den Ostalpen bietet uns die *Conversio Bagoariorum et Carantanorum* von 871.[14] Aus dieser Quelle erfahren wir vieles über die verschiedenen rechtsrelevanten Verhältnisse bei den slawischen Karantanen ca. im 7. und 8. Jahrhundert, doch kaum etwas über die Entstehung und Gestaltung ihrer *consuetudines*.[15] Nach heutigem Stand der Forschung sieht es so aus, als wäre das Stammesrecht der Karantanen niemals niedergeschrieben worden.[16] Reinhard Wenskus folgend, der in seinem Werk „Stammesbildung und Verfassung" die Hauptcharakteristika der frühmittelalterlichen Stämme vergleichend behandelt hat,[17] kann ich aber mit guten Gründen behaupten,

---

13 Über die beiden Methoden z.B. HOCK, Principals 532–533, 540–541 und 581ff.

14 MILKO KOS, *Conversio Bagoariorum et Carantanorum* (Ljubljana 1936); HERWIG WOLFRAM, *Conversio Bagoariorum et Carantanorum*. Das Weißbuch der Salzburger Kirche über die erfolgreiche Mission in Karantanien und Pannonien (Wien u.a. 1979).

15 Vgl. SERGIJ VILFAN, Rechtsgeschichte der Slowenen (Graz 1968) 35–67; HERWIG WOLFRAM, Die Geburt Mitteleuropas. Geschichte Österreichs vor seiner Entstehung 378–907 (Wien 1987) 342–345, hier 379.

16 Den heutigen Stand der Forschung der mit Karantanien verknüpften Problematik stellt das zweibändige Werk RAJKO BRATOŽ (Hrsg.), Slowenien und die Nachbarländer zwischen Antike und karolingischer Epoche (Ljubljana 2000) dar.

17 REINHARD WENSKUS, Stammesbildung und Verfassung. Das Werden der frühmittelaterlichen gentes (2. Aufl., Köln u.a. 1977); vgl. auch HERWIG WOLFRAM, Ein-

daß man auch bei den Karantanen vom Bestehen eines Stammesrechtes sprechen kann.

Nach Wenskus sind eines der wichtigsten Kennzeichen und auch einer der wichtigsten Identifikationsanhaltspunkte jedes frühmittelalterlichen – meist polyethnischen – Stammes gerade seine gemeinsamen Rechtsgewohnheiten. So gehören zum verfassungsgeschichtlichen Modell der frühmittelalterlichen Stämme neben *gens* und *dux gentis* auch *consuetudines* (bzw. *ritus, institutiones*) *gentis*.[18] Im Bezug auf Karantanen haben wir in den etwas späteren Quellen (11. Jahrhundert) eine Erinnerung an ein solches Stammesrecht: *institutio Sclauenica* in einer Verbindung *sclauenicae institutiones testes*.[19]

5. Neben den erwähnten Urkunden steht uns für diesen Raum und diese Zeit aber noch eine andere Art von Quelle zur Verfügung – die sog. Freisinger Denkmäler (Brižinski spomeniki).[20] Sie sind der erste in lateinischer Schrift aufgezeichnete slawische Text. Benannt sind sie nach ihrem Fundort. Nach Grdina besteht heute eine *communis opinio*, daß der Ort der Niederschrift der Freisinger Denkmäler entweder Oberkärnten oder Freising, der Ort der Benutzung jedoch die Kärntner Besitztümer der Freisinger Kirche waren.[21]

Die erhaltene Abschrift der Freisinger Denkmäler wurde nach dem Jahre 972 niedergeschrieben, doch dürfte das Original schon vom Ende des 8. oder Beginn des 9. Jahrhunderts stammen. Es handelt sich um Quellen religiösen Inhalts, und zwar um zwei großteils aus dem Althoch-

---

leitung oder Überlegungen zur Origo Gentis, in: HERWIG WOLFRAM / WALTER POHL (Hrsg.), Typen der Ethnogenese unter besonderer Berücksichtigung der Bayern I (Wien 1990) 19–33.

[18] Vgl. RADOSLAV KATIČIĆ, Die Verfassungsterminologie der frühmittelalterlichen Slawenherrschaften, in: Slavica Slovaca, Ročník 31 (1996) 3–26.

[19] Monumenta historica ducatus Carinthiae III (1904) 205; vgl. PETER ŠTIH, Plemenske in državne tvorbe zgodnjega srednjega veka na slovanskem naselitvenem prostoru v Vzhodnih Alpah, in: Zbornik Slovenci in država (Ljubljana 1995) 21–49, hier 29.

[20] Für die phonetische, diplomatische und kritische Umschrift siehe ACADEMIA SCIENTIARUM ET ARTIUM SLOVENICA (Hrsg.), Brižinski spomeniki. Znanstvenokritična izdaja (Ljubljana 1993); für den letzten Forschungsstand siehe ACADEMIA SCIENTIARUM ET ARTIUM SLOVENICA (Hrsg.), Zbornik Brižinski spomeniki (Ljubljana 1996).

[21] IGOR GRDINA, Zusammenfassung (Kodex Clm 6426), in: ACADEMIA, Brižinski spomeniki 183–187, hier 184.

deutschen übersetzte Beichtformeln und eine slawische Version der sog. *Adhortatio ad poenitentiam.*[22]

Trotz ihrer religiösen Natur können wir sie auch für unseren Zweck verwenden, und zwar einen Teil ihres Wortschatzes.

Schon vor dreißig Jahren hat die Sprachwissenschaftlerin Irene Wiehl den christlichen Wortschatz der Freisinger Denkmäler ausführlich analysiert, aber auch bereits auf den rechtsrelevanten Wortschatz aufmerksam gemacht. Sie hat dabei eine weit verbreitete Typologie verwendet, die besagt, daß der heimische Wortschatz, den die Missionare für ihre Christianisierungszwecke verwendet haben, um die christlichen Konzepte mit volkssprachigen Wörtern bezeichnen zu können, zuvor verwendeten Bezeichnungen rechtsrelevanter öffentlicher Beziehungen einer Gemeinschaft entsprach.[23]

So begegnen uns in den Freisinger Denkmälern, die höchstwahrscheinlich für die christliche Mission unter den Alpenslawen in Karantanien verfaßt wurden, die alten slawischen Bezeichnungen,[24] die vor allem mit Gerichtsverhandlungen verknüpft sind. Eine der erforschten Bezeichnungen könnte man meiner Meinung nach auch in einen anderen Kontext stellen. Es geht um den Begriff *zakonik.*

6. Mit Irene Wiehl stimme ich überein, daß *zakonik* die Bezeichnung für das *nomen agentis* bzw. den Träger der Handlung ist, die aus dem Substantiv *zakon* hergeleitet wurde.[25] Die Bezeichnung *zakon* wurde später

---

22 Vgl. IVAN GRAFENAUER, Karolinška kateheza ter izvor Brižinskih spomenikov in *Čina nadъ ispovědajoštimь sę* (Ljubljana 1936). Für die ausführliche Bibliographie über die Poblematik der Freisinger Denkmäler (das Verzeichnis der Ausgaben und der Sekundärliteratur) siehe ACADEMIA, Brižinski spomeniki 161–181.

23 IRENE WIEHL, Die Rechtswörter in den Freisinger Denkmälern, in: Studia Slavica. Beiträge zum VIII. Internationalen Slawistenkongreß in Zagreb 1978 (Gießen 1981) 59–79, hier 59. Vgl. auch IRENE WIEHL, Untersuchungen zum Wortschatz der Freisinger Denkmäler (München 1974).

24 Über die Sprache der Freisinger Denkmäler vgl. VARJA CVETKO-OREŠNIK, Zu Issatschenkos Versuch der Widerlegung von Ramovšs Argumenten für die slowenische Provenienz der Freisinger Denkmäler, in: ACADEMIA, Zbornik 193–202. Über die Bezeichnungen für die Sprache der Alpenslawen (altslowenisch, urslowenisch, alpenslawisch) siehe ALENKA ŠIVIC-DULAR, Odsev etnogeneze v jeziku slovenskega prostora (v času od 6.–12. stol.), in: Migrationen und Ethnogenese im pannonischen Raum bis zum Ende des 12. Jahrhunderts (Graz 1996) 137–181, hier 138.

25 WIEHL, Untersuchungen 41–42.

in vielen slawischen Sprachen zu einem der bedeutendsten Rechtstermini mit der Bedeutung „Gesetz, *lex*".

Über die gemeinslawische Herkunft der Bezeichnung *zakon* besteht eine feste *communis opinio*. In der historischen Sprachwissenschaft gilt, daß bei einer Bezeichnung, die in mehreren Sprachen derselben Sprachgruppe besteht, mit einer gewissen Wahrscheinlichkeit anzunehmen ist, daß sie gemeinsamer Herkunft ist. Eine solche Hypothese muß dann aber immer durch die Methode der Rekonstruktion von Lauten und Wortbildungsmustern im jeweiligen erforschten Fall bestätigt werden.[26] Das können wir für die Bezeichnung *zakon* ohne Schwierigkeiten behaupten.

Das urslawische Substantiv **zakonъ* ist aus dem Verb **začęti* hergeleitet.[27] **Začęti* setzt sich aus dem Praefix *za* und aus der verbalen Form

---

[26] Etymologische Wörterbücher, die in diesem Beitrag verwendet wurden: JULIUS POKORNY, Indogermanisches Etymologisches Wörterbuch (3. Aufl., Tübingen u.a. 1994); Lexicon linguae paleoslovenicae – LLP (Praha 1966–1997); L. SADNIK / R. AITZETMÜLLER, Handwörterbuch zu den altkirchenslavischen Texten (Heidelberg 1955); MARKO SNOJ, Slovenski etimološki slovar (Ljubljana 1997); FRANCE BEZLAJ, Etimološki slovar slovenskega jezika (Ljubljana 1976ff.); MAX VASMER, Russisches etymologisches Wörterbuch (1950, Nachdruck Heidelberg 1976); VÁCLAV MACHEK, Etymologický slovník jazyka českého (Praha 1997); ALEXANDER BRÜCKNER, Słownik etymologiczny językа polskiego (1927, Nachdruck Warszawa 1996). – Die anderen hier zitierten Wörterbücher: G. ALASIA DA SOMMARIPA, Vocabolario Italiano e Schiauo. Udine 1607 (Ljubljana u.a. 1979); HIERONYMUS MEGISER, Slovenisch-deutsch-lateinisches Wörterbuch, 1592 (Wiesbaden 1967); DJURO DANIČIĆ, Rječnik iz književnih starina srpskih (Beograd 1863); VLADIMIR MAŽURANIĆ, Pravnopovijesni riječnik (Zagreb 1908–1922); andere zitierte Werke: FRAN MIKLOŠIČ, Die Christliche Terminologie der Slavischen Sprachen (Wien 1876); SRĐAN ŠARKIĆ, *Zakon* u glagolskim i ćirilskim spomenicimia od XII–XVII veka (Novi Sad 1994).

[27] – Altkirchenslawisch *zakonъ* „lex, mandatum, cultus" und „ordo, modus, schema" (LLP I, 643) ;
– Slowenisch *zakon* „Gesetz Gottes" („Černjeja" Handschrift um 1497); „Gesetz", „Ehe" (A. DA SOMMARIPA, 1607);
– Kroatisch *zákon* „modus", „casus", „conditio", „jus", „mos", „consuetudo" (MAŽURANIĆ II, 1642);
– Serbisch *zákon* „Sitte, Gewohnheit, Glaube, Gesetz, Recht" (ŠARKIĆ);
– Russisch *zakón* „Gesetz" (VASMER I, 611);
– Bulgarisch *zákon* „Sitte, Gesetz, Glaube" (VASMER I, 611);
– Tschechisch *zákon* „Recht", Alttschechisch „Mönchsregel", „Gesetz Gottes" (MACHEK, 709);
– Polnisch *zakon* „Mönchsregel" (BRÜCKNER, 643).

**čęti* zusammen. Aufgrund slawischer lexikalischer Daten[28] wird für urslawisch **čęti* die Bedeutung „anfangen“ rekonstruiert und dafür die Bestätigung bei den verwandten Formen anderer indogermanischer Sprachen gefunden. In diesem Fall können wir dem Ursprung der Wurzel sogar auf der indogermanischen Sprachebene folgen, und zwar: indogermanisch **(s)ken-* *„gebären“, „schöpfen“, „anfangen“, und wir können ihr sogenanntes Benennungsmotiv *„das, was angefangen hat“ identifizieren.[29] Für die urslawische Sprachstufe ist neben der ursprünglichen Bedeutung „anfangen“ auch schon die Bedeutungserweiterung „enden“ nachgewiesen.

Die historische Analyse einer Bezeichnung stellt auf diese Weise dem Rechtshistoriker die Hauptvorstellung der damit bezeichneten *realia* in einer Gemeinschaft dar. Ich möchte betonen, daß das nur für die Vorstellung aus der Zeit ihrer Entstehung zutrifft. Später, wegen möglicher Bedeutungswandlungen, geriet das ursprüngliche Benennungsmotiv meist in Vergessenheit.[30]

7. Bis zu diesem Punkt bewegten wir uns in dem eigentlichen Bereich der Bezeichnungsforschung. Auf die Frage nach der Bedeutung des urslawischen Substantivs **zakonъ* kann uns die Sprachwissenschaft dann:

---

28 Aus urslawisch **čęti* auch **konъ* „Anfang, Ende“ und **konьcь* „Ende“:
- Altkirchenslawisch *konьcь* „Ende“, *iskoni* „von Anfang an, seit alters her“ (SADNIK-AITZETMÜLLER, 38);
- Altslowenisch *iskoni dokoni* „vom Anfang bis zum Ende“ (FD II, 64–65);
- Slowenisch *kónec* „Ende“ (SNOJ 255);
- Kroatisch *konac* „Faden, Ende eines Fadens“ (SNOJ 255);
- Russisch *kon* „Anfang, Ziel, Reihe, Ordnung“, *konéc* „Ende“ (VASMER I, 613);
- Altrussisch *pokonъ* „Beginn, Sitte, Gewohnheit“ (VASMER I, 614);
- Tschechisch *konec* „Ende“, Alttschechisch auch „Anfang“ (MACHEK, 273);
- Polnisch *koniec* „Ende“ (BRÜCKNER, 252).

29
- Urslawisch **čęti* „anfangen, enden“;
- Altirisch *cinim* „entspringen, anfangen, entstehen“;
- Cymrisch *cenetl* „Stamm, Herkunft“;

< aus indogermanisch**(s)ken* –, „gebären“, „schöpfen“, „anfangen“ hergeleitet. (POKORNY, 563), davon auch:
- Altindisch *kanína-* „jung“, *kanyā* „junges Mädchen“;
- Altgriechisch *καινός* „neu“;
- Lat. *re-cēns* „jung, neu“.

30 Vgl. z.B. DIRK GEERAERTS, Diachonic Prototype Semantics. A contribution to Historical Lexicology (Oxford 1997).

a) das ursprüngliche Benennungsmotiv, das auf die ursprüngliche Vorstellung hinweist, bieten, zugleich mit der
b) Information, daß die Bezeichnung nach den Wortbildungs- und Lautgesetzen der slawischen Sprachen entstanden und nicht entlehnt worden war.

Bei dem Versuch, die ursprüngliche Bedeutung des urslawischen **zakonъ* festzustellen, reichen die sprachwissenschaftlichen Methoden nicht aus. Der Sprachwissenschaftler sucht hier die Hilfe bei dem jeweiligen Kenner des entsprechenden Bereichs. In unserem Fall wäre die gemeinsame Arbeit mit einem Rechtshistoriker erstrebenswert, um die wahrscheinlichste Interpretation der ursprünglichen Bedeutung des Wortes – die wahrscheinlichste Etymologie – zu erzielen.[31] Bei diesem Punkt treffen sich die Bezeichnungs- und Sachforschung, das heißt die Resultate der sprachwissenschaftlichen und rechtsvergleichenden Methoden.

8. Der Rechtshistoriker ist mit der Geschichte der rechtsrelevanten Prozesse besser vertraut und kann die sprachwissenschaftliche Interpretation der ursprünglichen Bedeutung von **zakonъ* präzisieren. Der Rechtshistoriker kann zumindest damit aushelfen, daß er mögliche ursprüngliche Bedeutungen eines Wortes ausschließt. Er kann nämlich mögliche anachronistische Interpretationen leichter identifizieren.

In unserem Fall können wir mit Sicherheit sagen, daß urslawisch **zakonъ* nicht einfach „Gesetz“ oder „eine Norm zentraler Machtträger“ bezeichnen konnte. Das ist seine spätere und bei den meisten slawischen Sprachen auch bis heute fest verankterte Bedeutung, die aber erstmals in

---

31 Die Sprachwissenschaftlerin FURLAN, Etimologija 41–46 stellt uns ein Beispiel dar, womit sie betonen möchte, daß die sog. *Herkunft* eines Wortes (das Resultat einer erfolgreichen formalen Rekonstruktion auf z.B. die idg. Sprachstufe, Anm. K.Š.) nicht dasselbe wie seine *Etymologie* ist. Die rekonstruierte Form idg. **Houi-s* z.B. hat zwar schon auf der frühindogermanischen sprachlichen Stufe „Schaf, Schafbock“ bezeichnet, doch bleibt die semantische Motivation (Benennungsmotiv) dieses Lexems bis jetzt unerklärbar: Warum wurde „Schaf, Schafbock“ gerade mit **Houi-s* bezeichnet? Sie schließt ihre Analyse mit der Folgerung, daß die Etymologie nicht ein Teil der Morphologie (und damit auch nicht ein bloßer Teil der Wortgeschichte, Anm. K.Š.) sein kann. Die Etymologie als sprachliche Disziplin verwendet die Ergebnisse der diachronen Sprachwissenschaft, jedoch zusammen mit den Erkenntnissen anderer sprachwissenschaftlicher Disziplinen (z.B. Semantik) sowie auch nicht-philologischer Fächer.

Schriften aus dem Ende des 9. Jahrhunderts feststellbar ist.[32] Auf den späteren Bedeutungswandel wird im Rahmen dieser Arbeit nicht näher eingegangen.

Was konnte dann die Bezeichnung *zakon* vor der Zeit der Christianisierung bedeuten?

Wie wir bereits gesehen haben, ist die Bezeichnung gemeinslawisch und deswegen in die Zeit vor der Siedlung in den neuen Gebieten einzuordnen – das heißt in eine Zeit vor dem 6. Jahrhundert. In jener Zeit haben wir es aber mit verschiedenen slawischen Gemeinschaften zu tun, die nur allmählich durch den Prozeß der Ethnogenesen zu frühmittelalterlichen *gentes* mit charakteristischen Instituten wurden.[33] Das wichtigste davon, M. Lupoi folgend, war die Versammlung der vollberechtigten Mitglieder.[34] In solchen Stammesbildungen hatten entweder die Mitglieder einer bestimmten Familie oder nach anderen Kriterien bestimmte Mitglieder (die ältesten oder dazu besonders erzogenen) die Aufgabe „der Erhaltung der Stammestraditionen bzw. Traditionskerne". Die Form der Überlieferung war mündlich.[35]

Da die rekonstruierte Bedeutung der Bezeichnung *zakon* auf der urslawischen Sprachstufe ungefähr „das, was angefangen ist oder das, was beendet ist" war, und da ihre bei fast allen slawischen Völkern verbreitete Bedeutung später mit den wichtigsten Normen verknüpft wurde, könnte man für die Zeit ungefähr vor dem 6. Jahrhundert folgende Bedeutungen vorschlagen:

a) „eine Entscheidung, die nur von dafür bestimmten Mitgliedern eines Stammes (von den Ältesten) getroffen werden konnte, womit sie die jeweilige strittige Frage *beendet* haben" oder

---

32 Diese Bedeutung ist in den altkirchenslawischen Schriften ausführlich belegt. Ob auch das berühmte *Zakon sudnyj ljudem* als Resultat der Missionierungstätigkeit Methodios' aus der zweiten Hälfte des 9. Jahrhunderts zustande gekommen ist, bleibt umstritten. Vgl. H. W. DEWEY / A. M. KLEIMOLA, *Zakon sudnyj ljudem* (Michigan 1977); M. N. TIHOMIROV, *Zakon sudnyj ljudem* kratkoi redakcii (Moskva 1961); DERS., *Zakon sudnyj ljudem* prostrannoj i svodnoj redakcii (Moskva 1961).

33 Vgl. z.B. MAURIZIO LUPOI, The Origins of the European Legal Order (Cambridge 2000).

34 LUPOI, The Origins 173–223.

35 Vgl. MICHAEL RICHTER, The Oral Tradition in the Early Middle Ages (Turnhout 1994); ERIC A. HAVELOCK, The Muse Learns to Write. Reflections on Orality and Literacy from Antiquity to the Present (New Haven 1986).

b) „eine der wichtigsten Gewohnheitsregeln eines Stammes, die zu seinen Traditionskernen paßte und in den Augen der Gemeinschaft *von alters her* in Geltung war".[36] Belege dafür können wir z.B. in den späteren slawischen Quellen finden, z.B. in der Aufzeichnung der Rechtsgewohnheiten bei der kroatischen Gemeinschaft von Vinodol aus dem 13. Jahrhundert.[37]

9. Nachdem wir die möglichen Interpretationen der Bedeutung von *zakon* festgestellt haben, kommen wir jetzt zur Frage nach dem Begriff *zakonik* zurück.

Ich möchte wiederholen, daß ich mit Irene Wiehl soweit übereinstimme, als sie die Bezeichnung *zakonik* als *nomen agentis* zu *zakon* versteht.[38] Zugleich möchte ich betonen, daß die Bezeichnung *zakonik* als *nomen agentis* in den modernen slawischen Sprachen nicht mehr erhalten ist.

Nach der Analyse von Irene Wiehl, die im Grunde dem Text der Freisinger Denkmäler folgte, wäre *zakonik* eine Benennung für „Priester" gewesen. Irene Wiehl meinte, daß sie erst für Missionierungszwecke gebildet wurde, und zwar als Entlehnung aus dem althochdeutschen *êwarto*.[39] Im folgenden werden einige Gründe erörtert, die gegen diese Ansicht sprechen.

9.1. Das Wortbildungsmuster von *zakonik* stimmt mit dem althochdeutschen *êwarto* nicht überein. Wenn es sich schon um eine Entlehnung handelte, zöge ich als Muster eher den griechischen *νομικός* vor. Als am Ende des 9. Jahrhunderts die slawische schriftliche Tätigkeit zum ersten Mal aufblühte, wurden die meisten Urkunden griechisch verfaßt.[40] Das war eine Folge der slawischen Mission, die vom Byzantinischen Reich

---

36 HERMENEGILD JIREČEK, Prove. Historický slovar slovanského práva (Praha 1904) 421–422; ALEKSANDER ZAJDA, Staropolska Terminologia prawnicza (do 1500 r.) (Kraków 1990) 47.

37 LUJO MARGETIĆ, Vinodolski zakon (Rijeka 1989); vgl. auch RADOSLAV KATIČIĆ, Praslavenski pravni termini i formule u Vinodolskom zakonu, in: Slovo 39–40 (Zagreb 1989–1990) 73–85.

38 WIEHL, Untersuchungen 42.

39 Vgl. H. H. MUSKE, *Ewa*, in: HRG I (Berlin 1971) 1027–1030.

40 Vgl. CHRISTIAN HANNICK, Die Freisinger Denkmäler innerhalb der Entwicklung des slawischen christlichen Wortschatzes, in: Zbornik Brižinski spomeniki (Ljubljana 1996) 239–243.

aus nach Westen hin (vor allem nach Mähren) betrieben wurde. Der byzantinische Missionar Methodios hat damals fast die ganze Bibel in die sog. altkirchenslawische Sprache übersetzt (ŽM XV, 1).[41] Dort finden wir relativ oft auch die Bezeichnung *zakonik* in den Bedeutungen „Schriftgelehrter, Gesetzesgelehrter" und „Priester".

Die Arbeit des Methodios im Karantanischen Raum ist in der *Conversio* zwar nachgewiesen, doch sind die Freisinger Denkmäler nach herrschender Meinung wesentlich früher entstanden.[42] So ist ein Einfluß des Methodios auf die Freisinger Denkmäler kaum denkbar. Bevor man vermutet, daß die Bezeichnung *zakonik* sowohl aus dem Althochdeutschen als vielleicht später auch aus dem Griechischen unabhängig entlehnt wurde, ist meiner Meinung nach eine andere Lösung denkbar.

9.2. Da die Bezeichnung *zakonik* als *nomen agentis* auf alten Stufen mehrerer slawischer Sprachen nachgewiesen ist,[43] ist meines Erachtens eine Rekonstruktion der gemeinslawischen Sprachstufe möglich. Das bedeutet, daß die Bezeichnung noch vor der Missionierungszeit entstanden ist und daß sie zur Zeit der Christianisierung nur einem Bedeutungswandel unterlag.

9.3. Wenn die Argumente, daß die Bezeichnung *zakonik* in einer kontinuierlichen Sprachentwicklung entstanden war und nicht erst in der Zeit

---

41 METOD BENEDIK, Žitje Konstantina (ŽK), Žitje Metoda (ŽM), in: Sveta brata Ciril in Metod v zgodovinskih virih ob 1100 letnici Metodove smrti (Ljubljana 1985) 229.

42 Vgl. MILKO KOS / FRAN RAMOVŠ, Brižinski spomeniki (Ljubljana 1937) 7; HANNICK, Die Freisinger Denkmäler 239; ANDREJ PLETERSKI, Archaeology and Origin of the Freisinger Manuscripts, in: Zbornik Brižinski spomeniki (Ljubljana 1996) 27–42.

43 – Altkirchenslawisch *zakonьnikъ* „Schriftgelehrter", „Gesetzesgelehrter", „Priester" (LLP I, 644).
– Altslowenisch *zaconnic* (FD III, 17–18);
– Slowenisch (16. Jhdt.) *zakonik* „Ehemann" (MEGISER);
– Kroatisch (16. Jhdt.) *zakonik* „legis peritus" (MAŽURANIĆ II, 1643);
– Serbisch *zakonici* „Steiger" (Šarkić 139), *bez-zakonnikъ* „qui contra jus fasque agit" (DANIČIĆ I, 32);
– Alttschechisch *zakonik* „Ordengeistlicher" (MIKLOŠIČ 14 nach JUNGMANN und KOTT);
– Altpolnisch *zakonik* „Mönch" (MIKLOŠIČ 14, BRÜCKNER, 644).
< urslawisch **zakonьnikъ* wurde mit typisch slawischem Suffix für *nomen agentis – nikъ* aus *zakon* gebildet (ahd. *ēwart(o)* ?; gr. *νομικός* ?).

der christlichen Mission gestaltet wurde, zutreffend sind, dann müssen wir uns wieder die Frage stellen, was ihre Bedeutung vor der Christianisierung sein konnte. Eigentlich führt uns schon die Wortbildung dazu: Sie muß den Träger der mit *zakon* ausgedrückten Handlung bezeichnet haben. Soviel kann uns die sprachliche Analyse sagen. Wie kann der Rechtshistoriker ihre Bedeutung präzisieren?

Mit Hilfe zahlreicher rechtshistorischen Typologien (z.B. fränkischer *rachymburg*,[44] homerischer *ἴστωρ*,[45] isländischer *lögsögumadhr*[46]), möchten wir die möglichen Bedeutungen von *zakonik* folgenderweise formulieren:[47]

a) als den, der in einer Gemeinschaft *zakon* kannte und ihn von Generation zu Generation weiter tradierte, oder auch
b) als den, der in den Augen einer Gemeinschaft bevollmächtigt war, seine Entscheidungen in jeweiligen Streitsachen zu treffen und damit den Streit zu beenden.

10. Wenn die vorgestellte Argumentation und ihr Resultat sich als überzeugend erweisen, könnte man zusammenfassend auch bei den Karantanen solch eine Institution unter der Bezeichnung *zakonik* vermuten. Denn dann haben wir unter der sekundären Bedeutung der Bezeichnung *zakonik* die ursprünglichere enthüllt und damit das vermutliche Bestehen eines rechtlichen Instituts des Stammesrechts der slawischen Karantanen aufgezeigt.

Wo es eine Bezeichnung gibt, hat es einmal auch einen für die Gemeinschaft relativ neuen Begriff gegeben. Obwohl man bei der historischen Analyse einer alten Bezeichnung stets über die synchron lexikalische und auch textuelle Bedeutung hinausgehen muß, ist sie trotzdem immer im Kontext zu behandeln, und zwar in einem diachron- und vergleichsprachlichen Kontext, zugleich auch im Kontext ihres Wortfeldes und in einem außersprachlichen Kontext, d.h. mit der Berücksichtigung

---

44 Siehe PactSal 57, 1 De rachineburgiis; vgl. LUPOI, The Origins 207–208.

45 GEORG BUSOLT, Griechische Staatskunde (München 1920) 332–333 und 550.

46 KIRSTEN HASTRUP, Culture and History in Medieval Iceland (Oxford 1985) 122–127.

47 Anders MIKLOŠIČ, Christliche Terminologie 16; RAJKO NAHTIGAL (Ljubljana 1936) 14–15; SIMON PIRCHEGGER, Untersuchungen über die altslovenischen Freisinger Denkmäler (Leipzig 1931) und ALEKSANDER V. ISAČENKO, Jazyk a povod frizinských pamiatok (Bratislava 1943) 13, 36 und 59.

der historischen und sozio-kulturellen Bedingungen. Die Erforschung des ersten ist dem Sprachwissenschaftler zuzutrauen, die Erörterung des zweiten jedoch dem Rechtshistoriker. Der Grad der Wahrscheinlichkeit des Resultats einer solchen Bezeichnungs- und Sachforschung ist umso größer, je mehr die zwei Forschungslinien verfolgt werden und zu ähnlichen Ergebnissen kommen.

ANDREAS THIER, München

DIE PÄPSTLICHEN REGISTER IM SPANNUNGSFELD ZWISCHEN RECHTSWISSENSCHAFT UND PÄPSTLICHER NORMSETZUNG

Innocenz III. und die Compilatio Tertia[1]

Im Jahr 1209/1210 übersandte Papst Innocenz III. mit der Compilatio Tertia eine Auswahl von Dekretalen seines Pontifikates an die Rechtsschule in Bologna. Die Gültigkeit und damit die Verbindlichkeit dieser Rechtstexte wurde von Innocenz ausdrücklich an deren Überlieferung in den päpstlichen Registern geknüpft. Auf den ersten Blick diente dieser vorbildlose päpstliche Schritt dazu, das von Fälschungen überwucherte Dekretalenrecht zumindest im Bereich der von Innocenz selbst erlassenen Dekretalen vor weiteren Eingriffen zu schützen. Dem entsprach es, daß in der Kanonistik die Register bisweilen zum maßgeblichen Kriterium für die Echtheit von Dekretalentexten erklärt worden waren. Bei näherer Betrachtung zeigt sich allerdings, daß die Dekretalentexte der Compilatio Tertia immer wieder deutlich von den vermeintlichen Quellen in den päpstlichen Registern abwichen und offensichtlich an die Dynamik der zwischenzeitlich eingetretenen Änderungen des päpstlichen Dekretalenrechts angepaßt worden waren. Daß insbesondere auch neu redigierte Texte unter Berufung auf die päpstlichen Register *absque scrupolo* in Universitäten und Gerichten benutzt werden sollten, hatte einen anderen Grund: Die Compilatio Tertia sollte gegenüber der selbstbewußten kirchlichen Rechtswissenschaft den päpstlichen Anspruch auf die Verfügungsmacht über die verbindliche Textgestalt von Dekretalen behaupten. Das nämlich war bislang im wesentlichen durch die Dekretalensammlungen der Kanonistik geschehen, von der dabei nicht selten die Textform und sogar die Verbindlichkeit von Dekretalen in Frage gestellt worden war. In der jetzt von Innocenz bewirkten Konkurrenz der Rechtssammlungen sollte die Verknüpfung von Text und Register der Compilatio Tertia ei-

[1] Abstract des Tagungsvortrags. Der Beitrag erscheint in überarbeiteter und um Nachweise erweiterter Form in der ZRG KA 119 (2002) 44–69. Ich danke den Veranstaltern des Forums 2001 auch an dieser Stelle noch einmal ganz herzlich für ihr Verständnis und ihre Unterstützung.

nen, so könnte man formulieren, Legalitätsvorsprung verschaffen. Trotzdem konnte sich der Papst nicht gegen die Kanonistik durchsetzen, die weiterhin eigene Dekretalensammlungen erstellte und auch Dekretalen Innocenz' außerhalb der Compilatio Tertia für verbindlich erklärte. Nicht zuletzt deswegen gingen seine Nachfolger einen Schritt weiter, als sie 1234 und 1298 mit dem Liber Extra und dem Liber Sextus päpstliche Rechtssammlungen an die Universitäten übersandten, in denen eine Fülle nachhaltig veränderter Dekretalentexte enthalten war. Denn diese Rechtsbücher sollten künftig von Kanonistik und Gerichtsbarkeit als allein verbindliche Textgrundlage benutzt werden, die Anfertigung anderer Sammlungen wurde verboten. Damit war die Ebene kodifikatorischer Rechtsgestaltung erreicht. Ein tragendes Element dieser Entwicklung bildete die Spannung zwischen der immer weiter ausgreifenden päpstlichen Normsetzungskompetenz und dem Autonomieanspruch einer hochentwickelten Rechtswissenschaft. Dieses Bewegungsmoment kirchlicher Rechtsgeschichte fand seine erste textförmige Verdichtung in der Compilatio Tertia und dem damit verbundenen Einsatz der päpstlichen Register zur Behauptung päpstlicher Textverfügungsmacht.

KAIUS TUORI, Helsinki

THE MAGIC MIRROR
Roman Law and the Idea of Scientific Historiography

This presentation is founded on two phrases:

> "The writing of history has been given the task of correcting the past to teach the contemporaries for the benefit of the future. This enterprise does not aspire to such lofty aims: it merely wants to show how things have been." (Leopold von Ranke)[1]

> "See first, think later, then test. But always see first. Otherwise you will only see what you were expecting." (Wonko the Sane)[2]

And it hardly matters that the first phrase is by a highschool history teacher from Frankfurt named Leopold von Ranke, later the father of scientific historiography (thus the *von*) and the other by Wonko the Sane, a mad scientist-character in Douglas Adams' fourth book of the *Hitchhiker's Guide to the Galaxy*-trilogy.

I. THE HISTORICAL METHOD?

Leopold von Ranke's "four magic words" (*wie es eigentlich gewesen*) are present in almost every methodical guide of history in existence. They are the essence of a tradition later to be dubbed "historism", the scientific exploration and reconstruction of the past. Sir Ronald Syme once remarked that in ancient history "one uses what one has", meaning that the historian is inevitably bound by the limitations in quantity and quality of the sources available to her or him.[3]

---

1 LEOPOLD VON RANKE, Geschichte der romanischen und germanischen Völker von 1494 bis 1514 (2nd ed., Leipzig 1874), Vorrede VII: "Man hat der Historie das Amt, die Vergangenheit zu richten, die Mitwelt zu Nutzen zukünftiger Jahre zu belehren, beigemessen; so hoher Ämter unterwindet sich gegenwärtiger Versuch nicht; er will bloß zeigen, wie es eigentlich gewesen".

2 DOUGLAS ADAMS, So long, and thanks for all the fish (New York 1985) 165.

3 RONALD SYME, People in Pliny, in: Journal of Roman Studies 58 (1968) 135–169, here 145.

This paper is an inquiry about the historical method and source criticism in Roman legal history, the influence of tradition and the problems of classical sources.

The historical method in its purest form was geared in providing the truth, the document-based fact in contrast to wild rumours and biased narratives. This has provoked some fundamental criticism: how is the historian's opinion any truer than the others'? Already G.G. Gervinus, Ranke's contemporary, said that objectivity was *per se* impossible.[4] Does the historian not make interpretations from his own viewpoint and his own time? Is it possible to be objective, to turn away of oneself as the Rankean maxim would demand? I have no answer myself, but I may give another quote: "History is constantly written anew, as has been noted. She makes every period and its principal trend her own and applies her own thoughts to it. Then praise and reproaches are graciously applied at. It sluggishly goes on like this, until the matter itself ends up unrecognizable". I would interpret that as a "no". This post-modern statement is, by the way, a quote from Ranke himself.[5]

II. SOURCE CRITICISM

The problem of critical historiography in relation to ancient legal history is the lack of reliable primary sources. This has led to a liberal stance in the use of sources. Source material is often added or omitted from the literary corpus with the aim of providing a suitable basis for a desired theory and not *vice versa*.

The earliest written sources for the history of Rome date from the third century BC. For the use of historiography, the tralatician nature of sources poses immense problems for source criticism. The sources available to us in many cases only survived by addition and quotation in later texts and thus susceptible to questions of genuineness.

It is often visible in most works of classical culture that the Roman literary sources are seen as timeless and ahistorical. In the words of

---

4 GEORG. G. GERVINUS, Grundzüge der Historik (Leipzig 1837) 92–93.

5 LEOPOLD VON RANKE / ALFRED DOVE, Zur eigenen Lebensgeschichte (Leipzig 1890) 569: "Die Historie wird immer umgeschrieben, was schon bemerkt worden. Jede Zeit und ihre hauptsächliche Richtung macht sie sich eigen und trägt ihre Gedanken darauf über. Danach wird Lob und Tadel ausgetheilt. Das schleppt sich alles so fort, bis man die Sache selbst gar nicht mehr erkennt".

Moses I. Finley, there is a "widespread sentiment that anything written in Greek or Latin is somehow privileged, exempt from the normal canons of evaluation"[6]. Thus sources dating a millennia later than the event were and are used as primary sources without scrutiny.

A concept of strictly defined primary sources, it applied to classical material, would rule out most of the sources available. Nevertheless, the distance in time between the author and the event and how the author had gained his knowledge of the event interests writers only occasionally.

What should be added is the contextualization of sources, setting them in their historical background as otherwise availability or familiarity would prevail over originality. This is possible by applying the archaeological method of cultural layers to the source material. This method for analysing the classical source material stresses the importance of primary sources, which are sources from the period of study and only those. All later material are secondary sources.

In Roman studies the volume of source material is an inverted pyramid, the pointed end representing the earliest times and the broad top the late antiquity. T.P. Wiseman's research on the Roman annalist historiography is quite revealing. Wiseman simply lists the amount of material each writer has used for a time-period, revealing that later writers write manifold the amount earlier writers have done describing the same era.[7]

For example, Cato the Elder in *Origines* covers the history of Rome until Hannibal in four books. Livius, writing nearly two centuries later, only gets to the Hannibalic war in book 21. The same tendency is noticeable in all Roman annalists, the later the writer, the more he writes.

Where did all this new material come from? It is a well acknowledged fact that there is a gap of about 500 years between the traditional foundation date of Rome and the earliest written sources. For this period there should be a credible explanation, a genealogy of information to bridge that gap. The traditionalists have presented two distinct and complementing possibilities. The first is the survival of oral tradition in family genealogies and traditional stories and songs that could have pre-

---

6 MOSES FINLEY, The Ancient Historian and His Sources, in: GABBA, E. (a cura di), Tria Corda. Scritti in onore di Arnaldo Momigliano (Como 1983) 201–214, here 204.

7 TIMOTHY PETER WISEMAN, Clio's cosmetics. Three Studies in Greco-Roman Literature (Leicester 1979) 9–12.

served the tales, stories told and retold through the centuries. The other possibility for a genealogy is the "document trail", the preservation of written sources from the earliest times. The consular *fasti*, the list of yearly magistrates and priestly records are the strongest candidates to form a base for this trail. A continuation is the "official Roman historiography", the *annales maximi*. According to Cornell they go back to the fifth century BC.[8]

For the first, oral tradition is by no means unchangeable and the Roman traditions are not in any way privileged in this sense. As both Cicero and Livius state, oral family traditions were abound with fraudulent information, hence there is no reliable contemporary evidence of the earlier times.[9]

As for the second alternative to provide a genealogy for the information, the preservation of written sources, or the document trail, there is a displeasing amount of information. There is next to no knowledge on the composition and preservation of the consular *fasti*, supposedly (supposed by modern authors, that is) displayed in the Regia as bronze tablets, nor other possible archival texts. Did they really survive the Gallic sack of 390 BC or the numerous fires reported in the area, and if yes, what information did they contain? At least Cornell believes they survived and thus the first annalists had a sound footing to build on, a magistrate-list.[10]

As for the *annales maximi*, their date of composition is contended to be either the second century BC or the Augustean age. Nevertheless, they do not predate the earliest annalist historians and therefore are of no help in bridging the gap. The trail from the *fasti* to the *annales maximi*, then to the early annalist and finally to the Roman historian has recently been presented by G. Forsythe.[11] Forsythe's argumentation is shortly as

8 T. J. CORNELL, The Beginnings of Rome, Italy and Rome from the Bronze Age to the Punic Wars (c. 1000–264 BC) (London and New York 1995) 10–12, 14. The custom of telling and singing tales of the ancestors is attested by CICERO in Tusc. 4.3 as a quote from CATO and in Brut. 75.

9 CICERO, Brut. 62; LIVIUS 8.40.2.

10 T. P. WISEMAN, What do we know about early Rome?, in: Journal of Roman Archaeology 9 (1996) 310–315, here 311–315; FINLEY, Historian 204–209; CORNELL, Beginnings 12–16.

11 GARY FORSYTHE, The Roman Historians of the Second Century BC, in: CHRISTER BRUUN (ed.), The Roman Middle Republic. Politics, Religion and Historiography c. 400–133 BC (Rome 2000) 1–12, here 6–7.

follows: 1. There have always been some official historical records kept by the pontiffs. 2. These records were then compiled by Q. Mucius Scaevola in 130–115 BC as the official *annales maximi*. This hypothesis was first presented by Mommsen in the second edition of *Römische Geschichte*,[12] and it caught on in spite of the complete lack of evidence. 3. This official and authoritative historiography was then utilised by the annalist historians to produce a trustworthy history of Rome. Note that Forsythe's analysis is characterised by the use of phrases like "circumstantial evidence", "must have been" and "perhaps" (p. 6). His admirable optimism is topped by his final phrase: "This type of transmission, in which information originating with one author was taken over and passed along by successive writers with little or no change, was characteristic of the annalistic tradition which culminated in the 142 books of Livy's *Ab urbe condita*" (p. 11). Forsythe's argumentation could be at best described as teleological, since he sets out to discover a reliable background to justify Livy's trustworthiness.

Bruce Frier analysed the evidence of the annalist tradition in his *Libri annales pontificum maximorum*. In contrast to the Mommsenian tradition, he concludes that all the mentions of and quotes from *Annales Maximi* are rather late, most from Verrius Flaccus. For instance, Livy has no mention of them. Frier's cautious conclusion is that it is possible that the annalistic form was indeed created by Fabius Pictor, the first annalist historian. The "Scaevolan version" is not attested to in the sources, and it is not recommendable to regard Mommsen as a source. The likeliest answer according to Frier is that the *Annales Maximi* were compiled during the Augustean period as a part of Augustus' historical project.[13]

It should be noted that Frier falls short of claiming the entire annalistic tradition as fictious, which is not my purpose either. What is said is that the roots of the annalistic tradition are unknown as they are not attested to in the sources. To take the step of conjecture as to claim validity of a hypothesis of the preservation of information without a first hand proof of the original is leaning on the side of fiction.

The most blatant example of this in Roman legal history is the use of hypothetical sources, for instance the hypothetical Republican legislation

---

12 THEODOR MOMMSEN, Römische Geschichte II (Berlin 1857) 453 (p. 454 in the 1881 3rd edition).

13 BRUCE FRIER, Libri Annales Pontificum maximorum: The origins of the annalistic tradition (Rome 1979).

assumed from literary allusions, i.e. one makes up what one has not. These hypothetical laws are fictions without real sources from Antiquity. They are used to present known changes or events as if they had been based on legislation. These laws are then named after the consuls of the year – known from other sources – and presented as the real thing.

In general, most of the evidence from Republican legislation is oblique references of decisions. Some "laws" are not based on the slightest thread of evidence, they are supposed, hypothetical.[14] Even if we leave aside the bizarre practice of later researchers making up laws, the problem of slight references remains.

Can we assume that everything a writer claims to have been decided by Senate or the people constitutes a law? And even if the answer was positive, should we make up a name for that law and pass it on as a genuine one?

This habit of inventing laws is used by Giovanni Rotondi in his influential edition of the Republican legislation, *Leges Publicae Populi Romani.* For example Dieter Flach's recent edition of the laws of 509–367 BC contains 62 laws, of which only one, the XII Tables, is considered to be certain. Of the uncertain laws, only nine are based on literary material from the Republican period. When we compare this to the Rotondi edition, we notice that Rotondi has 82 laws on the same period of time. From the entire Republican period Rotondi claims to have evidence of nearly seven hundred laws! Although Rotondi seems to overlook that Lange and Mommsen are not classical sources ...[15]

Kaj Sandberg has studied the sources in Rotondi and checked each one of them for his doctoral thesis. As a result, he concludes that reconstructions are for instance the names of *lex Canuleia de conubio patrum et plebis, lex Duilia de provocatione* and *consulibus restituendis, lex Hortensia de plebiscitis,* a fair number of the *leges Liciniae Sextiae,* for instance the *de consule plebeo, lex Ogulnia,* a fair share of the *leges Valeriae Horatiae* and so on.[16]

---

14 GIOVANNI ROTONDI, Leges publicae populi romani (Hildesheim 1962) 229, 233, 243, to give a few examples.

15 ROTONDI, Leges; DIETER FLACH, Die Gesetze der frühen römischen Republik. Text und Kommentar (Darmstadt 1994).

16 KAJ SANDBERG, Tribunician and Non-Tribunician Legislation in Mid-Republican Rome, in: BRUUN (ed.), The Roman Middle Republic 121–140, here 126; KAJ

III. PRECONCEPTIONS AND INTERPRETATION

The influence of tradition is most noticeable in the prevalence of preconceptions. Editions of sources are easily taken at face value, undermining the meaning of proceeding *ad fontes*. Publications should never be used without a sound thought about the interpretative elements, for instance selection and supplementation, invariably present, as the lines between sources and literature tend to get blurred.

The idea of science as a quest for truth leads the authors to conceal their insecurities and thus opinions are transformed into truths. Research as a social and political activity also involves a good measure of projections of the authors hopes, dreams and aspirations into the past, many indiscernible to the unwary eye.

The ideal autonomy of law is traditionally propagated as the main factor in the influence of Roman law. Alan Watson says that Roman legal argumentation excluded issues of social, political or economic utility, it was not result oriented. This brought forth a system with sharply defined institutions, based on law and juridical innovation, totally excluding custom, prejudices, not to mention extralegal matters. Franz Wieacker portrays the *ius civile* at the time of the XII Tables as completely secular and free from religious or magic components. Fritz Schulz canvasses a picture of the Republican jurists, who were unconcerned with the interpretation of laws or authorities and whose sole interest was the advancement and development of law. Through *lex rogata*, the praetorian *edict*, the *formulas* and *responsa*, the jurists created and changed the law to prevent the law from petrifying.[17]

There are no difficulties in getting to this conclusion with the right kind of sources and the right kind of interpretation selected. There is a strong tendency among some writers to unhistorical interpretation, the legalizing of the past.[18] Strong elements of *mos maiorum*, for instance the whole Republican constitution, are overlooked. Likewise overlooked

---

SANDBERG, Magistrates and Assemblies. A Study of Legislative Practice in Republican Rome (Rome 2001).

17 ALAN WATSON, The State, Law and Religion. Pagan Rome (Athens 1992) 70–71, 92–93; FRANZ WIEACKER, Römische Rechtgeschichte I (Göttingen 1988) 316; FRITZ SCHULTZ, History of Roman Legal Science (Oxford 1946) 60–61, 84.

18 JEAN-MICHEL DAVID, Le patronat judiciaire au dernier siècle de la République Romaine (Rome 1992) 13.

is *fas*, the religious law. Quoting Alan Watson, *fas* and religion have been mostly overlooked in the literature as irrelevant pagan superstition of no consequence.[19] Their links with law have been viewed with a blind eye. Two quotes from the Twelve Tables may suffice as an example (VIII, 10 and VIII, 5): If a patron has done harm to a client, he is to be *sacer*, which means cursed or outlaw. This crime could be interpreted as a breach of *fides* and *iustitia,* therefore invoking the wrath and revenge of the gods as well. The latter passus describes different crimes involving crops. For instance cutting the crop at night is punishable with hanging for Ceres, the god of agriculture.[20]

The jurisconsults of the Republic produced a number of books, but all of them are lost. Cicero mentions that Sextus Aelius had written a commentary on law, Cato (cos 195 BC) and M. Brutus the Elder had both published their advices to parties. M. Brutus the Elder is also hailed as the best authority on *ius civile.*[21] The nature of these books remains unclear, but from Cicero's accounts we could gather that they contained mostly *responsa* given and commentaries on the XII Tables. The commentary-part rests solely on a caption of *de legibus*, where Cicero says that the part of XII Tables on funeral practices was no longer understood by Sextus Aelius and Lucius Acilius when they were commenting on the law.[22]

The lack of evidence has by no means hindered speculation on the nature and scope of the works of these early writers, even to the limits of desperation. Pomponius credits to Sextus Aelius Paetus Catus ("The Shrewd", cos 198 BC) the *Tripertita*, which was supposedly the first commentary of the XII Tables, a book of law in three parts: the XII Tables, their interpretation and the formulas. Pomponius also credits him with having written the *ius Aelianum*, which is not described more closely. Pomponius' text is the only mention of both of these books.

---

19 WATSON, State, preface.

20 XII Tab (M. H. CRAWFORD [ed.], Roman Statutes I–II, London 1996) VIII, 8 (FIRA I, VIII, 21) *si patronus clienti fraudem fecerit, sacer esto*. VIII, 5 (FIRA I, VIII, 9) *si nox segetem pauerit secueritue, Cereri suspensus esto*. The exact formulations of these rules are also later reconstructions.

21 CICERO, de orat. 1.190–193, 1.56.240, 2.142, 2.55.224, Cluent. 51.141, off. 2.14.50.

22 CICERO, leg. 2.23.59.

Sextus Aelius is mentioned by both Ennius and Cicero, Cicero says he had written a book on law. He is quite certainly a historical person. For some reason, these references have caused massive speculation on the nature and contents of these books, Mario Bretone even insists that we can imagine the contents of the *Tripertita*. Federico D'Ippolito says, with a straight face, I might add, that Sextus Aelius could not ignore the laws of Solon in his book. Alan Watson raises the bid and claims that we may reconstruct both the *Tripertita* and the *Ius Civile* of Q. Mucius Scaevola, another book only mentioned by Pomponius.[23]

A fundamental weakness of all the theories about early lawyers and their writings is that there are no sources from the Republican period to back them. The lawyerly tradition that they advocate is founded on Pomponius' text[24] only.

The trouble is that what you get is not the Republican view, but the view of the second century AD, or most probably, the view of the 6th century AD. There are no sources from the Republican period to support the view of law as an autonomous intellectual enterprise. To the contrary there is an abundance of evidence, as we have seen. Instead, what we see in the literature is the projection of the classical view of Roman law into historical sources.

The strong preconception of rationality, autonomy and comprehensiveness of the Roman law tradition is transmitted into a fiction of the great lawyerly past, as "autonomous law" is an ideology central to the origin of the legal profession in the West, and its main doctrine.[25]

---

23 SCHULTZ, History 35–36; WIEACKER, Rechtgeschichte 290–291, 536–538, calls him "Begründer der juristischen Fachliteratur" (p. 538); ALAN WATSON, "Ius Aelianum" and "Tripertita", in: LABEO 19 (1973) 26–30, here 26, 30 and ALAN WATSON, Rome of the XII Tables (Princeton 1975) 6; MARIO BRETONE, Sesto Elio e le Dodici Tavole, in: LABEO 41 (1991) 66–82, here 67–68; FEDERICO D'IPPOLITO, I giuristi e la città. Ricerche sulla giurisprudenza romana della Repubblica (Napoli 1978) 29–50, 51–70; FEDERICO D'IPPOLITO, Sulla giurisprudenza medio Repubblicana (Napoli 1988) passim; FEDERICO D'IPPOLITO, Questioni decemvirali (Napoli 1993) 121: "Sesto Elio non poteva ignorare le leggi di Solone." All the argumentation is based on Pomponius' D 1.2.2.7 and 38.

24 This is evident in the sources of D'IPPOLITO, I giuristi.

25 BRUCE FRIER, The rise of the Roman jurists. Studies in Cicero's pro Caecina (Princeton 1985) xv–xvi.

Here we have a major inconsistency: if we see that law is a functional part of the society, but at the same time lawyers claim that it is or should be an autonomous entity, should we believe the is or the ought (*Sein* or *Sollen*)? I feel that the only answer is to contemplate both.

Law is a form of social interaction, it evolves with the culture and within the culture. The ideal of the independence of law, its autonomous nature of reproducing and creating itself is an illusion vital to the self-understanding of the legal profession, the ideal of law as an absolute was envisioned already by Cicero, as we have seen.[26]

But contrary to the Kelsenian allusions of law's quasi-transcendental position, law exists only in thought and communication, oral or written. With communication the knowledge of law and its justification is passed on, reproduced, through communication it is made or recognized. The existence of law and all other norms is cultural, they are shaped in the tradition, as a part of the tradition, of the society.[27]

On evaluating the source material quality, not quantity must reign. The corpus of research on Roman law is currently the cumulated work of over two millennia, with a volume sufficient to fill several libraries. This cumulation is one of the reasons why any creative work in this field must proceed *ad fontes*, to eliminate the effect of generations of interpretations. The cumulated opinions have led to the situation where an opinion presented by, say, Th. Mommsen, having an authoritative position, is repeated in the literature and thus creating an appropriate reference path. The result is naturally a *communis opinio,* although it is possible that nobody has come to check what if anything Mommsen has to back his opinion on.

An ample supply of scepticism to authorities is needed to work a way through a jungle of authoritative opinions, and to separate fact from fiction.

IV. AUTHENTICITY IN SOURCES

Projection of own preconceptions into the past is by no means limited to researchers. The Roman authors were notorious in it. In addition to

---

[26] CICERO, Cluent. 53.146, top. 4.23.

[27] Contra SCHULTZ, History 84 who claims that only in isolation the Roman private law could develop into its classical purity. Whatever that purity might be.

this their memory was rather selective and their motives not purely and objectively historical.

One inadvertent side effect of the tralatician nature of sources is that it is easy to forget the span of time separating the classical author from the time he is describing. All too often researchers choose to believe the story containing most information and disregard doubts of its authenticity. The most obvious narrative spins are naturally rejected but the idea of a kernel of truth *(nocciolo authentico)* still persists. This means the belief that there is no smoke without fire: that beneath the storytelling there exists a measure of facts, discernible if we remove the narrative elements.[28]

Nevertheless, the question remains: Why should the structural data of the story be any more true than the narrative superstructure?

As the volume of material from the period of study is scarce, it is all the more important to remember that influences pass only upward in this pyramid, from earlier to more recent, and all that is contrary is only contamination, later events do not affect the earlier ones. As Raymond Westbrook maintains, even the later Roman sources are not trustworthy, for they were making interpretations from the viewpoint of their own era, often not any more understanding what their own sources spoke of. This is what has been referred to as a deep cultural chasm that separated the Romans of the Late Republic from their earlier predecessors. Dieter Flach speaks of the facades of the Late Republic, meaning the habit of Roman historiographers to present events of the Early and Middle Republic in Late Republic political, social and economic surroundings. T.J. Cornell and Kurt Raaflaub agree that for instance for Livius and other later historians the Republic was an static entity that was shaped in 509 BC with the expulsion of the kings and remained complete and immutable. Additionally, the imperial historiography was often bent on proving the corruptness of the Republic, providing us a readily biased view of the past. The same occurred also in reverse, as for instance (senator) Tacitus sees the Republic as a happy period before the excesses of the autocrats.[29]

---

28 TIMOTHEY PETER WISEMAN, A. Carandini, La nascita di Roma, in: Journal of Roman Studies 90 (2000) 210–212.

29 RAYMOND WESTBROOK, The Nature and Origins of the Twelve Tables, in: ZRG RA 105 (1988) 74–121, here 80; FLACH, Gesetze xi, 1–2; ANDREW LINTOTT, Judicial reform and land reform in the Roman Republic (Cambridge 1992) 3–4; TIM J. CORNELL, The Value of the Literary Tradition concerning Archaic Rome, in: KURT

Furthermore, it should be noted that the ancient historian had a radically different notion from our one regarding the nature and purpose of the historical exercise. The idea of historiography as a science for producing objective facts is by itself a questionable Rankean invention.

Notwithstanding the few phrases by Thukydides (1.22) the main object of the ancient historian was not the quest for the truth.[30]

For instance the definition between primary and secondary sources or the use of source criticism was not regarded as important. Quoting M. I. Finley: "Of course any idiot could have differentiated between a primary and a secondary source, and also between a careful writer and a charlatan; and most historians in antiquity, even the weaker ones, were not idiots." Therefore something other than intelligence was involved, as no reference to documents was made and fictious "speeches" were recounted by the page. They were, in a sense, telling stories, preferably good ones. Good stories had a clear plot, their characters, villains and good guys, drama, action and preferably a moral.[31]

The obvious and unpleasant fact remains that the number of primary sources for Roman legal history is very small. In the strictest sense as primary sources should be included only inscriptions and papyri, archaeological material, for example coins, and some well-preserved and numerous manuscripts. The compilations with their numerous interpolations are a mixed blessing, as are poorly copied and fragmentary manuscripts. They provide interesting and potentially valuable information without guarantees of authenticity. Is it possible to take advantage of the information without swallowing the poisoned pill in the process of doing it?

Considering the enormous quantities of ink that have been used, it sometimes seems that the innovative capacity of the traditionalist school has been side-tracked to minor issues. To put it bluntly, they are recycling a limited amount of theories about an isolated amount of material. The classical sources have remained virtually unchanged in quantity and availability since the late 19th century. In other words, the researchers of

---

RAAFLAUB, Social Struggles in Archaic Rome (Berkeley 1986) 52–76, here 75; KURT RAAFLAUB, The Conflict of the Orders in Archaic Rome, in: RAAFLAUB, Social 1–51, here 21.

30 FINLEY, Historian 205– 208 for argumentation.

31 FINLEY, Historian 202, 205.

the 19th and early 20th century were neither stupid nor lazy. One must therefore pose the following question: is there anything new to be said?

And thus we come to the problem of the Magic Mirror: the sources do not speak for themselves, they merely give or do not give answers to questions we ask. The sources are seen and interpreted in the light of our previous knowledge. The questions we ask also depend on our audience and its interests. Books like "Human Rights in Ancient Rome" could not have been written 50 years ago.

The trick of the Magic Mirror is that one easily gets the answer one expects and hopes for. The only possibility is thus to be critical of oneself, first and foremost.

RIEKO UEDA, Kumamoto

DIE ENTSTEHUNG DER GESCHWORENENGERICHTSBARKEIT IN DER HABSBURGERMONARCHIE IN DER ZWEITEN HÄLFTE DES 19. JAHRHUNDERTS

I. VORBEMERKUNG

Das besonders Interessante an der Geschichte der Geschworenengerichtsbarkeit ist, daß sie deutlich die politischen und gesellschaftlichen Umstände reflektiert. Für die historische Entwicklung der Geschworenengerichtsbarkeit bietet uns die Habsburgermonarchie im 19. Jahrhundert äußerst interessante Analysegegenstände, da in jener Zeit auf österreichischer und ungarischer Seite Gesetzgebungsarbeiten fortgesetzt wurden. In dieser Zeit fanden die Revolution von 1848 und die Rückkehr zum Absolutismus statt, wurde der österreichisch-ungarische Ausgleich von 1867 abgeschlossen, verschärfte sich die Nationalitätenfrage.

Die Verfasserin versucht, als Ergänzung zu ihrer Projektpräsentation beim europäischen Forum junger Rechtshistoriker in Wien eine Übersicht des Gesetzgebungsprozesses der Habsburgermonarchie zu geben und künftige Aufgaben vorzustellen. Der Schwerpunkt liegt in der Einführung der Geschworenengerichtsbarkeit im Presseverfahren auf ungarischer Seite, denn dieses Verfahren bildete zwar theoretisch nur die Vorgeschichte der Gesetzgebungsgeschichte des Schwurgerichts, spielte aber in der Praxis die Hauptrolle.

Bei dieser Gelegenheit möchte ich meine Dankbarkeit gegenüber dem Europa-Institut Budapest ausdrücken, das mir im Februar und Juli 2000 meine Forschungsaufenthalte in Budapest ermöglichte.

II. DIE ZEIT BIS ZUR MITTE DES 19. JAHRHUNDERTS

Sowohl die österreichische als auch die ungarische Geschworenengerichtsbarkeit der modernen Zeit begann im Jahr 1848 mit deren Einführung im Presseverfahren. Beide entsprachen im großen und ganzen dem französischen Vorbild, genauer gesagt übernahmen sie die Prinzipien des Strafverfahrenskodex der französischen Revolution vom September 1791.

Daher war es das langfristige Ziel, so wie bei der französischen Strafprozeßordnung das Schwurgericht bei allen schweren Verbrechen anzuwenden. Vor allem beim Presseverfahren erwies sich die Geschworenengerichtsbarkeit als dringend nötig.

A. Diskussion der Geschworenengerichtsbarkeit in Mitteleuropa

Die Einführung des *Code d'instruction criminelle* von 1808 und die Errichtung von Schwurgerichten in den von Napoleon eroberten linksrheinischen Provinzen führte nach 1815 zu heftigen Diskussionen über die Vor- und Nachteile der Geschworenengerichte in den deutschen Staaten. Insbesondere wurde über ihre Übernahme in Bayern, Baden, Württemberg und Hessen-Darmstadt ernsthaft nachgedacht.[1] Die einzelnen Länder verwirklichten die Einführung der Geschworenengerichte (§ 179 Abs. 2 in der Frankfurter Reichsverfassung vom 28. 3. 1849) teils durch provisorische Gesetze, teils durch komplette Strafprozeßordnungen.

Zwei Verordnungen des österreichischen Ministerrates vom 18. 5. 1848,[2] dem selben Tag, an dem die Eröffnung der Frankfurter Nationalversammlung stattfand, versprachen Pressefreiheit sowie die Einführung der Geschworenengerichte für das Presseverfahren.

Mit der österreichischen Strafprozeßordnung von 1850 wurde die Zuständigkeit der Geschworenengerichte sogar auf alle schweren Verbrechen und politischen Delikte ausgedehnt. Nach der Etablierung des Neoabsolutismus am 31. 12. 1851 wurden die Schwurgerichte jedoch wieder beseitigt.[3]

B. Diskussionen in den deutschen Ländern über den Einsatz der Geschworenen im Presseverfahren

Bereits früh in der ersten Hälfte des 19. Jahrhunderts gab es in den deutschen Ländern Stimmen, welche die Notwendigkeit von Geschworenengerichten für Pressedelikte betonten.

---

1 PETER LANDAU, Schwurgerichte und Schöffengerichte in Deutschland im 19. Jahrhundert bis 1870, in: ANTONIO SCHIOPPA (Hrsg.), The Trial Jury in England, France and Germany 1700–1900 (Berlin 1987) 241–304, hier 254–263.

2 Gesetze und Verordnungen im Justizfach für die deutschen Staaten der österreichischen Monarchie 1848/1150, 1151.

3 RGBl 1850/25; RGBl 1852/5.

Auf dem ersten badischen Landtag von 1819 argumentierte der Abgeordnete Ludwig v. Liebenstein folgendermaßen: Die Richter haben Ermessensfreiheit bei Pressevergehen, welche meist politischer Natur sind und bei denen die Regierung stets eine der Parteien bildet. Dies ist deshalb besonders bedenklich, weil die Richter von der Regierung angestellt und besoldet werden und daher nie zu erwarten ist, daß sie von der Regierung unabhängig sind. Ihre gesetzlichen Bindungen sind jedoch unzulänglich, da es sich nicht durch das Gesetz festlegen läßt, welche Äußerungen strafbar und welche erlaubt sind. Um dieses Dilemma zu unterbinden, muß sich das Gericht aus dem Volk selbst herausbilden, nämlich „ein Tribunal von Geschworenen" sein.[4] Seit dieser Rede Liebensteins ist es ein feststehendes Dogma der süddeutschen liberalen Partei, „daß Pressefreiheit ohne Geschworene weniger als eine halbe Freiheit ist und daß sie in vielen Fällen gefährlicher als Zensur" sei.[5]

1822 rechtfertigte Liebenstein aufs Neue das Schwurgericht in der Diskussion der zweiten badischen Kammer, aber nur für Pressedelikte. In bezug auf die allgemeine Einführung der Schwurgerichte in Baden äußerte er damals vielmehr Zweifel darüber, ob ein Bedürfnis vorhanden und der Bildungsstandard des Volkes schon entsprechend fortgeschritten sei.[6]

Bei den Beratungen von 1831 über das neue badische Pressegesetz war auch Carl Josef Anton Mittermaier für die Einführung des Schwurgerichts. Nach seinen Erwägungen sollten bei preßdeliktischen Ehrverletzungen nur die Schwurgerichte entscheiden, welche die öffentliche Meinung repräsentierten. Eine derartige Repräsentation der Stimme der Nation zu bilden, sei Sinn und Aufgabe der Jury; den Geschworenen allein sei geläufig, was nach geltendem Begriff Ehre oder Beleidigung des Volkes sei.[7]

Zusammenfassend kann man sagen, daß einerseits das Mißtrauen gegen Berufsrichter in den direkt auf die Politik bezogenen Fällen noch sehr hoch war, andererseits versuchte man, das neue System zunächst in eingeschränktem Bereich auszuprobieren.

---

4 ERICH SCHWINGE, Der Kampf um die Schwurgerichte (Breslau 1926, Neudruck Aalen 1970) 56.

5 SCHWINGE, Schwurgerichte 55.

6 Ebd. 58.

7 Ebd.

Baden und andere süddeutsche Staaten versuchten jedoch, die Geschworenengerichtsbarkeit nicht nur ausschließlich für die Pressevergehen einzusetzen. Die badische Regierung behauptete, daß die Unabhängigkeit der Richter gesetzlich garantiert sei und somit alle Befürchtungen wegen unlauterer Beeinflussung der Richter grundlos wären.[8]

C. Das Pressegesetz von 1848 in Ungarn

1. Strafrechtsentwürfe der Jahre 1843/44

Das 1848 ins Presseverfahren eingeführte Schwurgericht Ungarns reflektiert die drei ungarischen Strafrechtsentwürfe (über das materielle Strafrecht, das Strafverfahren verbunden mit dem Schwurgerichtsverfahren und das Gefängnissystem) der Jahre 1843/44,[9] in welchen der Einfluß der in der französischen Revolution entstandenen progressiven, liberalen und bürgerlichen Grundsätze zum Ausdruck kam. Bei der Ausarbeitung dieses Entwurfs ist auch die Tatsache zu bemerken, daß seit 1840 ungarische Juristen einige deutsche Rechtswissenschaftler besuchten, unter ihnen etwa den oben erwähnten Mittermaier, um sie um Rat zu fragen.[10]

Wichtige Merkmale der Entwürfe sind beispielsweise die Abschaffung der Todesstrafe, die Vereinheitlichung der Freiheitsstrafe und vor allem die Einführung der Geschworenengerichtsbarkeit. Wie Franz Pulszky in einem Brief von 1842 an Mittermaier berichtete,[11] wurde eine Art *Grand Jury* nach französischem Muster vorgesehen, wo entschieden werden sollte, ob man Verdächtige in den Anklagestand versetzt.

---

8 Ebd. 59.

9 Eine dreibändige Materialiensammlung ist vorhanden, da die Ungarische Akademie der Wissenschaften László Fayer mit der Sammlung und Herausgabe der Materialien dieses Strafgesetzentwurfs betraute: LÁSZLÓ FAYER, Az 1843–iki büntetőjogi javaslatok anyaggyűjteménye (Budapest 1896).

10 LÁSZLÓ SZALAY / EMERICH HENSSLMANN, Verhandlungen des ungarischen Reichstags über den neuen Strafgesetzbuchsentwurf, in: Kritische Zeitschrift für Rechtswissenschaft und Gesetzgebung des Auslandes 16 (1844) 311–329; ebenda 17 (1845) 104–137; FRANZ DEÁK u.a., Zweiundzwanzig Briefe an Mittermaier, in: Zeitschrift für ungarisches öffentliches und Privatrecht 1896, 88–117; KATALIN GÖNCZI, Wissenstransfer bei den Kodifikationsarbeiten im ungarischen Vormärz, in: Ius Commune 25 (1998) 261–299, hier 285; KÁLMÁN GYÖRGYI / LAJOS VÉKÁS, Mittermaier und das ungarische Rechtsleben, in: WILFRIED KÜPER (Hrsg.), Carl Joseph Anton Mittermaier (Heidelberg 1988) 149–164.

11 DEÁK u.a., Zweiundzwanzig Briefe an Mittermaier 100.

In einem Aufsatz lobte Mittermaier diesen Entwurf folgendermaßen:

> „Kein legislatives Werk trägt in so hohem Grade das Gepräge des Strebens an sich, ein den Fortschritten der Zeit, den Forderungen der Gerechtigkeit und den neuesten Ansichten im Strafrechte entsprechendes Gesetzbuch zu liefern, als dies bei dem ungarischen Entwurf der Fall ist.“[12]

Die Geschworenengerichtsbarkeit kommentierte er in diesem Aufsatz jedoch nicht. Und allein aus den Briefen der ungarischen Gesetzgeber an ihn kann man nicht erkennen, ob er für dieses System war. Was die Juryfrage anbelangt, ist Mittermaier bekannt für seine mehrmaligen Meinungsänderungen. Sein Werk „Die Mündlichkeit, das Anklageprinzip, die Öffentlichkeit und das Geschworenengericht in ihrer Durchführung in den verschiedenen Gesetzgebungen“ (Stuttgart 1845) beweist zwar, daß er zum Beginn der 40er Jahre ein Gegner des Schwurgerichts war, doch war er nicht absolut gegen die Jury, „unter gewissen Voraussetzungen, vor allem bei gehöriger politischer Reife des Volkes und entsprechender Einrichtung der Jury hat er dagegen nichts einzuwenden.“[13] Hier wird es nötig sein, den Briefwechsel zwischen Mittermaier und den ungarischen Gesetzgebern noch eingehender zu überprüfen.

Der Grund für die Nichtannahme des Entwurfs von 1843/44 wird in einer Rede anläßlich der Verhandlung des neuen ungarischen Strafprozesses von 1896 so erklärt, daß die Untere Tafel des Landtags (das Unterhaus) die von der Oberen Tafel (dem Oberhaus) geäußerten Vorschläge zur Abänderung mancher wesentlicher Elemente – vor allem der Abschaffung der Todesstrafe, aber auch der Geschworenengerichtsbarkeit – abgelehnt habe.[14]

---

12 Carl Josef Anton Mittermaier, Entwurf eines Strafgesetzbuchs für das Königreich Ungarn, in: Carl Josef Anton Mittermaier, Die Strafgesetzgebung in ihrer Fortbildung 2. Beitrag (Heidelberg 1843), zitiert nach Fayer, 210–230, hier 211.

13 Schwinge, Schwurgerichte 69.

14 Der neue Strafprozeß-Entwurf: Rede des Referenten Dr. Franz Chorin und des Justizministers Alexander Erdély, in: Zeitschrift für ungarisches öffentliches und Privatrecht 1896, 132–161, hier 133, 145; Gönczi, Wissenstransfer 288.

2. Die Verordnung von 1848

Mit dem Pressegesetz von 1848 (GA XVIII: 1848) sowie der von Justizminister Ferenc Deák am 29. April 1848 erlassenen Verordnung[15] wurde das Schwurgerichtsverfahren für das Presseverfahren eingeführt. Diese aus 105 Paragraphen bestehende Verordnung setzte für jede Stadt mit Munizipalverfassung ein spezielles Schwurgericht ein, bei dem Geschworene sowohl über die Anklage als auch über das Urteil entscheiden sollten. Ferner schrieb diese Verordnung die Wahl des öffentlichen Anklagevertreters, des Untersuchungsrichters sowie der Berufsrichter im Munizipium vor (§ 14). Für die Gerichtsverhandlung galten die Prinzipien der Öffentlichkeit und Mündlichkeit (§ 45).

III. DIE ZEIT NACH 1867 BIS ZUR ENTSTEHUNG DER STRAFPROZESSORDNUNGEN MIT DER GESCHWORENENGERICHTSBARKEIT

A. Wiedereinführung der Geschworenengerichtsbarkeit in Österreich

Nach der Unterbrechung der Geschworenengerichtsbarkeit als Folge der Rückkehr zum Absolutismus 1851/52 entstanden große Unterschiede zwischen Ungarn und Österreich. In Österreich wurde bereits 1867 im Staatsgrundgesetz über die richterliche Gewalt der Grundsatz ausgesprochen, daß bei Verbrechen mit schweren Strafen, sowie bei allen politischen und durch den Inhalt einer Druckschrift verübten Verbrechen und Vergehen Geschworene über die Schuld des Angeklagten zu entscheiden haben (Artikel 11).[16] Aufgrund dieser Bestimmung wurde das Geschworenengericht in Pressesachen zunächst durch zwei Gesetze von 1869[17] eingeführt. Nach dem Entscheidungsjahrbuch vom 12. 7. 1869 bis 14. 7. 1870[18] wurden in 61 von 89 Verfahren Freispüche gefällt.

---

15 Alle Vorschriften sind abgedruckt bei: ÖDÖN BOTH, Küzdelem az esküdtbíráskodás bevezéséért magyarországon a reformkoraban és az 1848. Április 29-I esküdtszéki rendelet (Szeged 1960) 43–57.

16 RGBl 1867/144.

17 RGBl 1869/32, 33.

18 Zusammenstellung der Ergebnisse der Rechtspflege der Schwurgerichte in Preßsachen während der Zeit vom 12. Juli 1869 bis 14. Juli 1870 (Wien 1870).

Mit der Entstehung der Strafprozeßordnung von 1873, welche den obengenannten Artikel 11 des Staatsgrundgesetzes ausführte,[19] traten diese zwei Gesetze außer Kraft.

B. Ungarische Verordnung von 1867

Die Kodifikationsarbeit in Ungarn ging hingegen nicht so zügig voran. Die für Presseverfahren eingeschränkte Form der Geschworenengerichtsbarkeit in Ungarn dauerte länger als diejenige für den Strafprozeß, an welcher die Vertreter der Minderheiten heftige Kritik übten.

Im Zuge der Ausgleichsverhandlungen wurde von der Regierung Andrássy das Pressegesetz von 1848 wieder in Kraft gesetzt. Ferner wurde das Presseverfahren mit einer vom Justizminister Boldizsár Horváth erlassenen Verordnung wiederhergestellt.[20]

Die Verordnung von 1867 stimmte mit der von Justizminister Ferenc Deák erlassenen Verordnung von 1848 zu einem großen Teil überein. Béla Sarlós, der zu diesem Thema geforscht hat, schätzte sowohl Presserecht als auch Presseverfahren hoch ein, da sie „große Möglichkeiten zur Kritik und zu politischen Angriffen gegen die Regierung“[21] boten und im Vergleich zur früheren Rechtslage das öffentliche, mündliche, kontradiktorische Verfahren und das Prinzip der Verteidigung auf freiem Fuß erstmals im Presseverfahren verwirklichten.

Dennoch wich die Verordnung von 1867 in einigen zentralen Punkten wesentlich von derjenigen des Jahres 1848 ab. Sarlós nannte als wesentliche Unterschiede die Aufhebung des Anklage-Schwurgerichts, die Errichtung von Schwurgerichten an nur fünf Tafelgerichten anstatt in jedem Komitat (§ 1) und die Berufung anstelle der Wahl der Richter von Munizipien.

1. Die Nichtaufnahme der Anklagejury

Unter diesen Veränderungen ist besonders zu überprüfen, ob die Nichtaufnahme der Anklagejury wirklich so schwerwiegend war. In Frankreich selbst war sie bereits durch den Code von 1808 beseitigt worden. Obwohl

---

[19] RGBl 1873/119.

[20] Verordnungsblatt Nr. 1867/307.

[21] BÉLA SARLÓS, A sajtószabadság és eljárási biztosítékainak fő vonásai [Die Pressefreiheit und die Hauptzüge ihrer Verfahrenssicherungen], in: ANDOR CSIZMADIA (Hrsg.), Jogtörténeti tanulmányok II (Budapest 1968) 193–204, hier 201.

Feuerbach schrieb, daß eine Geschworenenverfassung durch Beschränkung auf eine bloße Urteilsjury „verstümmelt“ sei,[22] blieb die Einführung der Anklagejury in Kontinentaleuropa meistens „eine Frage sekundärer Natur“, die man erst zu prüfen habe.[23] Nach der Betrachtung von Schwinge erwarteten die meisten Anhänger der Anklagejury ungerechte und langwierige Untersuchungen, welche sie bei den Prozessen mit politischer Natur (z.B. Demagogenprozesse) wirksam verhindern wollten. Entgegen dieser Anhänger hat der deutsche Kriminalist Friedrich August Biener darauf aufmerksam gemacht, daß die Entscheidung der Anklagejury für Unschuldige oder vom Gesetz Entschuldigte nur von Nachteil sein könne, denn die Anklagejury könne weder einen Freispruch fällen noch entscheiden, ob der Beschuldigte zu verhaften sei. Sie könne nur die Versetzung in den Anklagezustand verweigern. Darüber hinaus habe sich die Anklagejury nach Biener noch mehr als die Urteilsjury mit Rechtsfragen zu befassen, wobei die Mitwirkung rechtsgelehrter Richter unentbehrlich sei, und so sei es zweckmäßiger, die Entscheidung über die Anklage ganz in die Hände von Juristen zu legen.[24]

2. Zentralisation der Schwurgerichte

Denkt man an die heikle Nationalitätenfrage in Ungarn, muß man eingehend überprüfen, inwieweit diese auf die Praxis der Preßgerichte von Einfluß war. Unter den oben erwähnten drei wesentlichen Unterschieden zwischen den Verordnungen von 1848 und 1867 war die Zentralisation der Schwurgerichte am Sitz der Tafelgerichte in den Städten Pest, Güns (Kőszeg), Tyrnau (Nagyszombat, Trnava), Eperies (Eperjes, Prešov) und Debrezin (Debrecen) bedeutend. József Hodosiu, ein rumänischer Jurist und Politiker, übte scharfe Kritik daran, daß infolge der Verordnung von 1867 nichtungarische Publizisten von einem von ihrem Wohnort entfernten Gericht durch Ungarn verurteilt wurden.[25] Nicht nur die Rumänen, sondern auch zur serbischen Nationalität gehörende Abge-

---

22 Paul Johann Anselm Ritter v. Feuerbach, Betrachtungen über die Öffentlichkeit und Mündlichkeit der Gerechtigkeitspflege (Giessen 1821) 431.

23 Schwinge, Schwurgerichte 141.

24 Ebd. 143.

25 Gábor Kemény, Iratok a nemzetiségi kérdés történetéhez Magyarországon a dualizmus korában I 1867–1892 (Budapest 1952) 13–14.

ordnete, wie etwa Szvetozár Miletić und György Sztratimirović, waren derselben Meinung.[26]

Die Verordnung vom 10. 7. 1871 bestimmte zehn Geschworenengerichte in den Städten Pest, Fünfkirchen (Pécs), Steinamanger (Szombathely), Arad, Debrezin, Kaschau (Košice, Kassa), Klausenburg (Kolozsvár, Cluj), Tyrnau und Neumarkt (Marosvasárhely, Tîrgu Mureş). Diese Vermehrung von Geschworenengerichten verbesserte die Lage der Minderheiten jedoch nicht.

Im an Kaiser Franz Joseph von Johann Ratiu und seinen Gesinnungsgenossen geschriebenen „Memorandum der Romänen Siebenbürgens und Ungarns" von 1893 werden die Untaten der Justizminister erwähnt, u.a. die Auflösung des später errichteten Geschworenengerichts in Hermannstadt (Sibiu, Nagyszeben), die Abänderung des Schwurgerichtsbezirks und ungerechte Prozesse gegen rumänische Zeitschriften, wie z.B. *„Federaţiunea"*, *„Albina"*, *„Observatorul"*, *„Gazeta Transilvaniei"*, *„Tribuna"*, *„Romänische Revue"* usw.

> „Um unter allen Umständen des Erfolgs sicher zu sein, hat sich die Regierung das Recht vorbehalten, durch ministerielle Verordnungen die Jury in Städte mit magyarischer Bevölkerung zu verlegen. Demzufolge wurde die Jury in Hermannstadt, das sich nicht bewogen gefühlt hatte, die von der Regierung gewollten Verdikte auszusprechen, aufgelöst, und es wurden neue Pressegerichte im Klausenburg und Marosch-Vasarhely errichtet, wo die Geschworenen Magyaren und demnach, den romänischen Blättern gegenüber, Richter in eigener Sache sind [...], sie [= die Geschworenen] sollten nicht die Gerechtigkeit und die bestehenden Gesetze bei ihrem Verdict im Auge halten, sondern ihre Gefühle als Kernmagyaren."[27]

3. Stellung der Richter

Die Ernennung von beruflichen Richtern, Untersuchungsrichtern sowie Staatsanwälten anstelle einer Wahl, wurde deswegen als negativ bezeichnet, weil so die Richter von der Regierung abhängig seien. Ist die

---

26 SÁRLOS, A sajtószabadság 195.

27 Memorandum der Romänen Siebenbürgens und Ungarns (Hermannstadt 1892) 16–17.

Unabhängigkeit der Richter garantiert, kann der ernannte Richter unparteiisch und neutral sein. Hier stellt sich die Frage, ob und inwieweit das Gerichtssystem in Ungarn damals so weit entwickelt war. Die neue Organisation der Gerichtsbarkeit erfolgte stufenweise. Zuerst entstand die Regelung bezüglich der höheren Gerichte im Rahmen der Gerichtsordnung vom Jahre 1868 (GA LIV: 1868), mit welchem die früheren zentralen Obergerichte völlig umgestaltet wurden und die ehemalige Septemviraltafel zum obersten Gericht des Landes wurde. Danach folgte das Gesetz über die Ausübung der richterlichen Gewalt (GA IV: 1869), welches rechtsstaatliche Grundsätze, wie vor allem die Trennung von Verwaltung und Gerichtsbarkeit, enthielt. Um solche Grundsätze auszuführen, begann der Ausbau der erstinstanzlichen Gerichtsstruktur durch das Gesetz über die Regelung der erstinstanzlichen Gerichte (GA XXI: 1871), das Gesetz über die Einführung von Gerichtshöfen und Bezirksgerichten (GA XXXII: 1871) sowie das Gesetz über die königlichen Anwaltschaften (GA XXXIII: 1871). Die Umgestaltung der Gerichtshöfe wurde nach mehrmaligen Debatten und Kompromissen zwischen der Regierung und den Komitaten verwirklicht. Bei der Parlamentsdebatte 1871 wurde der Vorschlag geäußert, daß die Erteilung der Richterberechtigung von der Wahl der Gemeinden abhängig gemacht werden solle.[28] Dies wurde mit der Begründung zurückgewiesen, daß die Gerichtsbarkeit nicht die Sache der Munizipien, sondern der Staatsgewalt sei.

IV. DIE ENTSTEHUNG DER NEUEN STRAFPROZESSORDNUNGEN MIT DER GESCHWORENENGERICHTSBARKEIT: EINE ÜBERSICHT

A. Die Ausübung der Geschworenengerichtsbarkeit in der österreichischen Strafprozeßordnung von 1873

1873 wurde in Österreich mit der von Julius Glaser verfaßten Strafprozeßordnung die Schwurgerichtsbarkeit wiederhergestellt. Zugleich ermöglichte ein besonderes Gesetz, die Geschworenengerichtsbarkeit zeitweise einzustellen, falls sie die „Sicherung einer unparteiischen und unabhängigen Rechtssprechung“[29] nicht mehr erfüllen könne. Der Kreis-

---

28 GÁBOR MÁTHÉ, Ausbildung der ungarischen bürgerlichen erstinstanzlichen Gerichtsorganisation, in: Annales Universitatis Scientiarum Budapestinensis de Rolando Eötvös Nominatae, Sectio Juridica 20 (1978) 101–125, hier 120.

29 RGBl 1873/120.

gerichtssprengel Cattaro in Dalmatien war das erste Gebiet, wo dieses Gesetz zur Anwendung kam. Die bäuerliche Bevölkerung sei bei der Ausübung des Amtes eines Geschworenen in Angst und Beunruhigung versetzt worden, da sie fürchtete, die Blutsverwandten, Angehörigen und Freunde des Angeklagten könnten im Falle eines Schuldspruches Rache üben. Als Folge endete die Hälfte der vor Geschworenengerichten stattgefundenen Prozesse mit Freisprüchen. Dieses Gesetz wurde von den 80er Jahren an bis zum Ausbruch des Ersten Weltkrieges innerhalb Österreichs mehrmals angewandt.[30]

Aus dieser Tatsache zieht Hans Hautmann den folgenden Schluß:

> „Damit nicht genug, erhielt die Geschworenengerichtsbarkeit, als man sie schließlich nicht länger mehr hintanhalten konnte, sogleich den Charakter einer Institution auf Abruf. Das zeigt, wie dünn und rissig die liberaldemokratische Tünche war, die sich der Habsburgerstaat in den letzten Dezennien seines Bestandes übermalt hatte, wie hartnäckig er seine obrigkeitsstaatlichen Strukturen zu behaupten verstand".[31]

Die Rechtsentwicklung in Cisleithanien übte durch wissenschaftlichen Gedankenaustausch einen Einfluß auf ungarische Juristen aus, und damit indirekt auch auf den ungarischen Gesetzgebungsprozeß. Ungarn war nicht immer damit einverstanden, österreichisches Recht einfach zu übernehmen.[32] Deshalb kann man einerseits häufigen Austausch der Juristen, andererseits eine gewisse Spannung zwischen diesen beiden Ländern erkennen.

1873 berichtete die österreichische Fachzeitschrift „Juristische Blätter" über die Meinung in Ungarn, daß dort Schwurgerichte nicht eingeführt werden könnten,

---

30 RUDOLF HOKE, Strafrechtspflege und Terrorismus im alten Österreich. Betrachtungen zum Gesetz betreffend die zeitweise Einstellung der Geschworenengerichte vom Jahre 1873, in: HELFRIED VALENTINITSCH (Hrsg.), Recht und Geschichte. Festschrift Hermann Baltl zum 70. Geburtstag (Graz 1988) 319–341, hier 333.

31 HANS HAUTMANN, Der Kampf um die Geschworenengerichtsbarkeit 1848–1873, in: Justiz und Zeitgeschichte: Symposiumsbeiträge 1976–1993 (Wien 1995) 110–133, hier 130.

32 JÁNOS ZLINSZKY, Wissenschaft und Gerichtsbarkeit. Quellen und Literatur der Privatrechtsgeschichte Ungarns im 19. Jahrhundert (Frankfurt/M. 1997) 1.

„,weil sonst in manchen Gegenden bestimmte Persönlichkeiten Alles wagen und Alles frank und frei unternehmen dürften';[33] [...] Schwurgerichte aber mit dem Hintergedanken einzuführen, daß man deren Wirksamkeit von Zeit zu Zeit oder gar von Fall zu Fall einstellen dürfe, das widerstrebt uns durchaus. Solche Errungenschaften dürfen wir getrost, neidlos Anderen überlassen".[34]

Vielmehr wurde die Einführung des Schöffengerichts mit der Begründung als empfehlenswert betrachtet, daß sie der ungarischen Tradition besser entspreche.

Obwohl sich gegen Ende des 19. Jahrhunderts immer mehr kontinentaleuropäische Länder anstelle der Geschworenengerichtsbarkeit nach dem Schöffengericht, wo Fach- und Laienrichter zusammenarbeiten, ausrichteten, entschloß sich Ungarn sogar zu der Erweiterung des Geschworenengerichtssystems.

B. Die Einführung der Geschworenengerichtsbarkeit durch die ungarische Strafprozeßordnung

Erst im Jahre 1896, nach mehrmaligen Versuchen, entstand auch in Ungarn eine Strafprozeßordnung mit Schwurgerichtsbarkeit. Die Gesetze, die die Geschworenengerichtsbarkeit betreffen, sind folgende:

- Strafprozeßordnung (GA XXXIII: 1896),
- Gesetz über die Geschworenen (GA XXXIII: 1897) und
- Einführungsgesetz der Strafprozeßordnung (GA XXXIV: 1897).

Das Einführungsgesetz bestimmte, daß Pressedelikte und schwere Verbrechen (§ 15) vor dem Geschworenengericht verhandelt werden müßten. In Ungarn kamen anfangs weniger Fälle als in den anderen Ländern vor das Schwurgericht. Im Jahre 1908 wurde der Zuständigkeitsbereich der Geschworenengerichtsbarkeit erweitert.

Allgemeine statistische Angaben sind aus dem *„Magyar Statisztikai Évkönyv"* [Ungarisches statistisches Jahrbuch] und *„Magyar Statisztikai Közlemények"* [Ungarische statistische Mitteilungen] ersichtlich. Demnach wurden im Jahre 1900 unter den insgesamt 8.915 Gerichtsverhandlungen 954 vor Schwurgerichten verhandelt. Der Anteil der Ver-

---

33 Aus einem Artikel im „Pester Lloyd", zitiert in den Juristischen Blättern 1873, 211.

34 Ebd. 211.

handlungen vor Geschworenengerichten stieg Jahr für Jahr langsam an. Im Jahre 1908 kamen von 9.133 Verhandlungen 1.687 vor die Schwurgerichte. Jedoch sind nicht genügend eingehende Daten vorhanden, um ihre Praxis zu präzisieren. Auch der Aufsatz von Csizmadia, der anhand breiter soziologischer Datensammlungen die Zusammensetzung des Schwurgerichts untersuchte, kann diese Lücke nicht ausfüllen.[35] So hat beispielsweise das ungarische statistische Amt, anders als auf der österreichischen Seite, keine Freispruchsquote, welche für eine statistische Analyse der Geschworenengerichtsbarkeit unentbehrlich ist, angegeben.[36]

Im GA XXXIII: 1897 sind die Voraussetzungen und das Verfahren für die Selektion zum Geschworenen enthalten. Wie in anderen kontinentaleuropäischen Ländern war in Ungarn die Selektion zum Geschworenen abhängig von Besitz und Erziehung (inklusive Sprachkenntnisse). Leute in gewissen Berufsgattungen waren entweder ausgeschlossen oder davon befreit, Geschworene zu werden. Solche Beschränkungen in Ungarn waren eher dem österreichischen als dem deutschen Recht ähnlich. Infolge obiger Voraussetzungen blieben nur wenige Kandidaten übrig, deren Zahl ihrerseits aufgrund weiterer Selektion erneut eingeschränkt wurden. So konnten zum Beispiel im Komitat Heves nur 3 % der Einwohner zu Geschworenen gewählt werden.[37]

Darüber hinaus hatte der Justizminister großen Einfluß auf die Eröffnung der Gerichtsverhandlung und die Bestimmung des Gerichtsbezirks. Innerhalb des Verfahrens vor dem Gericht, wie z.B. bei Eid, Aufbau des Gerichtssaales, Fragestellung, richterlichen Instruktionen und Verdikten, richtete sich das ungarische System im überwiegenden Teil stark nach dem deutschen und österreichischen System.

---

35 ANDOR CSIZMADIA, Az esküdtbíróság Magyarországon a dualizmuskorában, in: DERS. (Hg.), Jogtörténeti tanulmányok II (Budapest 1968) 131–148, besonders 136, 140.

36 Általános jelentés in: A magyar királyi központi statisztikai hivatal, A magyar szentkorona országainak bűnügyi statisztikája az 1904–1908. évekről (Magyar Statisztikai közlemények, köt. 30) (Budapest 1910) 3–79, hier 36.

37 CSIZMADIA, Az esküdtbíróság 136–137.

V. ZWISCHENERGEBNIS UND KÜNFTIGE AUFGABE

Die Gesetzgebungsarbeiten für die Einführung der Geschworenengerichtsbarkeit in Ungarn in der ersten Hälfte des 19. Jahrhunderts standen in Einklang mit derjenigen in den anderen kontinentaleuropäischen Ländern. Der enge Wissensaustausch mit deutschen Juristen half dabei den Gesetzgebern sehr. In der Praxis wurde nach dem Ausgleich 1867 versucht, weiter den Geist des Reformzeitalters umzusetzen. Die Nationalitätenfrage zeigte jedoch, daß die Idee der modernen und liberalen Rechtssysteme nicht leicht zu verwirklichen war.

Was die ungarische Seite betrifft, ist die eingehende Untersuchung von Parlamentsprotokollen, Gerichtsentscheidungen und zeitgenössischen Kommentaren erforderlich, um die Entwicklung der einzelnen Rechtstheorien prüfen zu können. Aus den allgemeinen Druckmedien sind Diskussionen bzw. Reaktionen von Seiten des Volks zu erfahren.

Über die österreichische Gesetzgebung und die Stellung der Rechtswissenschaft existieren bereits mehrere Forschungsarbeiten.[38] Weitere Forschungen unter sozialhistorischen und politischen Aspekten sind nötig, wie Hautmann betonte.[39] Die Überprüfung von Statistiken, Entscheidungssammlungen oder Zeitungsartikeln werden dabei helfen, zu klären, wie die Geschworenengerichtsbarkeit in der Praxis ausgeübt wurde.

Darüberhinaus wird die Verfasserin künftig auf die Darstellung der Entstehung und Durchsetzung des Laienrichtergedankens unter Berücksichtigung seiner Korrelationen mit der politischen und sozialen Geschichte eingehen und so die vergleichende Analyse zwischen Österreich und Ungarn vervollständigen.

---

38 Darunter etwa WERNER OGRIS, Die Rechtsentwicklung in Österreich 1848–1918 (Wien 1975); HAUTMANN, Geschworenengerichtsbarkeit; zuletzt SUSANNE ZIMPRICH, Historische Entwicklung und gegenwärtige Bedeutung der Geschworenengerichtsbarkeit in Österreich (jur. Diss. Wien 1995).

39 HAUTMANN, Geschworenengerichtsbarkeit 110.

ABKÜRZUNGSVERZEICHNIS

ABGB	Allgemeines bürgerliches Gesetzbuch v. 1811
ABl EG	Amtsblatt der EG (1958ff.)
ADHGB	Allgemeines Deutsches Handelsgesetzbuch v. 1861
ALR	Allgemeines Landrecht für die preußischen Staaten v. 1794
ANRW	HILDEGARD TEMPORINI / WOLFGANG HAASE (Hrsg.), Aufstieg und Niedergang der Römischen Welt (Berlin 1972ff.)
BGB	deutsches Bürgerliches Gesetzbuch v. 1896
BGBl	Bundesgesetzblatt für die Republik Österreich (1920ff.)
BGH	Bundesgerichtshof
BGHZ	Entscheidungen des Bundesgerichtshofs in Zivilsachen (1951ff.)
BRUNS	CARL GEORG BRUNS / OTTO GRADENWITZ (Hrsg.), Fontes iuris Romani antiqui (7. Aufl., Tübingen 1909, Nachdruck 1958)
BVerfG	Bundesverfassungsgericht
BVerfGE	Entscheidungen des Bundesverfassungsgerichts (1952ff.)
BVerwG	Bundesverwaltungsgericht
BVerwGE	Entscheidungen des Bundesverwaltungsgerichts (1954ff.)
CIL	Corpus inscriptionum Latinarum (1862ff.)
D	Digesten Justinians v. 533
dBGBl	deutsches Bundesgesetzblatt (1950ff.)
DESSAU	HERMANN DESSAU (Hrsg.), Inscriptiones Latinae selectae (Berlin 1892–1916, Nachdrucke 1974/1997)
DFG	Deutsche Forschungsgemeinschaft
DÖV	Die öffentliche Verwaltung (1948ff.)
dRGBl	deutsches Reichsgesetzblatt (1871–1945)
DVBl	Deutsches Verwaltungsblatt (1950ff.)
FIRA	Fontes iures Romani anteiustiniani
GA	Gesetzesartikel
GG	Grundgesetz für die Bundesrepublik Deutschland v. 1949
GRUR	Gewerblicher Rechtsschutz und Urheberrecht (1896ff.)
GS	Gesetz-Sammlung für die Königlich preußischen Staaten / Preußische Gesetzsammlung (1810–1945)
HHStA	Österreichisches Staatsarchiv, Abteilung Haus-, Hof- und Staatsarchiv

HRG	ADALBERT ERLER / EKKEHARD KAUFMANN (Hrsg.), Handwörterbuch zur Deutschen Rechtsgeschichte (Berlin 1971–1998)
JZ	deutsche Juristenzeitung (1951ff.)
LG	Land(es)gericht
MBliV	preußisches Ministerial-Blatt für die gesammte innere Verwaltung (1840–1935)
MDR	Monatsschrift für Deutsches Recht (1947ff.)
MGH	Monumenta Germaniae Historica
MittPDDB	Mittheilungen aus der Praxis des Dampfkessel- und Dampfmaschinen-Betriebes – Zeitschrift des Verbandes der Dampfkessel-Ueberwachungsvereine (1879–1903)
NJW	Neue Juristische Wochenschrift (1947/48ff.)
OLG	Oberlandesgericht
RGBl	Reichsgesetzblatt für das Kaiserthum Oesterreich/für die im Reichsrathe vertretenen Königreiche und Länder (1849–1918)
RGZ	Entscheidungen des Reichsgerichts in Zivilsachen (1880–1945)
UFITA	Archiv für Urheber-, Film-, Funk- und Theaterrecht (1928ff.)
ZEuP	Zeitschrift für Europäisches Privatrecht (1993ff.)
ZNR	Zeitschrift für Neuere Rechtsgeschichte (1979ff.)
ZRG	Zeitschrift für Rechtsgeschichte (1861–1878)
ZRG GA	Zeitschrift der Savigny-Stiftung für Rechtsgeschichte, Germanistische Abteilung (1880ff.)
ZRG KA	Zeitschrift der Savigny-Stiftung für Rechtsgeschichte, Kanonistische Abteilung (1911ff.)
ZRG RA	Zeitschrift der Savigny-Stiftung für Rechtsgeschichte, Romanistische Abteilung (1880ff.)

VERZEICHNIS DER AUTORINNEN UND AUTOREN, HERAUSGEBERINNEN UND HERAUSGEBER

ALFONS ARAGONESES, geb. 1973 in Madrid. Studium der Rechtswissenschaften, 1994–1995 Erasmus-Jahr in Brüssel, 1996 „Licenciado" an der Universidad Autònoma de Barcelona, Magisterarbeit mit dem Titel „Derecho 'fin de siècle' Cartas de Raymond Saleilles a Eugen Huber (1885–1911)". 2000 und 2001 Stipendiat am Max-Planck-Institut für europäische Rechtsgeschichte, Frankfurt/M., 2001 beratende Tätigkeit bei der Comision Colombiana de Juristas.

Dr. ANETTE ELKE BAUMANN, geb. 1963. Studium der Geschichte und Kunstgeschichte in Heidelberg und München, Promotion in Mittelalterlicher Geschichte. Mitarbeit am DFG-Projekt für die Verzeichnung von Reichskammergerichtsakten in München, wiss. Mitarbeiterin an der Universität von Barcelona, seit 1996 Leiterin der Forschungsstelle der Gesellschaft für Reichskammergerichtsforschung.

Dr. CHRISTIANE BIRR, 1996–2000 wiss. Mitarbeiterin am DFG-Themenschwerpunkt „Die Entstehung des öffentlichen Strafrechts", Teilprojekt „Unrecht, Ausgleich und Sanktion im ländlichen Raum" bei Prof. Willoweit, seit 2000 wiss. Assistentin am Lehrstuhl für deutsche und bayerische Rechtsgeschichte, Universität Würzburg. Dissertation zum Ausbau landesherrlicher Strafgerichtsbarkeit in der frühen Neuzeit, Habilitationsschrift zu Verjährung und Ersitzung (in Vorbereitung).

CHRISTINA BÖRNER, geb. 1972 in Zürich. 1991–1997 Studium der Rechtswissenschaften in Zürich und Leiden, 1997–1998 wiss. Assistentin am Lehrstuhl für Römisches Recht bei Prof. Fögen in Zürich, 1999 als visiting scholar an der Universität von Kalifornien in Berkeley. Dissertation zum Thema „Kodifikation des Common Law – Der Civil Code von David Dudley Field".

ANDREAS DEUTSCH, geb. 1970. Rechtsassessor und wiss. Mitarbeiter bei Prof. Laufs am Institut für geschichtliche Rechtswissenschaft der Universität Heidelberg, Studium in Heidelberg und Münster/Westf., 1995 erstes juristisches Staatsexamen in Heidelberg, 1996 Diplôme de Droit comparé am Institut de Droit Comparé in Paris, 1998 zweites juristisches Staatsexamen, seit 1998 wiss. Mitarbeiter. Doktorarbeit über das spätmittelalterliche Rechtsbuch „Der Richterliche Klagspiegel" und dessen Verfasser. Seit 1988 freier Mitarbeiter im Hällisch-Fränkischen Museum in Schwäbisch Hall, Forschungsarbeiten zur Stadt- und Regionalgeschichte, 1990 Träger des Gerd-Wunder-Preises, 1993 Konzeption der Ausstellung „Richter – Henker – Folterknechte, Strafjustiz im Alten Hall" mit Begleitpublikation. Veröffentlichungen u.a. zur Geschichte der Scharfrichter und zum städtischen Gerichtswesen.

Dr. STEFAN EHRENPREIS, geb. 1961 in Köln. 1982–1991 Studium der Fächer Geschichte, Sozialwissenschaften und Pädagogik an der Ruhr-Universität Bochum, 1993–1994 Stipendiat der Gerda-Henkel-Stiftung, 1995–1998 wiss. Angestellter am Institut für Neuere Geschichte der Ludwig-Maximilians-Universität München, 1998 Promotion zum Thema „Der Reichshofrat unter Rudolf II. (1576–1612). Möglichkeiten und Grenzen der politischen Tätigkeit des kaiserlichen Reichsgerichts vor dem Dreißigjährigen Krieg", seit 1998 wissenschaftlicher Assistent am Lehrstuhl für Geschichte der Frühen Neuzeit der Humboldt-Universität. Forschungsschwerpunkte: Reichsgeschichte 1555–1618, Geschichte der Konfessionalisierung, Europäische Bildungsgeschichte der Frühen Neuzeit, Rheinische Landesgeschichte.

INA VOM FELD, geb. 1969 in Wermelskirchen. Studium der Rechtswissenschaften in Köln mit Schwerpunkten im internationalen Recht und in der Rechtsgeschichte, während des Referendariats Mitarbeit in einer Anwaltskanzlei in den USA, 1998 zweites juristisches Staatsexamen, 1999–2002 Doktorandin am Max-Planck-Institut für europäische Rechtsgeschichte, Frankfurt/M., in der von Dr. Vec geleiteten wiss. Nachwuchsgruppe „Recht in der Industriellen Revolution". Dissertation zum Thema „Dampfkesselüberwachung zwischen Selbststeuerung und Fremdsteuerung – Studien zur Entstehung des Rechts der technischen Sicherheit" bei Prof. Stolleis.

Mag. Dr. BIRGIT FELDNER, geb. 1969 in Wien. Studium der Rechtswissenschaften in Wien, 1992 Sponsion, 1998 Promotion, seit 1990 ebd. Studien-, Vertrags- und Universitätsassistentin am Institut für Römisches Recht und Antike Rechtsgeschichte. Lehrbeauftragte für römisches

Privatrecht, juristisches Recherchieren und rechtswissenschaftliches Arbeiten, Lehrbeauftragte des Wiener Universitätslehrgangs für Informationsrecht und Rechtsinformation, Gründungsmitglied und ständige Mitarbeiterin von „Juridicum Online", Mitherausgeberin von „Juridikum. Zeitschrift im Rechtsstaat". Publikationen und Vorträge zum Römischen Recht, Zivilprozessrecht, Gender Studies, Rechtsinformation für JuristInnen.

Dr. KATALIN GÖNCZI, Ph.D., Univ.-Doz., Habilitationsstipendiatin an der Johann Wolfgang Goethe-Universität Frankfurt/M., Gastdozentin an der Pázmány Péter-Universität Budapest. Vorlesungen, Aufsätze und Lehrbücher zur europäischen Rechtsgeschichte. Forschungsschwerpunkte: die europäischen Bezüge des mittelalterlichen ungarischen Stadtrechts, Ungarns Stellung in der US-amerikanischen Rechtsgeschichte, deutsch-ungarische rechtswissenschaftliche Beziehungen.

DOROTHEE GOTTWALD, geb. 1974 in München. Musikstudium an der Hochschule für Musik und Theater München (Hauptfach Violine, Prof. Gottfried Schneider) und Studium der Rechtswissenschaft an der Ludwig-Maximilians-Universität München. Seit 1999 Doktorandin bei Prof. Stolleis am Max-Planck-Institut für europäische Rechtsgeschichte, Frankfurt/M., zum Thema „Fürstenrecht und Staatsrecht im 19. Jahrhundert".

Prof. Dr. ANDREAS GOTZMANN, geb. 1960. Studium der Philosophie und Literaturwissenschaft an der Universität (TH) Karlsruhe, 1988 M.A. Jüdische Studien (Jüdische Geschichte, Rabbinica and Codices, Jüdische Kunstgeschichte) an der Hochschule für Jüdische Studien in Heidelberg und Vergleichende Literaturwissenschaft an der Universität Heidelberg, 1990–1995 Studien und research fellow in New York und Jerusalem, 1995 Dr. phil. in Judaistik an der Freien Universität Berlin, 1994–1999 wiss. Mitarbeiter, dann wiss. Assistent an der Johann Wolfgang Goethe-Universität Frankfurt/M., Institut für Judaistik, seit März 1999 Professor für Judaistik an der Universität Erfurt. Studienschwerpunkt Religionswissenschaft mit dem Forschungsschwerpunkt Jüdische Religions- und Kulturgeschichte.

Mag. Dr. VERENA TIZIANA HALBWACHS, geb. 1969 in Wien. Studium der Rechtswissenschaften in Wien, 1993 Sponsion, 1997 Promotion (Dissertation: „Ipsae sibi negotia tractant – Frauen als Geschäftspartnerinnen im Spiegel römischrechtlicher Quellen“). Seit 1993 Universitätsassistentin am Institut für Römisches Recht und Antike Rechtsgeschichte der rechtswissenschaftlichen Fakultät der Universität Wien, seit 1994 Lehrbeauftragte für römisches Privatrecht. Publikationen, Vorträge und Lehrveranstaltungen zum römischen Privatrecht sowie zu den Historical Legal Gender Studies.

Mag. Dr. KAJA HARTER-UIBOPUU, geb. in Graz. Studium der Alten Geschichte und Altertumskunde in Verbindung mit einer Fächerkombination (Antike Rechtsgeschichte, Epigraphik, Klassische Philologie, Klassische Archäologie) an der Universität Graz, 1993–2001 Assistentin bei Prof. Thür am Institut für Römisches Recht und Antike Rechtsgeschichte an der Universität Graz sowie Mitarbeiterin im Projekt „Prozessrechtliche Inschriften der griechischen Poleis: Argolis“ an der Kommission für Antike Rechtsgeschichte der Akademie der Wissenschaften, Wien. Publikationen zum antiken Völkerrecht und antiken Prozessrecht sowie zu ausgewählten Themen der Alten Geschichte.

Dr. Thomas HENNE, LL.M. (Berkeley), 1998–2001 DFG-Habilitationsstipendiat am Max-Planck-Institut für europäische Rechtsgeschichte, Frankfurt/M., 2001–2002 ebd. wiss. Mitarbeiter, Lehraufträge für Rechtsgeschichte und Zivilrecht in Frankfurt/M. und Budapest. Dissertation zum Verwaltungsrechtsschutz im 19. Jahrhundert, 2002 Habilitation mit einer Arbeit zur Rechtsharmonisierung durch das Reichs-Oberhandelsgericht (z.Zt. Manuskript). Weitere Publikationen u.a. zum Antisemitismus bei Juristen, zur niedersächsischen Justizgeschichte, zum „Richterrecht“ und zur deutsch-ungarischen Rechtsgeschichte.

Dr. VIOLA HEUTGER, 1997 bis Ende 1998 Assistentin am Lehrstuhl für Römisches Recht an der Universität Salzburg, gleichzeitig Lehrauftrag an der Pázmány Péter-Universität Budapest, 1999 Teilnahme am „Corso di Perfezionamento in Diritto Romano“ an der Universität La Sapienza, Rom, 2000 Projekt-Manager des Utrechter Kaufrechtsteams im Rahmen der Arbeiten der „Study Group on a European Civil Code“, derzeit wiss. Mitarbeiterin an der Universität Utrecht. Seit 2001 Projektleiterin einer internationalen Arbeitsgruppe, die einen Entwurf für ein einheitliches europäisches Kaufvertragsrecht entwirft. Dieses Projekt ist eingegliedert in die Arbeiten der „Study Group on a European Civil Code".

Dr. INGE KROPPENBERG, geb. 1968. Assessorin, Studium der Rechtswissenschaften in Mainz, Stipendiatin der Studienstiftung des Deutschen Volkes und des Deutschen Akademischen Austauschdienstes, Promotion im Jahre 2000 mit der Arbeit „Die Insolvenz im klassischen römischen Recht", wiss. Assistentin an der Johannes Gutenberg-Universität Mainz.

Lic. iur. NIKOLAUS LINDER, geb. 1968 in Aarau (Schweiz). Nach sinologischen Studien an der Universität Zürich Studium der Rechtswissenschaften ebd., 1997 Lic. iur, 1997–1999 Assistenz bei Prof. Schott, Forschungsstelle für Rechtsgeschichte, Universität Zürich. Seit 1998 Mitarbeiter von Prof. Nobel in St. Gallen, gleichzeitig Tätigkeit in einer Züricher Anwaltskanzlei. Mitarbeit am Berner Kommentar zum Aktienrecht (im Druck) und an „Swiss Finance law and International Standards" (im Druck). Juristisch-zeitgeschichtliche Forschungsarbeit im Zusammenhang mit diversen Gutachten. Abfassung einer Dissertation zum Thema „Aufstieg und Fall des Hauses Malacrida – Rechtliche und soziale Folgen des Zusammenbruchs der ersten Berner Bank 1720".

Dr. MARTIN MOLL, geb. 1961. 1980–1987 Studium der Geschichte und der Deutschen Philologie an der Universität Graz. Seither freischaffender Historiker, 1996–1999 Mitarbeit am Forschungsprojekt des Landes Steiermark „Die Steiermark im 20. Jahrhundert". Herausgeber der Quellenedition „Führer-Erlasse 1939–1945" (Stuttgart 1997). Zahlreiche Aufsätze zum NS-Herrschaftssystem, zur NS-Propaganda- und Besatzungspolitik sowie zur steirischen Landesgeschichte vornehmlich in der Spätphase der Monarchie. Arbeitet derzeit an einer größeren Studie über den Kriegsausbruch 1914 und die Verfolgung der slowenischen Bevölkerung der Steiermark durch die österreichisch-ungarische (Militär-)Justiz.

Dr. ANNAMARIA MONTI, geb. 1970 in Mailand. 1994 Promotion an der rechtswissenschaftlichen Fakultät Mailand, 1999 Dissertation zum Thema „Il Senato di Milano e lo *stylus iudicandi in civilibus* (XVI–XVIII secolo)", derzeit Ricercatore des Istituto di Storia del diritto italiano an der Universität Mailand. Publikationen zum Grundsatz „Locus regit actum“ und zur Behandlung des Rechtsirrtums im 18. Jh. 2001 erschien die Monografie „I formulari del Senato di Milano (secoli XVI–XVIII)“.

Mag. Dr. THOMAS OLECHOWSKI, geb. 1973. Studium der Rechtswissenschaften und der Geschichte in Wien, 1996–1999 Vertragsassistent, seit 1999 Universitätsassistent am Institut für Österreichische und Europäische Rechtsgeschichte der Universität Wien. Arbeiten zur Geschichte der Verwaltungsgerichtsbarkeit, zur Rückstellung von in der NS-Zeit entzogenem Vermögen (im Auftrag der Österreichischen Historikerkommission) und zur Geschichte des Presserechts.

Dr. EVA ORTLIEB, Studium der Philosophie, Germanistik und der neueren Geschichte an den Universitäten Würzburg und Münster, Dissertation über die kaiserlichen Kommissionen des Reichshofrats in der Regierungszeit Kaiser Ferdinands III. Nach mehrjähriger Tätigkeit an der Universität Münster und der Arbeitsstelle Westfälischer Frieden/Historische Friedensforschung, ebd., seit 1999 Befassung mit der Neuverzeichnung der Reichshofratsakten im Österreichischen Staatsarchiv, Abt. Haus-, Hof- und Staatsarchiv, in Wien. Veröffentlichungen zum Westfälischen Frieden (Bibliographie, 1996) sowie zum Reichshofrat und seinen Kommissionen.

Mag. Dr. JOSEF PAUSER, Studium der Rechtswissenschaften in Wien, 2001 Promotion. 1995–1999 Vertragsassistent, 1999–2001 Universitätsassistent am Institut für Österreichische und Europäische Rechtsgeschichte der Universität Wien, 1996–1999 wiss. Mitarbeiter an einem Projekt des Fonds zur Förderung der wissenschaftlichen Forschung („Policeygesetzgebung im Erzherzogtum Österreich 16.–18. Jh.“), seit 2001 stv. Leiter der Fakultätsbibliothek für Rechtswissenschaften, Wien. Lehrbeauftragter des Wiener Universitätslehrgangs für Informationsrecht und Rechtsinformation. Mitorganisator des Arbeitskreises „Policey/Polizei im vormodernen Europa“. Publikationen vor allem zur Gesetzgebungs- und Kriminalitätsgeschichte sowie zur Rechtsgeschichte des Spiels.

Dr. JOSÉ-DOMINGO RODRIGUEZ MARTÍN, geb. 1971. 1989–1994 Studium der Rechtswissenschaften an der Universidad Complutense de Madrid, 1997 Promotion im Römischen Recht, Assistent bei Prof. Paricio am

Departamento de Derecho Romano, Mitarbeiter im Quintilian-Projekt an der Tilburg Universität (Niederlande). Publikationen zur römischen Quellenforschung sowie zum römischen Prozess- und Sachenrecht. Forschungsaufenthalte an den Universitäten von Wien, Salzburg, Padova und an der Sorbonne in Paris.

Dr. FEDERICO ROGGERO, Studium der Rechtswissenschaften an der Universität Mailand, Besucher der „International School of Ius Commune – Erice". 2000 und 2001 Stipendiat am Max-Planck-Institut für europäische Rechtsgeschichte, Frankfurt/M. Publikationen über das Langobardische Recht in der Auslegung spätmittelalterlicher Juristen. Seit Januar 2002 Forschungsvertrag an der Universität La Sapienza, Rom.

MMag. Dr. STEFAN SCHIMA, MAS, geb. 1965. Studium der Rechtswissenschaften und der Geschichte in Wien, Mitglied des Instituts für Österreichische Geschichtsforschung, Universitätsassistent am Institut für Recht und Religion der rechtswissenschaftlichen Fakultät der Universität Wien. Monographie: „Caput Occidentis? Die Römische Kirche und der Westen von den Anfängen bis Konstantin". Weitere Forschungsgebiete: Österreichisches Staatskirchenrecht seit 1848, aktuelles Staatskirchenrecht (laufende Dokumentation des aktuellen religionsrechtlich relevanten Bundes- und Landesrechts in der Zeitschrift „Österreichisches Archiv für Recht und Religion").

Mag. ANDREAS SEREINIG, geb. 1976 in Wien. 1995–1999 Studium der Rechtswissenschaften in Wien, 2000 Mitarbeit am Projekt „Die Rechtsprechung der Rückstellungskommissionen" der Historikerkommission der Republik Österreich, seit Ende 2000 Vertragsassistent am Institut für Römisches Recht und Antike Rechtsgeschichte der Universität Wien. Dissertationsprojekt: „Der Einfluss der stoischen Philosophie auf die Gesetzgebung des Mark Aurel".

Dr. KATJA ŠKRUBEJ, Universitätsassistentin am Lehrstuhl für Rechtsgeschichte der juristischen Fakultät, Universität Ljubljana und Absolventin der Philosophischen Fakultät ebd. (Vergleichende und historische Sprachwissenschaft; Allgemeine Geschichte). Interdisziplinäre Dissertation zum Ritus gentis der Slawen in den Ostalpen (Versuch einer Rekonstruktion aufgrund sprachlichen Materials). Externe Mitarbeiterin der

Kommission für die Herstellung des slowenischen terminologischen rechtshistorischen Wörterbuchs beim Institut für Slowenische Sprache an der Slowenischen Akademie der Wissenschaft und Kunst. 2000 Stipendiatin des Deutschen Akademischen Austauschdienstes am Lehrstuhl für Slawische Philologie der Universität Würzburg. Publikationen auch zu Sprache und Recht aus diachroner und synchroner Perspektive.

Dr. ANDREAS THIER, M.A., Studium der Rechts- und Geschichtswissenschaften an den Universitäten Tübingen und München, 1989 erstes juristisches Staatsexamen, 1990 Magister Artium (Geschichtswissenschaften), 1994 zweites juristisches Staatsexamen, 1997 Promotion mit einer Arbeit zur Geschichte des Parlamentarismus in Preußen im Spiegel der Steuergesetzgebung. 1998 Organisator des Europäischen Forums Junger Rechtshistorikerinnen und Rechtshistoriker in München (gem. mit Guido Pfeifer und Philipp Grzimek). 2002 Habilitation mit einer Arbeit zur Geschichte des kirchlichen Wahlrechts in der Zeit bis 1140.

KAIUS TUORI, Studium der Geschichte und der Rechtswissenschaften an der Universität von Helsinki mit „Master"-Abschlüssen 1998 und 2000, 2001 Licentiat der Rechte. Wissenschafter an der rechtswissenschaftlichen Fakultät der Universität Helsinki zur römischen Rechtsgeschichte. Gegenwärtig Arbeit an einer Dissertation zum Thema „The concept of law and the practice of adjudication in classial Roman legal tradition". Weitere Forschungsgebiete: Klassische Archäologie und Anthropologie.

Mag. Dr. RIEKO UEDA, 1992 Sponsion an der Universität Hitotsubasi (Japan), 1994–1999 Doktoratsstudium für Rechtswissenschaften an der Universität Wien, 1998–2000 Mitarbeiterin am Institut für slawische Forschungen an der Universität Hokkaido (Japan), 1999 rechtswissenschaftliche Promotion an der Universität Wien, seit 2000 Dozentin für Rechtswissenschaften in der Abteilung für Gesellschaftserziehung an der Fakultät für Lehrerausbildung der Universität Kumamoto (Japan).

Dr. STEPHAN WENDEHORST, geb. 1967 in Würzburg. 1988–1991 Studium der Neueren und Neuesten Geschichte und der Rechtswissenschaften an der Ludwig-Maximilians-Universität München, 1991–1996 Studium der Neueren Geschichte an der Universität Oxford, 1997 Promotion zum D.Phil (Oxon.), Thema der Dissertation: „British Jewry, Zionism and the

Jewish State", 1997 wissenschaftlicher Mitarbeiter des Projekts „Die Allianzversicherung in der NS-Zeit", 1998 Beginn der Habilitation über das Thema „Die Nationalisierung akademischer Karrierewege. Der Wissenschaftsstandort Leipzig im Umbruch vom Ancien Régime zur Moderne" an der Johann Wolfgang Goethe-Universität Frankfurt/M., seit Oktober 1999 wissenschaftlicher Mitarbeiter, seit Januar 2000 Stellvertreter des Direktors des Simon-Dubnow-Instituts für jüdische Geschichte und Kultur an der Universität Leipzig.

FSC
www.fsc.org
MIX
Papier | Fördert gute Waldnutzung
FSC® C083411

Kolibri 360 GmbH
Ferdinand-Jühlke-Straße 7
99095 Erfurt, Deutschland
produktsicherheit@kolibri360.de

Druck:
CPI Druckdienstleistungen GmbH
im Auftrag der
Kolibri 360 GmbH
Ferdinand-Jühlke-Str. 7
99095 Erfurt